中国税收流失问题研究

（第二版）

贾绍华　著

中国财政经济出版社

图书在版编目（CIP）数据

中国税收流失问题研究／贾绍华著．—2版．—北京：中国财政经济出版社，2015.10
ISBN 978－7－5095－6450－9

Ⅰ.①中…　Ⅱ.①贾…　Ⅲ.①税收流失－税收管理－研究－中国　Ⅳ.①F812.423

中国版本图书馆CIP数据核字(2015)第254693号

责任编辑：刘战兵　　　　责任校对：黄亚青
封面设计：楚泰书装　　　　版式设计：兰　波

中国财政经济出版社出版

URL：http：//www.cfeph.cn
E－mail：cfeph@cfeph.cn

社址：北京市海淀区阜成路甲28号　邮政编码：100142
发行处电话：88190406　财经书店电话：64033436
北京联兴盛业印刷股份有限公司印刷　各地新华书店经销
787×1092毫米　16开　25.5印张　574 000字
2015年10月第2版　2015年10月北京第1次印刷
定价：58.00元
ISBN 978－7－5095－6450－9/F·5197
（图书出现印装问题，本社负责调换）
本社质量投诉电话：010－88190744
打击盗版举报热线：010－88190492、QQ：634579818

第二版自序

党的十八届三中全会将财税的重要性上升到国家治理层面，提出财政是国家治理的基础和重要支柱。税收作为财政的主要收入来源，其重要性不言而喻。在当前深刻贯彻党的十八届三中全会精神，加强财税法治、深化财税改革的进程中，如何解决并切实治理各方关注的税收流失问题，成为亟待研究的重要课题。

习近平主席在2013年8月全国宣传思想工作会议上指出："明者因时而变，知者随事而制。"形势在发展，时代在进步，税收流失的治理已成为提升政府税收治理能力的重要问题。2008年，时任国家税务总局局长的肖捷先生在先后考察四川、江苏、浙江、广东、海南等地时率先提出，各地在税收专业化管理过程中，必须掌握税源流失的脉络，重视税收风险防控，做到有的放矢地治理税收流失。2012年5月，国家税务总局副局长丘小雄先生在四川眉山主持召开企业所得税税收流失规模估算试点工作汇报会。会后，国家税务总局以国税函［2012］56号文件，确定开展企业所得税流失估算试点工作。2013年3月，王军先生继任国家税务总局局长以来，各地普遍以征管质量与效率评价为重点，以绩效考核为抓手，大力实施纳税服务、税收评定（纳税评估）、税款追征、税务稽查等税收管理工作，全力展开以税源监控为重点的税收征收过程的监控，进一步提升了税收征收管理的质量与效率，在全面落实党的十八届三中、四中全会精神，实现税收管理现代化的实践中迈出了坚实的步伐。这充分说明，税收流失的治理问题已经得到相关管理部门的充分认可和高度重视。

正如农民收获粮食不可能完全做到颗粒归仓一样，税收流失自税收产生之日起就开始出现，仿佛是一个罪恶的幽灵，蛀蚀着社会经济运行的肌体。税收流失的治理一直是一个世界性的难题，为社会所广泛关注。近些年，特别是在党的十八届三中全会"落实税收法定原则"精神的指引下，随着税制改革的深化、税收征管质量的提升和税收法治的积极推进，政府在治理税收流失方面取得了显著成效。但据有关部门保守估计，包括地下经济导致的税收流失额，我国现阶段每年税收流失总体规模仍占政府实际征收收入的30%以上，其中，税务部门组织的税收收入（含海关关税收入）的流失规模，约占实际征收收入的25%左右。

时光如梭，岁月如歌，距离拙作《中国税收流失问题研究（第一版）》的出版已有13年之久。感谢读者的厚爱和中国财政经济出版社的努力，第一版得到广泛的认可和好评。随着社会经济的发展进步，税收环境发生了巨大变化，实践呼唤着理论的创新，理论需要更好地指导税收管理的实践，税收流失问题的研究需要紧跟时代的脉搏。基于这一认识，在朋友们的鼓励下，从2011年开始，笔者着手对《中国税收流失问题研究（第一版）》进行修订，期待能给广大读者提供一个更为准确、系统，富有时代性的关于税收流失问题再研究的读本。

本书第二版无论在文献资料的整理、研究方法、实证分析还是政策研究等方面，较之第一版均有所突破，有所创新。

在数据的收集和统计分析方面，通过收集大量的数据资料，将数据更新到2012年或2013年，尽可能体现“新”的特点。这10多年间，互联网走进了寻常百姓家，电子商务的发展突飞猛进，经济全球化促进了国际税收协调与合作的创新，等等。为了符合时代的发展以及全面测算税收流失规模的需要，本书在对税收流失的内涵与外延界定、研究范围及其与相关概念之间的关系进行分析的基础上，分别从博弈理论、新制度经济学、风险管理、A-S逃税模型等视角，进一步探究了税收流失的成因及其危害，并对财政体制改革的质或量、财政风险的管控、积极财政政策的实施、税收增长、欠税与过头税等与税收流失密切关联的一些问题展开了讨论，以期对税收流失的基本理论问题的研究有所深化。同时，根据资料间的对比，对原有的数据偏差进行了修正。

在实证分析方面，首先，笔者规范了税收流失测算的范畴及一般思路与方法。其次，从税收流失宏观总量和微观遵从两个方面讨论了税收流失测算评估模型的建立、技术上的差异与应用方面的异同；在分别对地下经济税收流失和公开经济税收流失的规模测算基础上，对增值税、营业税、企业所得税和其他税种的流失规模进行了测算，力求使税收流失总规模的测算更为科学、规范。再次，补充运用大数据方法对税收流失规模的测算，增加了浙江、陕西两省税收流失的规模测算与分析，以使对税收流失的研究不仅体现在全局的视角，也尽可能地体现在区域经济及地方财力差异化分析之中，以期对税收流失问题的研究更具针对性、实践性和可操作性。最后，笔者在剖析税收流失多种方式的同时，以个案研究为切入点，认真探讨与思考了多层次资本市场发展中关于国有企业改制可能引发的税收流失、企业跨国避税导致的税收流失、电子商务背景下的税收流失、房地产业建筑业的税收流失、走私导致的税收流失、个人所得税税收流失、互联网金融中的税收流失和后“营改增”时期的税收流失8个专题，较为广泛深入地讨论了经济新常态下税收流失对社会财富分配和政府财政收入的重要影响。

在借鉴与启迪方面，笔者首先介绍了一些国家和地区在宪法、税收法制、财税体制、税务管理运行机制、税法遵从教育等方面有关治理税收流失的做法。在梳理这些国家和地区的经验时，笔者感受最深的是这些国家和地区治理税收流失过程中的共同特点是把税收法制建设放在首位，从宪法、税收基本法到税法实施细则都充分体现了立法者遏制税收流失的思路和方法，并分别从制度、体制、运行机制和税法宣传教育等主要方面予以保障。

在税收流失治理对策方面，笔者认为，经过多年的发展，虽然我国的社会经济环境发生了巨大的变化，但税收流失问题却越发复杂多样，涉及面更加广泛，而且更加隐蔽。这就要求对新出现问题的解决方案更应具有针对性和时代性特点，相应的政策措施要伴随着新一轮财税体制改革的进行，更加关注税收征收管理、企业涉税管理问题的热点、焦点、难点，提出接地气、有价值、有创新性的观点和建议。基于这一认识，笔者从政府收入与国民收入分配关系、地下经济税收流失对税收流失总规模的直接影响、现行财政体制、税费关系，以及税收法制、体制、机制、征管模式、税法教育等多层次、多角度，提出了诸多政策建议，期待对有关决策部门制定相关决策有所裨益。

在写作体例方面，笔者在每一篇的篇首增加了导读，作为每一篇章的浓缩版，试图为阅读时间较紧的读者提供些许方便。

笔者以为，《中国税收流失问题研究（第二版）》的亮点或创新点在于基础理论研究篇的充实、实证研究篇的完善、借鉴与启迪篇体例的重新设计和治理对策篇对诸多新知识的补充及新观点的释义。例如，在关于电子商务税收流失的实证分析中，笔者运用了“平均税负法”和“流失率法”，并对这两种分析方法进行了对比，估算出了电子商务税收流失的规模，并结合实证分析结果，提出了关于电子商务税收流失治理的政策建议。在测算地下经济规模和税收流失规模的实证分析中，对“现金流量法”进行了修正，修正后的方法更加客观地反映了地下经济的规模及其税收流失状况，使研究结果与现实状况具有较强的拟合度。在测算公开经济税收流失规模的实证分析中，对传统的 A－S 逃税模型进行了补充和修正，使测算结果更接近实际。在介绍一些国家或地区治理税收流失的经验方面，更新了第一版关于发达国家、新兴工业化国家和发展中国家的分类，从法律保障、体制保障、运行机制保障和税法宣传教育 4 个方面进行了归类总结与分析借鉴。在税收流失治理对策方面，增加了依宪治国与依法治税、税收法定原则、优化税收制度、优化税种结构、稳定税收负担、清费立税、互联网＋税收、税收分析、大数据平台、税收信用、风险管理、绩效考核等内容，使研究的高度、深度和广度均有所拓展。

另外，第二版立足于第一版的框架体系，对第一版中某些不准确的提法及文字部分进行了斟酌修改，研究思路、研究方法和观点论证，以辩证唯物主义和历史唯物主义为指导，注重理论和实践的有机结合，力求做到勇于探索，开拓创新，博采众长，实事求是。

本书第二版于 2014 年 10 月定稿之后，尽管修改完善的力度很大，但仍有诸多不足之处，例如，在理论探索方面至少没有完全弥补思辨能力上的不足，没能达到笔者预想中的深度和广度；在治理税收流失的实践方面，所提出的政策措施的可操作性亦没有达到笔者所期待的程度，等等。正是在这样一种忐忑不安和学而知不足的内疚中，我鼓起勇气，用一年多的时间，力求用冷处理的方式审视书稿，尽可能慎酌并修订完善书稿。然而，由于水平有限，仍然感到存在诸多缺憾、不足或错误，恳请各位专家、学者和广大读者批评斧正。

在本书第二版即将付梓面世之际，特别怀念我的导师刘溶沧教授。先生终生献身于学术研究，告诫学生不管从事什么行业，首先要做一个正派、求实的人，要求弟子们克服学术的浮躁，学问要做深、做透，不要贪多求大、食洋不化。特别是在 20 世纪 90 年代中后期，当人们对我国税收是否存在流失问题尚有异议时，先生鼓励我要敢于面对现实，大胆思考，勇于探索。在我的博士论文的立论、学术观点、文献资料分析、框架结构、论证方法和研究结论等方面，先生都给予了悉心指导，对论文初稿的每一段、每句话都进行了反复推敲，鼓励我在论文答辩后尽快补充完善、成书出版，并亲自为之作序。

痛别恩师已 13 年之久，他的教导和治学精神始终鞭策着我，弟子唯有恪守清清白白做人、老老实实做事、扎扎实实做学问的准则，以慰藉先生的在天之灵。

谨以此书献给我最敬爱的恩师刘溶沧先生！

作　者

2015 年 5 月于北京

第一版序言

贾绍华同志告诉我，在他完成《中国税收流失问题研究》博士论文以后，经过补充修改，即将以研究专著的形式付梓面世，作为他的博士生导师，我甚感欣慰，并借此机会，就有关问题，谈几点个人意见。

税收流失的治理已成为世界性的大难题，并为社会各界所广泛关注。但从目前情况看，无论是从深度还是广度上，国内外学者对它的研究仍较薄弱。特别是在中国，由于研究起步较晚，且大多是由税务实际部门的工作人员从自身的工作实践中进行经验总结，其探讨的理论性、系统性和科学性还有待于进一步完善，所提出的治理对策措施在全面性、针对性和实用性上还有一定的不足。因此，从理论和实践的结合上就这一问题展开深入研究，既是加强中国在这一领域学术研究的需要，也是指导治理税收流失实践的需要，更是落实依法治税、从严治队、规范管理、堵塞漏洞、惩治腐败、清缴欠税、提高税收征管水平的需要。在这种情况下，贾绍华同志选择“中国税收流失问题”作为研究选题是很有理论意义和现实意义的。当然，由于这一选题难度很大，国内外的研究都比较单薄，作为他的指导老师我也不无担心。贾绍华同志却以其敢于攻坚、勇于探索的毅力，几经寒暑，完成了一篇较高水平的博士论文，得到了论文各评阅人和答辩委员会的一致好评，被普遍认为是研究税收流失问题的上乘之作。

在我看来，贾绍华同志的这一研究，不论是在选题、内容还是在所提对策措施上均有所突破，有所创新。

首先，该研究选题具有极强的现实性。通过对现实经济生活中的偷逃税个案的剖析，并以此为切入点，广泛而深入地对税收流失这一严重扰乱社会财富分配和影响政府财政收入的经济社会现象进行了研究，重点提出了治理税收流失的对策，具有很强的现实性和针对性。

其次，在研究方法上，作者以辩证唯物主义和历史唯物主义为指导，较好地吸收和借鉴了现代经济学的有关观点及方法，并将规范研究与实证研究相结合，做到了博采众长，注重创新。作者在大胆借鉴、批判吸收和运用西方经济学理论研究成果的同时，能够面对中国税收流失的现实进行研究。作者既注重传统的定性分析方法，又重视现代经济学定量分析方法；既注重对税收流失进行系统研究，又注重对特殊个案的解剖与探讨；既注重从实践到理论的研究，又注重从理论到实践的探讨，对税收流失从原因到对策进行了全方位研究，使研究成果具有较强的务实性，理论研究具有前瞻性。我认为，在研究方法上，贾绍华同志把理论与实践、宏观与微观、定性与定量、实证与规范、国内与国外等方面紧密地结合在一起，给人以浑然一体的感觉，对问题的剖析具有相当的深度和广度，提升了论著的学术水平。

再次，在研究内容上，作者力求全面但又突出重点。论著的研究不仅力求做到全面、系统，而且又特别注重对典型个案的解剖与分析。例如，作者对企业改制、跨国公司、电子商务、地下经济和走私等所导致的税收流失及其治理等问题进行了深入而系统的分析与探讨。这种方法为一般性的总体研究提供了更进一步的论证，深化了对税收流失问题的研究。这对于税务部门迎接新挑战、指导税务部门做好应对准备，具有一定的超前性和指导性。

最后，在政策措施上，作者也提出了一些有创意的见解：有针对性地提出了理顺中央与地方关系是治理税收流失的体制保障的观点；就如何在公共财政框架内划分中央与地方的事权和财权、规范税费关系、推进税费改革等问题进行了有效的探讨；对一些表面上与税收流失不甚相关的问题进行了深层次的思考与研究，揭示出它们之间的内在联系，为进一步深化财税体制和经济体制改革提供了参考。比如，对优化税制结构的研究，将为深化中国税制改革提供新的思路；关于中央与地方的关系问题，作者对于合理界定中央与地方的税收管理权限、进一步完善税收管理体制进行了理论思考；关于经济增长与税收管理的辩证关系的思考，突出强调了基层税务部门税收管理的责任和建立健全税收监控体系的重要性，为实现税收的应收尽收提供了决策性的建议。

此外，中国政府自 1998 年下半年以来，实施了以积极财政政策为主的宏观经济政策。贾绍华同志敏锐地抓住了这一热点问题，专门探讨了积极财政政策与治理税收流失的关系，并提出了若干很有价值的政策建议。财政风险问题越来越引起理论界和实际部门的重视，国内外学者较多地从国债和赤字的角度探讨财政风险问题，但贾绍华从税收流失的角度分析财政风险，给人耳目一新的感觉。这充分反映了贾绍华同志对经济问题的洞察力和把相关的经济现象联系起来进行分析的能力。这在某种程度上得益于他长期在财税部门工作积累的实际经验。

还有，作者特别从法治与德治辩证统一的角度，系统阐述了确立现代纳税理念与治理税收流失的关系，据此提出税兴国强、兴税强国的基础在于加强教育和提高素质的观点。这一观点是很有创意的，在一定程度上拓展了治理税收流失的思路。

税收流失问题极其复杂，涉及面十分广泛，而且十分隐蔽。在这种情况下，要对税收流失的性质与数量做出准确的把握的确是件很困难的事情。贾绍华同志尽管用了相当的笔墨阐述税收流失的性质，并力求对中国税收流失的规模做出理性的判断与测算，但对总体规模的测算还有待进一步深入探讨，相信贾绍华同志在这一领域的研究能有新的突破。

以上只是个人管见。借此机会，求教于同行。

刘溶沧

2001 年 11 月

摘　要

从税收产生之日起，税收流失就与之相行相伴。税收流失仿佛是寄生在国家税收肌体上的毒瘤，时长时消，始终是世界各国税收管理中的一大顽疾。从表象上看，税收流失似乎是征税者由于种种原因而未能实现税款的应收尽收行为，但透视其实质，它不仅仅与政府征税行为有关，而且与公民纳税行为有关，更是与国家的赋税制度、税收体制、税款征收管理实施机制息息相关。从这个意义上认识税收流失的治理，确实是一个国家税收治理水平和治理能力的综合反映，更是一个法治国家公民税法遵从意识的具体反映。《中国税收流失问题研究》（第二版）正是以此为切入点，分别从理论探讨、实证研究、借鉴启迪、治理对策四个方面，展开进一步的研究。

第一篇是理论探讨。首先讨论了税收流失的概念、研究范围、税收流失与相关概念的关系。综合国内外文献关于税收流失概念的表述及中外学者的研究成果，结合长期从事税收管理的理论研究和实践体验，笔者对税收流失的概念界定如下：税收流失是纳税人或利益相关者为了达到减轻或免除税收负担之目的，通过故意的方案筹划或行为安排，或者征税者对税收政策理解的偏差、管理的缺失乃至权力寻租而导致国家税收收入减少的现象。税收流失与国家财政制度、税收体制和征税机制有着密不可分的关系。它不仅是一种经济结果，而且是一种行为过程。税收流失概念的外延则涵盖了逃税、骗税、避税、抗税、欠税、越权减免税等。

为了进一步从理论上诠释税收流失的成因及其危害性，笔者分别从博弈理论，新制度经济学关于正式制度、非正式制度的理论，税收管理风险理论，税收专业化管理理论，A－S 模型关于逃税行为的理论剖析等方面，探讨了导致税收流失的深层次原因及其对国家经济社会发展、经济安全、征税者和纳税者的税法遵从意识、财富创造过程中企业市场竞争行为等方面的危害。

笔者认为，就税收的特质而言，凡是国家依据法律法规强制向公民收取的收入，均应视为具有税收特质的政府收入，均属于税收流失问题的研究范围。现阶段我国政府具有税收特质的收入存在三种口径：大口径的政府收入是年度全部政府收入的总和；中口径的政府收入是年度公共财政收入的总和；小口径的政府收入则仅仅是税务部门和海关组织的税收收入，是国家公共财政收入的主体。虽然本书的研究范围仅限于小口径的政府收入，即税收收入的流失问题，但这仅仅是因为资料收集与数据来源等原因所致，也是为了研究问题的方便，并不意味着对上述研究范围界定的忽略。即使如此，笔者在从财税法律制度、税收体制和征收机制的角度，对小口径的政府收入即税务部门和海关组织的税收收入流失问题的现状、手段、规模、效应等进行一般理论分析后认为，当前我国税收流失的现状仍然不容乐观。具体表现为：地下经济活动屡禁不止；公开经济中逃骗税极为猖獗，避税手段繁多，减税免税过滥，欠税居高不下，非税收入严重膨胀，费挤税现象仍程度不同地存在等。

税收流失造成的危害是显而易见的。它直接影响了国家宏观调控经济的能力、弱化了财政政策宏观调控的效应，导致了资源配置效率低下、收入分配缺乏公平，损害了市场竞争的公平、正义，败坏了社会良好的纳税氛围。对此，本书不可能穷尽所有的手段和方法，只能以“解剖麻雀”的方式，通过对当前社会经济生活中出现的许多新情况、新问题的分析，以小见大、抓住典型、重点剖析，透视税收流失在不同领域内的表现形式及其对经济、财政、税收、道德等方面的影响，如关于税收流失与财政体制改革的质与量、关于税收流失与积极财政政策的实施、关于税收流失治理与财政风险管控、关于税收增长与税务管理、关于从“+互联网”到“互联网+”的演变中认识税务管理与税收流失的治理、关于欠税与过头税、关于国际税收中的利润转移与税基侵蚀、关于对弱势纳税群体的法律援助与税收流失的关系等，以进一步促使我们认真寻求税收管理的智慧与治理税收流失的有效应对之策。

第二篇是对税收流失的实证研究。准确测算税收流失的总体规模，不仅有利于把握我国税收流失的现状，进一步探讨税收流失的成因与特点，总结税收征收管理的经验与教训，探寻创新税收流失治理机制的有效途径，维护税法权威与经济秩序，而且更为重要的是，通过对小口径政府收入即税收收入的实证研究，透视并思考全部政府收入中涉及政府规费收入部分的收入流失问题的解决方案，这对于从经济财税法律制度、税收体制、税收征收机制的角度综合性地探讨改革创新之路，寻求治理税收流失的大智慧，更有其针对性与实践性。

在对税收流失总体规模的测算方法上，笔者分别运用现金流量法和收入能力测算法对2001～2013年这13年间的地下经济和公开经济中的税收流失规模进行了测算，并以浙江、陕西两省2001～2012年间地下经济和公开经济中的税收流失为例，探讨了我国不同区域的财力特点及其税收流失治理的必要性、重要性和紧迫性。

从对地下经济的测算结果分析中发现，屡禁不止的地下经济规模比较庞大，约占每年国民生产总值（GNP）的20%左右，由此引发的税收流失额占可能实现税收征收额的比重平均在28%左右。但近几年来，地下经济规模的增速明显减缓。尤其是2011年以来，我国加快了经济体制改革步伐，以商事制度改革为突破口，开前门、堵后门，下放政府审批权限，鼓励大众创业、万众创新，同时加大了对地下经济的打击力度，地下经济规模及其引发的税收流失额均有所减少，2013年其比重降到了19.44%的历史最低值，说明政府在治理地下经济税收流失方面取得了较为明显的成效。

从对公开经济的测算结果分析中可以看出，增值税、营业税、企业所得税这些主要税种的流失比例均有所下降，增值税的流失比例从2001年的27%下降到2013年的15.08%，营业税的流失比例从2001年的46.51%下降到2013年的36.5%，企业所得税的流失比例从 2001 年 39.51% 下降到 2013 年的 30.43%。通过加总其他税种收入流失规模，公开经济中税收流失总规模占税收实征额的比例从 2001 年的 42.10% 下降到 2013 年的 31.72%。

加总地下经济、公开经济中的税收流失规模，2013 年我国税收流失总体规模约为 56552.89 亿元，其中地下经济的税收流失规模为 21488.67 亿元，公开经济的税收流失规模为 35064.22 亿元，税收流失额占 GNP 的比重为 9.99%。但如果分析 2001～2013 年这 13 年的经济数据，这一期间我国 GNP 增长了 4 倍，同期税收收入增长了 5 倍，税收流失额占 GNP 的比重则由最高年份 2003 年的 13.90% 下降到 2013 年的 9.99%。这些数据表明，我国近年来通过健全税收法律制度，完善税收体制，规范税收管理机制，强化纳税服务、纳税评估、绩效考核等税收管理职责，改进税收征管方式，实施金税工程等，特别是在法治税收引领下，随着税收法律制度的不断完善，税收体制改革的深化，以税收征收综合流程为主线的税收征收实施机制的再造，突出信息管税、风险管理、专业化管理、税务稽查，特别是税收道德文化的建设和税法宣传教育，在综合治理税收流失方面取得了明显的成效。当然，也必须认识到，我国目前税收流失的绝对规模仍然较大，打击并取缔地下经济活动、遏制地下经济和公开经济中的税收流失仍任重道远，税收流失治理问题仍不容小觑。

本篇还对浙江、陕西两省的税收流失规模进行了横向比较研究，分析了区域经济社会发展与财力特征对税收流失规模的影响。分析结果表明，两省税收流失总体规模与全国趋势大体一致，虽然税收流失绝对值呈增加趋势，但流失率呈下降趋势。从税收流失结构分析，浙江省公开经济中增值税流失率偏高，而陕西省地下经济规模导致的税收流失较为严重，这些可能与区域经济社会发展水平有关。

第三篇是借鉴与启迪。本篇从法律保障、体制建设、运行机制和税法教育四个方面，分门别类地介绍了一些国家和地区治理税收流失的有益经验，比较了不同社会制度、经济环境下治理税收流失的有效途径与方法。

在梳理一些国家和地区治理税收流失的做法与经验时，笔者感受到这些国家和地区在治理税收流失方面的共同特点就是把财税法制建设放在首位，从税法、税收基本法到税法实施细则，都体现了立法者遏制税收流失的思路与方法，并以此建立了适合本国国情的治理税收流失的财税法律制度、税收体制和征收机制。从机构设置的合理性、征管流程的规范性、税收评定与税务审计的严肃性和纳税服务的自觉性等方面，处处体现出在实施税务风险管控和提升税收专业化管理能力方面所付出的努力。同时，在为弱势纳税群体提供法律援助和维护纳税人合法权益、健全纳税信用体系、强化纳税人税法宣传教育和完善税务公务员教育培训体系等方面，亦已构建起符合所在国国情或地区区情的税收流失治理的法律制度、税收体制和征收机制。这些有益的做法和经验，值得我们认真参考、借鉴。

第四篇是税收流失的治理对策。基于前三篇关于税收流失的理论分析、实证研究和域外经验与做法的借鉴与启迪，通过现状透视查找导致税收流失的实质及其深层次原因。税收流失问题主要集中在税收制度、征税机关、纳税人三个方面。而在这三者之中，经济财税制度是核心所在，现行税收体制与征管机制是重中之重。这既包括了实体税收体制和程序税收体制（税收执法、司法和税法监督）在内的现行税收体制，也包括了税收征收实施机制，以及与制度、体制、机制相适应的税收文化。因为在税收征收管理从传统的“执法”型向“执法、服务、文化”三位一体的现代税收征收管理的根本性转变过程中，传统的征税文化正在步入由“对抗”转化为“执法、服务与合作”的关键发展阶段。通过平衡纳税人权益与征税者权力，构建法治型、服务型、合作型政府，坚持依法治税、为纳税人服务为宗旨的政府税收行为，打造和谐税收征纳环境，这是治理税收流失的必由之路。

税收流失存在的广泛性和税收流失治理的艰巨性、复杂性，决定了税收流失的治理必须在依法治国的基本方略下坚持依法治税、综合治理的原则，全方位地进行。笔者认为，坚持税收法定原则，坚持依法行政、依法治税是治理税收流失的制度保障，而合理划分中央与地方的税权，优化现行税收体制，则是治理税收流失的体制保障，强化税收征管更是治理税收流失的机制保障。

首先，优化现行财税法律制度，认真遵循国家宪法中关于税收的规定，尽快制定税收基本法（或税法通则），以总揽税收法制的建设与健全、完善，使我国的税收法律制度更加公开透明、科学严密，从而堵塞税收流失的制度性漏洞。

其次，准确把握党的十八届三中全会关于“稳定税负”的改革意蕴，科学、合理地划分中央与地方的税权，优化实体税收体制与程序税收体制，按照“简税制、宽税基、低税负、严征管”的国际税收体制变化趋势，重视“税收流失”背后的体制原因，从而堵塞税收流失的体制性漏洞。

再次，重视从机制角度优化税收征管综合性流程，即运用大数据平台构建税收信息分析与税收情报管理流程；运用风险管理理论查找可能引发税收流失的税收征收各个环节的风险节点，构筑税收风险管控流程；运用扁平化、专业化管理理论有针对性地改造现行税收管理基本流程。这样三管齐下，才能构建起科学、规范、标准化的税收征收管理实施机制，从而堵塞税收流失的机制性漏洞。

最后，重视对公民的税法宣传教育，坚持依法治税与以德治税相结合，树立与我国社会主义市场经济体制相适应的税收法律观、税收价值观和税收道德观，进一步提高征税者和纳税者以及全体公民的税法意识，筑就治理税收流失的精神高地，使依法征税、依法纳税、诚信税收更加深入人心，逐步消除税收流失存在的社会环境。

总之，税收流失是一个古老而新颖的话题，涉及面广，政策性强，情况较为复杂。对税收流失的理论定性、实证研究、规模测算、成因剖析、治理对策等方面的研究可谓仁者见仁，智者见智。特别在当前体制转换与制度创新的进程中不确定因素较多，如何有效治理税收流失，确实是一个难解之题。笔者相信，随着财税法律制度的健全、税收体制的完善和征收管理实施机制的创新，特别是纳税者、征税者及涉税社会服务者乃至全体公民税法遵从意识的不断提高，税收流失的规模将会逐渐缩小，我国税收流失综合治理水平与政府税收治理能力将迈上一个新的台阶。

Abstract

Taxation gap can be viewed as a malignant tumor which infests the national taxation body. It is manifested that sometimes tax collectors are unable to realize and fulfill tax collection as a result of various reasons. However, the nature of taxation gap is not only related with the government taxation behavior but also the taxpayers' behavior. Moreover, it has close relationship with the national tax legal system, the tax institutional framework, the administration of tax collection implementation mechanism. Therefore, the management of taxation gap can indeed reflect the level and ability of the government's taxation management and also show the level of abidance of taxation law by citizens in a country under the rule of law. Viewing from these angles, the *Research on China's Taxation Gap* (2nd edition) analyzes the issues in four pronged ways: theoretical and empirical research, reference, implications and solutions.

The first part of the book focuses on the theoretical study. It defines the concept of taxation gap, the scope of the study and the relations among taxation gap and other related concepts. After analyzing the national and international studies about the concept of taxation gap combined with the author's own theoretical and practical experience, in the author's opinion, the definition of taxation gap is as following: Taxation gap is a social and economic phenomenon which is caused by taxpayers and stakeholders who deliberately plan or arrange actions against tax payment, or try to take advantage of their misunderstanding of the tax policies, and of their ignorance of management and even power rent-seeking from the tax authorities to reduce or eliminate their tax liability that results in a reduction in revenue. It is not only an economic consequence, but also a behavior process that includes two situations. On the one hand, taxpayers deliberately plan or take actions to reduce or avoid their tax payment. On the other hand, they try to comprehend the deviation of tax policies, to be absent from management and to rent or seek power from the tax authorities, which for sure lead to much reduction in revenue and even no revenue at all. The concept of taxation gap can be extended and may include the following: tax evasion, tax fraud, tax avoidance, refusal to pay tax, owing tax, and tax deduction or exemption beyond authorities.

The author conducts the theoretical analysis from the perspective of game theory, referring to the concept of formal and informal institution from New Institutional Economics, the theoretical analysis about risks of taxation management and the practice of taxation specialization management, the study of taxation gap behavior under A-S model. The author then further investigates the fundamental reasons which cause taxation gap and how they affect the development of economic and social development, national economic security, tax collectors and tax payers' awareness of abidance by law, the process of wealth creation and more important, the damages it may cause that harm the healthy development of Socialist market mechanism.

The author believes that, according to the understanding of tax characteristics, all government incomes that compulsorily collected from the citizens on the basis of the state law, belong to the classification of taxation. There's three major government taxation revenues based different statistic scopes in China. The wide scope revenue included all the annual government revenues, and the middle scope revenue are public fiscal revenues in government revenues. The narrow scope revenue are just taxations and customs collected by the government, which is the state's main body of public fiscal revenues. While the book is focused only on the taxation of the narrow scope revenue due to data and resource limits for research, its research still covered the wide scope definition, and would never neglect any of these revenues in its whole consideration. After the theoretical analysis, the author concludes that people should not be optimistic on the issue of taxation gap in China, specifically, the repeated underground economy activities, and various kinds of taxation gap making activities.

The offense by taxation gap is obvious. It directly against the state's balance capability on micro economy, the fiscal policy effect, resource allocation efficiency, revenue allocation justice, market competition rules etc. , and damaged the sound taxation habit of the whole society. It's a sophisticated and long-term mission on solutions to taxation gap issues, while we still could start from the specific issues and new situations by a thorough and deep analysis on the effects by taxation gap in different areas, such as taxation gap and fiscal institution reforms, taxation gap and fiscal risk governance, taxation gap and proactive fiscal policy, taxation gap governance by internet, taxation gap and legal aid by vulnerable groups, etc. These issues need more wisdom on policy design on taxation gap governance.

The second part of the book contains the empirical research on taxation gap. It is vital to precisely calculate the scale of taxation gap in order to understand the current situation of taxation gap in our country. The part also further discusses its causes and characteristics, summarizes the experience and lessons of tax collecting management, explores the effective method of innovated taxation gap management mechanism and maintains the authority of tax law and the economic order. More importantly, through the empirical research of tax revenue which is also regarded as small bore financial revenue, we are able to see through and think of the fraction containing loss revenue related with income from the payment of stipulated fees of the total government revenue. Understanding of this part will be practically helpful to target the improvement of current tax legal system, taxation system and tax collecting and management mechanism, especially to the process of amending current tax collecting and administration law.

In terms of the methods of calculating the scale of taxation gap, the author has adopted cash flow approach and revenue capacity approach respectively to comprehensively calculate the scale of taxation gap in both underground economy and open economy. Taking Zhejiang and Shanxi for examples, this part discusses the present situation of taxation gap in various areas and the features of their financial capability.

By analyzing the data collected from 2001 to 2013, the research shows that, because of the social economic transition, the scale of underground economy in China is relatively big, which accounts for approximately 1/5 of GDP every year. On average, it is estimated that the amount of taxation gap caused by underground economy takes up 30% of actual amount of taxation. In recent years, as the improvement of society and the development of economic diversification, the speed of underground economy growth has slowed down. Especially since 2011, the economic system reform in China has speeded up, using commercial system reform as the breakthrough. The country has delegated authority for government examination and approval and encouraged entrepreneurship and innovation while increasing efforts have been made to prohibit underground economy. These measures have effectively reduced the scale of underground economy, and the amount of taxation gap caused by it accounts for 19.44% of actual amount of taxation at the lowest point in its history. The government has shown a remarkable achievement in administrating taxation gap in underground economy.

In the research on open economy, according to the types of taxation, the amount of value-added taxation gap dropped from 27% in 2001 to 15.08% in 2013, the amount of business taxation gap reduced from 46.51% in 2001 to 36.5% in 2013, the amount of enterprise income taxation gap also decreased from 39.51% in 2001 to 30.43% in 2013. By adding up the amount of all types of taxation gap, we can get the total amount of taxation gap in open economy which occupies 31.72% of actual amount of taxation in 2013, dropping to 42.10% in 2001. The data demonstrates that, in recent years, through improving taxation system, perfecting tax collecting procedure and implementing golden tax project and moreover, enhancing consistent taxation law education which results in the rising awareness of obeying the taxation law of the citizens, the country has made achievements in controlling taxation gap. However, in spite of the successful part, we have to admit that the absolute scale of taxation gap in China is still large, which takes up 9.99% of GNP in 2013. Therefore, prohibiting underground economy and controlling taxation gap in open economy cannot be ignored and must be taken into a serious account.

This part also horizontally compares the scale of taxation gap in Zhejiang and Shanxi and analyzes the impact of regional economic characteristics on taxation gap. According to the analysis, the developing trend of both provinces' taxation gap is basically same as the whole country's situation. While the absolute data of taxation gap is enlarging, the taxation gap ratio is narrowing. From the structure perspective, the added-value taxation gap ratio of Zhejiang province is relatively high among those sample areas, while Shanxi province had a taxation gap resulted in its underground economic activities. The difference on gap structure or gap making factors among areas might be related with their different development levels.

The third part are references and enlightening ideas. It introduces good experiences on taxation gap governance by several nations and areas outside China, covered four main aspects as legal framework, institution design and construction, operation system and taxation education, and also made comparative analysis on different methods under different social and economic institutions.

We could conclude an important experience of those countries that, the fiscal and taxation legal framework is of vital importance of all. The efforts on legal framework to promote professional management ability and risk governance on taxation are full of considerations both on law and service for taxpayers.

In the fourth part, countermeasures are presented to combat taxation gap. Based on the previous three parts which contains the theoretical and empirical studies of taxation gap and the experience overseas, we are able to explore the nature of taxation gap. It is certain that the fundamental reasons causing taxation gap centre on three aspects: the taxation institution, tax collectors and taxpayers. Among these aspects, the tax institution is the core of the issues and the current taxation regime in the top priority.

As the issue has been prevalent and complex, countermeasures should be taken in accordance to the tax law and considerations given for every area under the basic policy—the rule of law. The author considers that insisting the taxation management by law is the legal guarantee of taxation gap management and reasonably assigning the taxation rights among central and local authorities and perfecting current taxation system are the institutional guarantee of taxation gap management.

Firstly, it is vital to improve the current tax regime and make a strict and scientific tax legal system to plug up institutional loopholes of taxation gap.

Secondly, we should accurately understand the implication of "stabilize tax burden" that mentioned in the 3rd Plenum of the 18th CPC Central Committee, reasonably assign the taxation rights among central and local authorities, improve the entity tax and process tax mechanism. Following the trend of international tax regime which includes simplifying tax system, broadening tax base, lowering tax burden and fortifying tax collection and management, the institutional causes behind taxation gap itself should be emphasized in order to plug the institutional loopholes of taxation gap.

Thirdly, it should be emphasized from the viewpoint of mechanism to perfect the integrated process of tax collection and management. More specifically, big data platform can be used to establish a tax information management mechanism and the theory of risk management can be implemented into the establishment of taxation risk management mechanism to correct the deficiency of current taxation management process. Using these measures, mechanistic loopholes of taxation gap can be plugged in by perfecting the tax collection and management mechanism and controlling the sources of tax revenue.

Last but not least, it is fundamental to reinforce taxation legal education among citizens and to establish taxation values and arouse people's legal consciousness and ethics, which reflect Chinese socialist market economy system, strengthen the awareness of taxpayers and tax collectors to abide by the laws so as to thoroughly eliminate the social environment where taxation gap are possible to exist.

To conclude, the issue of taxation gap has been an old but new topic. It involves many areas and is strongly connected with policies. Its complex concept and empirical analysis make the study of this issue more complicated. Especially at present time when system transformation and innovation are taking place, under the uncertainty, how to effectively administrate taxation gap is a great challenge because opinions about it vary from person to person. The author believes, as the innovation of technology continues, the taxation regime develops, and especially the enhancing consciousness of taxation of taxpayers and tax collectors and the improvement of social services related with taxation, the scale of taxation gap in China will decrease gradually.

目　录

第一篇　理论探讨

第三篇 借鉴与启迪

第四篇 治理对策

第一篇

理 论 探 讨

导　读

本篇紧紧围绕税收流失的理论问题进行探讨，界定了税收流失的概念和研究范围，运用博弈论、新制度经济学、管理学等基础理论，对税收流失的成因及其危害性进行了剖析，对与税收流失相关的热点问题进行了探讨。

概念是构成知识大厦的基石和细胞，是讨论和研究问题必不可少的前提。国外学者经常使用的一些概念，如 tax dodging、tax exemption、tax avoidance、tax evasion 等词，细究起来，都与税收流失的概念在内容上存在一定的差别，但普遍认为税收流失本质上属于一种违法或违背立法意图的行为。国内学者对于税收流失的概念则有不同的理解，代表性的观点有：（1）税收流失是指逃避缴纳税款和任意减免税；（2）税收流失是指各类纳税人利用各种手段窃取税款，造成税收收入减少的一种经济现象；（3）税收流失是税务部门应该征收而实际上没有征收入库的税收收入，即应收未收的税收收入。

笔者认为，税收流失的概念可做以下表述：税收流失是纳税人或利益相关者通过有意的方案筹划或行为安排，或对政策理解的偏差、管理的缺失乃至权力寻租而导致国家税收收入减少的现象。它不仅是一种经济结果，而且是一种行为过程；它既包括纳税人出于主动的行为安排而少缴或不缴税款的情况，也包括征税者由于对政策理解的偏差、管理的缺失乃至权力寻租而导致的税款少收或未收的现象。税收流失的外延则涵盖了逃税、骗税、避税、欠税、抗税等，同时，上面所涵盖的内容与下面所指出的税基侵蚀和利润转移、税收缺口、税收损失（税收的超额负担）、税收收入损失、税收规避等概念都与税收流失互有关联，其中，逃税、骗税、避税、欠税、抗税以及税基侵蚀和利润转移、税收规避等均属于税收流失界定的概念与研究范围。

笔者认为，就税收的特质而言，凡是国家依据法律强制向民众无偿征收的收入，均为具有税收属性的政府收入，均应在税收流失的研究范围之内。现阶段我国政府收入存在“三种口径”，大口径的政府收入是年度全部政府收入的总和，中口径的政府收入是年度公共财政收入的总和，而小口径范围的政府收入仅仅是税务部门和海关组织的税收收入，是公共财政收入的主体部分。本书的研究对象和范围仅限于小口径的政府收入流失问题，即以现行税法为参照标准，凡是按照现行税法规定应该缴纳的税款而没有足额缴纳的，或者违背税法立法精神的，都属于这个范围所研究的内容，即税收收入流失问题的研究。但这并不意味着税收流失不包括政府组织的各项基金、各种收费的收入，这些实属政府税收性质的收入，理应置于研究对象和研究范围之中。然而，限于资料收集、数据来源等原因，笔者选择以小口径政府收入即税收收入为切入点展开研究，以小见大，洞察全局。

税收流失按照发生的经济领域，分为公开经济税收流失和地下经济税收流失；按照税收流失发生的原因，分为制度性税收流失、管理性税收流失和遵从性税收流失；按照税收管理过程，即税收管理综合流程，可分为税收管理基本流程缺失导致的税收流失、税收数据（信息）不对称及数据情报管理缺失导致的税收流失和税收风险管理缺失导致的税收流失等。

对于税收流失的理论，本篇分别从博弈论、新制度经济学、税收专业化管理与风险控制、A-S 逃税经济模型、税收流失的成因及其危害性等多层次、多视角进行了剖析与探讨。

从博弈理论的视角分析，税务机关掌握的税源信息和纳税人提供的税源信息存在差异。从量上讲，后者掌握的数量要比前者大；从质上说，后者掌握的信息要比前者真实。正是由于信息的不对称性与征税成本的存在，纳税人和税务机关之间存在微妙的博弈关系。随着税务机关征管能力和纳税人权利意识的提高，征纳双方的博弈正在由传统的“矛盾双方”向“和谐共赢”转变，由零和博弈向非零和博弈、正和博弈转变，税务机关由传统的“执法”范式转向合作与协调共存的“服务”范式和真诚相待、彼此信任、共同实现税法遵从的“信任”范式。这三种范式的具体表现为：在“执法”范式下，税务机关将纳税人作为潜在的偷盗者看待，重点是通过反复的检查和严厉的处罚来对违法行为进行制止。20 世纪 90 年代中后期一度盛行的“四铁一挤”精神，即征税者必须做到“铁石心肠、铁的手腕、铁面无私、以铁的纪律”征收税款，用“挤柠檬”的方法履职尽责，应收尽收，正是“执法”范式的写照。“服务”范式在承认执法作用的同时，也承认税务管理在促进税法遵从并向纳税公民提供服务上的作用。而“信任”范式则旨在推进纳税文化变革，如邀请社会税务中介机构来推动税法遵从，解决纳税人认为自己遭受到了不平等的待遇这一问题。通过转变管理模式，提高纳税人的税务风险防范能力和税法遵从意识，进而遏制税收流失，这是现代税务管理的真谛和社会的进步。

从新制度经济学的视角来看，税收活动是一种典型的制度安排。称其“典型”是因为：一方面，税收活动作为一项由国家主导的制度安排，不仅包括了正式的制度约束和非正式的制度约束，而且也包括了明确的制度实施机制，它完全体现了新制度经济学的主要内容和核心观点；另一方面，税收流失的客观存在和可测度性也体现了制度约束缺位（缺失）所带来的经济后果和社会影响。一般而言，税收相关的各项规则应充分体现目标规划与过程监控、质效评价的融合性，应当满足一般性、确定性、开放性和可实施性这四项准则。但在现实中，由于社会、政治、经济、文化环境的制约和立法者能力等因素的影响，一个国家的税收法律制度完全满足这四项准则并不容易实现。

税收正式制度的软化是制约税收制度发挥功能的重要原因。税收管理的正式制度主要是指法律制度，法律制度具有国家意志和强制力，可以从根本上解决征纳双方的利益矛盾。但是，正式制度一般具有专业性、滞后性和概括性，普通纳税人可能难以理解和运用。作为税收非正式制度的主要内容，税收意识形态和税收环境也是影响税收征纳的重要因素。在我国，受限于社会发展水平和公民税法教育的弱化，征税者依法征税和纳税人的依法纳税意识及良好的遵法习惯有待于进一步培养。相应地，税收意识形态和税收法治环境的软化与弱化就可能使税法的刚性演化为弹性，使税收道德沦丧而造成税收流失。

有效的税收实现机制理应包括税收法制管理机制、税收体制管理机制、税法遵从管理机制和税收管理支持保障机制，这是达到纳税人诚实申报完税目标规则制度设计的基本需求，而一系列适当的行为约束和有效的激励机制的落实则是至关重要的。假设基于理性经济人特质的纳税人可能不会如实申报纳税的情况，征税者就必须依法加以监督、激励或惩处，使行为约束和激励机制真正成为鼓励纳税人诚实申报纳税、税务人员依法征税、保证税款足额征收的规则保障。

税收信息情报管理和税收风险管理将信息管税和风险管理理念引入税收征管工作，旨在针对当前日益复杂的经济形势下的税源多元化及税源流失的可能性，通过实施积极主动的管理，最大限度地规避税收执法风险，降低征收成本，创造稳定有序的征管环境，努力遏制税收流失。按其内容，信息管税与税收风险管理主要分为两种：一是数据信息不对称导致税源确认失察的监管风险；二是税收执法风险。税源管理把潜在的税源转化为税收，要求税务机关必须适应经济新常态、创新思维，充分发挥税收管理员的职业敏感性、综合知识和分析能力，识别税源风险点，并做好管控，以最大限度地从源头上遏制税收流失。

在从博弈理论、新制度经济学、专业化与风险管理视角对税收流失问题进行分析的基础上，运用预期效用最大化模型（A-S 模型）及其衍生模型，分别从税务机关征税成本、纳税人税后利益和税法遵从 3 个维度，建立了关于纳税人期望效用的函数，对个人收入和税率、税务机关罚款率和稽查概率等变量与税收流失的关系进行了分析。首先运用了传统的 A-S 模型。传统的 A-S 模型是站在纳税人立场上，分析影响纳税人纳税决策的因素，从中得出三点结论：（1）个人收入对纳税人是否如实申报的影响是不确定的；（2）税率越高，纳税人越有可能做出逃税的决策；（3）罚款率和稽查概率的提高将减少纳税人逃税行为。

由于税收流失不仅涉及征纳双方，而且必须同时考虑税务机关在反逃税中的最佳行为，因此，在传统的 A-S 模型基础上，以假设税务机关的征管目标是最大限度地征得税款和促进纳税人自行如实申报为前提，对传统的 A-S 模型进行了补充，分析结果表明：（1）提高稽查效率有利于减少税收流失；（2）提高税收收入目标而不增加稽查预算，会妨碍政府实现监督纳税人准确申报的目标；（3）纳税人数量增加时，增量申报精确度将降低。为了进一步探讨纳税人逃税动机所面临的道德风险和税务机关的执法风险，在补充的 A-S 模型基础上进一步进行了修正，充分考虑了纳税人逃税道德成本和征税机关执法风险，由修正的 A-S 模型得出：（1）提高税率对纳税人诚实纳税的影响视所得效应和替代效应的大小而定；（2）加强对税务征管行为的监督有利于减少逃税行为；（3）提高逃税惩处力度有利于减少逃税行为。

运用上述理论，本篇对税收流失的成因及其危害进行了认真剖析。研究表明：利益是人们行为的动力，现代经济学对人的行为的考察构建在“经济人”的假定之上。征税使纳税人的经济利益减少，追求利益最大化成为税收流失的内在动力。而税收法制不完善是造成税收流失的制度原因，财税体制不规范则是造成税收流失的体制原因，征管不力是造成税收流失的机制原因，税收环境不理想是导致税收流失的社会根源，税收信用体系不完善则是造成税收流失的伦理道德原因。

税收流失作为困扰当今世界各国的一个重大问题，在我国经济转型时期尤为突出。严重的税收流失不仅会侵蚀税法的刚性和权威性，直接影响国家财政收入和财政支出、误导政府经济决策、影响宏观调控的效果、危害资源的合理配置，更为重要的是有可能助长一些纳税人逃避税的优越感，直接导致企业不能在同一起跑线上展开公平竞争，这不仅扭曲了市场经济机制，破坏法治、公平的市场秩序，而且导致社会诚信和市场伦理道德的缺失，从而对我国的经济发展和社会进步产生不利的影响。税收流失已成为制约我国经济进一步发展、影响我国建立和完善市场经济法律秩序的一个重要因素。

本篇的最后，笔者就与当前税收流失有关的几个热点问题展开了进一步探讨。笔者认为，税收流失是制约税收增长不可忽视的重要原因，而税收增长必须建立在良好的经济发展基础、完善的税收法制、科学的税收体制和规范、有效的实施机制上；应坚持清费立税、规范税费关系、稳定税负、倡导税收信用、构建征纳双方的诚信与税法遵从关系，坚持国际税收合作与协调中的反避税工作；从法制、体制、机制上综合治理，重视并实施对弱势纳税群体的法律援助。治理税收流失不仅有利于防范和化解财政风险，更重要的是可以有效地提升政府税收治理能力，在税收领域体现社会的公平、正义，更加有效地堵塞税收流失的漏洞。

第一章

税收流失：概念界定

第一节 税收流失的概念

从知识论的角度看，概念乃是构成知识大厦的基石和细胞，是人们进行思考和交流的基本工具。法学家博登海默（Edgar Bodenheimer）在论述法律概念时说："概念乃是解决法律问题所必需的和必不可少的工具。没有限定严格的专门的概念，我们便不能清楚地和理性地思考法律问题。没有概念，便无法将我们对法律的思考转变为语言，也无法以一种可理解的方式把这些思考传达给他人。"[①] 事实上，这一解释具有普适性。如果没有界定清楚、内容明确的概念作为思考和交流的基础，则人们相互间的交流就会不畅通，更无法取得共识。因此，在开始一项专门的研究之前，对基本概念的界定与释疑就是进行研究必不可少的前提和基础。

在国外，美国经济学家卡甘（Cagan）早在1958年就开始研究地下经济问题，并把地下经济税收流失作为研究的重点；1972年阿林厄姆（Allingham）和桑德姆（Sandom）等人开始把逃税引起的税收流失问题作为一个独立的研究领域进行研究。但是，对于什么是税收流失，国外学者似乎并没有明确的、比较一致的定义或说明。国外学者们经常使用的一些概念，如tax dodging、tax exemption、tax avoidance、tax evasion等词，细究起来，都与税收流失的概念在内容上存在一定的差别。tax dodging一词一般指的是税收规避，tax exemption一般指的是税收免除，tax avoidance一般指的是避税，tax evasion一般指的是逃税。即使tax loss、tax gap、tax revenue loss这三个词的含义也与税收流失的概念有所不同。tax loss虽然一般直译为税收损失，但它主要指的不是税收收入的减少，而是指

---

① ［美］E. 博登海默：《法理学——法律哲学和法律方法》，邓正来译，中国政法大学出版社1999年版，第66页。

税收所造成的效率损失。虽然 tax gap（国内一般译为税收缺口）、tax revenue loss（国内一般译为税收收入损失）指的是税收收入减少的损失，但它们通常只表示税收收入减少这一结果，并不表示引起这一结果的行为、现象等过程①。

从国外一些学者的观点中可以看出，税收流失作为一种经济现象，虽然其表述多种多样，但基本上都属于一种违法或违背立法意图的行为。它与我们通常所讲的节税（tax saving）和税收筹划（tax planing）是不同的。一般而言，节税主要是指依立法者既定精神选择减轻税负的行为。税务专家 N. J. 雅萨斯威在《个人投资和税务筹划》中说，节税是“纳税人通过财务活动的安排，以充分利用税收法规所提供的包括减免税在内的一切优惠，从而享得最大的税收利益”。美国南加州大学的 W. B. 梅格斯博士认为：“税收筹划是指纳税人在纳税发生之前，有系统地对企业经营或投资行为做出事先安排，以达到尽量少缴所得税的过程。”

在国内，近些年对税收流失的概念使用得十分频繁，但对于它的内涵则有不同的理解，例如：税收流失是“各类税收行为主体，以违反现行税法或违背现行税法的立法精神的手段，导致实际征收入库的税收收入少于按照税法规定的标准计算的应征税收额的各种现象和行为”②；税收流失是“指在一定的税收制度条件下由于税收行为关系人的行为失当，税收行为环境恶化，或税制配置不当，以及行为关系人的行为与环境之间不协调，甚至相互冲突所引起的各种形式的税收非正常耗散与漏损，以及由此引起的社会经济相关效应”③；税收流失是“经济现象在税收领域内的反映，它一般体现的是纳税人采取各种手段与纳税机关的博弈过程”④；税收流失是“一定时期由于国家（政府）税收实施机制的弱化而导致政府收入的非正常减少或损失，它是一定的外在制度包括一系列基本法、税法、条例细则等主体所引致的结果”⑤；税收流失是“指在现行法律制度下，由于税收主体及社会环境等主客观原因而导致的一国政府在一定时期内对一部分本应征收的税款未能实际征收入库的经济现象”⑥；还有学者直接将税收流失定义为“所有税收不遵从或不依法纳税的行为”⑦；等等。

从以上的引述可以看出，由于国内学者研究的角度和采用的标准不同，对税收流失的认识和理解也存在着差异。有关税收流失问题的研究成果，大致可以归纳为以下 3 种有代表性的观点：

第一种观点：税收流失是指逃税和任意减免税。这种观点是针对税收实际工作中逃税和任意减免税非常严重的现状做出的概括。把税收流失归纳为逃税和任意减免税，确实具有很强的现实针对性，有助于我们在实际工作中抓住重点，集中力量解决主要问题。但如果仅仅以逃税和任意减免税来作为对税收流失的定义和范围的界定，显然无法涵盖

① 梁朋：《税收流失经济分析》，中国人民大学出版社 2000 年版，第 7 页。
② 梁朋：《税收流失经济分析》，中国人民大学出版社 2000 年版，第 42 ~ 43 页。
③ 郭北辰：《对税收流失的基本界定》，载《兰州商学院学报》2001 年第 1 期。
④ 谢滨，刘西林：《税收流失的博弈研究》，载《涉外税务》2007 年第 11 期。
⑤ 肖育才，谢芬，李建军：《税收流失的制度经济学分析》，载《山东财政学院学报》2012 年第 1 期。
⑥ 咸春龙：《中国个人所得税流失及其成因研究》，中国经济出版社 2012 年版，第 25 页。
⑦ 吴武清，汪成杰，陈敏：《中国税收流失测试与评估研究》，科学出版社 2012 年版，第 4 页。

现实生活中形形色色的税收流失现象，也不利于更全面地研究、把握税收流失问题，甚至可能将税收流失的责任不恰当地归责于征税机关。因此，无论从理论研究的角度，还是从税收实践研究的角度考虑，税收流失的定义不应只局限于逃税和任意减免税。

第二种观点：税收流失是指各类纳税人利用各种手法窃取税款，造成税收收入减少的一种经济现象①。根据这一观点，税收流失的结果表现为税收收入的减少，而为达到这一目的，纳税人可以使用各种手段，既包括非法的手段，也包括合法的手段。虽然这一定义的概括性比较强，但是以此来界定税收流失仍不够全面。在税收实践中，虽然纳税人纳税意识是导致税收流失最主要的原因，但也不可否认，由于征税人以及社会其他方面的原因而导致的税收流失现象也极为严重。

第三种观点：税收流失是税务部门应该征收而实际上没有征收入库的税收收入，即应收未收的税收收入。这一观点被绝大多数学者特别是财税领域的实际工作者认可。然而，究竟什么是应收未收的税收收入，即以什么标准来判断税务部门是否应该征收，大致又有两种意见：

一种意见是以现行税法的有关规定或者是法定税率来作为判断应收未收的标准，即"按照现行税法或法定税率的规定应该征收的税额与实际入库的税额两者间的差距"②。例如，关于电子商务税收流失的调查显示：电商 2013 年的交易额高达 5 万亿元，而 2013 年全国社会消费品零售总额为 21.03 万亿元，5 万亿元的交易额占到全社会商品零售额的 1/4，电商企业不纳税对传统零售企业有失公平，国家也将为此流失 1000 亿元的税收③。

另一种意见则从完善税制的角度出发，认为我国目前客观上存在一个较为理想的"最佳税制"或"最佳宏观税率"，按照这种理想化的税制或税率来计算征收的税收额，就可以近似地作为目前的应征收税额，而应征收税额与实际税收征收额之间的差距，就可以视为税收流失。例如，有的学者认为，"中国目前税制中存在严重的欠缺，有的税种应该开征而没有开征，使得部分税源未能开发出来，这也是一种税收流失"④。而这种以最佳税制或最佳宏观税率作为判断税收流失标准的看法，往往又会因为各人对究竟什么样的税制和宏观税率与目前中国的情况相适宜的看法不同而难以达成一致。

税收流失作为一种客观存在的社会现象，之所以对它的定义存在着上述种种差异，一方面是由于税收流失本身的多样性和复杂性，导致对它的认识尚有待加深，另一方面则说明学术界对税收流失内涵与外延的发掘还不够深入和透彻。笔者认为，税收流失作为一种社会经济现象，是纳税人或利益相关者通过故意的方案筹划或行为安排，或由于对现行税收政策法规理解的偏差，或由于税务机关未能尽责等原因导致国家税收收入缺失的现象。它不仅是一种经济结果，而且也是一种行为过程；它既包括了纳税人恶意筹划或疏忽大意而导致的税收少缴或不缴的情况，也包括征税机关因执法不严甚至权力寻租而导致的税收少征的情况。而税收流失的外延则涵盖了逃税、骗税、漏税、避税、抗

---

① 叶青，黄运武：《国税流失与 94 新税制》，武汉工业大学出版社，1994 年版，第 1 页。

② 王传纶：《完善现行税制是当前迫切的任务》，载《税务研究》1997 年第 11 期。

③ 中国行业研究网：《电商不纳税国家每年流失税收情况调查》，http：//www.chinairn.com，2013.3.11。

④ 叶青，黄运武：《国税流失及 94 新税制》，武汉工业大学出版社 1994 年版，第 276 页。

税、欠税、越权减免税等，以及具有税质特性的多项基金、规费等政府收入。它在本质上是违背税收立法目的或违反税收法律法规的行为，应该受到处罚或纠正。

基于上述分析，税收流失的概念可做如下界定：税收流失是纳税人或利益相关者违背税收立法目的或违反税收法律法规，通过故意的方案筹划或行为安排，或由于征税者对税收政策理解的偏差、管理的缺失乃至权力寻租而导致国家税收收入减少的现象。税收流失与国家财政制度、税收体制和征税机制有着密不可分的关系。它不仅是一种经济结果，而且是一种行为过程。税收流失概念的外延则涵盖了逃税、骗税、避税、抗税、欠税、越权减免税等。

第二节
税收流失的研究范围与分类

确定税收流失的研究范围并进行分类，不仅有利于进一步揭示税收流失概念的内涵与外延，而且也有利于对税收流失进行全面和系统的把握与分析，从而为有针对性的治理提供条件和指导。鉴于我国政府收入或者说包括税收收入或具有税收特质的政府收入事实上存在的“三种口径”以及现行财税制度、财税体制、管理机制的客观现实，税收流失的研究范围确实很难界定。笔者认为，大口径范围的税收收入是年度政府全部收入的总和，包含公共财政收入、政府性基金收入、社会保险基金净收入、国有企业上缴国库的国有资本经营收入等。中口径范围的税收收入是年度公共财政收入的总和，包含税收收入和财政部门组织的非税收入等。而小口径范围的税收收入是指由现行税法规定的、由税务部门和海关部门组织的收入，是公共财政收入的主要部分。关于这个问题，著名财税学家安体富、高培勇均有专门论述，高培勇教授 2011 年 1 月在其《减税须从认清政府收入格局做起》一文中曾做过完整的表述。表 1.1 是中国财经战略研究院马珺研究员根据这一思想经过统计分析后的计算结果。

表 1.1　中国大口径宏观税负水平（2012 年）

项目	数量（亿元）	占政府收入的比重（%）	占 GDP 的比重（%）
公共财政收入	117253.52	63.96	22.59
其中：税收收入	100614.28	54.88	19.39
非税收入	16639.24	9.08	3.21
政府性基金收入	37534.9	20.47	7.23
其中：政府性基金收入（不含土地）	8642.6	4.71	1.67
国有土地出让收入	28892.3	15.76	5.57
社会保险基金收入	33223.46	18.12	6.40
其中：公共财政对社会保险基金的补贴	6185.17	3.37	1.19
社会保险基金净收入	27038.29	14.75	5.21

续表

项目	数量（亿元）	占政府收入的比重（%）	占 GDP 的比重（%）
国有资本经营收入	1495. 90	0. 82	0. 29
其中：中央国有资本经营收入	970. 68	0. 53	0. 19
地方国有资本经营收入	525. 22	0. 29	0. 10
政府收入合计	183322. 61	100. 00	35. 33

就税收的本质特征而言，政府收入应该视为税收收入。从这个意义上讲，对政府全部收入构成进行分析，有利于深刻理解党的十八届三中全会关于“稳定税负”的精神，通过清费立税等改革，完善现行税制的内涵，全方位、多层次地治理税收流失，提高政府财政治理能力，增强全民税法遵从意识，维护国家经济安全。为了研究问题的方便，笔者仅从国家财政收入中的税收收入入手，将研究对象的范围仅限于小口径的税收收入流失问题，即以现行税法为参照标准，凡是按照现行税法规定应该缴纳的税款而没有足额缴纳的，或者违背税法立法精神的，都属于这个范围所研究的内容。当然，这并不意味着各级政府及其有关部门所组织的非税收入、政府性基金收入、社会保险收入、国有资本经营收入以及各类规费等不存在流失问题。税收流失口径界定见表 1. 2。

表 1. 2　　税收流失口径界定

口径类型	范围界定	备注
大	年度全部政府收入的总和	
中	年度全部财政收入的总和	
小	税务部门和海关组织的收入	本书研究对象

根据上述研究范围的界定，对税收流失现象拟从以下几个方面进行分类（见表 1. 3）。

表 1. 3　　税收流失的分类

分类标准	内容
经济领域	包括地上经济税收流失和地下经济税收流失等
产生原因	包括制度性税收流失、管理性税收流失、遵从性税收流失等
纳税人的经济性质	包括国有企业税收流失、涉外企业税收流失、集体企业税收流失、私营企业税收流失、股份制企业税收流失、个体工商户税收流失、个人税收流失等
涉及税种	包括增值税税收流失、消费税税收流失、营业税税收流失、企业所得税税收流失、个人所得税税收流失、资源税税收流失、房产税税收流失、印花税税收流失等
经济结构	包括第一产业税收流失、第二产业税收流失、第三产业税收流失等
行业	包括制造业税收流失、采掘业税收流失、服务业税收流失、房地产行业税收流失等
税收流失范围	包括国内税收流失、国际税收流失等

如表 1. 3 所示，税收流失可分为以下类型。

第一，按照税收流失发生的经济领域划分，税收流失可分为“公开经济”税收流失和“地下经济”税收流失。

公开经济又称地上经济，是指已纳入国民经济核算体系并在国家有效控制范围内的经济活动以及由此获得的收入，与之相应的税收流失主要包括地上经济中存在的各种形式的税收流失。这是一种显性税收流失。

“地下经济”又被称为隐形经济、非正规经济、黑色经济、并存经济、灰色经济等。它一般是指逃避政府法律法规的约束与监管，其产值和收入未纳入国民生产总值，也不向政府申报纳税的所有经济活动。作为一种被国际社会公认为“经济黑洞”和客观存在的事实，它不仅存在于合法经济领域中，而且也存在于非法经济领域中。它涉及生产、流通、分配、消费等各个经济环节，是当前世界范围内的一种普遍现象。由于地下经济活动不按规定办理税务登记，或虽办理登记却不按规定申报纳税，其结果是使实际纳税人少于潜在纳税人，实际税基小于潜在税基，从而减少了税收收入，造成所谓“地下经济”税收流失。这是一种隐性流失。

第二，按照导致税收流失发生的原因划分，税收流失可分为制度性税收流失、管理性税收流失和遵从性税收流失。

制度性税收流失是指因税收法律制度的不完善而导致的税收流失。在现实中，导致制度性税收流失的主要原因和方式有以下几种：（1）制度缺位造成的税收流失，如电子商务的发展给人们的消费方式带来了巨大变革，商业模式的转换对已有税收制度无形中产生了重要影响，针对电子商务税收制度的缺位导致电子商务交易中的消费税、增值税、所得税、印花税等各项税款大量流失；（2）制度滞后造成的税收流失，如针对纳税人的税务登记制度、纳税申报制度等相对落后，不能适应制度创新，不能确保申报与纳税的真实性而导致的税收流失；（3）制度差异和制度不协调造成的税收流失，如不同国家对于跨国贸易的税收制度的差异导致的税收流失；（4）制度滥用造成的税收流失，如地方政府越权制定各种税收优惠制度和政策造成了大量的税收流失。

管理性税收流失是指由于税务管理机关在税收管理过程中有法不依、执法不严或监控不力而导致的流失。按照税收征收管理过程，即税收征收管理综合流程，可分为税收征收管理基本流程缺失导致的税收流失，征纳双方税收数据（信息）不对称、税务机关数据情报管理缺失导致的税收流失，税收风险管理机制缺失导致的税收流失等。

遵从性税收流失是指因纳税人缺乏纳税意识，不能够依法履行纳税义务而发生的税收流失，其特点是侵蚀税基并多见于地下经济领域。它又可以分为自私型不遵从、无知型不遵从、情感型不遵从和侥幸型不遵从4种情况。其中，自私型不遵从是指纳税人为了使自身利益最大化而无视公共利益，千方百计逃避纳税义务造成税收流失的情况。无知型不遵从是指由于纳税人的文化水平和对税法的认知水平较低，使纳税人无法正确掌握法律法规的规定而导致少缴或不缴税款而造成的税收流失。情感型不遵从是指纳税人因对某些政府行为和政府财政支出透明度、对税收负担和税收征收行为的不认同，导致其不履行或不完全履行纳税义务而造成的税收不遵从和税收流失。侥幸型不遵从是指纳税人因对税务机关的税收征管活动存在侥幸心理而导致的税收不遵从和税收流失的情况。

第三，按纳税人的经济性质划分，税收流失可分为国有企业税收流失、涉外企业税收流失、集体企业税收流失、私营企业税收流失、股份制企业税收流失、个体工商业户税收流失、个人税收流失等。

第四，按涉及的税种划分，税收流失可分为增值税税收流失、消费税税收流失、营业税税收流失、企业所得税税收流失、关税税收流失、房产税税收流失、印花税税收流失等。由于每一具体的税种在纳税人、课税对象、税率及计征方法等税制构成要素方面彼此不同，因此每种税的流失难易程度、规模大小以及引起流失的主要原因等都有可能存在一定的差异。根据税种来划分税收流失，能够结合每一税种具体的税收制度规定来分析税收流失的原因和特点，分析该税种的具体征收政策规定中存在的漏洞，从而能根据各税种的具体情况提出有针对性的治理防范对策，也有利于对各税种的税收流失状况进行比较研究。

第五，按经济结构或者行业划分，税收流失可分为不同产业（行业）税收流失，如第一产业的税收流失、第二产业的税收流失、第三产业的税收流失；根据行业特点，可以将其划分为不同行业的税收流失，如房地产行业税收流失等。

第六，按税收流失的范围划分，税收流失可分为国内税收流失和国际税收流失。

除上述分类外，国内外学者对税收流失还从其他不同的角度进行了分类。例如，根据税收流失发生的环节，将其分为征纳环节发生的税收流失、入库环节发生的税收流失和退税环节发生的税收流失等。

第三节
税收流失与相关概念之间的关系

在国内外学术界，由于学者们研究税收流失的目的、视角、侧重点和所要解决的问题、采用的研究方法、治理对策各有不同，其研究结果亦存在较大差异，而且在涉及的一些基本概念上也表现出很大不同。为了有利于进一步研究，笔者认为有必要对这些相关概念进行进一步的讨论，如表 1.4 所示。

表 1.4　　税收流失与相关概念之间的关系

	相关概念		是否为税收流失
	大类	小类	
税收流失	逃避缴纳税款	—	是
	骗税	—	是
	避税	国外	是
		国内	是
	税基侵蚀	良性税基侵蚀	否
		恶性税基侵蚀	*
	税收缺口	—	否
	税收额外损失（税收超额负担）	—	否
	税收收入损失	—	否
	税收规避	税务机关或法院依法认定合法	否
		税务机关或法院依法认定避税	是

备注：“*”表示：恶性税基侵蚀由于原因不同，其是否属于税收流失界定不同，详见表 1.4 附表。

表 1.4 附表　　恶性税基侵蚀界定明细表

原因	是否为税收流失
逃避缴纳税款（逃税）	是
税收低估	是

一、偷税

2001 年 4 月 28 日颁发的由全国人大修订后的《税收征收管理法》第六十三条对偷税进行了明确的界定："纳税人伪造、变造、隐匿、擅自销毁账簿、记账凭证，或者在账簿上多列支或者不列、少列收入，或者经税务机关通知申报而拒不申报或者进行虚假的纳税申报，不缴或者少缴应纳税款的，是偷税。"对偷税，中国《刑法》和《税收征收管理法》都有明确的惩处规定。因此，无论是财税理论界还是实务部门，都把偷税视为税收流失的一种主要形式，列为税收流失研究和防治的重点。

然而在学理上，由于纳税是纳税人依据法律的规定，将自己的部分财产所有权让渡给国家的行为，故在纳税人未履行纳税义务之前，这部分财产还是属于自己的财产，在此情况下，即使纳税人拒绝履行纳税义务，用"偷税"这个词语来表达也是不够准确的，不符合人们对"偷"字约定俗成的解释和用法。因为纳税人拒绝履行纳税义务的目的，正是为了逃避缴纳税款。故将"偷税"改为"逃避缴纳税款"就比较符合事实。经过学者们多年的研讨和法治实际工作者的共同努力，2009 年《刑法修正案（七）》中将"偷税"改为"逃避缴纳税款"。本书在后续章节中也不再使用"偷税"这一概念，而代之以"逃避缴纳税款"，并将之简化为"逃税"。

二、逃税

逃避缴纳税款是指纳税人采取欺骗、隐瞒手段进行虚假纳税申报或者不申报，逃避缴纳税款数额较大并且占应纳税额 10% 以上的；扣缴义务人采取欺骗、隐瞒手段，不缴或者少缴已扣、已收税款，数额较大的即构成逃避缴纳税款罪的行为。

在我国学术界，目前对这一概念有两种不同的用法。一种是把它与偷税的概念混用，而且往往把它们放在一起使用，如"偷逃税"的说法就是如此。另一种情况是把它作为一个类概念来使用，指包括了逃税、骗税、抗税等种种形式的导致税收流失的情况。在这种意义上，它实质上与税收流失的概念是相同的。如上所述，《刑法修正案（七）》对刑法第二百〇一条的修改，使逃税犯罪具有了确定的内涵，在对现行《税收征收管理法》第六十三条的修改建议中，其提法已与刑法第二百〇一条的内容相一致。因此，按照《刑法》的规定来界定和把握逃税的概念较为准确。

关于"逃避缴纳税款"即"逃税"的处罚，新修订的《刑法》规定：如果纳税人采取欺骗、隐瞒手段进行虚假纳税申报或者不申报，逃避缴纳税款数额较大并且占应纳税额百分之十以上的，处三年以下有期徒刑或者拘役，并处罚金；数额巨大并且占应纳税额百分之三十以上的，处三年以上七年以下有期徒刑，并处罚金。扣缴义务人采取前款所列手段，不缴或者少缴已扣、已收税款，数额较大的，依照前款的规定处罚。对多次实施前两款行为，未经处理的，按照累计数额计算。基于此规定，有第一款行为，经税务机关依法下达追缴通知后，补缴应纳税款，缴纳滞纳金，已受行政处罚的，不予追究刑事责任；但是，五年内因逃避缴纳税款受过刑事处罚或者被税务机关给予二次以上行政处罚的除外。

三、骗税

对于骗税概念有广义和狭义两种不同的理解。狭义上的骗税主要指的是纳税人骗取国家出口退税款的行为。这与我国现行的《税收征收管理法》第六十六条和《刑法》第二百零四条对骗税和骗税罪的规定相一致。而广义上的骗税，不仅包括了骗取出口退税款的行为，而且还包括了其他的行为，如骗取国家税收优惠政策、非法获取税收收入的行为，以及以虚假项目欺骗税务机关和税务人员，从而逃避缴纳税款或者骗取退税的行为等。但在本书研究中，我们还是使用狭义上的骗税概念。

四、避税

根据联合国税收专家小组的观点，避税相对而言是一个比较不明确的概念，人们很难用普遍接受的措辞对它做出定义。尽管如此，人们还是试图给避税下一个定义。例如，国际财政文献局在 1988 年出版的《国际税收辞汇》中认为："避税一词，指以合法手段（legal means）减少其纳税义务（tax liability），通常含有贬义。例如，该词常用于描述个人或企业，通过精心安排，利用税法的漏洞、特例或其他不足之处来钻空取巧，以达到避税的目的。"[①] 而更多的学者则认为，避税可以界定为纳税人利用法律上的漏洞或含糊之处来安排自己的事务，以减少本应承担的纳税数额。"虽然避税行为可能被认为是不道德的，但是，纳税人的行为不具有欺诈的性质"[②]。但是，"利用法律上的漏洞或含糊之处"达到"减少本应承担的纳税数额"的目的，这是违背立法者立法意图的，也是政府反避税的原因。正因其形式合法但又违背税法意图，学术界和各国政府对避税的性质认定上出现了较大的分歧。关于避税，比较典型的观点有以下五种：

第一种观点认为，避税是合法的，因为它是采取合法的手段进行的。它虽然钻了法律的空子，但毕竟没有违反法律，不会导致法律后果。

第二种观点认为，避税是一种间接违法行为。其理由是避税虽然表面上没有违反税法，但实际上却是逃避税法规定的应税行为，减少了国家的税收收入，造成税负不公平和不平等的竞争环境，应该予以追究。

第三种观点认为，避税是一种中性行为。其理由是避税是适用合法的方式进行的，纳税人也不具有欺诈的性质，因而是一种不违法的行为。但由于它给国家的财政收入及税负公平原则造成了危害，故它也是一种不合法的行为。

---

① 《国际税收辞汇》，国家税务局税收科学研究所译，中国财政经济出版社 1992 年版，第 23 页。

② 转引自齐利兴，肖波：《我国反避税体系的局限及其立法完善》，载《南京审计学院学报》2013 年第 2 期。

第四种观点认为，避税有合法与不合法或正当与不正当之分。正当的、合法的避税行为为节税，不正当的、不合法的避税行为为逃税。其理由是避税和尽量减轻自己的税收负担是每个投资者和经销商天经地义的、普遍的心态。

第五种观点则认为，避税一方面违背了立法者的立法意图，另一方面其采取的形式又是合法的，因此，很难说它是合法的或是非法的。它的合法性应该完全由各国的国内法来加以界定。也就是说，这种定义下的避税行为在一国是合法的，而在另一国未必合法。具体界定需要通过各国间的协调与合作。

由上述五种观点的表述可见，正是由于对避税的性质界定存在分歧，故导致无论是理论界还是实务部门，对于避税与逃税的区别都存在争议。有些学者认为，“避税和逃税之间的区别不是直截了当的，人们可以将它们看成是一个连续统一体”①。

从上述观点的表述中，可以归纳出学术界和实务部门对避税问题认识的三个共同点：

第一，避税不管在形式上是合法的还是不合法的，实质上都是违背立法目的的，是立法者所不希望看到的。因此，它暴露出了税法或税收制度缺陷所在，是税收中的灰色地带，所以必将成为未来税法重点解决的问题。

第二，由于避税会导致纳税人税收负担的减轻或免除，这对于其他的纳税人而言是不公平的。同时，由于避税行为不仅会导致国家税收收入损失，而且会产生示范效应导致更多的税收流失，因此大多数国家在修订完善有关税收法律和征管机制的同时，会加大反避税的调查和处理，通过纳税调整等手段对纳税人的避税行为进行纠正，使其承担应该承担的纳税义务。也正是出于这样的考虑，我国现行《税收征收管理法》和《企业所得税法》中都规定了反避税的原则和调整方式。

第三，由于避税与逃税等之间的关系不是十分清楚，因此在现实中就面临着非常大的风险。一般而言，在反避税调查中，对于明显的避税行为，一般不对其进行行政处罚，而只是进行纳税调整。但对于一些比较复杂难以判断的行为，由于税务机关认定上的不确定性，可能会加大纳税人避税的风险和成本。

五、其他

在国内外研究税收流失的文献中，经常出现税基侵蚀和利润转移（base erosion and profit shifting，简称 BEPS）、税收缺口（tax gap）、税收损失（tax loss）、税收收入损失（tax revenue loss）、税收规避（tax dodging）等概念。虽然这些概念与税收流失的概念在内容上非常相近，但仍然存在一定的差别。

（一）税基侵蚀和利润转移

在现实税收活动中，税基侵蚀的表现形式多种多样，原因也十分复杂。它既有征税方的原因导致的，也有纳税人的原因导致的；既有积极主动的税基侵蚀，也有消极被动的税基侵蚀；既有良性的税基侵蚀，也有恶性的税基侵蚀。但一般而言，与税收流失密切相关的是恶性的税基侵蚀，它是指由于征税人通过设置额外税收优惠政策等原因导致

① 转引自齐利兴，肖波：《我国反避税体系的局限及其立法完善》，载《南京审计学院学报》2013 年第 2 期。

的税基减小或纳税人由于避税、逃税等原因导致的税基减小。

根据阿里·贝亚和麦克思·弗兰克的观点，税基侵蚀的范围包括逃税、税收低估、避税和税式支出，其中税收低估和税式支出显然是由于政府或征税人的原因造成的。税收低估一般有两种情况：一种是明显违法的，是指某些地方税务征管部门违反税法的规定采用承包税收定额的方法来计算征收税额，使得纳税人实际缴纳的税额比按照税法的规定应该缴纳的税额要少，国内把这种现象称为包税。另一种情况则有争论，即对一些小规模纳税人实行的定额征收。由于征纳双方信息不对称，管理难度大，税源不稳定，税务部门往往对纳税人定税不足，这也是税收低估的一种方式，是一种灰色的税收流失。

另外，随着经济全球化的深入发展，全球一体化的经营模式、各个国家或地区税收制度的差异，以及避税地、低税区的存在，特别是一些国家或地区为吸引外来投资进行的税收竞争，在不同程度上为跨国企业实施跨国避税提供了空间和土壤。跨国企业避税主要表现在将利润转移至低税或无税地，侵蚀了其他国家的税基，这种现象被称为“税基侵蚀和利润转移”。这是一种典型的国际税收流失。

税式支出是指税法为了照顾纳税人的某些特殊情况或为了实现某些特殊的扶持目的而给予减轻或免除税收负担的各种优惠规定。一些学者从税收优惠和税收减免造成税收收入减少或损失这一角度出发，认为中央政府通过税收优惠减免的安排而主动放弃的税收收入也是税收流失的一种，是政策型税收流失。而地方政府违背中央政府意图，擅自或随意扩大税收优惠范围和税收减免，则是一种不当的政策性税收流失，会削弱中央政府的税收权威，抑制税收功能作用的发挥，同时会造成税收不公、税基侵蚀，使政府大量的税收流失。

（二）税收缺口

税收缺口一般是指应收税款和已收税款之间的差额。税收缺口与税收流失之间存在明显区别，原因如下：第一，应收税款一般都是按照某一模型通过对宏观经济规模计算而得出的，而在对宏观经济规模进行统计时，一般不包括地下经济。因此，这样计算出来的税收缺口就比实际情况要小一些。第二，在已收税款中一般还包括了滞纳金和罚款，这样计算出来的税收缺口就比实际情况要小一些。第三，由于已收税款中不包括延期纳税所造成的欠税，从理论上延期缴纳的税款最终是要缴纳的。因此，如果把这一部分税款计算进去的话，则税收缺口就要更小一些。第四，由于在现实税收活动中存在税务机关不同程度的不作为导致应收未收，会造成已收税款数量减小，故会导致税收缺口的增大。总之，税收缺口与税收流失之间由于上述四方面的原因而存在一定的差别，故要用税收缺口来说明税收流失还存在一定的局限性。

（三）税收损失和税收收入损失

税收损失一般是指税收所造成的效率损失，即由于税收制度存在某些“缺陷”，会使全社会的资源配置产生扭曲而造成效率损失，国内也称之为税收的超额负担。税收收入损失虽然是指税收收入减少的损失，但通常只表示税收收入减少这一结果，而非通常所说的税收流失，既表示税收收入减少的结果，也包括造成这种结果的各种现象、行为和动态的过程。

（四）税收规避

税收规避一般被认为是对英语词组 tax dodging 的汉译。国内有学者认为它与避税的概念相同，但实际上，由于纳税人从事税收规避行为时的主观心态并不是如同避税或税收筹划那样明确，也难以从其客观行为中体现出来，因此，它的性质就不能简单地加以确定，而必须要等到纳税人缴纳税款后，再由税务机关或法院依据法律法规的规定加以认定。如果税务机关认定纳税人的行为是合法的，则此种行为属于税收筹划，应该受到法律的保护，由此造成少缴的税款，也不构成税收流失。如果税务机关认定纳税人的行为是避税，则税务机关会根据法律法规的规定实行反避税措施，并对应纳税额进行调整，要求其补缴税款和相应的滞纳金、罚款等，并最终与纳税人达成一致的意见。如果纳税人不认同税务机关的认定，就可能构成行政争议，纳税人就可能会提出行政复议，甚至最终提起行政诉讼，由法院来做出裁决。而对于恶意避税造成税款流失数额较大、构成涉税犯罪者，则要移送司法机关进行侦查起诉，最终由法院认定其是否构成犯罪。从这种意义上来讲，税收规避既可能是合法的，也可能是非法的，甚至有可能构成涉税犯罪。而且，只有非法的甚至构成犯罪的税收规避才会造成税收流失，而合法的税收规避并不构成税收流失。

第二章

税收流失：基于博弈论的视角

第一节
博弈理论与特征

一、博弈论与经济学的融合

博弈论（又称对策论）是美国数学家冯·诺伊曼（Von Neumann）在1937年提出的，后来，冯·诺伊曼和奥斯卡·摩根斯坦（Morgenstern）1994年联手出版了《博弈论与经济行为》（*The Theory of Games and Economic Behaviour*）一书，首次将博弈论运用到经济学中。进入20世纪80年代以来，博弈论已和现代经济学融为一体，成为主流经济学的一部分。1990年，D. M. 克里普斯（D. M. Kreps）出版了第一本研究生教材《微观经济学教程》（*A Course in Microeconomic*），完整地把博弈论融入标准的微观经济学之中，被人们称为是博弈论对微观经济学的一场革命。1992年，由让·拉丰（Jean Laffont）编辑的《经济理论的进展——第六届世界博弈论大会》收录了当时最著名的6位博弈理论家和经济学家的论文，系统介绍了博弈论及应用方面的最新发展。

1994年的诺贝尔经济学奖授予了对博弈论做出开创性贡献的三位博弈论专家和经济学家：J. 纳什（J. Nash）、J. 海萨尼（J. C. Harsanyi）和R. 泽尔腾（R. Selten），表明了博弈论在主流经济学中的地位及其对现代经济学的影响与贡献。1996年的诺贝尔经济学奖授予了对信息经济学做出开创性贡献的J. 米尔利斯（J. Mirrlees）及W. 维克里（W. Vickrey），而2001年度的诺贝尔经济学奖再次授予了对信息经济学做出突出贡献的阿克洛夫（G. A. Ackerlof）、司宾斯（A. M. Spence）和斯蒂格里茨（J. E. Stiglitz），而所谓信息经济学即为用博弈论方法分析研究不完全（不对称）信息下的经济问题的理论，是博弈论在经济研究领域的一个应用分支。2005年诺贝尔经济学奖得主奥曼（Robert

J. Aumann）和谢林（Thomas C. Schelling）这两位学者，将博弈论思想引入社会学领域，进一步发展了非合作博弈理论。谢林在博弈论方面的贡献在于首次定义并阐明了威慑、强制性威胁与承诺、战略移动等概念，将博弈论作为统一的分析框架，提出了“关键多数理论”这一理论归类，分析了单个人的决定最终导致出乎人们意料的集体行为的现象。奥曼的贡献在于对博弈论的基础问题进行了探究，其最著名的贡献是重复博弈。重复博弈是指同样结构的博弈重复多次，其中的每次博弈称为“阶段博弈”。奥曼发现，在很多现实情况中，长期合作关系的维系远比一次简单的际遇来得容易，因此短期博弈理论往往具有很多限制性。为此，他首先提出了完整详尽的无限期重复博弈理论，并严格论证了何种结果能够在长时期的关系中得到维持。埃尔文·罗斯（Alvin E. Roth）、罗伊德·沙普利（Lloyd S. Shapley）创建了“稳定分配”的理论，并进行了“市场设计”的实践，获得了2012年诺贝尔经济学奖。2014年的诺奖得主让·梯若尔（Jean Tirole）提出了著名的“防范串谋原理”：为了避免串谋带来组织效率的损失，对于一般性组织，委托人总可以设计一组新的机制或契约，通过转移支付等手段，使得代理人的收益超过他参与串谋的收益，从而抵消代理人参与串谋的积极性。

如表2.1所示，1994～2014年，诺贝尔经济学奖6次授予在博弈论及其应用领域做出重大贡献的经济学家，充分反映了博弈理论在经济理论研究中的前沿地位和国际经济理论界对该理论的高度重视。

表2.1　　诺贝尔经济学奖与博弈论

<table>
<tr><th>年份</th><th>获得者</th><th>得奖原因</th><th>获奖时
所在机构</th></tr>
<tr><td rowspan="3">1994年</td><td>约翰·海萨尼
(John Harsanyi)</td><td rowspan="3">这三位数学家在非合作博弈的均衡分析理论方面做出了开创性的贡献，对博弈论和经济学产生了重大影响</td><td>美国加州大学</td></tr>
<tr><td>约翰·福布斯·纳什
(John Nash)</td><td>美国普林
斯顿大学</td></tr>
<tr><td>莱因哈德·泽尔腾
(Reinhard Selten)</td><td>德国波恩大学</td></tr>
<tr><td rowspan="2">1996年</td><td>詹姆斯·米尔利斯
(James A. Mirrlees)</td><td rowspan="2">米尔利斯在信息经济学理论领域做出了重大贡献，尤其是不对称信息条件下的经济激励理论；维克里在信息经济学、激励理论、博弈论等方面都做出了重大贡献</td><td>英国剑桥大学</td></tr>
<tr><td>威廉·维克里
(William Vickrey)</td><td>美国哥伦
比亚大学</td></tr>
<tr><td rowspan="3">2001年</td><td>乔治·阿克洛夫
(George Akerlof)</td><td rowspan="3">为不对称信息市场的一般理论奠定了基石，他们的理论迅速得到了应用，从传统的农业市场到现代的金融市场，他们的贡献来自于现代信息经济学的核心部分</td><td>美国加州大学</td></tr>
<tr><td>迈克尔·司宾斯
(A. Michael Spence)</td><td>美国斯坦福大学</td></tr>
<tr><td>约瑟夫·斯蒂格利茨
(Joseph E. Stiglitz)</td><td>美国哥伦
比亚大学</td></tr>
</table>

续表

年份	获得者	得奖原因	获奖时所在机构
2005 年	罗伯特·约翰·奥曼（Robert J. Aumann）	通过博弈论分析促进了对冲突与合作的理解	以色列耶路撒冷希伯来大学理性分析中心
	托马斯·C. 谢林（Thomas C. Schelling）		美国马里兰大学经济系和公共政策学院
2012 年	埃尔文·罗斯（Alvin E. Roth）	创建了“稳定分配”的理论，并进行了“市场设计”的实践	美国哈佛大学
	罗伊德·沙普利（Lloyd Shapley）		美国加州大学
2014 年	让·梯若尔（Jean Tirole）	对市场力量和管制的研究分析	法国图卢兹经济学院

二、博弈理论的特征

博弈论作为一种关于行为主体策略相互作用的理论，已形成一套完整的理论体系和方法论体系，具有下列特征。

（一）基本假设的合理性

博弈理论的基本假设有以下几点：一是强调个人理性，假设当事人在进行决策时能够充分考虑到他所面临的局势，即他必须并且能够充分考虑到人们之间行为的相互作用及其可能的影响，能够做出合乎理性的选择；二是假设博弈参与者将最大化自己的目标函数，通常所选择的是使其收益（或效用）最大化的策略。从社会生活的实际看，这两个假设应该而且是符合人们的心理规律的，因为在各种情形中各行为主体都有自己的利益或目标函数，都面临着选择问题，在客观上也要求他选择最佳策略。博弈论的这种基本假设是非常现实和合理的。

（二）研究对象的普遍性

随着社会经济的发展，人们的行为之间存在相互作用与相互依赖，不同的行为主体及其不同的行为方式所形成的利益冲突与合作，已成为一种普遍现象。一切涉及人们之间利益与冲突的问题、一切关于互斗或竞争的问题，都是博弈理论的研究对象。

（三）逻辑思维的前瞻性

博弈理论极具思想的趣味性，作为一种思维方法，它把看似简单的游戏规则运用于具体实践中，使人们对问题的认识和分析站在战略的高度、换位思考的角度和对战术中的细节关注来把控事件发展的全过程，其逻辑思维之缜密无与伦比。

（四）研究方法的独特性

作为一种重要的方法论体系，博弈理论有其独特的研究方法，表现在如下几个方面：

一是运用集合论、泛函分析、实变函数、微分方程等许多现代数学方法和分析工具，具有明显的数学公理化方法特征，从而使博弈理论所分析的问题更为精确。二是把现实世界中人们之间各种复杂的行为关系进行高度抽象，概括为行为主体间的利益一致与冲突，进而研究人们的策略选择问题，从而抓住了问题的关键和本质。三是博弈分析方法所体现的模式化特征。博弈论方法的四个基本要素为博弈参与者、博弈规则、行动策略、收益函数，任何一种博弈论分析都离不开这几个要素，这意味着博弈论为人们提供了统一的分析框架或基本范式，在这一框架中构建的经济行为模型分析了各种情形中的信息特征和动态特征，从而使博弈理论能够分析和处理其他数学工具难以处理的复杂行为（如非均衡和动态问题），成为对行为主体间复杂过程进行建模的最适合的工具。四是博弈理论方法所涉及的学科的综合性。在博弈分析中，不仅要应用大量的现代数学知识，还涉及经济学、管理学、心理学和行为科学等学科领域。

（五）研究内容的实践性和应用范围的广泛性

现实社会中人与人之间行为的相互作用及利益冲突与一致性的普遍存在，要求人们面对局势进行策略选择。现实社会中广泛存在的合作与非合作博弈、完全信息与不完全信息下的博弈等事实，使博弈理论的研究内容和应用范围十分广泛，涉及政治学、社会学、伦理学、经济学、生物学、军事学等许多领域，在经济学中的应用尤为突出。

（六）研究视角的创新性

博弈理论是从战略的角度来研究决策的方法论，通过站在他人角度审视形势，考虑到对方的目标、价值观以及面临的选择，利用尽可能多的对其偏好的思维来确定对方会怎样做。在对方可能选择的决策基础上，再做出最符合自己目标和价值观的决策。该理论以决策者是理性的为基本假设，在做出决策或解决问题时总是站在他人角度审视互动，以他人的立场预计解决问题的方法，有利于人们做出最佳决策并使自身利益最大化。

（七）研究结论的真实性

博弈分析从根本上强调当事人之间行为的相互作用和影响（即个人的收益或效用函数不仅取决于自己的选择，而且还依赖于对手的选择），同时把信息的不完全性作为基本前提之一，这使它研究的问题及所提示的结论与现实非常接近，具有真实性。

博弈理论的上述特征，使其在经济学中有着极为广泛的运用，尤其是在信息经济学方面，博弈理论更是“无孔不入”。比如，信息经济学研究的是在非对称信息情况下的最优交易契约，又称机制设计理论。它研究的是一类广泛存在的委托—代理关系问题，它把拥有私人信息的参与者视为代理人，把不拥有私人信息的参与者视为委托人。现实经济中存在着大量的委托—代理关系问题，如股东与经理、中央与地方、政府与企业、税务机关与纳税人等。在现实生活中，信息是不完全的，即博弈双方不可能快捷、无成本地获取信息，信息的发布方和需求方拥有的信息量是不对称的，信息的发布方总会有意无意地隐瞒或者省略一些对自己不利或对自己竞争有利的信息，信息的需求方在获取和证实这些信息时是要花费成本的。

第二节 征纳双方的博弈

税收征管中存在着大量信息不对称问题。所谓税收信息不对称，是指税务机关掌握的经济税源信息和纳税人自身所掌握的经济税源信息存在差异。从质上说，后者掌握的信息要比前者真实；从量上讲，后者掌握的数量要比前者大。这一真一假、一大一小之间存在着不对称。受利益的驱使，纳税人不可能将税源信息向税务机关和盘托出，税务机关也难以掌握完整、真实的经济税源。在现实生活中，由于受获取和求证信息征管成本的制约，征管方不可能确知所有纳税人关于纳税的真实情况，正是因为信息的不对称性与信息收集不确定性的存在，纳税人产生了逃税的动机和行为。税收经济信息不对称的问题在世界各国普遍存在，但和西方发达国家相比，我国的税收经济信息不对称问题尤为突出。产生这个问题的根源主要有以下几点：

第一，纳税主体繁杂。与改革开放以前相比，当前我国的纳税主体发生了巨大变化，由单一的国有、集体性质的纳税主体发展为多种性质的纳税主体并存，尤其是中外合资、私营、股份制、个体性质的纳税主体在改革开放30多年来迅猛增加，市场竞争日益激烈，纳税人隐匿税源信息的手段也不断发展变化，越来越隐蔽、复杂。在这个过程中，尽管我国税务干部队伍不断发展壮大，征管力量不断加强，但仍然和迅速发展的纳税主体的变化不相适应。税务机关搜集、掌握经济税源信息的能力落后于经济的发展形势。

第二，税收的外部条件有所限制。现实的社会环境条件使我们无法做到翔实地掌握所有经济税源信息。比如，伴随着宽进、简化的工商登记制度改革和多类税务行政审批事项的取消、下放，企业在工商部门的信息登记中的不实与税务部门应掌握的征税信息的不对称极为突出。另外，现实中存在的企业在银行多头开户、大量的现金交易、商业零售企业不开票销售，还有为数不少的公款私存等现象，也使税务机关难以真正了解一般纳税人的销售收入，更难以掌握大量的小规模纳税人的销售额，以至于税务机关在确定小规模纳税人的应纳税额时，不得不迁就纳税人，在很大程度上依据纳税人自己提供的扭曲了的税源信息来确定。要解决经济税源信息不对称的问题，单靠税务机关的积极努力是远远不够的，还必须依靠包括工商、海关、银行、司法和社会各界共同组成协税护税网络来实现。目前，一些西方发达国家已经做到了这一点。由于种种客观原因，我国的协税护税网络非常脆弱、运转无力，对解决税源经济信息不对称问题所起的作用并不很大。

第三，税务机关自身也存在一些问题，如人员素质不高的问题、征管改革后实行集中征收而出现的税源控管缺位的问题等。

税收经济信息不对称的现象广泛存在于各个税种、各种经济成分的纳税主体中间，其中尤为突出地存在于个人所得税的征收管理中。在这方面，我国和一些发达国家存在着很大的差距。随着多元经济的不断发展和越来越多高收入人群的出现，税收经济信息不对称的问题会更突出。这就为逃税行为提供了更多的可乘之机。

对于纳税人来说，其目标是如何使自己在最小被查获情况下（成本最小）获取最多的逃税款（在分析中，我们抛开了个人觉悟等因素，而单纯从经济人的角度来分析）。我们知道，纳税人逃税的处罚成本随着征管方征管力度加大、征管成本的上升而增加。纳税人逃税的净收益等于其逃税的收入减去逃税成本。当逃税边际净收益为零时，即逃税边际收入等于逃税边际成本时，纳税人逃税的净收益最大。假定逃税的处罚成本是固定的，纳税人逃税被查获的可能性就主要决定于征管方的征管力度，所以纳税人逃税的边际成本主要决定于征管方。可以从征管方的角度来分析纳税人逃税的情况。征管方要依法征收尽可能多的应征税款，但从经济学角度来看，征管方的最终目的是要使扣除征管成本（指征管方的征管成本，其中包括征管机构本身发生的管理费用，征管人员的福利、工资及具体的征管费用等）后上缴国家的税收额最大。当征管方边际收入等于边际成本时，上缴给国家的税收最多，此时征管机构的运行是最有效率的，纳税人应缴纳的全部税收额与征管方的征收额之间的差额就是纳税人最佳的逃税额。

在税收博弈结构中，参与人双方即纳税人和征税者各有两种纯战略选择，即逃税和不逃税，稽查和不稽查，两者之间存在混合战略纳什均衡。在纳税申报制度下，假定纳税人是风险中性者，且稽查的边际收入大于稽查的边际成本，并排除纳税人用应纳税款贿赂税务稽查人员等特殊情况，纳税人获得的预期收益以其可支配收入表示，在欺骗征税者逃税时是 $y-tx$，逃税被查出罚款后为 $(1-t)y-\pi(y-x)$。其中，y 是纳税人的实际所得，为外生变量，纳税人知道而税务机关不知道；t 是税率，为正的常数；x 是向征税者的申报所得，为纳税人的决策变量，$x\leqslant y$；π 是税务机关查出后对未申报所得征收的罚款率，$\pi>0$。诚实申报纳税后的支付为 $(1-t)y$。税务机关得到的预期收益是考虑稽查成本和补税罚款后的净入库收入，不稽查时在纳税人逃税和不逃税情况下分别为 tx 和 ty；对某一纳税人进行稽查需要花费固定成本 ψ，这时在纳税人逃税和不逃税情况下净税收入分别是 $ty+\pi(y-x)-\psi$ 和 $ty-\psi$。参与人的预期收益如图 2.1、表 2.2 所示。

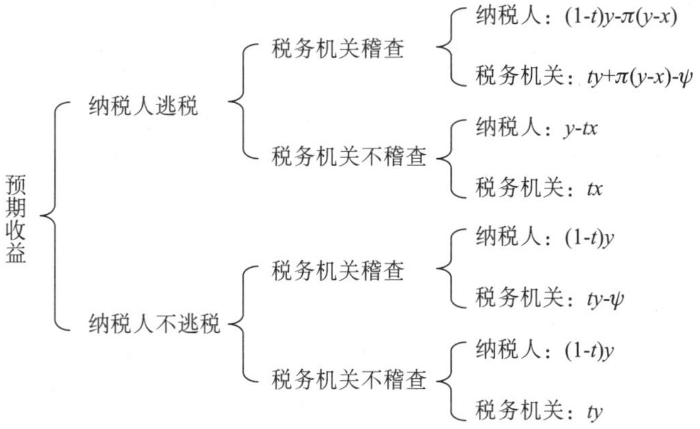

图 2.1　征纳双方预期收益博弈模型

表 2.2 征税人与纳税人对应不同纯战略组合的收益矩阵

预期收益		征税人	
		稽查	不稽查
纳税人	逃税	$(1-t)y-\pi(y-x)$，$ty+\pi(y-x)-\psi$	$y-tx$，tx
	不逃税	$(1-t)y$，$ty-\psi$	$(1-t)y$，ty

假定税务机关分别以 ρ 和 $1-\rho$ 的概率选择稽查和不稽查，纳税人以 γ 和 $1-\gamma$ 的概率选择逃税和诚实申报。给定 ρ，纳税人选择逃税和不逃税的预期收益分别为：

$[(1-t)y-\pi(y-x)]\rho+(y-tx)(1-\rho)$ 和 $(1-t)y\rho+(1-t)y(1-\rho)$

求解两者相等时的 ρ，$\rho^*=t/(t+\pi)$。即如果税务机关稽查的概率 $\rho<\rho^*$，纳税人的最优选择是逃税；如果 $\rho>\rho^*$，纳税人的最优战略是诚实申报；如果 $\rho=\rho^*$，则纳税人随机决定逃税还是不逃税。

给定 γ，税务机关选择稽查和不稽查的期望收益分别是：

$[ty+\pi(y-x)-\psi]\gamma+(ty-\psi)(1-\gamma)$ 与 $\gamma tx+ty(1-\gamma)$

同理，求解两者相等时的 γ，$\gamma^*=\psi/(y-x)(\pi+t)$，即如果纳税人逃税的概率 $\gamma<\gamma^*$，税务机关的最优选择是不稽查；如果纳税人逃税的概率 $\gamma>\gamma^*$，税务机关的最优选择是稽查；而当 $\gamma=\gamma^*$ 时，税务机关随机决定稽查与否。因此，税务博弈得出的混合战略纳什均衡是 $\rho^*=t/(t+\pi)$，$\gamma^*=\psi/(y-x)(\pi+t)$，即税务机关以 $t/(t+\pi)$ 的概率稽查，纳税人以 $\psi/(y-x)(\pi+t)$ 的概率选择逃税。

从上述分析可见，纳税人逃税的概率与应纳税款的多少（y，t）、对逃税的惩罚 π，以及稽查成本 ψ 有关。具体说来，纳税人逃税的概率与稽查成本成正比，与逃税惩罚轻重成反比，即对逃税惩罚越重，纳税人逃税的概率就越小；稽查成本越高，纳税人逃税的概率就越大。而稽查成本又取决于征管方机构的合理分布及各机构的征管效率，所以可从加大逃税处罚力度、合理分布税收征管机构及提高征管效率等方面来抑制逃税行为，减少税收流失。

逃税行为在我国被稽查的概率比一些发达国家要低，这也是我国逃税者较多的原因之一。就已被查获的逃税者来说，笔者认为其代价必须是为逃税行为承担法律责任。这个代价应该包含两方面的内容：一是名誉上必须付出的代价；二是经济上必须付出的代价。对于前者，发达国家要比我国严厉得多，逃税者一旦被发现，信用破产，名誉扫地，达官庶人，概莫能免；而在我国，逃税者在“厌税”观念阴影的庇护下，名声并不狼藉。虽然我国每年也对一些骗税者施行法律制裁，但和被查出来的逃税“大军”相比，数目微乎其微，更何况还有大量的逃税者未受到查处而逍遥法外。对于后者，我国的惩罚力度也比一些国家弱得多。这些国家的逃税者在经济上付出的代价是倾家荡产，人财两空，甚至身陷囹圄。在我国，对逃税者的经济处罚在某种程度上可谓“心慈手软”，甚至只动其皮毛而不伤其筋骨，惩罚力度轻也助长了纳税人的逃税行为。

随着改革开放和民主法制建设的不断完善，以及国民税法遵从度的提高，政府征税行为与纳税人纳税行为的博弈，正在由“矛盾双方”向“和谐共赢”的方向转变。同时，在法治、伦理道德等因素的约束下，税务管理在发展演变过程中，也由“执法”范式向“服务”范式、“信用”范式转变（参见表2.3）。

表2.3 不同税收征管范式的特征与实现路径

类型	形式	路径
“执法”范式	在该范式下，税务机关将纳税人作为潜在的罪犯来看待，重点就是通过反复的检查和严厉的处罚来对违法行为进行制止。这是历史上税务机关常规的范式，它与基于犯罪经济学的税收标准经济模型相一致	除“纳税登记、纳税检查、税款征收”外，可采用：除非纳税人说明收款个人或公司，否则不允许其对现金进行扣除；要求选中的纳税人提供更多的信息；扩展源泉扣缴，甚至扩大各地区间的信息共享，以及各地区和中央政府间的信息共享
“服务”范式	该范式的依据是：税法遵从这一付出将获得政府提供的服务作为回报。在承认执法作用的同时，也承认税务管理在促进并向纳税公民提供服务上的作用	提高“消费者友好度”，将纳税人视为客户，而不是潜在的罪犯
“信任”范式	它与道德、社会规范和其他“行为经济学”因素在遵从决策中的作用相一致	推进纳税文化变革和税收信用体系建设，倡导与纳税人共同构建和谐征纳关系

第三节
博弈理论的启迪

征税者是代表国家行使税收权力的公务人员，征纳双方的博弈，绝不是一种对抗性博弈，实质上是一种非对抗性的博弈，即非零和博弈，这是我们对税收管理最本质的界定。正是基于这一认识，在讨论税收中的博弈这个问题时，对税收征纳双方的博弈，从税务征收管理的角度，可从三种完全不同的管理范式来理解：一是传统的“执法”范式。在该范式下，税务机关将纳税人作为潜在的罪犯来看待，重点就是通过反复的检查和严厉的处罚来对违法行为进行制止。这是以往税务机关常规的范式，它与基于犯罪经济学的税收标准经济模型及其偷税概念的界定相一致。二是“服务”范式。该范式的依据是：税法遵从这一付出将获得政府提供的公共服务作为回报。在承认执法作用的同时，也承认税务管理在促进并向纳税公民提供服务上的作用。它强调以服务为导向，从提高“消费者友好度”的角度，将纳税人视为客户，而不是潜在的罪犯。三是以税法遵从为导向的“信任”范式。它与道德、社会规范和其他“行为经济学”因素在遵从决策中的作用相一致。

由此可见，博弈理论给我们的启示是：税务管理所追求的最佳目标是征纳双方都能做到对税法的认真遵从，并由此实现和谐征纳关系的构建。而实现这一目标的基础，是相互间的真诚与信任，是伦理与道德的自我约束，更是法治税收构筑的基石。只有做到

“执法”范式、“服务”范式和“信任”范式的有机结合，形成合力，才能从真正意义上理解和谐征纳关系的构建与维护纳税人合法权益，以及执法为民、聚财为国的本质特征。这对于我们在治理税收流失工作实践中从理论与实践的结合上理解税法的刚性与执法的柔性间的关系，理解基层纳税服务的规范与优质纳税服务的重要性，理解税收信用（特别是“失信者黑名单”）的公示所产生的威慑，以及商事制度改革中所实施的负面清单、权利清单和监督机制创新对税务管理改革的促进，“数字人事”和税务文化建设的路径探索，无疑具有重要的意义。

第三章

税收流失：基于新制度经济学的视角

第一节
新制度经济学对制度的解释

从博弈理论分析可知，治理税收流失首先需要确立科学完整的税收制度、税收体制和实施机制等规则体系。因此，在分析税收流失的过程中，将新制度经济学理论引入征纳双方的博弈分析中就显得尤为重要。

一、制度的内涵

对规则的定义可谓众说纷纭。由于经验和理论结构不同，人们所看到的规则“风景”，也自然是“横看成岭侧成峰，远近高低各不同”。

在制度学派的开山鼻祖凡勃伦（Thorstein B. Veblen）那里，规则被理解为一种自然习俗，由于习惯化和被人们广泛接受，这种习俗便成为一种公理化和必不可少的东西。而在制度学派的另一位祖师康芒斯（John R. Commons）眼中，制度无非是集体行动控制个人行动。安德鲁·斯考特（Schott）对制度的定义是：“社会的全体成员都赞成的社会行为中带有某种规律性的东西，这种规则具体表现在各种特定的往复发生的情境之中，并且能够自行实行或由某种外在权威施行。”新制度经济学普遍接受的是诺斯对制度的定义。诺斯（Douglass Cecil North）认为，制度是一个社会的游戏规则；或者更规范地说，制度是构建人类相互行为的人为设定的约束。制度包括正式规则（如宪法、普通法、规章等）、非正式规则（如行为规范、习惯和道德约束等），以及它们的实施特征（enforcement characteristics）。另外，美国经济学家 T. W. 舒尔茨教授也对制度的定义做过经典性的论述。舒尔茨教授把制度定义为一种行为规则，这些规则涉及社会、政治及经济行为。例如，它们包括管束结婚与离婚的规则、支配政治权力的配置与使用的宪法中所内含的规则，以及确立由市场或政府来分配资源与收入的规则。用中国话讲，没有规矩就不成方圆。在舒尔茨看来，制度是为经济提供服务的。他在其《制度与人的经济价值的不断提高》（该文曾获得《美国农业经济学杂志》授予的杰出论文奖）一文中对制度进行了经典性的分类：（1）用于降低交易费用的制度，如货币、期货市场等。（2）用于影响生产要素的所有者之间配置风险的制度，如合约、分成制、合作社、公司、保险、公共社会安全计划等。（3）用于提供职能组织与个人收入流之间的联系的制度，如清晰产权关系、维护劳动者的其他权利等。（4）用于确立公共品和服务的生产与分配的框架的制度，如高速公路、飞机场、学校和农业试验站等。

沿着舒尔茨的思路，我们还可以将不同类型的制度列举下去。在上面列举的制度中，有些属于较古老的制度，如货币制度即是其中的一种，有些属于较“年轻”的制度，如期货市场、保险制度等。

在新制度经济学分析框架里，制度作为研究的对象，有着丰富的内涵。

（一）制度是一种社会规则

制度是为了调整人与人之间的相互关系，而人与人之间的关系之所以需要调整，则是因为资源相对于人们的欲望和需要总是稀缺的。从社会福利的角度看，为了充分地利用稀缺资源，人们可以通过各种方式实行合作；但从个体利益的角度看，为了争夺稀缺资源，人们又有着相互冲突的竞争。制度的出现正是为了协调个体之间的利益冲突，构建稳定的社会秩序。

（二）制度通常具有公共产品的性质

公共产品是指在消费上具有非排他性而且具有正外部性的产品。比较典型的公共产品有国防、警察和广播电视系统等。由于制度是一种公共产品，制度的供给过程中就不可避免地会遇到“搭便车”的问题，这是因为，既然少数人创造出来的制度到头来总要给所有的人分享，人们不免会期待别人去出头露面，自己则坐享其成。另一方面，在有些情况下，非排他性也意味着“强迫性消费”。由于人们的主观效用不同，所以，制度面前人人平等反而意味着一种制度总是要对一部分人有利，而要强迫另一部分享受不到利益的人接受它。

（三）制度与人的动机、行为有着内在的联系

从深层次看，历史上的任何制度，都是当时人的利益及其选择的结果。根据马克思主义的基本原理，社会的生产力发展水平及经济基础决定着上层建筑、意识形态及其制度的形成。但这与制度形成中的成本—收益计算以及利益均衡并不冲突。新制度经济学家反复强调，新制度经济学应该从现实的组织体制出发，同时也要从现实中的人出发。因为实际的人是在由现实制度所赋予的制约条件中活动的。人们的任何社会经济活动都离不开制度，什么事能做，什么事不能做，实际上就是一个制度（即规则）问题。正统经济学理论也讲人的动机及行为，但它们假设人是理性地追求效用最大化的。在新制度经济学看来，人理性地追求效用最大化是在一定的制约条件下进行的。这些制约条件就是人们“发明”或“创造”的一系列规则、规范等。如果没有制度的约束，那么人人追求效用（或收入）最大化的结果，只能是社会经济生活的混乱或者低效率。

（四）制度的出现首先是为了降低人们相互交换中的不确定性

同时，制度又提供了一个社会的激励机制。所谓社会的激励机制，就是要解决个人收益率和社会收益率的不一致。有效的激励机制，能使个人从事生产性努力的收益率，接近于或至少正比于社会从他的这种努力中得到的收益率。遗憾的是，并不是所有的制度都能够提供有效的激励机制。有的制度安排鼓励的反而是分配性的努力，也就是经济学文献中常见的“寻租行为”。虽然这两种活动在本质上都是人们的寻利活动，但是其方式和效果却截然相反。寻租者所寻之租实质上都是人为的行政垄断造成的超额利润，所以寻租活动的盛行会酿成政府对市场运行的过度干预。而且，如果寻租者比寻利者更有利可图，就会使得各种宝贵的社会资源浪费在对租金的追逐上，生产活动尤其是创新活动则会受到极大的损伤。

二、制度的构成

制度通过提供一系列规则界定人们的选择空间，约束人们之间的相互关系，从而减少环境中的不确定性，减少交易费用，保护产权，促进生产性活动。现代经济社会对制度的构成或制度结构的剖析，是制度分析的基本理论前提。新制度经济学认为，制度提供的一系列规则由社会认可的非正式约束、国家规定的正式约束和实施机制所构成。这三个部分就是制度构成的基本要素。

（一）正式约束

正式约束（formal constraints）是指人们有意识创造的一系列政策法则。正式约束包括政治规则、经济规则和契约，以及由这一系列的规则构成的等级结构，从宪法到成文法和不成文法，到特殊的细则，最后到个别契约，它们共同约束着人们的行为。

新制度经济学者尤其注意政治规则与有效产权形成的关系，他们认为，只有在一项规则即产权的预期收益大于其成本的情况下，才能导致产权的出现。在这种规则的等级结构中，政治规则的有效性是产权有效的关键。如果有明确的政治规则规范着政治当事人的活动，政治的交易成本很低，有效产权就会产生。反之，就会出现无效产权。例如，如果人们把大量资源投到政治交易活动中，那么生产性活动就会受到抑制，结果财产再分配领域的收益率就会大于生产领域的收益率。

如果人们对政治权力追逐的收益率大于对产权追逐的收益率，那么人们就会投入精力与“资本”去追逐政治权力，从而在再分配领域实现个人收入的最大化。在这种情况下，只有有效的政治规则才能纠正这种扭曲的资源配置。或者说，只有制度创新或用制度的力量才能抑制（或最大限度地减少）权钱交易、寻租、腐败等诸如此类的问题。

（二）非正式约束

非正式约束（informal constraints）是人们在长期交往中无意识形成的，具有持久的生命力，并构成代代相传的文化的一部分。从历史来看，在正式约束设立之前，人们之间的关系主要靠非正式约束来维持，即使在现代社会，正式约束也只占整个约束很少的一部分，人们生活的大部分空间仍然由非正式规则来约束。一般来说，非正式约束包括对正式约束的扩展、细化和限制，以及社会公认的行为规则和内部实施的行为规则。非正式约束的产生减少了衡量和实施成本，使交换得以发生。但是，非正式约束又存在一定的局限性。如果没有正式约束，缺乏强制性的非正式约束，就会提高实施成本，从而使复杂的交换不能发生。

非正式约束主要包括价值信念、伦理规范、道德观念、风俗习性、意识形态等因素。在非正式约束中，意识形态处于核心地位，因为它不仅可以蕴涵价值观念、伦理规范、道德观念和风俗习性，而且还可以在形式上构成某种正式制度安排的“先验”模式。对于一个勇于创新的民族或国家来讲，意识形态有可能取得优势地位或以“指导思想”的形式构成正式制度安排（或正式约束）的“理论基础”和最高准则。

非正式约束中的一项重要内容是习惯。这里首先要把“习惯”与“习俗”区别开来。在英文中，前者是“habits”，后者是“customs”。这里所使用的“习惯”一词，可以定义为所有在正式规则无定义的场合起着规范人们行为的作用的惯例或作为“标准”的行为。而“标准行为”在规则没有定义的场合，通常只能表现为前人或多数人或年长的人的榜样式行为。“习惯”于是可以被理解为由文化过程和个人在某时刻以前所积累的经验所决定的标准行为。熊彼特认为，若没有习惯的帮助，无人能应付得了每日必须干的工作，无人能生存，哪怕是一天。尼尔森和温特尔（Nelson & Winter）认为，一种行为若能成功地应付反复出现的某种环境，就可能被人类理性（工具理性）固定下来成为习惯。诺斯称这种过程为“习惯性行为”（habitual behavior），他因此认为，“制度”的功用在于告诉人们关于行为约束的信息。

（三）实施机制

制度构成的第三个部分是实施机制。人们判断一个国家的制度是否有效，除了看这个国家的正式规则与非正式规则是否完善以外，更主要的是看这个国家制度的实施机制是否健全。离开了实施机制，那么任何制度尤其是正式规则就形同虚设。“有法不依”比“无法可依”更坏。历史上以“人治”为主的国家，并不是没有制定法律，而是没有建立起与法律制度配套的实施机制。因此，在新制度经济学看来，在经济活动的复杂交换中，交换品具有许多有价值的特征，衡量成本很高，实施不可能自动进行，欺骗、违约行为会阻碍复杂交换的出现，因此必须建立制度为合作者提供足够的信息，监测对契约的偏离，通过强制性的措施保证契约的实施。

实施机制的建立根源于以下几个原因：一是交换的复杂程度。交换越复杂，那么建立实施机制就越有必要。在农业社会，人类没有建立质量监督检查之类机构的必要。二是人的有限理性以及机会主义行为动机也促使制度实施机制的建立。三是合作者双方信息不对称，这就容易导致对契约的偏离。强制性的实施机制是任何契约能够实施的基本前提。

检验一个国家的制度实施机制是否有效（或是否具有强制性），主要看违约成本的高低。强有力的实施机制将使违约成本极高，从而使任何违约行为都变得不划算，即违约成本大于违约收益。经济学家分析表明，当某人从事违约行为（也可变为违法行为）的预期效用超过将时间及另外的资源用于从事其他活动所带来的效用时，此人便会选择违约。因此，一些人成为违约者不在于他们的基本动机与别人有什么不同，而在于他们的利益同成本之间存在的差异。

在现代经济社会中，人们把正式规则与非正式规则都界定为一种契约关系。

假定违约同违约被发现的可能性、同违约后的惩罚、同从事合法与其他非法活动可得到的收入、违约意愿等其他变量之间存在着某种关联，这种关联可用函数表示：

$Q^j = Q^j(p^j, f^j, u^j)$

其中，Q^j 表示特定时期的违约数量，p^j 表示每桩违约被发现的可能性，f^j表示每桩违约被发现后的惩罚，u^j 代表所有其他影响的混成变量。因为只有判定违约，违约者才会受到惩罚，所以实际存在一种“价格的差别待遇”和不确定性：如果判定违约，那么他将因此为每违约支付f^j，否则他将分毫无损。p^j 或f^j的任何增加（实施机制的强化）都会减少违约行为的预期效用，因而减少违约数量。

制度实施机制的主体一般都是国家。或者说，交换者总是委托国家来执行实施职能。为什么要由国家来充当制度实施机制的主体，我们将在后面有关章节进行分析。既然是交换者委托国家执行实施职能，那么交换者与国家之间就会形成委托—代理关系。国家能否有效行使代理职能（或实施职能）至少受两大因素的影响：第一，实施者有自己的效用函数，他对问题的认识和处理要受到自己利益的影响。第二，发现、衡量违约和惩罚违约者也要花费成本。强化实施机制有利于社会的正常运转与物质财富的增加，倘若国家财政出现困难，就不得不降低维持实施机制的费用支出。发展中国家制度实施机制的“软化”与其财政困难、资金短缺不是没有关系的。

三、税收制度的有效性

一项制度安排如果能够有效发挥作用，必然符合以下准则：

第一，该制度安排必须具有一般性（generality）。换句话说，制度不应该在没有确切理由的情况下对不同的行为人或对不同的环境实施差别待遇。哈耶克（F. A. Hayek）在其1973年出版的《法律、立法与自由》（*Law*, *Legislation and Liberty*）一书的第一卷《规则和秩序》（*Rules and Orders*）中将一般性定义为“适用于未知的、数目无法确定的个人和情境”。

第二，该制度安排必须在两种意义上具有确定性（certainty）：首先它必须是可认识的或者说明晰的；其次它必须就未来的环境提供可靠的指南。因此，确定性规则意味着，正常的公民应该能够清晰无歧义地看懂制度安排所传递的信号，清楚地知道违规的后果，并能够恰当地使自己的行为符合制度安排的要求。含糊、多变的法律、法规违背了确定性原则。

第三，制度必须具有开放性，以便允许行为人通过创新行动对新环境做出反应。以上三项准则又被总称为普适性原则（universality）。普适性属于人们所理解的公正（justice）的组成部分。违背普适性原则一般都会削弱对制度安排的服从和规则的明晰性，并因此而削弱制度的规范性、协调性品质。

第四，制度安排必须具有可实施性。在法律、法规的制定上，这一点非常关键。不能仅仅出于善良的愿望（譬如说为了保证公平）就制定某些表面上看起来很好的法律、法规。事实上，一个不满足可实施性要求的法律、法规，不仅不能发挥其所希望发挥的作用，还常常会带来严重的负面效果：首先，由于不具备可实施性，从而无法贯彻实施，其结果是破坏了法律、法规的尊严，使人们形成了有法可以不依的认识；其次，不具备可实施性的法律、法规不仅不能实现其立法意愿，往往还会产生与其立法意愿截然相反的结果。亚当·斯密和哈耶克都曾经指出："通向地狱的路是用良好愿望的砖石铺砌成的。"这句话所指的就是那些尽管具有良好意愿但是并不恰当的制度安排。

制度经济学的这些观点对税收制度的制定与实施具有很大的借鉴意义。一般而言，有关税收的各项法律、法规和制度也应当满足一般性、确定性、开放性和可实施性要求。但在现实中，由于制度制定者的个人能力、水平的影响以及一国整个的社会政治、经济、言论环境的制约，应当承认，一个国家的税收法律法规和制度想完全满足这四项准则较不容易。事实上，许多国家的税收法律、法规和制度都在这些方面存在或多或少的问题，从而在一定程度上给一些纳税人提供了逃税的空间，也给一些税务人员提供了"寻租"空间，而最为恶劣的税企勾结，联手作案，则进一步助长了逃税现象的发生。

第二节 税收正式制度的缺位

税收活动是一种典型的制度安排。一方面，税收活动作为一项由国家主导的制度安排，它不仅包括了正式的制度约束和非正式的制度约束，而且也包括了明确的制度实施机制，典型地体现了制度经济学的主要内容和核心观点。另一方面，税收流失的客观存在和可测度性从另外一个侧面也典型地体现了制度约束缺位所带来的经济后果和社会影响。因此，与预期效用最大化法和博弈论对税收流失的成因分析不同，运用制度经济学的理论和方法，就可以从另外一个角度对税收流失的成因进行分析和论证。

按照制度经济学的基本观点，税收管理的正式制度主要是指法律制度，它具有国家的政治意志和实施强制的权力。对于违反正式制度的行为所施加的惩罚永远是正式的惩罚。同时，国家又需要对税收正式制度的执行者进行专门的监督，以防止滥用权力。根据内容和目标，正式制度可分为三种类型：第一类是一般性的行为规则，目的在于约束一般纳税人的行为，表现为税收法律的形式。第二类是具有特殊目的的规则，主要在于指导纳税人达成某种预定的结果。这类规则包含在一般的税收法律之中，但主要出现于更一般的法律授权而制定的细则之中。第三类是程序性规则，主要针对税收征收管理活动。在税收管理活动中，这三类正式的制度约束缺一不可。一般性的行为规则是纳税人普遍遵守的规则，特殊目的规则是纳税人从事某项具体的税收缴纳活动时所必须遵守的，而程序性规则是管理机构从事税收管理活动时所必须遵守的行为规则。三者相互配合，共同作用，以保证税收制度的运行和实施。

然而，在各国税收实践中，税收正式制度的缺失一直都是制约税收制度发挥功能的重要原因。究其原因，主要有三点。

一、税收制度的滞后性

因为无论立法者有着怎样广博的智慧，也不可能预见到法律制定之后所面临的所有问题。社会在发展的过程中总会产生各种新的法律关系，人们也会从事以往想象不到的各种活动。因此，面对纷繁复杂、层出不穷的新的社会现象，所有的法律都会存在滞后性的问题。不仅法律，几乎所有的上层建筑都是如此。税收是对纳税人参与市场经济活动取得的收入或利益的再分配活动，而市场经济的多样性和灵活性，使得纳税人的经济活动也具有多样性和灵活性。在此情况下，税收制度相比而言就总是处于滞后的状况。

二、税收制度的不确定性

确定性准则意味着正常的公民都能够清晰无歧义地看懂制度安排所传递的信号，清楚地知道违规的后果，并能够恰当地使自己的行为符合制度安排的要求。由于税收法律、法规制定过程中原则性大于灵活性，而过于复杂或者过于笼统，更为准确的说法也许应该是过于“含糊”，技术性过强，有时难以被普通公民准确理解，往往需要专业人员才能解释和应用它们。实际上，确定性准则要求法律法规应该尽可能简单明确并且在较长的时间内保持稳定性，让普通老百姓能够无歧义地理解，理解为什么交纳这些税，交纳多少。简单明确的税法、税规一方面便于普通公民准确地理解，增强其纳税的主动性和积极性，另一方面也有助于增强税收的透明性，有效减少税务人员包括寻租在内的各种腐败行为，有效地减少逃税现象的发生。纳税人依法纳税，税务机关依法收税，因为法规复杂含糊导致的逃税现象就会大大减少。如果税法规定得过于复杂或者含糊，普通公民难以理解，只有税务人员才能解释和应用，就会强化纳税人的逃税倾向和税务人员的寻租动机。纳税人不清楚自己到底该缴纳哪些税种，到底该缴纳多少，对纳税产生畏惧甚至抵触情绪，同时税务人员会产生寻租动机，损害税法的权威性。

在现实中，任何一项制度都是确定性和不确定性的统一。确定性的内容一般能够详尽地规定当事人的权利义务和行为方式，而不确定的内容则一般运用模糊的概念或条款授予当事人根据具体情况进行自由裁量的权力。税收制度也不例外。税收制度的不确定性主要表现在以下几个方面：

第一，它所使用的概念不确定。例如，许多国家的宪法或税法中都会规定纳税义务的分配必须满足“公平”、“平等”、“合理”的要求。而事实上，对于公平、平等、合理这样的概念，不同的时代、不同的国家、不同的制度制定者和执行者等会有不同的理解。因此，这就会造成在实践中人们对税收制度的理解的不确定性。

第二，由于人们的认识水平所限而造成的税收制度内容的不确定。例如，关于电子商务的税收问题，在许多国家由于税务管理机构对于电子商务本身的认识水平和电子商务税收制度的要求等认识还不够清楚，因此即使要制定一些相关的制度或规定，也比较原则和灵活，从而造成了它在具体内容上的不确定性。

第三，由于征税对象本身发展的不确定性而造成制度不确定性。这主要表现为一些新兴的经济活动或交易方式本身还处于发展过程中，如互联网经济等，因此对它征税的规定也就不可能非常细致和确定。

第四，税收制度本身存在的“空框结构”而造成的不确定性。由于税收制度本身都是抽象的，每一个行为规则针对的实际上都是对某一类具有共性的行为。因此，为了使规定具有更大的适用性和规范性，规则的制定者就必须对规则的内容进行高度的抽象和概括，从而使所制定的规则在许多情况下形成了一个一个的“空框”，造成了它的具体内容不够明确和确定。比如，每年企业所得税汇算清缴过程中，财政部和国家税务总局都要出台诸多关于企业所得税法实施细则的解释等。总之，由于税收制度的不确定性内容的存在，税收制度的供给不能够满足现实的需要。

三、税收制度的漏洞

凡法律皆有漏洞，税法亦然。依台湾大学葛克昌教授的观点，税法的漏洞可分为无意之漏洞与有意之漏洞两种。前者“系出于违反立法之计划性，即立法目的在法律成文化过程中未能充分之展现；立法者原有特定之计划，欲实现特定之立法目的，但在立法过程中未能成功。立法计划或目的在法定要件方面有所缺失，可能是立法者对全部生活事项考虑不周，亦可能立法当时该事项仍未能出现”。而后者则“系立法者对于某些事项有意不予规定，可能因立法者认为时机未成熟或有意让其法律效果由学说或判例来决定”[①]。显然，无论是哪种情况的漏洞出现，都会破坏税收制度的规范性，对税收制度的功能实现造成负面的影响。

第三节
税收非正式制度的弱化

非正式制度主要指那些对人的行为的不成文限制，是与法律等正式制度相对应的概念，一般包括价值信念、伦理道德、文化传统、风俗习惯、意识形态等，具有自发性、非强制性、广泛性和持续性等特点。税收的非正式制度对于税收意识形态和税收习惯发挥着更为重要的作用。相应地，税收意识形态和税收习惯的弱化就成为导致税收流失的重要原因。

税收意识形态是与一定社会的经济和政治直接相联系的税收观念、税收观点的总和。其中，税收的价值观是其最为核心的内容，它体现着税收关系中的不同主体对税收本质问题的认识和基本的观点。一般而言，科学的税收价值观会促进税收正式制度的实施，而不科学的税收价值观则会阻碍税收正式制度的实施；征税人与纳税人的税收价值观越是趋向于一致，就越有利于税收正式制度的实施，征税人与纳税人的税收价值观越是不

---

① 葛克昌：《税法基本问题（财政宪法篇）》，北京：北京大学出版社 2004 年版，第 84 页。

一致，则越不利于税收正式制度的实施。在我国，1978 年前计划经济时期不同程度存在的“非税论”观点不仅模糊了对税收本质的认识，税收制度实际上被虚化，而且在一定阶段“税收无用论”成为了一种主流的税收价值观。改革开放以来，随着“税收无用论”被否定，另一种极端的“税收万能论”又逐步成为一种价值观点，从而导致人们的税收价值观发生了新的错误和混乱，成为导致我国目前税收流失重要的非正式制度原因。

税收道德是税收意识形态的重要内容，它主要表现为对待税收活动方面的诚实与信任。根据经济学关于“经济人”的理论假设，没有人会喜欢纳税。他们会采取一系列的措施或手段来减少自己的纳税义务，而且在许多情况下会努力地做到这一点。事实上，纳税人选择纳税还是不纳税，仅从执法的角度进行考量，无法彻底解释人们的税法遵从行为。由于逃税者毕竟是少数人，而不是大多数人，这说明纳税人税法遵从行为还要受到其他因素的影响。这其中道德规范发挥了非常重要的作用。有关调查结果显示，遵从的纳税人会将逃税行为视为是“不道德的”；如政府向纳税人提出了“道德诉求”，纳税人的遵从度就会比较高，对逃税者是非常有效的威慑。因此，纳税人的整体道德水平将成为制约纳税人税法遵从的重要因素，也就成为制约这个国家税收流失的重要因素。世界上存在多种道德文化体系，相应的税收非正式制度也存在较大差别，但总体上可将其划分为两类：一类为高信任度的社会；另一类则为局部信任或低信任度的社会。高信任度的社会，纳税人的道德水平整体较高，故税法遵从的水平相对较高，税收流失的情况相对较少；而低信任度的社会，纳税人的整体道德水平相对较低，税收流失的情况相对较多。

文化是意识形态的基础。我国在发展社会主义市场经济的同时，也十分重视文化方面的建设，中国共产党第十七届代表大会第一次提出要提高国家文化软实力，党的第十八届代表大会再次重申了文化建设的重要性。在向市场经济体制转轨的过程中，作为政治文化一部分的税收文化也随着经济体制的变迁而处于变革之中。由于税收文化是由一系列的正式和非正式制度等要素构成的，当这些不同要素的发展速度不同时，就会出现税收文化的混乱和滞后现象。在我国税收文化传统中的不良税收文化因素尚未清除的情况下，这种现象就更加明显，如纳税人与征税人的地位不平等、征税方征税权的随意性、纳税人纳税意识的漠然性等。

纳税习惯是制约税法遵从的另一重要的非正式制度安排。在一些国家，由于长期持续的宣传教育，公民的纳税意识一般较高，普遍养成了依法纳税的习惯，在取得收入或从事经济活动时都能够比较自觉地履行纳税义务。我国由于公民税收教育方面的缺失和征收环节的间接性以及截流问题的存在，纳税人较少直接感受纳税行为，以至于纳税人的纳税意识和纳税习惯培养相对滞后，税法遵从度较低。

第四节
税收实现激励机制的缺失

经济机制理论将税收实现机制定义为达到纳税人诚实申报完税目标的规则制度设计。

完整的税收实现机制至少包括四个部分：

一是经济环境。假定一个经济社会有 N 个经济单位，每个单位 $i=1, 2, \cdots, N$ 的特征由其生产可能性集 Y^i、效用偏好 R^i 及初始资源 W^i（物质条件）等组成，记为 $e^i=(R^i, W^i, Y^i)$，所有经济单位的各种特征即经济环境为 $e=(e^1, e^2, \cdots, e^N)$。经济环境的集合记为 E，$e \in E$。

二是实现机制，包括信息空间和实现规则。假定在经济社会中企业和个人只有自己才知道自己的特征，即信息具有私有性，经济机制的一个作用就是把信息从一个单位传递到另一个单位。信息由经济环境决定，每个成员的信息空间记为 $M^i=(m^1, m^2, \cdots, m^K)$，他可以传递其信息空间中的任何一个元素（信息向量）给经济社会中的其他成员（包括政府），这个信息空间的元素可以是其所得、对商品的偏好关系或效用函数等。所有成员的信息空间组成全社会的信息空间 $M=(M^1, M^2, \cdots, M^N)$。另外，令 Z 表示纳税空间即每个纳税人组成的纳税集，$Z=(Z^1, Z^2, \cdots, Z^N)$。把信息的传递过程变为纳税过程需要一个税收实现规则，即有一个税收函数 f，它是从信息空间 M 到纳税空间 Z 的一个映射 $f: M \to Z$，$Z=f(M)$ 称为结果函数。

三是纳税人作为经济人的自利行为描述。这是对经济单位行为结构的描述，记为 b，是从经济环境空间 E 到信息空间 M 的一个映射 $b: E \to M$，即经济人按自利动机根据自己的经济特征 e^i，构成他准备向其他成员传递的信息，这样 $m^*=b(e) \in M$。行为 b 可能依赖于纳税结果规则 f，即对不同的税收分配规则有不同的利己行为。政府的治税目标 F，即每个人实纳税额等于他按税法规定的应纳税款，是纳税空间 Z 的一个子集合，$F \subseteq Z$，其含义是想要达到的治税目标是某种纳税的方案，这样，给定经济环境 e，纳税规则及所假设的自利行为准则 b，所导致的纳税结果是纳税规则和利己行为准则的复合函数，记为 $P: F \to Z$，$Z=P(e)=f[b(e)]$，称为表现函数。若 $Z \subseteq F \subseteq Z$，说明这样的税收实现机制是有效的。在具体内容上，这种有效的税收实现机制可能包括一系列适当的制度约束，如完善的市场制度、优化的财税制度、恰当的征管制度等。

四是信息和激励。信息和激励无论对正式制度还是非正式制度均极为重要，关键在于应真正发挥其应有的功能。信息管税的重要性体现在有效的税收实现机制必须通过一定的制度安排来传递纳税人的相关信息，如个人所得多少和对公共商品的偏好。市场交易制度能够解决前者，却不能保证后者。如果纳税人的一切交易均在市场上公开进行，其收入、所得和财产价值一般难以隐瞒和逃避监督，纳税人会趋于诚实申报纳税。因此，当市场经济趋于完善，消除了非货币交易和灰色交易以及非货币交易所得和非交易所得，隐蔽的收入就能由“暗”变“明”而显现化，反之，则可能导致因税收的不透明所造成的税收流失，这种情况无论在公开经济还是地下经济中都不同程度地存在。

以逃税为例，逃税实际上是一种隐瞒偏好的“搭便车”行为。由于市场经济的财政支出主要是用于提供公共产品，而公共产品具有不可分性、消费上的非竞争性和供给上的非排他性特征，即公共产品一旦被提供，任何人均可享受，它不能在市场上通过价格机制达到供求均衡，多数情况下只能由政府负责提供。于是，有的企业和个人不愿向政府提供他们对公共产品的偏好而不主动缴税来分担公共产品供给的成本，就会产生“搭便车”行为，即某些纳税人认为他只是无数纳税者中间的一员，其缴税供给资金与否对财政收入总规模影响不大，逃税后仍能坐享财政支出的收益。这样，基于财政的公共消费属性和纳税人“搭便车”的心态，逃税就是不可避免的。

激励机制的重要性在于：有效的税收实现机制必须有相适应的激励机制。激励机制就是鼓励纳税人诚实申报纳税和税务人员认真执法征税，降低监督费用。如果不存在这样的制度安排，税收机制将因缺乏必要的激励而失效并产生逃税，它典型地体现在“寻租”和“抽租”现象中。

逃税是寻租和抽租合力作用的结果，是激励机制缺位和软化的产物。“租”或者叫“经济租”，在经济学上原意是指一种生产要素的所有者获得的收入中超过这种要素机会成本的剩余。寻租是指维护既得经济利益或对既得利益进行再分配的非生产性活动，它更常见的是利用行政法律手段来阻碍生产要素流动或自由竞争以维护或获取既得利益。在现代混合经济社会中，纳税人要向政府缴税，税款属于国家权益，逃税就是通过非生产性方式占有已经创造出来的税收利益，因而是一种寻租行为。就政府而言，存在权力创租和抽租行为。前者指政府官员利用行政权力增加企业的利润而人为地创租，诱使企业向权力寻租者进贡作为回报；后者指政府官员故意提出某项会使个人或企业利益受损的政策作为威胁，利用手中的权力迫使企业或财富创造者分割部分既得利益来共享。在税收管理中，个别税务人员以权谋私，对纳税人逃税提供无形的庇护来进行政治创租或抽租就属于这种情况。

激励机制问题是委托—代理理论需要解决的重要问题。如博弈理论分析所述，经济学中的委托—代理关系泛指任何一种涉及非对称信息的交易。交易中有信息优势的参与者称为代理人，处于信息劣势的参与者为委托人。委托人和代理人的矛盾通过委托—代理合同来解决。对于委托人来说，只有使代理人获得效用最大化，才可能获得自身效用最大化，然而要使代理人采取效用最大化的行动，必须对代理人进行有效的激励。这样，委托人和代理人之间的利益协调问题，就转化为激励机制的设计问题。对税收管理来讲，在税务机关与纳税人的矛盾中，税务机关是委托人，纳税人为代理人；在各级税务机关的矛盾中（以中央与地方的矛盾为例），中央为委托人，地方为代理人。税务机关和中央在各自的博弈中，处于信息劣势，纳税人和地方处于信息优势。这样，在税收管理中，激励问题就成为：税务机关或中央怎样才能使纳税人或地方在达到自身利益最大化的同时，实现税收管理的目标。更进一步地讲，就是税务机关和中央如何使纳税人和地方在选择或不选择税收管理目标时，从自身利益最大化出发，自愿或不得不选择与税收管理目标相一致的行动。激励机制的核心就是：我怎样使某人为我做某事。

我们用以下简单模型表示的中央与地方委托—代理关系为例，进一步说明税收管理激励机制问题。设地方税务机关（包括地方国税和地税机关）征税工作量为 x，组织的税收收入为 $Y=f(x)$。假定 $S(Y)$ 为中央在地方完成税收收入后给地方的分成。从地方来看，征税工作必然有成本，记为 $C(x)$，$C(x)$ 为成本函数。总成本与边际成本随征税工作量的增加而增加。于是地方选择 x 的效用等于 $S(Y)-C(x)=S[f(x)]-C(x)$。

设代理人的保留效用为 u^*，即代理人不接受合同时能得到的最大期望效用，则有公式 3－1：

$$S[f(x)] - C(x) \geqslant u^* \quad (3-1)$$

在委托—代理理论中这被称为参与约束（participation constraint）。

对中央来讲，要求税收收入减去分成给地方的收入后剩余部分最大化，则有公式 3－2：

$$\operatorname*{Max}_{x} f(x) - S[f(x)] \quad (3-2)$$

一般情况下，地方至少希望 $S[f(x)] - C(x) = u^*$，代入公式 3－2 可得：

$$\operatorname*{Max}_{x} f(x) - C(x) - u^* \quad (3-3)$$

解此问题，令 $f'(x) = C'(x)$，即边际税收收入等于边际征税成本，图 3.1 可以形象地描述这一结果。

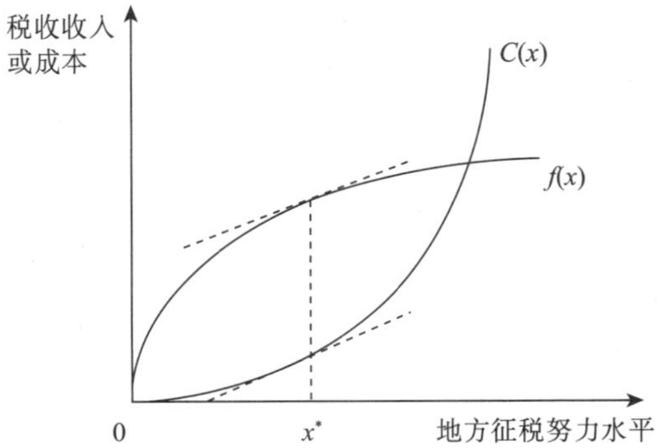

图 3.1 地方征税努力水平的决定

由图 3.1 可知，最大化将出现在使曲线 $f(x)$ 与 $c(x)$ 之间的垂直距离最大的地方政府努力水平上。在这个努力水平上，$f(x)$ 和 $c(x)$ 的斜率相等，说明边际税收收入与边际征税成本相等，显然 x^* 为地方使中央税收收入最大化而付出的努力水平，也是中央所希望的地方征税努力水平。

依据信息经济学有关理论，只有在信息对称的条件下，激励问题才能解决，即只有委托人能观测到代理人的努力程度时，帕累托最优努力水平才能实现。因为如果中央不能观测到 x，代理人将选择 $x < x^*$ 以改进自己的福利水平。因为税收收入的影响因素显然不只是征税努力，还受到其他因素的影响，地方可以将较低的税收收入归咎于其他不利因素的影响。中央不能观察到 x，自然不能证明较低的税收收入是代理人没有努力工作的结果。可见，激励机制作用的发挥，依然取决于信息是否对称。如果信息不对称，那么征税努力很难做到帕累托最优。当然，在信息不对称情况下，要实现征税努力水平与帕累托最优状态一致，还有一个办法，那就是代理人承担全部风险，即税收收入全部归地方。对地方来讲，没有外部效应，这样地方就像在为自己工作一样，不会有懒政的动机。但这显然不可行，税收收入全部归地方，中央就没有收入了。然而，它还是给我们提供了一个启示：边际税率和中央分成比例最好不要累进，边际递减会产生有利的激励效果，有些中央难以掌握信息的税种收入全部划归地方也不失为明智之举。

总之，税收管理激励机制问题的核心是：如何让纳税人和征税者说真话，前者做到不隐瞒，后者做到公开、公正、透明，不懒政；要通过法制、体制、机制的制度设计，来实现这个目标。以上分析还能得出以下两个结论：一是税收征收管理中信息体系建设至关重要，必须努力提高税务机关的信息管税能力、税收风险管控能力和税收征管综合能力；二是中央分成比例和税率的确定要考虑可能的信息能力和地方政府的积极性。只有充分调动中央与地方两个积极性，才能有效地提升税收管理的质量与效率，有效地遏制税收流失。

第四章

税收流失：基于风险管理与专业化管理的视角

第一节 税收风险管理

税收流失本质上是税源的流失，是税收风险在税收征收活动中的具体体现。自从有税收以来，税收流失与税收风险就相伴相随，前者是税收管理结果的反映，后者则是对税收管理模式的探索与效果评价。

随着多种所有制经济形式的快速发展，经济格局中形成了不同的利益群体，征纳双方的博弈冲突日见凸显。一是税源急剧扩大和税源变化日趋复杂，给税收征收管理工作提出了更高的要求；二是个体纳税理念即纳税支出与纳税人对政府提供服务的期望值不符，从而产生的税负不公也给税收管理工作带来了难度和阻力。若要实现依法征收、应收尽收，实现征管效能的最大化，就必须寻找科学有效的税收管理模式，对所管辖的纳税人采取科学合理的指标确定及其应纳税款实现的风险程度，按风险程度高低对企业进行分类分级管理，旨在最大限度地防止税收流失，以规避税收执法风险，创造稳定有序的征管环境，提升税收征收管理的质量和效率。

税收风险管理按其内容划分主要有两种：一是税源监管风险；二是税收执法风险。税源监管风险与很多因素有关，如税制结构不合理、税种设置不科学、征管环节过多、纳税手续繁杂以及税率不够适当、超出了纳税人的心理及经济承受能力、逃避税收得到的利益与被处罚应付出的预期代价的权衡等。这些因素都影响着纳税人决定是否采取逃避税收的行为，是税收征管中产生漏洞的潜在危机。对税款实行潜在的监控，遏制逃税行为的发生，实际上就是一种税源的风险监控与管理。在税源的监控和管理过程中，对生产经营者应缴纳税款的确定、征收、入库等，对税务公职人员在执法过程中违反税收法律法规的行为所引起的不利的法律后果，包括对税法及相关法律法规理解偏差产生执法过错带来的执法风险，以及执法程序不严谨、执法随意性大带来的执法风险和滥用职权、玩忽职守、徇私舞弊造成的执法风险等，这些情况在现实的税收管理活动中并不少见，如果税务机关执法手段、征管方式等不当，则可能诱使征纳双方矛盾激化，不仅不利于税源的监管，也会相应地使执法人员的执法风险加大。

第二节 税收风险与税收流失

由于风险具有不确定性，无论是在理论上还是实践中，只要涉及风险就一定是难点。在税务机关税收风险管理实践中，难免存在这样或那样的问题，致使税款不可能完全做到应收尽收。这可以从税源管理和税收执法两方面进行分析。

一、税源管理中存在税收流失风险

税源管理把潜在的税源转化为税收，要求税务机关必须充分发挥税收管理员的职业敏感性、综合知识和分析能力，对所分管企业进行税源风险识别，结合社会环境、经济发展程度、经营者素质、企业效益等因素综合评价确定高风险税源点片区、行业、企业，及时对最容易出现“跑冒滴漏”税款现象的地方和企业的纳税情况进行分析、评估，乃至稽查，依法进行治理。

但是在现实情况中，税源管理方式仍然较为粗放。首先，现行基层税务机关主要采取类别和行业相结合的户籍管理模式，缺少完整的风险管理机制，缺乏税源管理的综合性和层次性。其次，基层税务机关普遍存在着“一多一少”、“一高一低”两大矛盾，即纳税户多而税收管理员少、税收管理要求高而税收管理员平均业务素质偏低，纳税人的数量逐渐增多，每个税收管理员面对上千户企业的情况非常普遍，这就造成税管员对企业经营状况不能及时了解并更新税源管理手段，尤其是对经营流动性大的行业、新型行业及难以监管的行业更是监管乏力，税源管理的广度和深度在很大程度上受到限制。最后，准确的税源管理必须依靠大量真实的数据信息，而最有说服力的数据信息往往不是纳税人自己提供的，而是来源于第三方的数据信息。第三方信息主要来源于银行的支付制度和政府职能部门之间的信息共享等方面，而经济交易中银行卡支付仍未普及，存在大量的现金结算，政府职能部门之间的信息共享仍然处于较低的水平，这些外部环境的缺失也使税源管理存在大量风险，这些情况都不可避免地会侵蚀税基，从而导致税收流失情况的发生。

二、税收执法中存在税收流失风险

税收征管涵盖了税务登记、发票管理、账簿凭证管理、纳税申报、税款征收、税源监控管理、纳税评估、违章处罚、减税免税等工作环节，各岗位职责相对明确。目前，税收征管工作在管理、稽查、审批减免缓抵退税和违章处罚等环节仍存在不少风险，如现行《税收征收管理法》规定，对纳税人违反税法予以惩处的税款数额为总额的0.5～5倍，执法者自由裁量权范围较大，加之执法人员对政策的理解及其执法能力等原因，导致执法不严、以权谋私的情况时有发生，从而存在税收流失风险。比如，在税收征管工作中，个别人员不能严格按照程序规定处理涉税事宜，客观上给一些不法分子的涉税违法违规行为提供了机会。有的日常巡查走形式，调查走访不深入，工作蜻蜓点水，甚至敷衍应付，给纳税人逃骗税留下了机会；对发现的税收违法行为，以简易程序代替一般程序，打击力度不足，对纳税人未形成应有的约束力；在优惠政策上，有的纳税人以假合同、假协议弄虚作假，虚开虚抵，钻政策的空子，达到少缴税款或相关联企业多抵税款的目的；核定双定户税额，不按照核定程序进行，靠以往经验核定，甚至无核定税款通知书；税收监控不严格，税收政策宣传不及时，日常纳税辅导不细致，造成纳税人少缴税款，也给不法分子逃骗税留下了可乘之机。另外，基层税务机关在执法过程中，也存在相关职能部门不能充分配合的情况。现行《税收征收管理法》规定，工商、银行、财政、公检法等相关部门有配合税收执法的义务，但当前各部门之间的协作还不够紧密，运行机制有待完善，法律责任轻，执法合力不足。个别职能部门从自身利益出发，不愿配合税务部门执法，甚至存在人为设置障碍的现象，影响了税收执法效果。有的部门配合时往往讲条件、讲价钱、讲人情，不同程度地制约了执法刚性，同时也给税务机关执法带来了风险。比如福利企业、高新技术企业的虚假认定使税务机关在税源管理、办理政策性减免时存在执法安全隐患。这些管理过程中出现的问题也会导致税收收入不同程度的损失。

第三节
税源专业化管理

税源专业化管理在税源管理上突破了现有按属地、划片管户的单一方式，是根据税源的实际情况和管理的不同特点，实行对外按纳税人属地、规模、行业、管理风险等分类，对内在坚持管户与管事相结合的同时探索按重要事项、环节等分工，组织形式上实行个人和团队相结合的一种管理模式，其实质是对原有管制型税源管理体系的流程再造，以形成先进的专业化税源管理体系，推进国家税收管理体系优化和创新。

一、税源专业化管理的内涵及其特点

税源管理是税务机关根据税收法律、法规，通过一系列科学的、规范的、现代的方法和手段，对税收收入的来源渠道进行全方位信息跟踪和纳税控制，保证税收收入实现的一系列税收管理活动。税源管理是税收征管工作的核心。而企业作为税收来源的最主

要渠道，必然成为税源管理工作的重心。

税源专业化管理通常具备以下特征：税源管理职能专业分工与管理组织机构的专业分工相契合。具体而言，至少要包括以下内容：一是税源的分类管理专业化；二是税务机构设置专业化；三是岗位设置与业务流程专业化；四是纳税服务专业化。税源专业化管理是税源管理与专业化管理内涵的有机结合，其目的在于集中有限的税收管理资源投入到最能产生税源管理效益的活动中，以获得更高的效率、更多的效益以及更强的竞争力。因此从税源与税收关系的角度看，税源归属税收范畴，税收隐含着税源。税源管理是税收管理的基础，税收管理的核心是税源管理。税收和税源这两者的相互关系将固化成一项基本理念。与传统的税源管理模式相比，税源专业化管理模式主要有 4 个方面的特点：

第一，在管理理念上，传统模式侧重于以组织收入为中心的税收征收职能，而税源专业化管理侧重于提升纳税人税法遵从的税收缴纳职能。

第二，在管理方式上，传统模式侧重于单户式、一站式管理的税收管理员管户方式，而税源专业化管理侧重于以风险管理为导向的专业化分工与协作的税源管理方式。

第三，在管理机制上，传统模式侧重于以属地管理和税收管理员制度为基础的征管查相分离的模式，而税源专业化管理侧重于信息管税方式下涉税事项推送的流程管理模式。

第四，在管理的资源配置上，传统模式侧重于税收管理员单户管理的均衡配置管理资源的方式，而税源专业化管理侧重于有区别、有重点地配置管理资源。

二、税源专业化管理对税收征管体系的变革

税源专业化管理模式的变革，将引发对税收征管体系持续而深入的变革创新，这些变革或创新包括以下几种：

第一，“团队”概念的引入从根本上改变了以往税收管理员“人管户”的形式，强调团队的专业化分工和协作，在税务机关内部逐渐形成以行业、企业规模、区域等内容进行分类的税源监控和管理团队，并根据分工分别负责税收政策、基础信息、巡查服务、稽核执行和纳税评估等工作。这种团队的管理模式，强调的是环节间的流程化运作和环节内的团队化合作，将传统管理模式中由税务专管员或管理员个人完成的活动转化为团队完成。

第二，“专业”岗位的定位突破了层级和属地管理限制，在细分税源的规模和所属行业的框架下，根据企业和所属行业的专业特点实现专业化、差别化管理。对大企业，上收管理权限，提高管理层级，实现税收管理扁平化；对中小企业或个体企业的税收管理实行风险管理的专业管理；对大中企业以及重点行业纳税人，实行跨属地的行业归口风险评估的专业管理；对小规模纳税人和个人纳税人，实行以税负评估为中心的属地管理下的专业管理模式。

第三，“信息”管税的广泛应用成为税源专业化管理模式赖以存在的前提，税务机构将充分依托信息技术，发挥“信息”管税的作用，完善税收征管信息系统，构建数据模

型，开展风险评估及相关税务管理工作。

第四，程序管理方式将更加严格。一方面，这种程序管理的严格化，是由税收征管程序的风险性所决定的。任何程序问题尤其是违反规定的程序都隐藏着巨大的风险，如果管理程序设计存在遗漏，则可能导致管理事项的遗缺而容易产生税收流失的风险；管理制度和程序设计存在不科学性，过于繁杂或者过于简单，无法进行操作，各环节职责的规定不合理，都容易造成税收管理的混乱而出现税收流失的可能；在具体执法的过程中，可能会由于故意或者过失，导致未严格遵循程序的规定，从而引发执法冲突或税企争议而产生风险。另一方面，这种程序管理的严格化，是由税收征管程序的专业分工所决定的。在税源专业化管理模式下，把管理事项和对象分为若干环节分配给不同的小团队，同时按照执法环节分开和岗位职责专业化分工的原则，把管理事项分为涉税信息收集、分析与处理，日常巡查，稽核执行，纳税评估四环节，客观上强化了程序要求的严格化。

第四节 税源专业化管理与税收流失

税源专业化管理的优越性不言而喻，对于有效遏制税收流失、增加税收收入发挥了积极作用，但在实施过程中，仍存在一些薄弱环节。

一、管理机构职能“缺位”

新模式实现了由“管户制”向“管事制”的转变，将重点放在集中征收和重点稽查上。税源管理的职能虽然落实在管理部门，各地也相应成立了各类管理机构，但由于始终处于变动磨合的状态，未达到统一和规范，税源管理的职能严重“缺位”，管户与管事相脱节。税务管理大都体现在办税服务厅内，税务机关与纳税人、有关部门之间的信息沟通不顺畅，未能达到税源信息集中、信息共享的目的。基层普遍的问题是征收人员不再下户，就表征税，被动接受纳税人的申报资料，不能自动收集纳税人的生产经营和税源变动情况，对未申报户、非正常户、停歇业户、零散流动税源的管理更是鞭长莫及。税源管理也由过去的专管员下厂了解企业生产经营情况变成了远离企业、坐看报表的静态管理方式，大户管不细、小户漏管多，对税收的源泉控管力度明显减弱，“疏于管理、责任淡化”的问题凸现。

二、征管信息监控范围不全

纳税对象尚未全部进入税收征管信息监控范围，漏征漏管现象仍然存在。从工商部门提供的数据看，每年新增的纳税人户数与领取营业执照的户数相比较还有不小的差距，虽然不能将差额全部界定为漏征漏管户，但从调查的情况看，漏管户还存在，说明“疏于管理”现象仍然存在。同时，纳税户所使用的发票信息抽查情况表明，有纳税人开具发票的营业额已大于核定定额的20%。

三、税源管理力量不济

特别是在一些地方，省会城市的省市税务人员与市县级基层人员呈“倒金字塔”形。在税源管理过程中，困扰基层的一个主要问题就是力量不足，工作缺乏主动。基层的税源管理人员经常忙于应付事务性工作，很难专心进行税源控管，以致对纳税人的信息掌握不全，县局和分局之间多层次、多环节的业务流程更影响了纳税人基础信息的完整性和真实性。比如，税务机关获得纳税人履行纳税义务相关信息的主要来源，是纳税人主动提供的纳税申报表和财务报表，这种过分依赖纳税人自觉性的信息获取模式，在现阶段还不能全面、准确、及时掌握纳税人的相关涉税信息。而对于与纳税人应税行为有关的第三方信息，尽管在现行征管法中规定了第三方信息报告制度，但是缺乏实际操作性，而且相应的责任追究条款缺失，实践中获取第三方信息的难度较大。上述内外部信息获取中存在的种种问题，造成征纳双方信息不对称，漏报漏缴、隐瞒税基等形式的纳税不遵从问题十分突出。税务机关对纳税人和税基的控管缺乏针对性和有效性，直接影响到税源监控能力的提高和税收收入的应收尽收。

四、考核制度不够科学，税源管理不作为不同程度地存在

一年一度的目标考核对工作具有促进作用是毋庸置疑的。但是“只要目标考核过关了，就表明一切工作都是优秀的”这种认识，导致为应付目标考核而有针对性地进行工作，与目前倡导的绩效考核要求差距较大，在某些方面也导致了税源的流失。

五、重点税源企业界定因地而异，管理存在掣肘

比如，税收管理中关于大企业的界定，中央和地方有所不同，但就其特性而言，大企业不仅是指一个企业在销售收入、注册资本、资产总额或其他因素方面达到了一定量的规定性，而且还有质的要求，这种质的要求是：必须具有适应市场经济要求的现代企业制度，内部管理科学规范，跨行业、跨区域甚至跨国经营，生产经营分散但总部控制力强，涉税事项相对复杂，有合规遵从的主观意愿但是其本身涉税系统风险较大的企业。目前各级税务机关将大企业作为重点税源进行管理，实行分类分级专业化管理，对属于各级重点税源管理部门定点联系的大企业，税务机关进行以税收分析、税收评估、税源监控、税务审计和税务稽查等内容为主的征管情况分析和征纳信息收集，以确定对定点联系大企业的管理重点和服务内容。但在实际工作中，由于大企业税收管理的特殊性和专业性，现阶段对大企业的税收风险管理还存在一些问题：

一是在数据采集利用方面，系统内现有存量数据尚未得到充分利用，对企业动态数据采集不够及时，与第三方的数据交换机制尚未健全。在风险分析评估方面，预警指标重点不够突出，风险评估模型不够丰富，特别是缺乏行业性、地域性大企业风险评估模板。在风险应对方面，差异化的应对举措划分不够细致，落实不够有力，靠经验管理的

现象依然存在，有的甚至由于考虑到大企业的影响力和收入压力等而采取变通的方式，使税务机关对大企业税务问题应对措施的效果大打折扣。

二是大企业管理部门与具体税种管理部门在衔接上存在掣肘，大企业遇到的增值税问题需要请示货物和劳务税管理部门，遇到的企业所得税问题需要请示所得税管理部门，大企业管理部门在中间更像是“二传手”，对许多风险问题不能直接定论。大企业风险管理人才缺乏，有的地方甚至是一人兼数岗，导致很多工作的落实绩效不高，与大企业风险管理日益凸显的重要地位不相适应。

三是现行法律法规政策不够透明，主要法律的立法层级较低，到目前为止尚未出台专门针对大企业税收管理的法律法规。在不同级次税务机关之间、同一级次税务机关的不同部门之间、税务机关和大企业之间，容易产生不同的认识和理解，造成有的大企业在不同区域的分支机构采取不同的口径处理同一税务事项。

六、中小企业税源管理尚未形成科学有效的管控机制

众所周知，中小企业是国民经济发展的有生力量。据有关资料显示，目前，我国中小企业已经达到了8200万户（包括个体工商户），占企业总数的90%以上。中小企业特别是初创企业发展迅猛，在促进市场竞争、带动经济结构调整、提升我国自主创新能力、增加就业机会、方便群众生活、推进技术创新、推动国民经济发展、保持社会稳定和增加财政收入等方面，都发挥了重要作用。从税务机关多年来管理工作的实践来看，中小企业在税收管理上存在诸多问题，税收流失问题不容忽视。具体反映在以下几个方面：

一是税源管理难度大。中小企业点多面广、经营方式灵活多样、行业种类复杂烦冗，加之开业停业比较频繁，因而生产经营情况不能及时反馈到税收管理部门，造成税收管理中欠税、逃税、漏税现象比较严重。船小好掉头，一方面体现了中小企业市场适应性较强的特点，另一方面也反映了在经营管理中会计核算不健全，存在随意分摊成本、伪造单据、虚构业务、产品成本核算不真实、外部取得的原始凭证项目不全、多摊多提“待摊费用”和“预提费用”、隐瞒收入、将“预收账款”长期挂账不予转销等问题。种种不良行为不仅掩盖了企业的正常经济活动，而且导致税基受到侵蚀，掩盖了税源的真实性，从而加大了税收管理的难度。

二是税源管理缺少科学、健全、有效的管理机制。目前实施的税收评估管理和纳税人信用等级评定管理办法，对于查对企业相关的财务报表、计算相关的经营数据有着积极的作用，但这种静态的监督形式无从考察企业的动态运营情况，难以考证数据的真实性和准确性。加之管理人员尚无有效的渠道和精力去获取中小企业庞杂的信息，难免出现评估效率低下、税收管理欠缺、税源监控不力的情况。

三是税收管理力度不强。税源管理方式由“管户制”变为“管事制”后，新模式的运行在一定程度上存在“户不清、事不明”、“淡化责任、疏于管理”现象。例如，对纳税人经营动态跟踪管理力度不够，不能及时掌握纳税人真实的生产经营状况；税务机关对纳税人基本情况的了解多从企业申报、计算机收集的信息中获得；在对纳税资料的受理审核上，注重审核资料的齐全性、申报的及时性，缺乏对申报真实性和对税源、税基

监控的深层次管理等。

四是税收执法力度不够。严格执法、公平税负，创造良好的税收秩序，是税收执法的基本原则。稽查工作力量和重点的限制，不可避免地导致对中小型纳税人稽查力度的弱化，因而不同程度地造成了对中小企业的执法真空地带。稽查部门对中小企业的检查户数是非常有限的，基层管理局又因中小企业账务不健全而难以开展纳税评估。这种现状不但造成了税款的流失，更多的是弱化了税法的刚性。

五是基层税务人员电子税务管理技能难以适应税源管理要求。目前基础税务管理业务量大、税收管理员人均管户数偏多，在日常管理工作中仅限于催报催缴、审核报表、基础资料的整理等浅层次的管理工作，加之基层基础业务培训的缺失，电子税务实际操作能力不足，使得较深层次的工作（如纳税评估等工作）难以高质量展开。

第五节
税费关系与税收流失

一、税收与收费的数学表达

从成本和收益的角度来看，社会产品或服务的配置效率存在着如下关系：

$$MC_j^s \text{ 或 } MR_j^s = V_{ij}^s + \sum_{m=1}^{k} V_{mj}^s$$

其中，V_{mj}^s为由第 i 个人为第 j 个单位的 s 物品付出的价格，MC_j^s 是它的边际生产成本，MR_j^s 为边际收益，$\sum V_{mj}^s$ 为外部性（由于对第 j 个单位的消费而引起的由 k 个其他人产生的结果），如果外部性是收益，那么 $\sum V_{mj}^s$ 就为正，如果是耗费就为负，而等式左边即为边际收益。$\sum V_{mj}^s$ 表示 k 中的每一个人原则上都会愿意为接受（或避开）第 j 个单位的产品而付钱。

一般来说，价格是等同于边际成本的，即公式中的 MC_j^s 可表示价格。单个人的付费 V_{ij}^s，如果在外部性为零的情况下，实际上就是私人产品的状态，亦即 $MC_j^s = V_{ij}^s$。这样，个人付费即为价格。如果外部性不为零，那么物品的真实价格只能是个人付费 V_{ij}^s与外部性 $\sum V_{mj}^s$ 的代数和，此时的个人付费显然就要覆盖一部分公共政府收费。对于一个纯公共产品，$V_{ij}^s = 0$，这时消费全部是集体性的，于是没有人单独购买该类产品。此时，公式就变为：

$$MC_j^s \text{ 或 } MR_j^s = \sum_{m=1}^{k} V_{mj}^s$$

此时，产品边际收益或边际成本（或为产品的价格）实际上就只能依靠赋税制度来支付。

上述公式说明：（1）公共收费服务只能基于市场。那些具有完全外部性的产品或服务，个人付费的可能性是零。此时的费用支付方式应该是税收收入。（2）公共收费与消费者或生产者个人的收益额直接相关，而且这种收益程度与产品或服务只具有部分外部性有必然的联系。

二、税费关系的最优水平分析

税收和收费最优水平的确定必然与社会产品的最优规模相关，并且与社会产品的性质也相关。一般来说，某种产品税收最优水平的确定主要以纯公共产品的均衡分析为基准，而收费水平则要考虑准公共产品的均衡分析。

（一）税收份额的确定与纯公共产品的均衡分析

在虚拟市场均衡的情况下，纯公共产品的最优配置如图 4.1 所示。

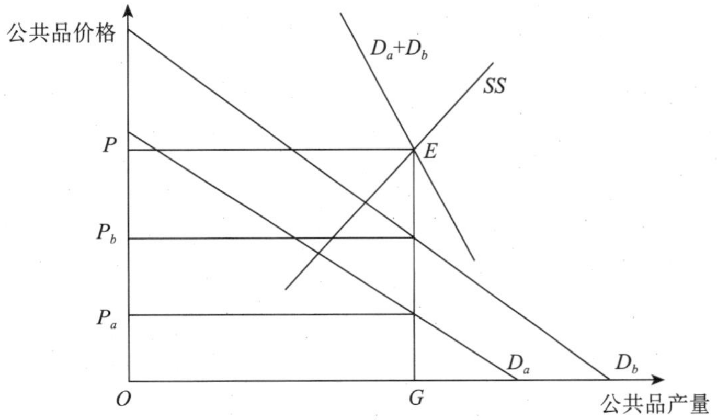

图 4.1 纯公共产品的均衡

D_a 和 D_b 分别代表个人 a 和 b 对纯公共产品的需求曲线。由于公共产品一旦提供出来，任何人都可以支配或使用，也就是说，个人有权使用公共产品，但个人难以单独决定公共产品的数量，因此，对个人来说，公共产品的数量是既定的。公共产品提供给每个人所产生的实际效果是等同的，所不同的是每个人对公共产品效用的个人评价，而个人评价决定着个人愿意负担的份额（税收份额）。如果每个人对公共产品的效用评价都不高，所愿意支付的总价格（税收）过低，那么就会由于难以弥补公共产品的市场费用而致使公共产品不能被生产出来或产量不足、过度拥挤。而全体消费者对一定数量的公共产品所愿意支付的价格（税收）是由每一个人不同的需求曲线垂直加总得到的。总需求 $D = D_a + D_b$，在公共产品的供给曲线 SS 确定以后，D 与 SS 的交点 E 决定了公共产品的均衡产量 G，而所有的人愿意为数量为 G 的公共产品所支付的均衡价格（税收）$P = P_a + P_b$（这也可以表示为 $MRS_a + MRS_b = MRT$，$MRT = P$）。在均衡点上，公共产品的成本等于收益，实现了公共产品的最优配置。

实际上，在预算约束的条件下，个人效用偏好函数（可以理解为外在的需求曲线）是由产品的数量和价格共同决定的。然而，由于在私人产品市场上，存在着众多的购买者和众多的生产者，因此单个的消费者不得不面对既定的市场价格来调整消费量。因此，私人产品的总偏好函数，即总需求曲线，只能水平加总，横向扩展。但是对公共产品来说，由于效用的完全外溢性使得数量排除完全不可能，个体消费者只能在既定量的公共产品面前，依自己的偏好来调整其对公共产品的税收贡献额（在虚拟均衡的条件下，这里是以价格的形式展示的）。这样，公共产品的总偏好效用，亦即总需求曲线，只能进行纵向加总，垂直上扬。

实际上，上面对纯公共产品的均衡分析和适宜税收份额的确定只能是简单的局部性均衡分析。对税收份额的总体确定还需要考察纯公共产品的一般均衡分析以及相关的收入组织效率问题。

（二）收费水平的确定和准公共产品的均衡分析

由于准公共产品既具有私人产品的性质，也具有纯公共产品的特性，因此准公共产品的均衡问题显然是要就其私人产品性质的均衡与公共产品性质的均衡进行分别加总，而后再加以合并汇总。也就是说，在准公共产品中，具有私人性质的部分按照价格（实际上是收费）不变的原则进行消费者偏好数量的横向加总，得出私人对直接受益部分的总需求曲线。然后，对于准公共产品中具有公共产品性质的部分在私人价格需求既定（即由价格决定的偏好数量既定）的条件下，将固定的外溢性部分就消费者偏好的税收份额（价格因素）进行纵向加总，得出外溢部分的私人出价偏好加总额（即外溢性的消费者需求曲线）。最后，对横向加总和纵向加总的两条曲线汇总得出准公共产品的总需求曲线。在总需求曲线与供给的边际成本曲线的交点，实现了准公共产品的市场均衡，从而使其达到最优配置。具体情况如图 4.2 所示。

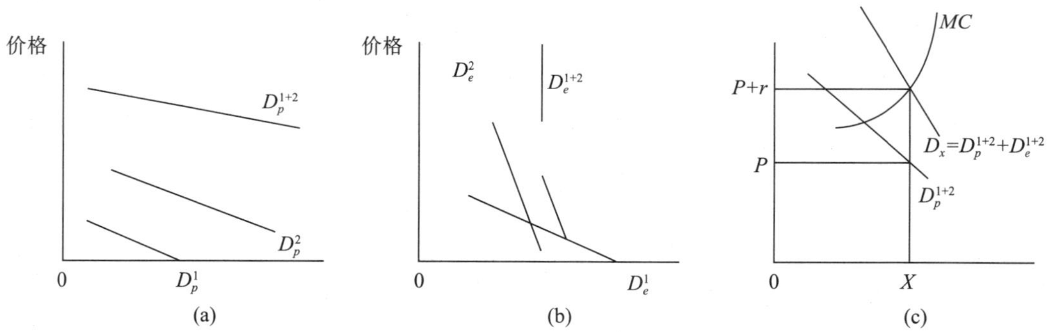

图 4.2 准公共产品的均衡

在图 4.2（a）中，D_p^1 和 D_p^2 分别表示消费者对准公共产品中私人性质部分的市场需求。我们知道，由于在私人产品市场上存在着众多的购买者，因此准公共产品中具有私人性质的市场可售部分，其价格水平是既定的，消费者需求偏好的加总只能采取横向加总的办法，即 $D_p^1+D_p^2=D_p^{1+2}$。

在图 4.2（b）中，D_e^1 和 D_e^2 分别表示个人 1 和个人 2 对准公共产品中公共要素的需求曲线。这两条曲线的加总类似于纯公共产品的需求加总，即纵向加总，$D_e^1+D_e^2=D_e^{1+2}$。

在图 4.2（c）中，对准公共产品的社会总需求曲线 D_x 是由 D_p^{1+2} 和 D_e^{1+2} 垂直相加得出的，即 $D_x=D_p^{1+2}+D_e^{1+2}$。当准公共产品的供给曲线是 MC 并且 MC 被给定时，由 D_x 与

MC 的交点可以确定准公共产品的均衡产量 X。在均衡产量 X 时，相应的社会价格为 $P+r$。其中，P 是准公共产品中私人性质部分的市场价格，它与私人性质的程度相对应，可以通过市场机制收取费用，即公共收费。而 r 是由于准公共产品中与外部性相联系而得到的社会评价，是由社会支付的，要通过税收征收，由公共开支来付给生产部门或直接补贴给每个购买者或消费者。

实际上，在图 4.2（c）中，私人需求曲线 D_p^{1+2} 与总供给曲线也是有交点的。这说明，私人市场也有均衡产出，但显然该点所对应的产出量要小于最佳产出 X，所以这种均衡产出并非有效率。正是由于政府的税收补助金弥补了在最优产出量条件下准公共产品生产经费的不足，才使得该类产品的产出量能够达到最优配置的均衡。

显然，各种准公共产品外溢性程度的不同决定了市场性曲线（水平加总曲线）和外溢性曲线（纵向加总曲线）的不同组合，收费水平的确定因此而呈现出不同的变动态势。

从准公共产品的均衡分析中我们可以得出，在有效配置的均衡点，私人价格 P 即为我们所要着重讨论的公共收费问题。而且，上述准公共产品的均衡分析只是就公益品进行探讨的。公益品（merit goods）的供给者，如教育、医疗这样的机构，之所以不能向消费者收取全额费用，也不能完全由政府免费提供，而是需要两者之间的有效结合，其原因就在于这些机构提供的是准公共产品（也称为混合产品）。正如马斯格雷夫（Musgrave）所言，“受益外在化现象有其对应的外在成本。私人的消费或生产活动会产生无法‘内在化’的成本。这无法由消费者或生产者负担。结果，这些成本不恰当地为社会所负担，上述活动得到了过分扩展。外在受益的情况需要补贴，而外在成本的情况却要求征收惩罚性税收。当然，这是一个应如何处理社会‘害物’的问题，如污染和环境损害等。这种问题是外在受益的反面”。①

纯公共产品和私人产品是准公共产品的极端情况。对于极端私人产品而言，曲线 D_p^{1+2} 和曲线 D_x 是完全重叠的，两者之间的距离为零。也就是说，政府补助金 $r=0$。而对于纯公共产品来说，私人市场需求等于零。也就是说，曲线 $D_x=D_e^{1+2}$，由政府补助金 r 抵付了全部价格，受益完全外在化了。在两者之间，就是准公共产品。这是由私人支付与政府补助金混合提供经费的。而且，随着准公共产品外溢性的扩大，政府补助金 r 的变动范围由 0 到 100%。当然，在存在负外部性的情况下，补助金 r 则在相应的负数范围内进行变动，实际上成为惩罚性收费或税收。

三、清费立税：确立国家税收在政府收入中的主体地位

从上述税费关系最优水平的模型测算中可以看出，过多的收费既挤占了正常的税收收入，造成了税收流失，又加重了企业的负担，可谓两败俱伤。改革是利益格局的调整，清费立税改革必然会触动各地方或部门的既得利益，遇到的阻力可能很大。改革必然涉及体制转换和制度创新，推进难度也会很大。对此应有充分的思想准备，不能把清费立税改革简单地理解为费改税，而忽视其艰巨性、复杂性，应当把它与中国整个财税体制、

---

① 参见马斯格雷夫：《美国财政理论与实践》，中译本，中国财政经济出版社 1987 年版。

经济体制、政治体制联系起来，通盘考虑，综合治理，舍得下大力气，花大功夫。现阶段清费立税改革的基本思路是：清理、规范、归位。

清理的内涵是取消不合理的收费项目，降低过高的收费标准。首先需要科学界定合理与不合理的界限。合理的收费项目只能有两种：使用费和规费。使用费是对政府所提供的特定的公共设施的使用按照一定的标准收取的费用；规费是政府部门为公民提供某种特定服务或实施行政管理所收取的手续费和工本费。规范的内涵是收入机制的规范化，包括收费主体、收费范围、收费标准、收支监管的规范化等。对全部的政府收入进行预算，即政府的收与支必须置于各级人大的监督之下，不允许有不受监督审查、游离于预算之外的政府收支。归位的内涵是将那些具有税收性质或名为费实为税的收费项目或者征收具有普遍性、改为税收征收后更有利于征收管理的收费纳入税收收入的轨道。

第五章

税收流失：基于 A-S 模型的视角

第一节 传统的 A-S 模型

运用预期效用最大化模型（即 A-S 模型）对纳税人逃税行为的分析，是基于“经济（或理性）人”将做出符合个人收益（或效用）最大化目标选择的假设。因此，建立关于纳税人期望效用的函数，通过数学模型分析，对个人收入和税率、税务机关罚款率和查获概率等与税收流失的影响关系做出理性判断，是研究逃税行为的经典模型，被当代许多学者所采纳，从而得到了许多重要的研究结论。

为了分析的方便，A-S 模型在建立模型之前进行了以下假设：作为纳税人的个人是理性的自利者，以预期效用最大化为目标，并且是风险规避者，他的行为符合冯·诺伊曼—摩根斯坦关于不确定情况下人的行为准则，而且他的效用是其个人可支配所得的一元函数。在这些严格的假设条件下，纳税人的目标函数可以表示为：

$$Eu = (1-P)u(\omega-\theta x) + Pu[(1-\theta)\omega-\pi(\omega-x)] \tag{5-1}$$

在公式 5-1 中，ω 是纳税人在某一时期所取得的全部收入，假定它是纳税人知道而税务部门无法清楚掌握的，是外生变量；θ 是税率，这里假定为固定比例税率，是一常数，毫无疑问，$\theta>0$；x 是纳税人决定向税务部门申报的应纳税收入，由于纳税人可以选择如实申报纳税还是低报其实际收入以逃税，当决定低报实际收入进行逃税时，又可以选择低报多少为宜，因此，x 是纳税人做出逃税决策时可供选择的变量，显然 $x\geqslant 0$；P 是纳税人逃税行为被税务部门调查审计而发现的概率，即查获概率；π 是罚款率，是指当纳税人被税务机关发现逃税时，税务部门对其课处的罚款占纳税人未申报收入（$\omega-x$）的比例，显然，有 $\pi>0$；u 是纳税人可支配所得的效用；Eu 是纳税人的预期效用。A-S 模型主要是从理论上分析纳税人在不确定情况下如何选择纳税申报额 x 从而使自己的预期效用最大化，实际上也对影响纳税人逃税的一般税制因素如税率（θ）、罚款率（π）、查获概率（P）及非税制因素的纳税人个人收入（ω）进行的分析提供了一般理论框架。

从上述公式可知，纳税人可以通过选择申报应纳税所得 x 的多少，来追求其预期效用的最大化。我们知道，效用函数的最优解必须满足一阶导数为零和二阶导数为负的条件。对公式 5－1 求导，可以得到：

$$\frac{dEu}{dx} = -\theta(1-P)u'(\omega-\theta x) + \pi P u'[(1-\theta)\omega - \pi(\omega - x)] \quad (5-2)$$

如果我们假设有内部最优解存在，即 $0 < x < \omega$，则满足最优解的一阶条件是：

$$\frac{dEu}{dx} = -\theta(1-P)u'(Y) + \pi P u'(Z) = 0$$

其中：

$$Y = \omega - \theta x, Z = (1-\theta)\omega - \pi(\omega - x)$$

满足最优解的二阶条件是：

$$D = \frac{d^2Eu}{dx^2} = \theta^2(1-P)u''(Y) + \pi^2 P u''(Z) < 0 \quad (5-3)$$

通过上述分析可知，A-S 模型分析影响纳税人是否进行逃税的因素是纳税人的收入，因此可用函数关系来表示纳税人申报额（x）（或者反过来用逃税额也一样）与影响因素之间的关系：

$$x = F(\omega, \theta, \pi, P) \quad (5-4)$$

要分析纳税人的这些因素是如何影响纳税人逃税决策的，只要在公式 5－4 中分别求出 x 对 ω、θ、π 和 P 的偏微分 $\frac{\partial x}{\partial \omega}$、$\frac{\partial x}{\partial \theta}$、$\frac{\partial x}{\partial \pi}$ 和 $\frac{\partial x}{\partial P}$，然后分析它们符号的正负，就可以预计这些因素对申报额（x）的影响。阿林厄姆（Allingham）和桑德姆（Sandom）在假定纳税人是绝对风险递减的条件下，得出以下结论：

$$\frac{\partial x}{\partial \theta} = \frac{1}{D}[\theta(1-P)u''(Y) - \pi P(1-\theta)u''(Z)] \quad (5-5)$$

$$\frac{\partial x}{\partial \theta} = \frac{1}{D}[(1-P)u'(Y) - \theta x(1-P)u''(Y) + \pi\omega P u''(Z)] \quad (5-6)$$

$$\frac{\partial x}{\partial \pi} = -\frac{1}{D}[Pu'(Z) - (\omega - x)\pi P u''(Z)] \quad (5-7)$$

$$\frac{\partial x}{\partial P} = -\frac{1}{D}[\theta u'(Y) + \pi u'(Z)] \quad (5-8)$$

通过对 $\frac{\partial x}{\partial \omega}$、$\frac{\partial x}{\partial \theta}$、$\frac{\partial x}{\partial \pi}$ 和 $\frac{\partial x}{\partial P}$ 的符号是正是负的分析，就可以得出 ω、θ、π、P 对 x 的影响方向。经过分析，阿林厄姆和桑德姆认为：

第一，个人收入（或所得）的变化对纳税人申报额 x（或反过来说逃税额）的影响是不确定的。从公式 5－5 可以看出，$\frac{\partial x}{\partial \omega}$ 的符号是不确定的，这意味着纳税人个人收入或所得的变化对纳税人申报应纳税额的影响是不确定的。

第二，从公式5－6可以看出，$\frac{\partial x}{\partial \theta}$的符号是不确定的，即税率（$\theta$）对逃税的影响也是不确定的，其经济意义表示税率对申报所得或逃税的影响不确定。这一结论与我们通常所认为的税率提高将刺激逃税增加的观点是不相符合的。

第三，从公式5－7和公式5－8中可以看出，$\frac{\partial x}{\partial \pi}>0$和$\frac{\partial x}{\partial P}>0$成立，其经济含义是罚款率（$\pi$）和查获概率（$P$）的提高将使得纳税人减少逃税活动。这表明，无论是罚款率（π）还是查获概率（P）的提高，都会使纳税人减少逃税活动，增加其应纳税所得额（x）。这说明主张和强调通过加强征管、提高对逃税的处罚力度来抑制逃税行为、减少税收流失是有理论依据的。

比较上述两种方法可以看出：方法之一是给出税务机关和纳税人的预期收益函数及战略空间，然后看当两者都选择其最优战略以各自最大化预期收益函数时将发生什么；方法之二是从纳税人效用函数及其约束条件开始，求解约束条件下的纳税人效用最大化而导出行为及结果。虽然方法不同，但得出的结果是吻合的，从而为主张通过严管重罚来抑制逃税行为、减少税收流失提供了理论依据。

第二节
补充的A-S模型

逃税的标准模型是站在纳税人立场上，分析逃税者是如何最佳逃税的，同时考虑了税务机关的稽查概率和罚款率等外生变量对逃税者行为的影响，它是有失偏颇、较为片面的逃税人逃税模型。因为逃税涉及征纳双方，必须同时分析税务机关在反逃税中的最佳行动，也就是反逃税模型，这是对前一模型的补充。

税务机关的征管目标是：实现税收收入目标和促进纳税自行申报的精确度。前者反映税收征管效率，后者反映纳税人应纳税额与其申报所缴的差异。在纳税人自动申报纳税制度下，税务机关的征管活动主要是稽查。它是指在N件纳税申报中抽样选出A件检查，对查出的漏税额予以追征，多收的税款予以退还。由于成本所限，规定只对M金额以上的逃税进行追征，对超过S金额的多收进行退税。假设查出的错纳税额H这一随机变量的（概率）分布具有连续性，由于它属于偏差问题研究，因而具有标准正态分布的特性。而税务机关在征管工作中有一定的预算经费供给，反逃税又具有一定的成本，因而必须在经费限制条件下有效配置其资源去安排最佳的反逃税行动，以实现税收征管目标。这是建立简单的税务机关方的反逃税模型的逻辑基础。

税务机关在稽查反逃税中还涉及以下变量：B：预算经费支出；B^*：经费预算限制；D：查出漏缴税额的预期值；R：查出溢缴税额的预期值；G：预期全部税收收入；G^*：税收收入任务目标；π：逃税罚款率；F：处理所有申报的成本（$F^N>0$）；T：申报N件

的税收收入（$T^N>0$）；C：检查的全部成本（$C^A>0$）；Q：追补逃漏税款的成本（$Q^A>0$）；Z：退税成本（$Z^A>0$）；H：正确的应纳税款。并有下列等式：

$$B=F+C+AQ+AZ \tag{5-9}$$

$$G=T+(1+\pi)AD-AR \tag{5-10}$$

$$H=AD+AR \tag{5-11}$$

假设税务稽查的目标是纳税申报的误差最小，它受预算限制 B^* 与税收任务 G^* 约束，如何安排稽查的最优标准呢？根据以上分析，可得税务机关的目标函数：

$$L=AD+AR+\alpha(B^*-B)+\beta(G-G^*)$$

即 $$L=H+\alpha(B^*-B)+\beta(G-G^*) \tag{5-12}$$

其中，L 是发现的纳税申报误差或纳税精确指标；α、β 为参数，分别表示增加 1 元预算和 1 元税收所增加的精确度大小，且 $\alpha>0$，$\beta>0$。欲求 L 的最大值，必须使目标函数关于 A、M、S 的一阶偏导数为零和二阶偏导数为负，据此可得最优解（A^*，M^*，S^*）。下面主要用比较静态分析方法研究有关变量以及 B^*、G^*、N 调整对税务机关决定反逃税活动的影响。

一、预算经费调整的影响

如果税务机关获得国家增拨预算拨款，因为经费可以较多地用于申报案件的审查，所以就可以降低补税和退税限额，此时 $\partial M/\partial B^*<0$ 和 $\partial S/\partial B^*<0$ 成立。但是所增加的经费在反逃税上的应用，应使查出的边际补税额和边际退税额相当，否则会减少原经费水平上的预期税收收入，即：

$$(1+\pi)\frac{\partial AD}{\partial B^*}-\frac{\partial AR}{\partial B^*}=0 \tag{5-13}$$

另外，在保持原来的单位预算收支差额（B^*-B）和完成税收任务程度（$G-G^*$）不变的情况下，增拨经费对目标函数的影响与它对查出金额 H 的影响是一样的，即：

$$\frac{\partial AD}{\partial B^*}+\frac{\partial AR}{\partial B^*}=\alpha \tag{5-14}$$

将以上两式相加得到：

$$\frac{\partial AD}{\partial B^*}=\frac{\alpha}{2+\pi}>0 \tag{5-15}$$

$$\frac{\partial AR}{\partial B^*}=\frac{(1+\pi)\alpha}{2+\pi}>0 \tag{5-16}$$

可见，只要有充足的预算经费使用，税务部门就可以增加稽查退税和补税案件，因此 A 亦当增加。如果政府能改善申报制度减少退税案件比例，则更有利于对逃税的稽查。

二、政府收入目标调整的影响

当政府规定的税收收入目标 G^* 提高时，如果预算经费没有相应增加，为节省成本和经费支出并力图实现收入目标，税务部门只好减少退税案件而多查逃税案件，即提高退税起点，降低补税限额，也就是说 $\partial S/\partial G^*>0$ 和 $\partial M/\partial G^*<0$ 成立。与前面的分析同

理，有：

$$\frac{\partial AD}{\partial G^*}+\frac{\partial AR}{\partial G^*}=-\beta \qquad (5-17)$$

$$(1+\pi)\frac{\partial AD}{\partial G^*}-\frac{\partial AR}{\partial G^*}=1 \qquad (5-18)$$

两式相加得：

$$\frac{\partial AD}{\partial G^*}=\frac{1-\beta}{2+\pi}>0\Rightarrow\beta<1 \qquad (5-19)$$

代入公式5－18得：

$$\frac{\partial AR}{\partial G^*}=\frac{-\beta(1+\pi)-1}{2+\pi}<0 \qquad (5-20)$$

因此，提高税收收入目标而经费拨款不增加，会妨碍政府实现准确申报的目标，这是退税成本与补税成本在有限的经费预算下相互竞争，使得税务机关多查逃税少查退税案件的缘故。

三、纳税件数增加的影响

假设纳税户增加，税务机关因申报件数 N 扩大必须支付更多的成本，$C^N>0$，税收则因而增加，$T^N>0$，但申报书的错误率也会提高，$F^N>0$。稽征机构在使自行申报错误率最小化时，因经费没有随之增加，其反应是减少查核逃税或退税案件，以符合预算限制。但又因求解反逃税均衡行为的条件是 $G^*=G$，由于 T^N 增加，必须有 AD 与 AR 相对抵消，减少稽查逃税。在稽查成本和税收收入的要求下，两者均使 AD 减少。对于退税事件的影响则需视增加程度与（$1+\pi$）AD 减少程度的差异而定，可能增加，也可能减少，甚至不变。

在数学推导上，根据前面同理可知：

$$\frac{\partial AD}{\partial N}+\frac{\partial AR}{\partial N}=-\alpha F^N+\beta T^N \qquad (5-21)$$

$$\frac{\partial G^*}{\partial N}=0=T^N+(1+\pi)\frac{\partial AD}{\partial N}-\frac{\partial AR}{AN} \qquad (5-22)$$

两式联立求得：

$$\frac{\partial AD}{\partial N}=\frac{(\beta-1)T^N-\alpha F^N}{2+\pi}<0 \qquad (5-23)$$

$$\frac{\partial AR}{\partial N}=\frac{[1+\beta(1+\pi)]T^N-\alpha(1+\pi)F^N}{2+\pi}=0\ (\text{或}>0,\ \text{或}<0) \qquad (5-24)$$

从前者又可以推论出：

$$-\alpha F^N+\beta T^N<T^N \qquad (5-25)$$

又在目标函数中求 H 对 N 的偏导数知：

$$\frac{\partial H}{\partial N}=0\ (\text{或}>0,\ \text{或}<0)=-\alpha F^N+\beta T^N<T^N \qquad (5-26)$$

上述公式说明：由于 $\beta<1$，造成对逃税情形检查的减少，它一方面来自税收增加，

一方面是因为稽查成本增加，至于对退税情形稽查的变化，其方向由于税收增加和成本限制而相反，最终结果需要视两者影响力的大小而定。所以纳税件数增加时，所能增加的申报精确度将小于税收的增加，其变动方向不确定。通常情况下，件数增加时的边际成本小于边际收入（$T^N > F^N$），它对纳税如实申报的影响要视 α、β 大小而定。

第三节 修正的 A-S 模型

传统的逃税理论假设纳税人是超道德的，即无道德负担。实际上纳税人逃税要衡量自己名誉、良心、地位的得失，具有道德成本，同时需要考虑逃税的设计、耗费的时间和物质成本。税务风气，如税收征管中的行贿受贿现象也不能忽视。最后，还要分析纳税人对税务机关的最佳反逃税安排的反应。这样，在传统模型中加进成本因素和税务机构的主动行动修改后的模型，才是完整的逃税模型，它有利于税务部门根据纳税人的逃税行为加强征管和制定反逃税决策。

假设 Y 是纳税人的实际所得，λ 是逃税比例。显然逃税额 T 是未申报所得 λT 的函数，即 $T_1 = f(\lambda Y)$，同理，纳税额函数为 $T_2 = f(Y - \lambda Y)$，应纳税额函数为 $T_3 = f(Y) = T_1 + T_2$。令 γ 表示纳税人对税务人员的贿赂额占其逃税额的比例（$\gamma < 1$），D 表示纳税人逃税后的所得，π 和 P 仍代表罚款率和稽查概率。用预期所得最大法修正后的逃税模型是：

$$E(D) = (1-P)(Y - T_2 - \gamma T_1) + P[Y - T_2 - \gamma T_1 - \pi(T_3 - T_3)] \tag{5-27}$$

使预期所得 $E(D)$ 取得极大值的 λ 值符合下列条件：

$$\frac{\partial E}{\partial \lambda} = (1-P)(T_2{}'Y - \gamma T_1{}'Y) + P(T_2{}'Y - \gamma T_1{}'Y - \pi T_2{}'Y) = \Phi(P, \pi, Y, \lambda) = 0$$

$$\frac{\partial^2 E}{\partial \lambda^2} = \frac{\partial \Phi}{\partial \lambda} = J = T_2{}''Y^2(P\pi - 1) - \gamma T_1{}''Y < 0$$

据此可求出最优解 λ^*。以下重点分析税务稽查、逃税成本、处罚对逃税的影响。

第一，当税务机关提高稽查量 A^* 时，稽查概率为 $P = A^*/N$，它的变化对逃税比例 λ^* 的影响是：

$$\frac{\partial \lambda^*}{\partial P} = -\frac{\partial \Phi}{\partial P}\bigg/\frac{\partial \Phi}{\partial \lambda} = \frac{\pi T_2{}'Y}{J} < 0 \tag{5-28}$$

其经济含义是：当逃税被查获的概率提高时，纳税人将减少逃税量。这是符合我们的直觉的一个结论。

第二，当税务人员提高索贿比例时，假设税务人员涉及贪污受贿，则有：

$$\frac{\partial \lambda^*}{\partial \gamma} = -\frac{\partial \Phi}{\partial \gamma}\bigg/\frac{\partial \Phi}{\partial \lambda} = \frac{\pi T_1{}'Y}{J} < 0 \tag{5-29}$$

它表示逃税随贿赂比例提高而减少，原因是行贿会增加逃税成本并减少逃税净收益。

这也说明税务人员小贪小拿或被请吃请喝可能助长逃税。道德成本、时间成本对逃税的影响与贿赂成本相同。

第三，当国家提高逃税罚款率时，如果税务机关选定 A^* 件稽查量，加重处罚则会减少逃税，因为：

$$\frac{\partial\lambda^*}{\partial\pi}=-\frac{\partial\Phi}{\partial\pi}\Big/\frac{\partial\Phi}{\partial\lambda}=\frac{PT_2{}'Y}{J}<0 \tag{5-30}$$

上述模型通过对所得税率、稽查、处罚、征管经费、税收目标等直接因素对逃税和反逃税决策影响的分析得出以下 6 点结论：（1）纳税人的绝对风险逃避如果是所得的递减函数，其所得增加时将会更诚实地申报纳税；（2）提高税率对纳税人诚实纳税的影响视所得效应和替代效应的大小而定；（3）提高稽查率和罚款率（包括刑罚）均能使逃税减少，但考虑到稽查成本，加重处罚则更为有效；（4）由于退税成本与补偿成本相互竞争有限的经费预算，为减少逃税必须改善税制和减少退税的可能性；（5）政府如果只追求税收收入目标甚至将其作为征管质量与效率的标准，将导致税务部门减少对退税的检查而加强对逃税的稽查，甚至为完成收入目标而做出非理性选择，如压库、收过头税等；（6）加强税务监督，则增大逃税成本，有助于减少逃税。

第四节
逃税经济模型研究的未来方向

随着研究的不断深入，当前逃税经济模型正在从研究单个纳税人发展到研究多个纳税人，从研究静态的单个阶段发展到研究动态的多个阶段，从假设信息是完全的发展到假设信息是不完全、不对称的，从假设纳税人是完全理性的“经济人”发展到考虑纳税人心理、行为等因素的影响等。研究模型正在逐步接近现实过程，但由于效用函数的刻画和心理成本的量化困难，政府与税务机关、税务机关与纳税人之间的关系复杂，模型离真正能在实际中应用还有一段距离。未来时期内，需更多地考虑信息经济学、实验经济学、行为经济学、博弈理论及委托—代理理论在模型中的应用，以及结构模型方法与反事实仿真、神经元经济学等，对模型进行拓展研究。

比如，委托—代理理论是近 20 年中契约理论最重要的发展，是研究委托人和代理人之间围绕着风险分配所做的一种契约安排。在这种契约下，委托人授权代理人为委托人的利益从事逃税活动。莱因戈纳姆和怀尔德（Reinganum & Wilde）在这方面进行了有益的探索。而让·梯若尔的“防范串谋原理”，则从另一个角度揭示了避免串谋而有效防止组织效率的损失，在充分考虑了纳税人申报决策与税务机关稽核规则之间联系的基础上，构建了委托—代理模型。但这些模型都假设纳税人是不诚实的，不同的只是风险和机会的不同。而伊拉德（B. Erard）和范斯坦（J. S. Feinstein）认为，假定每一个纳税人都不诚实不符合现实，有些纳税人是天生诚实的人。基于这一认识，他们建立了一个逃税的博弈理论模型，包括诚实和潜在不诚实的纳税人。模型的均衡结果发生了变化并更加符合现实。他们经过研究分析认为，影响纳税人真实申报的因素主要有：（1）纳税人对税制公平性的认识。（2）对政府活动、政策等的反应。包括政府的政策与意识形态、个人和税务人员的相互关系。（3）克罗克（Crocker）和斯莱姆罗德（Slemrod）结合最优契约理论，从补偿契约入手，对强势代理人企业的逃税决策进行了深入分析。他们指出，在公司的经营管理中惯常出现的串谋欺诈及避税手法中，管理者倾向于从事利益操纵使自己获利，而经营者倾向于权利的滥用。麦克卡弗雷和斯莱姆罗德（McCaffrey and Slemrod，2006）则首次将行为财政学的研究方向主要界定为人的有限理性对税制与公共政策制定的影响、跨期选择不一致导致的不同偏好和税法遵从等方面。其中，对于公共产品供给与税收流失问题的研究，成为行为经济学在公共经济领域研究中的主要内容。而从稽查次数、社会道德和心理负罪感等以心理学为基础的视角讨论税收流失问题的研究成果，为我们未来进一步改进或完善逃税经济模型提供了方向和思路，更为我们今后进一步研究税收流失问题提供了参考。

第六章

根源探究：税收流失的成因

导致税收流失的原因既有客观的，又有主观的；税收流失的行为，必然受到行为人税收思想的支配。基于这一认识，我们从税收流失的内因、外因方面展开讨论。

第一节
追求经济利益最大化
是税收流失的内在动因

管子曾说："商人通贾，倍道兼行，夜以续日，千里而不远者，利在前也。渔人之入海，海深万仞，就彼逆流，乘危百里，宿夜不出者，利在水也。故利之所在，虽千仞之山，无所不上，深源之下，无所不入焉。"① 马克思也曾说过："人们奋斗所争取的一切，都同他们的利益有关。"② 利益是人们行为的动力，这是无可辩驳的社会生活事实，也是历史唯物主义认识社会的一个基本出发点。现代经济学对人的行为的考察也构建在"经济人"的假定之上。该理论认为，各种经济主体都具有"利己心"，其行为的目的在于追求自身利益的最大化。即使一个人做出助人为乐的举动，也是出于利己的动机，是为了提高自己幸福（满足）的水平。

在市场经济条件下，作为市场主体的企业和个人，其一切行为的出发点和归宿都是为了追求经济利益的最大化，即以最小的投入、最低的成本、最快的速度来获取最大的利润。以此为出发点，其思想和行为表现出以下特征：

第一，追求价值最大化。商品的本质在于其价值。这就决定了商品的生产经营者在商品经济活动过程中必然要把追求价值作为其目标。而以价值为目标就势必潜伏着在一

① 《管子·禁藏》，中华书局 1996 年版。

② 马克思：《第六届莱茵省议会的辩论（第一篇论文）》，《马克思恩格斯全集》（第 1 卷），人民出版社 1956 年版，第 82 页。

定条件下为获取价值而不择手段的冲动。

第二，货币拜物主义。在商品交换的过程中，货币作为衡量一切商品的价值尺度，起着中介作用，并成为社会财富的总代表。因此，货币拜物、追求金钱就成为经济活动的终极目标和最为明显的标志。

第三，利益本位和投机思想。由于上述两个方面的原因，商品生产经营者在激烈的市场竞争中必然以纯粹的经济关系出现。他们时刻注意和算计着自己的经济利益，时刻去追求最有利可图的商品。并且，为了能够在竞争中取胜并实现利益的最大化，他们会不惜牺牲他人的利益来实现自己的利益，有时会铤而走险，进行冒险和投机。

社会主义税收制度是为了实现社会主义扩大再生产和满足社会消费需要而占有社会剩余产品的一种形式，是社会财富在国家、企业、个人之间的一种分配与再分配。由于税收所具有的强制性和无偿性、固定性，就使得这种被分配产品的所有权从纳税主体手中强制性地和无偿性地转移到了国家的手中，这无疑是对纳税人财产权的一种“强制性地剥夺”，会导致纳税人经济利益减少，这和他们追求利益最大化的目标是不一致的。对于纳税者而言，税收是其所承担的一种额外的成本，税收越重，则获利越少，税收越轻，则获利越多。所以，他们总是要千方百计地企图通过减轻纳税负担来尽可能多地增加其税后利润，这必然导致纳税主体与国家之间的矛盾和冲突。如果不能合法地解决此类征纳矛盾，纳税主体就会突破法律规范的约束，实施各种税收违法活动，造成国家税收的大量流失，甚至弱化或动摇国家政权的根基。从这种意义上看，纳税人追求经济利益最大化是造成税收流失最根本的原因。

第二节 税收法律法规不完善是税收流失的制度原因

税收法律制度的完善与否与税收流失有着直接的关系，严密完善的税收法律制度会堵塞税收流失的制度性漏洞。从 1994 年税制改革以来，秉承着“统一税法、公平税负、简化税制、合理分权”的指导思想，经过 20 多年的实践与发展，我国税法体系的建设已初见成效，初步形成了以宪法为核心，以各单行税收法律法规为组成部分的多层次的税法体系。

在充分肯定税收法律建设成效的同时，应该承认，从实现税收现代化的角度来看，我国的税法体系建设仍然存在着许多的问题与不足，而这些问题与不足恰恰成为税收流失的制度性原因。主要表现在以下几个方面：

第一，税收法律体系尚不健全。一方面，税收活动的基本规范，如税收基本法则、税收立法权划分、税收管理权划分、纳税人权利和义务、税务机关职责权限等关系到税收法治、税收管理的体制、机制，管理方式尚不健全，对税收立法活动缺乏有效的法则指导和监控；另一方面，现行税法特别是很多主体税种的法律级次不高且年久失修，税收法律、行政法规缺乏前瞻性、及时性和稳定性，无法满足经济、社会发展和税收管理的现实需要。虽然十八届三中全会以来税收立法进程明显加快，税收法定原则也在2015年3月写入《立法法》中，然而税收立法关乎政府和纳税人的利益分配，牵一发而动全身，必须慎之又慎，不能急于求成。

从立法层面上看，目前我国18个税种的税收实体法中仅有3个税种由国家立法机关——全国人大及其常委会所制定，是严格意义上的法律，尚有15个税种是由国务院制定的暂行条例来规范，尚未按照法律的立法程序进行，如表6.1所示。

表6.1 我国税收法律法规的层级

序号	税种	级次最高的法律法规名称	法律法规层级	立法机关	发布日期	最后修订日期
1	个人所得税	《中华人民共和国个人所得税法》	法律	全国人民代表大会	1980年9月10日	2011年6月30日
2	企业所得税	《中华人民共和国企业所得税法》	法律	全国人民代表大会	2007年3月16日	
3	车船税	《中华人民共和国车船税法》	法律	全国人民代表大会常务委员会	2011年2月25日	
4	城市维护建设税	《中华人民共和国城市维护建设税暂行条例》	行政法规	国务院	1985年2月8日	2011年1月8日
5	房产税	《中华人民共和国房产税暂行条例》	行政法规	国务院	1986年9月15日	
6	印花税	《中华人民共和国印花税暂行条例》	行政法规	国务院	1988年8月6日	2011年1月8日
7	城镇土地使用税	《中华人民共和国城镇土地使用税暂行条例》	行政法规	国务院	1988年9月27日	2006年12月31日
8	增值税	《中华人民共和国增值税暂行条例》	行政法规	国务院	1993年12月13日	2008年11月5日
9	营业税	《中华人民共和国营业税暂行条例》	行政法规	国务院	1993年12月13日	2008年11月5日
10	消费税	《中华人民共和国消费税暂行条例》	行政法规	国务院	1993年12月13日	2008年11月5日
11	土地增值税	《中华人民共和国土地增值税暂行条例》	行政法规	国务院	1993年12月13日	
12	资源税	《中华人民共和国资源税暂行条例》	行政法规	国务院	1993年12月25日	2011年9月30日
13	契税	《中华人民共和国契税暂行条例》	行政法规	国务院	1997年7月7日	
14	车辆购置税	《中华人民共和国车辆购置税暂行条例》	行政法规	国务院	2000年10月22日	

续表

序号	税种	级次最高的法律法规名称	法律法规层级	立法机关	发布日期	最后修订日期
15	关税	《中华人民共和国进出口关税条例》	行政法规	国务院	2003 年 11 月 23 日	2013 年 12 月 7 日
16	烟叶税	《中华人民共和国烟叶税暂行条例》	行政法规	国务院	2006 年 4 月 28 日	
17	耕地占用税	《中华人民共和国耕地占用税暂行条例》	行政法规	国务院	2007 年 12 月 1 日	
18	船舶吨税	《船舶吨税暂行条例》	行政法规	国务院	2011 年 12 月 5 日	

从表 6.1 可以看出，我国税收法律立法级次偏低。目前法律层面只有个人所得税法、企业所得税法、车船税法和一个具有通则性质的税收征收管理法，其他税收规范都是以“暂行条例”等形式出现的行政法规和大量的部门规章。这些授权性法律文件的大量存在不符合税收法定原则的要求，降低了税法的法律效力，使税法的权威性和强制性受到了严重的削弱，既不利于税务部门的严格执法，同时也为税收的流失埋下了隐患。

执法层面，税务机关的执法规范程度和执法水平仍处在一个较低的水平，在税收征管实践中各个环节都有所表现。首先是行政不作为现象比较突出。一个时期以来，有关部门比较重视对“作为”违法行为的追究，发现税务干部以税谋私、贪污受贿等，严查重处，施以行政或刑事处罚，而对“不作为”行为则重视不够。随着新刑法的颁布实施、各地纪检监察机关查处职务犯罪力度的加大和税务部门内部执法责任制的推行，对这个问题给予了一定的注意，但总体上看，重视不够。其次是重实体法，轻程序法。在税务执法实践中，一部分税务人员往往比较重视税收政策的学习宣传和贯彻执行，而税收执法程序不规范、不严格的现象比较普遍。再次是执法力度不稳定，重管理轻服务。虽然近几年税务机关的服务意识和服务水平不断提高，但大部分还仅仅停留在具体行政行为的优质快捷上，而对于在执行税收法律、法规、规章时的缺位或不到位则没有引起足够的重视，越权、滥用权力与随意处置的现象同时存在。在征收环节，收“人情税”、“关系税”，把个人行为凌驾于法律之上，凭感觉和经验办事，随意简化税收执法手续的情况在基层税务局不同程度地存在，表现在管理环节上就是执法的不规范和对税收的减、免、缓审核不严。税收执法环境尚不理想。税收计划的执行和完成仍是考核基层税务管理最重要的指标；税收征管的考核不是考核征管制度的健全与否，以及制度是否得到有效执行，而是以组织收入为中心，以是否完成税收任务论英雄，严重影响了依法治税和税务机关依法行政。公民依法纳税意识不强，对税收的认识存在纳税吃亏和投机取巧等心理误区，逃税、漏抗税时有发生，税收面临着征收难度大、效率低等问题。纳税人依法维护自身合法权益的意识不强，发现问题不敢提出异议，在某种程度上纵容了税务违法行为，对依法治税和税务机关依法行政形成障碍。部门协调不力。财政、金融、工商、海关、公安等部门掌握着重要的涉税信息和工作手段，现实工作中，部门之间的联合协作往往采取协商与合作的形式，但由于缺乏法制的约束力，其工作效力往往取决于行政作为的力度。

在司法层面，目前税收司法独立性较差，法律强制手段范围较窄，影响了税法的刚性和权威，导致了对税收流失行为的震慑与打击不力。

第二，有权部门之间的权力制衡缺位。税收法律关系作为带有财产所有权或支配权的单向转移性质的法律关系，税权直接涉及公民的财权。因此，对税权的横向划分，即立法、执法、司法三权相互制衡以确保纳税人的合法权益十分重要。现行税法中，只有税收征收管理法、刑法中有关逃税的规定和少数几个涉外税法是由立法机关（即全国人民代表大会）立法通过的，这使得很长一段时期内税收立法与税收执法实际上是两权合一，甚至税收立法、执法、司法三权合一。由此可见，我国税权划分的工作重心主要偏重于纵向划分，即中央与地方税收权力的调整，由于对税权的划分缺乏应有的制衡力量，我国税权划分不仅变化次数多，而且反反复复，使得纳税人的权益缺乏应有的保障。

第三，税务机关依法行政意识不足。税务机关是行使征税权力的法定机关，在税收法律关系中，从直接的意义上看，税收的征与纳，体现为税务机关单方面的征税权的行使与纳税人单方面的纳税义务的履行。也就是说，在这种法律关系中，主体之间的权利、义务是不对等的。因此，在税收广泛渗入社会经济生活方方面面的今天，税务机关、税务人员能否正确行使手中的权力，不仅直接影响着国家与纳税人之间、纳税人与纳税人之间的经济权益，而且直接关系着依法治税的成败。其涉及利益之直接，影响面之广，是其他政府权力行使所难以比拟的。因此，税务机关必须依法行政，依法征收，正确贯彻国家税法。然而，受诸多因素的影响，我国税务征收机关长期以来习惯于使用行政手段开展税收征管工作，并以税收任务作为税收工作的指挥棒，形成了税收任务效力高于税法效力，领导意图硬、税法规定软的不正常现象。现实生活中普遍存在的“人情税”、“过头税”、“欠税”甚至买卖税款等在不同程度上反映了这一状况。诚然，导致这些问题的原因并不仅仅在税务机关，但这些问题干扰了正常的税收秩序，既损害了纳税人的权益，又损害了税务机关的形象，造成了税收流失。

第四，征税人和纳税人税法遵从意识有待进一步提高。税法遵从意识作为一种观念，是全体公民对税收地位与作用的看法，以及对现行税收法律规范的态度。这种认识与态度，直接影响着征税者和纳税者正确履行纳税义务的主动性和自觉性。应当说，老百姓“皇粮国税，莫敢违犯”的意识还是具备的，但受多种因素的影响，目前征纳双方税法遵从意识仍需进一步提高。有些纳税人从事生产经营，但不进行税务登记、不进行纳税申报，拒绝纳税检查，采取种种非正常手段，逃避纳税义务，或欠税，或骗税，以及税企关系处理中讨价还价等，而征税者随意解释税收政策、税收不作为的情况时有发生，甚至出现税企勾结联手“逃税”，都是税法遵从意识不强的表现。

第三节
财政分配不规范是税收流失的体制原因

1994 年实施分税制的指导思想重在提高财政收入占国民收入的比重和中央政府的财政收入，充分调动中央与地方两个积极性。然而，由于在分税分权等方面保留了一些传统体制的做法，在一定程度上刺激了地方、部门的收费行为。

首先，事权界定不科学，使政府职能“越位”与“缺位”现象并存，导致了包含税收收入在内的政府收入的流失。比如，1998 年税收执法检查中发现与国家税收法律法规不符的涉税文件共 1103 份，其中地方党政或其他部门的文件 1048 份，占 95%，各地违反税收制度金额 21.2 亿元，其中因擅自减免税、改变税率税基和少征滞纳金等问题减少税收收入 10.8 亿元，混淆入库级次，将中央收入混入地方金库 1.2 亿元，违反规定批准缓缴税款 9.2 亿元。而 1999 年的税收执法检查中，又查出与国家的税收法律法规不符的涉税文件 767 件，其中地方党政部门或其他部门的文件为 694 件，各地违反税收制度金额为 23879 万元，其中越权减免税等减少税收收入 19123 万元，将中央税混入地方税入库税款达 8092 万元，违反规定缓税 38574 万元。时隔 16 年之久的 2014 年，国家审计署组织全国税收审计机关共 24 万名审计人员，从当年 8 月中旬开始，对 29 个省市级和 709 个县的 2008 ~ 2013 年土地出让金收支和耕地保护情况进行审计。审计发现，在土地出让收支方面，各地土地出让收入少征 3664.23 亿元。此外，一些地方土地出让收支核标不规范，财政专户滞留或被直接坐支达 8358.75 亿元，减免或返还土地出让收入 7281.11 亿元。

其次，事权与财权不匹配，导致地方政府税外收费失控。地方税中，除营业税外，都是一些税源分散、收入规模小、征管难度大的“散兵游勇”；有些税种名义上划为地方税，但至今尚未开征，如遗产税和赠与税；有些地方税种与经济发展关系不大，如城镇土地使用税、车船税，由此造成地方税收收入规模过小且收入不稳定。由于中央与地方事权划分不合理，一些本该由中央政府安排的支出却由地方政府来承担，中央出政策、地方出资金的现象屡见不鲜，这种事权与财权的不匹配使地方财政捉襟见肘、入不敷出，地方政府只好通过收费来弥补其财政不足。据有关方面统计，在经过大力整顿后，截至 2014 年底，仍有全国政府性基金 29 项，全国性的收费项目 344 个，地方政府性基金 31 项。由于收费很大程度上是地方政府或政府部门的行为，有较强的部门利益驱使和行政权力保护，税“软”费“硬”，在企业交纳税费能力有限时，企业首先选择交费而欠税，给税收征管带来了较大困难。由于一些收费项目本身就是税基的组成部分，过多的收费必然侵蚀税基。在企业收入水平一定的情况下，多交费必然少缴税，“费挤税”在所难免。与此同时，税外收费等非税收入摊入成本、费用，使所得税税基缩小，加之收费过多过滥加重了企业负担，本已资金短缺的企业更是雪上加霜，抑制了企业的发展，导致企业未来纳税能力的下降。

再次，由于目前我国地方税的立法权和管理权（包括税法制定、税种开征与停征、税目税率调整以及减免税权）集中于中央，地方税收立法权名存实虚。另外，中央对地方的转移支付制度尚不完善。目前转移支付制度主要包括税收返还、体制上解、体制补助和专项补助等几种形式。对于税收返还采用的是基数返还、增量调整的方法，既不统一又不规范，并且往往不能及时到位。在财力转移上尚没有建立一套科学的计算公式和测算方法，在确定体制补助和税收返还的数额时仍采用基数法，既不能有针对性地、实事求是地考虑地区收入能力和支出需求存在的客观差异，也缺少比较合理的客观标准。在地方事权大于财权的情况下，中央无力通过转移支付来增加地方财力，迫使地方政府只有“自谋财源”、收费创收。

最后，税收计划导致藏税于民，或者“失信”于民。诚然，税收计划是财政预算收入体系的重要组成部分，是税务机关组织税收收入的具体目标，对于指导、组织、考核、检查税收工作具有十分重要的意义。然而，科学的税收计划应该坚持从经济到财政的原则，从实际出发，真正地反映社会的经济形势和国家税收收入的实际情况。由于目前的税收计划基本上是按照“上年实绩加本年的增长率”来编制的，在经济景气年度，或者对于经济发达、税源充足的地区来说，由于担心按照税法的规定实行“应征则征”会导致下年度税收任务的大幅增长，给下年的税收征收带来压力，因而每年完成当年的税收计划以后就会视情况不再努力征收税款，有的税务机关甚至劝纳税人将应该缴纳的税款放到来年再缴，这样就造成了“该征不征，藏税于民”的状况。然而，在经济不景气年度或者对于经济欠发达地区而言，当税收任务难以完成时，又劝说甚至强迫纳税人提前缴纳尚未形成的税款，一些企业为了“从大局出发”，只好认缴。而税务机关为了“报答”这种“大局意识”，则可能引发“人情税”，造成了税款总体上的流失。

第四节
税收征管运行机制不畅是税收
流失的直接原因

税收征管是税务工作的中心环节，其工作成效直接影响着税收的缴纳和入库。近年来，随着经济发展多元化和纳税人数量的急剧增加，税收管理过程中所存在的一些问题也逐渐暴露出来，主要表现为以下几点。

一、现行税收征管模式的弊端日益显现

目前实行的税收征管是“以纳税申报和优质服务为重点，以计算机为依托，集中征收，重点稽查，强化征管”的模式。但随着征、管、查“三分离”和互联网技术的广泛运用，税收管理员的职能发生了变化，由“管户”逐渐过渡到以“管事”为主，这在一

定程度上防止了“人情税”和“关系税”，有利于税务系统的廉政建设。但是，一些地方也出现了“两少一多”现象：税收管理员下户调查研究的少，对纳税人的经营情况、缴税情况及税收结构进行认真分析的少，依靠纳税户自行申报来掌握税源、指导征收的多。若出现申报不实和逃税、漏税等问题则由稽查部门去处理。这样一来，在税源的管理上便出现了“空当儿”，管事与管户在一定程度上脱了节。由于征、管、查之间始终处于磨合的状态，未达到统一和规范，导致税源管理的职能存在“缺位”现象。办税大厅征收人员就表征税，被动接受纳税人的申报资料；税收管理员不能主动收集纳税人的生产经营和税源变动情况，对税源控管乏力，对辖区内的税源底数不清，户籍不明，造成大户管不细、小户漏管多，“疏于管理、责任淡化”的问题凸现。

二、现行税收征收管理法中所赋予的执法手段难以落实

征管法中规定了许多税收征管的具体措施和手段，如税务检查、纳税担保、税收保全、税收强制执行等。我国传统文化形成的特有的“人情关系”，在实践中会不可避免地涉及税收“人治”与“法治”之间的背离，导致法制的弱化，在征纳过程中出现的矛盾往往自我消化，而非上升至法律途径解决。另外，税收执法部门对税收违法案件查处范围不大、处罚不力导致纳税人抱有侥幸心理。通过税收流失博弈模型的分析可知，纳税人逃税活动与对其的处罚力度成反比，即逃税的处罚力度越大，纳税人逃税的概率越小，反之越大。全面的监管检查和严厉的处罚会使纳税人付出高昂的违法代价，从而使纳税人放弃逃税和非法避税，达到防止税款流失的目的。但是，稽查部门一般采取抓大放小的模式，并且对避税的处罚明显不力，缺乏“重管严罚”的思想和做法，各级税务机关对税收违法的纳税户往往要求其补缴税款和滞纳金，移交司法的情况并不多，导致税收征管不力。

三、发票管理存有漏洞

发票管理是税收征管的重要环节，是税务部门有效掌握税源和监控税源的基础性工作，“以票控税”历来是税收管理的“惯例”。其主要做法是税务部门要求纳税人在生产经营的收付款过程中必须使用税务发票，规范收入支出的核算，并按发票开具情况申报缴纳税收，以此来监控纳税人收入支出情况，减少税收流失。这种税收管理模式的核心是发票管理，前提是纳税人收入均通过税务发票入账，支出均通过税务发票付出，纳税人依法正确用票，消费者主动自觉索票。目前，发票管理的现状是基层税务机关发票管理制度不健全，发票管理职责不明确，难以实现系统的发票管理和检查；一些纳税人受经济利益驱动，无视税收法律、法规，利用发票管理上的漏洞，采取各种手段进行逃避缴纳税款和各种违法犯罪活动；消费者索取发票的主动性和积极性不高，消费后只要方便、快捷、节时、省钱，便一走了之。另外，虽然税务机关重点加强了增值税专用发票的管理，实施金税工程、建立全国协查系统，但是面对“抵扣税款”的巨大利益诱惑，犯罪分子铤而走险从事虚开增值税专用发票的违法犯罪活动屡见不鲜，严重扰乱了税收秩序，侵蚀了国家税基，严重危害了税收征管秩序。

四、重点税源监控力度仍需进一步加大

税源管理是税收征管工作的基础，税源管理质量的好坏决定着税收收入的规模和增长速度。我国税收收入中，各级重点税源税收占据税收总量的50%以上，举足轻重。随着市场经济的深入发展、企业改革的深化和经济成分的多元化，经济税源结构发生了重大变化，构成了复杂多变的经济税源体系。但一些税务机关对税源的监控，在很大程度上仍沿用过去几十年习惯性的做法，将目光过分集中于一些传统的国有大中型企业，忽视了对一些新兴产业、民营企业、流动和隐蔽业户的监管和控制。具体反映在以下几个方面：

第一，动态管理时有缺位。从目前重点税源监控管理的现状分析，不仅整个监控环节滞后，而且方法也比较单一，多侧重于对事后静态信息的分析与评价，且其真实性、准确性还有待进一步提高，而对于纳税人在经营过程中即将发生和正在发生或已经发生的涉税事项等不确定的动态信息监管不力，缺乏事前、事中的动态信息资料，客观上形成了税源监控与管理工作和纳税人经营行为的脱节。

第二，涉税信息数据不够准确。由于税收制度是公开、透明的，经济学中的信息不对称理论表现在税收领域主要是税务机关难以全面掌握纳税人的真实情况。特别是目前尚未形成企业、金融、税务等部门的信息共享及相互制约机制，国税、地税、工商、金融、房管、国土等部门尚未完全实行联网，部门之间信息共享受到制约，税务机关目前还无法全面、准确、广泛、及时地获取纳税人的全部信息，特别是外部征管信息，给重点税源的监控管理造成了一定困难。加之外部监控制度缺失，第三方信息得不到有效保证，无法确保信息的准确性。另一方面，由于企业出于隐瞒真实信息的意图、本身数据的缺失以及财务人员素质不高等多方面的原因，填报的各项涉税指标信息的质量难以保证，有些重点税源企业的报表和申报材料中的数据明显缺乏逻辑性，使上报信息的真实性大打折扣，导致重点税源的信息来源失真、利用率不高。

第三，税源监控与管理方式不适应。目前，对重点税源监控与管理主要采用下户了解和电话咨询的方式。这两种方式都是税务机关问什么，纳税人就答什么，纳税人说什么，税务机关就听什么，信息采集的科学性、规范性不强，真实性不够，缺乏足够的互动性和有效性。

随着企业经营模式的多样化，税源监控的难度也越来越大。例如，按照目前的税收政策规定，总分机构的企业所得税必须由总公司统一核算，分公司在当地税务机关预缴，然后总公司统一进行企业所得税汇算，而流转税必须在分公司所在地申报缴纳，当然，如果经国家税务总局批准，总分公司的流转税可以在总公司所在地申报缴纳。这种管理办法必然有其规范科学的一面，但从“分税制”体制角度，则难以调动企业所在地税收管理的积极性与对税源的监控管理。

第四，重点税源监控预警机制尚未建立。税源监控报表体系是税源监控的重要数据来源，目前基层税务机关对于重点税源监控模式仅限于对报表数据的简单逻辑审核和入库税收的合理性审核，对报表数据与申报情况、纳税人实际生产经营状况是否相符，与

行业平均水平的差异情况等信息未能及时了解和跟进，缺乏对行业平均数据的积累和掌握及横向比对、综合分析，以挖掘深层次可能存在的问题。同时，随着信息技术的迅猛发展，税收征管对象财务管理结构复杂化，税收的隐蔽性越来越强，加大了重点税源监控管理的难度。

第五，处罚不力直接助长了税收流失。现阶段税务机关对逃税的处罚明显不力，主要表现在两个方面：一方面，对于税务行政违法处罚不力。税务机关对税务违法纳税户，尤其是重点税源的处罚普遍存在畏难情绪，往往仅以补交税款了事，而真正能够按照征管法的规定进行罚款和加收滞纳金的案子并不多。另一方面，对严重涉税犯罪的打击力度尚嫌不足。据一份报告显示，全国法院系统 1995 年受理的涉税犯罪案件为 1318 件，1996 年为 1625 件，其中不乏动辄涉及成千万甚至上亿元的增值税发票犯罪。时隔近 20 年的 2013 年，全国税务系统组织检查营改增试点企业近 7000 户，涉及税务犯罪嫌疑而移送公安机关 251 户，抓捕犯罪嫌疑人 223 人，查补税款 3.9 亿元。

第六，税务稽查执法效率不高。首先，征管改革将稽查业务分为“选案、稽查、审理、执行”四个环节，在实际工作衔接中不同程度地出现了职责不明、协调不力等情况，导致的直接结果是对纳税人重复检查，税务系统内部也为此消耗了大量的人力、物力，导致稽查工作效率低下。其次，现行征管法及其实施细则对稽查制约机制的要求不科学，造成了执法“瓶颈”。税法的刚性措施在现实税务执法中往往得不到具体体现，从而姑息了一些逃税行为的产生。最后，稽查人才缺乏制约了稽查工作的效率。部分地区一级稽查局缺乏专业人才，往往十几个人管理近千户企业，这样的执法力量显然对打击逃税是不利的。加之税务稽查体系组织结构不合理，稽查各环节间协调性差，也是造成国家税收流失的重要原因。

第五节 税收信用体系不完善是税收流失的重要原因

税收信用是社会信用体系的重要组成部分，贯穿了纳税、征税和用税等各个环节。通过对经济实体税收信用程度的评定，可以有针对性地对其进行制约或惩罚，有效引导经济实体依法纳税，从而对完善税收制度、实现依法征管起到强有力的推动作用。近年来，税务部门一直在尝试建立税收信用体系，并已取得初步的成效。然而，税收信用的缺失仍然是造成税款流失的重要诱因。国内著名学者裘伟认为：“税收信用是建立在税收法律关系中，表现和反映征纳双方相互信任程度的标的，是由规矩、诚实、合作的征纳行为组成的一种税收道德规范。税收信用在一个行为规范、诚实而合作的税收征纳群体中产生，它既能促进税收征纳双方共同遵守规则，改善征纳关系，也能在潜移默化中提高征纳主体成员的素质，在相互信任中转化成合作关系。”

一、税收信用的典型特征

税收信用具有以下典型特征：

一是基础性。即税收信用是依法文明治税的基石。它不仅是涉税道德规范的基础、社会经济正常运转的必要信用机制，而且是涉税法律规范得以顺利实施的基础，是涉税法制的道德基础。

二是效益性。良好的税收信用制度可以使双方同时获取对方真实的、诚信的信息资料，减少信用调查方面的费用，有利于降低风险。

三是联系性。税收信用与政府的行政道德、税务职业道德、纳税人纳税道德相互联系，相互影响，相互作用。

四是社会性。政府的治税诚信，体现在运用政治权力，按照法定程序制定税收法律法规和各项征管制度，按照法定要求用好纳税人的“血汗钱”，践行“取之于民，用之于民”的承诺，促进社会经济的发展和人们生活水平的提高。

税收信用体系的典型特征反映了规范与科学性，其基本内容包括税收信用法律制度、税收信用评估体系、税收信用监督制度与税收信用道德体系。税收法律制度是税收信用体系中最具有强制力的部分，规定了税收信用各方的行为规范与惩罚措施，构成了税收信用最强有力的约束。根据征纳过程中的不同主体，税收信用的法律制度分为对纳税人信用的法律规范、对征税人信用的法律规范、对税收中介信用的法律规范和对用税人信用的法律规范。

“纳税信用评估”是税务机关通过对纳税人有关数据及资料的综合分析，依据税收法律、行政法规的规定对纳税人依法、主动纳税的信用度进行评定，并给出其信用等级的活动。这一评定会影响到纳税人未来的纳税成本，通过评定，在纳税人与税务机关重复博弈的情况下，可以提高纳税人守信的激励，实现非零和博弈，是构建和谐征纳关系的重要理论基础。税收信用评估工作由税收征信系统实施，税收征信系统主要提供纳税人的税收征信数据、纳税人缴纳税款的相关数据及税务机关管理数据。通过完善的征信系统，征税人、稽查人可以获得更多的税收信息，从而缩小各方的信息不对称，促进信用的履行。

税收信用监督制度是税务机关在对纳税人纳税信用等级评定的基础上，进一步进行税收监督和税收管理，通过各种惩罚与激励手段，增加纳税人不守信用的成本，从而形成对纳税人的约束。对纳税信用进行监督的主要方式是税务稽查。税务稽查是税务机关依法对纳税人、扣缴义务人履行纳税义务、扣缴义务情况所进行的检查和处理工作的总称。税务稽查不但促进了依法治税，而且增强了纳税人的纳税意识，从而实现对纳税信用的监督。对征税信用来说，主要是对税收征收管理程序的监督，防止征税人多征或少征税收，或是泄露纳税人的商业秘密。对用税信用来说，主要是规范行政管理权限，保证税款的规范使用与安全，将有限的财政资金用在最能增进社会福利的领域。对于税收中介机构来说，主要是监督其中介职能的履行，确保税收中介机构对纳税人利益与国家利益的维护。

税收信用道德体系是对税收信用各方进行道德评价的依据，其道德约束力尽管弱于法律约束，却具有普遍性，可以促使纳税人依法诚信纳税。一般而言，纳税信用属于公民道德范畴，征税信用、用税信用和税收中介信用主要属于职业道德范畴。税收信用道德规范区别于其他社会道德规范的重要特征，是税收道德具有强制机制，往往被记入相关法律。对于纳税人，税收法律对纳税失信行为采取预防、制裁、惩罚的强制措施。对于征税人和用税人，应遵守的道德规范也被记入相应的法律条文。如《税收征收管理法》对征税人规定，“税务机关、税务人员必须秉公执法，忠于职守，清正廉洁，礼貌待人，文明服务，尊重和保护纳税人、扣缴义务人的权利，依法接受监督。税务人员不得索贿受贿、徇私舞弊、玩忽职守、不征或者少征应征税款；不得滥用职权多征税款或者故意刁难纳税人和扣缴义务人”，这实质上是以法律规制的道德要求。

二、税收信用的现状及存在的问题

总体来看，目前我国税收信用状况尚不够理想。信用缺失导致税收流失的情况比较突出，主要反映在三个方面，即政府征税信用、用税信用和纳税人纳税信用。

征税信用表现为政府既是税收收入的组织者，也是税收信用的倡导者和实践者。征税信用是纳税信用和用税信用的基础，政府的征税信用直接影响着整个税收信用体系的建设。

财税立法是税收法制建设的首要工作，是征税信用和纳税信用的基石。当前我国税收立法体系尚不完善，税收立法级次过低、税法变动频繁、内容设计的科学性有待提高、税法优惠过多且调整频繁、对纳税人权益保护意图体现不充分等，在一定程度上降低了政府税收信用和公民纳税信用的程度。

税收执法是税务机关代表国家行使征税权，其执法行为直接影响到公民的纳税信用。当前税收执法信用缺失问题表现为：以税收“收入任务”替代税法现象比较普遍，税务机关为了完成上级下达的税收征收任务，极少数工作人员执法诚信不足，违法乱纪情况、执法程序违法现象，特别是侵害纳税人合法权益的现象，时有发生。依法诚信纳税与依法诚信征税的法治意识有待进一步提高。

立法、执法、司法作为一个有机整体，相互联系，当立法和执法方面出现问题时，通过司法手段维系整个法律体系的正常运行是必不可少的补救措施。然而，我国税收司法环节存在的“机关隶属体制”的缺陷，导致地方政府为局部利益干扰税收征管，税收司法效率低，有失公正的现象时有发生。另外，目前税收救济制度的欠缺使纳税人缺乏必要的权利保障途径等问题同样影响着纳税信用，更是“政府征税信用缺失”的表现。

用税信用充分体现着税收的基本宗旨“取之于民，用之于民”。税收被看成是纳税人为了享受政府提供的公共产品和服务而支付的代价，因此，政府税收收入的使用情况直接关系到纳税人诚信纳税的积极性。用税信用要求政府按照相关的财税法律约束财政的收支活动，实现财政收支的法制化、制度化和规范化。目前部门预算仍存在许多问题，为资金的浪费留下了隐患，直接影响着纳税人对政府用税的信任感。预算资金使用中的主要问题表现为：预算约束缺乏刚性、政府人员和办公经费侵蚀严重、专项资金浪费严重、资金使用缺乏严格的监督机制等。用税信用缺失，还表现在政府用税过程中产生的问题会极大地挫伤纳税人的纳税积极性，有些政府部门使用财政资金效率低下、税式支出不合理，尤其是财政资金的贪污腐败问题影响极为恶劣，严重损害了政府的公信力。再如，用税司法是政府履行职责的强有力的保障，在实际的司法过程中仍然在公开公正等方面存在问题，司法信息不透明，也部分降低了对政府公务人员涉税不法行为的打击力度。

2014 年 8 月 31 日全国人大常委会通过了《预算法》修正案，标志着政府用税信用迈入了一个新的发展阶段。新《预算法》体现出许多创新性的亮点，不仅首次将政府预算信息的公开与透明纳入其中，而且首次提出了预算绩效的概念，并将绩效的思维贯穿于预算编制、预算执行、决算和预算审查等各个环节，极大地完善了我国现行预算体制，将有利于政府税收信用程度的提高，促使社会更加认识到市场社会信用体系建设在税收领域的紧迫性和重要性。

第六节
纳税环境不理想是税收流失的社会原因

税收作为一种筹集公共资金、参与社会分配的杠杆和手段，需要全社会的积极参与配合。社会对税收事业的态度如何，支持与否，都对税收的实现起着重要的制约作用。由此可见，纳税环境不理想是税收流失的社会根源。

首先，纳税人依法纳税意识淡薄。虽然历年的税收宣传月和“春风行动”均不同程度地取得了一些成效，但事实上存在的重形式轻内容的问题仍较为突出。所以，尽管每年税收宣传费用花费不少，但收效甚微，全社会依法纳税的意识仍然偏低。由此可见，尽管改革开放 30 多年来国人收入水平增长较快，但是仍有相当一部分纳税人的依法纳税意识淡薄，这就成为税收流失的社会根源之一。

其次，依靠社会力量开展护税协税活动、提高全民税法遵从度尚需时日。表现为：一是多数地方还没有建立起群众性的护税协税组织和网络，社会大众积极开展护税协税的热情没有得到充分的挖掘和利用。二是税务违法案件举报率低。由于对税务违法案件的举报、奖励等制度本身存在着力度不够等缺陷或不足，加上对税务违法举报的有关办法与制度宣传不够和在实际执行中为了保护举报人的利益等原因而使得其公开化程度不高，没有起到警示与示范效应。三是税务行政协助有法无据。虽然现行税收征收管理法中规定了银行、出入境管理机关行政协税的义务，但由于其法律责任不明和与相关法律法规的规定不一致，使得负有协税义务的机关往往以有关法律的规定为由拒绝提供协助，而税务机关在自身职权范围内无法获得或以较低成本获得履行职能所必需的涉税信息，导致国家税款流失。

第七章

效应分析：税收流失的危害

第一节 税收流失影响宏观调控的经济效应

无论是从广义还是狭义角度看，税收流失不仅影响国家财政收入和财政支出，而且还会导致政府经济信息失真，误导政府经济决策，影响市场资源配置，损害国家税收法律法规的权威性与实施效果，破坏市场经济秩序和社会道德观念，从而对我国的经济发展和社会进步产生不利的影响。税收流失已成为制约我国经济进一步发展、影响我国建立和完善市场经济法律秩序的一个重要因素。

税收流失的直接后果是减少财政收入，国家财力比重下降，减弱税收对宏观经济的“内在稳定器”作用，使“相机抉择”的税收传导机制失灵或部分失灵。

从表7.1的对比分析中，我们可以看到国家财政收入占GDP的比重和中央财政收入占国家财政收入的比重（即财政学界通常说的“两个比重”）的情况，在不同程度上反映了这一趋势。20世纪80年代中期开始的放权让利改革使得国民收入分配开始向个人倾斜，国家财力特别是中央政府的财力在1994年分税制改革之前一直呈下降趋势。从国际比较来看，当时中国政府的财力下降几乎已经达到世界最低水平。比如，1992年财政收入占GDP的比重为13.1%，同年美国财政收入占GDP的比重为34.5%，德国为46.5%，英国为39.8%，日本为31%；再从亚洲经济发展较快国家的这一比重来看，1991年韩国为18.5%，新加坡为32.8%，菲律宾为20.3%，泰国为19.7%[①]。1994年分税制改革以后，特别是进入21世纪以来，中国财政收入占GDP的比重逐年上升，到2012年为22.6%。

① 张昌彩：《中国融资方式研究》，中国财政经济出版社1999年版，第233页。

表 7.1　　　　“两个比重”数据对比分析

年份	全国经常性财政收入（亿元）	中央经常性财政收入（亿元）	国内生产总值（亿元）	财政收入占 GDP 的比重（%）	中央财政收入占财政收入的比重（%）
1990 年	2937.1	992.4	18547.9	15.8	33.7
1991 年	3149.5	938.3	21617.8	14.6	29.7
1992 年	3483.4	979.5	26638.1	13.1	28.1
1993 年	4348.9	957.5	34634.4	12.6	22.0
1994 年	5218.1	2906.5	46759.4	11.2	55.7
1995 年	6242.2	3256.6	58478.1	10.7	52.1
1996 年	7407.9	3661.1	67884.6	10.9	49.4
1997 年	8651.9	4226.9	74462.6	11.6	48.8
1998 年	9875.9	4892.0	79395.7	12.4	49.5
1999 年	11444.1	5849.2	82067.5	13.9	51.1
2000 年	13395.2	6986.2	89403.6	15.0	52.2
2001 年	16386.0	8582.7	109655.2	14.9	52.4
2002 年	18903.6	10388.6	120332.7	15.7	55.0
2003 年	21715.3	11865.3	135822.8	16.0	54.6
2004 年	26396.5	14503.1	159878.3	16.5	54.9
2005 年	31649.3	16548.5	184937.4	17.1	52.3
2006 年	38760.2	20456.6	216314.4	17.9	52.8
2007 年	51321.8	27749.2	265810.3	19.3	54.1
2008 年	61330.4	32680.6	314045.4	19.5	53.3
2009 年	68518.3	35915.7	340902.8	20.1	52.4
2010 年	83101.5	42488.5	401512.8	20.7	51.1
2011 年	103874.4	51327.3	473104.0	22.0	49.4
2012 年	117253.5	56175.2	518942.1	22.6	47.9

注：经常性财政收入是指剔除了债务收入之后的财政收入。

财政收入占 GDP 比重不断下降的一个直接后果就是财政政策的调控能力弱化。改革开放前后，国家财政投资在全社会固定资产投资中居主体地位，但自 20 世纪 80 年代中期以来，企业自筹投资和银行贷款投资已远远超过了财政投资与融资，通过资本市场融资正在迅速扩张。比如，1981 年政府投资占 28.1%，但以后基本上呈下滑趋势，到了 1996 年政府投资仅为 2.7%，以后虽有所回升，但到 2000 年仍仅占 6.4%。具体情况参见表 7.2。在现代市场经济条件下，企业是投资的主体，财政已不再是一般企业再生产的主要资金来源，从这一点看，财政投资比重下降有其合理的一面。问题是，由于各地之间财力差异及其经济发展的不平衡，缺乏有力的宏观调控可能会导致资源配置的分散与浪费。比如 20 世纪 80 年代中期到 90 年代初的重复建设问题，在某种程度上就是政府财力分散化的结果。为应对 1998 年的亚洲金融危机，国家实施积极的财政政策，2000 ~ 2002 年，国家投资的比重有所增加，随后比重逐年下降，至 2007 年降低到 3.9%。2008 年，面对全球金融危机，国家实施积极财政政策，加大了政府投资力度，特别是随后几年，政府投资比例保持在 4.5% 左右。

表 7.2　全社会固定资产投资的资金来源及其构成　单位：亿元

年份	政府投资	国内贷款	利用外资	自筹和其他投资	总计
1981 年	269.76（28.1%）	122.0（12.7%）	36.36（3.8%）	532.89（55.4%）	961.0
1982 年	279.26（22.7%）	176.12（14.3%）	60.5（4.9%）	714.51（58.1%）	1230.4
1983 年	339.71（23.8%）	175.50（12.3%）	66.5（4.7%）	848.3（59.2%）	1430.1
1984 年	421.00（23.0%）	258.47（14.1%）	70.66（3.9%）	1082.74（59.0%）	1832.9
1985 年	407.8（16.0%）	510.27（20.1%）	91.48（3.9%）	1533.64（60.3%）	2543.2
1986 年	455.62（14.6%）	658.46（21.1%）	137.31（3.6%）	1869.19（59.9%）	3120.6
1987 年	496.64（13.1%）	871.98（23.0%）	181.97（4.4%）	2241.11（59.1%）	3791.7
1988 年	431.96（9.3%）	977.84（21.0%）	275.31（4.8%）	2968.69（63.8%）	4753.8
1989 年	366.05（8.3%）	762.98（17.3%）	291.08（6.6%）	2900.28（67.8%）	4410.4
1990 年	393.03（8.7%）	885.45（19.6%）	284.61（6.3%）	2954.41（65.4%）	4517.0
1991 年	380.43（6.8%）	1314.73（23.5%）	318.39（5.7%）	3580.44（64.0%）	5594.5
1992 年	347.46（4.3%）	2214.03（27.4%）	468.66（5.8%）	5049.95（62.5%）	8080.1
1993 年	483.67（3.7%）	3071.99（23.5%）	954.28（7.3%）	8562.36（65.5%）	13072.3
1994 年	529.57（3.0%）	3997.64（22.4%）	1768.95（9.9%）	11530.96（64.7%）	17042.1
1995 年	621.05（3.0%）	4198.73（20.5%）	2295.89（11.2%）	13409.19（65.3%）	20019.3
1996 年	629.72（2.7%）	4576.53（19.6%）	2747.41（11.7%）	15465.35（66.1%）	22974.0

续表

年份	政府投资	国内贷款	利用外资	自筹和其他投资	总计
1997 年	696.74 （2.8%）	4782.55 （18.9%）	2683.89 （10.3%）	17096.49 （62.6%）	25259.6
1998 年	1197.4 （4.2%）	5542.8 （19.3%）	2617.03 （9.1%）	19359.60 （62.9%）	28716.8
1999 年	1852.1 （4.6%）	5725.9 （18.1%）	2006.8 （7.5%）	20169.7 （69.8%）	29854.7
2000 年	2109.5 （6.4%）	6727.3 （20.4%）	1696.2 （5.2%）	22384.7 （68.0%）	32917.7
2001 年	2546.42 （6.7%）	7239.79 （19.1%）	1730.73 （4.6%）	26470.04 （69.7%）	37987.0
2002 年	3160.96 （7.0%）	8859.07 （19.7%）	2084.98 （4.6%）	30941.91 （68.7%）	45046.9
2003 年	2687.82 （4.6%）	12044.36 （20.5%）	2599.35 （4.4%）	41284.76 （70.4%）	58616.3
2004 年	3254.91 （4.4%）	13788.04 （18.5%）	3285.68 （4.4%）	54236.30 （72.7%）	74564.9
2005 年	4154.29 （4.4%）	16319.01 （17.3%）	3978.80 （4.2%）	70138.74 （74.1%）	94590.8
2006 年	4672.00 （3.9%）	19590.47 （16.5%）	4334.31 （3.6%）	90360.20 （76.0%）	118957.0
2007 年	5857.06 （3.9%）	23044.20 （15.3%）	5132.69 （3.4%）	116769.67 （77.4%）	150803.6
2008 年	7954.75 （4.3%）	26443.74 （14.5%）	5311.94 （2.9%）	143204.86 （78.3%）	182915.3
2009 年	12685.73 （5.1%）	39302.82 （15.7%）	4623.73 （1.8%）	193617.42 （77.4%）	250229.7
2010 年	14677.79 （4.7%）	47258.01 （15.2%）	4986.76 （1.6%）	244041.67 （78.5%）	310964.2
2011 年	14843.29 （4.3%）	46344.51 （13.4%）	5061.99 （1.5%）	279734.38 （80.9%）	345984.2
2012 年	18958.66 （4.6%）	51593.50 （12.6%）	4468.78 （1.1%）	334654.71 （81.7%）	409675.6

由表 7.2 可知，全社会固定资产投资的变化趋势反映了市场化取向改革的必然要求，有其内在合理性，但其后果亦是很严峻的，使得政府作为投资主体由于其财力的不断下降而在资源配置中的地位和作用不断弱化，特别是对关系到国计民生的基础产业和基础设施的投入不足、投入份额减少从而对国民经济的影响力、控制力在不断减弱。

税收流失对宏观调控的另一经济影响，突出地表现在对信息决策系统的误导。税收收入的大量流失，最显著的后果是对实际经济状况的误导和不够精准的定性。税收收入流失使纳税人的经济行为逃避了政府的管制和税务监督，所提供的虚假信息使国家对经济的调控出现不同程度的偏差，官方数据的真实性大打折扣。这造成许多与税收有关的、对监控经济和制定政策起决定作用的关键指标和数据不确定，甚至存在严重的错误，从而使信息决策系统出现偏差，导致对经济问题的错误判断和不适当的决策。

以地下经济为例，税收流失的存在，不仅直接影响到政府对宏观经济形势的总体判断，更为严重的是地下经济由于通过逃避税收获得利润而繁殖增长。同时，地下经济活动的高收益、高回报会吸引公开经济中的一些资源流入到逃避税收的地下经济中去，使正常的企业纳税秩序遭到破坏，加剧“市场失灵”。同时，地下经济逃避了政府的管理和监控，其增长率、就业人数等指标没有纳入政府的经济统计数据之中，这样容易使人们对现实经济的真实情况产生误解。如果仅仅依据公开经济可观察统计到的信息和数据制定宏观决策，实行扩张性刺激经济的政策，可能对实际上已处于调整发展中的公开经济火上浇油，导致破坏性的结果。

第二节
税收流失危害资源的合理配置

理智的经济人不仅要考虑税收规则，还要考虑获取减免税、实施逃避税行为的可能性及相关的税收经济利益的大小，市场选择和资源配置必然因受到上述物质利益的诱惑而产生偏差，部分要素可能长期滞留在低效益但能获取税收流失收益的行为上，因此，这种生产要素的扭曲性组合必然不利于资源的有效配置。从税收与价格的关系来分析，税收流失破坏了公平的市场竞争环境，如图 7.1 所示。

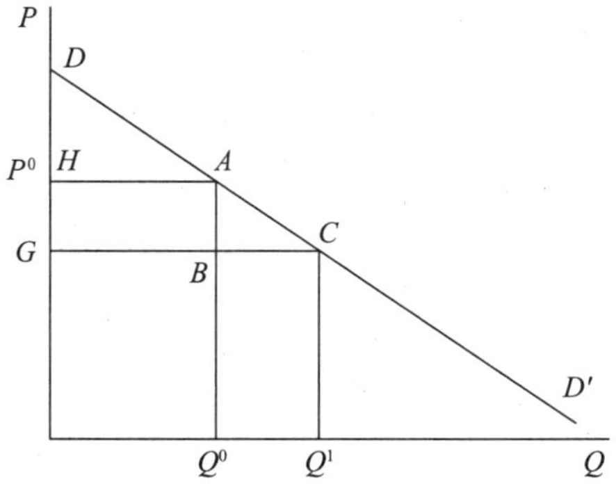

图 7.1 逃税对资源配置的影响

图 7.1 中，A 点为某纳税人依法纳税状态下的供求均衡点，此时价格 P^0，供求数量为 Q^0，C 点为无税状态下的供求均衡点。在存在税收流失的情况下，如果逃税人不压低价

格，则仍然维持 Q^0 的销量，$ABGH$ 所构成的图形面积是应该缴纳的税收，此时落入逃税人腰包，逃税人获得比依法纳税者更多的超额利润；如果逃税人将价格压低至 G 点，由于价格降低，此时消费者剩余由征税状态下 AH 直线与 DD' 曲线构成的面积增加到由 GC 直线与 DD' 曲线构成的面积，逃税人从降价中获得了竞争优势，销量由 Q^0 增加至 Q^1，说明税收流失的存在对纳税人而言就变成了自己给予自己的“税收优惠”和政府不情愿给予的“财政补贴”，不仅导致商品的成本和价格降低，导致劣企驱逐良企，优质商品在市场竞争中处于不利地位，而且导致资源配置向有利于生产经营活动中存在税收流失的部门、企业和商品转移，公平竞争的市场环境被破坏，资源不是按照有效率的市场竞争机制进行配置。

税收流失导致资源配置过程中的“劣企驱逐良企”市场效应的严重性还在于：由于税收流失造成的市场效应破坏了优胜劣汰的市场竞争机制，使得那些质量低劣的逃税商品以价格优势占领市场，迫使那些守法纳税者要么转而仿效，要么被挤出市场。我国20世纪90年代中期曾出现的成品油市场的波动就是最明显的例子。走私分子通过逃避海关监督，把远远低于国内市场价格的成品油走私到国内出售，从而引起了国内成品油价格的大幅下跌，造成国内石油化工行业的全面亏损，给国家宏观经济运行和税收收入带来了巨大的损失。再如光盘生产企业，由于地下企业所生产的产品逃避了税收和其他费用，如版权费等，所以，它的价格优势和利润非常明显，从而出现了大量的地下光盘黑工厂，它们以正版产品1/5甚至1/10的价格占领市场，逼得正版企业在市场中几乎无立足之地。在时隔20多年后的今天，这种不法行为仍然屡禁不止，2012年、2013年的越南走私大米，以及冰封几十年的甚至是第二次世界大战期间的冷冻肉等走私入境，所反映的不仅仅是税收的流失，还涉及国家经济安全。

税收流失还会导致资源配置过程中的虚耗和浪费。纳税人为了达到逃税的目的，会花费大量的精力和时间来研究逃税的各种方案，甚至会花费大量的金钱来聘请专业顾问，对自己的生产经营活动方式进行无谓的调整。同时，还会利用逃税的资金来囤积一些紧缺的资源。随着市场的变化和时间的推移，这些囤积的资源就会因自然的原因而耗损和浪费。同时，对于税务机关而言，为了堵塞税收流失的漏洞，需要花费大量的人力和物力进行征管和稽查，无形中增加了税收征管的成本。据1998年的统计，中国各级国税系统的专业稽查人员为10多万人，再加上其他部门从事稽查、检查的人员，共为20多万人。另据统计，2011年，各级国税系统的专业稽查人员超过4.7万人，加上其他部门从事稽查的人员，总数超过8.3万人①。仅从人数上看，这一数字比1998年大为减少，但是税务稽查人员的专业素质有所提高，提升了单人工作效率，相应地，用人成本也随之增加，从某种意义上分析，税收征管成本总体上并没有大幅度降低。这些虽然对于税务系统是非常必要的，但从全社会资源配置的角度看，则是一种资源的浪费。

此外，税收收入流失所带来的经济利益诱使纳税人将注意力转向如何获得这种机会，产生“比坏”心态，以逃税致富为荣，而不是探索如何改善自己的经济行为，这不利于

① 国家税务总局稽查局编：《2012中国税务稽查年鉴》，中国税务出版社2013年版。

其挖掘自身潜力、提高经济效率。

第三节 税收流失导致国家财政收入非正常减少

一般来说，税收流失最直接的结果是财政收入的非正常减少。从短期来看，收入减少使政府陷于缺乏资金的困难境地，影响国家职能的实现；从长期来看，为了实现既定的收入目标，政府不得不提高税率或扩大征收范围，这不仅影响了税收体系的内在弹性，而且会增加逃避税收的动机和税制的复杂性，进一步引发税收收入流失。有学者认为，在高税负状态下，税收流失在减少税收收入的同时，也会相应地减轻纳税人的税收负担，从而产生类似减税的效应，又可能从另一方面刺激经济的增长，经济的增长又会拓宽税基，增加税收收入，从而反过来部分抵消税收收入流失对财政收入的影响，此观点值得商榷。因为即使考虑到税收流失的减税效应，在一般情况下由减税效应而扩大税基增加的税收收入，仍不足以弥补税收流失对财政收入造成的损失。更重要的是，逃避税等行为导致的税收流失使纳税人产生心理的不平衡，有失公平和正义，可能导致社会动荡。

从我国的实际情况看，税收流失是导致财政困难的重要原因之一。如表 7.1 所示，20 世纪 90 年代，我国税收收入占 GDP 比重连年下降，税收收入增长速度明显慢于 GDP 的增长速度，这在很大程度上要归因于日益严重的税收流失。税收流失严重，使得我国政府收入中规范性的税收收入增长缓慢，导致财政收不抵支、赤字扩大，一些行政部门仅靠预算内财政拨款已满足不了支出的需要。迫于无奈，政府允许各部门搞一些收费和创收项目，以不规范的收入来弥补预算的不足。这一“扬汤止沸”的政策口子一开，各级政府部门在本部门、本单位利益的驱动下，各种创收和收费愈演愈烈，逐渐发展成政府本身也难以控制的乱收费、乱罚款、乱摊派，即“三乱”。而乱收费导致企业负担加重，进而使企业逃税更为严重，财政分配秩序陷入恶性循环的困境，致使政府预算内收入份额相对地越来越少，预算外收入和制度外收入则越来越多，国民收入分配机制被严重扭曲，收入分配秩序紊乱，在很大程度上就是居民和企业直接或间接逃税的结果，根据作者测算，1994 年的公开经济中税收流失率高达 46.9%[①]，而 2001 年的公开经济中的税收流失率也达 42.1%，足以说明这一问题的严重性。

第一，预算外收入迅猛增长，明显超过预算内收入增长速度。我国预算外资金是根据财政资金集中控制程度差别所定义的，实际上指的是不由中央政府直接占有和直接控制使用的财政性资金。预算外资金的定义虽然比较模糊，但这些资金通常都有其特定的用途，即预算外资金有专款专用的性质。另外，对地方政府来说，由于这些资金不与上

① 具体测算过程见《中国税收流失问题研究》（第一版），中国财政经济出版社 2002 年版。

级政府分成，所以是地方政府可以自主支配的资金。就其实质而言，预算外资金仍是政府财政性资金，因而成为政府公共收入的重要组成部分。1982 年、1983 年的第一步、第二步利改税之后，预算外资金一度超越了预算内资金的增长幅度。当时的预算外资金收入包括三部分：地方政府预算外资金、行政事业单位预算外资金和国有企业及其主管部门预算外资金，包含了大量企业性资金，在一定程度上也反映了政企分工的不彻底性，也说明原本由企业可支配的大量资金又由各经济主管部门以各种不同的方式进行控制或直接收缴上来，形成政府管制性或政府财政性收入，但却未纳入较为规范的预算内管理。1993 年对预算外资金的范畴进行了改革，企业性收入不再作为预算外资金。这一改革符合公共财政趋势，也使得预算外资金统计规模一度缩小。但不久之后，预算外资金增速更快，1996 年便达到甚至超过了 1992 年的水平。在此过程中，“乱收费、乱摊派、乱罚款”现象有增无减，加重了企业和民众的负担，对经济发展起了抑制性作用。由于缺乏制度制约，不仅资金的使用存在着低效和浪费现象，而且造成了社会分配不公和较为严重的贪污腐败。1997 年政府将 13 项基金和附加纳入预算内管理，减缓了预算外资金绝对规模的增长，但从实际情况来看，其相对规模的增长势头却并未得到根本性遏制，1998 年又出现反弹，其绝对规模从 1997 年的 2826 亿元增加到 3082 亿元。此后，随着政府逐步规范预算外收入和全口径财政支出，预算外收入有所减少，且从 2011 年起，预算外收支全部纳入预算内财政管理，这是一个不小的进步。2014 年《预算法》修正案则从法律角度使“预算外资金”退出了历史舞台。表 7.3 即为预算外资金的规模及其增长情况。

表 7.3　　预算外资金的规模及其增长

年份	绝对规模（亿元）	相对规模（与 GDP 之比）（%）	增长速度（%）	预算内收入增长速度（%）	占当年预算内收入的比重（%）
1979 年	452.85	11.1			39
1980 年	557.40	12.3	23.1	1.2	48
1981 年	601.07	12.3	7.8	1.4	51
1982 年	802.74	15.1	33.6	3.1	66
1983 年	967.68	16.2	20.5	12.8	70
1984 年	1188.48	16.4	22.8	20.2	72
1985 年	1530.03	16.9	28.7	22.0	76
1986 年	1737.31	16.9	13.5	5.8	81
1987 年	2028.80	16.8	16.8	3.6	92
1988 年	2360.77	15.7	16.4	7.2	100
1989 年	2658.83	15.6	12.6	13.1	99
1990 年	2708.64	14.5	1.9	10.2	92
1991 年	3243.30	14.9	19.7	7.2	102
1992 年	3854.92	14.3	18.9	10.6	110
1993 年	1432.54	4.1	-62.8	24.8	32
1994 年	1862.53	3.9	30.0	20.0	35
1995 年	2406.50	4.0	29.2	19.6	38

续表

年份	绝对规模（亿元）	相对规模（与GDP之比）（%）	增长速度（%）	预算内收入增长速度（%）	占当年预算内收入的比重（%）
1996年	3893.34	5.6	61.8	18.7	52
1997年	2826.00	3.6	-27.4	16.8	32
1998年	3082.69	3.7	9.1	14.1	31
1999年	3385.17	3.8	9.8	15.9	30
2000年	3826.43	3.9	13.0	17.0	29
2001年	4300.00	4.0	12.4	22.3	26
2002年	4479.00	3.8	4.2	15.4	24
2003年	4566.80	3.4	2.0	14.9	21
2004年	4699.18	2.9	2.9	21.6	18
2005年	5544.16	3.0	18.0	19.9	18
2006年	6407.88	3.0	15.6	22.5	17
2007年	6820.32	2.6	6.4	32.4	13
2008年	6617.25	2.1	-3.0	19.5	11
2009年	6414.65	1.9	-3.1	11.7	9
2010年	5794.42	1.4	-9.7	21.3	7

注：（1）1993～1996年的预算外资金收入范围分别有所调整，与以前各年不可比。从1997年起，预算外资金收入不包括纳入预算内管理的政府性基金（收费）。从2004年起，预算外资金收入为财政预算外专户收入。（2）从2003年起，农村税费改革在全国推开，乡镇自筹与统筹资金逐步取消，但个别省份在2003年以后仍有清欠收入。（3）其他收入，包括彩票公益金、中央电视台广告收入等。（4）从2011年起，预算外收支全部纳入预算内管理，相关指标不再单独列示。

资料来源：历年《中国统计年鉴》。

通过上述分析可见，从1982年第一步利改税之后，预算外收入增长速度大大快于同期预算内收入的增长速度。预算外资金的不规范和离散状态下的过快增长，不仅扰乱了社会经济秩序，造成诸多负面影响，而且也削弱了财政政策对宏观经济的调节作用，甚至导致财政政策失灵。

第二，制度外收入十分突出。制度外收入是指政府及其所属机构凭借行政权力或垄断地位，完全采取各种非税收入形式收取的没有纳入财政预算内管理的各项政府性收入的统称。国内学者卢洪友（1998）把制度外收入概括为以下5个方面：（1）制度外基金收入。（2）制度外收费收入。（3）制度外集资摊派收入。（4）制度外罚没收入。（5）“小金库”收入。上述对制度外的概括颇具争议。事实上，政府级次越低，制度外收入越庞大、越复杂、越隐蔽。准确估算中国的制度外收入十分困难。一般认为，我国的制度外财政收入主要集中在地方政府，据有些学者的保守估计，1994年各级政府的制度外财政收入平均相当于地方预算内收入的30%，占全部地方公共收入的23.1%①，而2012年这部分收入已占政府收入的1/3左右。

① 樊纲：《论公共支出的新规范》，载于张曙光编：《中国制度变迁的案例研究（第1集）》，上海人民出版社1996年版。

地方政府非规范的制度外收入形成的直接原因在于地方政府的正式收入（即现行体制下的规范收入）不足以应付其支出的增加，从而迫使地方政府在正式的制度外寻找弥补收入不足的出路，于是就产生了非规范的制度外财政行为。其深层次的原因则在于：转轨时期伴随着决策权的分散化造成地方事权的增加，原有的财政制度不能适应新的需要，相应地要求与此相适应的财政制度的产生，而此时由于财政立法与执法、司法的缺陷形成了一定的“制度真空”，从而使非规范的财政制度应运而生。

经济学界部分学者认为，制度外收入的客观存在有其合理性，最关键的一点就在于其为地方性公共产品（local public goods）的提供发挥了很大作用。在制度内财力有限的前提下，地方政府利用制度外财力为地方性公共产品的提供筹集经费。在广大农村的许多乡镇，制度外财政除了为当地政府机构的运转提供经费外，还成为当地公共投资主体，促进了当地桥梁、道路等基础设施和学校、医院等的建设，完善了地方的社会服务功能，在一定程度上缓解了地方的就业压力。

但是，笔者认为此类观点值得商榷。因为，制度外收入的不正常增长，不仅直接削弱了中央政府宏观调控能力，更重要的是无形中增加了纳税人的经济负担，导致群众对政府的误解。更何况制度内外财政收入的并存，表明中国财政预算体系呈碎片化状态。预算体系碎片化不仅造成财力的分散，更为重要的是与社会主义市场经济客观上要求的预算完整性格格不入，使本该纳入国家财政收入的财力游离于收入之外，这种以费挤税一旦成为“常态”，不仅肢解了完整统一的财政体系，扰乱了正常的分配秩序，而且强化了部门和地区利益。显然，如何改革和规范制度外收入已成为一个重要而紧迫的问题。

第四节
税收流失导致纳税人税负不公

目前，尽管税收流失所涉及的纳税人从总体数量和比例上来看毕竟是少数，但对其他的纳税人却产生了极其有害的负面影响。主要表现在以下两个方面：

第一，税收流失导致了纳税人之间的税负转嫁和税负不公，出现了“鞭打快牛”的现象。纳税人作为税收的负担者，其实际税收负担应该是与其生产、经营、收入情况相一致的，即在国家税收法律法规的基础上，根据生产、经营、收入等情况来合理地负担其税收任务、履行其纳税义务。这样，国家的税收任务在所有的纳税人之间的分配就是大致公平和合理的，纳税人的税收负担也是其能够承受的和愿意承担的。但是由于税收流失的存在，就使得税收流失者逃避了纳税的义务和负担。由于国家总的税收计划和任务并不因为税收流失而有所减少，所以税收流失者所逃避掉的税收任务和负担就势必转嫁到诚实履行纳税义务的纳税人头上，从而出现税收转嫁和税负不公，加重了守法纳税人的税收负担。

第二，税收流失产生了极坏的示范效应，导致守法纳税人的心理失衡和追随仿效，降低了纳税人对国家税法的遵从度，增大了税收行政执法的阻力，进而导致税收流失规模的进一步扩大。不法纳税人因逃避税收义务而获得额外的资金从事扩大再生产，因而能够很快致富，甚至有些人无视法律，利用虚开增值税发票、骗税等手段一夜暴富，使得社会上出现了“要想经商，全靠工商；要想致富，全靠（‘搞掂’、‘摆平’）税务”、“要想肥，靠逃税”等顺口溜。这些靠逃骗税致富者的出现及顺口溜的流传，大大地刺激了守法纳税人，降低了纳税人对国家税收法律法规的遵从度，恶化了税收行政执法的环境，导致更大范围的税收流失。

事实证明，凡是出现了因逃骗税而致富的地方，就必定会随之出现一批千方百计进行逃骗税的仿效者和跟随者。如震惊国内外的“金华税案”就是因为陈春藕虚开增值税发票“致富”所产生的示范效应，导致胡银峰、吴跃冬等人仿效，从而发展到218户企业参与虚开增值税发票，价税合计达63.1亿元，给国家造成了9亿多元的税收损失。2014年国家税务总局公布的一些逃骗税大案，也从不同角度反映了在一些纳税人中确实存在着“比坏”心理，不仅破坏了纳税的区域环境，而且造成的不良影响更为恶劣。

第五节
税收流失侵蚀税收法制的效力

首先，税收流失严重损害了国家税收法律法规的尊严和权威性。因此，大规模的税收流失导致国家税收法律法规因得不到有效执行和落实而形同虚设，从而降低了税法的刚性和权威性。例如，现行税收征收管理法虽然赋予了税收行政执法过程中运用税收保全、税收强制执行等的权力以及对违反税收征管行为的行政处罚权，但由于大范围的税收流失所造成的“法不责众”的结果，使得税务机关对税收保全、税收强制执行等措施很少使用，对于所发现的导致税收流失的一般税务行政违法行为也只是追缴税款了事，而很少能够按照法律法规的规定对其进行处罚。即使对于一些比较严重的税收行政违法行为的处罚，大多也只是按照税收法律法规规定的下限或突破下限进行象征性罚款，很少能够按照法律法规的规定进行严厉的处罚。这就严重破坏了征管法的刚性和权威性，使征管法的实施效果大打折扣。

其次，税收流失严重破坏了国家的税收征管秩序和税收行政执法活动。税收征管秩序和税务行政执法是由税收征纳双方在税收征收和缴纳的过程中所形成的一种税务机构和人员依法征税、纳税人依法纳税的双方相互合作的关系或活动，这其中纳税人的积极配合对于营造良好的税收征管秩序、促进征纳双方互相信赖与合作、共同完成税收征纳活动具有十分重要的意义。但是，由于税收流失本身的原因以及由此所造成的示范效应，使得进行逃、骗、抗、欠税者为了逃避纳税义务而不愿与税务机关和税收征管人员进行合作，同时也使得守法的纳税人因心理的不平衡而不愿与税收机关进行合作，这就使得税收行政执法和税收秩序失去了纳税人的信任和支持，导致纳税人对税法的遵从度降低，税收征管秩序混乱，税务行政执法的措施和手段难以落实，税法刚性原则难以体现，进而导致更大规模的税收流失。实践证明，凡是税收流失比较严重的地区，其税收征管秩序必定极为混乱，税收行政执法的力度与手段也就难以落实。同时，税收流失还导致了税务工作人员的腐败甚至犯罪。如海南省乐东黎族自治县原地税局局长陆仁魁，2008 年担任地税局长期间，利用职务便利先后在土地置换、土地过户等方面收受相关企业的贿赂财物 240 万余元，其中仅在海南中和（集团）有限公司办理 11 宗土地使用权限时，就收受该公司朱某的贿赂款 24 万元，帮助该公司免缴了耕地占用税 800 万元，导致国家税款的巨额损失。

最后，税收流失严重地侵蚀了税收司法，导致税收司法不力和司法腐败。税收司法是保护税收法律制度、维护税收征管秩序的最后一道屏障。大面积的税收流失会造成涉税刑事案件的发案率激增，从而对税收司法保障体系产生极大的副作用。主要表现在：一方面，涉税刑事案件发案率的激增会使得税收司法保卫系统面临巨大压力。根据我国的司法体制，涉税刑事案件的侦查、审查、起诉、审判等由司法部门负责。而对于司法部门来说，从事涉税案件的侦查、审查、起诉、审判等工作只是其工作的一个部分，而非全部。对于激增的涉税刑事案件，司法部门会由于办理这些涉税案件所需要的专业知识的缺乏和人员短缺而束手无策，从而出现对涉税刑事案件查办不力的结果。另一方面，由于涉税刑事案件的犯罪嫌疑人及其家属为了不使其犯罪行为受到司法的惩处，会不惜代价托人情，走路子，贿赂司法人员为其涉税犯罪行为开脱罪责。某些司法人员经不起美色金钱的利诱，被拉下水，不惜利用手里所掌握的权力进行权钱、权色交易，甚至成为犯罪分子的帮凶，内外勾结，主动为犯罪分子的涉税犯罪活动出谋划策，四处活动，从而造成严重的司法腐败。例如，震惊中外的“金华税案”就是由于犯罪分子收买了金华县检察院税检室副主任戴利明等司法人员，使其成为虚开增值税发票的“保护神”，从而导致了该县对增值税发票犯罪打击的失控。

第六节
税收流失导致税收信用的降低

如前文所述，税收信用体系不完善是造成税收流失的重要原因之一。税收流失不仅导致社会公德的沦丧，影响税收秩序和市场秩序的健康发育成长，同时也会损害政府在民众中的形象，影响社会稳定，成为制约我国经济持续、稳定发展的“瓶颈”。

首先，税收流失会降低纳税人的纳税信用。如果税收流失的问题得不到有效的治理和遏制，纳税人偶尔采取欺诈、隐瞒等手段逃税或减轻纳税义务的失信行为不能得到税法的制裁，或者受到制裁的概率很小，或者制裁处罚的力度很轻，那么就难以起到对诚信者予以鼓励、对失信者加以惩罚的作用。纳税人在下一次面临守信与失信的行为选择时，就会倾向于选择不按照法律要求履行纳税义务的失信行为，久而久之，潜移默化，就会渐渐养成违法的习惯，形成失信的行为模式，并在以后的税收实践中不断调整自己的行为使之与该行为模式相一致，最终导致纳税人信用理念缺失。现实中大量的案例充分说明，不少纳税人信用意识淡薄，存在各种违反税法规定的行为，如伪造、编造、隐匿、擅自销毁账簿和记账凭证，多列支出或者不列少列收入，经税务机关通知申报而不申报或者进行虚假的纳税申报，不缴或者少缴应纳税款；长期不办理税务登记、长期拖欠税款、骗取税收优惠政策和出口退税；以暴力威胁等方式阻挠税务机关正常的执法或者设法逃避税务机关的检查和监督等。这些行为极大地损害了国家的税收利益。

其次，税收流失会降低税务机关的征税信用。部分税收流失是由于税务机关的失信行为造成的。有的税务人员在执法过程中滥用职权，贪污受贿，徇私舞弊，挪用、私分税款甚至内外勾结骗取出口退税或者虚开增值税发票等，致使国家税款大量流失；有的税务人员执法随意性大，在税收执法程序、执法尺度、适用法律等方面存在问题，甚至凭借手中权力以权谋私，捞取个人好处，或暗箱操作以税换贿，以贿减税，收人情税、关系税等。这种无视信用制度规则、滥用税收执法权的失信行为，大大影响了纳税人满意度的提高，损害了税务机关的公信力。

最后，税收流失会降低政府的用税信用。税收流失带来了预算外收入和制度外收入的快速增长，其支出很难受到有效的监督和制约，存在着违规转移、挪用、挤占和虚报冒领资金，擅自扩大开支范围，提高开支标准，改变支出用途等种种问题，这也成为广大纳税人对政府用税信用进行质疑的重点内容。特别是政府财政支出预算和执行缺乏硬性约束，用税信息披露不够，一些不必要的“政绩工程”、“形象工程”与老百姓对公共产品的预期心理存在较大反差，难以得到广大纳税人的充分认同，更使纳税人产生“厌税”心理。

第八章

个案探讨：对税收流失相关问题的再认识

第一节 从“+互联网”到“互联网+”的演变中认识现代税务管理

在移动互联网时代，“互联网+”形成了一股潮流，改变着传统行业的方方面面。面对新的变革，税务管理开始主动拥抱“互联网+”，寻找互联网与税务管理的契合点。互联网在改写人们生活之余，也开始了对税务管理传统模式的改写。“互联网+”发展势头迅猛，似乎要将现实中的一切都联系起来。而作为与人生相伴相随的税收，已成为这场“互联网+”大变革的焦点，作为领导税收事业发展的国家税务总局，更是积极主动地接触“互联网+”，将其变成自己实现税收管理现代化的一个新工具。

自从有了互联网，税务管理者就从未停止对互联网与电子税务的结合，可以说，拥抱“+互联网”的基层税务工作者很多，但大部分属于“电子税务+互联网”，更多的是将互联网看成是税收管理现代化中一种可选的工具，因而被业内专家形象地称为“+互联网”。

如果说“+互联网”是传统税务管理将互联网当成补充的话，那么“互联网+”就意味着税务管理将从互联网思维出发，真正做到以纳税人为核心，通过多种形式为纳税人提供优质的纳税服务来深入寻找税务管理与“互联网+”的契合点。

从“+互联网”到“互联网+”，可以说是认识上的飞跃。对此，我们还可以从社会、政治、文化、经济、军事等各个层面去诠释其意义和价值。比如，“互联网+”是平台，与其结合的领域为端点。“互联网+税务”可以理解为是税务管理需求下运用“互联网+”这个基础构架平台，在实现税收管理现代化历程中提高税务管理工作效率、为纳税人提供更多优质纳税服务，是更加有效地提升征纳双方沟通效率等相关税务事务的新路径。

在“互联网+税务”的新思路下，征管模式得以优化，通过较高水平的电子税务信息化互联互通方式，最大限度地方便纳税人，使纳税人不需要频繁地前往税务机关，由此实现“双赢”，即纳税人纳税成本降低了，税务部门办税服务厅工作负担减轻了，办税效率提高了。通过有效使用大数据，优化税收风险管理方式，使税收管理员从“人盯人”的束缚中解脱出来，遵循分级分类专业化管理的原则，差异化管理纳税人。同时，加强风险管理导向下的税务“征、管、查、评”工作，运用风险分析成果，实施重点税源户“轮查”、“抽查”制度，实现“征、管、查、评”资源与稽查执法对象的科学配比，最终达到减轻纳税人负担、提高纳税人税法遵从度的目的。

纳税服务在“互联网+”的思路下不断升级。在实现纳税人办税便捷化、简约化的同时，相应地实现了税收征管集约化、规范化。站在税收治理能力的战略高度来认识和统筹税务信息化建设，把信息化能力视为核心竞争力，以积极回应简政便民的诉求，让纳税人在办税过程中实现成本最低、效率最高、体验最好。厦门国税推出的微信订阅+服务号平台，实现了税收资讯随身查，涉税业务掌上办，就是这方面的最佳案例。

跨行业合作在“互联网+”的理念下不断加强。例如，近年来，特别是2013年以来，税务系统树立了“互联网+税收+金融”的新理念，将大数据技术引入小微企业服务与信贷领域，搭建服务平台，为中小微企业量身定制融资渠道。纳税人可依据自身需求，自愿公开部分涉税信息并签署协议；税务机关将纳税人在线确认后的相关涉税数据向平台推送；平台把企业相关纳税信息转化为银行需要的企业资信；银行方通过平台对传递的涉税数据实现自动整理、分析和审核，向企业提供预授信服务。

在互联网的思维导向下，征纳双方的沟通多了，办税效率提升了，但税务的业务逻辑并没有发生本质的改变，“互联网+”的思维更偏向互联网哲学，有助于指导税收事务工作，改变纳税人办税的体验，改变税务部门面对纳税人的方式，改变税务部门和纳税人之间的连接方式，改变征纳模式，从而让税务资源在“互联网+”的模式下使过去不太起眼的资源得以催化，使优先的得到充分利用，最终使税务资源得到最优配置，纳税人的潜力得到最大限度的释放。

征税者是代表国家行使税收权力的公务人员，征纳双方如果用博弈理论来解释“互联网+”在税收管理中的运用，“互联网+”可能是解决信息不对称的最佳方案之一。人民税收为人民，这是社会主义税收最本质的体现。从这个意义上，征税者与纳税人的博弈，实质上是一种非对抗性的博弈，双方都是根本利益的享受者。这是我们对税收管理最本质的界定。在这一认识下讨论“互联网+税收”这一命题时，从较广的角度来理解“税务管理”，有三种完全不同的管理范式来促进税法遵从：一是传统的“执法”范式。在该范式下，税务机关将纳税人作为潜在的罪犯来看待，重点就是通过反复的检查和严厉的处罚来制止违法行为。这与基于犯罪经济学的税收标准经济模型及逃税概念的界定相一致。二是“服务”范式。该范式的依据是，税法遵从这一付出将获得政府提供的公共服务作为回报。在承认执法作用的同时，也承认税务管理在促进并向纳税公民提供服务上的作用。它强调以服务为导向：从“消费者友好度”的角度，将纳税人视为客户，而不是潜在的罪犯。三是以税法遵从为导向的“信任”范式。它与道德、社会规范和其他“行为经济学”因素在遵从决策中的作用相一致。

运用博弈理论讨论“互联网+”给我们带来了如下启示：税务管理所追求的最佳目标是征纳双方都能做到认真遵从税法，并由此实现和谐征纳关系的构建。而构建和谐征纳关系的基础，是相互间的真诚与信任，是伦理与道德的自我约束，更是构筑法治税收的基石。这对于我们在税收管理实践中如何理解税法的刚性与执法的柔性间的关系，如何理解基层纳税服务的规范与优质纳税服务的重要性，如何理解税收信用（特别是“失信者黑名单”）的公示所产生的威慑作用，以及商事制度改革中所实施的负面清单、权利清单和监督机制创新，实行“三证合一”等对税务管理改革的促进，以及激励干事创业、建设“绩效税务”和税务文化建设的路径探索，无疑具有重要的意义。

正是基于这一认识，树立“互联网+税收”的新理念，落实信息管税，就不是在原有税收征收思想的基础上简单地加上计算机来实现，因为那是“+互联网”的概念。“互联网+税收”是现代信息技术和先进管理理念的有机融合在税收管理领域发生的一场深刻革命，是税务管理现代化的发展方向，也是实现税务管理战略目标的必然选择，将对实现依法治税、规范税收管理、治理税收流失产生积极作用。

其一，用系统论观点理解税收征管。传统意义上的税收征管一般只包括税务登记管理和发票管理等环节，但从治理税收流失的角度看，税收征管是一个系统工程，是对税务登记、申报纳税、税务稽查到税务违法处罚与税务争议全过程、多角度的动态管理，也是对包括税收计划、税收会计、税收统计和税收票证在内的内部信息管理工程。治理税收流失，必须利用一个简明有效、科学合理的信息管理软件对这个系统工程进行全方位的综合监控，这是税收征管现代化的基础。

其二，积极推广和优化全国统一的税收征管规范。前些年，税收征管强调因地制宜，全国出现了多种多样的征管模式。近年来，通过整顿整合，各地基本有了统一的模式，但在具体做法和程序上仍存在着各有一套的情况，这种现象既有其合理的一面，也存在弊端，具体表现为：缺乏统筹规划，各自为政；操作性不规范，功能性不完善；业务交叉重复，缺乏统一标准；征管方式、手段不对称；业务管理岗责体系不健全；征管业务未能以纳税人为核心进行设计。这既不利于税法的统一贯彻执行，也不利于全国税收征管网络化建设，为了治理税收流失，必须制定和执行全国统一的征管规范。尽快制定和推行《全国税收征管规范》，是深入贯彻党的十八届三中、四中全会精神，加强征管制度创新，推进税收治理体系和治理能力现代化的重要举措，是落实依法行政要求、规范税收执法行为、深入推进依法治税的重要途径，是全面统一征管标准、建设科学严密的税收征管体系的必要基础。总之，推行税收征管规范是税务系统的一场自我革命，将极大地优化税收业务流程和资源配置，使全国统一的税收征管软件有一个标准规范，为实现信息管税奠定坚实的基础，促进提升税收征管乃至整体税收工作水平。

其三，运用现代通信技术实现四级网络管理。以计算机网络为依托的税收征管的重要特征在于，各级税务机关之间通过网络建立起了严密的监控关系。这不同于原来微机环境下的管理，也不同于广域网环境下的征收管理。这种管理方式将有效缓解并在一定程度上打破以往税务机关与纳税人之间、上下级税务机关之间和税务机关之间存在的信息不对称，强化对征纳双方税法遵从的督导，有利于增强税务机关之间的制约和督察，在很大程度上解决“淡化责任，疏于管理”的问题，从而有利于治理税收流失。

其四，加快金税工程三期的示范、应用和全面实施。金税工程是国家电子政务“十二金”工程之首，具有重要的战略地位，金税三期工程将建成一个年事务处理量超过100亿笔、覆盖税务机关内部用户超过80万、管理过亿纳税人的现代化税收管理信息化系统，这将大大提高纳税服务水平，规范税收执法，提高税法遵从度，提高纳税人满意度。

总之，“互联网+”已经在加速淘汰传统产业模式。对于税务管理而言，充分利用“互联网+”的深远意义与重要性不言而喻，更何况它可以让我们更有效地避免税收流失，并使税收管理变得更有效率，更有活力。

第二节 财政体制改革的目标：质或量

自1978年改革开放以来，我国一直在寻找与社会主义市场经济相适应的财税体制。新财税体制难产的焦点在于中央与地方的财权事权分配关系。在改革中，始终没有离开的一个基本思路就是，中央财政应该在财政体制中占主导地位。因此，在历次的财政体制改革中，不管是“分灶吃饭”财政体制、财政包干制还是分税制体制，改革的目标都同时包含有保证中央财政收入不会因为经济体制改革而减少，具体的政策手段是放权给地方，使地方有提高财政收入的积极性，中央则在地方扩大财政收入的基础上，通过分成来保证自己的收入。为了扭转不利的地位，中央通过多种途径改变规则，例如改变基数、改变分成比例等，以达到维持中央财政占主导地位的目的。1994年新税制的目的之一，仍然是“提高中央财政在全国财政总收入中的主导地位”。至于对“主导地位”在量上的定义，一些专家认为，其理想数值是“中央财政占全国财政收入的2/3左右”。但新税制实行以后仅仅两年，地方组织的财政收入再次超过中央，而且在地方政府理财治税中，出现了税外收费不断膨胀、包税、引税、任意减免税等现象，造成了大量的税收流失。这说明，中央财政收入要想达到上述数量目标是困难的，并且会带来负面效应。因此，从近30年财政体制改革的实践，尤其是新税制实施后的实践看，我们应当重新认识这种“中央财政占主导地位”的财政体制改革目标。

首先，中国传统上是一个中央集权的国家，今天维护传统的中央集权的统一国家的理念，是完全正确的，问题是人们长期以来往往以中央财政收入占全国财政收入的比重作为理解中央财政集权制度的关键。其实这种认识是片面的。财政制度的中央集中制，首先应当表现在质上，其次才是量的问题。我国现行财政制度作为中央财政集权制度最重要的特征，是征税权的统一。改革以来，尤其是新税制实施以来，我国的税权是高度统一的，税收政策完全“出于中央”，具体表现为：第一，地方政府没有规定税种、税率的权利。第二，新税制实施以后，地方也不再享有税收减免权。第三，地方财政没有欠债权。地方财政出现赤字，只能等待中央的拨款来弥补，或者采取拖欠支付的方法到来年平衡。第四，地方财政没有向人民银行借款的权利。以上所有权利都集中在中央政府手里，中央政府在全国财政中的集权地位已经十分明确。可以说，这种地位与中央政府在全国财政收入中是否占2/3左右的比重没有太大的关系。因此，从理论上来说，没有必要以中央政府财政收入在全国财政收入中所占的比重作为财权集中的标志和我国财政体制改革的目标。

其次，我国的国情是大省大国，这是世界上任何一个国家都不能相比较的。美国和我国的国土面积不相上下，可是人口仅约为我国的1/5；美国辖有50个州级行政单位，而我国内地仅有31个省级行政单位。在省的规模如此大的情况下，要实行中央集权的财政制度，只能是质的方面，尤其是税法方面的中央集权，而不可能实现在量的方面“主导”。如果要实现量的“主导”，那么它付出的制度成本是相当大的，因为它要冒地方丧失动员财政资源积极性的风险。因此，从财政管理的规模来看，我国如果不实行联邦式的财政体制，那么其中央集权的财政体制的基本特征就只能是中央政府在税法方面的集权地位，而不是中央财政收入在财政收入总量中占较高比重。我国财政体制改革多年来的实践，也许可以证明的正是我国中央集权的财政体制不可能实现数量上的“集权”。

最后，改革前我国实行的计划经济体制与苏联或原东欧的计划经济体制也有所区别，我国计划经济的公有制基础是多级的地方公有制，苏联计划经济的公有制基础是国家的全民所有制。在多级的地方公有制基础上，我国20世纪80年代开展经济体制改革以后，城市和农村集体企业、个体企业和“三资”企业迅速发展。这些企业都与地方政府有着这样或者那样的密切联系。在税源控制方面，地方政府占有的优势也是其他国家的地方政府不可企及的。因此，从多级的地方公有制这样一个现实的特殊制度变革的背景出发，我国的中央集权财政体制应该有我国自己的特点。这个特点就是质的统一，而不是量的集中。简单地将我国的财政指标与其他国家的财政指标相比较，并且将其他国家的指标作为我国的目标，对于我国财政制度改革的目标选择是有害无益的。

综上所述，把我国财政体制改革的目标单纯理解为中央组织的财政收入量在全国财政总收入中占主导地位是行不通的。明确这一点，在肯定1994年推出的分税制基本上与社会主义市场经济要求相适应的前提下，中央政府就不需要去变革现行分税制财政体制的具体模式，更无需变更现行的国税、地税机构设置及职责分工，而应把重点放在大稳定、小调整上。否则，过于频繁改变规则的做法，会降低中央政府财税体制的严肃性，从而也降低财政体制的中央集权的质量。因此，我国财政体制改革的目标，应该是在兼顾量的集中、保证中央宏观调控能力的同时，更加注重提高中央集权的质的方面，即财政制度的规范和稳定，充分调动地方规范化、法制化理财治税的积极性，从而克服和弱化税收流失的体制诱因，构建起中央与地方、经济与财税的良性互动机制。

第三节 积极财政政策与税收流失治理

为了应对国际经济危机和解决国内需求不足的矛盾，防止经济下滑，确保经济的持续稳定增长，2008 年以来我国实施了一系列积极的财政政策，出台 4 万亿元投资计划，旨在加快国家建设、提高国民收入、促进经济平稳快速增长，切实防止经济的骤然下滑。2009～2013 年，我国仍把继续实行积极的财政政策作为一项重要的政策措施，并且，2013 年中央经济工作会议指出，将继续实施积极的财政政策和稳健的货币政策，特别是要实施“营改增”等税收政策，进行结构性减税，分批提高部分商品的出口退税率及取消部分产品出口关税以支持外贸出口，取消行政事业性收费，大幅度减轻中小企业尤其是小微企业的税负，鼓励大众创业，万众创新。这些政策已初见成效。那么，如何正确认识我国当前实施的积极财政政策，税收流失的治理与积极财政政策的实施有多大的关联度，值得我们认真思考。

一、当前实施积极的财政政策是特殊时期采取的短期措施

我国目前实施的积极财政政策，是在当前出现了需求不足，投资、出口和经济增长乏力，国际经济危机的影响依然存在等特殊情况下，在政策环境允许的限度内所采取的一种适度扩张政策。一方面，目前经济增长乏力，需要政府通过扩张支出来提高居民收入，刺激需求；另一方面，企业在需求不足的情况下难以找到合适的投资项目，不敢贸然贷款，而银行也因风险机制增强不敢轻易贷款，运用货币政策下调利率的措施刺激投资效果甚微且不利于货币政策的稳健，这就必然要求财政扩大支出以实施积极的财政政策。但是，我们应该看到，在经济启动后，企业投资欲望增大，对银行贷款的需求增大，国家不宜采用向银行大量发行国债的方式。而且，国家过多地增加投入也会造成经济过热，引发通货膨胀。从中长期看，必须实行适度从紧的财政政策，逐步实现财政收支基本平衡，否则国家经济和财政将难以承受。虽然我国目前财政赤字和中央政府债务余额占国内生产总值的比重与国际标准比较还不算高，但我国财政收入占国内生产总值的比重大大低于国际一般标准，通过治理税收流失来增加财政收入，也是一项长期而艰巨的任务，财政收入占 GDP 比重在短期内难有较大幅度的提高，因此，实行扩张性财政政策的余地比较小。我国经济增长受国内需求的制约是我们今后要长期面对的问题，这就需要从体制上和政策上建立起促进企业投资和居民最终消费的机制，而不能简单地只靠政府扩大支出拉动经济增长。基于以上思路，我国当前实施的积极财政政策应该在促进经济转型、科技创新中发挥作用，并为今后“淡出”做好准备，在制定具体的政策措施时，应将重点放在有利于开拓市场和刺激最终消费需求方面以及为增加民间和企业投资创造条件。

二、当前实施积极的财政政策宜在稳定税负的前提下规范税费关系，清费立税

按照财政理论，增支和减税是政府实行扩张性财政政策的两个重要手段。然而，不合理的减税免税本身就是税收流失。受当前的财政形势、税制结构以及经济税收环境等因素限制，当前扩大内需的重点只能选择增支以及合理地进行税收的结构性调整，盲目减税不仅于刺激经济无益，且会导致扩大国家税收流失的口子。

首先，减免税空间很小。从宏观税负看，目前发达国家税收收入占 GDP 的比重基本上都在 30% 以上，有的高达 50% 以上，发展中国家一般也在 20% ~25% 之间，相对宽裕的税收收入为其实施减税政策提供了财力支撑。目前我国全部税收收入占 GDP 比重仅为 22% 左右，大大低于世界平均水平，而包括规费基金等的政府收入则占 GDP 的 13% 以上，大大高于世界平均水平，费挤税问题十分突出。在这种情况下，如果采取大面积减税办法，至少会产生以下两个问题：一是在国家财力十分有限的情况下，减税将导致经常性开支难以保证；二是减税必然会进一步降低财政收入占 GDP 的份额，增大赤字规模和政府的债务负担，弱化中央政府的宏观经济调控能力。

其次，我国以间接税为主体的税制结构制约了减税政策的调控力度。根据减税效应理论，削减直接税的扩张效果要优于间接税。我国是发展中国家，税制结构一直以间接税为主体，大幅度提高直接税的比重还需要一个过程。2012 年，企业所得税收入占全部税收收入的比重为 19%，个人所得税比重仅为 5.8%，而增值税、消费税和营业税三项间接税占税收收入的比重高达 62.4%。如果采取削减间接税的方式，一方面减税效应较弱，放弃大量收入而获得较弱的刺激效果显然得不偿失；另一方面，削减间接税具有拉动物价下降的机能，在中国目前的经济发展态势下，物价长期低增长也不利于经济增长。因此，从税制结构分析，中国目前不宜盲目地实施普遍减税政策。

最后，在当前的经济、税收环境下，减税作用未必明显。目前我国的市场体制还不健全，企业的投资和经营行为尚不规范，企业对减税信号的反应并不灵敏。特别是长期以来，通过各种越权和乱减免税来促进地方经济发展的做法仍有一定的惯性，这种做法客观上助长了各种逃、骗税现象的发生，大大削弱了税收的杠杆作用。在这种情况下盲目实施减税政策，不仅难以达到预期的效果，而且可能扰乱税收秩序。

三、治理税收流失可以为有效实施积极的财政政策创造条件

实施积极的财政政策扩大内需，要求为企业提供较为宽松的经济环境，正确认识新形势下治理税收流失与实施积极的财政政策之间的关系具有十分重要的意义。治理税收流失与实施积极的财政政策不仅并不矛盾，相反可以为有效实施积极的财政政策创造条件。

治理税收流失可以为实施积极的财政政策提供财力支持。在我国，一方面税收流失较为严重，税收收入占 GDP 比重偏低；另一方面为扩大内需有必要安排较多的财政支出，财政收支矛盾突出，形势比较严峻。在这种情况下，通过发行国债安排扩大内需的支出，会增加财政赤字，财政承受的压力很大。国家通过加强税收管理、加大税务稽查力度、

严厉治理税收流失、清费立税可以筹集到更多的收入，满足经常性财政支出的需要，缓解财政赤字压力，为国家安排扩大内需的财政支出提供财政支持。

治理税收流失可以为有效实施积极的财政政策提供公平的税收环境。我国目前经济增长乏力不是简单的总量需求不足，而是产能过剩的同时，有效供给不足，社会经济生活中的结构性矛盾十分突出，积极的财政政策不能是全面扩张的财政政策，只能是既有利于增加投资、开拓市场、扩大内需，又有利于调整和优化结构的财政政策。对税收流失放任自流不仅无助于结构的优化，违背实施积极财政政策的初衷，而且会使经济产生较大扭曲。实施积极的财政政策目的在于通过财政支出所具有的乘数效应拉动经济增长。但是，经济能否较快较好地增长不仅是增加投入的问题，它还要求所投资金能够有效运转，这就要求有公平竞争的市场环境。加大对税收流失的治理力度，可以提供相对公平的税收环境，从而使财政为扩大内需所安排的支出在拉动经济的过程中发挥较好的效应，使资源配置趋于合理，经济结构得到优化。

治理税收流失可以配合实施积极的财政政策发挥积极作用。比如，在当前调整收入分配政策、缩小贫富差距的情况下，实施积极的财政政策的措施之一是发挥个人所得税在调节收入分配方面的重要作用，然而由于个人所得税征收存在较为严重的税收流失，收入调节作用未能很好发挥。新形势迫切要求堵塞个人所得税流失漏洞，加强征收管理，从高收入阶层那里筹集更多的资金用于社会保障支出，增加低收入者的消费，拉动经济增长。另外，目前投资需求不足，与企业沉重的非税负担不无关系，以煤炭行业采掘企业为例，所涉及税种为资源税、增值税、所得税，而涉及的大大小小的规费高达50多项。改变企业费、税的状况，可以把企业投资潜力释放出来，从而拉动经济增长。当然，税外收费过多过滥的重要原因不仅是费挤税，而且反映在税收流失导致政府预算收入不足以安排其必要的支出。只有在治理税收流失的基础上规范政府收入分配机制，才能真正取消一些不合理的收费项目，减轻企业负担，从而拉动民间、企业投资增长，避免仅靠政府孤军奋战的局面。

第四节
财政风险管控与税收流失治理

财政作为一个经济范畴和政治范畴，是调节经济运行、促进结构调整的重要手段，避免出现财政风险，是维护好、实现好和发展好广大人民群众的根本利益与维护国家统一和经济安全、促进民族团结和社会稳定的根本标准。要实现“建立稳固、平衡、强大的国家财政”的宏伟目标，需要进一步健全财政职能、最大限度地避免出现财政风险，而治理税收流失是防范财政风险的重要举措之一。

财政风险是一种政府性的经济风险，是随着市场经济不断发育而逐步显现的一种风险，亦称市场经济性风险，这一结论是以公共财政为依据得出的。在计划经济体制下的国家财政下，国家根本不考虑风险，也谈不上财政风险，似乎财政收入包括税收等都是“免费”的，国家只讲强制性、无偿性，而无视有偿性、收益回报性。经济风险和财政风险是随着市场经济的不断发育而逐步显现的，是市场经济的必然现象。

我国不仅存在世界各国政府的一般财政风险，而且还存在特殊的财政风险，这是由我国经济转型时期特殊的国情和财情所决定的。例如，我国存在庞大的政府机构和人员吃“皇粮”的“财政”风险，特别是特殊的收费收入和税外费用以及某些地方乱摊、乱收、乱罚的滥收费的问题。另外，还存在大口径宏观税负超过民众负担能力可能引发的财政风险、国债依存度过高的债务风险、财政赤字风险，以及分税制不彻底的体制风险，如政府投融资包括财政有偿资金运行风险、社会保障基金供给乏力风险、国有资产经营的财政风险、涉及财政基础的国有企业高负债低效益风险、由财政因素转移给金融造成的风险等。在这些风险中，有些是从计划财政向公共财政转变过程中必然相伴相生的风险。

在制度结构合理，尤其是市场制度比较完善的情况下，财政所承担的公共风险主要限于市场不能达到的领域，亦即无法明晰为私人风险的领域。而在经济转轨的现阶段，财政所承担的公共风险则是全方位的，突出反映在以下几个方面：

一是国有企业的财务风险。按照政企分开的思路，国有企业走向市场，国有企业的财务风险应当是通过市场机制来化解，但由于改革尚未到位，这类风险中有不少还得靠财政承担，至少在现阶段仍是一个不争的事实。

二是金融风险。金融风险虽然引起了社会的普遍关注，但相当一些人并没有意识到金融风险实则也是一种公共风险，最终要财政来承担，在以国有独资银行为主的我国尤其如此。例如，1998 年财政向国有独资商业银行发行 2700 亿元的特别国债，专项用于补充国有独资商业银行的资本金，实际上就是银行风险向财政转移。另据央行 2011 年 6 月发布的报告显示，截至 2010 年末各地方政府平台贷款规模的上限占当地人民币各项贷款余额的比例不超过 30%，全国共有地方政府融资平台 1 万余家，其中县级（含县级市）平台约占 70%。外界据此计算出中国地方债务规模上限约为 14.4 万亿元。虽然不同的机构估计的数据不同，但地方融资平台债务肯定是潜在金融风险的一大来源。

三是政府债务。从绝对规模看，1981～2013 年，我国国债发行规模即政府债务收入由 48.66 亿元增加到 15544 亿元，增长了 350 倍左右，内债累计余额则由 48.66 亿元增加到 85836.05 亿元。这说明政府债务融资在政府收入体系中已经是一支重要的力量。另外，还存在政府隐性负债，如社会保障制度从现收现付制转向逐步积累制后的历史遗留问题的处理、非统借统还外债因债务人寄希望于到期还不了而由政府“兜底”问题等。此外，还有不容忽视的地方债问题。

出现巨额财政赤字，可部分归因于实施积极财政政策的需要，但是，税收“缺位”也是重要原因。1978 年改革前，与传统的收入分配机制相伴随的财政收入结构是税利并存，以利为主，而且来自国有企业的缴款占大部分。改革开放以后，伴随着市场化的进程，农副产品统购统销和国家统管城市职工工资的格局相继被打破，原有的财政收入渠道基本上不复存在了。然而，在人们的纳税意识尚未提高、税收惩罚措施没有到位、依法治税的社会环境尚未确立的情况下，各种逃漏税的行为处处滋生、蔓延，致使该征的税不能全部征上来，国家税收大量流失。以 1993 年、1994 年和 2010 年的关税征收情况为例，1993 年和 1994 年实际征收额分别为 256.4 亿元和 330 亿元，同期海关进口额分别为 5185.3 亿元和 10426.6 亿元，如果按当时法定关税税率（加权平均关税税率为 36%）计算征收，关税流失额分别为 1646 亿元和 3423 亿元，若扣除必要的减免，实际税收流失也在 1000 亿～2000 亿元之间。到了“十一五”的最后一年即 2010 年，关税实际征收额为 2028 亿元，而海关进口额为 94699 亿元，如果按当时法定关税税率（加权平均关税税率为 9.2%）计算征收，扣除必要的减免后，关税流失额在 3000 亿元左右。面对“刚性”的财政支出，作为财政收入体系主力军的税收却不仅职能缺位，占政府收入 1/3 以上的规费收入也处于游离于税外的尴尬境地，而且存在着较为严重的税费流失问题，从这个角度看，只有加大清费立税的力度，强化税收的职能与重要地位，同时有效治理税收流失，解决税收的“缺位”问题，才能减轻财政对国债的日益依赖，避免可能形成的国债的“越位”。否则这“一缺一越”两面夹击，财政风险就会越来越大，一旦“爆发”，对经济安全的危害是难以估量的。

正是基于上述认识，防范财政风险的重要途径必然是化解财政收支矛盾，增加财政收入，适度控制国债规模，降低财政支出对债务的依存度。而提高财政收入水平，降低偏高的债务依存度，就必须重树税收的“主角”地位，把该征的税尽全力征上来。首先，在稳定总体税负的前提下，把现行多种政府规费、基金、土地收入全部或大部分通过清费立税纳入公共财政框架下的收入分配（税收）体系。其次，压缩或取消一些与公共财政支出相悖的支出项目和不必要的支出。同时，加大治理税收流失的力度。因为，税收与国债在财政收入体系中是此增彼减的关系，国债“越位”自然是税收“缺位”的必然结果，所以让税收重新挑起“主力军”的重担是降低债务依存度的关键一步。为此，必须大力加强税法建设，树立新型的征纳税关系，严堵税收流失漏洞，使国家的税收流失减少到最低限度，树立科学生财、聚财、用财的新型理财观念，为国家经济建设、社会发展“保驾护航”。

第五节
税收增长与税收流失的治理

保证税收得到稳定增长，是增强政府宏观调控能力的重要途径。然而如何认识税收增长和如何实现税收增长，却成为财税界面临的极大难题。

经济决定税收，税收来源于经济，任何时候税收收入的增长都离不开经济的发展和税源的扩大。1978 年以来，中国的税收收入之所以较快增长，就是因为国民经济出现并保持了持续、快速、健康的发展。1979～2012 年，中国 GDP 年平均增长 16.5%，相应地，税收收入递增 16.9%，两者增长基本同步。与经济发展情况相比较，“十二五”时期前两年，税收与 GDP 的弹性系数为 1 : 1.26，说明税收与 GDP 的关系已渐趋稳定，税收已经进入了与经济同步增长的新常态。

从全方位的角度进行分析，税收增长除了受经济增长的制约外，还受到税收政策和税收管理的制约。经济增长为税收增长提供了可能，但并不能保证这种可能变成现实。要使税收增长从可能变为现实，就必须选择恰当的税收政策，实施高效的税收管理，把住税收流失的口子，堵塞其漏洞。

恰当的税收政策能够保证税收随经济的增长而相应增长。在改革开放的进程中，社会经济发展的环境不断发生变化，要求税收政策适时地做出相应的调整。如果僵化地认为只要经济增长就能带来税收增长，则会造成税收损失。中国现实中所有制结构发生了巨大变化，经济成分多样化，而税收制度、税收政策如不能及时地进行相应调整与完善，将严重抑制税收的增长。

税收征收管理是制约税收增长的直接因素。如果没有高效的税收征管，经济增长所带来的税源就会丧失，税收流失将成为阻碍税收增长的根本原因，而所谓的税收随经济增长而增长就只能停留在理论上。

如何强化税收征管是财税界面临的一大难题。人们往往简单地认为，只要加强税收宣传，提高纳税人的纳税意识，按照新的税收征管模式为纳税人提供优质服务，并辅之以重点稽查，加强对税收违法案件的打击，就可以达到强化税收征管的目的。当然，加强这些方面的工作是必要的。但是，在当前我国整个社会经济管理水平不高的状况下，现行征管模式缺了一个极其重要的环节，那就是对税源的监控。从某种意义上讲，监控税源是税收征管的基础。如果没有对税源的有效管理和监控，税收征管就会陷入被动的局面，税收流失就在所难免。

源泉监控是对税源进行监督和管理，即以掌握应征税款为目的，通过税源调查和分析，分类规范税务登记和分税种、分税目掌握税源结构，并对其现状、发展及变化进行有效的监督与控制。加强源泉监控和税源管理是强化税收征管的重要手段，是防止税收流失的有效措施。抓好源泉监控、加强税源管理主要应从以下几个方面入手。

第一，加强税务稽查体系建设。税务稽查是主动的行政执法行为，它的作用不仅体现在税款的拾遗补缺，更重要的是，它可以对涉税违法行为和一些侥幸心理形成强大的法律威慑，从而促使广大纳税人能够自觉做到依法纳税。税务稽查是税源监控的有机组成部分，是税源监控的重要手段，是税源监控流程的最后环节。在目前情况下，加强税务稽查体系建设，应尽可能地提高税务稽查人员的比例，应通过加强税务稽查技能专业培训，提高税务稽查办案人员的审计能力和查账水平，同时应提高税务稽查选案的准确性和案头审计的效率。

第二，加强对纳税户数的监督。一是完善税务登记制度。税务登记是税务机关对纳税人的生产经营活动，包括开业、转业、改组、分设、合并、迁移以及歇业、停业、破产等纳入税务机关监督管理的一项基本制度，是实施税务管理的首要环节，是防止漏征漏管的有效手段。通过商事制度改革，形成工商登记、国税登记、地税登记“三位一体”的编码制度，强化税务登记的事中、事后监督。二是实行纳税人“户籍制”管理。对纳税人逐户建立户籍管理资料，设置片区户籍管理员，对纳税户除在办税大厅提供服务外，还要进一步加强对专项、专案稽查外的涉税事宜进行动态跟踪管理，以落实责任，最大限度地杜绝漏征漏管。

第三，加强建账建制工作。纳税人的财会凭证、账簿报表是税务机关依法征税的原始凭证，它直接影响税款征收和征管质量。应进一步从法律上规定和明确纳税单位主要负责人和财务主管的法律责任，对制作假凭证、做假账及违反财经纪律的企业财务人员和主要负责人应严格追究法律责任，以确保财务的真实性，杜绝逃税的发生。

第四，加强对纳税人资金运动过程的监督。一是要求一个独立核算单位只能开设一个基本账户。二是进一步加强现金管理。银行要进一步降低现金的发放标准，缩小现金的使用范围，严格控制现金的发放和使用。三是推进货币电子化进程，鼓励企业通过信用凭证进行财务结算，最大限度减少现金支付。四是加强税银协作、实现税银电脑联网。代表国家执法的税务机关有权要求银行提供纳税人的资金情况，有权按一定程序通知银行配合采取有关税收保全措施和强制执行措施，银行也有责任保护国家利益不受侵犯。

第五，加强税源信息的收集与分析。进一步认识 2013 年商事制度改革以来税源信息收集与分析的重要性、必要性和紧迫性，设置税源调查分析机构，配置专业人才，运用各种技术手段，通过多种渠道调查了解、收集分析纳税人的生产经营情况，及时掌握并补录更加真实、准确的信息，做出正确的分析与预测，并输入电脑网络，以供征管、稽查部门使用。在加强税源信息收集与分析的基础上，加强经济税源管理，强化重点税源控管。密切关注经济发展形势，摸清税源底数和分布情况，掌握税源变动的趋势，找准经济增长点，及时研究税收对策，使经济增长的成效反映到税收收入的增长上来，防止税收流失。特别要强化对重点税源企业、重点税源行业的控管，对部分重点税源企业实行收入计划单列，重点考核，积极尝试对部分大型重点税源企业实行驻厂征收，加强管理，进一步完善重点税源监控网络，建立税源档案，及时掌握重点税源企业经济信息，加大分析力度，实行动态跟踪管理。

第六，加强相关经济制度间的衔接和部门合作。不断完善的金融体系以及财务和单证等制度应该与国家税收制度有机结合起来，相互制约。同时，相关政府经济部门要加强合作，以搞好对纳税环节的控制。政府部门计算机网络的逐步建立将为这项工作提供有利的条件。这样，就可以在普遍范围内逐步扩大税源监控的覆盖面，加大税源监控的深度和广度。

第六节 不容忽视的欠税与过头税

一、欠税与过头税产生的原因

近年来，在组织税收收入的过程中，存在一种令人费解的现象。一方面，不少地方为完成当年收入任务，不得不寅吃卯粮，预收下年税款；而另一方面，这些地方又往往存在数额巨大的欠税。据初步调查统计，截至2013年5月底，全国新增欠税216亿元，同比增长28.1%。应该说，企业欠税增多的客观原因是企业资金短缺，产品积压，企业间“三角债”严重，而税务部门预收税款则是为了完成税收计划任务，满足财政支出需要。然而，对欠税与过头税并存的深层次原因进行挖掘也许更有意义。

（一）经济发展不平衡是欠税与过头税并存的财税制度因素

实行分税制财政管理体制后，将税收按税种划分为中央税、地方税和共享税，但在实施中，又有多项标准，把地方税种的某些收入划归中央，这就挤压了地方税收的空间。地方税收是地方政府财力的重要保证，对地方经济发展具有重大影响，收入减少造成地方财政特别是县级财政十分困难，从而引发了地方政府征收“过头税”的欲望，以解决地方财政困难。但是，地方政府当年征收“过头税”，不仅增加了企业负担，侵蚀了未来税收的税基，而且往往以未来少收税款作为与企业的协商条件，为未来企业的“欠税”埋下了伏笔。

（二）政企不分是欠税与过头税并存的经济体制因素

改革开放以来，虽然国有企业的经营机制有了很大转变，但由于国有企业改革的特殊性和复杂性，政企分开的目标至今没有完全实现，国有企业依然依赖于政府，而政府也未摆脱管理企业的现状。当企业利益与国家利益发生矛盾时，地方政府往往较多地考虑企业的困难，要求税务机关在税收上缓一缓，这就给税务机关清理欠税设置了种种障碍。

（三）不合理的税收计划是欠税与过头税并存的财税管理体制因素

中国税收收入与经济的相关性较弱，税收增长在一定程度上取决于根据财政需要下达的税收收入计划，造成税收计划与实际经济税源不一致。结果，税收计划高于经济税源时征过头税、贷款缴税、该退不退，而在税收计划低于经济税源时则漏收少征、缓税欠税、随意减免，导致经济形势较好的年份形成大量的欠税，而经济形势欠佳的年份欠税往往又难以清理，形成大量的陈欠、死欠，造成税收流失。可见，税收计划与税收管理体制之间的矛盾和财政管理体制与税收管理体制之间不协调，是导致收过头税的根本原因。因为历年来中国税收计划制定基本上是“上年实绩加本年增长率”，包死基数，局限性很大，使税收增长与具体经济发展速度不协调。有些地、市、县政府从平衡地方财政出发，往往在上级分配的税收计划额度外再增加一个额度，有时在计划执行期间，半路还给税务机关再追加一个增收额度。这种层层加码或随意加码的行为，给税务机关增加了很大的压力，税务机关迫于任务压力，只好对经济效益较好、流动资金较充裕的企业收过头税、预征税款，从而形成了税收政策服从收入任务的局面。

（四）依法治税观念淡薄是欠税与过头税并存的法制因素

从纳税人方面来看，由于人们的税收法制观念普遍不高，不能正确处理国家与企业之间的关系，在企业利益机制的驱动下，许多企业把拖欠税款作为缓解资金不足、降低企业成本的一条“捷径”，挖空心思地逃避纳税，不少企业存在“欠税有理”、“欠税有利”的思想，加大了税务机关清欠的难度。与此同时，纳税人缺乏自我保护意识。一些企业法人代表对应该交什么税、交多少税不清楚，完全依赖税务机关，而当企业受到行政或经济侵害时，不知道或不懂得通过法律程序来保护自己；一些纳税人对税务机关收过头税采取消极对待，不敢通过法律程序保护自己的合法权益免受侵害；还有一些企业认为过去得到过税务部门的支持或帮助，现在税务部门为完成收入任务而收过头税或搞预征税款，企业往往碍于情面或想在以后的纳税事务中得到便利，一般是缴税了事，不敢轻易得罪税务部门和税务人员，使税务部门收过头税畅通无阻。从执法环境来看，人治大于法治的现象还时有发生，不少欠税与当地政府领导的行政干预有关。一些地方党政领导在重视税收工作的同时，又在企业“资金周转困难”或想扩大生产时，出于对本地区经济利益的考虑等原因，出面为企业说情，形成欠税。而税务部门预收过头税也离不开地方政府领导的“支持”，有的县政府完成收入任务、平衡财政预算的态度坚决，县长亲自出面调度资金安排预收税款事宜，而一些乡镇为实现年收入目标，在税源不足的情况下组织税款提前入库，相应增大了收入的“水分”。一些地方政府的领导税收法制观念不强，也没有意识到干预税收执法是一种违反国家法律的行为。从税务部门来看，依法治税的力度有待加大。税务部门执法不力也是产生欠税的一个重要原因。有的税务干部责任心不强，对企业生产经营状况不了解，各企业的欠税究竟有多少、欠税究竟能收回多少没有摸清；有的税务干部为企业叫苦不迭的表面现象所蒙蔽，对欠税企业采取宽容的态度，使其陈欠未清，新欠又生；有的税务干部心存顾虑，担心清理欠税会把企业压垮，成为企业的罪人承担不了责任；有的税务干部法制观念淡薄，对企业欠税既不执行滞纳金制度，也不采取强制措施；有的税务干部政策水平低，既不会运用现有的执法手段，也不善于运用各个方面的力量来治理欠税。税务部门治税观念陈旧是导致收“过头税”的重要原因。一些地方完成税收任务不是建立在实事求是、依法治税的基础上，而是沿用过去不正常的“税企关系”，在税收任务宽松时“放水养鱼”、“藏富于民”，而在完成税收任务有困难时，便要求企业给予“支持”，预缴过头税。欠税与过头税并存，在很大程度上体现为征纳双方协商办税而非依法治税。

欠税和收过头税就像一对孪生兄弟。一方面，历年的欠税久清不尽，同时新欠又不断增加，在经济税源相对饱和的情况下，只有通过收过头税来弥补收入上的缺口；另一方面，寅吃卯粮使企业资金困难产生欠税，部分企业应抵扣税金未能及时抵扣，出口产品退税应退未退、先征后退税款已征欠返等都是形成欠税的重要原因。欠税与过头税并存，扰乱了正常的税收经济关系，违反了依法治税原则，破坏了税法的公正性、严肃性和统一性，从而削弱了税收宏观调控功能，阻碍了整个税收工作的健康有序发展。此外，预征税款直接入库，导致统计数字失真，助长了浮夸风，使财政产生空转，而国家财政直接影响到国家信用，财政收入虚假成分的增多，必然导致国家直接承担较大的金融风险，造成严重的后果。杜绝欠税与过头税现象已是当务之急。

二、治理欠税与过头税的措施

第一，真正树立依法治税观念。税务部门必须摒弃计划经济体制下的陈腐观念，树立全新的、科学的理财观，一切从实际出发，实事求是。坚持依法治税，严格执行国家税收政策，是依法治国方略在税收工作中的具体体现，也是税收执法的具体要求。欠税不缴不是依法治税，预收税款同样不是依法治税。因此，收入任务再紧，都不能搞预收税款，收入中不能有“水分”。同时该收的税要坚决地、及时地、足额地收缴入库。必须做到依法治税，应收尽收。要进一步加强税收计划管理，抓好税款及时、均衡入库，及时考核和量化分析税收收入进度，建立科学的税源信息采集办法，尽可能使税收计划与经济发展相吻合，既不能寅吃卯粮大搞预缴、空转，把财政风险转化成金融风险，也不能“藏富于民”，扭曲和弱化税收的宏观调控功能。

第二，加大执法监督，强化征管措施。各级地方政府要依法治税。在依法治税方面，重点是各级政府部门不乱开口子，不干预税务部门独立执法。各级税务机关要建立必要的执法监督和制约机制，净化内部环境。要不断提高征税人员的政治和业务素质，提高执法水平，教育广大税务干部树立全国“一盘棋”思想，正确处理依法征税与保护合法经营、促进经济发展的关系。要加强日常征管，确保税款及时足额入库。要进一步做好税法的宣传和普及工作，提高全民纳税意识，使纳税光荣、逃税欠税违法成为人们日常生活的准则。

第三，严格欠税管理，加大清欠力度。能否有效地清欠压欠事关收入任务能否完成，清理欠税也是杜绝收过头税的重要措施。因此，务必认真抓好清欠压欠工作。要加强调查研究，摸清欠税底数，分析其成因，分清哪些属企业已经关停并转、法人代表已消亡的死欠，哪些属经过努力可以收缴回来的欠税，做到心中有数，在此基础上有针对性地制定压欠措施，制定切实可行的压欠计划，特别是对欠税大户要逐户制定压欠清欠计划，困难较大的企业可以分月分期缴，限期清缴；落实清欠压欠责任制，做到压欠工作有人具体管，要克服那种责任不明、敷衍了事的不良现象，把压欠工作落到实处。

第四，加强法律措施，惩治腐败，强化税收“硬环境”。依法治税一方面要求税务部门依法征收，纳税人依法缴税，另一方面要求对违法者严格按照法律规定给予惩处。近年来，欠税和收过头税成了司空见惯的行为，虽然《税收征收管理法》等法律法规都有明确的处罚规定，但在实际操作过程中往往无法真正落实法律责任。为此，必须进一步强化法律措施，严格滞纳金制度。纳税人未按照规定期限缴纳税款的，扣缴义务人未按照规定期限解缴税款的，税务机关除责令限期缴纳外，从滞纳税款之日起，按日加收滞纳税款万分之五的滞纳金。对于拖欠税款拒不缴纳的企业或个人，要依照《税收征收管理法》的“法律责任”条款执行税收强制执行措施，该查封的要查封，该扣押财产或应税货物的要扣押，该变卖抵税的要变卖抵税。对于拖欠税款情节严重触犯刑律的要绳之以法。与此同时，要严肃财经纪律，对弄虚作假、预收过头税的，也应追究有关责任人的责任，给予严肃处理。

第五，加强部门之间的配合，确保税款及时足额入库。清理欠税难度大、工作复杂是显而易见的，单靠税务部门孤军作战难以达到预期的效果。只有各级政府支持、有关部门密切配合，才能从根本上解决欠税久清不尽的顽症。因此，要协调好同银行、财政等有关部门的联系与配合，协调好银行部门坚持执行“税、贷、货、利”扣款原则。严格现金管理，对欠税户清收货款收回的现金，要先补交欠税；财政部门要坚持先征收、后返还的办法，对有欠税的企业不得办理税款返还或其他退库；司法、工商、审计等部门要按照行政分权制约原则，加大对欠税企业的制约和打击力度，使部门之间的协调配合规范化、法制化，减少人为因素干扰和部门利益冲突。

第七节 国际税收合作中的税基侵蚀与税收流失治理

国际税收协调亦称为国际税收合作，是指通过采取经济、法律、税收政策等手段促进内部成员国之间的税收政策趋同或者同一，进而减少甚至是消除商品、技术、劳动力和资本等要素自由流通障碍的国际合作。

当今世界，国际税收合作呈现出三大发展趋势：以税制改革为手段的国际税收合作；以签订国际税收协定为手段的国际税收合作；以通过国际组织协调为手段的国际税收合作。

以税制改革为手段的国际税收合作是指相关国家通过改革本国税制，缩小与其有经济往来的国家之间的税制差异，进而促进相关国家之间的贸易往来。税制改革是国际税收协调的基础与出发点，也是国际税收协调最基本的形式之一。

以签订国际税收协定为手段的国际税收合作是指两个或两个以上主权国家，为了协调相互间的税收分配关系和解决重复征税问题，经对等协商和谈判所缔结的一种书面协议或条约。这种协议或条约一般需经缔约国立法机构批准，并通过外交途径交换批准文件后方能生效。在协定全部有效期间，缔约国各方必须对协定中的一切条款承担义务。在有效期满后，缔约国任何一方经由外交途径发出中止通知，该协定即行失效。国际税收协定按照税收协定涉及的主体分为双边税收协定和多边税收协定，按照涉及的内容分为一般税收协定和专项税收协定。

以通过国际组织协调为手段的国际税收合作是指国际组织是主权国家之间为了实现共同的经济和政治目的，通过签订条约的方式组建起来的国际法主体。世界性国际组织协调和区域性国际组织协调是国际经济组织税收事务协调的主要内容。

国际税收合作中的税收流失，是指以税制改革为手段的国际协调，要求与其有经济往来的国家缩小其税制差异。实践中，这种要求往往伴随着税收流失。例如，欧洲大陆国家大多对积极所得实行免税法。免税法又称豁免法，是指行使居民税收管辖权的国家，对本国居民来源于国外的所得和财产免予征税。免税法承认来源国税收独占权，完全放弃居民税收管辖权，虽然从根本上消除了因双重或多重税收管辖权的重叠而导致的国际重复征税，但是对居住国造成了大量的税收流失。居住国为了体现出对消极投资和积极投资的区别对待政策，造成了大量的税收流失。

滥用税收协定造成税收流失是指为了解决国际双重征税和调整两国间税收利益分配

问题，国家间普遍缔结双边税收协定。在双边税收协定中有适用于缔约国双方居民的优惠条款。所谓滥用税收协定，是指缔约国的非居民，也就是无资格享受税收协定待遇的第三国居民，通过各种方式、采取种种手段，牟取税收协定所提供的税收优惠待遇，从而获得非正当利益的现象。滥用税收协定可能造成双方都不征税的现象，造成税收流失。

2008 年全球金融危机的爆发，使得跨国公司避税的现象和趋势越来越严重。OECD 在 2013 年 2 月 12 日公布的《应对 BEPS》第五章指出了六个引起税基侵蚀和利润转移的“关键压力领域”。税基侵蚀和利润转移（Base Erosion and Profit Shifting，下称“BEPS”）是指跨国企业利用国际税收规则存在的不足，以及各国税制差异和征管漏洞，最大限度地减少其全球总体税负，最激进的甚至达到双重不征税的效果，造成对各国税基的侵蚀。《应对 BEPS》中指出的六个“关键压力领域”为：跨国公司设立某些经济实体及采用某些金融工具，如复合金融工具或某些商业安排，做出不一致的处理；对源自数码商品和服务交易的利润适用税收协定的应用；对关联方债权融资、专属保险和其他集团间金融交易的税收处理；转让定价（尤其是风险和无形资产转移）、集团内部法人实体间资产所有权的人为划分以及很少发生在独立实体之间的关联交易；反避税措施的有效性，尤其是一般反避税规则、受控外国企业机制、资本弱化规则和反税收协定滥用的规定；引起不良竞争优惠税制的存在。针对 BEPS 对中国的影响，我国在国际税收合作中必须在以下六个方面予以加强，有效防范国际税收中的流失问题。

第一，加快完善国内税收制度。目前我国的税收法定原则尚处于实施的初级阶段，很多税收规则尚未由立法机关以立法的形式确定下来，税法涵盖面窄，税种间衔接不够，如转让定价只有《企业所得税法》和《税收征管法》两部法律可依，但从实际内容来看，由国家税务总局发布的一系列部门规章已经形成了相对全面的国际税收法规框架。接下来将通过进一步完善其内容，使国际税收规则从碎片化走向系统化。在 BEPS 的大背景下，预计 BEPS 的各项行动计划将在中国迅速落地实施，国内立法将出现里程碑式的变革。

第二，积极参与国际税收对话和协调。无论是美国的 FATCA，还是英国的转移利润税（“谷歌税”），都表明国际税收领域的单边措施会在接下来相当长的时间内呈现多元化的态势。尽管现在进行国际税收协调的平台越来越多，涉及的内容越来越深、范围越来越广，但必须看到实现有效国际协调的难度也越来越大。而产生这一现象的原因不能简单地归结为协调的无效性，它是国际税源争夺白热化的必然结果，从另一层面也说明了进一步加快和加强国际税收对话与协调的紧迫性，中国也应该且必须积极参与和推进国际税收的对话与协调过程。

第三，坚持规则制定的主动性，努力提高我国国际税收话语权。当前一些发达国家仍试图通过包括 BEPS 行动计划在内的各种多边平台推广其单边做法，以巩固传统国际税收秩序下不尽合理的利益格局。对此，我国作为重要的新兴经济体和发展中大国，我国企业在“一带一路”重大战略决策指引下正准备“走出去”，全面、深入地参与全球化竞争，因此更应坚持规则制定的主动性，努力提高国际话语权，积极维护发展中国家的税收利益，从而最终推动建立公正合理的国际税收新秩序。

第四，建立较深的税收透明度和情报交换制度。2014 年，OECD 先是以报告形式发布了金融账户信息自动交换全球统一新标准，即《共同报告标准》（CRS）。根据 CRS，一国主管税务机关从银行和其他金融服务机构获取银行账户信息，并自动与其他国家的主管税务机关进行交换和共享。2014 年 7 月 15 日，OECD 在 G20 财长会议上发布了新的《关于税收的金融账户信息自动交换标准》，简称《税收 AEOI 标准》。《税收 AEOI 标准》包含了此前 OECD 于 2014 年 2 月 13 日发布的《金融账户信息自动交换标准》、AEOI 标准中的《共同报告标准》（CRS）和《税务当局协定范本》（CAA）的条文内容及其解释和技术解决方案。这标志着全球范围内的税收自动情报交换制度（AEOI）更进一步地建立起来。

《共同报告标准》和《税收 AEOI 标准》都旨在将税收信息透明度的国际标准从专向信息交换升级为自动信息交换，相比专向信息交换，自动信息交换具有“程序简单，情报传递及时、迅速，不需事先准备足够的证据锁定受调查的纳税人，可以提高纳税人的税法遵从度和更能实现纳税人税负公平原则”等优势，使得一国积极主动地向另一国提供税收情报的信息交换方式比请求国无法控制或影响被请求国行动的消极的信息交换方式更为高级和有效。

《税收 AEOI 标准》的实行有助于国际反避税的进行，可以帮助世界各国减少税收流失，增加税收透明度，增强国际协调与合作，从这个角度可以看出，国际税收协调的发展减少了税收流失。

第五，积极参与国际避税斗争。2004 年，美、英、澳、加四个发达国家发起成立了国际联合反避税信息中心（JITSIC），目前成员有美国、英国、日本、韩国、加拿大、澳大利亚、中国和法国八个成员国和德国（观察员国）。JITSIC 的工作主要是通过 JITSIC 各国授权代表的密切高效合作（特别是实时的信息交换），向本国税务管理部门提供有关识别和遏止滥用税制的各种跨国交易、安排和行为方面的援助与补充，是目前唯一一个由世界主要经济体税务主管当局的代表以具体案件和避税模式为合作内容的实效性平台，被视为当今应对恶意避税的“杀手锏”。我国于 2010 年底加入 JITSIC，第一次以成员国和派驻常驻代表的方式加入国际组织，取得了与其他税务主管当局进行实质性合作的机会，也有了充分表达话语权的平台，能够知彼知己，较有效地维护我国的经济利益和税收权益。但是，由于我国加入 JITSIC 较晚，无论在人力配备和机制保障上都还未达到最佳状态，尚有大量工作要做，正所谓“任重而道远”。

第六，积极加入国际《税收征管互助公约》。在 2011 年 11 月 20 国集团领导人峰会上，《税收征管互助公约》成为一大亮点（详见表 8.1）。当前这一公约已有 32 个成员国，我国签署了意向书，承担正式加入公约的具体工作。这一公约旨在为缔约国提供各种形式的税收征管互助，主要是情报交换、同期税务检查、境外税务检查、税款追缴协助、保全措施、文书送达等。我国加入《税收征管互助公约》，一方面有利于展现我国积极参与国际合作的姿态，彰显我国作为负责任大国的形象，迅速拓展国际合作网络，打击利用避税港的税收筹划，保护我国税收权益，另一方面则需要承担允许外国税务主管当局来我国进行执法调查和直接向境内纳税人送达文书的责任，这也对我国税收征管造成了一定的压力。

表 8.1　　国际税收征管互助协定签订生效情况

OECD 成员国				
国家	签订日期	批准日期	批准文件交理事会/OECD 保管日期	生效日期
瑞典	1989 年 4 月 20 日	1990 年 7 月 4 日	1990 年 7 月 4 日	1995 年 4 月 1 日
挪威	1989 年 5 月 5 日	1989 年 5 月 5 日	1989 年 6 月 13 日	1995 年 4 月 1 日
美国	1989 年 6 月 28 日	1991 年 1 月 30 日	1991 年 2 月 13 日	1995 年 4 月 1 日
芬兰	1989 年 12 月 11 日	1994 年 12 月 15 日	1994 年 12 月 15 日	1995 年 4 月 1 日
荷兰	1990 年 9 月 25 日	1996 年 6 月 26 日	1996 年 10 月 15 日	1997 年 2 月 1 日
比利时	1992 年 2 月 7 日	2000 年 4 月 6 日	2000 年 8 月 1 日	2000 年 12 月 1 日
丹麦	1992 年 7 月 16 日	1992 年 7 月 16 日	1992 年 7 月 16 日	1995 年 4 月 1 日
波兰	1996 年 3 月 19 日	1997 年 5 月 19 日	1997 年 6 月 25 日	1997 年 10 月 1 日
冰岛	1996 年 7 月 22 日	1996 年 7 月 22 日	1996 年 7 月 22 日	1996 年 11 月 1 日
法国	2003 年 9 月 17 日	2005 年 3 月 1 日	2005 年 5 月 25 日	2005 年 9 月 1 日
加拿大	2004 年 4 月 28 日			
意大利	2006 年 1 月 31 日	2006 年 1 月 31 日	2006 年 1 月 31 日	2006 年 5 月 1 日
英国	2007 年 5 月 24 日	2008 年 1 月 24 日	2008 年 1 月 24 日	2008 年 5 月 1 日
德国	2008 年 4 月 18 日			
非 OECD 成员国				
阿塞拜疆	2003 年 3 月 26 日	2004 年 6 月 3 日	2004 年 6 月 3 日	2004 年 10 月 1 日
乌克兰	2004 年 12 月 30 日	2008 年 12 月 17 日	2009 年 3 月 6 日	2009 年 7 月 1 日

注：表中空白处表示尚未履行相关程序。

第八节
重视对弱势纳税群体的法律援助

目前，在我国庞大的纳税人队伍中，有一个特殊的纳税群体，即由个体工商户和自由职业者所组成的群体。由于他们的收入来源渠道多、变化大、范围广、构成复杂，税收流失情况比较严重，各级税务机构也就比较注意对这一群体的管理和征收。同时，又由于这些纳税人特别是一些个体工商户的年龄偏大、文化水平偏低，对税收法律法规的接受和理解能力有限，自我保护意识不强，因而由于无知而发生的税务违章和违法的现象也比较普遍，受到税务机关处罚的情况也就比较多。因此，如何帮助这些弱势群体，使他们既能够按照国家税法的规定履行纳税义务，减少违法和避免受罚，又能最大限度地维护其合法权益，减少不必要的经济损失，就成为了一个比较重要的问题。

为弱势纳税人提供援助首先可以减轻其税收负担。在目前世界各国中，税法无论如何都是一国法律体系之中最为难懂的法律之一。由于其所具有的复杂性和频繁的变动性，要使一个普通的纳税人能够清楚地掌握一国的税收法律法规并不是一件简单的事情，特别是年老、文化水平低的弱势纳税人，面对纳税申报等事宜，更感觉像是走进了迷宫。他们由于对税法缺乏了解且又无力承担咨询费用，因此常常会由于无知而发生税务违章，从而受到税务机关的处罚。因此，为这些弱势纳税人提供正确的税法咨询与辅导，就可以帮助他们正确地履行其纳税义务，减轻不必要的税收负担，维护自己的合法权益。

为弱势纳税人提供援助还可以帮助税务管理机构发现和改正税收征管过程中不合理的规定与做法。在为弱势纳税人提供援助时，援助者是站在这些纳税人的角度来思考问题的，因此就可以发现税收征管具体规定中种种不合理的规定与做法，从而帮助税收法律法规和政策的制定者及税务机关及时改正这些不合理的规定，更好地维护纳税人的合法权益。如英国的税收志愿者在为纳税人服务的过程中就向政府提出了 30 多项建议，要求废除或修改那些有问题的税收规定，以及修改一些因设计不合理而无端耗费纳税人时间并导致纳税发生差错的申报表。

为弱势纳税人提供援助还可以使援助者站在这些纳税人的角度和立场来对税务机关及其工作人员的工作作风进行监督与制约，从而迫使服务意识和服务态度较差的个别税务机构与个别税务工作人员改正缺点，增强为纳税人服务的意识。

为弱势纳税人提供援助重点是要为纳税人提供正确的法律咨询与帮助。目前，在我国的一些税务实际部门，一提到为弱势纳税人提供援助，大家首先想到的就是怎样改变这些纳税人纳税的硬件设施、怎样为这些特殊的纳税人提供舒适的纳税环境，而很少想到如何才能帮助这些特殊的纳税人正确地履行纳税的义务与行使纳税过程中所应该享有的各种权利，减少他们不必要的损失与风险。因为，对于纳税人而言，只有正确地按照税法的规定纳税才能够真正实现法律所规定的最低限额的纳税权，也才能够真正避免因触犯税法而受到处罚，这才是对于其权利的最大维护。因此，笔者认为，为纳税人提供援助首先要在帮助纳税人正确纳税这个问题上下功夫，只有这样，才能真正使这种援助落到实处，收到实效。

为弱势纳税人提供税法援助还必须要解决好援助队伍的建设问题。我国目前全国性的志愿者援助网络尚不完善，社会上精通税收法律法规的专业人才还比较缺乏，因此必须要把税务机构为纳税人提供的服务、国家专门的法律救助机构的活动与社会志愿者的援助工作相结合。一方面，要强化税务机构及其工作人员为纳税人提供正确的法律咨询与帮助的义务，使纳税人在履行纳税义务的过程中能够得到正确的辅导与帮助；同时，还要依靠税务机构和国家专门的法律援助机构的专业知识和其所具有的种种便利条件对一些有志于为社会弱势纳税人提供免费服务的人员进行培训和帮助，使他们能够掌握必要的专业知识和能力。另一方面，要动员社会力量建立一支专门为这些弱势纳税人提供法律援助的志愿者队伍。英国等国家的做法为我们提供了一个很好的范例。1998 年，英国成立了一个低收入者税制改革委员会（LITRG），旨在为无力承担税务咨询费的低收入者免费提供税务咨询。加入该委员会的税收志愿者有精通税收法律法规的律师、会计师、社会保障机构及慈善团体的人员，也有税务局的官员和税务学会的会员。他们利用自己的专长免费通过电话答复、登门为老年人办理纳税手续、定期与帮助对象联络、免费发放纳税指南等方式，帮助纳税人了解有关税法，努力使他们能够独立履行纳税义务，以及维护自己的合法权益。他们还制定了一系列行动方案在农村及部分城市进行试点。几年来，他们在免费咨询过程中，还揭露了一些税务机构及其工作人员的官僚主义作风和工作中的违法犯罪行为，迫使税务机构改变工作作风，增强为纳税人服务的意识。他们的做法得到了社会各界的普遍承认与帮助，著名的纳菲尔德基金会还从2001年4月起为其提供资金援助。此外，在美国、澳大利亚、加拿大等国也有类似的机构存在，并且美国的纳税志愿者组织还得到了税务机构的帮助与培训①。我们应该学习国外成功的做法与经验，在强调税务机构为这些弱势纳税人提供法律援助的同时，尽快建立起一支能覆盖中国各地的为弱势纳税人提供税收咨询与帮助的税收志愿者队伍。我们可以这样说，由于税法是中国法律体系中最为复杂的法律之一，要让志愿人员通晓税法并非易事，更何况税法的变动又极为频繁，因此必须在提高志愿人员的业务素质上下功夫，除定期对其进行培训外，还要利用现有的各种科技手段建立相关的税收法律法规发布网络，及时发布有关信息，介绍各项税收政策，使志愿者和公众都能够充分了解有关规定。

总之，为弱势纳税群体提供援助，可以从根本上增加纳税人对税务机构及其工作人员的理解与信任，改变纳税人对税务机构及其工作人员的态度，这对于密切税收征纳关系、培养纳税人自觉纳税的意识、加强征纳双方的依赖与合作、减少税务行政纠纷、化解纳税人纳税风险、提高税收征管效率、增加国家税收收入、堵塞税收流失漏洞，都具有十分重要的意义和作用。

① 参见《中国税务报》，2001年4月3日第3版。

第二篇

实 证 研 究

导　读

随着我国社会主义市场经济的发展和各项改革的深入，税务管理在制度环境、技术支持、人员素质等方面取得了长足的进步，但目前税收收入流失情况仍然严峻，主要表现为地下经济活动屡禁不止、税收流失规模较大，公开经济中逃避税现象较为普遍。

地下经济总是千方百计地逃避政府和公众的监督，逃避国家的税收征管，这使得地下经济与税收流失之间形成了天然的联系。同时，在社会资源一定的情况下，地下经济必然会导致公开经济部门生产的商品和劳务所占市场份额减少，相应地，其收入也会减少，国家税收也会同比例地减少。在新旧体制的转变过程中，经济结构转型、监管不足等原因导致了不同程度的税收流失。

与地下经济相对应的是公开经济。公开经济中的逃税问题一直是导致我国税收流失的主要因素。由于征税涉及经济利益在纳税人和国家之间的分配，纳税人往往想方设法减轻税负，少数人甚至通过非法手段来达到少缴或者不缴税款的目的。具体反映在以下几个方面：

第一，逃税、避税问题不容忽视。恶性税收筹划、转移利润、侵蚀税基而导致的税收流失问题逐渐加重。如 2014 年微软“避税门”爆发。微软公司在华机构利用子公司内部交易和利润转移手段逃避了大量税款的缴纳，我国税务部门对其进行了审查，要求微软公司补缴税款和利息 8.4 亿元人民币，未来微软公司还将缴纳每年超过 1 亿元人民币的税款。

第二，出口骗税和进口商品逃税，弱化了出口退税的杠杆作用，破坏了公平竞争的贸易环境。如 2013 年 9 月，国家税务总局、海关总署和公安部联合打击出口骗税违法犯罪行动收网，共破案 218 起，涉案金额 87.76 亿元，挽回直接税收损失 2.74 亿元。

第三，暴力抗税现象时有发生。暴力抗税行为不仅使税务征管工作难以顺利实施，导致应收税款无法及时完成征收，而且严重影响了我国的税收征管秩序和社会秩序，损害了税收机关的形象，造成了极其恶劣的社会影响。如 2011 年 10 月，浙江湖州织里镇因一户童装业主多次拒缴税款引发了一起参与人数多达 600 余人的群体性抗税事件，5 名闹事者被刑事拘留，23 人被治安处罚。

第四，滥用税收优惠。税收优惠政策对搞活经济、培养税源起着一定的作用。但由于对税收减免的规模、使用方向、效益状况缺乏有效的追踪反馈，对税收减免优惠政策的执行主体（各级税务机关）进行考核审计的力度不足，缺乏对减免税政策的承受主体

（企业）运用减免税款效益的跟踪管理制约制度，使得我国区域间税收优惠不公，相互攀比滥用税收优惠政策的现象屡禁不止。

税收流失的途径复杂多样，逃避税收的手段五花八门，其中既有通过非法经济手段逃缴税款，也有公然通过暴力手段抗拒缴纳国家税收，还有税收征收体制缺陷、征管手段落后以及税法不够严密而流失税收等。本篇分析了不同税种的特点及其逃避税手段，如增值税纳税人通过隐瞒减少销售收入、擅自扩大进项税范围以及违规领购、使用增值税专用发票等手段减少应纳税额，企业所得税纳税人通过多列支成本侵蚀税基、少计收入减少应税利润等，跨国纳税人通过关联交易、避税港、资本弱化、滥用税收协定等方式减轻纳税负担。另外，还从税收征管流程角度分析了纳税人的逃税手段，如通过无照无证经营、工商税务登记作假、违章使用开具发票逃税；通过现金交易、私设小金库等方式减少应纳税额逃税；通过假出口、假外贸等骗取出口退税等。随着经济全球化和互联网经济的不断发展，一些新形势下的逃避税手段逐渐引起了人们的重视，笔者选择了对多层次资本市场发展中国有企业改制可能引发的税收流失、外资企业跨国避税导致的税收流失、电子商务背景下的税收流失、房地产企业的税收流失、个人所得税的税收流失、走私导致的税收流失、互联网金融发展中的税收流失和后“营改增”时期的税收流失 8 个方面的专题进行研究，通过“解剖麻雀”，加深读者对我国税收流失问题的认识。

税收流失作为一种客观存在的社会现象，在任何时代都是不可避免的，也是任何一个国家都不愿意看到的，治理税收流失也就自然成为任何一个国家提升税收治理能力必不可少的考核指标和十分重要的任务。但事实上，税收流失的不可避免性及其成因的复杂性和隐蔽性，使得完全杜绝税收流失的想法是根本不可能实现的。科学合理的态度是在承认税收流失客观存在的前提下，透过现象，挖掘深层次的原因，通过对税收流失规模的测算和把握，寻求合法有效的方式与手段，提高征纳双方的税法遵从度，特别是提高征税机关税务管理的质量与效率，从而尽最大努力减少税收流失，降低税收流失的总量。因此，对税收流失规模的测算与把握，就成为治理税收流失的前提。

税收流失的规模测算在国内外存在多种不同的方法，本书第九章对这些方法进行了具体详尽的阐述与分析。虽然每种方法都具有一定的科学性和合理性，但用不同方法得到的测算结果有时相差甚大，另外，数据的真实性和完整性也会对测算结果造成很大的影响，由此可见，对于税收流失的测算结果存在一定的争议亦可理解。然而，就笔者所知，目前采用较多的方法仍然是运用现金比率法对地下经济所导致的税收流失规模进行测算和运用税收收入能力测算法对公开经济中的税收流失规模进行测算，这两种方法具有更多微观化的基础，同时数据多引自《中国统计年鉴》、《中国财政年鉴》、《中国税务年鉴》以及《中国稽查年鉴》等，也由此得到了多数学者的赞同。本书亦采用这两种方法和上述数据来源，分别对我国地下经济和公开经济中的税收流失规模进行测算，分别求出了地下经济和公开经济中税收流失的总体规模。

在运用现金比率法测算出地下经济规模后，本篇使用以下公式计算出了地下经济税收流失的规模：

$$\text{地下经济税收流失}（T_u）=\text{地下经济规模}（Y_u）\times\text{宏观税负}（t）\qquad(2A-1)$$

将数据代入公式，得到地下经济税收流失估测表（如表 2A. 1 所示）。

表 2A. 1　　2001～2013 年中国地下经济税收流失估测表

年份	国民生产总值 GNP（Y_0）（亿元）①	税收实际征收额（T）（亿元）②	宏观税率（%）③	地下经济规模（Y_u）（亿元）④	地下经济税收流失额（亿元）⑤	地下经济税收流失占实际征收额的比重（%）⑥
2001 年	108068. 2	15301. 38	14. 16	36249. 80	5132. 61	33. 54
2002 年	119095. 7	17636. 45	14. 81	41217. 03	6103. 68	34. 61
2003 年	134977	20017. 31	14. 83	45867. 00	6802. 15	33. 98
2004 年	159453. 6	24165. 68	15. 16	53302. 47	8078. 15	33. 43
2005 年	183617. 4	28778. 54	15. 67	54274. 12	8506. 44	29. 56
2006 年	215904. 4	34804. 35	16. 12	66281. 36	10684. 73	30. 70
2007 年	266422	45621. 97	17. 12	89329. 72	15296. 78	33. 53
2008 年	316030. 3	54223. 79	17. 16	87570. 94	15025. 23	27. 71
2009 年	340320	59521. 59	17. 49	103235. 47	18055. 77	30. 33
2010 年	399759. 5	73210. 79	18. 31	124904. 82	22874. 70	31. 24
2011 年	468562. 3	89738. 39	19. 15	121266. 32	23224. 76	25. 88
2012 年	516282. 1	100614. 28	19. 49	111260. 49	21682. 71	21. 55
2013 年	566130. 2	110530. 70	19. 52	110084. 26	21488. 67	19. 44

由表 2A. 1 可以看出，地下经济的规模和税收流失额十分巨大，2013 年已分别超过了 11 万亿元和 2 万亿元，地下经济规模占 GNP 规模的 1/5 左右，地下经济税收流失额占税收实征额的比例平均在 30% 左右。2008 年以来，随着政府加大对地沟油、毒奶粉、黑煤窑等非法地下经济的打击力度以及次贷危机的影响，地下经济的规模增速有所减缓。尤其是 2012 年以来，我国经济结构进入新常态，政府简政放权激发市场活力，一些地下经济被合法的公开经济取代，地下经济规模有所减小，2013 年地下经济税收流失额占实际征收额的比重降到了历史最低点的 19. 44%。

在测算地下经济规模时，得出的数据可能要比其他学者通过现金比率法测算的数据大一些，主要原因是本书采用了修正的现金比率测算法，不仅将通过现金进行的地下经济活动纳入了测算范围，而且将通过现金以外的一些支付方式进行的地下经济活动也纳入了测算范围。此外，该测算还消除了假定某基期的地下经济规模为零的假设，因而测算结果偏大。这种假设可能更符合实际。另外，虽然表 2A. 1 中估测的税收流失额偏大，但即使取估测值的 50% 作为税收流失额，税收流失额也非常巨大，2012 年已超过 1 万亿元。

在公开经济税收流失测算方面，依据税收收入能力测算方法，分别按税种进行测算，加总求得公开经济税收流失规模。2001～2013 年公开经济税收流失总规模如表 2A. 2 所示。

表 2A. 2 公开经济税收流失估测表

年份 ①	增值税 （亿元） ②	企业所得税 （亿元） ③	营业税 （亿元） ④	其他税收 （亿元） ⑤	公开经济税收流失总额 （亿元） ⑥	税收实征额 （亿元） ⑦	公开经济税收流失占税收实征额的比例（%） ⑧	国民生产总值（GNP） （亿元） ⑨	公开经济税收流失占GNP的比例（%） ⑩
2001 年	1940. 14	1718. 12	1798. 00	985. 50	6441. 76	15301. 38	42. 10	108068. 20	5. 96
2002 年	2067. 92	1994. 10	1927. 00	1090. 78	7079. 80	17636. 45	40. 14	119095. 70	5. 94
2003 年	5216. 73	3557. 22	1915. 00	1275. 73	11964. 68	20017. 31	59. 77	134977. 00	8. 86
2004 年	2592. 36	4158. 87	1828. 00	1566. 24	10145. 47	24165. 68	41. 98	159453. 60	6. 36
2005 年	3753. 04	4867. 99	2404. 00	1872. 97	12898. 00	28778. 54	44. 82	183617. 40	7. 02
2006 年	3863. 47	5868. 90	2713. 00	2337. 50	14782. 87	34804. 35	42. 47	215904. 40	6. 85
2007 年	3845. 58	8412. 01	3321. 00	3871. 88	19450. 47	45621. 97	42. 63	266422. 00	7. 30
2008 年	6436. 36	4169. 23	3665. 00	4252. 29	18522. 88	54223. 79	34. 16	316030. 30	5. 86
2009 年	4614. 99	5465. 64	4546. 00	4547. 51	19174. 14	59521. 59	32. 21	340320. 00	5. 63
2010 年	7150. 08	9653. 90	4571. 00	5658. 53	27033. 51	73210. 79	36. 93	399759. 50	6. 76
2011 年	5767. 21	9978. 01	5010. 00	7453. 03	28208. 25	89738. 39	31. 43	468562. 30	6. 02
2012 年	6698. 38	9295. 53	5527. 00	10366. 13	31887. 04	100614. 28	31. 69	516282. 10	6. 18
2013 年	7733. 67	9807. 40	6286. 00	11237. 15	35064. 22	110530. 70	31. 72	566130. 20	6. 19

公开经济税收流失的测算结果主要表现出以下特点：一是从税收流失额占实际征收额的比例来看，各个税种的税收流失占比都呈现出了下降的趋势。如增值税由 2003 年最高时的 71. 06% 下降到 2013 年的 15. 08%，企业所得税由 2003 年的 54. 92% 下降到了 2013 年的 30. 43%，营业税由 2001 年的 46. 3% 下降到了 2013 年的 36. 5%，下降幅度都比较明显。这说明近些年来通过金税工程的不断完善、所得税“两税”合并，特别是征管流程的优化等，使得税收治理收到了较为明显的成果。二是从各税种的流失规模来看，增值税、营业税、企业所得税的流失规模逐步缩小，而个人所得税、关税等的流失规模则趋于扩大，表明我国所采取的税收征管制度、措施、手段对于不同的税种其效果是不同的。这就进一步提示我们对于一些税收流失情况比较严重的税种需要研究新的思路，采用新的征管手段和措施。三是一些过去我们不太注意的小税种如房地产税、土地增值税、城市维护建设税等的流失情况需要引起充分的重视。

由地下经济和公开经济的税收流失规模测算，可以得到加总后的税收流失规模，如表 2A. 3 所示。

表 2A.3　加总后税收流失规模估测表

年份 ①	国民生产总值（GNP）（Y_0）（亿元） ②	公开经济税收流失总额（亿元） ③	地下经济税收流失总额（亿元） ④	税收流失总额（亿元） ⑤	税收实征额（亿元） ⑥	税收流失占税收实征额的比例（%） ⑦	税收流失额占 GNP 的比例（%） ⑧
2001 年	108068.20	6441.76	5132.61	11574.37	15301.38	75.64	10.71
2002 年	119095.70	7079.80	6103.68	13183.48	17636.45	74.75	11.07
2003 年	134977.00	11964.68	6802.15	18766.83	20017.31	93.75	13.90
2004 年	159453.60	10145.47	8078.15	18223.62	24165.68	75.41	11.43
2005 年	183617.40	12898.00	8506.44	21404.44	28778.54	74.38	11.66
2006 年	215904.40	14782.87	10684.73	25467.60	34804.35	73.17	11.80
2007 年	266422.00	19450.47	15296.78	34747.25	45621.97	76.16	13.04
2008 年	316030.30	18522.88	15025.23	33548.11	54223.79	61.87	10.62
2009 年	340320.00	19174.14	18055.77	37229.91	59521.59	62.55	10.94
2010 年	399759.50	27033.51	22874.70	49908.21	73210.79	68.17	12.48
2011 年	468562.30	28208.25	23224.76	51433.01	89738.39	57.31	10.98
2012 年	516282.10	31887.04	21682.71	53569.75	100614.28	53.24	10.38
2013 年	566130.20	35064.22	21488.67	56552.89	110530.70	51.16	9.99

从测算结果来看，我国目前的税收形势与税收征管工作有喜有忧。可喜的是，在这13 年间我国的 GNP 增长了 5 倍多，而同期税收收入增长了约 7.2 倍。税收收入额占 GNP 的比重也由 2001 年的 14.16% 上升到了 2013 年的 19.52%。但同时令人担忧的是，13 年来，我国公开经济税收流失额占同期税收收入额的比例仍高达 30% 左右；而地下经济的税收流失规模更为突出，这无论是从绝对数量上还是相对比例上看都是一个非常大的数字。这说明，税收流失依然是影响我国财政收入、制约我国经济健康发展的一个重要原因。因此，在加强治理公开经济税收流失的同时，加大对地下经济的打击、取缔力度，不仅有助于公开经济的健康发展，而且是挖掘税收增长潜力的重要方向，需要各级政府协调工商、海关、公安等有关部门共同努力，联合行动。

关于对区域经济税收流失规模的测算，国内最早的研究者为西北大学的王鸿貌教授。经王鸿貌教授同意，笔者借鉴其研究成果，分别以东部沿海地区民营经济占比较大的浙江省和西部地区国有经济占比较大的陕西省为例，对两个省的地下经济与公开经济的税收流失规模进行了比较研究。为便于对问题进行分析与比较，两者均采用了同一研究方法，结果如下：

首先，税收流失的规模普遍较大。不论是浙江还是陕西，税收流失问题都较为严峻。如浙江省，2001～2012 年的年均税收流失规模为 880.76 亿元，而陕西省 2001～2012 年的年均税收流失规模为 367.16 亿元。

其次，两省税收流失的结构比重有所不同。从税收流失结构的构成比重看，浙江省以公开经济中的增值税流失为主，而陕西省则主要以地下经济税收流失为主。从税收流失结构的稳定性看，浙江省的结构比较稳定，且变化平缓，而陕西省则变化较大，极不稳定。这可能与浙江省经济发达、政府和税务机关的管理水平相对较高有关。

此外，不同税种税收流失的具体情况有所不同。以浙江省为例，各个税种的税收流失比例都呈现出下降的趋势。从各税种的流失规模来看，增值税和营业税的流失规模逐步缩小，而个人所得税、企业所得税、关税等的流失规模则趋于扩大。一些过去我们不太注意的小税种如房地产类税、城市维护建设税等的流失情况较为严重。

基于上述比较分析，得到以下启示：

一是必须高度重视区域经济发展中税收流失的治理问题。正视税收流失的客观存在，以积极的态度、有力的措施来继续加大对税收流失问题的研究与治理。

二是不同的省份应结合自身实际采取各有侧重的治理措施。各级政府应组织协调相关部门（如工商、公安、银行等）与税务部门协作配合，紧密结合本省经济、社会、历史、人文等各种影响税收征收与管理的重要因素，认真研究本省税收流失的具体情况与特点，及时调整税收管理的思路与对策。

三是对不同的税种应采取有针对性的、差异化的治理措施。各级财税部门需认真研究各个税种的不同特点，针对一些流失情况比较严重，特别是流失绝对值仍在不断扩大的税种，深入分析导致流失率扩大的制约因素和深层次原因，研究新的思路、采用新的有针对性的征管手段和措施。

第九章

现象透视：税收流失的现状与途径分析

第一节 税收流失的现状分析

一、地下经济税收流失规模较大

按现行法律规定，税收只针对合法经济活动产生的收入，地下经济活动产生的收入不计入应税收入。对于地下经济活动，国家规定由相应的执法部门予以取缔，并没收其地下经营所得。按这样的理解，地下经济似乎不会导致税收的流失。但实际上，由于大量地下经济活动逃避了政府的监管，同时也逃避了政府的处罚，因此，在社会资源一定的情况下，地下经济必然会导致地上经济部门生产的商品和劳务所占市场份额减少，收入也会相应减少，导致国家税收收入同比例减少。特别是地下经济的隐秘化，更迫使政府投入包括征税成本在内的更多的社会管理成本。由于地下经济总是千方百计地逃避政府和公众的监督，逃避税收征管，这就使得地下经济与税收流失之间形成了天然的联系。我国在新旧体制转变过程中，由于监管不足，在一定程度上加速了“地下经济”的滋生和膨胀，导致因地下经济而流失的税收日益增多。

国内学者解梁秋、孙皓和解梁军（2008）以国内生产总值、实际征收的税额和宏观税率作为变量，估测出地下经济规模占当年 GDP 的 6% ~7%。2000 ~2006 年，每年地下经济总额都在5000 亿元以上，税收流失额达 1681. 454 亿元。徐斌、万义平（2008）以现金通货量、活期存款额和国内生产总值作为变量估测，1997 ~2006 年平均每年地下经济规模为 5072. 835 亿元，占当年 GDP 的 5. 02%。伍云峰（2008）以国内生产总值、狭义货币量和广义货币量为变量测算出的结果触目惊心，认为 1994 ~2006 年，我国每年地下经济规模均在 20000 亿元以上，且呈逐年递增趋势，2006 年地下经济规模高达 58059. 18

亿元，占当年 GDP 的 27.5%，地下经济税收流失 9584.17 亿元，税收流失率 21.6%。上述学者的测算可谓仁者见仁、智者见智，但地下经济的存在及其引发的大量税收流失对国民经济健康发展所造成的危害不容置疑。

二、公开经济逃税现象比较严重

公开经济中的逃税问题一直是导致我国税收流失的主要因素。有学者认为，目前我国企业无论其所有制性质如何，只要税务机关去查，几乎每户企业都可能存在逃漏税的情况。对此说法，笔者难以苟同。然而，逃税现象较为严重，却是不争的事实。以税务稽查为例，2003～2008 年，我国税务稽查平均每年查补的入库税收都在 400 亿元左右，2009～2012 年 4 年间更是一跃到千亿元级别，2012 年的查补税额达到了 1213 亿元。再如，2011 年公安部和国家税务总局联合督办的东营"2·24"案，犯罪嫌疑人采用"票货分离"手段骗取虚开成品油增值税专用发票 68448 份，涉及 13 个省 533 户企业，涉案金额 332.07 亿元，税额达 56.45 亿元；虚开增值税专用发票 5007 份，涉及 10 个省（市、自治区）135 户企业，涉案金额 25.53 亿元，税额 4.34 亿元。2012 年，深圳市地税局在对深圳东森房地产开发有限公司的检查中发现，该公司在与另一公司联合开发某商业大厦的项目中，违反相关税收法律法规的规定，通过编造虚假企业所得税计税依据、违章出具发票等方式逃避缴纳营业税和企业所得税等税收，最终被追缴税款及附加 967 万元，罚款 386 万元，加收滞纳金 611 万元，查补收入 1964 万元。湖南省医药总公司在 2010～2011 年期间，通过隐瞒销售收入、销售药品不及时确认收入、以不合格发票入账、列支与收入无关的支出等方式逃避缴纳税款，查补的税款加滞纳金和罚款共计 928.4 万元。2012 年北京石景山地税局和公安机关联手查处了一起特大虚开发票案件，案犯彭世磊伙同葛世云从税务机关领取发票 247 张，涉案金额 2.5 亿元。

在众多逃税行为中，避税、骗税、抗税、欠税、滥用税收优惠以及权力"寻租"导致的税收流失在公开经济中较为普遍。

避税问题不容忽视，且手段较以往更加隐蔽和复杂。如 1998 年我国对 1500 户企业实施反避税调查审计，仅对其中已结案的 275 户进行统计，调增应纳税额就超过 17 亿元，调整征税 1.2 亿元。2008 年，青岛国税在对青岛某通信有限公司的检查中发现，该公司自 2004 年实现盈利后，连续 4 年关联交易金额分别为 20 亿元、51 亿元、53 亿元和 51 亿元。该公司运营能力指标、应收账款周转率和存货周转率都比较理想，与其销售收入的增长情况一致，而与其相对应的两项重要指标毛利率和利润率却成相反态势。经详细调查，该公司利用关联进口材料价格加成向境外关联企业转移利润，以此逃避税务部门的征税，涉及所得税额 5.98 亿元，该公司最终补缴税款 4.48 亿元。近几年，随着科技的日新月异，经济全球化的发展使得纳税人避税的手段和数额都有了较大的变化。2014 年山东胶南市国税局反避税工作人员在对辖区内外资企业的例行特别纳税调整监控管理中，意外发现该辖区一从事合成橡胶研发及生产的外商独资企业毛利率变动较大，企业利润呈现跳跃式盈亏的现象。以此为突破点，最终发现该公司通过向关联企业提供对外劳务时支付大额劳务费用的方式将利润转移到境外关联企业，涉案金额达 1734.93 万元，避缴税款 144.2 万元。2014 年微软“避税门”爆发。微软公司在华机构利用子公司内部交易和利润转移等手段逃避了大量税款的缴纳，我国税务部门对其进行了审查，要求微软公司补缴税款和利息 8.4 亿元人民币，未来微软公司还将缴纳每年超过 1 亿元人民币的税。类似案例数不胜数。

出口骗税猖獗，进口商品逃税问题亦需重点关注。骗税是不法犯罪分子联合部分出口企业以及极少数政府公务员，如工商、税务、公安、海关等人员联手进行的违法犯罪活动。骗税与出口退税制度有密切的联系。纳税人利用出口退税制度骗回本应缴纳的税款，导致国家税款的大量流失。资料显示，2000 年，由出口骗税造成的国家税收损失达 300 亿元之巨。另据国家税务总局的数据，2013 年 1 ~ 10 月底，15 个地区税务、公安和海关部门通过检查 2000 余户出口企业，直接挽回税收损失 30 多亿元。同年 9 月，国家税务总局和海关总署、公安部联合打击出口骗税违法犯罪行动收网，共破案 218 起，涉案金额 87.76 亿元。2013 年，共检查出口企业 2800 余户，挽回税收损失 32 亿元；税务机关会同公安部成功组织实施了集中打击骗税活动统一收网行动（代号“8・27”行动），严厉查处了江苏“1・22”骗税案、深圳“7・18”骗税案、上海美梭公司骗税案等一批重大骗税案件。骗税不仅弱化了出口退税的杠杆作用，而且破坏了公平竞争的贸易环境，对市场经济秩序造成了极大的破坏。

暴力抗税现象时有发生。《税收征收管理法》第六十七条规定，抗税是以暴力、威胁方式拒不缴纳税款的行为。当事人明知道侵害对象是正在依法执行税收征管职责的税务人员，仍采取暴力、威胁的方式迫使税务人员放弃执行职责。抗税是所有未按照规定缴纳税款的行为中手段最为恶劣、影响最坏的行为。它侵犯的不仅是国家税收执法权，更会危及税收管理人员的身体健康和生命权利。据不完全统计，从 1988 年到 1990 年上半年，全国共发生暴力抗税案件 6850 余起，有 6293 名税务人员被打，其中重伤 654 人，致残 17 人，死亡 7 人。有的纳税人为了少缴或不缴税款，动辄对税务人员施以暴力或以暴力相威胁，甚至持械行凶；有的纳税人还纠集煽动同伙、亲属或不明真相的群众围攻税务人员，冲击税务机关，造成了极坏的社会影响。2001 年，陕西耀县一女税务公务员在工作中遭遇耀县正大装饰行个体老板李某的暴力抗税，被李某拉倒的梯子砸中面部，住院 5 天。2005 年到 2006 年 4 月期间，江苏省发生暴力抗税事件 22 起，共有 50 多名国税干部和执法人员被殴打，16 人被严重打伤。2008 年 5 月 8 日，湖南长沙发生重大恶劣暴力抗税事件。长沙天冰冷饮有限公司董事长邱德生带领本公司员工 70 多人殴打前来进行纳税调查的税务执法人员，多数账本被公司人员趁乱销毁。2011 年 10 月，浙江湖州织里镇因一户童装企业业主多次拒缴税款引发了一起参与人数多达 600 余人的群体性抗税事件，5 名闹事者被刑事拘留，另有 23 人被治安处罚。

欠税久拖不决。欠缴国家税款所导致的税收流失表现为“潜伏”的形式。有关方面的数据显示，有 20 世纪 50 年代的企业欠税仍挂在税款欠缴的账上有待追缴，事实上已成为“死欠”。而 1978 年以来的 30 多年中，因企业变更、改制或资产重组形成的欠税现象极为严重。有的企业及其主管部门往往将企业改制作为甩掉欠税“包袱”的时机，企业在改制过程中所取得的资金不是先用来清缴税款，而是被作为地方政府财政收入或偿还贷款，企业欠税则长期挂账，甚至不了了之。有的企业在资产重组过程中将资产转移到新企业的账上，而将欠税挂在原企业的账上，实际上变成了死欠。还有的企业在分设过程中，将资产和债务分离，资产被放到了新的法人实体中，而将债务挂在名存实亡的企业账上，清缴欠税就成了空话。特别是改制企业在改制前有留抵税额和期初存货已征税款余额，企业将该部分税额在改制前冲减其欠税，变相改变了纳税义务的发生时间，减少了巨额应缴税款。更有甚者，企业因项目建设而注册公司，项目建成后“消失”。厦门市地税局2013年在查处某房地产企业税收案件时发现，该企业项目交工后，即人去楼空，2910万元欠税未按规定缴纳，随即该企业被列入欠税“黑名单”，经过多方努力，终于使税款成功追缴。

过头税也是导致税收流失的重要因素之一。过头税是征税人有意或者无意对纳税人征收了不应当征收的税款。无意的过头征税主要指因为企业自身对纳税情况的疏忽和征税者工作管理上的缺漏而导致企业多缴税款或税务部门多征税款。而故意的过头税征收也就是我们通常所说的“指标征税”，具体包括两种情况：一种是时间上的过头税。税务机关为了完成本年的税收任务，提前征收纳税者一年或几年之后的应缴税款。这就是实际中的“寅吃卯粮”。另一种是政策上的过头税。征收部门为了多征税，完成征收任务，有意对国家出台的某一具有时效性的优惠政策进行随意解释，强制企业多缴税款。过头税所造成的影响不仅损害了税务机关的执法形象，更为严重的是“人情税”、“感情税”成为某些税务人员回报纳税人“提前缴税”的“馈赠”，使本应严肃的征收执法变得主观随意。

滥用税收优惠政策。税收优惠政策是税法对某些纳税人和征税对象给予鼓励和照顾的一种特殊规定。国家通过免除某些企业应缴的全部或部分税款，或者按照其缴纳税款的一定比例给予返还等手段，减轻这些企业的税收负担。税收优惠政策对搞活经济、培养税源起着积极作用，但当前在税收优惠制度的管理上确实存在着不少问题。从宏观上讲，对税收减免的规模、使用方向、效益状况缺乏有效的追踪反馈机制。税收减免优惠政策的运用与宏观经济政策存在较大的偏差，它往往被当成是强化地区、部门、企业本位利益的手段。从微观上讲，缺乏对税收减免优惠政策的执行主体（各级税务机关）进行考核审计的力度，缺乏对减免税政策的承受主体（企业）运用减免税款效益的跟踪管理制约制度，导致这些政策在实际工作中常常被滥用，造成税收的流失。滥用税收优惠政策在一定程度上削弱了税收的正常增长机制，使税收与国民经济的增减变化呈现出一定的不稳定性；税收优惠过多也会通过产业结构变化、企业组织形式变化等方式，带来非税产值的扩张和正常税源的转移，客观上为各种逃税、避税行为提供了条件。

征税人的违法行为助长了不法纳税人的税收违法犯罪活动，导致税收收入减少。税务公务员处于国家税收征管的前沿，是保证国家税款征收的重要力量。但现实生活中，由于极个别征税人违规而导致税收减少的现象并不少。如20世纪90年代中期，轰动全国的南宫税案和被称为“共和国第一税案”的金华税案，查出河北南宫和浙江金华两地通过虚开增值税专用发票进行偷逃税，虚开发票金额分别达到10.65亿元和63.1亿元，造成税收流失1.37亿元和9.2亿元。2013年8月，河北税警联手抓获以郭某为首的骗税团伙，身为省人大代表的郭某，坑骗国家税款，虚开专用发票抵扣进项税额5.6亿元，造成国家税款流失4.5亿元。该案涉及金额之大，近年罕见。

第二节 税收流失的途径分析

税收流失的途径复杂多样，逃税的手段五花八门，其中既有通过秘密隐蔽的经济手段逃缴税款的，也有公然通过暴力手段抗拒缴纳国家税款的，还有利用税收征收体制缺陷、征管手段不足以及税法制度的漏洞而造成流失税收等。

一、逃税手段

逃税是税收流失最主要的途径。无论是国有企业、集体企业、民营企业，还是跨国公司、企业集团等，都不同程度地存在着此类行为。具体来讲，逃税的手段包括以下几种。

（一）增值税的逃税手段

增值税是我国税收体系中的一个主要税种，其税收收入占整个税收收入的20%以上。增值税不仅征收范围广、征收环节多、税源大、税负较重、实行价外税，而且增值税的纳税人还划分为一般纳税人和小规模纳税人。这些因素决定了增值税在税制内容上、计算缴纳上、征收管理上都比较复杂，因此，其逃税引起的税收流失就比较普遍和严重。纳税人逃缴增值税主要表现在计税依据、纳税环节、税目税率、计税价格、计税方法、扣除税额、减税免税、专用发票使用等方面。目前纳税人逃缴增值税的惯用手法可以归纳为三类。

第一类是在增值税的销项税方面，通过各种手法隐瞒或减少销售收入、减少销项税金。主要包括：（1）实行账外经营，销售产品不入账，隐瞒销售收入，特别是以现金方式取得销售收入时，收取的包装费、运杂费和其他营业外收入不入账等。（2）按税法规定应视为销售，所取得收入应计入销售收入的，没有按税法的规定执行。例如销售自用品、原材料、半成品、残次品、削价品未作为销售收入入账；销售给本单位职工的商品不计收入；用来奖励单位职工的商品不计销售；以物易物交易不计销售等。（3）故意延迟、后移销售收入。例如，对已销售商品，不按实现销售收入时间结转销售收入，而是作为“发出商品”人为后移，甚至是长期挂账不申报纳税；对已实现的销售收入，记入应收、应付等往来科目。（4）不按税法的规定提取税金。例如，销售货物入账后未提足税金或未提取税金；以内部调拨形式发生的销售不提税金等。（5）混淆不同税率，将高税率的货物销售列入低税率的货物销售或作为免税货物销售。以少计销项税金的手法进行逃税而导致的税收流失，约占检查中查获的税款总额的70%左右。

第二类是在增值税的进项税方面，通过各种手法擅自扩大进项税范围，随意抵扣进项税金或以虚假发票进行抵扣。主要包括：（1）减免税货物与应税货物进项税划分不清，擅自扩大和提高应税货物进项税额抵扣比例。（2）把按照税法不允许抵扣的购进物品，如购进基建用材料、购进福利费中开支的生活物品等也通过索取增值税专用发票来进行抵扣。（3）使用不合法、不规范的凭证进行抵扣。例如，使用单位名称不同、税务登记证号不符、货款和税款金额不符的不规范专用发票、自制凭证、复印票据甚至虚假的增值税专用发票来进行抵扣；收购农产品和废旧物品用白条抵扣；把各种劳务费、装卸费等全都加入运费进行抵扣。检查显示，通过这一类手法虚增进项税来进行逃税的，约占查补税款的15%。

第三类是在增值税专用发票的使用方面，违规领购、保管、使用增值税专用发票。主要包括：（1）通过虚假申报向税务机关违规领购发票；（2）取得不符合标准的增值税专用发票；（3）未按照要求专人专管增值税专用发票等。由于增值税专用发票在抵扣税金方面有重要作用，纳税人往往弄虚作假以达到逃税的目的。

（二）企业所得税的逃税手段

通过多列支费用成本侵蚀所得税税基、减少应税利润是所得税逃税惯用的手段，一般表现为：虚列本来不存在的成本费用，或擅自改变成本计算方法，甚至通过假发票或将个人费用计列成本；任意扩大开支范围和开支标准，如将各种罚款、滞纳金、违约金、罚息、超规定标准的捐赠支出等计入期间费用，并且任意提高工资、福利、差旅费、业务招待费、会议费用等成本标准，增加费用成本，从而减少应纳税所得。

（三）消费税逃税手段

纳税人逃避缴纳消费税重点是在销售收入、销售数量、适用税目税率、纳税环节，以及计算、缴纳等方面，逃税的手段主要有：（1）少记销售收入。纳税人通过转移或隐瞒销售收入、收入不记账、虚列或多列销售退回、逾期包装物押金不并入销售收入额、不计视同销售、自产应税产品内部转移时不按规定入账、委托加工部门履行代扣代缴义务等缩小消费税计税基础，推迟纳税时间，减少应纳税额。（2）错用税率。纳税人通过组合销售、混合产品税目等方式将高税率应税产品记为低税率的应税产品，减少缴纳税款。（3）偷梁换柱。2014年10月，江苏仪征国税对某化工企业2011～2013年消费税额实施专项检查，查实该企业采用偷梁换柱手法，以“混合芳香烃”名义销售燃料油，逃税1023万元。（4）实行出口退税办法的，通过伪造出口合同、货物单和完税凭证，假冒出口应税商品骗取出口退税等。

（四）其他逃税手段

除了上述各种手段外，在我国还存在多种逃税手段，其中比较典型的有以下几种：

一是通过现金交易、多头开户、私设小金库等方式逃税。从实际情况看，我国的商业银行法、票据法、现金管理法等都没有得到很好的贯彻执行。面对竞争日趋激烈的金融市场，有些金融机构为了能多增加存款和放贷，置金融法律法规于不顾，允许企业单位多头开户或提取大量现金结算，这给许多纳税人隐匿收入、隐瞒所得税、私设小金库提供了方便。纳税人私设小金库的做法，主要有以下两种类型：第一，隐匿收入。如将某些小额或较隐蔽的销售收入，直接记入相关银行账号；或将议价销售超过平价的差价，从购货方取得的价格补贴、让利等不入产品销售账；或将经营设施的出租收入、包装物押金、没收收入、劳务收入不作为营业收入入账；或将废料销售、罚金、赔款等收入不入账。第二，回扣。分明暗两种：明回扣即根据销售额或购入额按回扣进入小金库；暗回扣是指将回扣数额隐匿在对方身上，通过宴请、发实物等开发票交给对方去“报销”。

二是通过无照无证经营，或在取得“工商、税务、机构代码三证合一”后有意隐瞒纳税信息等方式逃税。无照无证经营，在中国个体户逃税手段中，所占比重较大。据上海市税务部门对稽查的个体经营业户逃税案统计，无照无证经营的占 1/4 多。

三是“私借公威”，通过挂靠等方式逃税。“私借公威”在我国有两种特有的形式：一是民营企业和个体承包者通过租赁、承包党政机关兴办的经济实体，以此避开税务等执法部门的管理和检查，并借机逃缴税收；二是一些民营企业、个体经营业户通过挂靠“校办”、“民政福利”的牌子，骗取税收优惠。

四是开具使用违章违法发票逃税。发票是一切单位和个人从事经济活动、进行会计核算的原始凭证，是财务收支的合法凭证，也是税务部门进行财务监督和税收征收管理的重要依据。但近年来，社会上违章违法销售、开具、使用发票的现象越来越严重。通过发票逃缴税收的主要手段有：（1）虚开、代开、伪造、冒充或通过其他非法渠道取得增值税专用发票或增值税发票抵扣联；（2）开具“大头小尾”普通发票，逃缴增值税、营业税、所得税或其他税收；（3）私自印制或涂改，或使用过期、作废的普通发票，或开具收据或白条子。

二、避税手段

从世界范围来看，避税的手段复杂多样，纳税人能够通过关联交易、设立避税港、弱化股份投资和滥用税收协定等方式来侵蚀税基、滥用税率，以达到避税目的。避税的目的是实现纳税人利益的最大化，这里既包含税务动机，也含有非税务动机。

（一）关联交易

企业在关联交易中多利用转让定价转移利润、非公允定价无形资产、关联企业资金借贷、母公司通过直属财务公司平衡母子公司之间的利润，降低公司整体税负水平。2013 年北京查处的一起关联交易案中，北京某电子产品生产企业从 2003 年到 2009 年期间，将 93% 的产品销售给境外关联母公司，将 7% 的产品销售给境内关联公司，而原材料采购价格和产品销售价格完全受控于境外母公司。该公司通过这种方式将大量利润转移到了国外，避缴企业所得税税款 4.25 亿元。

（二）避税港

避税港一般是指那些对所得和财产几乎不征税或者按很低的税率征税的国家或地区。很多跨国纳税人通过在避税地建立“基地公司”，将财产、所得和收入汇集到基地公司，从而达到躲避国际税收的目的。而所谓基地公司指的是那些在避税地设立而实际受外国股东控制的公司。这些公司的经营活动也基本集中到避税港。基地公司有多种形式，如信箱公司、招牌公司、持股公司、投资公司、财务公司、海运公司和空运公司等。主要避税方法有以下几种：

一是利用基地公司虚构、中转销售业务，实现利润跨国转移。例如，甲国公司将一批产品出售给乙国公司，为了避缴税金或减少缴纳税金，甲国公司通过设在避税港丙地的基地公司中转销售该货物，将出售货物的利润部分或全部转移到基地公司。

二是以基地公司为持股公司，将联署企业在各地子公司的利润以股息形式汇到基地持股公司账下，以逃避母公司所在国对股息的征税。持股公司还可以运用这些资金在避税港或其他地区从事各种交易，赚取更多利润。

三是以基地公司为信托公司，将在避税港外的财产虚构为基地公司的信托财产，这样纳税人就可以将实际经营这些信托财产的所得，挂在基地公司名下，并逐步转移到避税港，取得免税或减少纳税的好处。

（三）资本弱化

资本弱化是指企业投资者为了达到避税或其他目的，在企业融资方式选择上，降低股本比重，提高贷款比重，以贷款方式替代募股方式进行投资或融资，从而引起资本金在资本结构中的地位相对下降或弱化的一种现象。这是因为：公司企业经营所需的资金主要来源于股东的股份投资和银行贷款，税收方面的考虑一般不作为股份投资和贷款数额的重要考虑因素。但在跨国投资环境下，由于各国对跨国股息所得和对银行借贷利息的纳税处理存在很大差异，跨国公司常常利用这些差别，少利用股份资本，多利用借贷资本，以达到避税的目的。股东通过股份形式进行投资取得所得后，需分别缴纳个人所得税和公司所得税，而银行贷款利息在各国税法上一般都可以作为合法支出项目在税前所得中扣除。这样，应税所得减少，纳税额也相应减少。

（四）滥用税收协定

滥用税收协定即非协定受益人利用国际税收从事经济活动，从而享受协定优惠待遇的行为。由于这种行为，非协定受益人得以逃避原应承担税负的一部分乃至全部。滥用税收协定避税所造成的不良影响是多方面的。从事避税活动者获得了本不应有的税收利益，有违税负公平原则，也损害了正常纳税人的利益，进而有可能促发更大规模的避税活动。更为关键的是，各国牺牲自身部分财政利益在税收协定中提供税收上的优惠，意在使另一缔约国的居民从中受益。如果第三国居民通过在缔约国一方设立导管公司而利用税收协定，将使第三国因而获益，从而违背了税收协定中的互惠原则，缔约国双方的税收利益也会受到侵蚀。而且，第三国与其他国家签订税收协定的积极性也会受到负面影响，这对国际税收合作是不利的。

（五）逆向避税

逆向避税即跨国纳税人借助避免低税管辖权而进入高税管辖权，以最大限度地谋求所需利益的行为。在一般的国际避税中，纳税人常常尽可能避免高税管辖权，而进入低税管辖权，以进行国际避税。但逆向避税恰恰与之相反，逆向避税与一般避税相比，具有避税方向相反，以及谋利的间接性、非税性、多样性的特点，往往以谋求即期净利润最大化、有效实现某项必要的经营策略或规避政治性预期风险为目标。

（六）其他避税手段

除上述手段外，还存在利用资产的流动避税、利用人和资产的非流动避税、国际避税、计划避税、选择有利的企业组织形式避税、不合理保留利润避税、利用税境差异避税，以及运用多种避税方法、主要形式结合的避税等复合避税形式。

三、欠税手段

欠税，顾名思义，即拖欠缴纳税款，指纳税人或者扣缴义务人没有按照法律的规定在规定的纳税期限内缴纳税款或者少缴税款。由于部分企业误认为欠税不同于逃税、抗税，不属于违法行为，而把拖欠的税款当成国家无息或低息贷款来长期占用。并且在过去一段时间里，由于一些地方的税收减免过滥，形成了一个"欠→缓→免"的恶性链条，造成很多企业为保有更多的流动资金选择补缴或少缴税款。虽然按照我国现行的税收监管规定，税务机关对欠税者可采取加收滞纳金、责令限期缴纳、强制执行措施、限制出境等方式，但这些惩处措施相对于欠税的获利仍是低成本，这也促使某些企业故意拖欠税款的缴纳。由此可见，欠税的主体在绝大多数情况下主观上必然存有故意，而手段上则以"拖"为根本。只要拖欠的成本低于因不缴或少缴税款所能获得的利益，就会无时限地推迟缴纳税款。

四、骗税手段

骗税的手段主要有以下几种：

（一）违法使用发票骗取增值税出口退税

通过私自印制、虚开代开或套取增值税专用发票抵扣联骗取出口退税，已经成为当前出口骗税的主要手段。2014 年，根据国家税务总局通报，深圳市国税局与公安经侦部门联合成立工作组对深圳市利丰源供应链管理有限公司进行检查发现，该公司在没有货物交易的情况下接受虚开增值税专用发票 1990 份，并虚构该货物已出口，申报退税 2726 万元。深圳市国税部门认定该公司构成利用虚开增值税专用发票骗取出口退税行为，做出追缴该公司骗取的出口退税款 2091 万元、处所骗出口退税款 1 倍罚款、已申报未退税款 635 万元不予退税的决定。

（二）假出口骗取出口退税

这一手法的隐蔽之处在于它充分利用了国家办理出口退税有关制度的漏洞，以寻求一种藏而不露的骗税技巧。这与中国目前海关、税收管理部门信息不灵、管理手段落后以及开展国际信息交流、情报交流不够有关。据中央电视台 1996 年 5 月 15 日报道，长沙常德卷烟厂通过其香港的分公司办理了一批"白沙烟"出口韩国，该批卷烟价值 1 亿多元人民币，全部办理了有关出口手续，并办理了出口退税。结果，该批货物在未到达韩国釜山港时，就掉头驶回中国，并在上海长江口外，分装成若干艘内航船舶，直驶武汉销售，共骗取出口退税近 3500 万元。2014 年 10 月，厦门市国税局稽查部门公开曝光了几起重大骗税案件。厦门一龙进出口公司在 2012 年 12 月至 2014 年 1 月间，在没有实际经营出口业务的情况下，采取支付手续费的方式，从江西 9 户企业购买虚开的增值税专用发票 1847 份，价税合计约 2 亿元，从厦门、深圳等货代公司购买了 282 份报关资料，伪造 282 份货物购销合同，制作退税资料，向税务机关申报退税。经查，该公司截至案发时，已骗取退税款2195万元。

（三）内外勾结，共同骗税

这种手段与前面所讲的骗税手法有共同之处，即都是通过制度漏洞或通过虚开、代开、骗开增值税专用发票达到骗税目的。不同之处在于这种手段带有官骗性质，是地方政府部门尤其是税务部门与不法分子联手作案，震惊中国的咸宁官骗大案便是最典型的例证。

第三节 税收流失的个案分析

导致税收流失的手段五花八门，几乎渗透到社会经济生活的每一个角落，我们不可能穷尽税收流失的所有手段和表现，而只能抓住重点，“解剖麻雀”。当前，我国经济发展已步入新常态，经济生活中出现了许多新的情况，比如，21世纪是经济全球化和信息化的时代，我们将不可避免地面临全球化和信息化的冲击，但税收制度却跟不上全球化与信息化的步伐。跨国公司已经成为推动全球经济的主要动力之一，在华的跨国企业也越来越多，而这些企业的逃避税问题却越来越严重，税源状况的显著变化及其所造成的税基侵蚀和利润转移问题也日益突出。电子商务和互联网金融的发展是信息化时代的重要标志，而我国现行的税收政策在电子商务征税方面尚有不少“缺憾”。“一带一路”国家发展战略使不少企业走出国门，国际税收协调与合作显得更加迫切。多层次资本市场的发展，使不少国有企业通过资本重组增添了发展的活力。近年来个人所得税的税收收入虽然有明显的增加，但与应该征收的税款之间的缺口仍然很大。在“营改增”过程中，由于税收政策不完善和征管不严密所产生的税收流失亦不容忽视，都在不同程度上要求政府税收在依法征收的前提下更加规范、透明。另外，走私导致的税收流失不容忽视。为了对我国现行税收流失的状况有更深入的了解，笔者选择对多层次资本市场发展中企业改制可能引发的税收流失问题、跨国公司避税引起的税收流失、电子商务背景下的税收流失、房地产企业的税收流失、个人所得税的税收流失、走私导致的税收流失、互联网金融发展中的税收流失和“营改增”时期的税收流失等8个方面的专题进行了初步研究，通过“解剖麻雀”加深读者对我国税收流失问题的认识。

一、多层次资本市场发展中国有企业改制可能引发的税收流失

国有企业改制过程中的税收流失问题一直是税收研究者关注的重点。国家税务总局早在1999年的一次调查表明，在24个省（市区）的地方国有企业中，盈亏相抵后净亏面达45%，负债率达85%，在改革中宣布破产的有2875户。在这些破产企业中，全部清缴所欠国家税款的仅占5%，部分清缴所欠税款的占15%，80%破产企业所欠税款全部流失①。

① 刘佐：《经济结构与税收管理》，经济科学出版社1999年版，第217页。

有学者认为，造成这种状况的根本原因是产权关系不明晰，即所谓：公家马人人骑，三年变成驴，五年剩张皮；挣钱是个人的，亏损是企业的，负债是银行的，损失是政府的。企业长期以来轻效益、重产值、搞盲目生产，或因技术缺乏、经营不善、产品质量低下，造成亏损，无力缴税。有的企业纳税观念淡薄，把依法纳税同发展经济对立起来，认为缴税有碍于企业经济发展，因而不在提高效益上下功夫，只在税收上打主意，软拖硬磨，到头来厂垮人散，国家税收毫无着落。这种状况至今仍不同程度地存在于国有企业中。国家审计署2014年度对国家电网、南方电网、中运集团等14家中央企业的审计发现，一些企业在经营和财务管理中存在违规问题，甚至出现巨额亏损，同时发现重大违法、违纪问题56起。归结起来，企业在改制期间所存在的税收问题主要体现在以下几个方面：

（一）经济税源发生变化，导致新的税收流失

1. 税源增减变化。国有企业改革促进了企业扭亏增盈，提高了经济效益，从而带动了税收的增长。但是，改革也带来了税收结构的调整。比如优势企业兼并困难企业后，效益较好的企业利润被平均化，由此使地方经济税收结构与税额均发生相应变化。同时，被兼并企业遗留的经济包袱，如清偿贷款等都由兼并企业消化，这在较大程度上使税基甚至适用税率发生了变化。

2. 税源转移。企业跨地区、跨行业、跨经济性质甚至跨国界重组，使地区税源结构发生了变化。有的原为地方征收的税，转为中央的收入，有的地方国有企业改为股份制企业后，企业由原来缴纳市、县级固定收入的国有企业所得税，变为缴纳共享收入的股份制企业所得税，部分税源转移到省级收入。这种经济税源上的变化，既加大了税务机关征税的难度，又为纳税主体逃避税收提供了可乘之机。

（二）企业资产重组中滥用政策，导致税收流失

当前，我国企业资产重组中涉及的流转税和企业所得税政策是很明确的，可是不少企业在适用资产重组的税收政策时，往往错用或滥用税收政策，导致国家税收流失。例如，《国家税务总局关于纳税人资产重组增值税留抵税额处理有关问题的公告》（国家税务总局公告2012年第55号）明确规定，增值税一般纳税人在资产重组过程中，将全部资产、负债和劳动力转让给其他增值税一般纳税人，并按程序办理注销税务登记的，其在办理注销登记前尚未抵扣的进项税额可结转至新纳税人处继续抵扣。该文件是为了促进企业重组、发展经济的税收优惠政策。文件明确规定，要实现资产重组中原增值税纳税人的留抵税额可以结转抵扣，必须同时满足以下4个条件：一是资产重组中的原纳税人必须是增值税一般纳税人，因为小规模纳税人不会涉及留抵税额问题。二是资产重组中，新纳税人必须是增值税一般纳税人，这也是留抵税额能够结转抵扣的必要条件。三是原纳税人在资产重组中，必须是将全部而不是部分资产、负债和劳动力一并转让给新纳税人。四是原纳税人在将全部资产、负债和劳动力一并转让给新纳税人后，必须按程序办理注销税务登记，只有在申请办理注销税务登记时，才能在注销前将尚未抵扣的进项税额结转至新纳税人处继续抵扣。但在实践中，有些企业发生重组时，一般纳税人将部分资产、负债和劳动力转让给另一个一般纳税人，并没有办理注销，结果将原来未抵扣完的增值税留抵税额按照转让部分资产、负债和劳动力占转让企业的全部资产、负债和劳

动力的比例计算留抵税额，在接受方企业进行抵扣。

另外，有关企业资产重组的企业所得税的处理分为一般性税务处理和特殊性税务处理，而特殊性税务处理的条件比一般性税务处理的条件更苛刻。可是有些企业在发生资产重组时，根本不符合特殊性税务处理的条件，也滥用税收政策，按照特殊性税务处理，使企业少申报企业所得税。

上述两种情况所导致的税收流失，在税务稽查案件中并不少见。

（三）部分债权债务关系不清，纳税主体界定困难导致税收流失

现实生活中常常遇到这些情况：商业、物资企业很多在所有制结构调整中被“瓦解”，由1户企业变为若干个纳税人，而该企业在结构调整前的欠税无法追缴，靠保留下来的“空壳”企业，显然无法承担应清缴的欠税。再如实行合并、联营，实行股份制改造甚至买断经营的企业，由于产权关系发生了变化，有的变了牌子，有的换了公章，有的彻底易主，这些企业在改制前的欠税，很多变成了无头债，即使有的能界定纳税主体，也经常出现纳税人讨价还价、软磨推诿，以致无限期拖欠。对此，现行税制中也没有一个行之有效的制约机制。

（四）资本运作过程中的税收流失

企业资本运作中，常用的逃税手段有以下几种：

1. 通过不合理的商业目的，盲目进行资产收购和股权收购，适用企业所得税的特殊性税务处理，从而少缴纳企业所得税。比如，《财政部、国家税务总局关于企业重组业务企业所得税处理若干问题的通知》（财税［2009］59号）将股权收购和资产收购的税务处理分为一般性税务处理和特殊性税务处理。一般性税务处理和特殊性税务处理的主要区别是：前者的被收购方收取收购方的股权，股权支付所对应的转让所得，必须缴纳企业所得税；而后者的被收购方收取收购方的股权，股权支付所对应的转让所得，暂免企业所得税。二者的共同点是：被收购方收取收购方的非股权支付形式所对应的转让所得必须缴纳企业所得税。基于财税［2009］59号文件对资产收购和股权收购的税务处理的规定，资产收购和股权收购的企业，所得税的特殊性税务处理有严格的条件。可是，不少被转让方或被收购方企业，盲目追求资产收购和股权收购的企业所得税特殊性税务处理待遇，为了暂免企业所得税而进行重组活动。

2. 一般性重组的吸收合并行为下，合并企业弥补被合并企业未弥补的亏损，导致国家税收流失。企业在发展过程中，有时会遇到吸收合并其他亏损企业的机会，甚至有少数企业试图采用吸收合并亏损企业的方法，达到降低税负和逃避监管的目的。其实，合并企业合并被合并亏损企业，被合并亏损企业的亏损不一定可以在合并企业得到弥补。因为，根据《财政部、国家税务总局关于企业重组业务企业所得税处理若干问题的通知》（财税［2009］59号）的规定，企业合并业务区分不同条件分别适用一般性税务处理规定（简称“一般重组”）和特殊性税务处理规定（简称“特殊重组”），合并企业不得弥补或限额弥补被合并企业的亏损。即根据财税［2009］59号文件的规定，适用于一般重组的吸收合并，被合并企业的亏损不得在合并企业结转弥补。适用于特殊重组的吸收合并，合并企业限额弥补被合并企业的亏损。可由合并企业弥补的被合并企业亏损的限

额=被合并企业净资产公允价值×截至合并业务发生当年年末国家发行的最长期限的国债利率。因此，限额弥补时，如果被合并企业净资产为零或负数，由合并方弥补的亏损金额等于零。

基于财税［2009］59号文件的规定，合并企业合并被合并亏损企业时，被合并亏损企业的亏损不一定能够完全在合并企业得到弥补。只有在特殊重组的吸收合并过程中，被合并亏损企业的亏损才能在合并企业中限额弥补，而企业在一般重组的吸收合并过程中，被合并企业的亏损不得在合并企业结转弥补。而且，根据财税［2009］59号文件的规定，特殊重组的吸收合并必须满足以下条件：（1）具有合理的商业目的，且不以减少、免除或者推迟缴纳税款为主要目的。（2）企业重组后的连续12个月内不改变重组资产原来的实质性经营活动。（3）企业重组中取得股权支付的原主要股东，在重组后连续12个月内，不得转让所取得的股权。（4）被收购、合并或分立部分的资产或股权比例符合通知规定的比例。（5）重组交易对价中涉及股权支付金额符合本通知规定的比例。

基于特殊重组的吸收合并必须满足以上几个条件。如果企业不以合理的商业目的而只以降低税负为目的进行合并，或者企业合并一些与自身业务毫无关联的亏损企业的行为，不符合财税［2009］59号文中带有反避税特征的限定条件，那么，税务机关可以依据该文件的规定将其合并行为认定为一般重组，被合并方的亏损则不得在合并企业中弥补。另外，无论是一般重组还是特殊重组，企业想通过吸收合并亏损企业进行避税的行为不仅不会实现其降低税负和逃避监管的目的，而且还可能会因为吸收合并亏损企业，为自身的发展背上沉重的包袱。

3. 通过投资入股和股权转让行为延迟纳税。在现实经济生活中，通过投资入股和股权转让行为逃避营业税和土地增值税，延迟纳税，导致税收流失，主要存在于三个税种：

（1）营业税纳税。《财政部、国家税务总局关于股权转让有关营业税问题的通知》（财税［2002］191号）第一条规定："以无形资产、不动产投资入股，与接受投资方利润分配，共同承担投资风险的行为，不征收营业税。"根据该规定，投资者以无形资产和房屋等不动产进行投资，要享受不征营业税，必须有个前提条件，即投资者与接受投资方在投资合同中必须明确：双方对投资事项、利润分配共同承担投资风险，否则不得享受不征营业税的税收优惠政策。例如，某企业为了实现销售一块土地不缴纳税收的目的，把该土地进行评估作价入股到另外一个企业名下，双方签订了股权入股协议，并在当地工商部门办理了工商登记手续，但是，一个月后，马上办理了股权转让手续。由于股权投资需要符合商业目的，本案例以土地投资入股的法律实质是以土地入股之名行土地买卖之实，不符合财税［2002］191号文件第一条关于投资双方必须利润分配、共同承担投资风险的关键性条件，不能够享受不征收营业税的优惠政策，必须依法缴纳营业税。

（2）延迟土地增值税纳税。《财政部、国家税务总局关于企业改制重组有关土地增值税政策的通知》（财税［2015］5号）第四条规定："单位、个人在改制重组时以国有土地、房屋进行投资，对其将国有土地、房屋权属转移、变更到被投资的企业，暂不征土地增值税。"第五条规定："上述改制重组有关土地增值税政策不适用于房地产开发企业。"基于此文件规定：

第一，房地产有限责任公司（股份有限公司）整体改建为股份有限公司（有限责任公司），对改建前的房地产企业将国有土地、房屋权属转移、变更到改建后的企业，必须征收土地增值税。整体改建是指不改变原企业的投资主体，并承继原企业权利、义务的行为。

第二，按照法律规定或者合同约定，两个或两个以上的房地产企业合并为一个房地产企业，且原房地产企业投资主体存续的，对原房地产企业将国有土地、房屋权属转移、变更到合并后的房地产企业，必须征土地增值税。

第三，按照法律规定或者合同约定，房地产企业分设为两个或两个以上与原房地产企业投资主体相同的房地产企业，对原房地产企业将国有土地、房屋权属转移、变更到分立后的房地产企业，必须征土地增值税。

第四，房地产企业在改制重组时以国有土地、房屋进行投资，对其将国有土地、房屋权属转移、变更到被投资的企业，必须征土地增值税。

第五，非房地产企业在改制重组时以国有土地、房屋进行投资，对其将国有土地、房屋权属转移、变更到被投资的企业，暂不征土地增值税。

可以用图 9.1 来说明：只有投资方是非房地产公司的情况下，投资方才暂不征土地增值税。

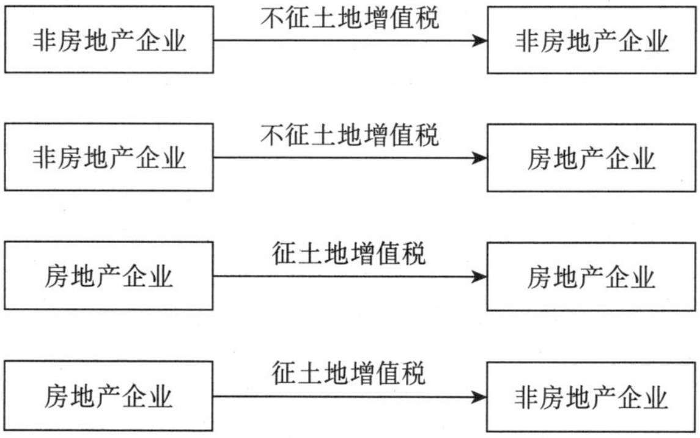

图 9.1　只有投资方是非房地产公司时才暂不征土地增值税

可是，在投资者和被投资者中至少有一家是房地产企业的情况下，投资者以房屋或土地投资入股时，往往不缴纳土地增值税，是典型的逃避土地增值税的行为。

（3）企业所得税的纳税。根据《国家税务总局关于企业处置资产所得税处理问题的通知》（国税函［2008］828 号）的规定，企业将资产移送他人，因资产所有权属已发生改变而不属于内部处置资产，应按规定视同销售确定收入。基于此规定，投资者以无形资产或房屋等不动产进行投资，由于无形资产或房屋等不动产的权属必须变更到被投资企业名下，因此，以无形资产和不动产进行投资，必须要按照视同销售申报缴纳企业所得税。而有些投资者以无形资产或房屋等不动产进行投资时，没有按照税法的规定申报缴纳企业所得税。

二、企业跨国避税导致的税收流失

（一）外资企业跨国避税的实质与经济基础

外资企业跨国避税实际上是国际避税问题。国际避税（international tax avoidance）就是跨国公司利用广泛的国际避税地、国际税收的不足以及各国税制差异和征管漏洞，通过转让定价、资本弱化、成本分摊、受控外国公司、滥用税收协定、混合错配等方式侵蚀税基，有意混淆适用税率，误导征税方依法征收税款而逃避其应有的纳税义务的行为。比如，跨国公司通过上述方式将利润转移到避税地，这对世界众多国家的税基都造成了相当大的侵蚀。为了建立一个更为公平的国际税收秩序，各国政府通过加强国际税收合作的方式来共同打击国际避税。避税从形式上可分两类：一是利用各国税法优惠条款或可自由选择的计税方法等处理财务、经营、交易事项减轻税负。由于这种形式不违反税法本意，符合政府政策导向，又可称其为节税（tax saving）或税收筹划。二是利用各国税制差别、税法漏洞，通过经营和财务活动的安排达到规避或减轻税负的目的。尽管这种行为可能不直接触犯税收法规，但与税收政策导向相违背，多数受到有关国家和税务部门的抵制，引起避税与反避税的斗争。国际逃税（international tax evasion）是指跨国纳税人使用非法手段，减轻或消除跨国税负的行为。逃税是公开违背税法的行为，以假报所得，伪造、销毁账簿或票据，虚报或多报成本和费用等不正当手段非法牟利。

国际避税与国际逃税的目的都是为了减轻或消除税负。国际避税常常要根据有关法律的规定，采取比较巧妙的办法，对经济活动的方式进行组织安排，而国际逃税则采用最直接的欺诈和隐瞒的手法。两者的形式区别仅在于采用的手段是否符合税法。但实际上，国际避税与国际逃税往往相伴出现，难以分辨。各国税法中的具体条款不会完全一致，有的国家对各种跨国经营活动的纳税事项做了详细、具体的规定，税收法规比较健全；有的国家在某种程度上难以适应复杂的国际经济形势的要求，税收法规不够完善。因此，某些试图减少税负的活动在一国构成避税行为，而在另一国可能是逃税行为，但两者的结果都会导致国家税收流失，各国税务当局都要采取措施加以制止。

通过以上分析可见，国际逃避税最基本的方式是跨国公司转移定价，而跨国公司转移定价的形成需要一定的经济基础，这集中表现在如下三个方面：

第一，各国税负的差异。从跨国公司的主观战略意图上讲，它的税负策略就是要通过各种途径尽力减轻全公司的总税负。而客观存在的各国税负的差异，恰恰是跨国公司形成转移定价的土壤。各国政治制度不同，决定了各国税负政策、税收制度、税种的差异。具体来讲：（1）税率的差异。如在征收公司所得税时，有的国家按比例征收，税率高者可达50%，低者可为15%。有的国家则实行超额累进税率，高者可达70%，低者可至35%。（2）征收方式的差异。各国在征收进口税时，可采用各种方式计征，如从量税、从价税、选择税。（3）税基的差异。如各国税务机关对所得税基即应税所得有不同的计算方法。在计算应税所得时，各种扣除项目不统一。在税率一定的条件下，税基的大小直接影响到所得税负的高与低。此外，各国在税法有效实施与管理水平上也有一定的差异。

第二，跨国公司内部贸易的迅速发展。这种内部贸易与人为的转移定价相互依存。跨国公司的内部贸易，对提高公司对市场的适应力，突破关税和非关税壁垒，降低公司的贸易成本，提高公司的技术保护能力，充分利用公司的生产、销售能力，提高综合经济效益等，都具有一定的作用。

第三，多个独立的价格市场的存在。当跨国公司所面对的不是单一的价格市场而是多个或数十个相互间具有独立性且价格需求弹性不同的价格市场时，转移定价就应运而生。从理论上讲，跨国公司可以利用相互分割的价格市场，利用需求弹性的差异，借助于不同国家实施差别定价，以增加跨国公司的整体利润。

（二）跨国企业的国际避税手法[①]

跨国企业为了少向我国政府缴纳企业所得税和股息利息的预提所得税，利用各种国际避税手法进行避税。这些常用的国际避税手法包括利用转让定价进行避税、利用国际避税地进行避税、利用资本弱化进行避税、利用滥用国际税收协定进行避税、利用税收法律的缺陷进行避税。

1. 跨国企业利用关联企业之间的转让定价进行避税已成为一种常见的税收逃避方法，其做法是：高税国企业向其低税国关联企业销售货物、提供劳务、转让无形资产时制定低价；低税国企业向其高税国关联企业销售货物、提供劳务、转让无形资产时制定高价。这就使企业利润从高税国转移到低税国，从而达到最大限度减轻其税负的目的。跨国企业在中国利用转让定价进行避税的主要手段有三种。

一是在商品交易中利用转让定价进行避税。一方面，利用“高进低出”的办法，压低产品的出口价格，抬高进口原材料、配套件的价格，把企业的利润转移到境外关联公司。这种“高进低出”的办法，使企业既增加了增值税的进项税额抵扣、减轻了增值税税负，又降低了企业所得税税负，导致国家应收税收的流失。其流程如图 9.2 所示。

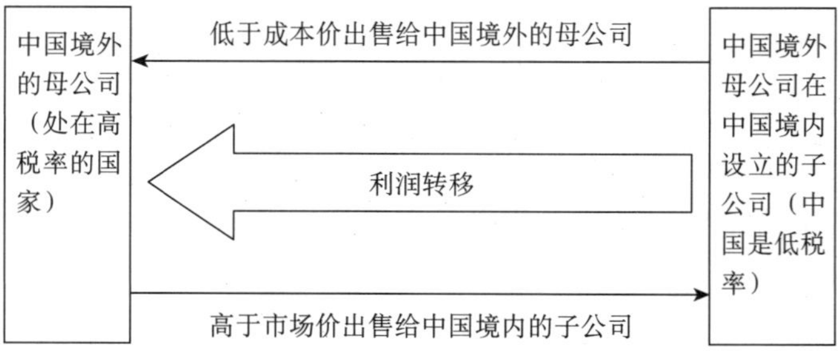

图 9.2 跨国公司利用转让定价进行避税

二是在转让专利和专有技术、提供劳务中进行转让定价避税。由于专利和专有知识属于无形资产，其价格不具有可比性，因此特许权使用费的支付可以用单独的形式或隐藏在其他项目价格中，以达到避税的目的。

---

① 肖太寿：《中国国际避税治理问题研究》，中国市场出版社 2012 年版。

三是在机器设备租赁中利用转让定价进行避税。关联企业之间在我国境内发生机器设备等有形资产租赁时，其租金率的高低直接影响到关联企业间的利润水平。我国境外的母公司在向我国境内的关联企业出租机器设备时，一般会通过提高租赁费的办法，增加外商投资企业的成本，而租金相应地也就变成境外公司的利润，从而达到转移利润的目的。

2. 利用国际避税地避税，其手段有五种。

第一，内资企业到国际避税地注册离岸公司实现少缴纳税收和海外曲线上市。内资企业（包括民营及国有企业）对避税地的利用主要是注册成立海外离岸公司。在离岸金融中心注册的中国离岸公司已经数以万计，其中不乏新浪、网易、金蝶、联通等知名公司。我国实行的是居民管辖权原则，对其来自境内和境外的收入都要征收所得税。而如果该企业是一家外国企业，则我国对其实行地域管辖权，仅对其在中国境内的所得征税。如果一家中国企业注册了一家离岸公司，并把其国内公司作为该离岸公司的分支机构，则国内公司就成了外国公司的分支机构，中国只对其在中国境内的所得征税，而离岸管辖区并不向公司征收任何税收或仅征收很小比例的税收。这在正常合法情况下给公司带来了减税利益，但国家却因企业的避税行为流失了大量税收。另外，我国的企业除了通过设立离岸公司在避税地进行避税外，还可以利用离岸公司转换资本形式、进行海外曲线上市等活动。对于内资企业来说，利用海外离岸公司转移资本之后，再以“外资”身份回国投资，享受我国给予外商投资企业的有关优惠政策。

第二，利用国际避税地进行转让定价操作，以实现利润转移到避税地。在我国设立的外资企业通常在维尔京群岛、西萨摩亚、开曼群岛等实行低税负政策的国家或地区设立基地公司，这些外资企业利用基地公司与中国的子公司进行商业、财务运作，帮助子公司将销售设备、收取费用所获得的利润从设在我国的子公司转入基地公司，逃避高税收，或者将避税地设立的公司作为国际贸易中转地，实现“低进高出”，也就是说从中国子公司以低价买进产品，然后加高价格卖到目的地同一企业下的销售公司，从而使大部分利润被留在了避税地，即利用转让定价把利润转移到避税地（低税国）。跨国公司运用转让定价向避税地的关联公司转移利润来减少公司所得税。一般来说，避税地要求外国公司交纳的税率很低，或者根本无须纳税；对外国公司的法律管制较松，企业资金进出和利润分配也较自由。跨国企业利用这些特点，把利润转移到设在这些避税地的控股公司进行避税，其流程如图 9.3 所示。

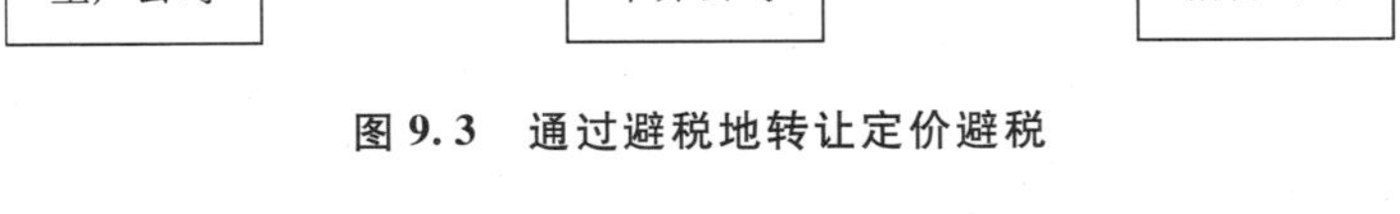

图 9.3　通过避税地转让定价避税

例如，我国某经济特区有一家电子有限公司 S，其母公司 T 设在香港地区（国际避税地）。T 公司还在这个特区设立了另一家子公司 K，T 公司向 S 公司购进 2 万台录音机，但没有出境，直接加价 20% 转销给 K 公司。母公司 T 要 S 公司收到 K 公司货款后，将

300 万元价差汇给 T 公司，把本应由 S 公司取得的利润转移到境外。

第三，采取多环节购销转移分割利润。在一个或多个避税地设立两个以上关联公司，然后通过关联公司间多环节的购销活动，把大部分利润留在避税地。采取多环节避税有以下特点：一是隐瞒避税事实，通过多个环节的转移，将事实上的高额利润水平分割为貌似合理的“正常利润”；二是为避税地公司编造一些“功能”，以“证明”其取得收益的合理性，使功能分析和取证难度加大。

第四，隐瞒与避税地公司间的关联关系进行避税。企业隐瞒与避税地公司的关联关系，通常基于以下考虑：一是多数避税地国家或地区都没有与我国签订税收协定，我国税务机关难以获得相关信息。二是控制关系的确认较为困难。企业往往采取关联企业间共同持股、分散持股比例的方法或者采取间接控股的方式来隐瞒与避税地公司之间的控制关系。此外，采用股权控制以外的方式（如资金往来关系、人事关系、购销关系和特许权控制关系等方式）控制企业，也具有很强的隐蔽性。三是我国税法对不进行关联业务往来申报和拒不提供相关资料的处罚较轻，难以起到应有的威慑作用。

第五，通过把总公司或公司总部迁移到避税地进行避税。避税地通常实行单一的地域税收管辖权，同时对离岸公司往往还有特殊的税收优惠。如果企业改变组织结构，把母公司设立在实行单一地域税收管辖权的避税地，我国就只能对企业来源于我国境内的收入征税。

3. 利用资本弱化进行避税。资本弱化是指企业通过加大借贷款（债权性筹资）而减少股份资本（权益性筹资）比例的方式增加税前扣除，以降低企业税负的一种行为。借贷款支付的利息，作为财务费用一般可以税前扣除，而为股份资本支付的股息一般不得税前扣除，因此，有些企业为了加大税前扣除而减少应纳税所得额，在筹资时多采用借贷款而不是募集股份的方式，以此来达到避税的目的。当前，以资本弱化的形式进行避税已被越来越多的外资企业所采用。这种避税方法与“高进低出”等常用的避税手段相比，形式更加隐蔽，危害性更大，不仅造成了税款流失，而且影响到我国引进外资的实际效果。例如，假定投资者计划在高税区设立 A 公司，按照 A 公司的设计规模，需要 3000 万元的营运资金，如果全部以权益资本投入，取得的经营收益必须承担较重的税负，投资者只能在税后分得较低的股息。如果投资者将原计划投入的资本拆分成两个部分，其中 1000 万元作为 A 公司的注册资本，另外 2000 万元改由设在低税区的关联企业母公司向 A 公司提供贷款，只要贷款利率不高于商业银行同期同类贷款利率，A 公司所支付的利息就可以在企业所得税前扣除，从而将 A 公司的一部分利润转移到低税区实现，达到降低企业税负的目的。其流程如图 9.4 所示[①]。

---

① 该图和案例引自沈肇章：《基于企业避税行为的反避税策略研究》，暨南大学博士论文，2008 年 5 月，第 35 页。

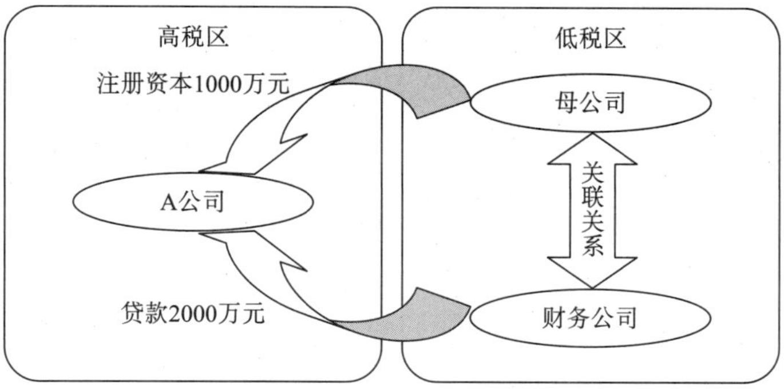

图 9.4　利用资本弱化进行逃税

在国内，利用资本弱化避税的特点是通过关联企业之间的资金融通转移利润。主要是企业将资金无偿借给关联企业使用，特别是跨国公司的子公司分散在世界各地，母公司可以利用关联公司内部贷款的方式减轻整个公司集团的税负。在我国涉外企业中，企业自有资金一般所占比重都较低，即使是扩大生产规模，也尽量向母公司贷款作为投入资本，从而降低税务成本，最终达到避税目的。根据国家税务总局的调查，目前外商投资我国的资金中，60%以上是借贷资金，自有资金比例并不高，这种资本弱化避税的手法大大降低了资本最低回报率，成为企业合理利用财务杠杆增加利润的手段。另外，外资企业还利用中方融资能力有限的弱点，从境外关联企业借入高息贷款。由于外资企业往往不愿采取权益资本形式与中方合资，而是以流动资金不足为借口，充分利用其境外的关联企业贷款给企业，并且这种贷款利息要大大高于正常金融机构贷款利息，如此，外资企业境外关联企业可从中方合资企业获取高额的贷款利息，合资企业经营中的风险大部分转嫁到合资双方中的中方身上，外商坐享其成，只赚不亏，并且中方的合资企业可进行应纳税所得税额扣除，减少应纳所得税。

4. 滥用国际税收协定进行避税。国际税收协定是两个或两个以上主权国家为解决国际双重征税的问题和调整国家间税收利益分配关系，本着对等原则，经由政府谈判所签订的一种书面协议。为达到消除国际双重征税的目的，缔约国间都要做出相应的约束和让步，从而形成缔约国居民适用的优惠条款。比较常见的避税做法是：通过设置直接的导管公司、设置踏脚石导管公司、直接利用双边关系设置低股权控股公司而享受税收协定待遇，从而减轻其在中国的纳税义务。这种滥用税收协定避税的行为随着中国对外开放的扩大而日渐增多，具体的做法有四种：

一是设置直接传输公司。如 K 国的甲公司要向 L 国的乙公司支付股息，乙公司就在 M 国组建丙公司，由甲公司先把股息支付给丙公司，再由丙公司支付给乙公司。丙公司就是一个传输公司，它好像一个输送导管，使股息迂回于 M 国，达到减轻税负的目的。

二是设置踏脚石式的传输公司。仍用上例条件，不同的是 L、M 之间也没有税收协定，但 M 国规定：丙公司支付给他国公司的投资所得允许作为费用扣除，并按常规税率课征预提所得税。这里 L 国的乙公司在同样与 L 国订立税收协定的 N 国（该国对所有公司实行优惠政策）建立丁公司，甲公司先把股息付给丙公司，丙公司再付给丁公司，由丁公司付给乙公司，即采用更加迂回的策略使丙公司的所得可以大量扣除乙公司投资的支出，又使其在M国缴纳的预提税可在N国得到抵免，还使丁公司的收入享受优惠待遇。丁公司则被称为踏脚石式的传输公司。

三是设置外国低股权的控股公司。许多国家与国家之间的税收协定都有这样的规定：享受预提税优惠的必要条件是该支付股息的本国公司由外国投资者控制的股权不得超过一定比例。例如，德国签订税收协定的惯例就是将这一比例定为25%。这样，非缔约国纳税人则可以精心组建外国低股权的控股公司，以谋求最大限度减轻税负。假如我国的跨国公司拥有在德国的全资子公司，中德两国之间签有一般性税收协定《中德避免双重征税和防止偷漏税协定》，那么，该跨国公司可以在我国境内先组建五个分公司，分别注明拥有德国子公司少于25%的股份，从而在中德之间的税收协定中享受优惠待遇。

四是利用我国现行税制的缺陷进行避税。各国税收制度的差异是产生国际避税的原因之一。外商投资企业一般会利用我国税收法律制度上的一些缺陷进行国际避税。表现在两个方面：一方面是利用我国税收法律中的优惠政策规定来实现避税。另一方面是利用现有税收征管中征收方法上的漏洞来避税。如我国目前对电子商务交易的税收征管还缺少具体的税收法律规定，还没有系统的法律法规来约束企业的网上交易行为，出现了税收征管的真空和缺位。许多境外企业选择电子商务交易的形式实现一些数字产品商业交易的避税。如果不主动申报来源于网上的交易收入，税务机关一般不易察觉其贸易运作情况，结果导致了税收的流失。

（三）外籍人员的国际避税手法

随着我国与世界各国的经济和文化交流日益频繁，来华工作、提供劳务的外籍人员与日俱增，其缴纳的税收占整个涉外地方税收的比重日益增大。但外籍人员避税现象越来越严重，避税手法也不断翻新，给我国造成了一定程度的税收流失。笔者通过对湖南株洲市、北京市和广州市地税局涉外分局反避税工作的有关资料进行分析发现，外籍人员个人所得税比较常见的避税手段有以下几种：

一是利用各种免税补贴政策避税。我国现行税法规定了外籍个人的一些免税补贴范围及享受条件，但税务机关在实际审核确认外籍人员享受免税补贴政策时存在以下困难：首先，难以了解补贴是否实际发生以及发生次数；其次，难以确定补贴的合理标准；最后，难以界定免税补贴涉及的具体细目，即在一项补贴中，哪些可以免税，哪些不能免税。由于现行政策顶层设计的“缺陷”，客观上存在漏洞，给外籍个人避税提供了可乘之机。

二是通过企业提供各种福利进行避税。企业提供的各种福利，若不能将其转化为现金，一般不会视为收入而计算个人所得税。这样，某些外籍个人要求企业为其提供福利，如由企业提供和安排医疗福利，提供车辆，提供住房、附属设备和设施，使用企业聘用的临时工等，从而取得了可以避税的实际个人所得。

三是不在我国境内企业领取工资、薪金或只领取扣除标准范围内的工资、薪金进行避税。现阶段，税务机关对纳税人境外取得的收入缺乏有效的控管手段，这是不争的事实。大概是外籍人员摸准了税务机关在税收征管上的这一“软肋”，知道境外调查难、取证难，在与境内企业签订合同、商谈工资报酬等事项时，采取“不在中国境内企业领取工资、薪金或只领取扣除标准范围内的工资、薪金（每个月 4800 元以内）”的方法，逃避在我国境内纳税。税务机关苦于情报交换难、调查取证难，只能眼睁睁地看着这部分税款流失。

四是多地分别扣除费用避税。在征管实际中，有的外籍人员为了达到少纳税的目的，利用在境内、境外多处任职，其身份不易辨别的便利条件，采取在中国境内企业取一个中国名字、在境外企业使用原名的方法，对从境内企业取得的工资、薪金收入以中国名字的身份扣除费用后计算纳税，对从境外取得的收入则以原名的名义扣除费用后计算纳税（由中介机构为其代理纳税，中介机构与征税机关不在一地），一人变成两人，增大扣除费用数额进行避税。

五是以“私人借款”形式避税。少数外籍个人平时不领取或少量领取工资薪金，通过向企业借款取得用于日常消费的款项，如在银行开设个人信用卡，由企业按需要随时划入资金。此类借款一直挂在企业的往来账上，往往在外籍人员离职离境时也不予归还或结转“应付工资”科目，等待以后作为坏账损失核销，或者采用其他方式予以处理。这样既满足了外籍个人日常用款需要，又达到了避税的目的。

六是利用多厂多址，分摊付给外商的工资、薪金数额进行避税。有的外商投资企业利用在中国境内办有多家企业（企业不在一地）的便利条件，在付给境外产品代理商工资、薪金时，由多家企业分摊，分别将支付额控制在应扣除数（4800 元/月）范围之内，以达到不用纳税的目的。

（四）税源状况不断变化的新挑战

由于经济全球化的影响，税源与税收征管发生了“两个冲突”的变化：一是经济全球化与税收征管属国化的冲突；二是经济跨区域化与税收征管属地化的冲突。跨国公司是经济全球化的主角，没有跨国公司就没有经济全球化，没有经济全球化就没有税收国际化。国际税收目前的复杂性来源于跨国公司的业务创新、跨国公司组织构架的变更、跨国公司税收筹划精细化程度的变化等。跨国公司占全球销售的 40%、国际贸易占全球的 80%、对外直接投资占全球的 90%。经济全球化背景下税源状况和税收征管的变化具体表现在以下几个方面：

第一，跨国公司追求全球税负的最小化与主权国家力求本国税源份额最大化的矛盾。

第二，以跨国公司为代表的数字经济、技术经济的先进性与以传统贸易为基础的现行国际税收规则的滞后性之间的矛盾。一是数字经济的特征是高度依赖无形资产、大量使用数据、主要从外部产品中获得利润的多边运营模式，所以难以确定价值形成的所在地。二是数字经济通过互联网可以让一国居民不需要在另一个国家有实质性的有形存在，就可以参与到另一国家的经济生活，从另一个国家获取利润。三是无形资产成为集团成员之间转移利润的重要手段。四是高科技的跨国公司具有技术产品的独占性、风险的特殊性，难以寻找可比对象，反避税难度更为突出。

第三，发达国家在国际税收规则制定调整中的主导性和发展中国家维护自身权益的能力手段的有限性之间的矛盾。

第四，跨国公司生产经营的全球性与税收管理的国别性的矛盾。一是各国税收法律的多样性、差异性，为国际避税提供了巨大的空间，让跨国公司有空可钻，实现双边不征税、少征税、缓征税。二是有关国家吸引外资的优惠政策、避税港和低税区的存在，为国际避税提供了基础。BEPS（base erosion & profit shifting，税基侵蚀与利润转移）报告指出，避税港就是个毒瘤，为跨国公司的避税提供了最大的养分。全球活跃的避税天堂有46～60个，约有200多万家国际商业公司（IBC）在这些避税天堂注册。截至2010年，对华投资前15位的国家和地区中，英属维尔京群岛列第二位为1118.46亿美元，开曼群岛列第8位为215.88美元。在英属维尔京群岛注册的50万户企业中，有20万户与中国企业有关系；在开曼群岛注册的10万户企业中，也有大量的中国企业，包括阿里巴巴、当当网、奇虎360、小肥羊、新浪、中国移动、中国联通、中石油等大型企业也纷纷在此注册。三是各国税务当局以国家为范围行使税收管辖权与跨国公司全球性的活动形成了信息不对称和能力不对称。四是3000多个税收协定难以对跨国公司形成硬约束。一些国外跨国公司使用“三明治避税法”避税。如苹果公司2013～2014两年在美避税125亿美元，谷歌全球合理避税20亿美元，星巴克进入英国14年，纳税总额仅860万英镑，微软过去3年合法避税65亿美元，亚马逊2012年在英国一分钱税未缴等。“三明治避税法”是税基侵蚀和利润转移（BEPS）的典型方法之一，是利用不同税收管辖区的税制差异和规则错配进行税收筹划的策略，其目的是人为造成应税利润“消失”或将利润转移到没有或几乎没有实质经营活动的低税负国家（地区），从而达到不交或少交企业所得税的目的。它具有以下危害：扭曲竞争，跨境经营的企业可以从BEPS中获利，从而比国内经营的企业更具竞争优势；导致资源配置的低效率，BEPS的收益可能扭曲投资决策，使资源流向税前回报率低而税后回报率高的经营活动；影响公平，包括普通自然人在内的纳税人，如果发现跨国企业都在避税，那么全体纳税人的税法遵从度都会降低。

第五，经济跨区域化与税收征管属地化的冲突。企业所得税实行法人税制后，总分机构和母子公司结构的集团公司税负不同，尤其是利用关联交易，把利润转移到低税负地区，逃避国家税收。

三、电子商务背景下的税收流失

互联网技术已经成为当代对经济、社会发展影响最深远的技术之一，从个人的生活方式到企业的经营理念、商业模式，在互联网的影响下都发生了巨大的变化。艾瑞咨询的报告显示，2012年中国电子商务代运营市场容量近600亿元，预计到2016年将达到2000亿元，年增长率在20%～30%之间。电子商务成为未来经济极为重要的增长点，但由于电子商务商业模式存在创新性和特殊性，已经使其成为当前税收流失的重点和流失治理的难点。

世界贸易组织（WTO）在电子商务专题报告中指出：“电子商务就是通过电信网络进行的生产、营销、销售和流通的活动。”电子商务从个别商务活动的电子化开始，逐步扩展到整个商务活动及其相关环节的综合电子化。电子商务这种贸易方式开始时比较适宜于标准化程度较高、交易时便于鉴定其质量的那些商品或服务，如电脑软件、书籍、视听音像产品、旅游和保险服务等，后来逐渐延伸到其他一般商品或服务，预计在不久的将来就会成为未来全球贸易的主要方式。据统计，2011 年中国网民在线购物交易额达到 7849.3 亿元，比 2010 年增长 66%，同期中国社会消费品零售总额的实际增长率仅为 11.6%。

（一）电子商务的特点

与传统商务相比，电子商务具有以下 4 个特点，正是这些特点在一定程度上导致了税收征管的难度和税收收入的流失。

1. 全球性。互联网本身是开放的，没有国界，也没有地域距离限制。电子商务利用了互联网的这一优势，开辟了巨大的网上商业市场，使企业发展空间越来越大，使商务活动由传统的有中介的迂回模式变为直接模式，具有全球性的特点。

2. 流动性。任何人只要拥有一台电脑或一部智能手机就可以通过互联网参与国际贸易活动，不必在一地建立传统商务活动所需的固定基地，这就使得电子商务具有流动性的特点。

3. 隐蔽性。越来越多的交易都被无纸化操作和匿名交易代替，不涉及现金，无须开具收支凭证，作为征税依据的账簿、发票等纸制凭证，在交易中已无存在的必要，这使审计失去了传统的基础，具有隐蔽性的特点。

4. 数字化。电子商务减少了大量物流环节，减少了人力、物力，降低了成本，突破了时间和空间的限制，使得交易活动可以在任何时间、任何地点进行，从而大大提高了效率，具有数字化的特点。

（二）电子商务企业的特点

在具有以上特点的同时，由于其电子商务经营业务相对人的不同，企业的类别亦各有特点。

1. B2B，是 Business to Business 的简称，意即企业与企业之间通过互联网进行产品、服务及信息的交换。通俗的说法是指企业与企业之间使用互联网的技术完成交易。这类交易活动的主要特点是：供需双方主要的交易活动，如发布供求信息，订货及确认订货，支付过程及票据的签发、传送和接收，确定配送方案并监控配送过程等，都是通过网络或网络平台来进行的。B2B 模式的典型代表如阿里巴巴、中国制造网等。此类平台的加盟企业一般证件齐全，业务规模较大，管理相对规范。卖家普遍采用“实体 + 网络”的方式开展经营，有实体生产或主要代理身份，通过电子支付工具进行支付的同时基本会索要发票。现有的征管体系基本已经覆盖了此类电子商务企业，通过工商登记、税务登记、发票审批领购等环节对纳税人进行管理和规范，因此这类电子商务行为税收流失情况并不严重。

2. B2C，是 Business to Customer 的简称，意即企业对消费者的电子商务行为。典型代表如天猫、京东等。在此类交易中，销售方一般是证件齐全、业务量较大的企业，购买方为数量众多的零散消费者。虽然现有征管体系基本也已经覆盖了此类电子商务企业，税务部门通过税务登记和发票审批领购环节对纳税人进行管理和规范，但由于许多消费者并不需要取得发票，故在这种管理模式下，纳税人往往只依据开具的发票进行纳税申报，隐瞒销售收入的行为屡见不鲜，这种征管模式存在较大的税收漏洞和执法难度，造成大量电子商务税收流失。

3. C2C，是 Customer to Customer 的简称，意即消费者对消费者的电子商务行为。典型代表如淘宝平台上的加盟企业。此类卖方一般为小型个体工商户或者自然人，除少部分具备税务登记证件外，大量商家没有正规的资质证件和固定的营业场所，消费者一般不会主动索要发票，即使索要，卖方也无法提供。针对此类电子商务企业，现有征管体系基本上没有纳入管理范围。

中国电子商务研究中心发布的《2012 年度中国网络零售市场数据监测报告》显示，截至 2012 年 12 月，实际运营的 C2C 电子商务个人网店数量达 1365 万家。这表明，从总体上看 C2C 电子商务并不是偶然性和小规模的经营活动，其存在的税收征管漏洞造成了巨大的税收流失，对我国的税收征管体制存在着不可忽视的影响。

（三）电子商务背景下税收流失的原因

由于电子商务的上述特点和税务部门的征管方式、征管手段及征管能力相对滞后，网上交易存在着大量的“税收盲区”，尤其在 B2C、C2C 交易模式下，电子商务税收流失日显严重，其原因主要有以下几个：

1. 在众多的电子商务企业中，绝大多数规模较小，从业人员素质不高，依法纳税的意识淡薄。部分商家只关注交易行为的实现，对税法的相关要求知之甚少。有些企业不仅没有工商登记，没有全面的账目核算和固定的存款账户，而且多头设置营销平台，多头交易、多头开户，更有甚者，通过虚假交易来吸引买家，促成交易。加之国家对小微企业税收优惠政策中的“制度缺陷”，不少企业化整为零，逃避税款缴纳。这些行为给税收征管工作带来了极大的困难，由此也造成电子商务税款的大量流失。

2. 电子商务税收征管法律法规不健全。首先，相比电子商务的迅猛发展，我国没有建立起系统、完善的电子商务税收法律法规，这在一定程度上导致电子商务交易游离于法治监管之外。其次，与传统的征税方式比较，电子商务的特点决定了对其征税具有很大的挑战性。纳税主体规定了税款的法律承担者，可以是自然人，也可以是法人。传统贸易方式下，交易双方是谁、纳税人是谁都很清楚，交易者必须具备资金、场地、人员、章程等条件，经工商部门登记注册并到税务部门办理税务登记后，才具有合法的经营资格。C2C 网店经营者都是自然人，未办理工商营业执照，且 B2B、B2C 企业由于网店名称往往与工商注册名称不同，且在工商系统办理工商营业执照时没有一个统一的标准来界定电子商务公司，企业营业执照上没有登载企业网站等相关信息，无法获得这部分企业网店的完整信息。因此电子商务交易的主体具有虚拟性，在网上以服务器、网站、网上账号出现，任何人都可以成为交易主体，使得纳税人角色难以确认。

3. 电子商务交易商品多元化、无形化使传统的商品存在形式发生了变化，有形商品、无形劳务及特许权使用的概念彻底混淆，加之新出现的数字化信息产品、非物化形式的虚拟财产更是导致了现行税法以收入、行为和财产为征收客体的认定标准失去了用武之地。税务部门难以通过现行税制确认纳税人的销售行为应征收何种流转税、税率如何确定、是否应享受企业所得税减免等诸多问题。

4. 传统贸易中，税务部门可以根据纳税人的户籍所在地、营业执照颁发地、生产经营地等指标判断纳税人的纳税地点。但电子商务的虚拟化、无形化和隐匿化，使从事网络贸易的企业可以轻易地在全球范围内从事经营活动，而且这种活动往往因为没有固定的交易场所而难以追踪。电子商务纳税人究竟应在消费地、商品或服务提供地征税，还在电子商务网站注册地纳税，税务部门难以准确确定纳税人的经营地或纳税行为发生地以实施税收管辖权。

5. 现行税法规定的纳税期限，一般是根据支付方式以及取得或收到销售凭据的时间来确定纳税义务发生时间，而电子商务既没有纸质凭证，也没有现金、支票的支付，再加上电子信息极易被篡改而不易被发现，纳税义务的发生时间难以确定，纳税期限难以操作。

6. 纳税流程是税法规定对处于不断运动中的纳税对象选定的应当征税的环节，每个税种都有特定的纳税环节，有的只在一个环节征税，有的实行多个环节征税。电子商务的一个突出特点是交易环节少、渠道多，这在很大程度上对流转税的缴纳产生了负面影响。

正是基于上述变化，电子商务在一定程度上颠覆了传统的税收征管方式。

第一，现行的税收征管以税务登记为前提，针对 C2C 模式中的个人网店没有办理工商登记的监管空白，虽然国家工商总局发布了《网络商品交易及有关服务行为管理暂行办法》，规定“自 2010 年 7 月 1 日起通过网络从事商品交易及有关服务行为的自然人，需向提供网络交易平台服务的经营者提出申请，提交姓名和地址等真实身份信息，具备登记注册条件的，依法办理工商登记注册”，为电子商务税务登记的实施铺平了道路，然而，税务部门获取纳税主体信息仍存在很大的难度。据了解，我国各类电商协会统计的数据来源于淘宝、天猫、京东商城、当当、卓越等大的电子交易平台，而这些电子交易平台可能基于维护电商利益、保密性等原因，不愿意提供更多、更详细的资料，存在很大的信息不对称，给税务登记带来了很大困难，使税务部门难以确切掌握纳税人的网上开业和经营情况。同时，现行有形贸易的税务登记方法亦不能适用于电子商务，无法确定纳税人的实际经营情况。此外，随着计算机加密技术的成熟，纳税人可以使用加密、授权等多种方式掩藏交易信息，加密技术的发展加剧了税务部门掌握纳税人身份或交易信息的难度，在短期内税务部门既要严格执行法律对纳税人的知识产权和隐私权的保护规定，又要广泛搜集纳税人的交易资料，难度很大。另外，仅对“具备登记注册条件的”实行工商登记注册，而暂不具备登记注册条件的，则会游离于工商部门监管之外，税务部门更无法进行有效的监督和管理，形成漏征漏管。

第二，对税款征收方面的影响。一是应纳税额难以准确确定。电子商务所有买卖双方的合同和作为销售凭证的各种票据都以数字信息的形式存在，传统的纸质账册、凭证、报表转而由服务器中的数字代码来代替。交易内容和结果可随时更改，甚至不留痕迹，致使税务部门对于销售数量、价格、收入、成本、费用、利润无迹可寻，难以把握，给税收征管工作带来了严峻的挑战。比如一些电商为提升销售排名、吸引更多买家而开展虚假交易，俗称“刷单”，通过这种方式虚增的销售收入，要不要补税、补多少税也成为一个难题。二是随着电子商务的发展，电子货币、网上银行逐渐取代了传统的货币银行、信用卡，电子商务中的商品、劳务以数字化的形式存在。而传统的税收征管是通过确定征税对象及纳税人或通过中介机构进行税款的代扣代缴这两种方式来进行的，如何监管支付结算机构，如何监管交易双方，已成为税款征收中的难题。

第三，发票作为财务记账的主要凭证，是我国税收征管工作的一项重要内容。在“以票控税”的征管模式下，对电子商务企业的税收管理工作必然也少不了发票这一关键组成部分。传统交易模式下，发票是购买方入账的凭证，是维护购买方权益的有效依据。然而在电子商务中，电商企业出于降低成本、逃避缴纳税款等方面的考虑，往往不会主动提供发票，甚至有时会通过给购买方一定折扣的方式拒绝开具发票，无形之中造成了国家税款的流失。随着信息技术的不断发展，电子发票技术应运而生，相比传统的纸质发票，电子发票具有便捷、高效、低成本、永久保存等诸多优势，且不管销售方是否主动提供或购买方是否主动索取，只要交易完成，系统便会自动生成电子发票，从源头上规避了依赖销售方意愿开具发票的弊端，也为购买方后续维权提供了便利。但因目前尚无相关法律认可电子发票的合法地位，导致纳税人无法将其作为记账凭证进行处理，在一定程度上制约了电子发票的推广和应用。同时，发票管理办法规定纳税人不得跨区域携带空白发票，但电子商务的全球性特点将彻底打破传统贸易模式下的地域概念，其虚拟性会使交易发生地、所得来源地等属地概念变得难以界定。在电子商务交易中，部分交易可能跨省甚至跨国开展，因此限定开具发票的地域范围将无法适应电子商务模式下的交易行为。另外，电子发票的本质就是一串电子数据，使用电子发票的纳税人一次性注册后，便不需要再到税务部门申领，也不存在携带的问题。

第四，涉税风险控制机制缺失，表现在：一是监控数据涉及电商平台、互联网金融平台、银行及监管单位等多行业多部门，目前各部门之间虽然实现了部分数据的共享，但未能实现全面的数据对接和传递，第三方信息获取存在难度。二是对取得的交易信息和销售数据，难以剔除“刷单”或“隐匿”等因素，准确认定成本费用，进而实现合理的纳税风险评估。三是电商经营主体对税收政策的理解存在偏差，可能导致税款应缴未缴、少缴等，造成税收流失。

第五，税务稽查是国家对纳税人进行监督管理的重要方式，电子商务对现行税务稽查产生的冲击表现在：一是电子商务广泛普及，经营主体基数巨大，税务部门对这一新兴业态的监管尚未形成有效的稽查监控机制。二是传统的税务稽查中，税务部门可以从各大银行取得涉税信息，而随着第三方支付平台的建立，如支付宝、网上银行和电子货币迅速兴起，逐步代替了货币资金的使用，信息获取的渠道、方式发生了较大变化。特别是电子商务模式下形成的电子数据以及电子发票、电子计税凭证、电子账簿等信息，则往往是看得见、摸不着的，加之容易被篡改或隐藏，以及数据信息加密技术在电子商务领域的普遍应用，在维护交易安全的同时，也增加了税务部门掌握纳税人交易内容及财务信息的难度，从而大大限制了税务部门即时获取有关交易数据、监控企业纳税行为的能力。

电子商务条件下税收征管环节的重大变化，不仅对税收征管提出了新的挑战，也对税法遵从意识的培养提出了新的要求。据有关方面调研，目前，对电子商务税收政策的宣传解读尚不到位，大部分网络卖家对税务人员表现出负面和抵触的态度，更没有形成诚信纳税的良好氛围，这也增加了税款征收的难度，导致电子商务税收的大量流失。

四、房地产业的税收流失

房地产长期以来一直是拉动中国经济增长的重要力量，但在2004年中国纳税500强中，前300家企业却没有房地产企业的身影。北京市2006年曾对房地产企业进行了一次专项调查，在调查的1103家企业中有725家存在逃缴税款的问题，占到了调查总量的66%，其中逃税数额超过千万元的有24家，税务部门共追缴了这些企业在2003～2005年间逃避征缴的10.05亿元税款。2005年，湖南省怀化市对本地区的房地产税源进行了测算，该地地方税源5400万元，实际征收上来的仅3392万元，税收流失2008万元，流失率高达37.2%。其中二手房交易测算的税源为660万元，但由于税务部门无法掌握足够的交易信息，这部分税源基本全部流失。2006年怀化房地产行业实现销售18.4亿元，毛利润将近8亿元，但当年房地产企业上报的利润却只有1864万元，申报税额4532万元，实际缴纳税款4504万元。房地产行业之所以在按取得的产值计算税款与实际交纳的税款间存在如此大的差距，从税务部门检查的情况看，是因为绝大多数企业都存在虚增成本、隐瞒或少计收入、虚假亏损以逃缴税款等突出问题。有的企业虽然正常申报，但采取做假账、少报利润等方式少缴或欠缴税款，致使该征的税未能征收到位，税款不能及时足额入库。2013年“房企欠税门”爆发，央视报道称，2005～2012年8年间，房地产开发企业应交而未交的土地增值税总额超过3.8万亿元。而作为中国第一房地产企业的万科仅4个项目欠税数额就达40亿元，由此引发了人们对房地产企业税收问题的关注。万科是否欠税40亿元尚在争论之中，然而，房地产企业现行所得税制度的“缺陷”以及房地产企业的牟利心理促使它们利用现行土地增值税等相关税收政策管理的某些“缺失”逃避税收征管、导致税收流失则是不争的事实。

我国现行房地产税收政策比较繁杂。房地产行业出现如此严重的税收流失问题，绝非偶然，具体表现在以下几个方面：

第一，房地产市场的税制结构不合理。目前从土地使用权的出让到房地产的开发、转让、保有等多环节涉及的税种有12个。由于涉及的税种较多，而且各税种的征收环节和计税依据各不相同，税费计算过程比较复杂，造成征管难度加大。加上房地产开发阶段税额少、税负轻，而流通环节税负重，导致一些房地产企业严重投机，想方设法逃避纳税。土地使用税计税依据亦不合理。我国土地使用税的征收，不是按价值征收，而是按面积征收，这种征税形式不能随着课税对象价值的上升而增加，具有税源不足且缺乏弹性的缺陷。这为房地产投机商留下了进行逃税活动的漏洞。

第二，房地产开发的环节过多。从房地产开发企业的业务流程来看，一家房地产企业要经历土地使用许可证的申请、房地产开发项目证项和投资计划审批、规划和施工许可申请，而在办理这些申请期间，已经发生了部分开发成本及费用，但这些成本费用的支付都是在税务管理和办理纳税申报事项前发生的，而税务部门是在房地产开发企业开发出产品后才介入管理，因而不能准确掌握企业在房地产开发过程中形成的成本费用信息。加上现行税收政策规定土地增值税的计税依据是土地增值额，企业所得税的计税依据为应纳税所得额，而房地产开发企业利用其产品开发周期较长或先后滚动开发的行业特性，不按财务制度和税法规定进行正确的会计核算及纳税申报，使得房地产行业的逃税问题比较严重。

第三，税务机关对房地产业的征管力度不够。首先，房地产开发项目主管部门多，信息不对称性强，税务部门在房地产开发过程中难以有效地参与管理和监控，无法掌握全部涉税信息，客观上给房地产企业纳税人提供了逃税的机会。其次，税务部门检查税收工作一般是按年度进行的，但房地产企业大部分都是跨年度、跨地域滚动开发，流动性较大，很容易造成亏损的假象。不少房地产开发商往往是一个楼盘还没有卖完，没有等到结算，就用卖房款去开发另一个楼盘。尽管楼盘销售结束了，但账面上却一直是亏损的。还有的开发商拿到一个项目成立一个公司，等这个项目完成后立即注销旧公司成立新公司，利用新办企业逃避征税。最后，税务人员在查处涉税案件过程中受到各种因素干扰，导致行政查处力度不足。另外，逃税成本低也是造成该行业纳税人屡查屡犯、屡教不改的重要原因。

第四，房地产业逃缴税款的行为一般不会是孤立存在的，在逃税的过程中不仅涉及国家的相关利益，还会与其他关联企业的利益相联系。目前，房地产业逃避征税的手段花样繁多、形式多样，总体来讲有两大类别：第一类是通过各种手段不计或者少计、转移或者递延收入；第二类是通过虚增或预提成本费用，降低营业收入。具体来讲主要有以下几种：

一是将与其他单位合作建房等方式，以房换资金、换土地产生的收入不计入销售收入。一些房地产开发商为了在保证自己资金链稳定的前提下获得更多的土地，便会与投资方签订联合建房协议或者根据拥有土地一方的利益需要和其签订联合建房协议，用所建房屋换取资金、土地。这些换取的资金却并未按规定确认为销售收入，也未按规定向税务机关申报纳税。

二是用商品房或门面房冲抵工程款。房地产开发企业属劳动密集型、资金密集型企业，在开发前期需要投入大量资金。房地产开发企业为了缓解资金压力，往往以工程投标为筹码，要求建筑安装企业与其签订带资入场的协议，等到房屋建设完成再以等值的商品房或门面房抵冲建筑安装工程款，以此减少营业额，逃避缴纳营业税。

三是代收各种“初装费”及基金。一般情况下，房地产开发企业在收取售房款之外，还会收取部分代收代付或代垫款项，如有线电视的初装费、网络宽带初装费、电话电缆初装费、煤气管道安装费、房屋交易费、办证费、房屋维修基金、水电增容费等。按照营业税的有关规定，营业税的计税金额为纳税人向对方收取的全部价款和价外费用，包括代收、代垫款项，但有的房地产开发企业以无代收代垫款项收入为由而未申报纳税。

四是通过土地评估增值虚增开发成本，逃缴税款。按照建设部门的有关规定，房地产开发企业的注册资本越多、开发规模越大，则资质等级越高。但现实中，有相当一部分房地产开发企业属于民营性质，这些企业注册资本相对较少，它们为了提高工程资质，常常利用购进的土地在经初步“三通一平”开发后，进行虚假土地评估，虚增土地成本，这样既可以增大注册资本，提高资质，又可以虚增土地成本直接计入开发成本，减少企业所得税税基。有的房地产开发企业还与建筑安装企业勾结作假，虚增成本，减少营业利润，逃避缴纳企业所得税。另外，现行建筑安装企业的建安发票是由税务征收部门或发票管理部门代开的，只要缴纳营业税及附加，便可在开票“窗口”或税务征收部门开到发票，这就为房地产开发企业逃缴企业所得税提供了可乘之机。

五是采取“假借款、真按揭”的办法逃缴税款。有的房地产企业为了缓解资金压力，采取假按揭的方式，通过收集个人身份证、户口簿搞虚假销售，或者串通购房者，虚抬房价制造假按揭，骗取银行贷款来弥补资金缺口。同时，进行账务处理时不将这部分收入记为销售收入，而是作为长期借款，从而逃缴国家税款。

六是利用建安公司、销售公司等关联企业转移收入，调节利润，逃缴税款。房地产开发企业发展到一定程度后往往会组建集团公司，利用自己的亲戚朋友注册成立一些相应的建筑安装公司、销售公司、物业管理公司，使其成为自己的控股公司或全资子公司，然后将开发商品房的建安工程交由关联的建筑公司承建；将房地产的销售业务分离出去，交由关联企业经营其房地产开发企业的代理销售业务、广告业务等；物业公司则代收房地产开发企业一切价外费用，如代垫代付维修基金等。这些关联企业通过订立各种假合同等手段，相互调控收入及利润，以达到逃缴税款的目的。

七是“预提费用”虚增营业成本。按照有关规定，预提费用年末不得留有余额，对开发建设周期比较长的房地产开发项目的预提费用，应区别不同情况进行处理。但有很多房地产企业“预提费用”账户中提取的费用年终存在大量结余。这些企业通过争取地方政府及有关部门的优惠政策来少付或者不付一些费用，同时仍提取应支付的各项费用，并不会按照实际支付金额计列相关费用。或者继续提取国家已取消的收费项目，形成应付而付不出的各项费用长期挂账，通过“预提费用”等往来账户计入开发成本。这样就会造成账面上的经营亏损，以实现不缴或者少缴企业所得税的目的。

五、走私导致的税收流失

通过走私逃避关税，一直是困扰我国税收征管的难题。近几年来，各地区、各部门在反走私斗争中做了大量工作，成效显著，但走私活动范围广，货物品种多，数额巨大，海关部门所面临的挑战仍然是前所未有的。利用假批文、假单证、假印章的走私和瞒报、夹藏等瞒骗走私，以及利用加工贸易和保税区变相走私的违法犯罪活动屡禁不止。据海关总署统计，2014 年海关全年立案侦办走私犯罪案件 2275 起，案值 668.94 亿元，比 2013 年同期分别增长 10.4%、65.5%。2014 年破获涉嫌逃税额千万元以上重特大走私犯罪案件 170 起，比 2013 年增长了 1.1 倍。海关总署在全国 14 个省市自治区开展打击冻品走私专项行动，仅从陆路走私的冻肉逃避的关税（12%）、增值税（17%）和消费税（10%）合计就达 39%。走私者从日本市场购买的牛肉价格仅为人民币 200～300 元/公斤，走私到国内的批发价就涨到 2000～3000 元/公斤。上海警方发现，多家日本料理店出现的“神力牛肉”绝大多数为走私而来。近年来，直邮购物和海外代购等新型交易方式规模急剧上升，与之相关的关税税收流失形势十分严峻。《2013 年中国电子商务市场数据监测报告》显示，2013 年中国海外电子交易市场规模已达 767 亿元，同比增长 58.8%。而同期关税收入 2630 亿元，比 2012 年减少了 154 亿元，下降了 5.5%。日益猖獗的走私活动，使国家经济和税收蒙受了巨大的损失。货物走私冲击了国内市场和本土工业，扰乱了市场经济秩序，侵蚀了关税收入，危害了国家经济安全。关税流失的原因有以下几种：

第一，一些地方和部门的领导干部对走私的危害性认识不足，存在着种种错误思想。有的人认为，“走私可以致富”、“走私可以搞活经济”、“打私不能打死”、“打私影响改革开放”。一些地方和单位的领导口头上讲打击走私，实际上睁一只眼、闭一只眼，甚至纵容、支持走私，为谋求局部、小团体和个人利益，不惜损害国家利益。

第二，走私与经济利益密切相关。“内外有市场，商品有差价”，走私、代购等商品在国内市场有价格优势，我国虽然在逐步降低关税，但关税还是相对较高，走私的利润较大，刺激走私犯罪分子铤而走险。

第三，现行缉私体制和制度不健全。我国有 18000 余公里的海岸线和 22000 余公里的陆路边境，海关监管的难度较大，另外执法不严，打击不力，也是走私活动猖獗的重要原因。早在 1987 年颁布的《中华人民共和国海关法》就明确规定：查处走私必须没收货物，并可处以货物等值以下罚款；构成走私罪的，应依法追究刑事责任。这一法律规定长期没有得到执行。一些地方的执法、司法部门以罚代没、以罚代税、以罚代刑，这些做法实际上是放纵走私，助长了走私活动的泛滥。

通过研究不难发现，走私的形式五花八门、各有其道，具体有五种：

一是通关走私。企业通过逃避海关监管，运输、携带、邮寄国家禁止进出境或依法应当缴纳税款的货物、物品非法进出境的行为，其常见手法有伪报、瞒报、藏匿：（1）伪报。如品名、价格、数量、规格、贸易性质和原产地伪报。（2）瞒报。如集装箱夹藏或实箱报成空箱、价格瞒报。（3）藏匿。如利用货物、运输工具（汽车和船舶暗格）、特制藏私工具（特制集装箱）、行邮物品等进行藏匿。

二是绕关走私。进出口企业从国家未开放的进出口岸和准许进出境的国境通道非法携运应税、禁止和限制货物或物品进出境。这些企业一般在边境或者沿海都设有走私基地，熟悉边境双方的情况，有一定的社会关系和方便的运输工具来逃避海关的监管。

三是后续走私。这是一种新型走私贸易方式。进出口企业未经海关许可，擅自销售保税货物或特定减免税货物。后续走私的对象主要是保税货物和特定减免税货物，纳税人非法销售这些未缴纳关税的货物以牟取高额利润。

四是加工走私。加工贸易走私犯罪是海关监管企业易发生的一种走私犯罪形式，既有单位犯罪又有个人犯罪，或两者兼有，是指在海关备案注册的加工贸易企业，逃避海关后续监管，擅自销售保税货物及特定减、免税货物的行为。常见手法有：（1）“飞料”走私法。即保税料件进口后不进厂加工直接内销牟利。（2）骗取核销法。即采取少报多进、多报少出、假出口、串换料件、假单证、假结转等手段骗取海关核销，以达到走私逃税的目的。（3）倒卖减免税证明法。（4）假合作“包税”法。指不享受减免税优惠政策的企业向享受特定减免税的单位购买减免税设备。

五是水客走私。从事水客走私的人进出境较为方便，熟悉两地的价格行情，专带差价较大的商品，数量不大，但进出境次数多，损害了国家对进出境制度的管理和经济利益，在走私活动中较为特殊。近些年，淘宝代购、海外直邮等电子贸易方式兴起，销售的商品通常不以正规的商品入境渠道报关入境，而是以物品形式依据《入境旅客行李物品和个人邮递物品进口税税率表》予以计核，从而大大降低了进口关税，特别是化妆品、电子产品、金银首饰等，同时也造成了流通环节增值税的偷逃行为，导致国家税收严重流失。目前，我国海关对旅客行李只采取抽验，被抽验的概率因地而异，上海被抽到的概率大约为50%，北京、深圳、广州等地被抽到的概率较低，约30%左右。

六、个人所得税的税收流失

个人所得税是我国税收流失的主要税种之一，但在税收收入中所占比重一直不高。基于我国目前税制结构，2013 年个人所得税占我国全部税收收入的比重仅为 5. 91%。国际货币基金组织认为，发展中国家个人所得税税收收入应该占到全部税收收入的 20%，我国目前的现实情况和国际标准存在较大的差距。即使如此，个人所得税的逃漏税问题亦十分严重。其主要原因有三：

一是工薪阶层收入确定存在“收入不实”问题，但更为突出的是高收入者漏税问题严重。我国目前的工薪阶层已经构成个人所得税的主力军。中国社科院 2012 年发布的一份报告称，我国的基尼系数已经高达 0. 47，这意味着富人占有了全国几乎一半的财富，而有关学者统计显示，10% 的富人缴纳的个人所得税只占个税收入总额的 2% 左右，这种现象和个人所得税保障公平的立法初衷是相违背的。为了加强对高收入者个人所得税的监管，我国于 2006 年起实施了年所得超过 12 万元的个人需进行纳税申报的制度，但主动申报尚未形成气氛，以 2009 年为例，全国仅有 268. 9 万人进行了申报，这和我国社会对富人数量的界定相去甚远，可见，高收入者中隐瞒收入和拒不申报的现象普遍存在。

二是个税征收“代扣代缴”制度存在的缺陷日益显现。工薪阶层的个税，按月由财务扣缴，个人缴了多少税，工薪者几乎都讲不清楚。笔者曾对不少省市区的税务公务员口头询问每月个税缴纳数额，绝大多数回答不准确，这也许与现阶段实施的个税征收事实上存在的“间接缴纳”与“截留缴交”有关，由此可见，在严格监缴监督的规范下，个税实施个人主动申报缴纳也许更有利于提高全民自觉纳税意识，限制个税流失。因为，我国自 1981 年开征个税以来，收入逐年增加，占国家财政收入比重的增幅也十分明显。1981 年通过个人所得税筹集的财政收入仅为 0. 05 亿元，占到当年财政收入的 0. 004%，2009 年末已经增长至 3949 亿元，占当年财政收入的比重也超过了 5. 77%，2014 年达到 7377 亿元，占当年财政收入的比重达 5. 26%。个人所得税因为拥有累进税率结构、宽免额、生计扣除等众多调节手段，一直以来都作为各国经济的“自动稳定器”。绝大多数发达国家通过对高收入者征收个人所得税的方式实现对国内贫富差距的调节。

三是由于高收入者收入的多样性和隐蔽性，使得他们有机会通过收入均摊、隐瞒收入，以及所掌握企业加大费用、多列成本等多种形式逃缴个人所得税，加之税收监管上的不足，更加剧了个人所得税的流失。工薪阶层成了实际的纳税主体，而掌握 80% 社会财富的 20% 的高收入者的纳税比例仅占 10% 。表 9.1 是对个人所得税流失的简要分析。

表 9.1　　我国个人所得税流失规模测算表

年份 ①	全国城镇居民可支配收入总额（亿元）②	全国征收的个人所得税总额（亿元）③	实际征收率（%）④	月收入在起征点以上者收入占全体城镇居民收入比重（%）⑤	月收入在起征点以上者收入总额（元）⑥	月收入在起征点以上者人均月收入额（元）⑦	月收入在起征点以上者人均应征所得额（元）⑧	应征所得税占收入总额的比重（%）⑨	全国城镇居民应交所得税额（亿元）⑩	所得税流失额（亿元）⑪	所得税流失率（%）⑫
1995 年	15076	132	1.07	32.3	4869.55	1085	57	5.25	255.82	123.82	48.4
1996 年	17420	193	1.11	48.0	8361.6	1125	65	5.78	483.11	290.11	60.05
1997 年	19093	260	1.36	54.8	10462.96	1167	73.4	6.29	658.08	398.08	60.49
1998 年	20561	338	1.64	58.9	12110.43	1199	79.8	6.66	806.02	468.02	58.07
1999 年	22831	414	1.81	64.2	14657.5	1243	88.6	7.13	1044.77	630.77	60.37
2000 年	28762	510	1.77	70.5	20277.21	1329	105.8	7.69	1614.24	1104.24	68.41
2001 年	32995	996	3.02	75.7	24977.22	1416	123.2	8.7	2173.16	1177.16	54.17
2002 年	38668	1211	3.13	80.4	31089.07	1592	158.4	9.95	3093.28	1882.28	60.85
2003 年	44394	1417	3.19	84.2	37379.75	1767	193.4	10.95	4091.25	2674.25	65.37
2004 年	51159	1736	3.39	89.5	45787.31	1803	200.6	11.13	5094.25	3358.25	65.92
2005 年	58983	2094	3.55	88.86	54972.16	2038	247.6	12.15	6678.66	4584.66	68.65
2006 年	67859	2454	3.62	79.1	53676.47	2842	248.3	8.74	4690.94	2237.23	47.69
2007 年	81859	3186	3.89	81.89	67034.34	3005	281	9.35	6268.55	3082.97	49.18
2008 年	95737	3722	3.89	78.65	75297.15	3680	336	9.13	6874.96	3152.65	45.86
2009 年	106803	3949	3.70	82.82	88454.24	3809	361.7	9.5	8401.17	4451.82	52.99

资料来源：咸春龙著：《中国个人所得税流失及其成因分析研究》，第 101 页。

由表 9.1 可见，1995～2009 年 15 年间，我国城镇居民可支配收入总额由 15076 亿元上升到 106803 亿元，增长了 7 倍多，而同期个人所得税收入总额由当初的 132 亿元上升到 3949 亿元，同期税收实际征收率由 0.88% 上升到 3.70% ，反映出在这一阶段推行的个人所得税源泉扣缴制度取得了较为明显的效果。但若从个人所得税的流失规模来看，情况仍十分严重。因为，该结果仅是依据公开经济统计数据来进行计算的，并未将非公开的地下经济中的流失量计算在内，因此与个人所得税的实际流失规模必然存在一定差距。另据北京市有关部门调查，北京市非正常业户（即不正常纳税或者不进行税务登记，不申报纳税的）占同级税源户的 19.2% 。很多非正常业户为逃避税务机关的稽查，在进行交易时多采用现金进行交易，这使得税务监管部门没有账目数据进行有效监管，地下经济中的个人所得税因此而流失。

个人所得税逃税的原因如前所述，由于个人所得税法涉及范围广、制定期短，以及税率档次、纳税对象、计征标准、纳税扣除多，使得越来越多的人能够通过一定的举措逃避个人所得税的征收。从根本上讲，个人所得税流失的原因主要有以下三个方面：

首先是税制缺位导致税收流失。税制缺位主要体现在两个方面：一是应税所得的正列举方式将大量新型收入形式界定在纳税界限之外；二是附加福利的课税问题呈现法律空白。我国个人所得税法中对个人所得税的纳税项目进行了直接列举，从形式上虽也囊括了现金、实物和有价证券多个类别，但却未明确规定资本利得项目，而目前我国高收入群体的收入中，资本利得占到了相当大的比重。国家统计局 1999 年对 10 个省市 12000 户高收入家庭的调查显示，高收入家庭收入来源中，工资性收入占 50.8%，经营性收入占 37.8%，财产性收入占 6%，第二职业收入占 4%。高收入家庭财产性收入与同年全国平均水平 2.18%（详见表 9.2）相比，高出了 3.82 个百分点。实际上，财产性所得没有明确规定为应税所得，税法中的"财产转让所得"也与国际上通用的资本利得存在较大差异，无法将资本利得囊括其中。随着经济的发展，我国普通居民的收入来源已由单纯的工资收入向收入的多元化转变。从表 9.2 可以看出，我国城镇居民工资性收入占人均总收入的比重正在不断降低，从 1995 年的 79.23%、1999 年的 68.5% 下降至 2012 年的 64.30%。且随着我国股市、房市等一些资本市场的发展，我国普通城镇居民的财产性收入有望得到进一步的提高。

表 9.2　　我国城镇居民财产性收入状况

年份 ①	城镇居民人均工资性收入（元） ②	城镇居民人均财产性收入（元） ③	城镇居民人均总收入（元） ④	工资性收入占总收入的比重（%） ⑤	财产性收入占总收入的比重（%） ⑥
1995 年	3390.21	90.43	4279.02	79.23	2.11
1996 年	3611.58	111.98	4844.78	74.55	2.31
1997 年	3735.70	124.39	5188.54	72.00	2.40
1998 年	3806.20	132.87	5458.34	69.73	2.43
1999 年	4048.40	128.65	5888.77	68.75	2.18
2000 年	4480.50	128.38	6295.91	71.17	2.04
2001 年	4829.66	134.62	6868.88	70.31	1.96
2002 年	5739.96	102.12	8177.40	70.19	1.25
2003 年	6410.22	134.98	9061.22	70.74	1.49
2004 年	7152.76	161.15	10128.51	70.62	1.59
2005 年	7797.54	192.91	11320.77	68.88	1.70
2006 年	8767.00	244.00	12724.24	68.90	1.92
2007 年	10234.76	348.53	14908.61	68.65	2.34
2008 年	11298.96	387.02	17067.78	66.20	2.27
2009 年	12382.11	431.84	18858.09	65.66	2.29
2010 年	13707.70	520.30	21033.40	65.17	2.47
2011 年	15411.90	649.00	23979.20	64.27	2.71
2012 年	17335.60	707.00	26959.00	64.30	2.62

资料来源：中华人民共和国国家统计局网站。

在附加福利的课税上，许多国家都把附加福利按其市场价值计算到个人所得税的应税所得中。而我国虽然从国家机关到企事业单位都存在一定的附加福利，但却从未将这些附加福利纳入应税所得之中。有学者估计，附加福利在个人收入中的比重应当在15%左右（薛卫国，2004），在某些行业这一比重甚至更高。在很多垄断行业还存在着各自的部门福利现象。由于大量的附加福利未纳入征税范围，造成了对税基的侵蚀和大量的税收流失，加剧了居民间的收入差距。

其次是税制缺陷导致的税收流失，即个人所得税的税基和税率等设计缺陷导致的税收流失。中国在个人所得税的设计上没有充分考虑老年人、残疾人、失业职工等特殊群体的生活状况及其经济利益，在计税的方法上，没能针对纳税人不同的社会负担情况规定相应的扣除标准，而是采用一刀切的扣除办法。按照现行的《个人所得税法》的规定，个人所得税的起征点是3500元，同以前1600元、2000元一样，没有考虑纳税人的住房、养老、失业等因素，以及纳税人之间家庭结构的差别、经济形势变化对个人纳税能力的影响等情况，从而造成了不同纳税人之间税收负担不平衡，同时也为纳税人逃税提供了可能。由于现行的个人所得税费用、成本的扣除是分项目而采取不同的扣除办法，甚至一个项目可以采用两种扣除方法，使得不同项目相同数额的收入应纳税所得额不同，不仅减少了税基，造成税负不公，而且也导致了税收的流失。

在税率上，个人所得税存在三方面的问题：第一，税率设计时税负不够公平。同等性质的劳动所得，税负上却不能同等对待。例如将工资薪金和劳务报酬所得分开计算，当所得同为4000元时，如果是按照工资薪金征税，应纳税额为15元，而如果是按照劳务报酬所得来征收则需缴纳640元税款。另外，固定比例税率设计的不合理和同一收入来源内部税率安排的不合理也使个人所得税法没有起到调节贫富差距、实现社会公平的作用。第二，个人所得税边际税率偏高。按照规定，工资、薪金所得在扣除3500元费用后，适用3%～45%的7级超额累进税率。而当前，就业者的平均月薪最高也就7000多元，适用20%以下税率的为绝大多数。这样第7级45%的税率就明显过高了，实质上已形同虚设。且这样高的边际税率也会诱使人们逃税，造成税收的流失。第三，在个体工商户生产经营所得的适用上，由于大部分个体工商户没有健全的账簿，使得税务机关无法核实其真实的收入和成本，因此在实际征收过程中，对个体工商户大多适用综合征收率或定额税的征收方式，征收额往往偏低，因而也造成了不同程度的税收流失。

最后是实施性税收流失。即个人所得税的纳税人为达到不纳税或少纳税的目的，对非法收入进行逃税或对合法收入进行低申报或不申报而导致的个人所得税税款的流失。这一税收流失从根本上讲是个人所有货币收入尚未实现电子化，税务机关难以掌握真实、完整的个人收入信息所导致的征管效率低的反映，根本原因在于尚未健全完整的个人收入信息共享平台和个人自主纳税申报制度等，具体表现为税源监控不力、征管手段落后和税收法律体系不健全。

第一，税源监管不到位。我国正处于经济转型时期，收入分配的渠道和方式都不尽规范，导致现实生活中现金交易频繁，产生了大量因行政寻租、行业垄断和公共资金流失而形成的灰色收入。国民经济研究所研究员王小鲁所在课题组于2005～2006年对全国几十个城市和县的2000名不同收入阶层的居民进行的家庭收支调查显示，全国城镇居民收入中没有被统计到的灰色收入共计4.8万亿元。这些灰色收入大多数是没有缴纳所得税的。另一个监管不力的方面表现在代扣代缴制度和自行申报制度的不健全上。许多扣缴义务人由于本身的扣缴意识不强，又没有明确的法律惩处措施，常常会在集体或者个人利益的驱使下帮助个人偷逃税款，将支付的工资薪金所得化整为零，使每次所得都低于起征点，或者应扣不扣、少扣税款。在自行申报方面，目前还没有健全的、可操作的个人收入申报法规和个人财产登记审核制度；同时，银行现金管理控制不严，流通中大量的收付以现金形式实现，致使税收部门无法掌握个人收入和财产的准确信息；加上缺乏有效的对纳税人财产申报的社会信誉约束机制，许多达到征税标准的纳税人只要不自行申报，又无人检举揭发，就可以轻易地逃避纳税。据《羊城晚报》2007年3月26日报道，广东省年收入达到12万元而依法申报纳税的已突破100万人。但据统计，这个数字还不足应申报纳税人数的1/5，全国范围内年收入12万元以上并进行申报的也不足1/4。另有数据表明，中国个人所得税主动申报率不足10%（赵复元，2003），这也从侧面反映了我国个人所得税流失的现状。

第二，征管手段滞后。征管机构是根据行政区划和管理层级进行条块结合式管理，同时配以税收管理员管理纳税户的制度。目前的征收部门在组织结构设计上采用根据部门职能的不同上下对应的方式，不必要的工作分配环节和无意义的核批项目过多，导致信息在传递上容易失真。对数据管理的重视度欠缺，缺少专业的数据分析人员，难以实现数据收集向数据整合的转化，加之我们的税务工作人员执法不严，有时甚至帮助纳税主体逃税，最终造成税收成本偏高、征管效率低下和税款的流失。

第三，税收法律不健全。我国目前尚没有一部对税收活动中的共性问题进行规范，对各单行税法具有统领、约束、指导和协调作用的税收基本法，使得一些税收基本问题或共性问题缺乏权威认定，各单行税法之间的衔接性和协调性差。而且现行的税收法律在制定上相对粗糙，形式上以授权性立法为主，立法的层级偏低，立法质量也较低，有时两个法律文件之间甚至还存在相互矛盾的规定。这些问题导致我们的税务部门没有一个具有较强法律效力的征收依据，在税收执法过程中常常出现无法可依或者有法难依的困境。另外，税收法律不健全更大的影响还在于为税务行政机关滥用权力、借此寻租提供了可能性。征税人即使违背税法实施了多征税、乱征税和越权减免、擅自减免等行为，也不会受到有效法律的约束。在某些经济不景气、税源不足的时候，税务机关为了完成任务会要求企业多缴纳税款。久而久之，税收征管的规范将变得荡然无存，使正常纳税人对税务机关产生不满情绪，征税人与纳税人之间的矛盾变得更为尖锐，致使逃税、抗税的几率加大，税收流失的可能性加剧。

七、互联网金融中的税收流失问题

互联网金融是互联网与金融业结合的成果，是依托于现代信息科技的一种金融创新模式，主要是将互联网已经成熟的技术和思维用在金融细分领域中。互联网金融利用互联网作为工具，不仅有效地提升了金融的效率，而且完善了传统金融的业务范围和流程。

互联网金融产业链包括资金募集、理财、支付、网络货币、金融信息服务等多个环节。资金募集的模式包括股权众筹、P2P 贷款、电商小贷等；理财包括互联网公司与券商合作发行产品、与基金合作的货币基金以及银行推出的各类理财产品等；支付包括网上支付和移动支付。此外，2013 年以来，形式多样的互联网金融发展势如破竹，截至 2014 年第一季度末，我国互联网基金产品已经超过 30 只，合计资产规模达到 1 万亿元。

互联网金融税收法律制度的缺位与互联网金融的蓬勃发展形成了鲜明对比。同时，互联网金融由于匿名性、隐蔽性等特点与传统金融存在不少差异，基于传统交易模式、传统金融模式确立的税收征管制度和征管手段难以完全有效地适用于互联网金融，对互联网金融的税源监管问题尚待抓紧认真解决。

一是税收法律制度缺位，部分运行模式难以找到征税依据。互联网金融将传统金融活动从线下交易发展为线上交易，大大提升了民间金融交易的规模，但由于我国《税收征收管理法》最近一次修订发生在 2013 年，当时并没有对新兴的互联网金融活动给予过多的关注而做出相应的规范，因而无法为目前已相当活跃的互联网金融活动提供有效的税收征管依据。一方面，业务形态的多样化、交叉性，使得互联网金融企业的收入性质既含有委托代理，又含有咨询服务，而现行税收政策对这类通过互联网平台开展咨询服务业务的收入并未给予明确定性，不同企业对各自业务的界定也不同，造成流转税缴纳存在差异。另一方面，运营模式的虚拟化、网络化，使得许多现行的税收政策无法直接适用于互联网金融企业。如目前正在兴起的众筹融资，兼有销售和融资的双重属性，回报形式既可以是实物，也可以是服务或某种文化产品，有些甚至是多种形式的灵活组合。对于这种收入的定性，以及收入时间、金额的确定，在现有的税收法规中很难找到十分准确并能对应的政策依据。

二是税收管辖权的不确定性。互联网金融的“无界性”使得应税活动可以通过互联网拓展到另一个乃至数个税收管辖权的管辖区域，由于应税行为灵活多变，税务机关无法准确地确认纳税人的经营行为发生地，以行使税收管辖权。这就增添了不少的变数，从而导致对税收管辖的争议加剧或协调失灵。

三是税务登记中较为复杂的纳税主体确定。互联网金融与电子商务可谓孪生姐妹，最终殊途同归。如同电子商务税收中的电商税务登记，由于互联网金融企业中存在大量分散而隐蔽的交易者，多数交易者是自然人，在无特别法律规定下，他们无需进行工商登记，无需固定经营场所，且互联网金融平台一般都对其注册用户的基本信息及额度信息进行保密处理。即使在商事制度改革的背景下，对于这些没有固定营业场所和工商登记的互联网金融交易者，税务机关亦难以对其进行税务登记，从而为纳税主体的确定增添了不小的变数。

四是技术手段有限，增加了征管难度。互联网金融活动中纳税人交易信息电子化，合同、发票、账簿、凭证等越来越倾向于以电子数据的形式存在，借款贷款业务通常都是在线上进行的，操作隐蔽，而且容易无痕迹地修改，特别是互联网金融企业内部网络运营和线下业务不公开，资金进出、项目结算、坏账率等数据难以全方位监测。这也是造成互联网金融交易的相关各方不自觉核算收入并进行纳税申报的一个重要原因，使得税收征管难度越来越大。

五是基于上述原因，需要更为关注的是在现代“分税制”下，有可能促使一些地方为了自身经济的发展和税源的增加而发生不正当竞争，由此产生的间隙可能引发税收的大量流失。

基于上述分析，对于互联网金融的税源监管，需尽快明确互联网金融企业通过互联网金融服务平台提供各类资讯信息及中介服务收取的服务费的性质，对现行个人所得税法、企业所得税法、营业税暂行条例和现行征管法进行修订，探索建立由互联网金融交易平台或者企业商家代扣代缴税款的制度。同时，建立健全互联网金融实名制，解决纳税主体确定困难及税款流失问题，推进税务信息化，加快人才队伍建设。特别是针对互联网金融的服务行业特点，把互联网金融的税收纳入金融行业“营改增”的范围，同步进行。

八、后“营改增”时期的税收流失

2011 年，经国务院批准，财政部、国家税务总局联合下发《营业税改征增值税试点方案》。从 2012 年 1 月 1 日起，在上海交通运输业和部分现代服务业开展营业税改征增值税试点，至此，货物劳务税收制度的改革拉开序幕。2013 年 8 月 1 日，“营改增”范围已推广到全国。从 2014 年 1 月 1 日起，将铁路运输和邮政服务业纳入营业税改征增值税试点，至此交通运输业已全部纳入营改增范围。自 2014 年 6 月 1 日起，将电信业纳入营业税改征增值税试点范围。截至 2014 年底，国税总局的数据显示，全国营改增试点纳税人共计 410 万户，全年有超过 95% 的营改增试点纳税人的税负不同程度下降，全年共减税 1918 亿元①。“营改增”政策的实施，有利于减少营业税重复征税，使市场细化和分工协作不受税制影响；有利于完善和延伸二、三产业增值税抵扣链条，促进二、三产业融合发展，推动了产业结构调整；有利于建立货物和劳务领域的增值税出口退税制度，全面改善我国的出口税收环境。然而，随着“营改增”改革步伐的加快，在日常税收征管工作中，越来越多的征管难题逐渐凸显出来，各地税务部门面临的征管形势越来越严峻，由此导致的税收流失也不容忽视。如何在确保改革成果的前提下对税收征管中暴露出来的问题及时进行调整并加强管控，是一个值得我们不断思考并在实践中不断完善的问题。具体体现在以下几个方面：

一是税率档次多，较难区分管理②。“营改增”试点之前，增值税税率分别为 0%、13%、17%，试点后，增值税税率的设定由原来的三档增加到现在的五档，即 0%、6%、11%、13%、17%。随着营改增的深入推进，多档次的税率设定尽管兼顾了不同试点行业的税负水平及进项抵扣的不同情况，但在实际操作中，税率档次过多引发的矛盾逐渐显现：首先是如何快速、准确地将纳税人划分并适用不同的税率，对税务机关管理人员的业务水平提出了更高的要求；其次是随着商事制度改革的不断深化，企业跨行业经营、

---

① http://business.sohu.com/20150322/n410123809.shtml.

② 陈怡欢，饶海琴：《“营改增”税收征收管理的问题与对策》，载《中国商贸》2014 年第 29 期。

捆绑销售的情况越来越普遍，有时一笔收入对应多档税率，究竟应当按哪档税率征收，企业之间可能会产生认识上的偏差，从而给税务机关执法在裁量权上较大的自由，并带来操作上的困惑。同时，多档税率的设置也极易造成纳税人不合理的税收筹划，隐匿高税率收入，转而虚增低税率收入，可能会不同程度地增加纳税人逃税的动机与机会。

二是信息采集和税源监控管理难度加大①。比如，现代服务业涉及种类繁多，明细行业界定难度较大，部分纳税人行业信息维护出现错误、登记的行业分类过于粗疏等；交通运输业由于流动性大，导致纳税人户籍登记管理难度大，漏征漏管现象可能较为突出。再如，对“营改增”行业来说，其征税对象提供的应税劳务或服务大多为无形交易，没有可以明显辨认的有形标的参照，没有生产流和货物流信息，只有资金流和票据流等信息，难以采集到真实有效的涉税信息。在社会信用体系不健全、银行存款实名制落实不到位、大额现金交易普遍存在的情况下，数据的全面性和确定性可能无法保证。对票据流来说，试点行业的相当一部分服务对象是增值税链条缺失的环节，纳税人存在很大的收入调节空间，票据流信息的质量得不到保证。又如，由于交通运输业和现代服务业跨地区经营的现象较为普遍，这类企业的分支机构多，总公司从总体利益考虑申请进行汇总纳税的可能性增大。但受当地经济政策、税收优惠政策差异的影响及其内部管理水平的参差不齐，尤其在信息的汇总、抵扣凭证的收集上，总公司难以确保及时准确，有可能造成税收信息失真，进而导致汇总纳税过程中的税收流失。

三是发票后续管理有待加强。新的纳税服务规范对纳税人申请领用开票限额 10 万元以下（含）的增值税专用发票，变事前核查为事后监管，取消了实地核查程序，仅需提供相关书面合同，即可审核办理。由于“营改增”纳税人应税服务具有“无形”的特点，加上一些纳税人规模不大，行业类型繁多，会计核算不规范，备查的合同单据不完整不齐全等，使税务机关事后监控的难度增加。部分“营改增”纳税人受利益驱动，极易产生虚开虚抵专用发票的行为。

① 刘睿：《“营改增”对税收征管的影响分析与对策研究》，载《山东社会科学》2014 年 5 月。

第十章

模型构建：税收流失规模测算的一般思路与方法

第一节 税收流失规模测算的一般思路

从税收与经济的关系上来说，经济是税收的来源，所有的税收都是国家对经济活动过程中所创造的社会财富进行分配或再分配的结果。在现实中，经济活动复杂、多样，既存在着政府鼓励和支持的合法经济，也存在着政府禁止和打击的非法经济。非法经济为了逃避政府的打击，一般都会将这种经济活动转入地下，企图摆脱政府的查处和打击、逃避其应尽的纳税义务。同时，公开经济是合法的、国家鼓励和支持的，但从经济人的角度来看，税收会导致其收入的减少，这也是纳税者不愿多纳税，甚至对依法缴纳的税收从行为上逃避的原因所在。由此可见，对地下经济而言，由于从根本上摆脱了政府的监管，它们的活动过程并没有被政府监测到，所创造的 GDP 也并没有被纳入政府统计的范围之内，这些经济活动自然也就摆脱了纳税的义务，由此造成国家的税收流失。而在公开经济中，纳税人也会尽量利用法律或监管的漏洞，来达到少缴税或不缴税的目的。故有公式：

税收流失 = 地下经济中的税收流失 + 公开经济中的税收流失

然而，虽然一个国家的税收流失都是由这两个方面的原因造成的，但由于它们形成的机制不同，使得对其税收流失规模的测算模式和方法也各不相同。公开经济是政府公开监管的，所创造的 GDP 纳入政府统计的范围之内。因此，在各税种、税率已经确定的情况下，根据税法所规定的法定税基，可以求得各税种的应纳税额。故有公式：

某税种的应纳税额 = 法定税基 × 法定税率

然后，根据它与各税种的实际所征税额之间的差距，求出该税种的税收流失额：

某税种的税收流失额 = 该税种的应纳税额 - 该税种的实际征收额

在此基础上，通过对各税种税收流失的加总求和，可求出公开经济中的税收流失总规模。故有公式：

公开经济中的税收流失总额 $= A + B + C + \cdots + N$

其中，A，B，C，$\cdots$，N 分别是某税种的税收流失额。

对于地下经济税收流失的测算，其原理和方法与公开经济税收流失测算的原理与方法有所不同。由于地下经济具有隐蔽性，其经济规模并不为政府所掌握。因此，地下经济的规模就成为测算地下经济税收流失规模的关键内容。因为，只有测算出地下经济的规模，才可以根据宏观税率的大小，近似地测算出地下经济税收流失的规模。故有公式：

地下经济税收流失规模 = 地下经济规模 × 宏观税率

为了测算地下经济的规模，中外学者们进行了多年的努力，创造出了多种理论模型和方法。这些理论模型和方法大体分为两种，即货币法和非货币法。其中，货币法又包括现金比率法和交易法，非货币法又包括收支差异法、劳动力市场参与率法和实物投入法等。

第二节
地下经济税收流失规模测算的方法

“地下经济”又被称为隐形经济、非正规经济、黑色经济、并存经济、灰色经济等，作为一种被国际社会公认的“经济黑洞”，涉及生产、流通、分配、消费等各个经济环节，是当前世界范围内的一种普遍现象。据国际货币基金组织估计，1998 年全球地下经济规模约 9 万亿美元，占全球产出的 23%。有学者测算，我国 2006 年地下经济规模为 58059.18 亿元，占当年 GDP 的 27.5%，地下经济税收流失 9584.17 亿元，税收流失率 21.6%。2003～2009 年，我国每年地下经济税收流失额为 6365 亿元至 16454 亿元不等，税收流失率为 27.64%～31.8%。地下经济的存在，不仅破坏了正常的市场经济秩序，误导了政府的经济决策，而且造成了大量的税收流失，对政府职能的实现和社会公共产品的供给产生了负面的影响。

一、地下经济与税收流失的关系

根据国际货币基金组织财政事务部主任维托·坦齐的研究，导致地下经济产生的原因主要有税收、法规、禁令和腐败。其中，有关劳动力市场中的最低工资、加班时间、童工、外籍职工、退休职工、女职工等方面的法规，有关商品市场中的物价管理、定量供应、强制收购、出口禁令、进口限额等方面的法规和金融市场的利率限制、信贷管理等的法规则为地下经济的存在提供了存在的空间。政府禁令将一些法律禁止的经济活动转入了地下，如贩毒、高利贷等。腐败导致某些官员以权谋私，而这些收入并不向当局申报。税收则是影响经济活动成本收益率的重要因素。当逃避税收成为可能时，地下经济的成本收益率会明显高于地上经济。由于近年来税收总额在许多国家的国民生产总值中所占比例大幅提高，导致税率提高而使得原先诚实的纳税人逃税的情况大大增加①。再加上不同国家间的税收制度差异和国内税收征管漏洞的存在，导致走私及其他形式的地下经济规模扩大，从而不仅减少了政府的税收收入，而且也造成了政府统计数字的严重不实。

为了进一步揭示地下经济与税收流失之间的关系，美国经济学家李扑·班·维克尔通过对拉弗曲线的改良提出了著名的维克尔曲线。根据该曲线，当税率为零时，税收收入亦为零，这表明此时企业不负担任何税收，因此，企业的生产也就不需要转入地下。当税率提高、税收增加时，税收流失的情况就开始出现，且流失规模随着税率的提高而不断扩大（如图 10.1 所示）。当税率超过 E 点时，税收收入明显减少，表明地下经济的规模大大增加。当税率超过 100% 时，税收为零。这表明地上经济全部转入了地下，地下经济的规模最大。虽然此曲线比较准确地描述了地下经济与税率之间的关系，但由于它没有考虑非法经济活动存在时的情况，因此，需要对此进行一些修正。

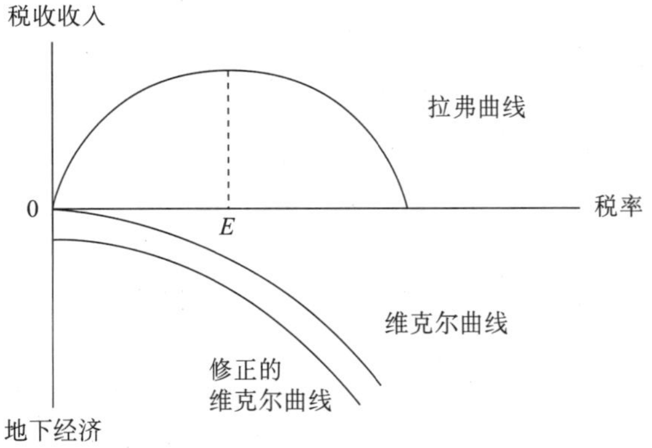

图 10.1　修正的维克尔曲线

根据修正的维克尔曲线可以看出，由于非法经济的存在，即使在税率为零时，也存在着一定规模的地下经济。此时的地下经济主要表现为未经注册的制假售假、贩毒、拐卖人口、制黄卖淫等。而当税率逐步提高时，地下经济的规模也随之扩大，这表明原先许多的地上经济也转入了地下。

由此可见，地下经济是导致税收流失存在和扩大的重要原因。由于存在地下经济，从而导致政府财政收入的减少。政府为了取得足够的财政收入，就必须提高税率和加大税收征收管理的力度，而这又使企业的税收负担增加，从而将一部分公开经济逼入地下，导致地下经济规模的扩大和税收流失规模的增加。

---

① 维托·坦齐：《地下经济：一个世界性现象的起因和后果》，载《金融与发展：国际货币基金组织和世界银行季刊》1983 年第 4 期。

二、地下经济税收流失规模测算的模型与方法

把握地下经济的规模和由此所导致的税收流失的规模，是对其进行治理的前提。但是，由于地下经济及其税收流失的最大特点是具有隐蔽性，要想获得关于地下经济的规模和由此所导致的税收流失规模，就不可能采用直接调查统计的方法，而必须通过其他的方法来进行。早在 20 世纪 50 年代，美国经济学家卡甘（Cagan）就提出了运用现金比率法的设想。1977 年经济学家古特曼（Gutmann）首次采用此方法对美国未被观察到的经济活动进行了测算，得出的结果与美国国内收入署 1979 年的报告相一致，从而使该方法成为测算地下经济的经典方法，得到了世界许多国家的认同和采纳。但是，由于现金比率法的假设条件过于简单和严格，再加上近年来银行卡交易量的激增，使得学者们一方面对现金比率法的测算方法进行修正，另一方面也提出了许多其他的测算方法，如收入差异法、交易法、生产要素投入法等。

（一）现金比率法

现金比率法是由美国经济学家卡甘首先提出的。在 1958 年发表的《与货币总供给有关的通货需求》一文中，他分析了美国 1875～1955 年的通货与货币供给之间的关系。卡甘的研究结果表明，影响一国（或地区）现金与活期存款比率的因素包括人们持有现金的机会成本、预期的人均实际收入、全社会商品零售总额、税率等。他还在着重分析了税率高低对一国（或地区）现金与活期存款比率大小的影响后认为：由于人们在进行地下经济活动时会尽量使用现金交易，这样就可以不向税务机关申报纳税收入而且很难被税务机关查获，因而如果一国（或地区）税率较高，逃税带来的巨大利益将诱使更多的人从事地下经济活动和准地下经济活动，从而使得该国（或地区）现金交易增加。因此，一国（或地区）税率同现金与活期存款比率之间存在着直接的、正比例的关系。一国（或地区）税率较高，其现金与活期存款比率、地下经济的水平也会比较高；反之，一国（或地区）税率较低，其现金与活期存款比率、地下经济的水平也会较低。卡甘基于对货币供求关系的研究，设计了一个简单的现金比率法模型，对美国当时已普遍存在的黑市和逃税等地下经济规模进行了测算。他的测算结果表明，在第二次世界大战结束后的一段时期，美国纳税人少申报纳税的收入占到同期国内税收总收入的 23%。

采用现金比率法测算地下经济税收流失的机理是：人们进行地下经济活动和准地下经济活动时，为了逃避政府部门监管和避免被税务机关发现，会尽量采用不在银行等市场中介机构留下记录的现金交易方式进行，他们不申报纳税，税务机关无法进行税务稽查。因此，一国（或地区）流通中的现金 M_0 占银行存款的比例变化可以视为是由于地下经济活动和准地下经济活动的变化引起的；换句话说，可以把流通中的现金 M_0 的增长变化作为反映地下经济活动和地下经济活动变化的晴雨表。1977 年，美国经济学家古特曼根据这一机理，采用流通中的现金 M_0 与活期存款的比率（或者 M_0 占 M_1 的比例）来测算地下经济规模，创建了测算税收不遵从水平现金比率方法的数理模型。

假设：M 为一国（或地区）现金余额；M_u 为一国（或地区）地下经济活动和准地下经济活动中的现金余额；M_0 为一国（或地区）公开经济活动中的现金余额；D 为一国

（或地区）实际活期存款余额；D_u为一国（或地区）地下经济活动和准地下经济活动中的活期存款余额；D_0为一国（或地区）公开经济活动中的活期存款余额；K_u为地下活动中的现金余额与地下经济活动中的活期存款余额的比率，故有 $K_u = M_u/D_u$，K_0为公开经济中的现金余额与公开经济活动中的活期存款余额的比率，故有 $K_0 = M_0/D_0$；Y_u为一国（或地区）地下经济规模；Y_0为一国（或地区）公开经济规模；V_u为一国（或地区）地下经济活动和准地下经济活动中的货币流通速度，$V_u = Y_u/(M_u + D_u)$；V_0为一国（或地区）公开经济活动中的货币流通速度，$V_0 = Y_0/(M_0 + D_0)$；α 为 V_0与 V_u之比，即 $\alpha = V_0/V_u$。古特曼的测算税收不遵从水平的现金比率方法模型可以用公式表示如下：

$$M = M_u + M_0 \tag{10-1}$$

$$D = D_u + D_0 \tag{10-2}$$

$$K_u = M_u/D_u \tag{10-3}$$

$$K_0 = M_0/D_0 \tag{10-4}$$

$$V_u = Y_u/(M_u + D_u) \tag{10-5}$$

$$V_0 = Y_0/(M_0 + D_0) \tag{10-6}$$

$$\alpha = V_0/V_u \tag{10-7}$$

整理公式 10－3 和公式 10－4 可以得到地下经济规模 Y_u的表达公式为：

$$Y_u = \frac{1}{\alpha} Y_0 \frac{K_u(M - K_0 D)}{K_0(K_u D - M)} \tag{10-8}$$

针对公式 10－8 我们做如下假设：

假设 1：在地下经济活动和准地下经济活动中买卖双方只使用现金进行交易，基本上不使用活期存款支付或支票转账，则 $D_u \to 0$，$K_u \to \infty$。

假设 2：在公开经济活动中，短期内（一年或几年）人们的支付习惯即对现金和活期存款的偏好基本保持不变，也就是说，短期内 K_0保持不变。

假设 3：地下经济、准地下经济中的货币流动速度与公开经济中的货币流动速度是相同的，即 $V_0 = V_u$，$\alpha = 1$。

基于以上三个假设条件，公式 10－8 可以整理为：

$$Y_u = \frac{(M - K_0 D)}{(K_0 + 1)\ D} Y_0 \tag{10-9}$$

从公式 10－9 可以推知，只要能得到一国（或地区）公开经济活动中的现金与活期存款的比率 K_0、公开经济规模 Y_0、现金余额 M 和活期存款余额 D，就可以测算出该国（或地区）的地下经济规模 Y_u。一国（或地区）的地下经济活动和准地下经济活动越多，其现金余额与活期存款余额的比率（M/D）就越高；反之，一国（或地区）的地下经济活动和准地下经济活动越少，其现金余额与活期存款余额的比率（M/D）就越低。我们将最低一年的现金余额与活期存款余额的比率作为一国（或地区）的 K_0，公开经济规模 Y_0可以从一国（或地区）的国民经济统计资料中获得，现金余额 M、活期存款余额 D 的数据可以从一国（或地区）的中央银行和所有商业银行的财务统计资料中获得。

美国经济学家古特曼利用测算税收不遵从水平的现金比率法模型，根据 1940 年美国的现金余额与活期存款的比率（*M/D*）和1976年的国民生产总值（GNP）、现金余额（*M*）、活期存款余额（*D*）的数据测算出1976年美国的地下经济规模约为1750亿美元，大约相当于美国当年GNP的10%，由此测算出1976年美国的税收不遵从水平大约为9%。现金比率方法随后被许多国家用来测算本国的地下经济规模和税收不遵从水平，部分国家的测算结果如表10.1所示。

表10.1　部分国家采用现金比率方法测算的税收不遵从水平

国家	年份	地下经济规模相当于GNP的比重（%）	税收不遵从水平（%）
意大利	1978年	30	23.1
西班牙	1978年	23	18.7
比利时	1980年	20.8	17.2
瑞典	1978年	14.2	12.4
加拿大	1980年	10.1	9.2
法国	1979年	6.7	6.3
挪威	1978年	6.3	5.9
英国	1979年	3.3~11.0	3.2~9.9
原联邦德国	1980年	3.7	3.6
瑞士	1980年	3.7	3.6

资料来源：Ali Bayer and Max Frank. The Erosion of the Different Tax Base. *Public Finance*, No.3, 1987.

在一些假设条件下，运用现金比率方法测算税收不遵从水平所需要的数据比较容易获得，各国采用现金比率方法测算出的税收不遵从水平与这些国家学者或研究机构根据其他调查材料凭借经验推算出的税收不遵从水平也相当一致。但是，从上面的分析中我们也可以看出，现金比率方法也存在明显的不足，将地下经济活动和准地下经济活动看成是影响现金和活期存款比率变化的唯一原因这一假设与现实经济活动不完全相符。因为，随着一国（或地区）经济货币化程度的提高、金融市场体系的健全、金融服务水平的发展，其现金与活期存款比率也会相应地发生一些变化。我国著名的金融学家黄达教授认为，一国（或地区）现金与活期存款比率的高低，除了取决于该国（或地区）地下经济规模大小之外，至少还取决于人们的支付习惯、金融市场体系的运作状况等因素。因此，现金比率方法将一国（或地区）现金与活期存款的比率变化完全归于地下经济活动和准地下经济活动的影响，确实过于简化。然而，尽管现金比率方法存在一些不足，但并不能从总体上否定它本质上的科学性、规范性。事实上，现金比率法至今仍是学者和税收征管人员测算地下经济规模从而测算税收不遵从水平的一种常用方法。

（二）交易法（货币购买力交易法）

交易法是由法伊格（Feige）在1979年提出的另一种测算地下经济规模的方法。他认为，现金比率法的假设条件与现实经济活动存在一定的差距，因此，为了避开这些严格的条件假设，他借助经济学家费雪用来解释货币购买力决定因素的交易方程式，即

$MV = PT$，试图求出地下经济的规模。在公式 $MV = PT$ 中，M 表示一国（或地区）全年流通中的货币数量，V 表示一国（或地区）全年以货币交换商品的平均周转次数或货币流通速度，T 为一国（或地区）全年的商品总交易量，P 表示各种物价加权平均数或一般物价水平。由此可以得知，MV 为一国（或地区）全年的流通货币总量，PT 为一国（或地区）全年的商品和劳务交易总量。

法伊格认为，人们在进行地下经济活动和准地下经济活动时往往只记录货币支付数量而不记录商品和劳务的交易数量，一国（或地区）全年的流通货币总量与交易总量的比例变化能够反映出该国（或地区）全年的地下经济规模变化。因此，如果能够从不同的途径获得一国（或地区）全年的流通货币总量，将其与公开经济活动中的交易总量（如政府统计部门公布的 GDP 或 GNP）进行对比，就可以根据这两者之间的差额近似地推算出地下经济规模（即地下经济活动和准地下经济活动中的交易量）。法伊格交易法可以表示为如下几个方程式：

$$PY_t = PY_0 + PY_u \tag{10-11}$$

$$MV = PT \tag{10-12}$$

$$MV = M_0 V_M + M_1 V_D \tag{10-13}$$

公式 10－11、10－12 和 10－13 中，PY_t代表一国（或地区）公开经济活动和地下经济活动、准地下经济活动一起创造的总收入，PY_0代表一国（或地区）公开经济活动创造的收入（即公开经济规模），PY_u代表一国（或地区）地下经济活动和准地下经济活动创造的收入（即地下经济规模），M_0代表流通中的现金（通货），V_M代表现金的流通速度，M_1代表活期存款支票，V_D代表活期存款支票的流通速度。

假设一国（或地区）一定时期内产品和劳务的商品化率稳定不变，即总交易量与总收入成比较稳定的比例关系，则有：

$$\frac{PT}{PY_t} = \frac{MV}{PY_t} = \frac{M_0 V_M + M_1 V_D}{PY_t} = \lambda \tag{10-14}$$

由此，可以将一国（或地区）地下经济活动和准地下经济活动最少的一年作为基年，基年的总收入 PY_t近似地等于基年的公开经济规模 PY_0，这样就可以计算出 λ 的数值，根据计算公式 $PY_t = PT/\lambda$ 和总交易额 PT 的数值就可以计算出一国（或地区）某一年的总收入 PY_t。基于一国（或地区）地下经济规模 PY_u等于总收入 PY_t减去公开经济规模 PY_0，可计算出总收入 PY_t，继而计算出该国（或地区）地下经济规模 PY_u和税收不遵从水平。

法伊格等学者采用交易方法测算出美国 1976 年地下经济规模大约为 2255 亿美元，大约相当于当年美国 GNP 的 13%，由此可知 1976 年美国的税收流失比率为 11.5%；1978 年美国地下经济规模大约为 5420 亿美元，大约相当于当年美国 GNP 的 26%。用交易方法测算出的地下经济规模要大于用现金比率方法测算出的地下经济规模，但两种比率所反映出的地下经济规模变化趋势却是一致的。

用交易方法测算地下经济规模和税收不遵从水平，主要是考虑通货流量和公开经济活动中的交易量的变化，因而它不需要现金比率方法那样严格的假设条件，它只需假设一国（或地区）总交易量与总收入之间成比例关系且在一定时期内保持不变。但是，采用交易法测算地下经济规模和税收流失，最主要的困难在于一国（或地区）全年的流通货币总量和交易量的数据很难获取，许多国家缺乏这方面的统计数据，这制约了交易法在许多国家的运用。

（三）收支差异法

一般而言，收入与支出是同一事物的两个方面，它们两者在总量上应该是一种恒等关系，这是收支差异法的基本理论与方法，故有公式：

$$R = Q \quad (10-15)$$

其中，R 代表一国（或地区）居民的全部收入，Q 代表一国（或地区）居民的全部支出。如果对 R 和 Q 进行进一步细分，可以将 R 分成 R_1 和 R_2，其中，R_1 表示公开经济中的居民收入，R_2 表示地下经济中的居民收入；可将 Q 分成 C 和 I，其中，C 表示全部居民的消费性支出，I 表示全部居民的投资性支出。故有公式：

$$R_1 + R_2 = C + I \quad (10-16)$$

变换公式 10－16，就可以得出公式：

$$R_2 = C + I - R_1 \quad (10-17)$$

即地下经济的规模等于居民的全部消费性支出加上投资性支出与公开经济收入的差额。

收支差异法理论认为，在现实中，纳税人为了逃避纳税义务和政府的监管，一般都会将地下经济的收入隐瞒起来。但这些被隐瞒的收入还是要被使用和支出的，同时，它们在进行支出时不用担心被政府处罚或征税，也就没有必要进行隐瞒。所以，支出与收入的差额就可以近似地反映出地下经济的规模。

由于收支差异法在理论上非常简单和直观，因此，只要相关的统计数据是真实可靠的，那么它的结果就能够比较真实地反映地下经济的规模。因此，收支差异法亦被许多学者用于测算税收流失的规模。

（四）生产要素投入法

生产要素投入法是在 20 世纪 70 年代由意大利经济学家提出的。他们在分析劳动力就业率时发现，20 世纪 50 年代意大利官方统计的总人口劳动力市场参与率（即劳动力占人口总数的比例）为 45%，20 世纪 60 年代这一比率下降为 39%，到了 20 世纪 70 年代中期，这一比率进一步下降到不足 35%。而同期的非官方调查数据却显示上述数据的变动情况不大。通过进一步的研究证实，造成意大利官方统计的总人口劳动力市场参与率不断下降的原因是很多劳动力人口在地下经济活动和准地下经济活动中就业，官方的劳动力就业统计数据无法全面、真实地反映意大利劳动力就业情况。基于这一研究发现，劳动经济学家认为可以采用总人口劳动力市场参与率来测算地下经济规模。

假定在地下经济活动和准地下经济活动中就业的劳动力与在公开经济活动中就业的劳动力具有同样的劳动生产率，同时假定一国（或地区）总人口劳动力市场参与率下降的主要原因是由于一部分劳动力在很难统计的地下经济活动和准地下经济活动中就业而引起的，那么在地下经济活动和准地下经济活动中就业的劳动力人数则等于非政府组织的全面普查所获得的劳动力就业人数与官方统计的劳动力就业人数的差额，故有公式：

$$L_u = L_p - L_o \quad (10-18)$$

其中，L_u代表在地下经济活动和准地下经济活动中就业的劳动力人数；L_p代表非政府组织全面普查所获得的劳动力就业人数；L_o为在公开经济活动中就业的劳动力人数，即政府机构统计得出的劳动力就业人数。

根据公式 10－18 和一国（或地区）的劳动生产率数据，就可以测算该国（或地区）的地下经济规模，其计算公式为：

$$Y_u = PL_u \quad (10-19)$$

其中，Y_u代表一国（或地区）的地下经济规模，P 为一国（或地区）的劳动生产率。

运用生产要素投入测算方法可以测算出一国（或地区）的地下经济规模，亦可以测算出该国（或地区）的税收不遵从水平。意大利经济学家孔蒂尼采用这一方法对意大利地下经济规模和税收不遵从水平进行了测算，结果显示，1977 年意大利地下经济规模大约相当于当年 GNP 的 7.5%，由此得知当年的税收流失率为 7.0%。美国国内收入署也曾采用这一方法测算美国的地下经济规模和税收不遵从水平，1981 年美国的地下经济规模大约相当于 GNP 的 4%～5.7%，由此推算税收流失率为 3.8%～5.4%。

生产要素投入法也存在明显的不足。例如，其假设条件（即假定总人口的劳动力市场参与率下降是导致地下经济规模扩大的唯一原因；假定在地下经济活动、准地下经济活动中就业的劳动者的劳动生产率与在公开经济活动中就业的劳动者的劳动生产率相等）比较严格，而且通过非政府组织的全面普查所取得的劳动力就业数据，也不一定能全面准确地反映出现实经济活动中劳动力就业的真实状况。另外，总人口的劳动力市场参与率方法未能把兼职从事地下经济活动、准地下经济活动的劳动投入情况包括在内，这无疑会影响到测算结果的准确性。但是总人口的劳动力市场参与率方法从一个崭新的角度来研究地下经济规模和税收不遵从水平问题，拓宽了对地下经济规模和税收不遵从水平进行测算的思路。

上面讨论了测算地下经济税收流失的现金比率法、交易法、收支差异法、生产要素投入法 4 种方法，每种方法都有其理论上的合理性和科学性，但也同时存在着一定的缺陷与不足。而从实际的运用来看，这 4 种方法对同一国家（或地区）同一时期地下经济规模的测算结果之间的差异亦较大。这说明，目前学术界对地下经济的认识可能还不太准确或全面，地下经济规模测算方法可能还不太成熟，其中的一些假设条件可能过于严格，有关的统计数据也可能由于统计口径、统计方法等不同还存在着偏差。同时，由于上述 4 种测算方法都是从宏观层面上进行的，各种测算方法都没有将微观因素纳入进来加以考虑，同时对测算方法也缺少从微观层面上的讨论或例证，所以，测算的结果可能与实际情况之间还存在着一定的差异，因此，在引用此类数据并分析测算结果时需要理性对待。

第三节
公开经济税收流失规模的测算方法

基于经济学对纳税人“经济人”的假设，对公开经济税收流失的规模进行测算，是治理税收流失的必要前提。20 世纪早期以来，对税收流失规模测算方法的研究得到了快速发展，创新出了许多具体的模型和方法，如税收能力测算法、样本推测法、曲线拟合法等，并在实践中加以运用。

一、收入能力测算法

我国学术界一般认为，“税收能力”的概念对应的是英语中的“tax capacity”、“taxable capacity”、“capacity to pay tax”或者“ability-to-pay”，也有学者将其译为“纳税能力”、“可征税能力”、“能力负担”等。而关于税收收入能力的概念，不同的国家或学者的定义也有所不同。例如，最早研究税收收入能力的学者斯泰姆（Stamp）在论及爱尔兰的税收收入能力时表示，“爱尔兰的税收收入能力应该是其居民财富的总额，无论其财富源于国内还是国外”。基梅尔（Kimmel）认为税收收入能力是“对经济活动和运行没有过度干预而又能够提升政府收入的能力”。而美国的 ACIR 在 1962 年的报告中将税收收入能力界定为“一税收辖区为公共目的而提升收入的可征税资源的数量化测算”，后来在 1986 年的报告中又改为了“各州系列同类税基与相应的国家统一税率相乘而得到的税收收入”，从而提出了“税收收入能力 = 标准税基 × 标准税率”的概念。我国学者刘新利认为，税收收入能力是在既定的税制下，一个国家或地区在经济运行中所形成的税收储量。周广仁则认为，它是根据运行规模、经济运行质量以及现行税收政策规定等，以法定税率估算的最大口径的税收收入规模，是对应 100% 征收率征税的。在现实中，我们在运用收入能力测算法进行测算时，首先需要测算出各税种的税收收入能力，然后与实际征收的税收额相比较，其差额则视为税收流失的规模。故有公式：

$$T_L = T_1 - T_2$$

其中，T_1是按照税法的有关规定和标准应征收的税收额，是利用标准税基（或法定税基）与法定税率相乘得到的，故有公式：

$$T_1 = \text{标准税基(法定税基)} \times \text{标准税率(法定税率)}$$

T_2是实际征收入库额，T_L则是该税种的税收流失额。由于现代各国普遍实行复合税制，故全部的税收流失就是各个税种流失之和，故有公式：

$$T_L = \sum_{i=1}^{n} T_i$$

其中，T_i表示第 i 个税种的税收流失。

税收收入能力测算法由于思路简单明确，故在理论上容易为人们所理解和接受。但在现实运用中，该方法却受到了两个方面因素的制约：一是所使用的数据都来自纳税人的申报，因此，这些数据的真实性和全面性将成为影响测算结果的关键因素。二是由于许多国家都实行复合税制，且税种体系往往由多个税种甚至几十个或上百个税种（如意大利有 140 个税种）组成，且每一个税种都存在程度不同的减免税等税收优惠，这就在很大程度上影响到了税基的大小，从而影响到了最终的测算结果。近年来，我国加大了结构性减税的力度，特别是对小微企业的税收减免政策力度更大。因此，在运用收入能力法进行测算时，亦必须考虑上述因素。

二、样本推测法

样本推测法是以某部门或某地区税收流失情况的统计或调查资料作为样本来推算全国税收流失规模的一种方法。其基本思路是：选取某个具有较强代表性的部门或地区作为样本，先测算出该部门或该地区的税收流失额，然后用该部门或该地区的税收流失额乘以一个特定的代表系数来作为全国的税收流失额，即：

$$T_{流失总额} = T_{某部门或地区的流失额} \times K_0 \tag{10-20}$$

其中，$T_{某部门或地区的流失额}$ 代表某部门或地区的税收流失额；K_0 为特定的代表系数；$T_{流失总额}$ 为全国税收流失总额。

由样本来推测总体，不失为测算税收流失规模的一种比较可行的方法，但这种方法对样本的选取有着较高的要求。一方面，选取多少样本就是一个需要研究的问题。如果样本比例太小，则可能会由于准确性不高而影响测算的结果；如果样本太多，则测算的成本又太高。另一方面，样本的代表性也是影响测算结果的重要因素。如果样本不具有典型性和代表性，测算的结果也就无法满足准确性的要求。只有样本具有较强的代表性才能保证据此推测出的总体特征的准确性。此外，对代表性样本的纳税人纳税情况进行分析时，必须注意其完整性和全面性。只有通过科学完整的分析，寻找到一个比较科学的代表系数，测算结果才有可能是比较准确的。

三、曲线拟合法

曲线拟合法是以某一税收流失较少年份的税收收入数据来拟合出税收收入的增长变化曲线，然后按照拟合的曲线来测算某一年度的税收收入额，并以这一测算额为该年度的应收税额，应收税额与实际征收额之间的差额则视为税收流失总额（如图 10.2 所示），即：

$$T_L = T_1 - T_2 \tag{10-21}$$

其中，T_1代表应收税额，T_2代表实际征收额。

该图中，T_1为税收收入的拟合曲线，T_2为实际税收收入曲线；在 t_1、t_2、t_3年份上，T_1和 T_2之间的垂直距离（差额）L_1、L_2、L_3即为各年份的税收流失额。

使用曲线拟合法对税收流失规模进行测算，在实际测算时，必须要满足两个基本的要求：第一，所选用的正常年份，其税收收入基本上应做到应收尽收，逃税等税收流失现象较少；第二，所拟合的曲线能反映税收收入的增长变化趋势。这两点要求使曲线拟

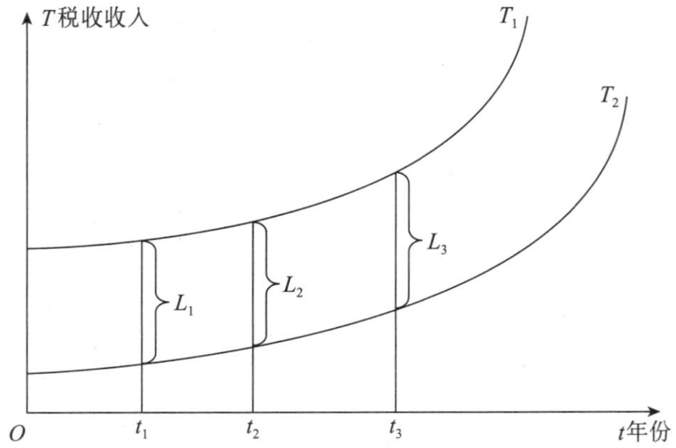

图 10.2　利用曲线拟合法测算税收流失总额

合法的应用受到了一定程度的限制。

第四节
大数据在税收流失分析中的运用

大数据是当前互联网时代下，所涉及的数据量规模巨大到无法通过主流的数据管理工具，在有效的时间内实现采集、真伪鉴别、存储管理、处理并整理成为人们所能解读的信息数据。

大数据不是随机样本，而是全体数据，数据是混杂在一起的，相互间不具有相关性，呈现出海量（volume）、高速（velocity）和多样（variety）等特点：海量是指大数据体积庞大，数据量大的一般为 TB、GB，较小的为 MB、KB 级，还有更大的海量级数据；高速是指大数据通常对时间敏感，为了最大限度地发挥其业务价值，大数据必须在有效时间内高速识别处理；多样是指大数据超越了结构化数据，它包括所有种类的非结构化数据，如文本、音频、视频、点击流、日志文件等。

一、运用大数据方法对税收流失进行研究的目标和建模关键

对税收流失研究运用大数据方法，首先需将评估企业按区域、年度、行业、规模进行划分，应用数理统计等方法进行科学选样，建立行业标准纳税经营模型及行业标准纳税经营修正模型、税收流失分析预警数学模型，对企业各类经济指标进行风险识别分析，发现企业的经济特征异常点，确定行业中经营异常的企业，指出疑点会计科目及风险指标，并指出企业偏离同行业正常经营涉及的应纳税额度的偏离区间值。然后，给出行业经营异常企业在已纳税经营期间偏离行业标准纳税额度的具体金额区间范围，并指明疑点会计科目；给出行业经营异常企业在未纳税经营期的应纳税额度、预申报纳税额度及各类经营指标偏离行业标准经营状态的偏离区间范围，并指明疑点会计科目；给出行业

企业在未来经营期间内可能出现经营异常或纳税异常的企业名单，在季度、年度汇算清缴时，给出经营异常或纳税异常预警提示，并对整个地区、各个行业未来财税缴纳走势进行预判分析，对经营异常企业，预警其行业经营生存指数或预警其具有涉嫌逃税行为，发生2次预警后将进入税务稽查部门黑名单，税务机关会对其进行约谈或稽查。通过上述工作目标的实现，可以为税收流失分析预警数学模型的建模奠定基础。

应用大数据进行税收流失分析建模需要一些关键技术和识别技术。模型涉及的纳税行业主要包括商业、制造业、建筑安装业、餐饮住宿业、房地产业，主要税种包括增值税和企业所得税等。数据的来源包括企业资产负债表（按月度），企业利润表（损益表，按月度），现金流量表（条件性选择），增值税纳税申报表（月度主表及附表），所得税纳税申报表（季度、年度主表及附表），银行、海关、外汇管理局等，以及企业经营场所情况、职员人数、能耗等数据。

进行税收流失分析的主要技术方法有三种。

一是指标定性分析。主要是通过建立风险指标特征库，如企业税负率、存货周转率、利润率、净资产收益率、存货变动率、总资产周转率、销售毛利率等分析指标，动态实时地进行预警监管，通过将企业本期经济指标或经济指标波动率与前期平均经济指标的波动率进行对比，或者与同行业同期的经济指标或经济指标的波动率的均值进行对比，找出其中的异常点，给出预警提示信息，指出异常原因，并对风险特征指标进行业务行为描述和说明，内容包括风险特征描述、数值或属性的含义、风险具体指向等。

指标定性分析的不足之处在于它假设企业经济指标符合某种特定分布规律，这与企业现实情况不太相符。从计算原理讲，指标预警分析大多是以多元线性计算关系进行风险分析，容易漏掉那些善于处理财务报表中经济指标关系却存在重大税务风险的个别企业，特别是大型、特大型的纳税异常企业，因此，这一方法及此类指标适合税收管理员做案头分析及对企业经营情况进行实时预警监管。

二是数理统计模型分析。数理统计模型分析方法是较为传统的一种分析方法，其选样、建模、识别过程，是通过去除离散及偏离行业标准经济状态的企业，选出所谓好的样本企业，依据纳税经济模型关系式，确定其相关性好的经济指标参量，建立行业税收流失分析数学模型（多元线性或非线性函数），最终得出企业各项经济特征指标的评估值，模拟企业在行业正常经营状态下的标准企业财务报表，再根据企业税务经济关系，计算出企业应纳税值，并依据企业已纳税值，确定企业在行业正常经营状态下应纳税偏离值。税收流失分析模型采用的数据可以是原始数据，也可以是处理后的环比及同比数据、加权数据、指标比率，对不同的数据类型可以建立不同的模型。

运用传统的数理统计分析方法建模的优点在于具有较强的解释性，模型中变量的系数具有一定的含义；不足之处在于较为严格的假设前提，如要求样本数据服从正态分布、等协方差，且协方差和先验概率均要已知。虽然可以采用对数变换、二次差别分析等一些必要的技术手段和方法加以改进，但这些方法应用的同时又会相应地产生变量经济含义不清晰等新的问题。另外，数理统计方法建立的评估预测模型预判效果有时不太理想，主要原因在于用于建模的所谓好的样本企业并不具有鲜明的代表性，表现在：当我们对所谓好坏两类企业进行概率密度分析时，发现两类企业在概率密度分布空间重合区域较多，而且不同类企业中即使是相同参量项，其对应的概率密度曲线重合度也较高，两类企业较多经济函数在概率密度分布中混合在一起，由此导致数理统计方法所依靠的好与坏的样本企业划分原则准确率不稳定。因此，这一方法及指标运用较为适合对行业标准经济状态的运营状况进行适时预警监管。

三是仿生识别模型技术。税收流失分析中的数学仿生识别模型是基于高维空间仿生立体几何学原理，在高维空间中运用生物仿生识别技术，将企业数据集通过高维仿生识别技术在高维空间中模拟出复杂不规则的超曲面几何体，将传统的复杂线性、非线性函数计算过程，转化为在高维空间中对事物复杂不规则几何体的识别过程。该方法绕开了繁杂的代数运算，直接利用某些简单的几何性质达到对特定事物的“认识”。仿生模式识别的任务就是判别“被识别事物”的映射在特征空间的“像”是否属于该覆盖内。简单来讲，它就是在高维空间中运用简单的立体几何方法，依据高维空间中相应超曲面的覆盖面积比例，简单快速地计算出企业经济指标超曲面的评估值的一种新技术方法。

仿生识别模型技术在税收流失分析中具有如下特点：

首先，仿生识别模型的选样过程不受统计伦理限制。在对企业进行税收流失分析数学模型识别时，并不完全依据一些传统的反映企业经济运行的重要指数来确定并判断企业好坏样本的重要变量指标，而是通过线性或非线性数理方法，建立税收流失分析数学模型，最终实现对企业纳税情况的评估判断。仿生模型是以行业企业在高维空间中复杂几何体形体的相似性、变化连续性、方向一致性、轨迹曲度相似性等仿生特征来判定企业是否为同源性样本企业，这与计量模型的选样技术是不同的，受样本企业数量、规模及局部异常指标等干扰因素影响较小；仿生模型判定识别样本企业异常的特征点是整体性的、高维度的。

其次，对企业缺失的经济指标具有较强的修复能力，对未来企业及行业的经济运行及税收情况具有较强的预测能力。依据同源性事物在高维空间中超曲面几何体形体的相似性、变化连续性、方向一致性、轨迹曲度相似性等仿生特征，通过行业标准化仿生模型和标准化修正模型，生成企业同源性超曲面仿生体，并实现对企业在行业正常经营状态下应具备的一些经济指标值的模拟评估，生成企业新的经济报表指标数据。同时，通过企业同源性修正模型，应用高维仿生识别技术中同源性数据的连续性及方向性原理，对同源性企业过去各时期的经济超曲面体，实现对企业未来年度经济超曲面体的仿生模拟，并可评估测算出某企业未来经济周期内经济运行情况和纳税情况，也可对我国某一经济行业和国民经济在未来经济周期内经济运行状态和财税收入及税务流失情况进行评估预测。

再次，识别特征变量多，识别准确率高。税收流失分析仿生模型是在高维空间中以事物所有经济指标为信息数据集的复杂不规则几何体（通常以数十个变量维度）为整体进行判断识别，与传统税收流失分析计量模型通过事物局部的多个因变量经济指标函数式（自变量一般 10 个左右）和通过指标预警分析来识别事物异常度的方法相比，具有识别特征变量多、识别准确率高、不必过于考虑各类报表数据间复杂的经济逻辑关系等优点。

最后，将复杂的数学函数计算过程简化为对几何体的形体识别，易学易懂。仿生识别将企业的纳税经营信息数据集通过高维仿生识别技术，在高维空间中模拟出相应的复杂不规则几何体；将传统的多元线性、非线性函数计算过程，转化为在高维空间中对事物形体的识别（如同将代数问题应用几何方法解决），运用简单的几何方法，依据高维空间中复杂几何体的相应超曲面的覆盖面积比例，简单快速地计算出某项经济指标的评估值。仿生识别方法计算识别速度快，准确性和稳定性也都较理想。

二、大数据方法应用的典型案例

中国科学院应用数学研究所财税信息技术研究中心薛清水研究员以《数学模型技术在税务大数据分析中的应用》为题，剖析了大数据背景下如何利用仿生识别数学模型技术分析整合海量信息，治理税收流失，取得了初步成效，并通过在国家税务总局的试运行，完成了一些典型案例。

案例 1——佛山市国税局："通过下户调查和立案稽查，调增业务收入或应纳税所得额的有 20 户，占总核查户数的 65%。总调增业务收入 3600 万元、所得额 1276 万元，查补税款合计 570 万元。12 户问题明显的企业被立案稽查，其中，佛山 X 陶瓷公司申报业务收入不到 6 亿元，而其在银行的收款记录却高达 27 亿元；南海 X 燃料公司被查出滞留票 3000 多万元。"

案例 2——兰州市城关区国税局："132 户存在风险异常的企业，经实地核查发现有问题企业 120 户，评估未发现问题的企业 12 户。其中，有问题查补税款企业 120 户，查补税款 1304 万元。"我们发现这些纳税人的查补金额近 50% 在评估模型计算的逃漏税差额区间内。

案例 3——大连市国税局："实际核查增值税 45 户（一户账在地税、一户空壳企业），有问题 18 户，补税 12 户，共补增值税 483 万元，所得税 744 万元；增值税自查户为 32 户，有问题 7 户，补税 6 户，补增值税 170 万元。"

案例 4——大连市地税局："在核查的 20 户纳税人中，直接查处存在涉税问题的 9 户，调增应纳税所得额 3000 余万元，查补企业所得税 610 余万元。11 户纳税人在核查过程中未发现涉税问题。其中，8 户纳税人因核查年度内享受企业所得税税收优惠政策，在具体核查过程中，发现这些纳税人的减免税金额与国税总局评估模型计算的疑点差额十分相近。如不考虑减免税数据偏差造成的影响，我局本次核查的 20 户纳税人中，只有 3 户未发现问题。上述核查结果充分说明了总局税务数学模型计算的有效性和推广应用的价值。"

案例 5——上海市国税局："风险识别模型涉及逃漏税款 10843.55 万元，其中增值税 4217.82 万元、企业所得税 6625.73 万元。""共补征各类税款 3915.25 万元，其中应补缴增值税 1832 万元、企业所得税 1355.44 万元、其他税款 727.81 万元。""由于其他因素影响税款 2932.36 万元。""证明了数学模型所形成的漏税区间值有较强的指导意义。"

上海 × × 进出口有限公司所属行业为经营和代理各类商品及技术进出口业务，主要从事对外贸易、转口贸易和中外合资合作业务，为增值税一般纳税人，适用税率17%。经核查，2010年度该企业少申报纳税832万元，其中涉及增值税141.44万元（模型评估的增值税税款差额下限为70.0692万元，上限为160.0722万元）。

上海××粮油贸易有限公司所属行业为米、面制品及食用油批发，主要从事粮油等各类商品的进出口业务，为增值税一般纳税人，适用税率13%。经核查，2009年该公司购进应税商品菜籽，再委托加工成应税商品菜油及免税商品菜粕。销售应税商品菜油已按规定纳税，但销售免税商品菜粕所对应的进项税额未进行进项税额转出处理，累计税额828.39万元。

第十一章

规模测算：税收流失总体规模的测算与分析

2008 年，国家税务总局局长肖捷先后在考察四川、江苏、浙江、广东、海南等地时要求各地在税收专业化管理过程中，重视税收风险防控工作，掌握税源流失的脉络，以做到有的放矢，尽最大可能遏制税收流失。这是国家税务总局主要领导第一次提出并要求各税务部门重视对税收流失的治理。2012 年 5 月，国家税务总局副局长丘小雄在四川眉山市召开的国家税务总局企业所得税流失规模估算试点工作汇报会上的讲话中，要求充分认识估算工作的重要性，确保试点工作的有序进行。会后，国家税务总局发布国税函［2012］56 号文件，正式明确在四川省乐山市开展企业所得税流失估算试点工作。同年 8 月，王军担任国家税务总局局长后，在全国税务系统税收征管改革工作会议上提出了建立现代税收体系的构想，明确提出了税收征管工作“两提高和两低一高”的目标，即提高税法遵从度、提高纳税人满意度；降低征纳税成本、降低税收流失率，提高税收征收管理的质量与效率，并列入税务系统年度绩效考核工作中。这是改革开放 30 多年以来国家税务总局主要领导首次将治理税收流失的考核指标具体化。此后，各地相继开展了以税收分析、税收风险防控、税务管理绩效考核等为内容的税收管理现代化实践。这充分说明，税收流失问题已经获得相关管理部门的高度重视，并列入了决策者的重要议程。

税收流失规模的测算在国内外存在多种不同的方法，本书第十章进行了具体且较为详尽的阐述与分析。虽然每种方法都具有一定的科学性和合理性，但不同的方法得到的测算结果却相差甚大。就笔者所知，目前采用较多的方法仍然是运用现金比率法对地下经济所导致的税收流失规模进行测算和运用税收收入能力测算法对公开经济中的税收流失额进行测算。这两种方法具有更多微观化的基础，测算结果亦较为接近现实，因而得到了多数学者的赞同。本书亦采用这两种方法分别对我国地下经济和公开经济中的税收流失总规模进行测算①。

---

① 税收流失规模测算过程中所采用数据的合法性和准确性是制约税收流失规模测算的另一个重要因素。本书将全部采用《中国统计年鉴》（以下简称《统计年鉴》）、《中国财政年鉴》、《中国税务年鉴》、《中国金融年鉴》（以下简称《金融年鉴》）和《中国第三产业统计年鉴》所提供的统计数字进行测算，以保证数据来源的合法性和权威性，以及测算结果的基本准确性。

第一节
地下经济税收流失的规模测算

地下经济税收流失规模测算的方法如第十章所述：

地下经济税收流失(T_u) = 地下经济规模(Y_u) × 宏观税负(t) (11－1)

从公式11－1中可以看出，地下经济的规模是测算地下经济税收流失的关键要素。根据简化后的现金比率法，地下经济规模的测算公式为：

$$Y_u = \frac{C - D \times K_0}{K_0 + 1} Y_0 \tag{11-2}$$

其中，C为现金余额，D为活期存款余额，Y_0为公开经济的收入规模，K_0为公开经济的现金比率，即公开经济中的现金余额与公开经济中的活期存款余额之比，这一指标可以通过假定某一特定时期地下经济活动规模很小可忽略不计，而选择该时期作为基期，将该时期全部的现金余额C与全部的活期存款余额D之比作为公开经济的现金比率。

下面运用现金比率法对我国地下经济的规模及其导致的税收流失规模进行初步测估。首先需要确定K_0的值。假定以改革开放之初的1982年作为基期，一方面考虑到这一时期处于改革开放初期，地下经济规模还比较小，另一方面通过实行改革开放，商品经济有了较快发展，经济的货币化程度有了显著提高，这样便于降低经济货币比对测估结果的影响。根据1982年的数据，有公式：

$$K_0 = \left(\frac{C}{D}\right)_{1982} = \frac{439.12}{1435.94} \approx 0.3058 \tag{11-3}$$

根据1990～1997年的数据列表（如表11.1所示），运用公式11－2可以计算这一时期地下经济的规模。

表11.1　1990～1997年中国地下经济税收流失测估表　单位：亿元

年份 ①	GNP（Y_0） ②	税收实际征收额 ③	宏观税率（%） ④=③/②	流通中现金（C） ⑤	活期存款余额（D） ⑥	地下经济规模（Y_u） ⑦	税收流失额 ⑧=⑦×④	税收流失占实际征收额的比重（%） ⑨=⑧÷③
1990年	18598.4	2821.86	15.17	2644.4	4964.5	3231.18	490.25	17.37
1991年	21662.5	2990.17	13.80	3177.8	5455.5	4590.21	633.61	21.19
1992年	26651.9	3296.91	12.37	4336.0	7395.2	5725.65	708.28	21.48
1993年	34560.5	4255.30	12.31	5864.7	10415.7	6808.97	838.36	19.70
1994年	46670.0	5123.88	10.98	7288.6	13252.1	8727.69	959.17	18.71
1995年	57494.9	6038.04	10.50	7885.3	16101.8	8097.87	850.28	14.08
1996年	66850.5	6909.82	10.34	8802.0	19712.8	7203.75	744.87	10.78
1997年	73452.5	8234.04	11.21	10177.6	24648.7	6024.82	675.38	8.20

以上测算仅仅是对地下经济造成的税收流失进行初步估算。由于以 1982 年作为基期，是在假定该年度地下经济规模为零的基础上运用模型进行测算，因此显然会低估地下经济规模。所以，一般而言，运用现金比率法所测估出来的税收流失规模可能要比实际的税收流失规模小。另一方面，宏观税负本身是在地上经济也存在税收流失的基础上得出的，考虑这一因素，这种方法测算税收流失的结果也偏小。尽管如此，测估表中地下经济流失的税款每年仍达数百亿元、近千亿元之多。

实际上，现金并非是地下经济中唯一的交换媒介。在对地下经济进行考察后，发现家庭中的修理和实物采购这些非正规的购买行为只有 50% 是通过现金支付的，估计约 25% ~30% 的其他非正规劳务是通过非现金支付形式进行的①，因此，现金比率法中现金是地下经济唯一交换媒介的假设会低估地下经济的规模，进而低估税收流失的规模。另外，选择某一年作为研究基期就是假定该年的地下经济规模为零，将该年度的 K 值作为 K_0 代入现金比率模型进行测算，显然这也会低估地下经济规模，低估税收流失的规模。

为使测算数据相对更为准确，在对现金比例模型进行适当修正和改进的基础上，我们对 2001 ~2013 年的地下经济规模进行了测算。

首先，放宽现金是唯一交换媒介的假设，采用货币供给中的狭义货币 M_1 和广义货币 M_2 来推算地下经济的规模。根据流动性，将货币供给分为三个层次，即：银行外流通的现金（包括纸币和铸币）M_0 流动性最强，M_0 加上可直接用于转账结算的单位活期存款定义为更高层次的货币（狭义货币）M_1。M_0 与城乡个人消费及个体和集体经济中的交易行为紧密相关，M_1 除去 M_0 的相关范围以外，还与全社会投资和社会生产紧密相关。M_1 加上定期储蓄存款和其他存款构成我国广义货币 M_2，M_2 与全社会较长时期的需求密切相关。这里，定义 $M = M_2 - M_1$，把传统现金比率法公式中的 C 扩展为 M_1，D 扩展为 M，使现金比率法的现金是唯一交易媒介的限制大大放宽，也更符合实际。公式演化为：

$$Y_u = Y_0 \cdot \frac{M_1 - K_0 M}{(K_0 + 1) M} \qquad (11-4)$$

其次，重新定义 K_0。我国学者在 K_0 取值时都是选择某一年份作为基期来测算地下经济规模，前文已经提及，这种做法实际上是假设该基期年份的地下经济规模为零，显然这会低估地下经济的规模。事实上，K_0 反映的是某一时段内人们对现金和短期存款的需求状况，那么每年新增加的收入也应按原有的需求比例进行分配，因此，有必要对 K_0 进行重新定义。为此，对我国 1990 ~2012 年现金和短期存款的时间序列数据进行分析，分别得到现金和短期存款的时间趋势方程，由此得到 K_0，即两个方程的系数之比。

根据统计年鉴的数据进行线性回归，可分别得到现金 C 和短期存款 D 的时间趋势方程（以 1990 年为基期，$t=1$）：

$$C = -5585.34 + 2159.82t$$

$$D = -49851.42 + 10569.16t$$

由以上趋势方程可以得出：$K_0 \approx 2159.82/10569.16 \approx 0.2043$

---

① 刘洪，夏帆：《我国非正规经济规模的定量估测》，载《统计研究》2003 年第 10 期，第 34 ~38 页。

根据以上得出的 K_0 以及修正后的公式 11－4，代入数据得出我国 2001～2013 年的地下经济规模（如表 11.2 所示）。

表 11.2　　2001～2013 年中国地下经济税收流失估测表　　单位：亿元

年份	GNP（Y_0）	税收实际征收额（T）	宏观税率（%）	狭义货币（M_1）	广义货币除去狭义货币部分（M）	地下经济规模（Y_u）	税收流失额	税收流失占实际征收额的比重（%）
2001 年	108068.2	15301.38	14.16	59871.6	98430.31	36249.80	5132.61	33.54
2002 年	119095.7	17636.45	14.81	70881.8	114125.18	41217.03	6103.68	34.61
2003 年	134977	20017.31	14.83	84118.6	137104.23	45867.00	6802.15	33.98
2004 年	159453.6	24165.68	15.16	95969.7	158137.30	53302.47	8078.15	33.43
2005 年	183617.4	28778.54	15.67	107278.8	191476.90	54274.12	8506.44	29.56
2006 年	215904.4	34804.35	16.12	126035.1	219568.46	66281.36	10684.73	30.70
2007 年	266422	45621.97	17.12	152560.1	250882.13	89329.72	15296.78	33.53
2008 年	316030.3	54223.79	17.16	166217.1	308949.47	87570.94	15025.23	27.71
2009 年	340320	59521.59	17.49	220001.5	386223.50	103235.47	18055.77	30.33
2010 年	399759.5	73210.79	18.31	266621.5	459230.30	124904.82	22874.70	31.24
2011 年	468562.3	89738.39	19.15	289847.7	561743.20	121266.32	23224.76	25.88
2012 年	516282.1	100614.28	19.49	308673.0	665486.47	111260.49	21682.71	21.55
2013 年	566130.2	110530.70	19.52	337291.1	769233.90	110084.26	21488.67	19.44

从表 11.2 中可见，测算的地下经济规模数据比其他学者通过现金比率法测算的数据要大一些，其主要原因就是本书采取的测算方法不仅将通过现金进行的地下经济活动纳入了测算范围，而且将通过现金以外的一些支付方式进行的地下经济活动也纳入了测算范围。另外，虽然表 11.2 中估测的税收流失额偏大，但即使取估测值的 50% 作为税收流失额，其数额也非常巨大，2012 年已超过 1 万亿元。

第二节
公开经济税收流失的规模测算

根据税收收入能力测估法，首先需测估出各税种的税收收入能力，然后与实际征收的税收额相比较，其差额视为税收流失的规模。

假定 T_1 是按照税法有关规定和标准应征收的税收额，T_2 是实际征收入库额，则税收流失额 T_L 表示为：

$$T_L = T_1 - T_2 \qquad (11-5)$$

而每一个税种的税收流失，又可用该税种的税收收入能力，即法定税基（或标准税基）与法定税率（或标准税率）的乘积，减去该税种的实际征收入库额来近似求得。因此，税收收入能力测算法的关键是要对各个单个税种的法定税基（或理论税基）进行准确的测算。

一、增值税的流失规模测算

$$\begin{aligned}\text{增值税收入能力} &= \text{销项税额} - \text{进项税额} \\ &= \sum(\text{应税产品总产值} - \text{应税产品投入值}) \times \text{适用税率} \\ &= \sum \text{应税产品的增加值} \times \text{适用税率} \qquad (11-6)\end{aligned}$$

根据我国税法的规定，增值税征收范围包括生产、批发、零售、进口商品以及加工、修理、修配劳务，虽然加工、修配劳务的有关数据难以获取，但实际上这部分税款比重也较少，为简便起见，不把它纳入测算之中。那么，我国增值税税收收入能力的测算公式如下：

增值税收入能力 = 工业部门应交增值税 + 批发零售环节应交增值税 + 进口环节应交增值税

这里，工业部门应税产品的增加值按第二产业中工业部门（不包括建筑业）的 GDP 作为理论税基；批发零售环节应税产品的增加值以全国商品销售（包括批发、零售）总额减去商品购进总额后的差额作为理论税基；进口环节应税产品的增加值以进口商品总额扣除属于“三来一补”的商品进口额和外商直接投资进口的机器设备等的余额作为理论税基。按照上述理论税基计算的收入能力还应扣除一定比例的法定减免优惠。据此测算，我国增值税的法定税式支出约为20%，故以20%作为计算时的法定税式支出。

首先，我们计算工业企业的增值税应税能力。工业企业增值税的应税能力等于工业企业创造的 GDP 与增值税标准税率的乘积，减去法定的税式支出额，由此得到如表 11.3 所示的测算结果。

表 11.3　　工业企业增值税应税能力

年份 ①	GDP（亿元） ②	标准税率（%） ③	税式支出（%） ④	应税额（亿元） ⑤
2001 年	43580.6	17	20	5926.96
2002 年	47431.3	17	20	6450.66
2003 年	54945.5	17	20	7472.59
2004 年	65210	17	20	8868.56
2005 年	77230.8	17	20	10503.39
2006 年	91310.9	17	20	12418.28
2007 年	110534.9	17	20	15032.75
2008 年	130260.2	17	20	17715.39

续表

年份 ①	GDP（亿元） ②	标准税率（%） ③	税式支出（%） ④	应税额（亿元） ⑤
2009 年	135239.9	17	20	18392.63
2010 年	160722.2	17	20	21858.22
2011 年	188470.2	17	20	25631.95
2012 年	199670.7	17	20	27155.22
2013 年	210689.4	17	20	28653.76

然后，我们计算批发零售企业的增值税应税能力。批发零售企业增值税的应税能力等于批发零售企业的商品销售总额减去商品购进总额后的数据与标准税率的乘积，减去法定的税式支出额。由此得到如表 11.4 所示的测算结果。

表 11.4　　我国批发、零售企业增值税应税能力

年份 ①	商品销售总额（亿元） ②	商品购进总额（亿元） ③	标准税率（%） ④	税式支出（%） ⑤	应税额（亿元） ⑥
2001 年	35153.3	32489.05	17	20	362.34
2002 年	40090.3	36885.94	17	20	435.79
2003 年	48613.2	45383.9	17	20	439.18
2004 年①	86928.6	—	17	20	—
2005 年	93151.3	87530.9	17	20	764.37
2006 年	110054.8	103139	17	20	940.55
2007 年	132740.8	128912.5	17	20	520.65
2008 年	208229.8	184039.3	17	20	3289.91
2009 年	201166.2	179202.9	17	20	2987.01
2010 年	276635.7	248040.9	17	20	3888.89
2011 年	360525.9	328160.3	17	20	4401.72
2012 年	410523.7	378314.8	17	20	4380.41
2013 年	496603.8	451265.1	17	20	6166.06

最后，我们计算进口环节增值税的应税能力。进口环节增值税的应税能力等于进口货物总额与标准税率的乘积，再减去法定的税式支出额。由此得到如表 11.5 所示的测算结果。

① 由于从《中国统计年鉴》等公开资料中查不到本年度商品购进总额的数据，故本年度的批发零售企业增值税的应税能力暂缺。

表 11.5 进口环节增值税应税能力

年份 ①	货物进口额 （亿美元） ②	标准税率 （%） ③	税式支出 （%） ④	当年美元与人民币平均兑换率 ⑤	进口环节应缴增值税能力（亿元） ⑥
2001 年	2435.53	17	20	8.2770	2741.61
2002 年	2951.70	17	20	8.2770	3322.65
2003 年	4127.60	17	20	8.2770	4646.32
2004 年	5612.29	17	20	8.2768	6317.45
2005 年	6599.53	17	20	8.1917	7352.35
2006 年	7619.30	17	20	7.9718	8260.58
2007 年	9561.16	17	20	7.6040	9887.62
2008 年	11325.67	17	20	6.9451	10697.48
2009 年	10059.23	17	20	6.8310	9345.19
2010 年	13962.44	17	20	6.7695	12854.55
2011 年	17434.84	17	20	5.4588	12943.57
2012 年	18184.01	17	20	6.3125	15610.97
2013 年	19499.90	17	20	6.2075	16462.20

在上述三个表分别求出工业企业增值税应税能力、批发零售企业增值税应税能力、进口环节增值税应税能力的基础上，通过加总求和的方式求出我国各年度增值税的应税能力，减去当年增值税的实际征收额，由此求出增值税流失规模测算结果，具体如表 11.6 所示。

表 11.6 我国增值税的流失规模

年份 ①	增值税应税能力 （亿元） ②	增值税实征额 （亿元） ③	增值税流失规模 （亿元） ④	流失额占实征额的比例（%） ⑤
2001 年	9030.91	7090.77	1940.14	27.36
2002 年	10209.10	8141.18	2067.92	25.40
2003 年	12558.10	7341.37	5216.73	71.06
2004 年	15186.01	12593.65	2592.36	20.59
2005 年	18620.11	14867.07	3753.04	25.24
2006 年	21619.41	17755.94	3863.47	21.76
2007 年	25441.01	21595.43	3845.58	17.81
2008 年	31702.77	25266.41	6436.36	25.47
2009 年	30724.82	26109.83	4614.99	17.68
2010 年	38601.66	31451.58	7150.08	22.73
2011 年	42977.24	37210.03	5767.21	15.50
2012 年	47146.60	40448.22	6698.38	16.56
2013 年	51282.02	43548.35	7733.67	15.08

二、企业所得税的流失规模测算

根据税收收入能力测算法，企业所得税流失总额的测算结果如表 11.7 所示。

表 11.7　企业所得税流失规模测算

年份 ①	国有及非国有规模以上工业企业所得税应纳税额（亿元） ②	税率 （%） ③	应纳税额 （亿元） ④	全国财政收入中的实际征收额度 （亿元） ⑤	税收流失额 （亿元） ⑥	流失比例 （%） ⑦
2001 年	16473.45	33	4348.99	2630.87	1718.12	39.51
2002 年	19242.01	33	5079.89	3085.79	1994.10	39.25
2003 年	24533.06	33	6476.73	2919.51	3557.22	54.92
2004 年	30743.17	33	8116.20	3957.33	4158.87	51.24
2005 年	38681.48	33	10211.91	5343.92	4867.99	47.67
2006 年	48895.85	33	12908.50	7039.6	5868.90	45.47
2007 年	65118.42	33	17191.26	8779.25	8412.01	48.93
2008 年	76724.32	25	15344.86	11175.63	4169.23	27.17
2009 年	85012.42	25	17002.48	11536.84	5465.64	32.15
2010 年	112487.2	25	22497.44	12843.54	9653.90	42.91
2011 年	133738.25	25	26747.65	16769.64	9978.01	37.30
2012 年	144750.32	25	28950.06	19654.53	9295.53	32.11
2013 年	161173.01	25	32234.60	22427.2	9807.40	30.43

三、营业税的流失规模测算

根据税收收入能力测算法，测算营业税税收流失总额的基础数据如下（参见表 11.8 和表 11.9）。

表 11.8　营业税应税各行业总产值

年份 ①	建筑业 （亿元） ②	交通、仓储、邮电业（亿元） ③	住宿餐饮业 （亿元） ④	金融业 （亿元） ⑤	房地产业 （亿元） ⑥	综合服务业 （亿元） ⑦
2001 年	15361	14482	2388	6313	8997	38253
2002 年	18527	15795	2712	6688	10201	43692
2003 年	23084	16681	3111	7233	11779	49693
2004 年	29021	19550	3289	7822	10376	57597
2005 年	34552	22412	3874	8828	17576	68255
2006 年	41557	25599	4699	11747	20826	79291

续表

年份 ①	建筑业 （亿元） ②	交通、仓储、邮电业（亿元） ③	住宿餐饮业 （亿元） ④	金融业 （亿元） ⑤	房地产业 （亿元） ⑥	综合服务业 （亿元） ⑦
2007 年	51044	30680	5619	17895	29889	95632
2008 年	62037	34381	7417	21558	25068	113969
2009 年	76808	35842	7633	25712	44355	125939
2010 年	96031	40331	8030	30419	43470	150873
2011 年	116463	47287	9128	36185	51106	179132
2012 年	137281	51984	10413	41644	56022	203933
2013 年	159313	54842	11249	46521	59158	224971

资料来源：历年《中国统计年鉴》、《中国税务年鉴》、《中国第三产业统计年鉴》、《中国金融年鉴》。

表 11.9　　各行业营业税额及税收流失规模测算

年份 ①	建筑业 （亿元） ②	交通、仓储、邮电业 （亿元） ③	住宿餐饮业 （亿元） ④	金融业 （亿元） ⑤	房地产业 （亿元） ⑥	综合服务业 （亿元） ⑦	总应纳税额 （亿元） ⑧	实际征收额 （亿元） ⑨	流失额 （亿元） ⑩	流失率 （%） ⑪
2001 年	461	434	119	505	450	1913	3882	2085	1798	46.3
2002 年	556	474	136	535	510	2185	4395	2468	1927	43.9
2003 年	693	500	156	362	589	2485	4784	2869	1915	40.0
2004 年	871	587	164	391	519	2880	5411	3584	1828	33.8
2005 年	1037	672	194	441	879	3413	6636	4232	2404	36.2
2006 年	1247	768	235	587	1041	3965	7843	5130	2713	34.6
2007 年	1531	920	281	895	1494	4782	9903	6583	3321	33.5
2008 年	1861	1031	371	1078	1253	5698	11293	7628	3665	32.5
2009 年	2304	1075	382	1286	2218	6297	13561	9015	4546	33.5
2010 年	2881	1210	402	1521	2174	7544	15730	11159	4571	29.1
2011 年	3494	1419	456	1809	2555	8957	18690	13680	5010	26.8
2012 年	4118	1560	521	2082	2801	10197	21279	15751	5527	26.0
2013 年	4779	1645	562	2326	2958	11249	23519	17233	6286	36.5

四、其他税种税收流失的规模测算

通过测算我们可以看出，我国公开经济中的税收流失是十分严重的。但是，需要指出的是，上述测算只是针对增值税、企业所得税、营业税的税收流失情况进行的，但实际上，除了上述三大税种外，根据税法的规定，我国目前还有十多个税种在征税，如个人所得税、消费税、关税、资源税、印花税等。虽然其中每一个税种的税收收入额可能要比上述三大税种的税收收入额为小，但这些税种的税收收入之和却是很大的，由此所导致的税收流失额也很大。因此，对于这些税种所导致的税收流失也就不能略去不计。但是，由于对这些小税种进行测算所需数据在历年的《中国统计年鉴》中都未能够比较全面地反映出来，而通过其他途径所获得的数据又不具有权威性和准确性，再加上测算方法与技术等十分复杂，就使得对于这些税种的税收流失规模的具体测算不但难度很大，而且测算的结果也很难具有准确性与科学性。然而，由于我国目前的税收流失主要是在征管过程中形成的，而对于这些税种的征收与管理，都是由各级国家税务机关与地方税务机关来负责的，它们所执行的税收征收与管理方面的法律法规都是相同的，所采用的征管手段与措施也都是一样的，因此，这些税种的流失比例也应该与上述三大税种的流失比例大体相同。所以，我们可以按照上述三大税种的税收流失比例来推算出其他税种的税收流失规模。从表 11. 6、表 11. 7 和表 11. 9 中所反映出的情况来看，增值税的流失率从 2004 年的 71. 06% 到 2013 年的 15. 08%，虽然下降非常明显，但平均下来，年均流失率也达到了 24. 83%。企业所得税的流失率虽然最低的一年只有 2008 年的 27. 17%，但平均则为 40. 70%。营业税最低的流失率虽然也只有 2012 年的 26%，但平均下来，也达到了 34. 82%，再加上消费税、资源税等这些小税种与上述三大税种相比而言，其税源更为分散，征管更为艰难，因此，税收流失的可能性也就更大。所以，在借鉴国际上进行小税种税收流失率测算的共同做法，考虑到我们国家税收征管的实际情况和土地及房地产行业的税收流失比率相对较高，故把土地使用税、土地增值税和房产税的流失比例定为 40%，把其他小税种的流失比例定为 30%。由于车辆购置税和车船税流失的可能性很小，故我们对这两个税种的流失额不再测算。详见表 11. 10。

表 11. 10　　其他税种的税收流失规模测算

年份 ①	个人所得税（亿元） ②	资源税（亿元） ③	城市维护建设税（亿元） ④	印花税（亿元） ⑤	农牧业税、烟叶税和契税等（亿元） ⑥	前五种税收实际征收额（亿元） ⑦	前五种税收应征额（亿元） ⑧	房产税（亿元） ⑨	城镇土地使用税（亿元） ⑩	土地增值税（亿元） ⑪	房产类税收实际征收额（亿元） ⑫	房产类税收应征额（亿元） ⑬	实际征收额（亿元） ⑭	流失额（亿元） ⑮
2001 年	996. 02	67. 11	384. 40	337. 04	40. 32	1824. 89	2606. 99	228. 59	66. 18	10. 33	305. 10	508. 50	2129. 99	985. 50
2002 年	1211. 07	75. 14	470. 92	179. 42	17. 88	1954. 43	2792. 04	282. 40	76. 84	20. 51	379. 75	632. 92	2334. 18	1090. 78
2003 年	1417. 33	83. 11	550. 01	214. 98	7. 04	2272. 47	3246. 39	323. 86	91. 57	37. 29	452. 72	754. 53	2725. 19	1275. 73
2004 年	1736. 20	98. 80	674. 06	290. 28	3. 42	2802. 76	4003. 94	366. 31	106. 22	75. 05	547. 58	912. 63	3350. 34	1566. 24
2005 年	2093. 96	142. 20	795. 67	226. 85	1. 69	3260. 37	4657. 67	435. 85	137. 35	140. 31	713. 51	1189. 18	3973. 88	1872. 97
2006 年	2452. 67	207. 02	939. 73	376. 64	42. 18	4018. 24	5740. 34	514. 81	176. 81	231. 47	923. 09	1538. 48	4941. 33	2337. 50
2007 年	3184. 94	261. 02	1156. 40	2261. 75	48. 48	6912. 59	9875. 13	575. 42	385. 47	403. 12	1364. 01	2273. 35	8276. 60	3871. 88
2008 年	3722. 31	301. 64	1344. 20	1320. 15	68. 77	6757. 07	9652. 96	680. 28	816. 89	537. 44	2034. 61	3391. 02	8791. 68	4252. 29
2009 年	3943. 58	338. 22	1544. 14	901. 47	81. 42	6808. 83	9726. 90	803. 62	920. 99	719. 55	2444. 16	4073. 60	9252. 99	4547. 51
2010 年	4837. 27	417. 55	1887. 10	1041. 87	78. 44	8262. 23	11803. 19	894. 06	1004. 01	1278. 29	3176. 36	5293. 93	11438. 59	5658. 53
2011 年	6054. 08	598. 83	2777. 48	1043. 74	91. 42	10565. 55	15093. 64	1102. 39	1222. 22	2062. 79	4387. 40	7312. 33	14952. 95	7453. 03
2012 年	5820. 32	904. 22	3126. 76	986. 79	4588. 26	15426. 35	22037. 64	1372. 48	1540. 72	2719. 06	5632. 26	9387. 10	21058. 61	10366. 13
2013 年	5684. 25	1256. 20	3317. 94	1141. 86	4986. 55	16386. 80	23409. 71	1548. 52	1748. 56	3024. 28	6321. 36	10535. 60	22708. 16	11237. 15

公开经济税收流失的测算结果如表 11.11 所示。

表 11.11 **公开经济税收流失估测表** 单位：亿元

年份 ①	增值税（亿元） ②	企业所得税（亿元） ③	营业税（亿元） ④	其他税收（亿元） ⑤	公开经济税收流失总额（亿元） ⑥	税收实征额（亿元） ⑦	公开经济税收流失占税收实征额的比例（%） ⑧	国民生产总值GNP（亿元） ⑨	公开经济税收流失占 GNP 的比例（%） ⑩
2001 年	1940.14	1718.12	1798.00	985.50	6441.76	15301.38	42.10	108068.20	5.96
2002 年	2067.92	1994.10	1927.00	1090.78	7079.80	17636.45	40.14	119095.70	5.94
2003 年	5216.73	3557.22	1915.00	1275.73	11964.68	20017.31	59.77	134977.00	8.86
2004 年	2592.36	4158.87	1828.00	1566.24	10145.47	24165.68	41.98	159453.60	6.36
2005 年	3753.04	4867.99	2404.00	1872.97	12898.00	28778.54	44.82	183617.40	7.02
2006 年	3863.47	5868.90	2713.00	2337.50	14782.87	34804.35	42.47	215904.40	6.85
2007 年	3845.58	8412.01	3321.00	3871.88	19450.47	45621.97	42.63	266422.00	7.30
2008 年	6436.36	4169.23	3665.00	4252.29	18522.88	54223.79	34.16	316030.30	5.86
2009 年	4614.99	5465.64	4546.00	4547.51	19174.14	59521.59	32.21	340320.00	5.63
2010 年	7150.08	9653.90	4571.00	5658.53	27033.51	73210.79	36.93	399759.50	6.76
2011 年	5767.21	9978.01	5010.00	7453.03	28208.25	89738.39	31.43	468562.30	6.02
2012 年	6698.38	9295.53	5527.00	10366.13	31887.04	100614.28	31.69	516282.10	6.18
2013 年	7733.67	9807.40	6286.00	11237.15	35064.22	110530.70	31.72	566130.20	6.19

需要说明的是，在一般测算过程中，学者们计算的都是公开经济税收流失额占国民收入（GDP）的比重和所有的税收流失额占国民收入（GDP）的比重，而本表中计算的是公开经济税收流失额占国民生产总值（GNP）的比重和所有的税收流失额占国民生产总值（GNP）的比重。原因何在？我们认为，尽管国民收入（GDP）和国民生产总值（GNP）这两个数字之间的差距不大，对于计算税收流失额所占的比重来讲差别就更小，甚至可以忽略这两个占比之间的差别，但是这两个数字所表达的含义是不同的。由于国民收入（GDP）代表的是在一国地域范围内一定时期的生产总值，因此，在实行地域税收管辖权的国家中，国家征税的对象就是国民收入（GDP）。这样，计算税收流失占 GDP 的比重就能够比较准确地反映出税收流失额与征收对象之间的关系。而在实行地域管辖和居民管辖权的国家，国家不仅要对所有在本国地域范围内创造的财富征税，而且还必须对本国居民在国外进行生产活动所创造的财富进行征税，故它的征税对象就不是国民收入（GDP），而是国民生产总值（GNP），因此，计算税收流失额占国民生产总值（GNP）的比重，就能够比较客观和准确地反映出税收流失额与征税对象之间的关系。目前，世界上，实行单一税收地域管辖权的国家很少，大多数国家都同时实行地域管辖权和居民管辖权。我国实行的也是居民管辖权和地域管辖权。因此，我们认为，计算税收流失额占国民生产总值（GNP）的比重比较科学、合理，故在本书中我们采用了 GNP 而不是 GDP。

第三节
对税收流失总规模的初步分析

首先，为了与国民生产总值（GNP）进行关联分析，对地下经济中税收流失总规模和公开经济中税收流失总规模进行加总。加总后的税收流失总规模如表 11.12 所示。

表 11.12　　加总后税收流失总规模估测表　　单位：亿元

年份 ①	国民生产总值 GNP（Y_0） （亿元） ②	公开经济 税收流失 总额（亿元） ③	地下经济税收 流失总额 （亿元） ④	税收 流失总额 （亿元） ⑤	税收实征额 （亿元） ⑥	税收流失占 税收实征额的 比重（%） ⑦	税收流失额 占 GNP 的 比重（%） ⑧
2001 年	108068.20	6441.76	5132.61	11574.37	15301.38	75.64	10.71
2002 年	119095.70	7079.80	6103.68	13183.48	17636.45	74.75	11.07
2003 年	134977.00	11964.68	6802.15	18766.83	20017.31	93.75	13.90
2004 年	159453.60	10145.47	8078.15	18223.62	24165.68	75.41	11.43
2005 年	183617.40	12898.00	8506.44	21404.44	28778.54	74.38	11.66
2006 年	215904.40	14782.87	10684.73	25467.60	34804.35	73.17	11.80
2007 年	266422.00	19450.47	15296.78	34747.25	45621.97	76.16	13.04
2008 年	316030.30	18522.88	15025.23	33548.11	54223.79	61.87	10.62
2009 年	340320.00	19174.14	18055.77	37229.91	59521.59	62.55	10.94
2010 年	399759.50	27033.51	22874.70	49908.21	73210.79	68.17	12.48
2011 年	458562.30	28208.25	23224.76	51433.01	89738.39	57.31	10.98
2012 年	516282.10	31887.04	21682.71	53569.75	100614.28	53.24	10.38
2013 年	566130.20	35064.22	21488.67	56552.89	110530.70	51.16	9.99

其次，对上述加总后的税收流失的测算结果进行一些初步分析，特点如下：

第一，加总后的税收流失总体规模的测算结果很有可能比实际规模小一些，理由如下：

一是对地下经济税收流失规模进行测算时，由于在收入统计时隐瞒收入者也有可能在支出统计时相应隐瞒其支出，特别是这些支出是用于地下经济活动时或是支出者有可能意识到公开支出可能暴露其收入来源时，故收入数据可能偏低，由此使测算结果比实际规模小一些。

二是对公开经济税收流失规模的测算扣除了农业部门，着重测算第二产业及第三产业的所有部门的税收流失、个人所得税流失等。对增值税流失规模进行测算时，只对工业企业部门、批发零售部门和进口环节三个方面进行了测算，没有把加工、修理、修配等部门包括进去。虽然修理、修配和加工部门的增值税收入规模比上述三个部门的收入少，但它们三者之和也可能是一个不小的数字。

三是对个人所得税进行测算时，所选用的是最低税率，税收优惠与减免是按照20%的比率来进行的，这也可能要比实际的减免率大。另外，本书没有测算消费税和进口环节的关税。由此可见，这一测算结果只能是一个比较保守的估计，并被以下的情况所证实：税收流失作为一个世界性的问题，目前，英国、意大利、加拿大、瑞典等发达国家的税收流失规模约占国民生产总值的6%左右①，而我国公开经济税收流失占国民生产总值比重的测算结果平均只为6.76%，最高年份也不过8.86%。全部税收流失占国民生产总值的比重的测算结果平均也只有11%左右。事实上，我国的税收管理水平与上述国家相比，还有一定的差距，实际的税收流失比例可能要比上述国家高一些。

第二，从加总后的税收流失的测算结果反证税收流失的治理效果。近些年来，我国治理税收流失取得了长足的进步。在2001～2013年这13年间，我国的GNP增长了4倍，而同期税收收入的增长约为5倍。税收收入额占GNP的比重也由2001年的13.95%上升到了2013年的19.37%，同期税收流失率从最高的13.90%下降到了2013年的9.99%，这些数字都表明我国近些年通过加强税收法制建设、完善税收体制、强化税收征管、创新征管机制等，在治理税收流失方面取得了明显的成效。但是，由于经济社会尚处于改革转轨阶段，我国目前税收流失的绝对规模仍然较大，主要原因是地下经济规模比较庞大，约占每年国民生产总值的20%左右，由此引发的税收流失额占实际税收征收额的比重约20%，可见治理税收流失仍任重道远，税收流失依然是影响我国财政收入、制约我国经济发展的一个重要原因。因此，在充分认识经济新常态、实施供给侧结构性改革的背景下，如何处理好结构性减税与强化征管、继续加大对税收流失问题的治理，是我国各级政府与税务部门必须重点研究的问题。

第三，从对地下经济税收流失的规模测算结果来看，在这13年间我国的地下经济税收流失情况出现了两次比较大的起伏。这一方面表明我国的个体和私营经济发展迅速，具有很大的规模，民间经济发展活跃，另一方面也表明对地下经济的监管与反监管的斗争还是十分激烈。特别是2001年以来地下经济税收流失规模快速增长的情况说明，我国的地下经济问题并未得到根本解决，这进一步表明目前对地下经济的治理效果尚不理想，整治并严厉打击、取缔地下经济，对于促进公开经济健康发展、增加税收收入有重要的意义。需要研究新的情况，形成新的思路，提出新的方法，采取更为有效的手段。

第四，对公开经济税收流失各主要税种的测算结果呈现以下特征：首先，从税收流失额占实际征收额的比例来看，各个税种的税收流失比例都呈现出了下降的趋势。如增值税由2003年最高时的71.06%下降到2013年的15.08%，企业所得税由2001年的39.51%下降到2013年的30.43%，营业税由2001年的46.30%下降到2013年的36.5%，下降幅度都比较明显。这说明经过近几年的治理，税收流失的规模得到了一定的遏制，税收治理收到了较为明显的效果。其次，从各税种的流失规模来看，增值税、营业税、

① 资料来源：《税务研究》1998年第3期，第64页。

企业所得税的流失规模逐步缩小，而个人所得税等的流失规模则趋于扩大，表明我国所采取的税收征管制度、措施、手段对于不同的税种效果是不同的。这就进一步提示我们对于一些税收流失情况比较严重的税种需要研究新的思路，采用新的征管手段和措施。还有，一些过去我们不太注意的小税种如房地产税、土地增值税、城市维护建设税等的流失情况需要引起充分的重视。

第五，以上测算分析表明，尽管我国近年来在税收流失的治理方面取得了一定的成绩，但税收流失的绝对规模仍呈扩大趋势。

第六，需要说明的是，对于税收流失规模的研究是为了把握税收流失的状况，提高对税收流失的认识。由于“经济学既是科学，也是艺术”，这种测算方法就带有较强的个人色彩和明显的不足，测算结果也只是近似地反映了我国税收流失的大体规模。同时，由于税收流失问题不仅涉及国家的国民收入分配制度、财政税收法律制度、财政税收体制以及税收征收管理机制的科学性与合理性，而且也涉及政治、经济、社会、文化乃至公民的道德、习惯等，不能简单地归结为相关职能部门的失职或工作不力，需要动员全社会的力量依法进行综合治理。

第四节
比较研究：浙江省、陕西省
税收流失规模的分析

对区域经济税收流失规模的测算，国内最早见于西北大学王鸿貌教授的研究。基于对财政“分税制”体制框架下共同治理税收流失的战略思维，经王鸿貌教授同意，本章借鉴了其研究成果，分别以东部沿海地区民营经济占比较大的浙江省和西部地区国有经济占比较大的陕西省为例，对两个地区的地下经济与公开经济的税收流失规模进行了比较研究，从中寻找治理不同地区税收流失问题的有效途径。

一、浙江省税收流失规模的测算①

（一）地下经济税收流失的规模测算

根据目前通行的做法，地下经济税收流失的规模是利用地下经济的规模与宏观税负的乘积得到的。在进行测算时，关键是要得到地下经济的规模。依据收支差异法，收入与支出是同一事物的两个方面，它们两者在总量上应该是一种恒等关系。虽然地下经济的收入可能会被隐瞒不报而没有反映到统计数据中，但在支出时由于没有必要进行隐瞒而会被有关的统计数据反映出来。所以，支出与收入的差额就可以近似地反映出地下经

① 浙江省税收流失总体规模的测算过程中将全部采用《浙江统计年鉴》（以下简称《年鉴》）所提供的统计数字。出于数据来源约束及后面对比分析的需要，本研究截取了 2001 ~ 2012 年的数据。

济的规模。这样，在求得地下经济规模的基础上，可以根据宏观税率求得地下经济税收流失的规模。故有公式：

地下经济的税收流失(T_u) = 地下经济规模(Y_u) × 宏观税负(t)

首先，依据浙江省 2001 ~ 2012 年的国民统计数据求出居民部门的总收入（见表 11.13）。

表 11.13　　　浙江省居民部门统计收入计算表

年份 ①	城镇居民总人口数（万人） ②	城镇居民人均可支配收入（元） ③	城镇居民总收入（亿元） ④	农村居民总人口数（万人） ⑤	农村居民人均年纯收入（元） ⑥	农村居民总收入（亿元） ⑦	全部居民总收入（亿元） ⑧
2001 年	1046	10465	1094.64	3474.00	4582.00	1591.79	2686.43
2002 年	1097	11716	1285.25	3439.00	4940.00	1698.87	2984.11
2003 年	1158	13180	1526.24	3394.00	5431.00	1843.28	3369.53
2004 年	1224	14546	1780.43	3353.00	6096.00	2043.99	3824.42
2005 年	1267	16294	2064.45	3335.00	6660.00	2221.11	4285.56
2006 年	1312	18265	2396.37	3317.00	7335.00	2433.02	4829.39
2007 年	1351	20574	2779.55	3308.00	8265.00	2734.06	5513.61
2008 年	1395	22727	3170.42	3292.00	9258.00	3047.73	6218.15
2009 年	1434	24611	3529.22	3282.00	10007.00	3284.30	6813.51
2010 年	1469	27359	4019.04	3279.00	11303.00	3706.25	7725.29
2011 年	1502	30971	4651.84	3279.00	13071.00	4285.98	8937.83
2012 年	1522	34550	5258.51	3278.00	14552.00	4770.15	10028.66

注：表中：④ = ②×③；⑦ = ⑤×⑥；⑧ = ④ + ⑦。

其次，根据浙江省 2001 ~ 2012 年的国民统计数据求出该省居民消费性支出（见表 11.14）。

表 11.14　　　浙江省居民部门支出计算表

年份 ①	城镇居民人口数（万人） ②	城镇居民人均年可支配支出（元） ③	城镇居民总支出（亿元） ④	农村居民人口数（万人） ⑤	农村居民人均可支配支出（元） ⑥	农村居民总支出（亿元） ⑦	全部居民总支出（亿元） ⑧	当年全省储蓄存款增加额（亿元） ⑨	当年全省地下经济规模（亿元） ⑩
2001 年	1046	7952	831.78	3474	3479	1208.60	2040.38	667.73	21.69
2002 年	1097	8713	955.82	3439	3693	1270.02	2225.84	1438.39	680.12
2003 年	1158	9713	1124.77	3394	4287	1455.01	2579.77	1188.51	398.76
2004 年	1224	10636	1301.85	3353	4659	1562.16	2864.01	1341.66	381.25

续表

年份 ①	城镇居民人口数（万人） ②	城镇居民人均年可支配支出（元） ③	城镇居民总支出（亿元） ④	农村居民人口数（万人） ⑤	农村居民人均可支配支出（元） ⑥	农村居民总支出（亿元） ⑦	全部居民总支出（亿元） ⑧	当年全省储蓄存款增加额（亿元） ⑨	当年全省地下经济规模（亿元） ⑩
2005年	1267	12254	1552.58	3335	5215	1739.20	3291.78	1381.47	387.69
2006年	1312	13349	1751.39	3317	5762	1911.26	3662.64	1678.58	511.84
2007年	1351	14091	1903.69	3308	6442	2131.01	4034.71	2503.87	1024.97
2008年	1395	15158	2114.54	3292	7072	2328.10	4442.64	3423.38	1647.87
2009年	1434	16683	2392.34	3282	7375	2420.48	4812.82	3364.87	1364.17
2010年	1469	17858	2623.34	3279	8390	2751.08	5374.42	2924.21	573.34
2011年	1502	20437	3069.64	3279	9644	3162.27	6231.91	2851.61	145.69
2012年	1522	21545	3279.15	3278	10208	3346.18	6625.33	3528.01	124.68

注：表中：④=②×③；⑦=⑤×⑥；⑧=④+⑦；⑩=全部居民总支出－全部居民总收入+当年全省储蓄存款增加额。

最后，根据浙江省居民消费性支出与统计收入的差额求出地下经济的规模，并据此求出地下经济所导致的税收流失的规模（见表11.15）。

表11.15　　浙江省地下经济税收流失额

年份 ①	本地区生产总值（亿元） ②	税收收入总额（亿元） ③	宏观税负（%） ④	地下经济规模（亿元） ⑤	地下经济税收流失额（亿元） ⑥
2001年	6898.34	919.69	13	21.69	2.89
2002年	8003.67	1216.58	15	680.12	103.38
2003年	9705.02	1382.00	14	398.76	56.78
2004年	11648.70	1688.97	14	381.25	53.38
2005年	13417.68	1965.71	15	387.69	58.15
2006年	15718.47	3050.82	19	511.84	97.25
2007年	18753.73	3815.41	20	1024.97	204.99
2008年	21462.69	4427.74	21	1647.87	346.05
2009年	22990.35	4612.86	20	1364.17	272.83
2010年	27722.31	5634.81	20	573.34	114.67
2011年	32318.85	7132.55	22	145.69	32.05
2012年	34665.33	7653.57	22	124.68	27.43

注：表中：④=③/②；⑥=④×⑤；⑤=全部居民总支出－全部居民总收入+当年全省储蓄存款增加额。

（二）公开经济税收流失的规模测算

公开经济税收流失的规模通过运用税收收入能力估测法进行测算，其流失规模等于各个税种流失额的总和，这与第十章的税收流失测算方法相同，即首先对增值税、个人所得税、营业税和关税四大税种的流失情况进行测算，然后根据测算结果计算出其他一些税种的流失情况并进行加总。

1. 增值税的流失规模测算。

第一，工业企业部门增值税的应税能力。工业企业部门增值税的应税能力是工业企业部门所贡献的 GDP 总值与增值税的标准税率之积。根据一些学者的研究，我国目前增值税的各种法定优惠减免约占税收收入的 15% ~20%，按照浙江省的实际情况，以 20%计，则有公式：

浙江工业部门增值税的应税能力 = GDP ×17% ×(1 -20%)

据此，我们可以得到浙江省工业部门的增值税应税能力（见表 11.16）。

表 11.16　浙江省工业部门增值税应税能力

年份 ①	GDP（亿元） ②	标准税率（%） ③	税式支出（%） ④	应税额（亿元） ⑤
2001 年	3181.93	17	20	432.74
2002 年	3640.84	17	20	495.15
2003 年	4462.97	17	20	606.96
2004 年	5491.33	17	20	746.82
2005 年	6344.71	17	20	862.88
2006 年	7585.47	17	20	1031.62
2007 年	9090.74	17	20	1236.34
2008 年	10328.72	17	20	1404.71
2009 年	10518.21	17	20	1430.48
2010 年	12657.78	17	20	1721.46
2011 年	14683.03	17	20	1996.89
2012 年	15338.02	17	20	2085.97

注：本表中的数字不包括建筑业所贡献的 GDP。

第二，批发零售业的增值税应税能力。批发零售业的增值税应税能力等于浙江省每年的商品销售总额减去商品购进总额后的余额与标准税率相乘，然后扣除税式支出后的余额，故有公式：

浙江批发零售业增值税应税能力 =(批发销售总额 - 购进商品总额) ×17% ×(1 -20%)

依据统计数据，我们可以得到浙江省批发零售业增值税应税能力（如表 11.17 所示）。

表 11.17　　浙江省批发零售业增值税应税能力

年份 ①	商品销售总额 （亿元） ②	商品购进总额 （亿元） ③	标准税率 （%） ④	税式支出 （%） ⑤	应税额 （亿元） ⑥
2001 年	3383.4	3154.4	17	20	31.14
2002 年	3926.7	3668.5	17	20	35.12
2003 年	5069.5	5220.0	17	20	-20.47
2004 年	8388.3	7790.9	17	20	81.24
2005 年	9164.1	8851.9	17	20	42.46
2006 年	10679.4	10448.7	17	20	31.38
2007 年	13141.5	15369.1	17	20	-302.95
2008 年	18270.0	16906.1	17	20	185.49
2009 年	17085.7	15914.1	17	20	159.34
2010 年	23472.2	21399.6	17	20	281.87
2011 年	30315.1	27491.8	17	20	383.97
2012 年	32683.0	30406.5	17	20	309.60

第三，进口环节增值税应税能力。根据法律规定，进口环节的增值税主要是针对一般贸易进口的产品而征收的。据此，以浙江省一般贸易进口额作为理论税基，与标准税率相乘，扣除税式支出，则为全省进口环节增值税应税能力。有下列公式：

浙江进口环节增值税应税能力＝一般贸易进口商品总额×17%×(1－20%)

依据统计数据，我们可以得到浙江省进口环节增值税应税能力（见表 11.18）。

表 11.18　　浙江省进口环节增值税应税能力

年份 ①	一般贸易进口额 （亿美元） ②	标准税率 （%） ③	税式支出 （%） ④	当年美元与 人民币平均兑换率 ⑤	进口环节增值税 应税能力（亿元） ⑥
2001 年	63.53	17	20	8.2770	71.51
2002 年	85.90	17	20	8.2770	96.70
2003 年	136.17	17	20	8.2770	153.28
2004 年	166.56	17	20	8.2768	187.49
2005 年	185.86	17	20	8.1917	207.06
2006 年	214.33	17	20	7.9718	232.37
2007 年	292.28	17	20	7.6040	302.26
2008 年	344.01	17	20	6.9451	324.93
2009 年	374.46	17	20	6.8310	347.88
2010 年	494.33	17	20	6.7695	455.11
2011 年	653.43	17	20	5.4588	485.10
2012 年	624.37	17	20	6.3125	536.02

根据表 11.16、表 11.17、表 11.18，我们就可以求出浙江省增值税的应税能力和增值税的税收流失额（见表 11.19）。

表 11.19 浙江省增值税税收流失规模

年份 ①	增值税应税能力（亿元） ②	地方财政中增值税实征额（亿元） ③	换算成全省实征数（亿元） ④	增值税流失规模（亿元） ⑤	流失额占实征额的比例（%） ⑥
2001 年	535.40	129.72	518.88	16.52	3.18
2002 年	626.97	155.01	620.04	6.93	1.12
2003 年	739.78	171.72	686.88	52.90	7.70
2004 年	2075.12	204.23	816.92	81.24	9.94
2005 年	1112.40	248.63	994.52	117.88	11.85
2006 年	1295.37	306.22	1224.88	70.49	5.75
2007 年	1235.65	348.92	1395.68	-160.03	-11.47
2008 年	1915.13	368.55	1474.20	440.93	29.91
2009 年	1937.69	398.82	1595.28	342.41	21.46
2010 年	2458.44	461.75	1847.00	611.44	33.10
2011 年	2865.97	507.57	2030.28	835.69	41.16
2012 年	2931.60	651.67	2606.68	324.92	12.46

注：表中：② = 表 11.16 中的⑤ + 表 11.17 中的⑥ + 表 11.18 中的⑥。
④ = ③ ×4（由于增值税属于共享税，按税法规定，其中的 75% 归中央，25% 归地方，故有此公式）。
⑤ = ② - ④。

2. 企业所得税的流失规模测算（见表 11.20）。

表 11.20 浙江省企业所得税的流失规模测算

年份 ①	规模以上工业企业利润和税金（亿元） ②	税率（%） ③	应纳税额（亿元） ④	地方财政收入中的实际征收额度（亿元） ⑤	换算成本地区的实际征收额度（亿元） ⑥	税收流失额（亿元） ⑦	流失额占实征额的比例（%） ⑧
2001 年	854.56	33	225.60	116.55	291.38	-65.77	-22.57
2002 年	1083.63	33	286.08	101.99	254.98	31.10	12.20
2003 年	1400.77	33	369.80	124.75	311.88	57.93	18.57
2004 年	1773.56	33	468.22	168.33	420.83	47.39	11.26
2005 年	1971.32	33	520.43	184.41	461.03	59.40	12.89
2006 年	2393.88	33	631.98	206.44	516.10	115.88	22.45
2007 年	3005.92	33	793.56	259.25	648.13	145.44	22.44
2008 年	3001.61	25	600.32	264.51	661.28	-60.95	-9.22
2009 年	3634.80	25	726.96	212.27	530.68	196.29	36.99
2010 年	5099.92	25	1019.98	242.79	606.98	413.01	68.04
2011 年	5464.52	25	1092.90	321.63	804.08	288.83	35.92
2012 年	5321.14	25	1064.23	359.23	898.08	166.15	18.50

3. 营业税的流失规模测算。首先计算营业税各税目的国民生产总值（见表 11.21）。

表 11.21　　浙江省营业税各税目的国民生产总值

年份 ①	建筑业 （亿元） ②	交通运输邮电业 （亿元） ③	金融保险业 （亿元） ④	餐饮住宿业 （亿元） ⑤	房地产业 （亿元） ⑥	其他 （亿元） ⑦
2001 年	353.46	503.68	243.94	908.83	146.31	790.49
2002 年	402.00	602.00	323.26	1035.26	186.83	972.65
2003 年	560.00	700.88	416.97	1159.25	238.50	1210.40
2004 年	663.60	834.95	479.93	1335.40	288.29	1443.43
2005 年	816.81	512.94	674.77	1553.10	695.82	2015.86
2006 年	919.00	630.94	846.63	1806.22	807.52	2332.90
2007 年	1289.56	739.44	1122.86	2100.63	1004.62	2761.89
2008 年	1220.56	827.71	1405.20	2443.04	1082.98	3104.88
2009 年	1390.28	888.02	1899.33	2841.25	1316.83	3278.36
2010 年	1640.15	1076.67	2326.58	3304.38	1618.17	3872.59
2011 年	1872.55	1206.95	2730.29	3842.99	1677.13	4657.08
2012 年	1978.30	1278.91	2762.24	4469.40	1927.93	5371.97

按照我国营业税法的规定，建筑业、交通运输业、邮电通讯业、文化体育业的营业税税率为 3%；服务业、转让无形资产、销售不动产业的营业税率为 5%；2001 年 5 月 1 日之前，娱乐业的税率为 5% ~20%，自 2001 年 5 月 1 日起为 5%，我们统一按 5% 计算；在 2000 年 12 月 31 日之前，金融保险业的营业税率为 8%，从 2001 年起，每年下调 1 个百分点，直到 5%，因此 2001 年的税率为 7%。故有公式：

营业税税收收入 = 各税目的国民生产总值×税率

根据此公式，我们可以计算出营业税各税目税收应征税额（见表 11.22）。

表 11.22　　浙江省营业税各税目税收应征税额

年份 ①	建筑业 应纳税额 （亿元） ②	交通邮电业 应纳税额 （亿元） ③	金融保险业 应纳税额 （亿元） ④	餐饮业 应纳税额 （亿元） ⑤	房地产业 应纳税额 （亿元） ⑥	其他 应纳税额 （亿元） ⑦	合计 （亿元） ⑧
2001 年	13.25	18.89	24.40	56.80	9.15	49.40	171.89
2002 年	15.08	22.58	32.33	64.70	11.68	60.79	207.14
2003 年	21.00	26.29	26.06	72.45	14.91	75.65	236.36
2004 年	24.89	31.31	30.00	83.46	18.01	90.21	277.89
2005 年	30.63	19.24	42.18	97.08	43.49	125.99	358.59
2006 年	34.46	23.66	52.91	112.89	50.48	145.81	420.21
2007 年	48.36	27.73	70.18	131.29	62.79	172.61	512.95
2008 年	45.78	31.04	87.83	152.69	67.69	194.05	579.06
2009 年	52.14	33.30	118.71	177.58	82.30	204.90	668.93
2010 年	61.50	40.38	145.41	206.53	101.14	242.04	796.99
2011 年	70.23	45.26	170.64	240.19	104.83	291.06	922.20
2012 年	74.19	47.96	172.64	279.34	120.50	335.75	1030.38

根据表 11.22，就可以求出营业税税收流失的总体规模（见表 11.23）。

表 11.23　　浙江省营业税税收流失规模

年份 ①	应征税额（亿元） ②	实征额（亿元） ③	流失额（亿元） ④	流失额占实征额的比例（%） ⑤
2001 年	171.89	101.85	70.04	40.75
2002 年	207.14	139.77	67.37	32.52
2003 年	236.36	178.75	57.61	24.37
2004 年	277.89	230.26	47.63	17.14
2005 年	358.59	264.59	94.00	26.21
2006 年	420.21	313.66	106.55	25.36
2007 年	512.95	403.07	109.88	21.42
2008 年	579.06	460.22	118.84	20.52
2009 年	668.93	533.84	135.09	20.19
2010 年	796.99	662.66	134.33	16.85
2011 年	922.20	753.41	168.79	18.30
2012 年	1030.38	868.27	162.11	15.73

4. 其他税种的流失规模。如表 11.23 所示，除营业税的税收流失比例从 2001 年以来呈下降趋势，低于 20% 以外，其他税种的税收流失比例都接近或高于 30%。据此，我们对其他税种的流失额进行测算（见表 11.24）。

表 11.24　　浙江省其他税种的流失规模

年份 ①	个人税得税（亿元） ②	资源税（亿元） ③	城市维护建设税（亿元） ④	印花税（亿元） ⑤	农牧税收和烟叶税（亿元） ⑥	契税（亿元） ⑦	前六种税收实际征收额（亿元） ⑧	前六种税收应征额（亿元） ⑨	房产税（亿元） ⑩	城镇土地使用税（亿元） ⑪	土地增值税（亿元） ⑫	耕地占用税（亿元） ⑬	房产类税收实际征收额（亿元） ⑭	房产类税收应征额（亿元） ⑮	实际征收额（亿元） ⑯	流失额（亿元） ⑰
2001 年	129.23	0.28	28.49	3.03	6.85	18.13	186.01	265.73	11.3	1.06	0.55	6.6	19.51	32.52	205.52	92.73
2002 年	108.88	0.42	36.33	4.19	5.78	23.8	179.4	256.29	15.12	1.3	1.1	7.62	25.14	41.90	204.54	93.65
2003 年	114.48	0.63	42.17	6.48	5.44	47.82	217.02	310.03	17.26	1.63	2.98	19.91	41.78	69.63	258.8	120.86
2004 年	140.53	1.4	51.75	9.29	0.9	58.71	262.58	375.11	21.94	2.36	8.33	21.36	53.99	89.98	316.57	148.53
2005 年	165.3	3.37	61.64	11.99	0.08	69.14	311.52	445.03	30.6	6.69	15.47	12.28	65.04	108.40	376.56	176.87
2006 年	202.43	4.65	77.09	17.51	0	78.14	379.82	542.60	39.95	10.57	20.25	12.18	82.95	138.25	462.77	218.08
2007 年	256.25	6.11	98.37	23.31	0.06	108.12	492.22	703.17	49.4g	18.91	34.08	15.29	117.77	196.28	609.99	280.46
2008 年	289.28	6.75	110.47	27.95	0.08	117.1	551.63	788.04	60.12	57.83	40.26	20.57	178.78	297.97	730.41	355.60
2009 年	310.28	6.68	114.13	28.95	0.09	154.42	614.55	877.93	68.63	72.15	48.94	27.39	217.11	361.85	831.66	408.12
2010 年	377.7	6.36	143.06	40.37	0.07	227.94	795.5	1136.43	71.97	67.54	106.7	44.05	290.26	483.77	1085.76	534.44
2011 年	463.9	8.5	200.07	45.37	0.07	234.17	952.08	1360.11	99.19	85.5	148.05	51.38	384.12	640.20	1336.2	664.11
2012 年	447.33	8.41	218.09	46.24	0.09	192.72	912.88	1304.11	126.94	105.4	149.73	64.73	446.8	744.67	1359.68	689.10

（三）税收流失总体规模的测算

浙江省税收流失总体规模测算结果如表 11.25 所示。

表 11.25　　浙江省税收流失的总体规模

年份 ①	地下经济税收流失额（亿元） ②	增值税流失额（亿元） ③	企业所得税流失额（亿元） ④	营业税流失额（亿元） ⑤	其他税种流失额（亿元） ⑥	税收流失总额（亿元） ⑦	税收实征额（亿元） ⑧	税收流失占实征额的比例（%） ⑨
2001 年	2.89	16.52	-65.77	70.04	92.73	116.41	2038.3	5.71
2002 年	103.38	6.39	31.1	67.37	93.65	301.89	2437.21	12.39
2003 年	56.78	52.9	57.93	57.61	120.86	346.08	2819.98	12.27
2004 年	53.38	81.24	47.39	47.63	148.53	378.17	3475.68	10.88
2005 年	58.15	117.88	59.4	94	176.87	506.30	4064.56	12.46
2006 年	97.25	70.49	115.88	106.55	218.08	608.25	5571.29	10.92
2007 年	204.99	-160.03	145.44	109.88	289.46	589.74	6875.95	8.589
2008 年	346.05	440.93	-60.95	118.84	355.60	1200.47	7763.56	15.46
2009 年	272.83	342.41	196.29	135.09	408.12	1354.74	8115.43	16.69
2010 年	114.67	611.44	413.01	134.33	534.44	1807.89	9853.41	18.35
2011 年	32.05	835.69	288.83	168.79	664.11	1989.47	12075.65	16.48
2012 年	27.43	324.92	166.15	162.11	689.10	1369.71	13414.77	10.21

二、陕西省税收流失规模的测算

（一）地下经济税收流失的规模测算

地下经济的税收流失（T_u）＝地下经济规模（Y_u）×宏观税负（t）

为了求得陕西地下经济的规模，首先要求得陕西城乡居民总收入（见表 11.26）。

表 11.26　　陕西省城乡居民收入总额

年份 ①	城镇居民总人口数（万人） ②	城镇居民人均可支配收入（元） ③	城镇居民总收入（亿元） ④	农村居民总人口数（万人） ⑤	农村居民人均年纯收入（元） ⑥	农村居民总收入（亿元） ⑦	全部居民总收入（亿元） ⑧
2001 年	1230	5484	674.53	2429.00	1520.00	369.21	1043.74
2002 年	1272	6331	805.30	2402.00	1596.00	383.36	1188.66
2003 年	1311	6806	892.27	2379.00	1676.00	398.72	1290.99
2004 年	1347	7492	1009.17	2358.00	1867.00	440.24	1449.41
2005 年	1385	8272	1145.67	2335.00	2052.00	479.14	1624.81
2006 年	1461	9268	1354.05	2274.00	2260.00	513.92	1867.98
2007 年	1522	10763	1638.13	2226.00	2645.00	588.78	2226.91
2008 年	1584	12858	2036.71	2178.00	3137.00	683.24	2719.95
2009 年	1641	14129	2318.57	2131.00	3438.00	732.64	3051.21
2010 年	1707	15695	2679.14	2028.00	4105.00	832.49	3511.63
2011 年	1770	18245	3229.37	1973.00	5028.00	992.02	4221.39
2012 年	1877	20734	3891.77	1876.00	5763.00	1081.14	4972.91

注：④＝②×③；⑦＝⑤×⑥；⑧＝④＋⑦。

其次，根据陕西省 2001 ~2012 年国民统计数据求出陕西省居民消费性支出总额（见表 11.27）。

表 11.27　　陕西省城乡居民消费性支出总额

年份 ①	城镇居民人口数（万人）②	城镇居民人均年可支配支出（元）③	城镇居民总支出（亿元）④	农村居民人口数（万人）⑤	农村居民人均可支配支出（元）⑥	农村居民总支出（亿元）⑦	全部居民总支出（亿元）⑧	当年全省储蓄存款增加额（亿元）⑨	当年全省地下经济规模（亿元）⑩
2001 年	1230	4638	570.47	2429.00	1331	323.30	893.77	245.94	95.97
2002 年	1272	5378	684.08	2402.00	1491	358.14	1042.22	339.36	192.92
2003 年	1311	5667	742.94	2379.00	1455	346.14	1089.09	412.10	210.20
2004 年	1347	6233	839.59	2358.00	1618	381.52	1221.11	428.41	200.11
2005 年	1384	6656	921.19	2334.00	1896	442.53	1363.72	585.62	324.52
2006 年	1461	7553	1103.49	2274.00	2181	495.96	1599.45	533.73	265.20
2007 年	1522	8427	1282.59	2226.00	2560	569.86	1852.45	820.98	446.52
2008 年	1584	9772	1547.88	2178.00	3137	683.24	2231.12	1216.12	727.30
2009 年	1641	10706	1756.85	2131.00	3349	713.67	2470.53	1249.28	668.60
2010 年	1707	11822	2018.02	2028.00	3794	769.42	2787.44	1213.97	489.78
2011 年	1770	13783	2439.59	1973.00	4496	887.06	3326.65	1214.31	319.57
2012 年	1877	15333	2878.00	1876.00	5115	959.57	3837.58	1597.96	462.63

注：④ = ② × ③；⑦ = ⑤ × ⑥；⑧ = ④ + ⑦；⑩ = 表 11.27 中的⑧ − 表 11.26 中的⑧ + 表 11.27 中的⑨。

最后，根据陕西居民消费性支出与统计收入的差额求得地下经济的规模，据此测算出地下经济所导致的税收流失规模（见表 11.28）。

表 11.28　　陕西省地下经济税收流失规模

年份 ①	本地区国民生产总值（亿元）②	税收收入总额（亿元）③	宏观税负（%）④	地下经济规模（亿元）⑤	地下经济占 GDP 的比重（%）⑥	地下经济税收流失额（亿元）⑦
2001 年	2016.62	211.96	11	95.97	4.76	10.56
2002 年	2253.39	241.48	11	192.92	8.56	21.22
2003 年	2587.72	278.19	11	210.2	8.12	23.12
2004 年	3175.58	366.38	12	200.11	6.30	24.01
2005 年	3675.66	479.05	13	324.52	8.83	42.19
2006 年	4743.61	646.9	14	265.20	5.59	37.13
2007 年	5757.29	768.17	13	446.52	−2.93	58.05
2008 年	7314.58	1041.49	14	732.09	10.01	104.24
2009 年	8169.8	1243.72	15	668.62	8.18	101.79
2010 年	10021.53	1592.93	16	485.59	4.85	77.18
2011 年	12512.30	2065.93	17	319.57	0.42	52.76
2012 年	14453.68	2366.20	16	462.63	0.52	75.74

注：④ = ③/②；⑥ = ⑤/②；⑦ = ④ × ⑤。

说明：按本理论分析，2007年地下经济为负，但现实中，地下经济不可能为负。因此，为保证研究的延续性，本书暂认为2007年地下经济规模为0。

需要注意的是，2007年地下经济及其税收流失的数字之所以为负数，主要是因为受美国次贷危机的影响及国内房地产市场和股票市场的影响，使该年度城乡居民储蓄存款大幅度减少，从而导致该年度城乡居民总支出与储蓄存款增加额之和小于城乡居民全部收入的总和。这是一种全国现象①，陕西自然也不例外，并不表明该年度就没有地下经济和没有税收流失。实际情况可能是：该年度的地下经济规模最少与上年持平，由此所导致的税收流失也至少与上年持平。

（二）公开经济税收流失的规模测算

公开经济中税收流失的规模运用税收收入能力估测法进行测算。由于使用该方法在确定各税税基时所需的一些小税种的统计数据及相关经济数据在《陕西统计年鉴》中没能够反映出来，所以，首先对增值税、企业所得税和营业税三大税种的流失情况进行测算，然后依据三大税种的流失情况来测算其他一些税种的流失情况。

1. 增值税的流失规模测算。

第一，工业企业部门增值税的应税能力。工业企业部门增值税的应税能力按照陕西的实际情况，以税式支出20%计，公式如下：

陕西省增值税的应税能力 = GDP × 17% × (1 − 20%)

据此，我们可以计算出陕西省工业部门增值税应税能力（见表11.29）。

表11.29　　陕西省工业部门增值税应税能力

年份 ①	GDP（亿元） ②	标准税率（%） ③	税式支出（%） ④	应税额（亿元） ⑤
2001年	706.72	17	20	96.11
2002年	819.51	17	20	111.45
2003年	1006.92	17	20	136.94
2004年	1306.5	17	20	177.68
2005年	1650.63	17	20	224.49
2006年	2094.02	17	20	284.79
2007年	2544.42	17	20	346.04
2008年	3274.57	17	20	445.34
2009年	3501.25	17	20	476.17
2010年	4588.97	17	20	624.10
2011年	5857.92	17	20	796.68
2012年	6847.41	17	20	931.25

注：本表中的数字不包括建筑业所贡献的GDP。

⑤ = ② × ③ × [1 − ④]。

① 张晓利：《中国地下经济规模测算与分析》，载《内蒙古财经学院学报》，2010年第6期。

第二，批发零售业的增值税应税能力。批发零售业的增值税应税能力等于陕西每年的商品销售总额减去商品购进总额后的余额与标准税率相乘，扣除税式支出后的余额，公式如下：

陕西省批发零售业增值税应税能力 =（批发销售总额 - 购进商品总额）×17% ×（1 - 20%）

据此，我们可以计算出陕西省批发零售业增值税应税能力（见表 11.30）。

表 11.30　　陕西省批发零售业增值税应税能力

年份 ①	商品销售总额（亿元） ②	商品购进总额（亿元） ③	标准税率（%） ④	税式支出（%） ⑤	应税额（亿元） ⑥
2001 年	377.53	350.93	17	20	3.62
2002 年	446.65	419.6	17	20	3.68
2003 年	570.14	533.66	17	20	4.96
2004 年	724.87	685.88	17	20	5.30
2005 年	1089.96	988.31	17	20	13.82
2006 年	1496.98	1467.27	17	20	4.04
2007 年	2040.39	1898.4	17	20	19.31
2008 年	2487.26	1798.3	17	20	93.70
2009 年	2878.42	2788.39	17	20	12.24
2010 年	3023.97	2476.44	17	20	74.46
2011 年	5745.3	5257.7	17	20	66.31
2012 年	6697.5	6225.6	17	20	64.18

注：⑥ =（② - ③）×④×（1 - ⑤）。

第三，进口环节增值税应税能力。公式如下：

陕西省进口环节增值税应税能力 = 一般贸易进口商品总额 ×17% ×（1 - 20%）

据此，我们可以计算出陕西省进口环节增值税应税能力（见表 11.31）。

表 11.31　　陕西省进口环节增值税应税能力

年份 ①	一般贸易进口额（亿美元） ②	标准税率（%） ③	税式支出（%） ④	当年美元与人民币平均兑换率 ⑤	进口环节增值税应税能力（亿元） ⑥
2001 年	8.13	17	20	8.277	9.15
2002 年	6.95	17	20	8.277	7.82
2003 年	8.10	17	20	8.2774	9.12
2004 年	10.26	17	20	8.278	11.55
2005 年	11.78	17	20	8.1013	12.98
2006 年	11.92	17	20	7.8087	12.66

续表

年份 ①	一般贸易进口额 （亿美元） ②	标准税率 （%） ③	税式支出 （%） ④	当年美元与 人民币平均兑换率 ⑤	进口环节增值税 应税能力（亿元） ⑥
2007 年	17.31	17	20	7.3141	17.22
2008 年	22.44	17	20	6.9945	21.35
2009 年	30.99	17	20	6.832	28.80
2010 年	33.77	17	20	6.7695	31.09
2011 年	48.06	17	20	5.4588	35.68
2012 年	28.62	17	20	6.3125	24.57

注：⑥=②×③×（1-④）×⑤。

根据表 11.29、表 11.30 和表 11.31，可以求出陕西省增值税的应税能力和增值税的税收流失额（见表 11.32）。

表 11.32　　陕西省增值税税收流失规模

年份 ①	增值税应税 能力（亿元） ②	地方财政中增值税 实征额（亿元） ③	换算成全省 实征数（亿元） ④	增值税流失 规模（亿元） ⑤	流失额占实征额 的比例（%） ⑥
2001 年	99.73	23.33	93.33	6.4	7.83
2002 年	122.96	26.47	105.86	17.1	17.06
2003 年	151.06	31.64	126.56	24.5	19.36
2004 年	184.53	39.44	157.76	26.77	16.97
2005 年	247.43	55.34	221.38	26.06	11.77
2006 年	300.38	73.05	292.21	8.17	2.80
2007 年	378.33	98.55	394.21	-15.89	-4.03
2008 年	551.7	109.89	439.54	112.16	25.52
2009 年	505.64	111.23	444.93	60.71	13.65
2010 年	719.91	140.27	561.08	158.83	28.31
2011 年	898.67	176.04	704.16	194.51	27.62
2012 年	1020.00	189.46	757.84	262.16	34.59

注：②=表 11.29 中的⑤+表 11.30 中的⑥+表 11.31 中的⑥；④=③×4（由于增值税属于共享税，按税法规定，其中的 75% 归中央，25% 归地方，故有此公式）；⑤=②-④。

2. 企业所得税的税收流失。

陕西省企业所产税税收流失规模如表 11.33 所示。

表 11.33　　陕西省企业所得税税收流失规模

年份 ①	规模以上工业企业利润和税金（亿元） ②	税率（%） ③	应纳税额（亿元） ④	地方财政收入中的实际征收额度（亿元） ⑤	换算成本地区的实际征收额度（亿元） ⑥	税收流失额（亿元） ⑦	流失额占实征额的比例（%） ⑧
2002 年	204.42	33	53.97	13.91	34.78	19.19	55.18
2003 年	284.13	33	75.01	12.79	31.98	43.04	134.58
2004 年	431.78	33	113.99	14.49	36.23	77.77	214.66
2005 年	622.32	33	164.29	20.59	51.48	112.82	219.15
2006 年	830.78	33	219.33	33.81	84.53	134.8	159.47
2007 年	1018.98	33	269.01	46.62	116.55	152.46	130.81
2008 年	1341.76	25	268.35	59.02	147.55	120.8	81.87
2009 年	1553.94	25	310.79	64.2	160.5	150.29	93.64
2010 年	2401.96	25	480.39	84.81	212.03	268.37	126.57
2011 年	3074.69	25	614.94	124.12	310.30	304.64	98.18
2012 年	3457.30	25	691.46	160.92	402.30	289.16	71.88

3. 营业税的流失规模测算。营业税作为陕西省地方税收的一大税种，近年来的税收流失情况也不容忽视（见表 11.34）。

表 11.34　　陕西省营业税各科目的经营额

年份 ①	建筑业生产总值（亿元） ②	交通邮电运输业生产总值（亿元） ③	金融保险业生产总值（亿元） ④	餐饮住宿业生产总值（亿元） ⑤	房地产业生产总值（亿元） ⑥	其他生产总值（亿元） ⑦
2001 年	210.22	188.91	31.15	95.08	41.48	443
2002 年	234.71	210.43	31.90	105.10	58.33	463.8
2003 年	298.80	226.01	40.81	113.87	117.37	511
2004 年	352.01	277.54	41.76	126.59	122.49	577.2
2005 年	295.68	242.12	97.04	74.67	105.53	721.8
2006 年	346.48	281.54	114.67	87.11	117.34	978.6
2007 年	420.14	311.86	175.50	106.64	138.95	1577.6
2008 年	548.13	352.57	208.84	127.62	159.81	2087.2
2009 年	735.17	423.24	336.21	175.01	239.92	2389.8
2010 年	887.13	474.60	384.75	218.16	315.95	3198.6
2011 年	1077.67	552.54	432.11	266.92	398.03	4304.4
2012 年	1226.46	617.39	551.20	312.27	450.12	4877.6

按照我国营业税法的规定，建筑业、交通运输业、邮电通讯业、文化体育业的营业税税率为 3%；服务业、转让无形资产、销售不动产业、金融保险业的营业税率为 5%；

2001 年 5 月 1 日之前，娱乐业的税率为 5% ~20%，该测算统一按 5% 计算。公式如下：

营业税税收收入 = 各税目的国民生产总值 × 税率

据此公式，可计算出各行业营业税税收收入（见表 11.35）。

表 11.35 陕西省营业税各税目税收收入

年份 ①	建筑业 应纳税额 （亿元） ②	交通邮电业 应纳税额 （亿元） ③	金融保险业 应纳税额 （亿元） ④	餐饮业 应纳税额 （亿元） ⑤	房地产业 应纳税额 （亿元） ⑥	其他 应纳税额 （亿元） ⑦	合计 （亿元） ⑧
2001 年	7.89	7.09	31.15	5.94	2.59	22.15	76.8
2002 年	8.80	7.89	31.90	6.58	3.65	23.19	82
2003 年	11.20	8.48	2.55	7.11	7.34	25.55	62.23
2004 年	13.20	10.41	2.61	7.91	7.65	28.86	70.65
2005 年	11.09	9.08	6.06	4.66	6.60	36.09	73.58
2006 年	12.99	10.56	7.16	5.45	7.34	48.93	84.54
2007 年	15.75	11.70	10.98	6.66	8.69	78.88	102.7
2008 年	20.55	13.23	13.05	7.98	9.99	104.36	122.51
2009 年	27.58	15.88	21.01	10.94	15.00	119.49	169.28
2010 年	33.26	17.80	24.05	13.64	19.75	159.93	198.43
2011 年	40.41	20.73	27.01	16.69	24.88	215.22	234.08
2012 年	45.99	23.15	34.45	19.51	28.14	243.88	270.73

依据表 11.35，营业税税收流失的总体规模如表 11.36 所示。

表 11.36 陕西省营业税流失规模

年份 ①	应征税额（亿元） ②	实征额（亿元） ③	流失额（亿元） ④	流失比例（%） ⑤
2001 年	76.80	36.41	40.39	52.59
2002 年	82.00	40.19	41.81	50.99
2003 年	62.23	51.04	11.19	17.98
2004 年	70.65	61.98	8.67	12.27
2005 年	73.58	69.27	4.30	5.85
2006 年	92.43	88	4.43	4.79
2007 年	132.65	117.55	15.10	11.38
2008 年	169.15	147.71	21.44	12.68
2009 年	209.89	194.49	15.40	7.34
2010 年	268.43	265.94	2.49	0.93
2011 年	344.93	332.84	12.09	3.51
2012 年	395.12	392.81	2.31	0.58

4. 其他税种的流失规模。其他税种的税收流失规模如表 11.37 所示，从测算结果分析：除营业税的税收流失比例从 1998 年以来持续下降低于 30% 以外，其他税种的税收流失比例都接近或高于 30%。

表 11.37　　　　陕西省其他税种的流失规模

年份 ①	个人税得税（亿元）②	资源税（亿元）③	城市维护建设税（亿元）④	印花税（亿元）⑤	契税（亿元）⑥	农牧税收和烟叶税（亿元）⑦	前六种税收实际征收额（亿元）⑧	前六种税收应征额（亿元）⑨	房产税（亿元）⑩	城镇土地使用税（亿元）⑪	土地增值税（亿元）⑫	耕地占用税（亿元）⑬	房产类税收实际征收额（亿元）⑭	房产类税收应征额（亿元）⑮	实际征收额（亿元）⑯	流失额（亿元）⑰
2001 年	73.1	1.36	8.04	0.8	1.35	9.68	28.54	40.77	5.05	1.86	0.1	0.88	7.89	13.15	36.43	17.49
2002 年	14.82	2.15	10.47	0.91	2.1	11.72	42.17	60.24	S.89	2.32	0.09	1.16	9.46	15.77	51.63	24.38
2003 年	17.13	2.63	12.28	1.28	2.54	10.86	46.72	66.74	6.59	2.57	0.07	1.37	10.6	17.67	57.32	27.09
2004 年	20.55	4.3	15.58	1.62	4.2	6.92	53.17	75.96	6.79	2.93	0.05	1.92	11.69	19.48	64.86	30.58
2005 年	25.55	6.82	20.77	2.26	0.59	0.81	56.8	81.14	6.94	3.52	0.81	2.57	13.84	23.07	70.64	33.57
2006 年	33.23	11.45	24.51	3.14	7.23	0.29	79.85	114.07	7.89	3.77	2.25	2.67	16.58	27.63	96.43	45.27
2007 年	44.08	14.53	32.18	4.8S	8.62	0.69	104.95	149.93	9.22	4.86	4.12	3.38	21.58	35.97	126.53	59.37
2008 年	56.88	16.95	39.23	6.91	10.05	1.13	131.15	187.36	10.89	16.96	5.5	5.74	39.09	65.15	170.24	82.27
2009 年	67.18	17.9	40.74	8.01	13.94	1.54	149.31	213.30	13.61	15.45	7.32	12.45	48.83	81.38	198.14	96.54
2010 年	88.85	22.3	50.22	10.01	24.13	1.59	197.1	281.57	15.35	1S.73	15.43	22.32	68.83	114.72	265.93	130.36
2011 年	111.06	49.44	64.74	12.08	29.17	1.75	268.24	383.20	20.04	19.21	22.19	28.99	90.43	150.72	358.67	175.25
2012 年	105.13	61.59	82.47	16.06	42.43	2.38	310.06	442.94	27	22.66	37.03	44.25	130.94	218.23	441	220.18

（三）税收流失的总体规模测算

根据上述分项计算，通过加总得到陕西税收流失的总体规模（见表 11.38）。

表 11.38　　　　陕西省税收流失的总体规模

年份 ①	地下经济税收流失额（亿元）②	增值税流失额（亿元）③	企业所得税流失额（亿元）④	营业税流失额（亿元）⑤	其他税种流失额（亿元）⑥	税收流失总额（亿元）⑦	税收实征额（亿元）⑧	税收流失占实征额的比例（%）⑨
2001 年	10.56	15.55	-11.9	40.39	17.49	72.09	439.97	16.39
2002 年	21.22	17.08	19.19	41.81	24.38	123.68	474.18	26.08
2003 年	23.12	24.45	43.04	11.19	27.09	128.89	532.91	24.19
2004 年	24.01	36.78	77.76	8.67	30.58	177.80	703.92	25.26
2005 年	42.19	30.08	112.82	4.3	33.57	222.96	892.63	24.98
2006 年	37.13	9.55	134.08	4.43	45.27	230.46	1198.29	19.23
2007 年	58.05	-10.88	152.59	15.1	59.37	274.23	1564.62	17.53
2008 年	102.15	120.68	120.95	21.44	82.27	447.49	1935.22	23.12
2009 年	99.9	116.28	150.59	15.4	96.54	478.71	2223.64	21.53
2010 年	77.07	182.5	268.44	2.49	130.36	660.86	2904.76	22.75
2011 年	52.76	194.51	304.64	12.09	175.25	739.25	3780.64	19.55
2012 年	75.74	262.16	289.16	2.31	220.18	849.55	4370.49	19.44

三、比较分析与启示

虽然浙江、陕西两省经济、政治和社会情况各不相同，税收管理水平也存在着一定的差异，税收流失测算结果并不具备严格一致的可比性，但是，两省税收流失的具体情况，还是为我们比较和分析不同省份及地区的税收流失提供了基础的数据和一定的参考，由此亦可得出以下一些规律性的结论，这对于研究分析不同地区税收流失现状、深入探讨税收流失的原因、提高税收流失治理水平，都具有重要的指导和借鉴意义。

（一）税收流失的总体规模普遍较大

比较分析表明，两省税收流失的总体规模是比较大的。浙江省 2001～2012 年 12 年间的年均税收流失总体规模达到 880.76 亿元，年均流失额占年均实征额的比例为 12.53%。陕西省 2001～2012 年的年均税收流失总体规模为 367.16 亿元，年均流失额占年均实征额的比例为 21.67%（见表 11.39）。

表 11.39 浙江、陕西两省税收流失总体规模情况表

浙江				陕西			
年份 ①	流失额 （亿元） ②	实征额 （亿元） ③	流失额占实征额比例（%） ④	年份 ⑤	流失额 （亿元） ⑥	实征额 （亿元） ⑦	流失额占实征额比例（%） ⑧
2001 年	116.41	2038.3	5.71	2001 年	72.09	439.97	16.39
2002 年	301.89	2437.21	12.39	2002 年	123.68	474.18	26.08
2003 年	346.08	2819.98	12.27	2003 年	128.89	532.91	24.19
2004 年	378.17	3475.68	10.88	2004 年	177.80	703.92	25.26
2005 年	506.30	4064.56	12.46	2005 年	222.96	892.63	24.98
2006 年	608.25	5571.29	10.92	2006 年	230.46	1198.29	19.23
2007 年	589.74	6875.95	8.58	2007 年	274.23	1564.62	17.53
2008 年	1200.47	7763.56	15.46	2008 年	447.49	1935.22	23.12
2009 年	1354.74	8115.43	16.69	2009 年	478.71	2223.64	21.53
2010 年	1807.89	9853.41	18.35	2010 年	660.86	2904.76	22.71
2011 年	1989.47	12075.65	16.48	2011 年	739.25	3780.64	19.55
2012 年	1369.71	13414.77	10.21	2012 年	849.55	4370.49	19.44
历年平均	880.76	6542.15	12.53	历年平均	367.16	1751.77	21.67

尽管如此，测算结果可能比实际规模还是小一些，这主要是由于以下原因造成的：一是在对地下经济税收流失规模进行测算时，所依据的统计数据很有可能比实际小。因为，在收入统计时隐瞒收入者也有可能在支出统计时相应隐瞒其支出，特别是这些支出是用于地下经济活动时或是支出者意识到公开支出有可能暴露其收入来源时。二是在对增值税的流失规模进行测算时，只对工业企业部门、批发零售部门和进口环节等进行了测算，没有包括加工、修理、修配等部门。虽然修理、修配和加工部门的增值税收入规

模比上述部门的收入少，但三者之和也应是一个不小的数字。三是在对营业税和个人所得税进行测算时，选用了最低税率，税收优惠与减免都按照20%的比率计算也可能比实际的减免率高一些。另外，消费税、关税等尚没有纳入测算。所以，上述测算结果比较保守且留有余地。

另外，两省税收流失的绝对值呈现出不断扩大的趋势。2001～2012年，浙江省税收流失的总体规模呈现出稳步、快速增长的态势，税收流失额由2001年的116.41亿元上升为2012年的1369.71亿元，12年时间增长了逾11倍。同期，陕西省税收流失的总体规模呈现出忽上忽下、犬牙交错的态势，这或许与陕西省特定时期的经济发展环境有关，但线性回归分析表明，税收流失的总体规模亦逐渐上升［见图11.1（a）］，税收流失额由2001年的72.09亿元增长到2012年的849.55亿元，12年间上升了近11.78倍，说明税收流失依然是影响地区财政收入、制约地区经济发展的一个重要原因。

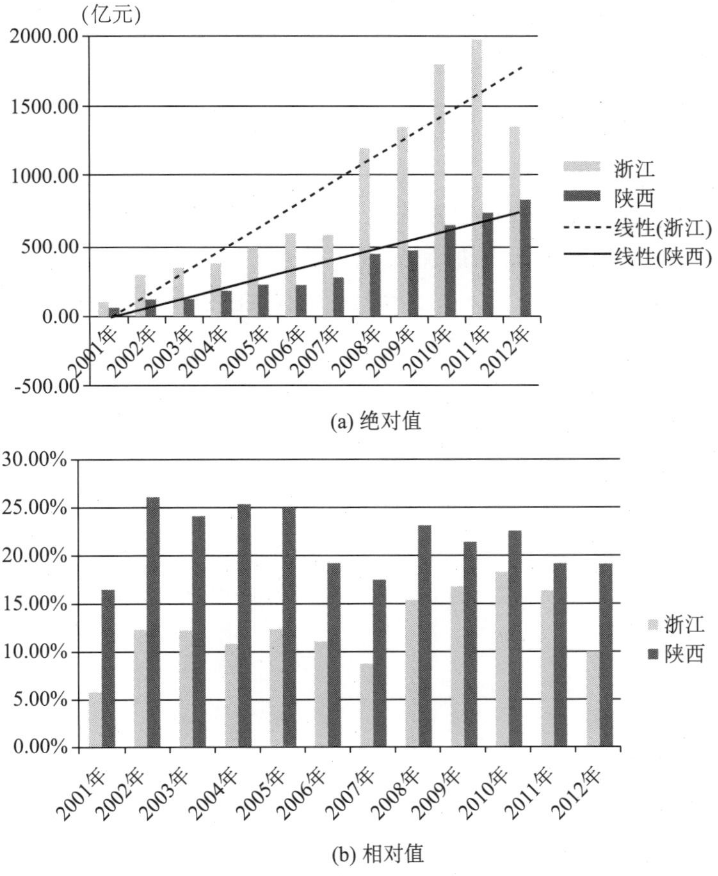

(a) 绝对值

(b) 相对值

图11.1　浙江、陕西两省税收流失趋势图

税收流失分析结果还表明，虽然税收流失的绝对值不断上升，但流失的相对值呈下降趋势。2001～2012年，浙江省GDP增长了4.03倍，同期税收收入增长了7.32倍，税收收入额占GDP的比重由2001年的13%上升为2012年的22%。同期的税收流失额增长率则与GDP的增长速度大体持平，低于同期税收收入的增长速度。税收流失额占税收收入的比例亦由 2002 年最高的 12.39% 下降到 2012 年的 10.21%。陕西省 2001 ~ 2012 年的税收流失绝对值虽然出现了较大的波动，相对值也出现了明显的波动，但相对值仍呈明显下降的趋势［见图 11.1（b）］。数据充分说明，两省税收收入增长中有很大一部分源于税务部门税收征管质量和效率的提升。

（二）税收流失的结构、比重有所不同

从税收流失结构的构成比重看，浙江省增值税流失较高，这可能与经济发展特点有关。浙江省地处沿海，改革开放以来经济发展快于地处内陆的陕西，特别是民间经济发展活跃，个体和私营经济发展迅速，具有很大的规模和数量，其主要缴纳的是增值税，但个体和民营经济的纳税意识普遍不高，管理难度大。陕西省地下经济税收流失比较突出，这可能是因为陕西是资源大省，地下经济的治理效果不理想，整体经济发展水平不高，税源基础薄弱，税收流失的空间有限。

从税收流失结构的稳定性看，浙江省的结构比较稳定，且变化平缓，陕西则变化较大，不够稳定，形成了一个很大的“漏斗”，这可能与浙江省税务管理水平相对较高有关。

（三）不同税种税收流失的具体情况有所不同

分税种看，税收流失呈现出较为明显的分化趋势。两省的各个税种税收流失均表现出以下特点：第一，各个税种的税收流失比例都呈现出下降的趋势。第二，从各个税种的流失规模来看，增值税和营业税的流失规模逐步缩小，而个人所得税、企业所得税、关税等的流失规模则趋于扩大。第三，一些过去不太注意的小税种如房地产税、城市维护建设税等的流失情况呈上升趋势，需引起重视。

第三篇

借鉴与启迪

导　读

“它山之石，可以攻玉”。税收流失是一个困扰世界各国的普遍性难题，每一个国家在治理税收流失的过程中都积累了大量经验，这对探索我国治理税收流失的对策具有重要的参考价值和借鉴意义。本篇从法律保障、体制保障、征管运行机制保障以及提高国民税法宣传教育4个方面，重点介绍有关国家和地区的探索和实践，比较了不同社会制度、经济环境和财税法律制度、税收体制、税收征收管理实施机制下治理税收流失的有效途径与方法，以期为我国税收流失治理提供思路和借鉴。

本篇首先介绍了一些国家和地区治理税收流失的法律保障。梳理域外经验时我们发现，大部分国家和地区在治理税收流失方面的共同特点是把税收法制建设放在首位，从宪法、税收基本法律到税法实施细则中都体现了立法者遏制税收流失的思路和方法。例如，英国、法国、荷兰等国家在宪法中均有关于税收法定的规定；美国、巴西、阿根廷、我国香港地区等都制定了防止逃税与避税的一般措施；美国、加拿大等国家还专门制定了防止税收流失的特别措施，诸如居民身份的认定、制止以避税为目的移民、防止滥用税收抵免、防止关联企业间的转让定价等。笔者认为，借鉴这些优秀的国际经验，坚持税收法定原则，建立和健全反避税相关法律，至为关键。

为了确保税收法律制度的有效实施，一些国家和地区均建立了适合本国国情的治理税收流失的财税体制。本篇介绍了部分国家和地区治理税收流失的财税体制保障，包括：(1) 国外税务机构设置情况及其经验。例如美国联邦税务局的机构设置高效简化，内部分工专业化，技术先进，征管到位，税务司法独立、公正，税务稽查安排科学等；而与我国社会文化环境相似的韩国则注重转变政府职能，强化税务机关为纳税人服务的意识，内设税务机构之间相互分离和制约，设置了专门的税务司法机构保证税务机关执法公平等。(2) 国外税收管理权限划分的经验。税收管理权限主要包括税收立法权、税收管理权和税收收入归属权，本篇介绍了以美国和加拿大为代表的地方分权型、以日本和德国为代表的适度分权型，以及以法国为代表的中央集权型。(3) 从有关国家税收管理权限划分的经验中得到的启示。例如，虽然一些国家中央、地方在税权划分上没有统一模式，但其历史趋势基本相同，即随着政治、经济和社会的民主化、法治化、现代化发展，税权划分呈现由高度集权向适度分权发展。(4) 税收司法体制介绍了部分发达国家较为成熟的税收司法体系，如英国税收争议诉讼机制和ADR（争议解决替代方案）机制、美国1924年即设立的税务法庭、日本专设的税务司法机构“国税不服审判所”和税务法院等，这些国家相对独立的税收司法机构，提高了税收的征管效率和税务诉讼效率，保证了征纳双方公平地享有法律权益。在介绍了一些国家和地区治理税收流失的财税制度保障后，笔者认为，借鉴域外行之有效的做法和实践经验，完善我国法律制度、税收体制，应重点改革和完善货物流转税类如增值税、消费税等，充分发挥所得税等在调节经济、促进社会公平方面的作用，保持宏观税负在科学、合理的水平上相对稳定。

高效有序的税收征管实施机制是防治税收流失的运行保障。本篇从运行机制角度借鉴了国外治理税收流失的经验，包括：（1）完善的征管流程。在长期的税收征管实践中，一些国家以促进税法遵从、降低税收成本、最大限度防治税收流失为目标，对税收征管流程进行了突破性改革，探索并形成了以税收征收管理基本要素为基础、以信息数据管理流程为支撑、以风险管理流程为重点的综合性税收征收管理流程，取得了较为成熟的经验。如美国采用统一代码对纳税人进行管理，采用专业化的选案程序和相关软件进行税务稽查；日本实行中央、都道府县、市町村三级征税体制，税务调查和稽查制度严密等。（2）专业化的税务审计和纳税评估、税收评定或称税收裁定。比如，纳税评估是连接传统的税收征管与税收检查的重要工作环节，是防范税收风险、提高税源监控能力和税收征管能力的重要手段。纳税评估制度源于美、日、德的税务审计制度，英美法系的诉辩交易程序制度和日、韩的行政指导制度是这三种制度的综合体现。本篇重点介绍了美国、澳大利亚、新加坡、印度等典型国家的纳税评估和审计系统。（3）高效的税务稽查和税务司法。税务稽查和税务司法是对涉税违法行为的调查和惩处，是防治税收流失的最后一道法律保障。当今世界各国，特别是一些发达国家，都十分重视发挥税务稽查在税收工作中的作用，一方面加大对税务稽查的投入，另一方面加强税务稽查的科学化、精细化、规范化管理，形成了一套特点鲜明、富有成效的做法。如美国、德国、日本的税务稽查工作都体现了分工明确、信息化程度高、稽查执法力度大的特点，在税收违法处罚方面赋予稽查部门强制执行权，保证执法力度和税法的权威性。（4）优质的纳税服务。纳税服务是优化行政管理、推进社会进步的重要课题。本篇介绍了美国、英国、韩国等国家在服务纳税人方面的经验探索，如按纳税人类型设立精简的服务机构，规范、明晰、量化的服务标准，充分利用信息系统多元化服务纳税人，民主的服务考评和监督制度等。（5）健全的纳税信用体系。纳税信用是指纳税人在履行税务登记、纳税申报、税款缴纳、发票使用等方面，自觉遵守国家制定的法律法规、完成纳税义务的行为评价。世界主要发达国家均高度重视税收信用体系建设，不仅实现了较为完备的税收信用立法，建立了以众多商业化运作的信用管理服务中介机构为主体的、内涵丰富的税收信用评估体系，而且将税收信用广泛运用于信贷担保、投资担保、消费担保、税收优惠政策等领域，为政府宏观管理的制度创新、体制创新、机制创新，促进市场经济的自我调控提供了新的理念和新的途径，直接弥补了政府决策的不足，在一定程度上纠正了市场资源配置的不足。本篇主要介绍了三种税收信用管理模式：一是以美国为代表的模式，这种模式基本上依靠市场经济机制，靠行业的自我管理，以商业信用公司为主体；二是以日本为代表的会员制模式，即由会员单位共同出资组建信用信息机构，通过会员制形成具体的运转方式，政府仅负责提供立法支持和监管信用管理体系的运转；三是以欧洲为代表的模式，这种模式以政府和中央行为主导建立公共税收信用中介机构，强制要求企业和个人向其提供真实税收信用数据等。

本篇最后介绍了一些国家和地区在培育税务公务员税法遵从与职业修养和国民税法遵从教育方面的有益经验。有关国家认为，税收法定是对包括征、纳双方在内的所有国民的税收或税务教育，实质上是国民税法遵从教育，其涉税宣传的本质是税法宣传。比如，在税务公务员教育方面，英国、美国、日本、德国等国通过立法明确公务员教育是公务员的权利和义务，设立相关法律，使税务公务员教育有法可依。同时，政府也给予固定的财政财力支持。一些国家和地区还规定公务员教育必须贯穿整个职业生涯，将自律与他律相结合，强化对税务公务员的伦理教育、专业教育和技能教育，注重通过公务员岗位轮换，培养全能型人才。在纳税人税法遵从的社会教育方面，英国注重对年轻人的税法教育，美国将税法宣传与税收申报同步，各类媒体综合发力，纳税人社会教育课程内容丰富，资料齐备。总之，对纳税人的税法教育有助于提高国民税法遵从度，营造良好的纳税环境，是防治税收流失的社会基础。在总结了一些国家和地区税法教育经验的基础上，笔者认为：（1）从法治国家建设的高度，目前所通用的税收宣传、税收教育，应考虑统一提法，称之为税法宣传、税法教育，虽然仅有一字之别，但反映了社会民主法制建设和法治、文明、公平、效率在依法治税中的地位及其国民的税法认可度。（2）将税务公务员的税法遵从教育提升为国家战略，持续不断地培养忠诚于国家、勤政、廉政，严格守法的人民税官。（3）视税务社会中介机构为合作伙伴，充分发挥税务社会组织在税法宣传教育中的重要作用。（4）强化税法教育在税法宣传中的作用。增强全社会依法纳税意识，普及税收法律知识，营造依法治税、诚信纳税的良好环境。

第十二章

法制建设：一些国家和地区治理税收流失的制度保障

第一节 宪法中关于税收法定的规定及税收立法

世界各国尤其是发达国家，在治理税收流失实践中积累了许多有益经验。其中，用法律保障税收收入是各国的首选，即在宪法中明确税收法定原则，制定单独的税收基本法，将税收包含的基本内容以法律的形式固定下来，以保证国家税收权益不受侵犯，使公民纳税合法权益得到充分保障。本章介绍了一些国家和地区运用法律治理税收流失的有益经验，以期对我国有所借鉴和助益。

一、英国

税收法定主义发源于英国，是近代资产阶级法治主义思想和实践在税收领域中的体现。1215 年，英国大宪章初露税收法定主义的萌芽；1265 年，英国历史上第一次议会召开，重申“无代表权不纳税”的原则；1629 年，英国由下院提出《权利请愿书》，要求不经过议会批准不得开征新税；1689 年英国《权利法案》最后确定税收由议会控制，确立了“税收法定主义”原则。

（一）英国税法的组成

英国没有独立的税收法典，其税法体系主要由欧盟法律、基本法律（议会批准通过的法律）、法院的判例和二级立法组成。

欧盟法律中与税收相关的规定主要存在于六大税收指令中，分别是母子公司税收指令，兼并、购并的涉税指令，利息、特许权使用费指令，存款账户指令，双边互助指令和增值税指令，这些指令所要求达到的目标对英国有约束力，要求英国出台与之相适应的国内基本法律，基本法律主要指议会制定并通过的法律。在制定这些国内基本法律时，要求遵从欧盟的法律，一旦其法律与欧盟的法律出现冲突，欧盟的法律将优先适用。这一点已被广泛地应用到税法和其他法律范畴之中。目前，欧盟的法律对英国税法的影响与日俱增，主要体现在增值税方面，其法律形式是欧盟的增值税指令。英国 1994 年的增值税法就是将增值税指令转化为国内法的实例。同时，基本法律也不能与英国 1998 年人权法案相冲突。

法院负责解释和适用法律，但在议会至上原则下无权对基本法律提出异议。多年来，法院处理了大量的涉税案例，法官的判决意见也是英国税法的重要组成部分。判例制度在税案判决中具有十分重要的地位，其法庭判决以更高级法庭以往的判例作为依据。

二级立法是由英国议会授权政府部门（主要是税务海关局）在税收领域制定的规则，通常叫做法令、条例或者规则。

（二）税收立法权的划分

英国税收立法权高度集中。1997 年工党政府将中央政府一部分权限下放到威尔士、苏格兰和北爱尔兰地区政府，但确定税收立法权为中央政府保留的权力。1998 年英国议会通过的《苏格兰法案》决定正式成立苏格兰议会，并规定苏格兰议会可以制定影响苏格兰内务的法律，且可将（个人）所得税的基本税率提高或降低最多 3%，地方议会还享有十分有限的地方税收立法权，如对不动产（包括住宅和工商用房产）征税。2012 年英国议会通过的《苏格兰法案》拓展了苏格兰的税收立法权，比如赋予苏格兰在英国议会的同意下可以开征两个新税种来代替现行的应该统一征收的税种，以及确定（个人）所得税税率的权力。在此授权下，苏格兰拟在 2015 年开征土地和建筑交易税来代替现行的联邦土地印花税。目前，苏格兰正在筹建自己的税收征收机构。

（三）税收法律的制定

英国国会作为最高立法机关，行使国家的最高立法权。英国的国会由上议院（贵族院）、下议院（贫民院）和国王（或女王）共同组成，其中，上议院不实质参与税收立法，下议院的立法职权主要是讨论、批准、修改或否决来自政府部门的立法提案。征税必须得到下院的批准，财政法案只能向下院提出并由下院审议和通过。

基本法律的立法程序如下：税收法律的创制和修改，都要经过严格的程序。与财政（税收）有关的法律议案只能由政府提出，且不能够违反财政稳定法对公平和效率等的相关规定。一般情况下，先由税务海关局根据税收发展情况和需要解决的问题，草拟税收建议案，在广泛征求意见后，报财政部审定。财政部长结合国际国内经济形势和政府预算情况，在每年 11～12 月的国会秋季呈述中阐述税收建议，根据秋季呈述情况，税收建议编入财政预算案（财政法案）中，于次年 3 月提交国会。次年 4～6 月，国会下议院针对财政法案进行辩论，提出修改意见，再送上议院进行审核（审核只是形式上的，没有实质意义），通过后在 7 月前后由女王签署颁布。税收法律的修改也遵循类似的程序。

（四）二级立法的制定

税收二级立法由税务海关局或财政部起草，经过广泛征求意见后，根据授权决定的具体内容开展下一步工作，有的授权决定要求二级立法需要经过议会（或议会的某个委员会）批准，有的规定不需要经过议会的批准就可以发布执行。议会对二级立法批准的方式主要有两种：一种是肯定式，即议会（或议会的某个委员会）对草案逐条审议并通过；一种是否定式，即只要在一定期限内议会（或议会的某个委员会）没有对草案提出异议，草案就算通过。

英国用完整的税法层次、集中的立法权和严格的税法制定规则保障了税收法制体系的顺利运行，在保障纳税人权利的同时，也有效地遏制了税收流失。

二、一些国家税收法定原则的体现

以英国为代表的部分国家十分注重在宪法中体现税收法定原则，表 12.1 按地区列出了一些国家税收法定原则的具体体现。

表 12.1　　各国宪法中规定的税收法定原则

序号	大陆	国家	宪法规定
1	欧洲	法国	法国宪法第五款（议会与政府的关系）第三十四条第一款规定：“各种税收的税基、税率和征收方式”等事项由法律规定。
2	欧洲	瑞士	宪法第三编（联邦、州、市、镇）第三章（财政制度）第一百二十七条规定：“一、税收制度的基本原则，特别是纳税人资格、征税对象和征税的计算方法，由法律予以规定。”第五编（联邦政府机关）第二章（联邦议会）第三节（权限）第一百六十四条规定：“所有重要的法律条文均须以联邦法律的形式颁布。”有关政治权利的行使、宪法权利的限制、人民的权利和义务、纳税人的资格、税收的客体以及纳税额的计算等，属于此类基本法律。
3	欧洲	荷兰	宪法第五章（立法和行政）第二节（其他条款）第一百〇四条规定：“国家应依据议会法令的规定课征税捐。”第七章（省、市、水事管理委员会和其他公共机构）第一百三十二条中规定：“省、市行政机关征收的地方税以及省、市行政机关与中央政府的财政关系，均由议会法令规定。”
4	欧洲	丹麦	宪法第五章第四十三条规定：“非依法律规定，不得征收、改变或废除税收。”
5	欧洲	芬兰	宪法第七章（国家财政）第八十一条（国家税费）规定：“国家税收由法律规定，法律中应包括纳税义务和纳税额的依据以及纳税人的权利保障。”第十一章（行政和法治）第一百二十一条（自治市和其他地方自治）第三款规定：“自治市享有征税权。纳税义务和征税决定的原则以及纳税人的权利保障由法律规定。”
6	欧洲	奥地利	联邦宪法第一章（总则和欧盟）第一节（总则）第十条规定：“联邦财政，特别是全部或部分上缴联邦的公关税收”的“立法权和执行权均属于联邦”。第十三条第一款规定：“联邦各州的税收权限，由专门的联邦宪法性法律（财政宪法）予以规定。”第五章（自治行政）第一节（市政）第一百一十六条第二款中规定：市镇有权“在财政宪法规定的范围内管理预算，课征捐税”。
7	欧洲	西班牙	宪法第七章（经济与财政）第一百三十三条（征税的权力）规定：“第一款：征税的原始权力专属国家，并通过法律行使。第二款：根据宪法及法律，自治区和地方机关可设定和征收赋税。第三款：所有涉及国家税赋的财政收入，必须由法律予以规定。第四款：公共行政部门只能按照法律承担财政义务，并支出费用。”

续表

序号	大陆	国家	宪法规定
8	欧洲	俄罗斯	俄罗斯宪法第一编第三章（联邦结构）第七十五条第一款规定：“将税款纳入联邦预算的税收制度和俄罗斯联邦税收和收费的一般原则，由联邦法律予以规定。”
9	欧洲	乌克兰	宪法第四章（乌克兰最高拉达）第九十二条规定：“只有法律才可以规定国家预算和预算体系、税务征收体系、税收和收费、金融市场、货币市场、信贷市场和投资市场形成与发挥作用的原则，国家货币的地位和外国货币在乌克兰境内的地位，国家内债、外债的形成和偿付的程序，国家有价证券的种类、类型、发行和流通的程序等问题。”第十一章（地方自治）第一百四十三条规定：村、镇和市的区域性村社可以“依照法律的规定确定地方的税收和收费”。
10	欧洲	罗马尼亚	宪法第四编（经济和公共财政）第一百三十九条（税、费以及其他贡赋）规定：“一、税、费或其他国家预算、国家社会保障预算的收入应由法律规定。二、地方税费应由地方或郡议事会在法律规定的权限范围内确立。三、为特定资金需要而确定的财政贡赋，根据法律，只能被用于其预设之目的。”
11	欧洲	波兰	宪法第十章（公共财政）第二百一十六条规定：“用于公共目的的财政资源的筹集和支配应由法律规定。”第二百一十七条规定：“税收及其他关税的征收、税率的确定、允许税收减免的原则、免税的纳税人类型，应符合法律的规定。”
12	欧洲	阿尔巴尼亚	宪法第六章（地方政府）第一百一十三条规定：自治村、自治市和区的议会“有权依照法律设立地方税收以及税收等级”。第十三章（公共财政）第一百五十五条规定：“国家和地方的费用，税收和其他财政义务，减少或豁免某些类别纳税人的纳税以及征收的方法，由法律具体规定。在上述情况下，法律不具有溯及既往的效力。”
13	大洋洲	澳大利亚	宪法第一章（议会）第五节（议会的权力）第五十一条（议会的立法权）规定：“在遵守宪法的前提下，议会有权制定有关税收的法律，但是不能因此在各州之间或者州的各所属地之间造成歧视。”
14	大洋洲	新西兰	宪法第三章（立法机关）的（议会与公共财政）部分第二十二条（议会对公共财政的控制）规定：“除非根据议会法案，否则君主的征税等行为违法。”
15	北美洲	美国	美国宪法第一条规定：“一切征税议案应首先在众议院提出。”第一条第八款规定，国会的权力之一为“规定和征收直接税、间接税、进口税与货物税，以偿付国债、提供合众国共同防御与公共福利，但所有间接税、进口税与货物税应全国统一”。
16	拉丁美洲	墨西哥	宪法第三编第二章（立法）第三节（国会权力）第七十三条规定：国会的权力包括“征收必要的税收以供预算需要”等事项。

续表

序号	大陆	国家	宪法规定
17	拉丁美洲	哥伦比亚	宪法第十二编（关于经济和金融体制）第一章（一般规定）第三百三十八条规定："在和平时期，只有国会、各部委、市区议会可征收财税或者财政类型的费用。法律、条例或决议必须直接规定主动和被动的税收，以及收税的基准和税率。""法律、条例或决议可允许有关当局决定税率，以及从纳税人处征收税款作为当局提供服务的支出，或者作为纳税人参与的收益。但是，确定此项支出和收益的体系和方式以及分发的方式，必须由法律、条例或决议做出规定。"
18	拉丁美洲	多米尼加	宪法第三部分（立法机关）第三章（国会权力）第九十三条（职能）规定：国会具有普遍立法权，其中第一项为"制定税赋，并确定其征收方式"。第九部分（土地规划与地方行政）第二章（地方行政）第二节（市政制度）第二百条（市政税收）规定："市政府可依法在其划分区域内设立地方税收，但不得与国家税收、各城市间贸易或进出口冲突，也不得违反宪法或法律的规定。"
19	拉丁美洲	洪都拉斯	宪法第五编（国家权力）第一章（立法权）第二百零五条规定：国会的权力包括"制定税收、捐赠及公共收入制度"、"控制国家税收"等事项。
20	拉丁美洲	巴西	宪法第四编（各国家机构的组织）第一章（立法机关）第二节（国会权力）第四十八条规定：经总统批准，国会应当有权规定"税收制度、税收征收和收入分配"。第七编（经济及财政秩序）第一章（经济活动一般原则）第一百七十五条规定："税收政策等事项由法律规定。"
21	拉丁美洲	秘鲁	宪法第三章（经济制度）第四节（特别的税收待遇和预算体系）第七十四条规定："捐税的设立、修改、取消或免除只能根据法律或立法机关的授权命令规定。但关税和税率可由行政法令规定。""地区和地方政府可在管辖范围内与法律规定的界限内设立、修改和取消税收和税率，免除税收等。"
22	拉丁美洲	智利	宪法第五章（国会）第八节（法律的产生）第六十五条规定："关于各种性质的税收法律、公共行政机关预算的法律及兵役法，只能由众议院制定。"
23	拉丁美洲	委内瑞拉	宪法第五编（国家公权组织）第一章（国家立法权）第一节（一般规定）第一百八十七条规定：国民会议的职权之一为"审议和批准国家预算以及与税收和公共开支有关的所有法案"。第六编（社会经济制度）第二章（税收和货币制度）第二节（税收制度）第三百一十七条规定："税收法定。没有法律依据，不得纳税，亦不得征收任何捐款。没有法律规定，不得免税、减税或适用其他税收优惠。""国家税收管理依据国民会议制度的法律享有技术、操作和财政上的自治，其最大的职权由共和国总统依据相关法律规定授予。"
24	拉丁美洲	海地	宪法第七编（公共财政）第二百一十八条规定："国家的每项税赋只能由法律规定。任何负担、税赋，无论是省的、市镇的或市镇区的，不取得相关地方公共团体之同意，不得建立。"第二百一十九条规定："不得在税赋方面建立任何特权。""任何例外、增税、减税或任何取消税种，只能由法律规定。"

续表

序号	大陆	国家	宪法规定
25	拉丁美洲	危地马拉	宪法第四编（公共权力）第二章（立法机关）第二节（国会的职权）第一百七十一条（国会的其他职权）规定：国会有权“根据国家需要颁布一般或特别税目，并确定征收基准”。第五编（国家的组织和结构）第四章（财政制度）第二百三十九条（合法性原则）规定：“唯有共和国国会有权根据国家的需要和税务公平、公正原则发布常规和特别性的税目和收费名目，并确定征收基准，特别是以下事项：一、引致征税的事实；二、免税情况；三、纳税人和连带责任；四、征收基准和税目；五、税捐的扣除、折抵、减免和附加税；六、违反事项和税务处罚。任何效力低于法律的规定如与征税基准的相关法规相悖或者有抵触，在法律上均属无效。条例规定不得修改此类征收标准，应具体规定与行政税有关的事项，并设立课税程序，以方便征收。”
26	拉丁美洲	玻利维亚	宪法第三部分（国家领土结构和组织）第八节（职权分配）第二百九十八条规定：中央政府特有的职权中包括财政体系，“创建国家税收、定价和中央级别税收领域特别捐税”，中央政府的专属职权中包括税收制度。第四部分（国家经济结构和组织）第一章（国家经济组织）第三节（经济政策）第一分节（财政政策）第三百二十三条规定：“属于国家管辖下的税收应由多民族立法大会通过。属于自治区或自治市专有的税收应由其议会或大会在执行机构建议下通过、修改或删除。”
27	拉丁美洲	厄瓜多尔	宪法第四编（参与和组织权力）第二章（政府的立法机关）第三节（立法程序）第一百三十二条规定：必须以法律形式确立的事项包括“在不影响宪法规定的地方自治政府权力的情况下，建立、修改或取消各种税收”。第五编（国家的领土划分）第四章（管辖权制度）第二百六十一条规定：中央政府在“经济、税收、海关、关税政策、财政及货币政策、外债及债务”等事务上具有专属管辖权。第二百六十四条规定：除了法律另有规定以外，市政府在“通过政令建立、修改或取消税收及特殊建设费用”等事务上具有专属管辖权。第六编（发展方针）第四章（经济主权）第五节（税收制度）第三百零一条规定：“只有经行政部门提议，并由国民大会以法律形式通过，才可以进行税收的征收、修订、免缴或消除。”

第二节
防止税收流失的一般性法律规定

除了在宪法中规定税收必须依法确立、征收外，一些国家和地区还专门为防止逃税与避税制定了相关法律，以减少税收流失发生的可能性和影响。

一、美国防止逃税与避税的一般措施

美国的税收流失主要表现在逃税和避税方面。“逃税”是指为逃避缴税而恶意地违反

法律。纳税人一旦被确认有恶意逃税的企图，就会受到比较严厉的处罚。“避税”则被广泛地解释为除逃税以外的种种使税收缴纳最少的技术。人为的避税技术并不是为了经济或业务发展的需要，而与逃税紧密相连。为应对这种避税，一般通过纳税调整使之在经济上更为合理，并课征处罚性税收。这种情况包括：为避税目的而掌控或利用控股公司和其他实体；公司实体资本不足；不适当地积累公司利润；违背独立核算原则，在有关纳税人之间分配所得和费用等。

国际业务中的税收流失主要是避税造成的。一般情况下，反避税措施主要运用于国内税收领域，但美国由于经济的国际化程度高，通常会将国内反避税措施运用于国外交易，这对国际业务的运行和税收流失的治理发挥了重要的作用。这些措施主要体现在以下几个方面：

一是明确以避税为目的的公司。如果成立控股公司（50%以上的所有权），或通过不课税交易来掌握公司财产的主要目的是为了逃税或避税，那么获取此类税收利益是法律所不允许的。这些利益包括不应得到的扣除、抵免或其他税收优惠。

二是界定预定要清理的公司。预定要清理的公司主要指从事财产的制造或生产，或从事某种特别资产的购买，其目的是在这些财产的应税所得实现之前，对公司进行清理和现售。这些公司通过现售将资本利得转化为个人所得。由于在美国境外进行经营的外国公司一般不需向美国缴纳税收，因而会导致人为的税收流失；另外，由于税收协定对资本利得有不同的规定，也会导致人为的税收流失。

三是对个人控股公司的规定。对个人控股公司实行单独课税，目的是制止运用此类公司而避税。个人控股公司是指公司50%以上的股本由一个或几个人所持有，其收入的60%或以上具有消极投资的特征。此类公司需就其未分配利润缴纳处罚性税收。美国的个人控股公司也包括外国公司，前提是该公司至少有一位美国股东，且该公司在国外并不是个人控股公司。为确定一家公司是否是个人控股公司，并确定处罚性税收的税基，税基的确定仅限于来源于美国的所得，或是与美国行业或企业实质相关的所得。

四是课征累积收益税。一些公司为了使股东避税，常以闲置流动资产的形式积累收益和利润，对此类公司会课征累进的惩罚性税收。但这种课征仅限于外国公司来源于美国的消极投资所得，且该公司的股东本应就其股息向美国缴税。累积收益税的税基，也仅限于来自美国的所得或是与美国行业或企业实质相关的所得。

五是对资本弱化公司的税收规定。美国税收法典第385节授权财政部制定指导性法规，以此确定公司所付的利息应算做债务支出还是股本支出。《负债—股本条例》规定，如果将债务视为股本，则资本弱化公司就不能将利息进行税收扣除，公司的还本付息则作为支付给受益者的股息所得。

六是对税收流失进行估算并据此制定征管战略。美国财政部和国内收入署不定期地对税收流失问题进行调研测算，或测算流失规模，或测算某个税种，并基于税收流失测算结果，提出旨在遏止税收流失的战略规划和管理措施，其主要内容有：采取系列措施，降低纳税人逃税的机会；利用现代信息技术，提高美国国内收入署的管理与服务能力；改进纳税服务，便利纳税人遵从税法；加强税收风险分析，提高税收征管有效性，改善纳税人税法遵从行为；改革和简化税收法律，促进税收公平，减轻纳税人遵从负担；加强与战略伙伴及利益相关方的合作，优化税收管理环境等。同时，严格要求纳税人从事涉外活动时履行纳税申报手续，包括要求提供有关勤劳所得和投资所得的纳税申报表；在税务诉讼中，纳税人通常负有举证责任。

二、加拿大防止逃税与避税的一般措施

（一）防止逃税与避税的法律规定

《加拿大所得税法》对逃税给出了明确的定义，将逃税解释为这样一种企图：以弄虚作假、隐瞒事实或其他手段来欺骗加拿大收入署，从而减少所得纳税义务。加拿大收入署认为，逃税是指“为欺骗目的，故意地实施或不实施某些行为，甚至策划违反税法，从而使纳税人申报的税款少于税法规定的应缴税款。这包括故意地漏报收入，虚列各种费用，有目的地歪曲、隐瞒客观事实”。收入署坚持认为：该部门对逃税的控制是有限的，每年的逃税额约为税收申报额的10%，逃税的主要途径是隐瞒所得和“地下经济”。

如果收入署认为有逃税事实发生，则由专门调查机构提出控告；根据《加拿大所得税法》和《刑法》的规定，如果指控成立，对违法者将处以监禁或财政处罚。在进行调查时，加拿大收入署可广泛地使用搜查、没收、询问等权力。收入署特别重视对逃税者定罪情况的宣传，认为广泛地宣传该署在反逃税方面的成效，可以促使纳税人遵守税法。

加拿大税法对“避税”没有明确的定义，收入署和法院将某些税收筹划活动看成是正当的避税，即合法的避税，同时又将其他一些情况视为不正当的避税。关于正当避税与不正当避税的区别，加拿大收入署发布的《信息通告》进行了以下评论：“纳税人为了求得有利的税收结果，会采取一些行动。如果这些行动为法律所明文规定，或是没有为法律加以明确制止，那么，对于实际采取这些行动的情况，避税部没有很大兴趣。事实上，如果纳税人为使缴税最少而做出的实际安排既光明正大，又符合法律规定，那么对于此类税收筹划，收入署并不承担任何特别的责任。”需要避税部加以查问的案例仅限于纳税人明显地违反税法，但又不属刑事违法的案件，即纳税人主要行为是为了推迟、减少、逃避税法所规定的义务而运用各类复杂的计划、安排和手段。如果避税部认定纳税人的计划安排属于不正当避税，纳税人将被处以监禁或罚款。同时，收入署公布了必须接受检查、通常被认为是不正当避税的各种税收筹划。包括以下几种：

一是为转移投资所得，或隐瞒投资活动，纳税人通过设在避税港的公司或信托基金，转移销售收入和劳务收入，并扩大购买支出和其他支出。

二是股东利用外国公司转移所得。为使纳税人遵守联邦所得税制度，在有限的人力条件下，收入署需不断地采取得力的措施。此外，收入署还精细地管理和实施着联邦销售税、关税和反倾销法。之所以实施反倾销法，主要原因是平息国内部分竞争者的种种抱怨。

为防止逃税与避税导致的税收流失，在加拿大有关法律中，特别是《加拿大所得税法》中，制止避税和逃税的法律条款主要有以下规定：

第一，只有能带来收益或创造收入的特别支出，才能在适当时机从所得或资本中得

到扣除。

第二，对公司股东所获的收益或拨款应予课税，这包括股东所获得的某些贷款。

第三，对于既含有利息又含有资本的支付款项，其中应视为利息的部分必须计入纯所得。

第四，为防止人为地逃避对资本利得的课税，以及人为地增加亏损额度，税务机关可进行审计检查，并补缴税款。

第五，为了制止某些分散所得的安排，即纳税人将所得转移给他人，或是将款项支付给他人，税务机关可以对该交易的目的进行审核。

第六，当涉及公司内部定价时，应根据独立核算原则，按照公平的市场价格或合理的额度，对国际交易进行纳税调整。

第七，制止“人为地”、“不正当地”以虚假的、不正当的支出或费用来冲抵所得。

第八，当纳税人违反独立核算原则，将收益让与他人时，加拿大收入署有权根据实际情况对这种交易进行审查。

第九，授予财政委员会以特别广泛的权力来采取措施制止避税和减税。

第十，授予收入署广泛的权力，以制止各种“分散股息”的交易，这种交易的目的是通过免税途径或资本利得方式，将公司剩余利润分配给居民或非居民股东（加拿大的某些国际税收协定或是禁止向非居民的资本利得课税，或是只允许对资本利得课以低税率，这就使得一些非居民乐意将股息转化为资本利得）。

除了上述法律措施外，在确定纳税人是否利用特别交易来减少纳税义务的过程中，法院还进行了种种司法解释。加拿大法院一般不采用美国法院关于“商业目的”和“分阶段交易”的解释，也不采用近年来英国法院的解释，而是更乐于支持税务机关制止以“虚假”或其他方式为基础的避税交易。

（二）制止国际逃税和避税的一般措施

1. 实行预提税。加拿大没有制定单独适用于制止国际避税和逃税的一般措施，防止国际避税和逃税的措施体现在国内税法中。《所得税法》关于避税和逃税的一般规定以及法律判例同等地适用于国内场合和国际场合。实行预提税是防止国际逃税、避税最有效的方法。

《所得税法》及据此而制定的条例规定：当个人向非居民进行支付时，支付者负有为加拿大预提税款的义务。预提的税款通常为向非居民支付款项的25%，如果支付款项符合加拿大国际税收协定的规定，则可减为15%或15%以下。同时，预提的税款必须汇寄到加拿大收入署，而且预提者必须以规定的表式向非居民和收入署进行支付汇报。根据加拿大与美国达成的特别安排，当加拿大居民向美国个人进行某些支付时，前者需就这一支付进行纳税申报。

《所得税法》及据此而制定的条例还规定：当非居民因在加拿大提供劳务而获得收入时，所适用的税率减至15%；收入的支付者需就这笔支付款项向收入署进行申报，并将扣除预提税后的款项汇出加拿大。根据《所得税法》第一部分的规定，非居民应就其劳务和经营所得向加拿大缴税，税率为适用于个人或公司等其他实体的正常税率；如果国际税收协定有相应的规定，这些非居民可得到税收减免或税收返还。

2. 实行举证责任也是防止国际逃税和避税的有效措施。《所得税法》规定：尽管收入署对税额的评定可能会有错误、不足或疏漏，但这种评定仍为合法、有效。这一法律假定意味着：如果没有反证，那么收入署在税收争议中所举证的全部事实均为属实；如果要推翻这一税收评定，纳税人应负举证责任。在法院的审理过程中，纳税人应列举使人信服、具有法律效力的证据来反驳收入署进行税收评定所依据的法律事实，从而推翻上述法律假定。只有纳税人能够履行举证责任，并提供反证时，举证责任才由纳税人转向收入署，由收入署提供有利于自身的证据。当收入署为了制止不适当的避税计划而对纳税人进行税额评定时，纳税人可为推翻这一评定而履行举证责任。当收入署根据《所得税法》第163款和第239款对认定的不正当避税和逃税进行处罚时，收入署必须令人信服地履行举证责任。相应地，在这些案件的诉讼过程中，收入署亦负有举证责任；诉讼的依据并不仅仅是收入署向法院提交的诉状和收入署以往所评定的税额。

加拿大有关举证的法规规定，在实施过程中，税务机关拥有充分、广泛的调查权力，并要求第三者提供充分的证据，目前这些权力在国际税收领域得到了进一步的应用。

三、日本防止逃税与避税的一般措施

日本税法中对逃税和避税规定有三项原则，即实质重于形式原则、计算净所得原则和对家族公司特殊对待原则。

第一，日本所得税法包含了对实际受益人课税这一基本原则。也就是说，经济事实重于法律形式。这是一项为了税收公平而确立的规则。例如所得税，根据所得税法第11条的规定，对那些取得来自财产或企业的所得或资本利得的人课税。结果，所得税并不适用于仅仅只是名义接受者而并没有享用这些利益的人，尽管他可能被指定为合法接受者，并负责向税务当局申报所得，但在实践中要决定所得到底归于谁。例如，根据两人（A先生和B先生）之间的协议，A先生经常在第三者面前充当接受某种所得的角色，而B先生实际上受益于这种所得，因为该所得通过A先生转交给了B先生。在这种情况下，就要对事实上的最终归属者（B先生）课征所得税。

第二，根据公司所得税法第22条的规定，所得的范围是根据计算各会计期间的所得总额这一基本原则定义的，计算所得总额是基于记录账册进行的。商业法和其他法律与条例要求各公司都应保存这种账册，各会计期间的所得等于全部收入减去全部支出之差。关于税收意义上的所得定义有一特别条款，当公司将财产无偿转让或以很低的价格转让时，把它们按正常价格转让时的所得视为其收入的一部分。

第三，对家族公司提供特别待遇。家族公司被定义为三个或更少的股东（或者三个或更少的有特别关系的集团股东）拥有50%或更多的资本。股东可以是自然人或法人，因而母公司的子公司也在此定义范围内。人们普遍认为这种公司的账目常常不真实，而家族公司与其股东之间的交易并非总是按独立核算原则进行。在母公司和子公司之间或在为一母公司控制的两个子公司之间进行的交易也是如此。为了防止税收流失，如果税务当局发现它们不合理地降低了这些公司的税收负担，可以认为这类交易或账目无效，

税务当局可在合理的限度内重新计算应税所得而计收所得税。

四、阿根廷防止逃税和避税的一般措施

（一）防止逃税的一般措施

在阿根廷，广义的逃税包括种种欺诈和对纳税义务的疏忽。这些行为或是不履行纳税义务，或是因粗心等主观原因所致。所有逃税都是非法的，因而必须予以处罚。“欺诈”或疏忽是决定逃税（部分或全部）和拖欠税款具有非法性的两个主观因素。这两个因素揭示了纳税人的“意向”，是判定是否违反税法的依据之一。判定是否违法的另一依据则是税收收入的损失。

主观因素（欺诈或疏忽）是违反税法的必要条件。在阿根廷，处罚性税法与刑法互为一体，尽管前者是税法的组成部分，但它与刑法不可分割，因而阿根廷将刑法的所有原理都运用在对逃税的分类和处罚上。从这一意义上讲，由于国家对法律权力的运用是以法律对处罚的明确规定为基础的，立法机构必须严格遵守“法无明文规定不罚”的原则。运用这一原则的必然结果是：处罚没有可追溯性，除非后来的法律更有利于处罚。

“法无明文不为罪”的原则也得到了遵循。对此，宪法第 18 条规定：“没有事先诉讼，就不能对本国居民予以处罚。”关于赔偿责任的规定，处罚性税法并没有完全沿用刑法的原则，并认为以下几类纳税人没有纳税义务：年龄在 18 岁以上的免税者；全部收入由其配偶支配的纳税人；既违法又招致财产损失的破产者等。不过，破产者的上级管理单位须对破产者违反税法的行为负责任，因而纳税义务可转移给其他纳税人，包括自然人和法人。

在认定税收欺诈罪时，阿根廷高等法院认为主观因素是主要的。逃税将受到不同程度的处罚，不仅取决于纳税人在形式上违反了税法规定，更取决于纳税人是否有骗取收入或违反法律的企图。阿根廷对违反税收成文法的处罚，取决于违法程度的不同，处罚方法是固定的罚款或关押。前者适用于下列情况：在行政机关再次下达通知后的 15 天内，纳税人仍不提供有关报表的；在被税务机关第二次传讯时，纳税人仍不提供有关情报、适当证据和凭证的；纳税人不开具发票和相当文据的。根据税法第 45 条的规定，以下两种疏忽行为须受处罚：法定纳税人因疏忽而不缴税；在规定期限内，因疏忽而没有代扣税金。在上述情况下，如果“疏忽是无恶意的错误”，对疏忽的罚金一般是漏缴税款的 0.5~1 倍；如果再犯，则罚金为漏缴税款的 2 倍。按照税收成文法第 46 条的规定，税收欺诈是“欺骗性的申报或恶意的隐匿”，有损于国库收入。对逃税的罚金为所逃税款的 2~10 倍；如果是再犯，或是逃税金额超过一定限额，则对逃税者将处以 1 个月至 2 年的关押。

扣税单位拖欠所扣税款，也是一种违反税法的行为，对此的罚金是所拖欠税款的 2~10 倍。关于这种违法行为，如果扣税单位在受传讯后仍不交出所扣税款，那么对扣税单位除处以上述罚金外，还将处以 1 个月至 2 年的关押。第 22294 号法令的修正案还规定了一种新的税收欺诈形式，这就是“恶意地宣告破产”，法律对此的解释是：“为避免支付税款，损害国库收入，纳税人恶意性宣告自身或他人的欺骗性破产。对此纳税人应处以 1

个月至 2 年的关押。”体罚也适用于董事、经理和代理人。与上述的一般原理相一致，所有处罚都按审判程序来进行，即：纳税人或有关责任者完全有权进行辩护，并提供证据，从而向税务机关表明他们没有欺骗意图（即使事实上存在着欺骗意图），由于事实有误或审判有误，理应免受处罚。同时认为，只有有关行政单位或司法单位做出最后裁决后，方可处以罚金或体罚，因严重违法而处关押的例外。纳税人也可对上述判决进行上诉。只有在上诉被驳回时，纳税人才负有纳税义务。另外，除非国内的税收欺诈或应处罚的逃税已得到有效的防止或控制，否则税务机关在侦查和纠正逃税方面享有充分的权力。税法第 40 条、第 41 条规定，应运用充分的权力来迫使纳税人或其他责任者履行纳税义务，并提供各种数据、情报、账户和凭证。如果获得法院的指令，税务机关还有搜查住宅的权力。阿根廷第 11683 号法令第五章在“利息、违法与处罚”中还明确规定：“对于部分或全部拖欠本属税务机关收入账户的税款，纳税人应从缴税期限终止之日起赔付利息，利息率为当时商业票据的贴现率，或由财政部酌情提高，但最高不得超过 100%。”

（二）防止避税的一般措施

纳税人为了少缴税或完全避免承担纳税义务，自然要相应地选择一种合法的经营方式，这种选择行为，或是选择过程中有对纳税义务的疏漏，阿根廷税法认为，这可定义为避税。这一避税定义的逻辑结果是：（1）应税事实的确认是纳税义务发生的前提，在此前提下，应缴税的纳税人才可能“避免”缴税。（2）避税是一种经济现象，它通过法律方法来确认。避税之所以是一种经济现象，是因为：立法者确定税收的基础是经济现象，而避税的主要目的则是要避免这些经济现象的发生。（3）为减少或避免纳税义务，纳税人会采取种种行动，此种行动只有不滥用法律，才被视为合法避税。对于避税，要不要防治和怎样防治，阿根廷有关法律持如下观点：“不应强迫阿根廷的居民去做法律没有规定的事情，同时也不能禁止他们去做法律没有禁止的事情……”这就意味着，只要其行为不违反实体法或成文法，那么任何自然人或法人均可寻求少缴税款。如 1958 年 8 月 27 日，阿根廷高级法院对“国际合作社联盟”一案做出宣判时，就持这一立场。判决书指出：通过运用利己的法律手段，在法律允许的范围内，纳税人会设法减少其税收负担；尽管税务机关可能会通过制定特定的规定和方法来加以限制，以抵销此种对纳税人有利的影响，但是纳税人的这种行为不应受到处罚。

自然人或法人有权按这种方式来从事经营活动，即使其税负较轻，甚至为零。但有关立法对这种自由做出了明确的限定，如第 11683 号法令第 12 条将“经济现实性”原则作为解释税法的准则。而对于“经济现实性”原则的合理解释是：纳税人为逃避纳税义务，会不适当地运用或滥用税法，在此种情况下，“事实”必须重于“法律”。另一方面，如果企业运用的法律形式不仅减少了税收，而且还有助于以这一形式为基础的经营活动，就不能视为滥用法律，应视为合法。阿根廷第 11683 号法令第 12 条明确规定：“为确定应税项目的实际状况，税务机关应注意纳税人所做的和所处的或所求的行为、境况和经济关系。根据税法的规定，纳税人应提供有关材料，这涉及其行为所处的境况及其与法律形式的相互关系等，这样做的目的是为了确切地反映纳税人的实际经济动机。在确定实际的应税项目时，税务机关首先考虑的是实际的经济状况，而不是法律的形式或组织。

这些法律形式或组织是纳税人自己选择的，或允许采用的。实际情况是法律形式或组织的基础，而法则将这两者联系起来。”

阿根廷税法无疑包括了这一原则。纳税人总是愿以缴税最少来从事经营，而这一原则限制了纳税人在此方面的行动自由。不过，此种限制对于正在进行的经营活动还是适度的，税法只是迫使纳税人选择更有利于增加税收的经营方式而不是其他。

五、巴西防止逃税和避税的一般措施

巴西当局运用各种可能的手段来防治税收流失，这些手段包括采用立法手段、改进管理方法和管理技术等，其目的是为了尽可能遏制各种税收流失。特别是近几年来，税务当局不仅在学术研究领域做出了努力，而且采取了一些富有成效的防治税收流失的措施，如制定比较苛刻的制止避税和逃税的法律、增大可能逃税的纳税人的经济风险、迫使纳税人按照法律的规定履行纳税义务等。

对于纳税人的欺诈，税法规定：“为部分或全部地免除纳税义务的纳税人会运用种种方法来诱骗税务机关犯错误，这些方法都应视为恶意行为。”

关于“避税”概念，巴西的税收理论和法律均认为，只要不违反法律，纳税人有权择用使其缴税较少的经营方式，但需在实施纳税义务的法律事实发生之前，才被认为合法。

巴西防治逃税和避税的一般性措施有两点最为奏效，即实行源泉扣税和确定普遍的申报义务。从对法律的追溯性解释来看，上述措施仅适用于：一是一些法律条款已得到解释，它们对违法行为做了假定；另一些法律尚需做出明确解释，但这种解释又不涉及对这些违法行为的处罚。二是对于某些行为，法律并没有予以明确的限定，在某些情况下，因法律没有对欺诈加以限定，故常常有利于违法者。

税收理论和法庭裁决认为：为使纳税人能证明他已履行纳税义务，法律就需对这一事实予以假定；仅当纳税人能向对方提供适当的证明时，他才能无视这一法律假定。

由于判决是依照法律来进行的，因此，巴西法院较为注重对法律的字面解释。在此情况下，追究商业动机并不重要。

在制止滥用法律方面亦存在着同样的情况，主要是因为大多数滥用法律的情况均可通过法律假定来处理。

此外，巴西税务当局制止国际避税和逃税的一般措施有：在向国外汇出收益时，外国居民必须按规定向税务当局申报。除此之外，其代理人还需提交一份完整的清单，该清单反映外国居民所拥有的财产和商品。当个人或法人向国外汇出利润、股息、利息、特许权使用费和来自技术、管理方面的收益时，须事先获得巴西中央银行和联邦收入署的书面许可。中央银行是实行外汇管制的领域，它根据税收清缴凭据准许收益汇出。这一做法同样适用于纳税人居住地的更改。

六、新加坡防止逃税与避税的一般措施

新加坡税收征管形式主要采取税务申报制，即假定纳税人的各项申报是真实的，并

以此为依据估税征收。所以，在日常征管中一般不搞普遍的税务检查，只有当纳税人被举报或估税官在评估税时发现有较重大的（一般为年匿报或漏报收入在5万新元以上）逃漏税嫌疑，才立案进行税务检查。为此，税务署内专设了一个“情报及侦察队”负责税务检查工作。该处下设两个税务侦察处，每年约处理各种逃税案件30余起。为了保障税务检查人员行使职权，法律对税务机关和侦察人员的权力也做了详细的规定。如税务局有权在必要时要求纳税人提供各种有关的账簿、证件、资料；税务检查人员有权在必要时检查纳税人的住所，可以进入任何建筑物、场所，查阅和抄录一切簿册及文件；有权要求任何人以口头或书面的形式提供他本人、家庭或其他人士的收入、银行存款及资产、负债等情况。如果发现有未缴清税款的纳税人试图离开新加坡，税务机关可以发出禁止离境通知书给警察局、移民厅、海关等部门，这些部门会无条件地阻止企图逃税者离境。一般做法是扣留其护照或其他旅行证件，令其到税务机关补税。如果该纳税人企图逃走，警官或移民厅官员可以逮捕他。对个别纳税人，税务机关还有给其指定代理人（即担保人）的权力。

为了严惩逃税行为，税法对各种情况的逃税规定了严厉的惩处条例。如对申报不实、故意匿报收入者，罚款1000新元，或判坐牢6个月（此条也适用于知情不报者）；对提供假表格和假资料给税务机关的，经发现，罚应报收入1倍或2倍的罚款，同时判坐牢6个月；对逃税的，罚应缴税款的3倍罚款，同时还要另罚1万新元和判坐牢3年，如发现有人协助逃税人逃税，对协助人处以与逃税人同样的处罚；对任何人妨碍或刁难税务检查人员进行税务侦察的，罚款1000新元或判坐牢6个月。对纳税人进行奖励是新加坡防止逃税和避税的另一项重要内容。例如，新加坡国内收入局一直采取各种奖励措施鼓励纳税人进行电子报税，规定凡是进行电子申报者均可得到所得税彩票，从而有机会中大奖。纳税人踊跃进行电子报税，使新加坡电子报税人数大增，同时，所得税彩票也使许多纳税人得到了好处，彩票首期开奖时中奖者多达3000人。奖励制度创造了良好的纳税氛围。

七、我国香港地区防止逃税与避税的一般措施

为了防治和处罚逃税，我国香港地区在税法中对逃税有明确的界定，凡被视为有逃税嫌疑，均可立案调查，包括：纳税申报表上漏报收入或有虚报；对税务局提出的问题做虚假回答、提交虚假的账簿或记录；使用各种欺诈手段和诡计等。税务局在税案中确定逃税数目的常用方法是财务报表。此外，香港地区税法还规定对已经查清的逃税案件实行高额罚款。1972年修正的税法处罚规定为：对于即刻定罪者——罚款2000美元，并额外罚以3倍的税额（违法行为未被察觉前缴纳的税额）和6个月的监禁；对于起诉者——罚款10000美元，除了罚以3倍的税额以外，还要监禁3年。

1972年修正的税法还赋予税务专员或其代理人课征额外税收和罚款的权力，如需执行，则事先必须通知当事纳税人，当事纳税人有申诉的权利。如果申诉以后，税务局决定起诉，当事纳税人也有权再向检察院上诉，但很少取得成功。

对于避税，在税法中没有明确规定，只有两处可供参考的条文，即第20条和第61

条。第 20 条处理关联双方的交易，其中一方是居民，另一方不是居民，其交易没有遵守独立核算原则，属于避税。第 61 条处理企图减少纳税数额的人为的或虚假的交易。虽然涉及这两条的若干案件须送到法院，但公正地说，这并不是由于财政局侦查这些案件的失败，以致很少向法院起诉，而是由于香港地区的来源地规则使得香港地区的纳税人不必利用独立核算原则以外的手段以谋取利益。

对于税收来源地，对来自我国香港地区以外的收入是否避税与逃税并不关注，香港地区的税法规定，只对来源于香港地区的收入课税，即使有些纳税人利用香港地区的低税率宣布其收入已在香港地区纳税，但事实上他根本没有来自香港地区的收入。在这种情况下，香港地区财政当局也能够排除这种收入及其有关支出，关联交易则排除在外。香港地区税法第 20 条包含着关联各方之间交易的条款，如果其中一方不是居民，其条件如下：第 20 条第（1）款规定：一是当某人与另一人密切相关，使得税务专管员根据其权力认为他们是每人最终控制的利益将被同一人或两人占有，或者根据本条款认为将被同一人或两人占有；二是一个公司控制的利益被认为将为其受益的股东所占有，不管这些股份是直接持有或者通过被委托者持有。同时一个公司被另一公司或代表另一公司所持有的股份将被认为是后一公司的股东所持有。香港境内税法第 20 条第（2）款规定一个非居民同一个与其密切相关的居民开展企业经营，同时在经营过程中这样安排：来自香港地区的利润不分配给这个居民，或者预期来自香港地区的利润分配给这个居民少于普通的份额。非居民同其相关联的居民所经营的企业将被认为在香港地区经营，而这个非居民从这些企业所获取的利润，应该以这个居民的名义进行纳税，视同这个居民是其代理人，因而这个法令的全部条款都相应适用。在确定财政当局对国际交易的态度时，重要的一点是：只有来源于香港地区的收入才纳税。"来源"这个词在香港法院上引起了许多案件，而已经制定的检验就是"经营检验"。这种"经营检验"只是简单地规定经营产生收入的来源地点。所以根据一种交易在香港境外进行的程度而认为其有香港地区的来源，那么关于避税和逃税的规则就和那些完全在香港地区进行的交易一样适用。香港地区既没有外汇管制，也没有限制资金自由流入或流出的任何其他措施。香港地区不流行有追溯效力的法规，当这种法规出现时，一般也不是与反逃税措施无关，而常常是优先适用香港地区政府某些形式的通知。

香港境内税法第 51 条规定要求提交申报表和支付薪金及利息等情况的报告，这种要求是不考虑纳税人居所的。该法令第 51 条 A 款规定在下述情况下，纳税人须重新或补充提交其纳税申报资料，即税务专员或副专员认为某纳税人已经提交了不正确的申报表或者提供了假情报。由于税务局一般使用资产改善报表方法作为在逃税案件中确定低报税额的基础，因此这一规定要求提供个人资产和负债的纲目。该法令第 51 条 B 款规定，税务行政官员在确认纳税人有逃税有效证据时，凭此项法条的授权，税务专员及其工作人员可以进入有逃税嫌疑的纳税人可能隐藏或保存账簿或其他记录的房屋或地点进行税务检查。

第三节
防止税收流失的法律特别规定

一、美国防止税收流失的特别措施

（一）防止公民和居民逃税和避税的措施

1. 为了制止所得向国外转移，美国《国内收入法典》制定了以下措施：

一是对转移财产所实现收益的课税。美国税法规定，当向受控公司转移能带来收益的财产时，转移者一般不需缴税，但这不适用于美国的个人向外国公司转移财产，除非转移财产的主要目的不是为了避税。国内收入署的政策是：接受财产转移的公司，应将被转移财产积极地用于公司的贸易或经营。在某些情况下，转移能带来收入的财产需缴纳通行税，这些财产包括股票、债券和其他无形财产。

当向信托基金或合伙企业无偿转移财产时，财产转移者一般不需缴税。此外，当向信托基金或合伙企业出售财产时，销售者可在收到销货款后才缴税。不过，当美国的个人向外国信托基金或合伙企业转移财产时，需缴纳消费税；当纳税人能证明其没有避税动机或得到有关部门许可时，方可不缴消费税。

二是制止延期付税。对于外国个人控股公司的美国股东，未分配利润应相应计入其个人所得之中。如果一个外国公司的美国股东只有 5 个或以下，且其 60% 及以上的毛利润所得具有消极投资的性质，则此公司为外国个人控股公司。在推算其应纳税的未分配所得时，其总所得的确定方法与美国公司的所得确定方法相同。

外国投资公司则是指这样的外国公司：根据 1940 年的《投资法》进行注册，或是从事对股票与债券的投资活动，且其 50% 以上的股本由美国的个人所拥有。在计算收益或利润时，该公司实现的收益被视为正常所得；不过，如果公司决定当即分配所得，则这部分收入可视为资本利得。

美国税法对受控外国公司、个人控股公司和累积收益的课税做出了一些补充规定，其目的是为了制止延期付税。制止延期付税的规定也适用于某些面向外国信托基金的财产转移者。当美国个人直接或间接地向外国信托基金转移财产（包括现金）时，如果这一基金有美国的受益者，则他就被视为该基金的所有者，必须就其来自于上述转移财产的收入缴税。

2. 对以避税为目的向国外移民引起税收流失的防治措施。为了制止以避税为目的而向国外移民，美国对于移居者做出界定：为了避免在美国缴税，在本纳税年度之前，已放弃美国国籍长达 10 年的个人。有关税收条款规定：对于其所有来源于美国的所得，或与美国有实质关联的所得，移居者均应按规定税率纳税。出于这一目的，因出售美国境内的财产而获取的收益，因销售由美国公民发行的股票、债券而获取的收益，均被视为来自美国的收益。

3. 关于外国人居民身份的确定，有关条例规定：所有为移民之目的，法律许可的永久性居民，即“绿卡”持有者。满足“经常逗留标准”的个人，即于当年在美国逗留不少于 31 天，并且在最近 3 年内在美国逗留的时间总数“相当于 183 天”以上的个人。“相当于 183 天”的计算方法是：当年（公历年度）在美国逗留的每一天计为 1 天，倒数第一年在美国逗留的每一天计为 1/3 天，倒数第二年在美国逗留的每一天计为 1/6 天。183 天的加权平均计算为：当年天数 + 去年天数/3 + 前年天数/6。另外，在美国还有专门的规定，用于确定个人在美国居住的第一年和最后一年的时段被视为居民还是非居民。这样确定有利于防止在美国的外国人逃避美国的税收。

4. 对于不履行申报手续的纳税人。国内收入署在确立了健全的申报制度的同时，还采取了一些特别的方法，包括分析账户的存入和取款情况、检查费用支出项目和证件凭证等；涉及金融票据、外汇交易和外国资金在各国间的流动也纳入管理之列。在申报方面，税法规定必须予以申报的项目还包括：从外国公司、合伙人或信托基金获得财产或向他们转移财产；获得这些实体的所有权或从这些实体获得的收入。

（二）防止国内公司及其外国机构逃税避税的措施

美国对国内公司在世界范围内的所得进行课税，如果一家国内公司通过其分支机构在国外营业，那么应就这一经营所得直接向美国缴税。为避免国际双重征税，美国允许对在国外缴纳的税收予以抵免，但抵免额不得超过这部分外国来源所得本应向美国缴纳的税款。当国外分支机构将业务转移给外国公司时，外国所得可不向美国缴税。但是，如果这种业务转移是为了实现避税目的，那么这种转移将导致向美国缴税。而且在某些情况下，美国可对国内分支机构与外国公司之间的收入往来进行必要的调整。

1. 防止滥用税收抵免的规定和措施。为防止抵免机制的滥用导致税收流失，美国对外国税收的抵免制定了 3 点限制措施：纳税人的抵免资格、外国税收的可抵免程度、国外收入的抵免额不得超过本应在美国缴纳的税款。美国法律规定，可以获得税收抵免的有美国公民、国内公司和具有美国或波多黎各居民身份的外国人。对于与美国有实质关联的所得，外国人在国外所缴税款可获得抵免，不过在准许抵免前，必须裁定申请抵免的纳税人是否确实负担了外国税收；外国子公司则是一个例外，它没有资格申请似乎可以获得的抵免。至于哪些税收可以抵免，美国的法律都做出了具体规定。如果外国的收费不是为了补偿特殊的经济利益，收费的基础是纯收益、收费的标准是根据税收管辖权而合理制定的，此种收费可以视同所得税而给予抵免。如果某种税收不是为了补偿某种特殊经济利益，开征此税的目的是为了替代普遍征收的所得税，那么此种替代所得税的税收则构成可抵免的外国税收。

为了防止在下述情况下发生不应有的税收抵免，法律规定抵免额不能超过国外应税所得总额本应向美国缴纳的税款：一国的营业亏损超过在其他各国的营业利润；外国所施用的税率高于美国的税率。由于纳税人来自国外的应税所得是其纳税年度内应税总所得的组成部分，而应税总所得的计算是以全球范围而不是以每个国家为基础的，因而税法对所得的计算、所得来源的确定和亏损抵补等制定了特别条款。为反映资本利得和正常所得间的差异，税法要求公司所得税纳税人对其来自外国的应税所得、全球范围内的应税所得和国外的资本损失做出调整；其他纳税人在处理资本利得时也需遵循有关特别规定。

为防止来自外国的人为性质的收益，来自国外的以下收益被视为来自美国的收益：纳税人在居住国以外处置其动产实行现售，利用在国外的亏损来冲抵其应税所得时，对涉及外国来源所得和美国来源所得的转换问题，法律做了明确的规定。国外的亏损固然会减少缴税，但对在美国境外使用的财产进行处理时，其收益则应缴税。

2. 防止外国实体的合并和重组引起税收流失的措施。根据美国法律，如果将财产转移给受控公司的目的仅仅是为了换取该公司的股票或债券，那么无论这种交易是盈还是亏都不受限制。但是，根据《国内收入法典》第367节的规定，当兼并的其他公司为外国公司时，财产的转移将受到限制，除非转移者能证明转移的主要目的并非是为了避税。根据国内收入署发布的准则的规定，优惠的条例适用于：转移的财产被积极地用于贸易或经营，且合并其他的公司正需要对固定资产进行大量的投资，或将在境外进行制造品的购销活动。但这些优惠条例不适用于以下财产：存货、某些版权、应收账款和分期付款，来自这些财产的所得有的已经缴税，有的不需缴税；股票或债券；资产的转移者是出租人或许可证卖方；将由接受财产转移的一方继续特许使用或出租的财产；某些美国或外国的专利权、商标和其他无形资产，这些资产或是被用于美国的行业或企业中，或是用于在美国所进行的商品销售与制造。国内收入署认为，上述资产（“禁止转移的财产”）的转移者一般都具有避税的目的。无论是可转移的财产，还是被禁止转移的财产，只要转移者同意缴纳一定的通行税，均可享用优惠条例，这些通行税所反映的是被禁止转移财产所实现的收益。

对国外分公司的财产进行处置时，这些财产的公平市场价格既可能会超过其核定的价值，亦可能会超过该公司的总亏损额，根据有关外国税收抵免条款的规定，上述差额将被视为纳税人的应税所得。

除限制外国公司转移财产外，美国《国内收入法典》第367节还控制外国公司所有的重组活动。这些活动分为两类：“外向转移”和“其他”。第一类活动包括：国内子公司经清理而并入外国母公司，国内公司为寻求公司重组而向国外转移资产或股份。对于此类活动，除非转移者在183天内能证明他没有避免美国税收的企图，否则法律将加以限制。如要享受优惠条例，其条件则与向外国公司转移财产者相同。对于第二类活动（非外向转移），法律没有限制。这包括：外国公司以本公司的股份换取另一公司的股份、外国公司以本公司的资产转移来换取另一公司的股份，以及对外国子公司的全面清理合并。审议中的条例还规定，当外国公司转移其股份时，因股东相应而得的收益或利润被看成是股东因现售而获取的收益，故而应计入股东的应税所得；当外国公司处置其股份时，美国的股东应缴纳通行税。

3. 调整所得额，防止税收流失。为防止纳税人避税，并正确地反映各个纳税人的所得，美国《国内收入法典》第482节授权国内收入署在受控制的组织、行业、企业之间，分配、调整或配置所得，而不论这些组织、行业或企业是否组建于美国。这一规定的实质在于：为了反映各纳税人在独立核算条件下的实际状况，需要调整应税所得，为此需将受控集团的各个成员公平地视为独立的纳税人。

适用所得调整原则最常见的情况是：对有关各方面所进行的有形财产销售，按独立核算原则来确定销售价格。关于按独立核算原则确定有形财产的销售价格，存在着四种方法：可比非控制价格法、再次销售价格法、成本加价法和在前三种方法不适用时所采取的其他合理方法。对外国经营进行所得调整的其他主要领域包括贷款利息、劳务报酬、有形资产租金和无形资产的转让等。对所得的调整可能会导致国际双重课税，为此国内收入署采取了一些特别办法。如果纳税人具备对其所得进行调整的条件，这包括对经营活动调整并不以避税为主要目的，那么纳税人可从毛利润收入中部分或全部地扣除来自他方的股息；在税务机关对所得的调整中这部分股息被列入毛利润收入。如果纳税人不能获得从毛利润收入中排除股息的许可，纳税人尚可获得相当的调整额。如果缔约国或美国对有关交易的所得或税收扣除进行调整，而这些交易又涉及美国的纳税人，那么只要所缔结的税收协定规定，纳税人就可请求有关机构予以补偿。

4. 防止非居民外国个人税收流失的措施。美国税制规定，非居民外国个人应就来源于美国的所得以及与美国的行业或企业相联系的、来源于国外的所得向美国缴税。此外，还需就其来源于美国的毛收入按 30% 的比例税率缴税。根据 1980 年《不动产行业外国投资课税法》有关条款的规定，自 1980 年 6 月 18 日起，外国人因处置美国不动产而获得的收益必须缴税。

5. 防止外国人在美国不动产投资的税收流失的措施。根据美国税制的现行规定，非居民外国人或外国公司所实现的资本利得一般不需向美国纳税，与美国的行业、企业、财产或信托基金有实质关联的资本利得和来源于美国的资本利得则例外。在对财产处置期间，在美国逗留 183 天的外国人亦应就其资本利得向美国缴税。因此在《不动产行业外国投资课税法》颁布之前，外国人在处置其所持有的美国不动产时，可就其实现的资本利得进行合法避税。为在美国不动产行业实现本国投资者与外国投资者之间的税收公平，《不动产行业外国投资课税法》将外国人在处置美国不动产权益（包括美国国内不动产控股公司的股份）时所实现的收益视为与美国有实质联系的所得。从 1985 年 1 月 1 日起，美国将根据税收协定所规定的义务对资本利得予以免税。尽管有人建议，根据规定对于资本利得应按源泉预提税款，但是鉴于这一问题在政治上的敏感性，在课征上仍将这些资本利得视为与美国有实质联系的所得。

（三）防范外国公司税收流失的措施

法律规定，在美国从事贸易或经营的外国公司应就其与美国有实质联系的所得按率纳税。但这些公司常试图运用税收协定关于工商利润的条款来避税，一些不在税收协定保护之列的外国公司也力图以无关的管理费用来不适当地冲抵毛所得，从而使应税所得最小化，导致税收流失。这里主要有两个方面最为重要：一是常设机构；二是费用分摊。

一般情况下，税收协定中规定，缔约国另一方企业所实现的经营利润在美国免税；在美国设有常设机构的企业则要照章征税。“常设机构”通常被定义为一家企业在美国设立的固定基地，它包括分支机构、厂矿或办公机构，或被定义为享有以外国委托人的名义进行谈判和缔结合约之权利的代理机构，一些协定还包括拥有商品存货并经常供应订货的代理机构。有时，“常设机构”被赋予广泛的含义，其目的是为了防止通过滥用税收协定来实现免税。举例而言，尽管在事实上常设机构通常都有永久性地点之意，但美国国内收入署还是规定，某些不固定的营业地亦可视为常设机构。此外，进行巡回审判的法官还认为，应从机构构成这一角度来定义常设机构，凡为了其委托人的利益而从事经常性业务的非独立代理机构均可视为常设机构。这样规定的目的是为了防止税收流失。

美国税法规定，外国公司可从有关所得中扣除相关费用。但为防止其中可能出现的不实，有关法律对费用扣除进行了详细的规定。一般而论，纳税人首先应从毛利润收入的某一项目中扣除有关费用，然后再将这些扣除项目数额分摊于法定的毛收入项目和其他的毛利润收入项目。对利息、研究和开发费、管理费及其他费用项目的分摊，法律也有特别的规定，以防止人为地扩大费用扣除而流失国家税收。

二、加拿大防止税收流失的特别措施

（一）防止个人所得税收流失的特别措施

加拿大《所得税法》规定，居住在加拿大的个人就其全球范围的所得缴税。因此，如果来自国外的股东居住在加拿大，那么就应对其来自全世界的所得按正常税率缴税。同时，受制于国际税收协定，不在加拿大居住的个人，但与加拿大企业有收益关联的，也应向加拿大缴税。应税所得包括来自加拿大的经营所得、本年度或上年度就业于加拿大而获取的所得、处置“加拿大应税财产”而获取的所得和某些特定来源所得。特别需要关注以下几点：

第一，居住于加拿大是事实的核心。《所得税法》规定：在一年中或其他条件下，如果非居民在加拿大的逗留时间超过 183 天，那么这位非居民就被视为居住于加拿大。

第二，《所得税法》规定，曾居住于加拿大的个人应就在加拿大就业而获取的所得缴税。

第三，无论《所得税法》做何种具体规定，加拿大签订的国际税收协定都允许对加拿大所征税款进行一定扣除。不过，1971 年以后加拿大所签订的许多协定都规定，曾居住于加拿大的个人应就其有关所得按协定的规定向加拿大缴税，这部分所得应按《所得税法》的规定缴税。这一特别规定不受税收协定一般条款的约束。

第四，加拿大公司的非居民股东应向加拿大缴税，计税基础是其因在加拿大就业而获取的所得。收入署要求对他们的支付款项实行源泉扣税。

第五，《所得税法》第 15 款规定，非居民应就其处置加拿大应税财产（一般是位于加拿大的资本财产）而获取的所得缴税。这包括曾是加拿大居民的个人所拥有的某些财产，他们本应就这些财产按第 48 款的规定缴纳“出境税”；如果他们不愿缴纳“出境税”，那么他们亦可将这些财产充做“加拿大应税财产”。

第六，当为外国公司做咨询的非居民在加拿大提供劳务时，在收入源泉处所承担的纳税义务可得到扣减；不过他们最终需就其因在加拿大就业或经营而获取的所得缴税。如果他们没有常设机构或固定基地，那么则按税收协定的规定办理。

第七，按《所得税法》第一部分和税收协定的规定，艺术家或运动员若在加拿大就业或从事营业活动，那么应该缴税，不过在收入源泉处可得到税收扣减。音乐家和运动

员一般通过非居民管理公司来提供劳务，加拿大时常制止这种虚假的行为。此外，对于此类公司在加拿大获得的这种劳务所得，加拿大最近签订的某些税收协定也允许加拿大予以课税；即使这些公司在加拿大设有常设机构，情况亦不例外。

第八，当居住于加拿大的个人移居另一国时，他所处置的财产不只是加拿大的应税财产，而是全部财产。这就涉及资本利得的实现和纳税义务的产生。在个人移居他国之际，他必须办理税收清缴手续。加拿大收入署担心，某些个人移居他国可能会导致逃税。根据《所得税法》的规定，收入署享有严格的评定税额、扣留个人财产等广泛权力。

第九，非居民出售加拿大应税财产时，《所得税法》规定，财产出售者应进行申报，并获得税收清缴凭据，以表明他已缴税或准备缴税。为保证这一规定的实施，如果财产出售者在获得税收清缴凭据前就出售财产，那么财产的购买者将受到处罚。

第十，购买不动产不受《所得税法》的约束，不过它们受到各省法律的调节，有时甚至受到这些法律严格的限制，《安大略省土地转移税法》就是一例（它通常适用于农舍财产）。爱德华王子岛和色斯肯城等地的法律则禁止某些土地交易。当向非居民支付租金时，支付者应缴纳预提税，《所得税法》对预提税的程序做出了规定；如果非居民不愿承担这一预提税，他可根据第216款的规定，申请以净所得为基础缴纳所得税，以此来减轻税负。根据《所得税法》第一部分的规定，如果非居民能将租金作为营业所得来缴税，那么免于负担预提税。由于位于加拿大的不动产大于加拿大应税财产，因此《所得税法》第116款规定，当非居民向包括另一非居民在内的他方出售不动产时，他必须办理税收清缴手续。

（二）防止公司实体税收流失的特别措施

1. 对加拿大公司在国外获取所得的课税。《所得税法》虽然并未包含制止滥用外国税收抵免的条款，但是规定了一些特别的细则，以此确定了申请外国税收抵免所具备的条件。首先必须对以下两种外国税收进行区分：一是外国政府就其国内营业所得的课税；二是外国政府对营业所得以外其他所得的课税。就后者而论，加拿大人可申请税收抵免，当年国外已缴税款的抵免额不得超过加拿大本应对这部分其他所得课征的税款。抵免额的确定严格实行分国计算。在某一外国所缴税款如果不能得到完全抵免，其余额不能作为其他国家所征税款而得到抵免。当年没有得到抵免的外国税收余额也不能在不同年度里进行结转。

2. 对非居民在加拿大获取所得的课税。对于既在加拿大又在别国从事经营活动的非居民纳税人，加拿大允许其对管理费用进行合理的调整，并从所得中予以扣除，所扣除的费用必须与在加拿大进行的经营有关。如前所述，费用扣除必须符合《所得税法》的一般规定，即：这些费用的发生是为了获取创造所得；它的确定与认可需参照公平的市场价格来进行。

3. 关联企业间的定价。许多地区的税务机关都设有特别委员会，以处理“国外关联纳税人之间的交易”。这些委员会所要检查的是对纳税人进行审计而发现的关联企业定价问题。该纳税人应向委员会提交供检查使用的大量资料；为完成对定价问题的调查，就需要进行现场审计。如果确定要对定价问题进行更为详尽的检查，那么这一案件将移交给地方税务机关或避税部的有关专家。

4. 资本弱化规则。1972 年，加拿大对《所得税法》进行了重大修改，从此税法限制从加拿大公司所得中扣除支付给非居民股东的利息，这就是“资本弱化规则”。其中利息不能从应税所得中得到扣减的债务是指：支付利息的债务人应是加拿大公司（而不是非居民公司在加拿大的分公司）；公司债权人是非居民，他们单独或与其他关联的法人共同拥有该公司 25% 或 25% 以上的股份。利息可以从所得税中得到扣除的债务包括：债权人为加拿大居民（不论他与该公司有无关联）的债务，以及某些债权人为非居民的债务，这些非居民既不是加拿大公司的股东，而且与该公司的股东也没有关联。加拿大法律还明确规定：公司债务与自有资本的比例不得超过 3:1，否则将予以处罚，公司过度负债所支付的利息不能作为费用开支来冲减应税所得，其中“自有资本”被定义为年初留存收益、年初缴入公积金，以及年初或年末已全部偿付的资本额。

5. 公司的财产转移。为避免就其国外来源所得向加拿大缴税，加拿大公司可根据在国外逗留的条款（或类似的公司法规定）进行相应的活动，或是将公司变为非居民公司。与此相适应，《所得税法》最近又增添了新的条款。这些条款规定，当加拿大公司处置其所有的财产时，它应根据公平的市场价格来确定其财产所得或资本利得。根据这些条款的规定，公司应就其资产价值的增加额缴纳所得税。此外，当公司因处置财产而获取的收益超过其缴清资本和所欠债务之和时，这一差额被视为公司支付给非居民的股息。由于公司向非居民股东支付的股息需预提税款，因此这种被推定的股息也应缴纳预提税。

6. 加拿大公司向非居民提供贷款。《所得税法》第 17 款规定，加拿大公司应按合理的利率向非居民提供为期一年或一年以上的贷款。其目的就在于如果公司实际上未按照合理利率来收取利息，那么税务机关可推算利息。

三、日本防止逃税和避税的特别措施

日本防止逃税和避税的特别措施既针对个人又针对公司。预提税制是防止逃税和避税的有力措施。例如，非居民个人必须就来自个人劳务的所得按 20% 的比例税率缴纳税收。个人劳务所得被定义为如下几项：薪金、工资或对雇员个人劳务支付的类似报酬；退休津贴或对过去个人劳务所支付的退休金；支付给个人在日本提供职业性个人劳务的报酬。

预提税制规定在支付所得时由支付者直接代缴税款。这一规定适用范围很广，即使是对于业务为其个人劳务的公司如艺术家、运动员或咨询者的个人公司，这类劳务的报酬也应在支付给公司时扣缴。在日本，对于居民纳税人（个人或公司）享有的来自出售股票和其他有价证券的资本利得是免缴所得税的。但是，对于非居民纳税人来自出售一日本公司大部分股票的所得则要纳税。该立法有助于防止以转让股票的形式逃避来自转让经营资产或不动产的所得应纳的税收。

日本税法的原则是：外国公司的应税所得限于来自日本国的所得部分。因此，当一家位于避税港国家的日本海外子公司收取通过其日本常设机构进行外国投资的利息时，日本对该投资所得不征税，从而有大量的税收流失了。1973 年税法修正案堵住了这种税

收流失，对来自通过位于日本的经营机构（常设机构）而进行海外投资的所得，基本上被当成来自在日本国内进行经营的所得（如果该所得在海外不纳税）而征收税款。

四、阿根廷防止税收流失的特别措施

阿根廷为了防止税收流失，在税法和税收征收管理中还制定了一些特别措施，主要体现在以下几个方面：

（一）防止国际交易导致税收流失的措施

为防止在国际交易中出现逃税引起税收流失，阿根廷制定了一些措施，包括：所得税法第 8 条规定，低价出口和高价进口将受处罚；所得税法第 14 条规定，通过贷款利息和支付技术费等方式向国外关联企业汇出利润也将受到处罚。

所得税法第 8 条规定："当出口商品价格无法确定，或协定价格低于目的地通行的批发价，且没有相反的证据时，可以认定：国内出口商和国外进口商存在着经济联系，目的地的批发价可用来确定出口货物的价值。""当国内进口商接受的销价高于原产地批发价、保险费和运价三者之和，且无法提出反证时，可以认定：国内进口商和国外出口商存在着经济联系，上述价格的差异是国外出口商来自阿根廷的纯利。"

所得税法第 14 条规定："当国外的关联企业不按外国投资法的规定向国内企业提供贷款时，或是相互间的技术转让不符合外国投资法的规定时，对此类交易将按有关利润分配的规定来处理。"这就意味着，上述贷款将被视为对国内企业的资本投资；在计征国内企业的所得税时，贷款的利息或技术转让费将视为向国外转移利润或股息（后者是不准进行税收扣除的），除适用 17.50% 的税率外，如果这笔来自国外的资本投资尚有额外的利润，还将课税。

（二）所得税法对在国外的本国居民和在阿根廷的外国居民的特别待遇

阿根廷所得税法第 5 条有关条款规定，来源于阿根廷的利润包括：位于或用于阿根廷共和国境内财产所带来的利润；阿根廷境内的行为或活动所产生的利润。这一规定不考虑缔约国居民的国籍、居所或住所，亦不受国际税收协定的约束。阿根廷本国居民需就其间或在国外活动的利润缴税。在这种情况下，为了缴税，纳税人需计算其在国外活动地实际缴纳的税款。

阿根廷本国居民若偶尔在国外从事活动，其利润需缴所得税，但在国外有常设基地的活动则除外。

阿根廷艺术家、运动员在国外的获利亦需缴纳所得税；对居住在国外又在阿根廷表演的艺术家，当其从国外获得利润时亦需缴税。对于上述个人，"甚至是那些在阿根廷活动，又从国外获得报酬的个人，所得税法第 97 条规定，他们均有纳税义务"。

值得注意的是，所得税法第 130 条涉及身居国外的技师、艺术家、运动员和其他专业人员在阿根廷的短暂活动，它规定对上述人员的工资、收费和其他收入需按 45% 的税率实行一次性扣税，计税依据是总的报酬扣除必要的开支。对于在中央和省、市注册的艺术家，当其逗留时间不超过 2 个月，且其表演仅限于非营利的官方机构时，上述条款规定对其总报酬按 11.25% 的税率课税。

五、巴西防止税收流失的特别措施

（一）对个人逃税和避税的防控

对于非居民个人在巴西的所得，税法的规定没有差别。不过，当这一非居民的居住国与巴西签有避免所得双重征税的协定时，情况则例外。

上述协定的普遍原则是：作为收入来源国，巴西对缔约国另一方居民的股息、利息和特许权使用费以有限税率计征，而缔约国另一方则对于其居民在巴西所缴所得税予以相应的免税或抵免。

对销售动产获得的资本利得，巴西居民和居住国非居民均予以课税，由此而引起的双重征税则通过抵免方式来解决；对于销售不动产获得的资本利得，则由不动产所在国课征；对销售轮船和飞机获得的资本利得，则由对这些财产实施有效管理的国家课征。

对于来自独立个人劳务（即自我就业者）的收益，不论提供这些劳务的场所何在，也不论这些劳务的提供是否有固定场所，巴西均保留课税权利。

对于非独立的个人劳务，包括被雇用的管理人才、咨询人员等，税收协定的签订是以《经合组织范本》为基础的。根据这一范本的规定，对于上述雇员的工资和薪金，由这些雇员的活动所在国予以课税。但这些雇员若在该国逗留时间少于183天的，则免以课税，无论这些雇员的居住国，还是其雇主常设机构所在国，对这些雇员的报酬均不课税。

艺术家和运动员需在其活动所在国缴税。

缔约国一方的居民，在特定的公司中任董事会董事并获得收益，而该公司是缔约国另一方的居民，则缔约国一方的居民在缔约国另一方缴税。

（二）对公司实体逃税和避税的防控

对于来自使用商标的特许权使用费，纳税人要获得减税，就需将有关合同在巴西中央银行和产业财产协会予以注册，每次收取的特许权使用费不得超过财政部规定的标准。对特许权使用费减税的最高限额是有关产品销售收入的5%。

当非本国居民在科技和管理方面获得收益时，他们可获得与其实际提供的劳动量相一致的减税。他们亦必须按规定将有关合同在中央银行予以注册，并遵守财政部制定的收费限额。

开业不到5年的企业亦可获准减税，是否给予企业另5年的减税照顾，则由全国货币委员会决定。

滥用外国税收抵免或免税期是明显的违法行为，应采取相应的处罚措施。税务当局依据纳税人的报告进行审计，以侦查此种违法行为。

隐匿利润是一种特定状况，税法对此做了规定，通过法律假定，隐匿利润被视为逃税。

通过审计，税务当局发现不可接受的转让定价方法时，税法规定了制止这种转让定价的措施，这不仅涉及所得税，也涉及增值税，既涉及联邦税收，也涉及各州税收。根据独立核算原则，不可接受的转让定价方法将受到行政和法律的制裁，处罚是严厉的。

不过，在国际业务中，确认实际价格是困难的。当有关缔约国在国际业务中的份额较大时，获得公平的市场价格需要互换情报。

七、我国香港地区防止税收流失的特别措施

根据我国香港地区的税法，就避税和逃税而言，在居民和非居民之间是没有区别的，有职业的人应负责对其全部报酬纳税，除非其职业完全在境外操作。一个在境外就业的人，只对其在香港地区提供劳务所取得的收入征税。其他规则适用于海员和空勤人员。而香港地区公司的经理必须就其报酬纳税，因为对一个经理是不考虑其在港所花费的时间数量的。关于这类收入没有什么反避税的法规，因为每个案件都是由财政当局分别考察的。关于非雇佣的人员，他们要负责纳利润税，同时也没有制定反避税法规，因为每个案件都由财政当局分别处理。财政当局一般以合理的态度对待总公司费用的分配，但要保证居民分支机构和子公司以及香港境外的关联各方之间的交易按独立核算价格进行。

第四节
防止税收流失的税制改革问题

税收制度，无论是实体税制中各税种的设置，还是税率设置，乃至结构调整，对于从制度角度堵塞税收流失的漏洞都具有重要意义。梳理发达国家和发展中国家税制改革的不同特点发现，在世界税制改革过程中，一些国家和地区特别是发达国家的税制改革，引领了税制改革的发展方向，具体反映在以下六个方面：

第一，改革和完善增值税成为重要内容。增值税改革的总趋势是建立完善的增值税税制和改进管理方式。在税制上，主要措施表现为调整税率、调整起征点、调整零税率和调整免税项目等多项内容；在管理方式上，欧盟成员国则大力推行由传统的销售方征收改为由购买方征收的逆向征收机制，同时加快增值税申报及信息交换速度。增值税结构性改革的主要倾向是从降低高税率与提高低税率及缩小税率差距并存，逐步向单一税率发展。

第二，逐步意识到所得税调节经济、促进公平的主导作用。一些国家大幅降低公司所得税或个人所得税的税率，一些国家则在降低税率的同时调整各项税收优惠政策，直接优惠政策与间接优惠政策并用，使之更好地发挥作用。

第三，有增有减的税制结构性调整是重要特点。传统意义上的税收主要对三类税源征税，即消费、所得和财产。对消费征税表现为商品生产流通过程和提供服务中的征税，对所得征税表现为对公司法人和个人收入的征税，对财产征税表现为对财富拥有者的征税。按照税负是否能够转嫁，一般把对所得征税和对财产征税称为直接税，把对消费征税称为间接税。发达国家曾经极力主张征收直接税，所得税成为主要税种。但不少发展中国家则转向间接税的征收和寻找新税源。同时，一些国家也开始关注财产税和其他税收。单一所得税主体或双主体税制结构开始向广覆盖、多主体、轻税负的税制结构转变。

经过税制改革和税收政策调整，有增有减的税制结构性调整成为突出特点①。

第四，降低宏观税收负担成为主线。许多国家面临两难抉择，即增税弥补财政赤字还是减税刺激经济，这是一种熊掌与鱼肉不可兼得的困境。选择增税可以弥补财政赤字，但是会打击刚刚恢复尚不稳固的经济，属于短期行为；选择减税刺激经济则有利于巩固经济复苏的成果，有利于经济持续发展，但是近期会影响税收收入，属于长期行为。在当前与长远利益的选择上，许多国家毫不犹豫地选择了咬紧牙关，继续减税，个别国家甚至大幅度减税。

第五，环境税、资源税成为改革的热点内容。许多国家十分关注经济增长与资源、环境之间的和谐发展。发挥环境资源税收的作用，改善日益恶化的环境问题，成为许多国家的共识，并进行了有益的探索。通过征收资源、环境税收，增加资源使用成本，达到尽量减少资源消耗和保护环境的目的。虽然目前仍有不少国家为了各自的经济利益，不愿意征收资源环境税收，担心会提高产品生产成本，影响本国产品的国际竞争力，但随着资源和环境的双重压力日益加大，资源及环境税越来越受到各国的重视。近些年世界范围内的环境保护税收措施层出不穷，其中最引人注目的是碳税，很多国家都在酝酿或准备开征碳税。是否开征及怎样开征碳税是从2009年延续至今的热点话题，有些国家已为开征碳税或环境税做了相关准备工作。

第六，税制结构出现了局部调整。发达国家主要税种占税收总收入的比重有升有降。个人所得税不再是发达国家税收收入的最大来源，且呈下降趋势，企业所得税在税制结构中的未加权占比近年来呈下降趋势，社会保障税收入呈上升势头。税制结构以直接税为主（超过60%）、以间接税为辅（低于40%），且直接税占比呈稳中有升的特点。20世纪90年代以来，发展中国家的税制结构表现出以国内消费税（主要是增值税等间接税）为主的特征。多年来，发展中国家的税制结构都表现出以间接税为主、直接税为辅的特点，但间接税有逐渐下降的趋势。

第五节
借鉴与启迪

一、将税收法定原则提升至宪法层面

从国际经验看，多数国家的宪法中都有关于税收法定的规定，税法主体的权利和义务必须由法律规定，税法的各类构成要素必须由法律进行明确规定，征纳双方的权利义务以法律为依据。课税要素包括税种、征税对象、征税主体、纳税主体、税率、计税依据等必须由最高立法机关制定的法律规定，而且要符合确定性原则，在规范税收权利与

① 国家税务总局税收科学研究所课题组：《国外税制改革发展方向与经验的研究》[J]，载《经济社会体制比较》2012年第6期。

义务的内容、范围及宗旨方面要确定，便于纳税人准确预测税收负担。另外，税收程序必须法定，税收行为应遵循法定程序，特别是征税权的行使必须按法定程序进行，税务机关不得自行决定税种的开征、停征，也不得随意减免税等，税款的征收、税务检查执行、税收处罚、税收救济等税收活动都必须遵循严格的程序。

我国目前在宪法中尚未对税收法定原则做出全面、明确的规定，只规定了公民的法定纳税义务，未提及纳税主体的权利，2000 年颁布的《立法法》第八条规定：财政、税收等基本制度，只能制定法律予以规定。2001 年颁布的《税收征收管理法》第三条规定："税收的开征、停征以及减税、免税、退税、补税，依照法律的规定执行；法律授权国务院规定的，依照国务院制定的行政法规的规定执行。"以上规定说明税收法定原则已在我国的税收程序法律中得到了确认。我国目前的税收立法以授权立法、行政立法为主，立法层次较低，税收法律的缺位与税收法律的政策化趋向影响了税收法律的权威。2013 年召开的十八届三中全会通过的《中共中央关于全面深化改革若干重大问题的决定》明确指出要落实税收法定原则，将税收法定原则提到了一个前所未有的高度。2015 年 3 月 15 日，十二届全国人大三次会议表决通过《立法法修正案》，其中第八条原先规定的实行法律保留的"税收基本制度"被进一步细化为"税种的确立、税率的确定和税收征收管理等税收基本制度"，且单列为第六项，位次居于公民财产权保护相关事项的首位。这使税收法定原则在法律层面得到了更为清晰、更为明确的确立。但是，目前我国宪法中尚未确立税收法定原则。在宪法中全面确立税收法定原则具有重要的意义。

首先是对国家征税权的规制。征税权是现代国家专属的公权，是维持国家生存发展的不可或缺的权力，但是随着国家职能不断膨胀，因财政收入需求不断增长而任意扩大征税活动，将会严重侵害纳税人的财产权，最终会影响社会经济发展和政治稳定，因此需要通过民主宪法对国家征税权进行控制、约束，防止滥用税收权力。

其次是对纳税人个人财产权的保护。社会契约论认为，宪法是公民与国家缔结的规定彼此权利与义务的契约，政府向公民征税并为公民提供公共产品是公民与国家间缔结的税收契约，政府凭借政治权力强制无偿征税，参与社会财产再分配，将纳税人的财产转变为国家所有，从纳税人角度看，向政府缴纳税款是通过让渡部分私有财产权而获得公共安全和服务的对价，必须采取有效措施对国家税收活动予以监督、控制，防范政府权力对公民财产权的侵害，保护纳税人的财产权。

再次是保障国家公共产品支出。公共基础设施、基础教育、国防、治安等社会公共产品具有非营利性、非排他性，决定了其应当由政府提供，来弥补市场失灵。税收是政府财政收入的主要来源，是公共物品及服务提供的重要基础，纳税人享受公共物品服务应当支付相应的费用即税收，在宪法中应明确规定税收的立法要素、执法程序等，保障国家征税活动有法可依，督促纳税人履行纳税义务，满足国家财政资金需求，实现公共产品及时有效的提供。

二、健全防止逃税和避税的税收法律

在健全防止逃税和避税的税收法律方面，我国相关法律法规正在逐步健全，比如，在《中华人民共和国企业所得税法》及其实施条例的第六章“特别纳税调整”中，对关联企业间的转让定价、成本分摊协议、预约定价安排、受控外国企业管理以及防止资本弱化等的特别纳税调整都进行了规定；在《特别纳税调整实施办法》（国税发［2009］2号）中对特别纳税调整的各项目进一步明确规定了具体条件和报送资料等。

在转让定价方面，规定了企业与其关联方之间在进行业务往来时，如果发生不符合独立交易原则的交易行为，减少了企业或者其关联方的应纳税收入或者所得额等情形的，税务机关有权按照合理方法进行调整。合理方法包括可比非受控价格法、再销售价格法、成本加成法、交易净利润法以及利润分割法等。

在成本分摊协议方面，规定了企业与关联方共同开发、受让无形资产或共同提供、接受劳务所发生的成本，比照独立交易原则进行分摊，应当按成本与预期收益相配比的原则进行分摊。参与方使用成本分摊协议所开发或受让的无形资产不需另支付特许权使用费。

在预约定价安排方面，规定了企业与主管税务机关就其关联交易的定价原则和计算方法所达成的预先约定的税法程序。预约定价安排一般适用于同时满足以下条件的企业：

（1）年度发生的关联交易金额在4000万元人民币以上；

（2）依法履行关联申报义务；

（3）按规定准备、保存和提供同期资料。

在受控外国企业管理方面，规定了由居民企业或者由居民企业和居民个人（以下统称中国居民股东，包括中国居民企业股东和中国居民个人股东）控制的设立在实际税负低于12.5%的国家（地区），并非出于合理经营需要对利润不做分配或减少分配的外国企业，称为受控外国企业，在受控企业利润中应归属于该居民企业的部分，应计入该居民企业的当期收入，在当期缴纳企业所得税。

在防止资本弱化方面，规定了企业从其关联方接受的债权性投资与权益性投资的比例不超过规定比例部分的利息支出，准予扣除，超过的部分利息支出不得在发生当期和以后年度扣除。企业实际支付给关联方的利息支出（包括直接或间接关联债权投资实际支付的利息、担保费、抵押费和其他具有利息性质的费用），其接受关联方债权性投资与其权益性投资的标准比例为：金融企业为5:1；其他企业为2:1。

除了特别纳税调整外，国家税务总局于2014年11月颁布了《一般反避税管理办法（试行）》（国家税务总局令32号），进一步明确了针对企业实施的不具有合理商业目的而获取税收利益的避税安排实行的特别纳税调整。避税安排具有以下特征：以获取税收利益为唯一目的或者主要目的；以形式符合税法规定但与其经济实质不符的方式获取税收利益。特别纳税调整按照实质重于形式的原则进行，包括采用对安排的全部或者部分交易重新定性，对相关所得、扣除、税收优惠、境外税收抵免等重新定性或者在交易各方间重新分配等调整方法。在本办法中，同时还规定了反避税案源的选案、立案、调查程序、结案条件及争议的处理等事项。

三、进一步健全和完善税收制度

完善税收制度作为国家治理体系建设的一个重要组成部分，同国家治理的现代化进程交织在一起。目前，我国的税制结构存在以下几个问题：一是税收收入结构失衡，间接税收入与直接税收入之比大致为7:3；二是税收的收入来源结构不合理，企业来源收入与自然人来源收入之比大致为 9:1①。

中共十八届三中全会《关于全面深化改革若干重大问题的决定》以“完善税收制度”为起始语，对新一轮税制改革做出了如下系统部署：“深化税收制度改革，完善地方税体系，逐步提高直接税比重。推进增值税改革，适当简化税率。调整消费税征收范围、环节、税率，把高耗能、高污染产品及部分高档消费品纳入征收范围。逐步建立综合与分类相结合的个人所得税制。加快房地产税立法并适时推进改革，加快资源税改革，推动环境保护费改税。”

（一）逐步提高直接税比重

1. 逐步建立综合与分类相结合的个人所得税制。从现行对 11 个征税所得项目实行不同的计征方法分别征税，逐步过渡到对大部分的征税所得项目实行统一的征税办法综合计税，对于个人所得税收入规模绝对是一种增税效应而非减税效应。这将有力地改变长期以来我国在个人所得税征收上的税收流失问题。

2. 加快房地产税立法并适时推进改革。从现行对居民个人所拥有的房地产在存量环节基本不征税，逐步过渡到对居民个人拥有的房地产在存量环节征税。即便会同时伴随有整合流转环节房地产税费的操作，这样做也绝对属于一种增税而非减税措施。无论是个人所得税还是房地产税，其属性都属于直接税，且都属于以居民个人为纳税人的直接税。这两个税种变化所带来的直接税收入的增加，显然具有逐步提高直接税比重之效。

（二）逐步减少间接税比重

直接税比重的逐步提高，是要以“稳定税负”为约束条件的。所以，直接税比重的逐步提高应当也必须以间接税比重的逐步减少为前提，两者宜同步操作并彼此呼应。迄今为止，围绕逐步减少间接税比重的最主要举措就是“营改增”。现阶段，应继续全面推进营业税改增值税，继续扩大增值税的征收范围。增值税的税收中性效应的发挥不仅能减少税收对经济的扭曲，同时也能保证政府相应的税收收入。完善的增值税征收机制，亦将比较有效地防止逃税现象的发生，从而堵塞税收漏洞，减少税收的流失②。

（三）完善地方税体系

为了发挥中央和地方两个积极性，完善地方税体系、健全地方财政体系已属势在必行之举。完善地方税体系应从重建地方主体税种做起，这可以有长期和近期两种选择。从长远看，房地产税是最适宜作为地方主体税种的选择，尽管出于多种原因，与房地产相关的税收只能作为长期选择渐进地加以推进，但在长期中，房地产行业相关的税收问题只有在不断完善地方税体系中逐步加以解决。

完善地方税体系，有必要通过调整消费税征收范围、环节、税率，把高耗能、高污染产品及部分高档消费品纳入征收范围等一系列操作。这不仅可以相应扩大消费税税基，

---

① 高培勇：《论完善税收制度的新阶段》，载《经济研究》2015 年第 2 期。

② 高培勇：《详解十八届三中全会税制改革路线图》，载《税务研究》2014 年第 1 期。

从而增加消费税收入，而且可以将消费税征收环节前移至零售环节，从而使得消费税收入在地区间分布相对合理化。在重建地方税主体税种的基础上，还可以通过“加快资源税改革、推动环境保护费改税”等方面助力完善地方税体系的改革。

四、完善税收征收管理制度

将税收法定提升至立法层面，制定并健全防止逃税和避税的税收法律，完善税收制度，促进税制优化，从顶层设计的角度弥补现代税收制度的“缺陷”，无疑是极为重要的。同时，作为立法层面顶层设计的税收征收管理的流程控制，美国、日本、加拿大、阿根廷等国的做法亦提供了有益的借鉴，对此，本书将在本篇第 14 章进一步展开讨论。

第十三章

体制设计：一些国家和地区治理税收流失的体制保障

第一节 税务机构的设置

一国税务机构的设置是其税收体制的直接表现形式，对该国税收体制的运行效果有着很重要的影响。国家的国情、发展阶段不同，其税务机构的设置情况也各不相同。各国的政治、经济、文化方面的差异也导致了各国税务机构设置情况的差异。现阶段，多数发达国家实行的是以所得税为主体的税制体系，所得税收入占到了其税收收入的大部分；发展中国家多实行以货物与劳务税类为主体或货物与劳务税类、所得税类双主体的税制体系，货物与劳务税类占税收收入的比重较高。由于各国选择的税制体系不同，其税务机构的设置也有较大区别。

一、发达国家经验借鉴——以美国为例

美国作为世界头号经济强国，也是税收大国，税制体系较为完整，机构设置相对成熟，其治税措施和防治税收流失的措施在一些国家中很具代表性。

美国是联邦制国家，设有联邦、州和地方三套税务机构，分属各级政府。三级政府各自行使属于本级政府的税收立法权、征收权，三者各司其职，互不干预：联邦与州各有独立的税收立法权，州的立法权不得有悖于联邦利益和联邦税法。联邦政府的税务机构包括国税局和关税署，两者均隶属于财政部。国税局分设 7 个大区税务局（下属 63 个地区税务分局及 600 多个基层业务管理所）和 10 个征收中心（亦称数据处理中心），此外还拥有一支税务警察队伍。美国税务机构的设置有以下特点：

第一，税务组织机构设置高效、简化。1998 年的《联邦税务重构与改革法》规定了

美国联邦税务局的新的结构形式。联邦税务局长属于最高行政首领，由财政部设立，具体职权由财政部部长规定。从美国税务机构的层级来看，其机构精简，实行扁平化的管理方式，大大提高了税务机构的工作效率。

第二，税务机构内部机构分工细化、专业。美国国内收入署（IRS）的职能主要是为相关官员及相关行政事务提供法律建议，为相关法律法规的起草提供法律援助，并处理税务机构的相关诉讼事务等。全国办公室主要负责发布方针政策及重要的工作计划等，并不直接接触纳税人。信息系统服务部和后勤服务部是联邦税务局两个主要的辅助服务机构。联邦税务局下设的职能机构具体包括四个部门，即税务复议部、刑事调查部、通讯联络部和全国纳税人援助官，代表联邦税务局长直接从事税收征收等相关工作，执行联邦税收法律法规。可以看出，美国税务机构的设置也更为专业、更为细化，且针对征税工作的实际需要设立了很多对应的职能部门，如法律顾问。各个部门各司其职，相互合作，大大提高了工作效率。

第三，税务局的设置采用技术先行的策略。美国联邦税务局的数据处理中心对于提高税务机关的工作效率有很大帮助。美国的所有税务报表基本都是通过电脑程序加以处理，数据中心收到纳税人的申报表和税款后，报表信息被处理成为电子信号，输送到国家计算机中心，税款则从纳税人的账户中划出。现在美国的一些地区已开始试行电子申报，报表和附表的汇总情况集中在一张纸上，由光学识别设备来识读。2006 年美国纳税服务中心处理纳税申报单达 2.24 亿份，征收税款 2.4 万亿美元，电子申报率达到 60% 左右，电子支付率达 50%。电子化技术的应用不仅方便了征税机关的管理，同时也有效减少了征税成本，最近几年美国每百美元的征收成本基本维持在 0.4～0.5 美元之间。

第四，税务司法独立、公正。税务法院是美国司法体系的重要组成部分，同时也是处理税务行政诉讼、税务刑事诉讼的重要场所。

第五，税务稽查独立、安排科学。美国国内收入署也投入了大量的人力、物力、财力来建设其税务稽查部门，其预算支出项目分为“纳税人服务”、“执法强制”、“办公系统现代化”等。美国税务稽查工作一般由小区税务局（基层税务局）负责，总部及大区税务局通常不负责具体的税务稽查工作。对于大公司在实行派员驻户征收的同时，通常也实行驻户稽查，由大区税务局或实力比较强的小区税务局派小组驻户常年稽查，小组成员往往包括相关专业领域的专家。为防止作弊，驻地小组成员经常轮换。对于转让定价案件，往往由总部牵头，联邦税务局派驻世界各地的代表提供资料，并协助稽查。

二、发展中国家税务机构设置经验借鉴——以韩国为例

韩国属于新兴国家，实行中央、省、市（县）三级课税制度，税收立法权、征收权、管理权主要集中在中央，省、市等无税收立法权，只有很少的管理权限。韩国的这种情况跟我国目前的税收管理体制有很大的相似性，其在税制改革中的很多措施对于我国深化税制改革具有借鉴意义。韩国的税务机构设置有以下特点：

第一，注重税务机构内设职能的分离和制约。1965 年，韩国把原隶属于财政部的税务局分为国家税务管理局和税收体制局，国家税务管理局下设计划和管理审计官、数据

管理审计官各1人，直接向局长报告工作。前者的职责是组织税务管理人员检查税务官员履行职责的情况，对国家和地方税务管理机构的业务和会计进行审计，并对税务官员的腐败行为进行处理；后者的职责是用计算机对税收数据进行电子化加工管理。韩国政府在组织机构的改革中十分注重税务机构内设职能的分离和制约，例如，韩国国家税收管理局内既设有征收和申诉局、调查局，又设有直接税局、财产税局、间接税局等。混合模式下的征管体制提高了整个税收执法队伍的征管效率，又保持了组织机构内各部门的相互制衡。

第二，服务纳税人需求，保证司法公平。韩国政府在组织机构的改革中，还围绕纳税人需求设置并整合税务部门内设机构，设置了专门的税务司法或者准司法机构，如税务法院。税务法院为独立设置机构，旨在保证征纳双方之间的公平问题；税务法院的设置提高了税务诉讼的效率，减少了内部摩擦，强化了税收管理，进一步降低了税收成本，提高了工作效率，促进了与纳税人的和谐关系，有效防范和减少了税收流失。

第三，加大税收反腐力度，效果显著。韩国政府自20世纪80年代开始开展了轰轰烈烈的反腐败运动，针对有可能发生腐败现象的政府部门权力运行的各个环节进行研究，制定出相应的整改和预防措施，并进行了一系列立法活动，依法严厉打击腐败犯罪，先后惩治了一大批腐败分子。作为反腐败重要内容之一的税务犯罪惩治和预防也进行了较大改革，取得了较大成绩，为经济的发展扫除了很多障碍，促进了韩国经济迅速发展。其中最有效的方法是改变税务管理的基本框架，实行征税权、税收管理权、税收检查权各负其责，相对分离，通过取消指定某税务官员收取某特定地区税款的税务制度并减小他们的收税区域，斩断税务官员与纳税人已经建立起来的暧昧关系，有效遏制了利用税收权力寻租的现象，经过努力，每年处理的税务官员腐败案件大大减少。

第四，转变政府职能，强化税务机关为纳税人服务的意识。韩国国家税务署建立了一个专业部门为纳税人服务，这个部门提供广泛、周到、形式多样的税法宣传和免费咨询服务，平缓了纳税人的抵触心理，增强了纳税人依法纳税的自觉性和合作意识。税务部门还让市民和私人组织推荐的专家参加税务部门的专业委员会，从而增加了税务行政的透明度，也为税源管理和培育良好的税收氛围创造了条件。为了向纳税人提供高质量的咨询服务，韩国国税厅于2001年3月建立了韩国国家税务呼叫服务中心。呼叫中心由101名经验丰富的税务官员组成，工作覆盖面为全国纳税人。呼叫中心为纳税人进行纳税申报等各项纳税活动提供了专业和便利的辅导。更重要的意义在于，韩国税务机关已经将自己定位为纳税服务者的身份。这种角色意识的转变，深受纳税人的欢迎，有助于提高政府税收收入，进而降低税收流失。

第二节
税收管理权限的划分

税收管理权限主要包括税收立法权、税收管理权和税收收入归属权。合理划分的税收权限有助于提高中央政府和地方政府履行职能、促进社会经济发展的积极性。世界各国税收管理权限的划分大致有三种类型：一是地方分权型，即各项税收管理权限由中央和地方分别行使，税收管理权限在各级政府之间较为分散。属于这种类型的主要是联邦制国家，美国是其中的典型代表。二是适度分权型，在这种模式下，中央和地方均享有一定的税收立法权，但中央对地方税收立法权的具体行使有一定的限制。日本和德国是这种类型的典型代表。三是中央集权型，即各项税收管理权限集中于中央，地方政府只有很小的管理权限。法国是这种模式的典型代表。

美国是典型的分权型联邦制国家，与其政府层级相对应，联邦、州、地方均有各自独立的税收体系、税收立法权和征管权。但是州和地方政府的税权都要受到上位法律的监督和制约，当地方政府出现不适当课征时，联邦法院有权做出停征的判定。在宪法和法律的基础上，高层政府对下层政府的税收活动实施各种管制。州对地方的税收收入管制，最常见的是税率和税额的限制，如一些州对地方税中的财产税规定最高税率，一些州对全部财产税设定收入增长幅度。

在税种划分上，美国各级政府都有多种税收资源，每级政府都有其重点税种。比如，联邦政府在征收个人所得税方面最为专业，个人所得税占联邦税收收入的80%以上。同时，联邦政府收入约占全国总收入的一半。可见，具有“自动稳定器”作用的税收主要属于联邦税，从而有利于联邦政府进行逆周期的经济调节。美国财产税大部分归属于地方政府，占地方政府税收收入将近3/4。这是因为财产税评估需要大量信息，而地方政府具有信息优势，并且财产税税基流动性相对较小，因此比较适合地方政府征税。

日本税权划分的一个突出特征是税收立法权、征收权相对集中，管理权、使用权相对分散。原则上，日本的中央税和地方税均由国会统一立法，其中地方税以《地方税法》的形式加以确定。地方政府根据国会颁布的法律制定属于地方税种的条例，并拥有决定开征和停征一些《地方税法》外普通税的权力。中央对地方实行严格管理，即“课税否决制”。与第二次世界大战前相比，日本相应扩大了地方政府的税收管理权限，允许地方政府在地方税法列举的范围内自行立法征税，但若超出此范围，需经自治大臣批准，否则中央有权予以否决。日本地方税分为法定地方税和法外地方税。法定地方税由中央立法，法外地方税主要是指地方政府根据特殊需要，如财政收入不足、特定公益事业发展需要等，在法律规定之外征收的税收，但需要地方议会审议批准，并报中央政府自治省批准。

巴西联邦共和国是南美洲面积最大、人口最多、属中等偏上收入的发展中国家，包括21个州和联邦区。巴西与美国有相似的政体，分别设联邦、州和地方，其分税制的做法也与这一政体相适应。现行的各税种分别划归联邦、州和地方三级管理。三级政府均有相对独立的税收立法权和管理权，这些权限由联邦政府宪法明确规定。设立税种的权限集中于联邦，税种在三级政府之间的划分，也由宪法来规定。允许州和地方对所管的税种拥有部分立法权，以便在一定幅度内调整税率和采取某些征管措施。划归各级政府管理的税种，均可行使独立的管理权，在宪法规定的范围内，三级政府互不干涉。这种较为灵活的分税制体系不仅能够有效调动各级政府组织财政收入的积极性，而且对于地方政府来说能够比较灵活地根据自身的情况因地制宜地进行税收管理，提高征税的效率，减少税收流失的可能，保证税收收入足额、稳定。

法国的税收立法权和征管权都相对集中于中央，表现出了鲜明的集权特征。1982 年，法国政府对中央与地方进行了一次重大改革，通过了《权力下放法案》，扩大了地方自主权，将印花税等地方税种下放，从而使地方的税收权相较过去有一定程度的提高。2003 年法国进行了修宪，修改后的宪法第七十二条第三款规定："依照法律规定的条件，这些领土单位由选出的议会自主管理，并且为行使其职权，其拥有条例制定权。"这意味着法国宪法直接对地方政府的税收立法权做出了规定，使地方政府的税收立法权有了宪法的依据。

法国税收收入的绝大部分集中在中央一级，仅把次要的税源划给地方，这是法国税种划分最主要的特点。其税收分为中央税和地方税两个部分，没有共享税。中央税收主要包括个人所得税和公司所得税、增值税、消费税、遗产税、注册登记税和关税等，其中增值税的比重最大，所得税次之。地方税收包括房地产税、营业税、专利税、娱乐税、电力税、住所税、财产转让税等。

加拿大联邦税收实行立法、司法、执法"三权"分立，税收政策由财政部负责，税收司法由专门的税务法院和各级联邦法院负责，联邦税务局及其在各地的税务机关主要负责税法的咨询、解释、征收管理以及执行监督工作。

韩国属于高收入国家，实行中央、省、市（县）三级征税制度。韩国税收管理体系分国税系统和地税系统，国税系统负责内税（内税又可以分为直接税和间接税）、关税和一些目的税的征收；地税系统划分为省级地税系统和市县级地税系统。目前有 6 种直接税和 6 种间接税，其中个人所得税、企业所得税、增值税构成税收总额的主体部分。除此之外，还有 3 种由国税征收的目的税，即运输税、教育税和城镇发展税，目的税的税收收入直接划入事先指定的政府项目。地方税共有 15 种，其中省级地方税有 4 种普通税和 2 种目的税，县市级地方税有 7 种普通税和 2 种目的税。韩国现行税制中，国税（中央税）主要包括个人所得税、公司所得税、社会保障税、增值税、特别消费税、遗产和赠与税、酒税、印花税、证券交易税、交通能源环境税、教育税、农村开发特别税和综合不动产税等，省税主要包括财产取得税、注册税、闲暇税、许可证税、公用设施税、地区开发税和地方教育税等，市、县税主要包括居民税、财产税、机动车税、农业所得税、屠宰税、烟草消费税和汽车燃料税等。

第三节
税收司法体制

税收司法是指国家的审判机关按照法律、法规规定的程序，对税务行政诉讼案件和税务犯罪案件进行审理、判决的专门活动。许多国家都设有专门的税务法院。这些税务法院一般被赋予了较高的司法权威，具有较强的司法独立性。税务法院的成立大大提高了税收的征管效率，减少了税收征管过程中由于税务机关自身的低效率所带来的税收流失。这种高效主要表现在：税务法院为独立设置机构，保证了征纳双方之间的公平问题；税务法院的设置提高了税务诉讼的效率。

英国解决税收争议的机制包括税收争议诉讼机制和ADR（争议解决替代方案）机制。英国税务行政争议主要源于复杂的技术性较强的事项、缺少相关证据的事项、需要判断对错的事项和纳税人有不合理预期的事项等。但是，绝大多数的涉税事项都能够按照税法的规定顺利地得到处理，只有不超过1%的涉税事项最终发展成为涉税争议。英国解决税收争议的正式渠道主要分为内部审查、上诉和申诉。为节约时间和成本，减少纳税人向裁判所提出不必要的上诉，税务海关局会尽量采用协商等非正式方式解决纳税争议。如果纳税人和税务海关局之间的争议不能协商解决，纳税人可以请求税务海关局进行内部审查。当事人对行政机关不良行政提出的申诉包括对行政机关的过失、拖延和对待当事人方式的不满。税收申诉处理机关主要有税务机关、税收申诉裁判官和议会行政监察专员。上诉是指纳税人依法向有关机关提出上诉，并由上诉机关对税务行政行为的合法性进行审查。英国大多数涉税事项都可以上诉，主要包括税收核定、自我申报的更正、有关国民保险税的决定、有关增值税的决定、信息披露、税务行政处罚等。英国税收争议解决机制除了以上常规渠道之外，还有专门针对特别复杂争议的解决机制，主要是ADR。ADR也叫非诉讼争议解决机制，最早起源于民事领域，体现了非判决性、争议双方自愿选择性以及争议各方法律平等性等特性。英国是较早运用这种方式解决各种税收争议的国家之一。ADR在税收领域是指除诉讼之外的解决税收争议的替代方案的总称，一般由第三者介入当事人之间的争议，以寻求一个不具有法律强制力结果的争议解决的方式。申请ADR可以由纳税人提出，也可以由税务机关提出，但都要获得纳税人和具体承办税务事项的税务人员的同意。如果调解申请获准，调解人需要花半天到一天的时间与双方的决策者开会磋商。如果调解成功，则双方签署协议，并明确执行的时间表，如果没有达成一致意见，则通过谈判继续解决突出分歧或者诉诸法庭。

英美法系的美国、加拿大较早设立了专门的税务法庭，以受理纳税人提起的涉税诉讼。美国于1924年设立税务上诉局（1942年改称税务法庭），受理纳税人和税务机关之间的税务纠纷案件。发生税务争议时，纳税人可以选择在缴纳有争议税款的前提下向地区法院、索赔法院提起诉讼，也可选择在不缴纳有争议税款的情况下直接向税务法庭提起诉讼，由该法庭做出裁决，如仍不服，可向美国联邦最高法院起诉，由最高法院做出终审判决。而在加拿大，税务法庭是联邦司法审判体系的一部分，完全独立地行使职权，它与联邦上诉法院、联邦最高法院之间也不存在领导与被领导的关系。但是，根据联邦有关法律的规定，税务法庭审理的案件，只能包括消费税、所得税、养老金及失业保险金方面的税务行政诉讼案件，由其他税种所引起的民事案件和税务刑事案件则不予受理。

根据日本宪法和法律的规定，日本国内的税收司法权全部归属于司法系统，并始终坚持司法独立，即由司法机关对涉税诉讼和案件统一进行审理，避免行政权力对司法的干预。涉税行政诉讼可以分为6类，即取消诉讼、无效诉讼、争议诉讼、不作为违法诉讼、滞纳金还付请求诉讼和国家赔偿诉讼，其中取消诉讼在所有各类涉税诉讼中占比最大，其诉讼时效一般为3个月。涉税税收犯罪可以分为两大类，即偷逃漏税犯罪和税收危害犯罪。在涉税案件调查中，首先由稽征官进行调查，调查取证后，移交检察官承办和审理，由后者严格按照刑事诉讼程序进行处理。同时，日本设立专门的税务司法机构“国税不服审判所”和税务法院。国税不服审判所是隶属国税厅的机构，但其权限的行使具有独立性。审查请求的审理由3名以上的国税审判官组成合议庭进行，国税不服审判所基于合议庭的决议进行裁决。纳税人对税务机关的纳税处理有异议，一般首先向税务署长提出，署长处理后若仍有不服，则向国税不服审判所提出申诉要求，但如属蓝色申报纳税人，可直接向国税不服审判所提出审判要求。

第四节 借鉴与启迪

不同国家和地区税务机构的设置、税收管理权限的划分、税收司法体制由于经济发展水平的差异而呈现出不同的管理特征，这是由各国的国情及其经济发展阶段决定的。

本书第十二章第一节曾就税收法定原则进行了阐述。这条原则是在资产阶级革命过程中，资产阶级为反对封建主义君权立税和官吏定税而提出的。税收法定原则中的“法”，是指由民意代表参加的国家权力机关所制定的税法，国家权力机关在西方一般是指议会，我国则是指全国人民代表大会及其常委会。联系我国实际，借鉴一些国家和地区在税务机构设置和税权划分以及税务司法体制方面的做法，具有积极意义。

第一，中央、地方在税权划分上没有统一的模式，但其历史发展趋势是基本相同的。税权在中央和地方之间的划分没有国际惯例，每个国家均不相同，这与一国经济发展状况、政治体制和历史传统有着密切的关系。从总体上说，处理中央与地方税权划分关系大致有两种基本类型，即集权型和分权型。从英国、美国、加拿大、澳大利亚、法国、德国、日本、韩国、巴西、印度等国的实践看，实行单一制政治体制的国家，封建统治历史较长、集权传统较浓的国家，地区经济发展比较平衡的国家，在税权划分上，集权的程度较高；而实行联邦制的国家，封建统治历史较短、集权传统不深的国家，地区经济发展不平衡的国家，在税权划分上，分权的程度则高一些。尽管各国在税权划分上集权与分权的程度不同，但其发展的历史趋势是基本一致的，即随着政治、经济和社会的民主化、现代化和法治化的发展，税权划分呈现由高度集权向适度分权的方向发展。虽然有些国家目前在法律上还不承认地方有税收立法权，但是在实践上通过特别授权、特别命令等赋予地方一定的事实上的税收立法权，如日本、俄罗斯等。同时，与税权划分相适应的税务机构的设置，亦没有标准统一的模式。由此可见，我国中央、地方税权的划分，不能简单地进行“制度移植”，需要综合考虑自身的政治体制、历史传统和经济发展状况，借鉴国外基本经验和发展趋势，实事求是地确定。

第二，实行分税制的国家，大都分设有中央和地方税收征管机构，贯彻“各征各税”原则。实践经验证明，分税制财政体制较好地解决了中央、地方财力划分问题。“各征各税”是分税制财政体制的组织保证。我国国税、地税的征管权限，在1994年实行分税制后你中有我、我中有你，相互融通，协调合作，既保证了中央税收管理的集权性，又体现了地方税收管理的区域特点，不仅符合分税制的基本原则，也符合权责统一的基本要求。

第三，税收政策调整程序控制比较严格。税法制定以后，不可能随时修改。为了坚持“税收法定”原则，同时也是为了避免税收政策的随意性和确保税法与经济发展的适应性，各国都加强了税收政策调整的程序控制。一般由税收主管部门提出调整方案，经过充分论证后提请权力机关审议，权力机关一般会向公众披露税收政策调整方案，在衡量经济现状和公众反映的基础上，决定是否批准税收政策调整方案。

第四，发达国家的各级政府通常都有由自己的主体税种和辅助税种构成的相对独立而完善的税收体系，从而为各自履行其支出功能提供基本的和稳定的财力保障。收入一般按照税种的经济属性在政府之间划分。税基流动性大、涉及收入分配等的税种，如增值税、所得税等，大多划归中央政府或上级政府；税基较为地域化、地方政府能较好获取信息的税种，一般划归地方。

第五，大多数国家税收立法权相对集中，而税收征管权则相对分散。从本章所列举的国家和地区的做法来看，税收立法权相对集中于中央层次，税收征管权相对分散于各省层次，两者的有机结合保证了各国税制的平稳运行，使中央与地方在财税体制中，税收立法权与税收征管权、税收征管权与税收初次收益权的配置大体上衔接和统一①。

第六，纳税评估作为国际上税收征管的通行做法，是连接传统的税收征管与税收检查的重要工作环节，是防范税收风险、提高税源监控能力和税收征管能力的重要手段。在我国，纳税评估工作的开展时间并不长，需要借鉴上述国际上纳税评估制度的成功经验，以进一步完善我国的纳税评估制度。

第七，数据处理中心的设置是一个国家或地区治税高度信息化的体现。美国联邦税务局在全国范围内建立了计算机税务管理系统，计算机征管网络贯穿于从纳税申报到税款征收、税源监控、税收违法处罚等税收征管的全过程，不仅极大地方便了纳税人，创造了良好的社会效益，而且大幅度降低了征税成本，提高了征管和稽查效率。对比我国，一个统一、完整、完善的全国性的计算机税务管理系统并没有完全建立起来。究其原因，与我国地域广大、各地情况不一有关。然而，借鉴域外经验，建立一个独立的、全国性的计算机税务管理系统，负责税收数据信息的管理和全方位的开发利用工作，开发出适用于全国各地的有效的税收软件和系统，并负责全国税收信息化网络的更新和维护工作，是十分必要的。

第八，建立完善的税收行政争议解决机制是构建和谐税收征纳关系、保障征纳双方合法权益必不可少的重大举措。在发达国家，面对税务机关的侵害，纳税人可选择的救

① 汤贡亮：《中国财税改革与法治研究》，中国税务出版社2014年版。

济途径很多，既有法律途径也有非法律途径，既有行政救济也有司法救济，既有国内救济也有境外救济。这些国家尽量采用非正式、简单、成本低的方式解决征纳双方的争议。在争议产生之前，采取措施减少争议，比如简化税法、提供各种涉税手册，加强税务机关与纳税人的沟通与交流。争议产生后，针对人们对争议处理程序不同的期望，又设计了不同的争议解决机制，较好地保障了纳税人的程序选择权。针对不同税收争议的特点细分救济方式，在法律地位平等的前提下，以保障纳税人权益的实现为根本出发点，以高效便民、成本低廉为基本衡量标准，是这些国家税收争议解决机制的核心理念。

基于上述理念，一些国家在税务司法制度中建立的税务法院（法庭）及税收判例制度值得借鉴。他们认为，税务法院的中立性和独立性对维护税务公平正义具有不言而喻的作用。我国的税务行政诉讼和刑事诉讼的效率性和公正性都存在一定的不足，需要按照党的十八届四中全会的精神，在依法治国理念的大环境下，将税务司法的改革提上日程。根据国情，对目前的税务司法制度进行进一步的优化。结合我国的司法制度及法院体系，探索设立税务法庭。可以考虑设立两级税务法庭，初级税务法庭为跨省级行政区划的大区法庭，高级税务法庭为全国性的，设立在最高人民法院。纳税人在受到税务行政处罚时，不再需要通过“双重前置”程序进行权利救济，即无需先行申请行政复议或者缴纳争议税款，即可直接向有管辖权的初级税务法庭提起诉讼，对初级税务法庭的判决不服的，还可以向高级税务法庭上诉，仍然实行两审终审制。除有效保护纳税人权利之外，税务法庭对于促进税收司法的专门化也有作用，并且可以直接作为税法判例集的编撰主体，这对于我国判例制度的构建更是一个积极的推动。此外，设立司法审查制度，充分保障法院在税收司法审查、司法解释中的权力。发达国家法院之所以能在税收建设中发挥较好的作用，一个非常重要的原因是其具有解释法律和监督法律统一实施的职权。尤其是英美等实行判例法制度的国家，法院所拥有的权力更大，不仅享有司法审查权，还享有部分立法权。而我国目前的行政诉讼制度只能对规章及其级别以下的法律性文件进行审查，我国法院在税法解释中的地位也不高，司法审查制度在一定程度上尚流于形式。

第十四章

流程再造：一些国家和地区治理税收流失的运行机制保障

第一节 严密的税收征管流程

在长期的税收征管实践中，一些西方发达国家以促进税法遵从、降低税收成本、最大限度防止税收流失为目标，对税收征管流程进行了突破性改革，取得了较为成熟的经验。这些经验反映了征管工作的内在规律和发展趋势。

一、美国模式

美国的联邦、州和地方（县、市）各有自己的税收征管机构，它们之间并无组织上的联系。联邦税收征管机构为财政部国内收入署，按职能划分为4个部门，即工资与投资分局、小企业和个体户分局、大中型企业分局、减免税和政府分局。国内收入署按经济区在全国设置了7个大区办事处，下设10个服务中心（大型数据处理中心）和63个地区办事处，办事处主要负责税务稽查。州和地方税务局分别负责州税和地方税的征收管理。

在流程管理方面，美国税务局计算机系统采用统一的代码对纳税人进行登记，税务登记代码和社会保障号一致，终身不变；公司开业也需要领取识别号。在纳税申报上，实行自行申报，不论个人或企业，必须按照税法的规定，诚实办理纳税申报并缴纳税金。另外，每一个纳税人还必须按国内收入署提供的表格和细则，填写纳税申报表，用于日后的数据资料处理。美国税收征管机构根据纳税申报表，把应纳税金及罚款确定下来后，会向纳税人先后发出4份通知，分别为：征收通知书、两份应纳税额未缴数的通知以及催缴的最后通知。纳税人必须在规定期限内缴清税款，或者依据税法采取其他相应措施。

在税务监管及处罚方面，美国的税收征管实行专业化稽查，采用先进的选案程序和选案软件进行筛选，然后制定严格的稽查方案进行审计，并对违法行为进行严厉打击，如美国公司纳税人若逾期申报，将按应纳税额的5%~25%罚款，对拒绝税务人员审计的行为每次罚款500美元。

二、日本模式

日本实行中央、都道府县、市町村三级征税体制，中央征收的税种称为国税，都道府县及市町村征收的税种称为地方税。国税的税政和征管由大藏省负责，税政机构是主税局和关税局，征管机构是国税厅和海关。国税厅作为大藏省的直属厅，统一管理国税的税政征管工作。除国税厅外，在全国设置11个国税局和一个国税事务所（冲绳），下属517个税务署作为其派出机构，公务员编制56752人，占大藏省公务员编制总额的70%左右。此外，海关负责关税、特别吨税以及与进口货物有关消费税的征收工作。地方税的税政与税收征管工作由自治省以及地方政府负责。

在流程管理方面，日本《国税通则法》对于纳税人应纳税额的确定规定了两种方法，即申报纳税法和课赋纳税法。申报纳税法是指根据纳税人的申报确定应纳税额。只有在纳税人无自动申报和申报不准确的情况下，才由税务机关根据处分和决定确定应纳税额。日本的纳税申报有蓝色申报和白色申报的区分。所谓“蓝色申报”，是指那些具有健全账簿文书，几年来被税务部门肯定为能正确进行申报的纳税人，可使用蓝色申报表进行申报。“白色申报”是指会计制度不够健全的纳税人使用白色申报表进行的申报。日本税法规定，蓝色申报者可享受一系列优惠待遇，如可扣除坏账，厂房和设备允许特殊折旧，允许净亏损可结转、冲减后2~5年的所得等，而且税务机关对其审查也很简单，给予纳税人以充分的信任。而对白色申报者的审查则相当严格，以避免虚报或少报的现象发生。日本税收征管机构的征收过程要经过纳税告知、进行纳税督促、进行滞纳处分或强制执行等环节。纳税告知是告知纳税人缴纳期限，并要求其履行纳税义务的行为。在征管机构发出纳税告知后仍无故不履行纳税义务的，征管机构可对其发出督促书。如果纳税人接到督促书后仍不缴纳税款，税务机关就可以强制性地对纳税人进行滞纳处分或处理纳税人的财产。在税务处罚方面，日本的税务调查和税务稽查制度严密，分为两个层次：一般性调查和强制检查。一般性调查是基于纳税人申报有误，通知其更正，此项调查为随机调查，不具有强制性。但是如果纳税人弄虚作假，则要根据税法受到相应惩罚。强制检查是针对纳税人使用非法手段逃税而采取的强制性检查措施，并依据税法及相关法律对其进行惩罚。

三、澳大利亚模式

澳大利亚的税收征管机构简明高效，联邦、州和地方三级税收征管机构相互独立，没有任何的隶属关系。无论是联邦政府，还是州及地方政府，都只设一个税务局。联邦税务局负责所有联邦税收的直接征收，在州、地两级不再设立相应的分支机构。目前，联邦税务局由12个部门组成，其中8个面向纳税人的征管部门主要是按照不同的纳税对象设立的，另外4个是为内部提供某方面协调与支持的部门。

在征管流程方面，在澳大利亚，每个纳税人都必须取得一个税务档案号码，简称税号。如果没有税号，一方面纳税人将会被税务部门课以48.5%的惩罚性税款，另一方面个人在银行的储蓄利息将被扣减50%。纳税申报上，既可由纳税人自行申报，也可由税务代理人代理申报；既可直接书面申报，也可邮寄、电子申报。税收征管机构根据纳税人申报的材料，对信息正确与否进行确定和审计。澳大利亚税务局对纳税人要求十分明确，纳税人必须诚实申报，并保留经营等相关记录，随时配合税务机构检查。在税务监管及处罚方面，澳大利亚税务局对所有纳税人进行风险等级评估，然后集中力量对那些高风险的纳税人进行审计。在审计时，澳大利亚税务局拥有很大的自主权力，纳税人必须积极配合。在处罚方面，澳大利亚具有严格的制度，如果纳税人违反规定，将视情节轻重给予处罚。

完善合理的税制是防治税收流失的基础，而高效有序的税收征管机制是防治税收流失的保障。我国现行的税收征管模式是国家税务总局于2003年提出的，主要内容是“以纳税申报和优化服务为基础，以计算机网络为依托，集中征收，重点稽查，强化管理”。这一管理模式是在广泛借鉴国际运行规范、总结我国税收实践的基础上提出来的，适应了这一时期我国经济、财政、税务的发展状态。从世界范围来看，发达国家（如美国、英国和澳大利亚等）尽管与我国税收征管在某些环节、工作重点、措施方法、信息化程度和文化背景上存在差异，但总体征管思路是一致的，即以纳税人自行申报为基础，通过电子信息系统分类管理、充分服务纳税人，引导税法遵从，对高风险纳税人实施稽查震慑和犯罪惩处。发达国家的税收征管流程环环相扣、紧密联结，税收征管质量高，纳税人权益保护充分，税企双方涉税资源配置较为合理。笔者认为，我国应借鉴国外优秀经验，不断提高我国税务征管效率，优化资源，持续提高税收征管能力，防治税收流失。

第二节 严谨的专业税务审计和税收评定

纳税评定制度源于美、日、德的税务审计制度，英美法系的诉辩交易程序制度和日、韩的行政指导制度，是这三种制度的综合体。美、日、德三国税务机关的工作重点是税务审计。其中，美国税务审计人员约占税务机关人员的一半以上，税务审计主要分为办公室审计和实地审计两大类。纳税人自行申报后，审计人员首先进行办公室审计，审计的主要内容是检查申报表中所列各项是否正确，对同行业、同规模的公司进行比较，并考虑其过去的记载和其他已掌握的资料等，通过信息的分析寻找企业逃税的疑点。实地审计即研究公司账簿保存、会计记录保存、商品库存的实际状况，对账簿进行详细的检查，它是在办公室审计结果所显示的税额不太确定时进一步采取的审计程序。需要说明的是，成功的税务审计制度都是以强有力的信息化为支撑的。

发达国家和地区一般把纳税审计和评估定位在管理和服务上，纳税评估是一种非现场的检查，与现场稽查有一定的区别，纳税评估机构与稽查机构的界限也比较清晰，前者侧重税源管理，后者侧重执法打击。通过纳税评估，一旦发现问题及时通知或辅导纳税人纠错，如纳税人仍置若罔闻，那么这种不遵从行为也就由无知性不遵从定性为知觉性不遵从，处理方法也由纳税评估转为税务稽查。这种重过程服务、轻结果处罚的管理理念，比较符合现代税收管理的要求，这也可以从其人员配置上看出来，例如，香港地区税务部门负责评税工作的人数为570人，负责税务稽查的只有160人，两者比例近4:1。法国设有专门的税务审计机构，分为中央级、大区级和地区级，其内部审计以各级税务局的管辖范围为界，各负其责。香港地区为纳税评估人员设置了评税主任、助理评税主任等一系列职位阶梯，形成了一个良好的育才、留才机制，纳税评估方面人才辈出。在评估手段方面，发达国家税源管理信息化程度较高，可凭借大量的涉税信息，运用计算机程序进行纳税评估，再通知或辅导纳税人补税，评估的效率和可靠性很高。目前，美国联邦税收收入约有82%是通过计算机系统征收上来的。纳税人自行申报后，税务计算中心通过程序自动对纳税人纳税申报情况进行分类、编码、审核和信息汇总，并根据从第三方所获取的信息，对纳税人的纳税申报实施自动审核。

一、美国的纳税评估判别系统

美国国内收入署（IRS）下属各级检查部负责纳税申报资料准确性、真实性的评判工作，首先由设在西弗吉尼亚州的计算中心自动对申报资料进行分类，然后通过筛选过程去核实纳税人的申报资料是否正确，并以此估算其税款，整个评估过程由计算机模拟完成。另外，IRS还运用由计算机和定期改变的手工选择标准而设计的很多特殊审计程序（比如针对退税额、所申报扣除额、调整后的毛所得等），旨在提高纳税评估的有效性、公平性和权威性。

二、澳大利亚的纳税风险评估

澳大利亚国税局（ATO）认为，纳税人实行自行申报、自行审核后，效率提高的同时风险也增大了，因此必须对纳税人资料进行分析，重点是纳税风险评估。其主要过程如下：

一是收集整理纳税人的信息。信息来源分为内、外两部分，外部信息主要是税务人员甄别后的举报和银行、海关、移民局、证券市场信息，以及外部商用数据库（该数据库能提供澳大利亚1000户企业、母公司的财务等多方面信息）。内部数据主要是税务当局数据信息库，包括纳税人申报资料、历史评估资料、审计资料等。这些信息全部录入计算机网络数据库，供评估人员调用。

二是分析信息。ATO的纳税评估人员将采集的内、外部信息输入由专家设定的标准模型中，自动生成评估报告，主要有财务分析、欠税情况分析、征收情况分析、营业行为报表等，然后根据个人分析和经验修正，得出公平、合理、权威的结论。

三是纳税风险的判定与对策。把纳税人按风险大小分级，实行区别管理。对遵从度高的纳税人主要是实行自我管理、自行评估策略，税务机关只是简单地监督与观察，而对于抵触税法、遵从度较低的纳税人的管理则具有强制性，通常采用纳税审计和移送法办的措施。ATO 在评估结果确定后会以面谈、电话或信函方式给纳税人一个解释的机会，以达到节约时间、增加政府执法透明度、改善征纳关系的目的。如果纳税人解释不清或解释不能让评估人员满意，则进入实地审计程序，并将结果和纳税评估资料录入数据库。

三、新加坡的评税规程

新加坡当前的评税管理工作主要依托计算机系统进行，评税的依据是评税人员通过各种渠道搜集的情报信息以及纳税人申报表中提供的信息。新加坡税务局使用的评税方法主要为核对法和财务分析法。核对法即评税人员通过掌握的各种情报、信息，通过函调或面谈的形式，对纳税人申报表中的内容进行核对，是评税工作中的核心方法。财务分析法即评税师根据已掌握的各行业财务指标的标准值即平均值，通过财务分析的方法找出偏离标准值的个体，通过函调和面谈的方式来核定其应纳税额。评税工作是新加坡税务局的核心工作，它贯穿于税款征收、日常管理和纳税检查各环节，是对纳税人进行监控的最有效手段。

新加坡税务局制定了严密的评税工作规程，要求评税人员严格执行。根据评税工作规程，新加坡的评税工作分为两部分，一部分是纳税人服务部或公司服务部对当年的纳税人申报情况进行评估，另一部分是纳税人审计部对以前年度的评税完毕案件或纳税人有异议的案件进行复评。如果在评税中发现重大涉税问题，必须转入税务调查部进行调查。无论纳税人审计部或税务调查部对纳税人做出什么样的处理结果，其评税表仍然由纳税人服务部或公司税务部来制作。

四、印度的评税程序

印度的评税管理程序流程清晰、严谨。以个人所得税为例，具体程序如下：

第一，自行评估。根据所得税法草案第 104A 节的规定，每个纳税人根据所提交的所得申报自行评估应纳税额，向税务部门缴纳税款。如果纳税人未能缴纳自行评估的税款，将被认为是未履行其义务，会受到相应的处罚。

第二，一般评估。当纳税人按照规定进行申报后，税务官员根据税法的相关条款对纳税人自行申报及税款缴纳进行评估。根据纳税人提交的所得税申报，税务官员向纳税人发送通知，告知其应缴纳或者退还的税额或利息。

第三，最佳判断评估。即评估官员不能不诚实地或报复性地或任意性地进行评估，而应根据最佳判断进行评估。最佳判断评估有两种类型：一是强制性最佳判断评估，由税务官员在纳税人不合作或者延迟提交信息时采用；二是任意性最佳判断评估，即在评估官员质疑纳税人账户的正确性或完整性，或者在纳税人没有采用常规和一致的方法进行账户记录时，可以适用任意性最佳判断评估。税务官员在做出最佳判断评估前，应当给予被评估人员即纳税人陈述的机会。

第四，预防性评估。如果不清楚所得的接受者为何人，评估官员可以启动针对相关人的程序，以决定他们中谁负有缴纳税款的义务。

第五，重新评估。如果评估官员有理由相信任一应纳税所得在任一纳税年度内逃避了评估，即可对该项所得重新评估，也可以对任何其他逃避评估且在程序中发现的应纳税所得进行评估。

第三节 高效的税务稽查和司法保障

税务稽查和司法是对涉税违法行为的调查和惩处，是防治税收流失的最后一道法律保障。当今世界各国，特别是西方发达国家，都十分重视发挥税务稽查在税收工作中的作用，它们一方面加大对税务稽查的投入，另一方面加强税务稽查的科学化、精细化管理，形成了一套特点鲜明、富有成效的做法。

首先，高素质人才发挥主力作用。在许多发达国家，税务人员在成为稽查员之前，往往有1~2年的税务部门工作经验。只有资深的稽查员才有资格入户稽查，一般的稽查员只能对企业申报的纳税资料进行书面审查。德国规定，税务刑事调查人员必须有1年以上税务稽查员经历，并需要接受特殊培训，通过相关考试。德国实行高薪养廉的人力资源管理政策，税务稽查人员在岗享受警察津贴，退休金也比一般公务员高。法国则规定其三级税务稽查局的局长均需由税务总局任命。其三级机构中，只有中央和大区税务稽查局的稽查人员是专职的，地区（基层）税务稽查局的稽查人员是兼职的。

其次，科技力量发挥先锋作用。在美国，90%以上的案件是通过计算机程序对纳税信息的分析而筛选出来的，基层稽查人员只有不到10%的机动权。美国的稽查立案率看起来很低，每年只有不到1%，远低于我国近10年来10%的平均数，但是，如果将其立案之前的电脑自动比对考虑进来，美国的税务稽查率可以算是100%。这其中，IRS的电子选案系统堪称一大功臣。另外，IRS还通过电子分析，每年圈定不同类别的稽查对象，以突出工作重点，优化成本收益。

最后，法律利器调节征纳关系。在制衡纳税人与征税人双方权利义务方面，法律既是前提，又是保障。根据美国《国内收入法典》（*Internal Revenue Code*，简称“IRC”），IRS享有税务刑事调查权，而我国税务机关则无此权力。IRS刑事调查部的工作人员被称为“特别稽查员”，俗称“税务警察”，他们享有携带武器、传唤、搜查、逮捕、扣押等权力。日本、俄罗斯、德国、法国、瑞典等国也都设置了“税务警察”，以加强稽查取证的强制力和提高定案处理的及时性。此外，美国的涉税犯罪中有几项罪名是我国刑法中所没有的，如拒绝纳税申报或拒绝支付税款罪、帮助介绍罪、泄露纳税信息罪和违法查看纳税信息罪。这些都值得我国借鉴。另外，IRC规定，“税务传唤对象”的最后一款是“其他任何税务局认为适当的人员”，其相应的罪名包括“拒绝提供信息罪”、“伪证罪”等。相比之下，我国《税收征收管理法》及其实施细则对于其他单位或个人协助税务稽查的法律责任、约束的主体范围的规定还不够广，不利于税务稽查在执法时获得社会各界力量的协助。

一、美国

美国税务机构的设置分为三级，即联邦、州和地方。美国重视税务稽查，特别是在州和地方税务机关中，稽查工作占有特别重要的地位。联邦税务机构以国内收入署为主，它行使征收税费、评定税负、税务稽查等职能。国内收入署中的税务稽查部门分为稽查部和刑事调查部，前者的主要职责是一般的稽查，即检查处理民事欺骗性质的涉税违法案件，后者则主要是侦办刑事欺骗性质的重大涉税违法案件。在税务稽查过程中，若稽查部发现社会违法案件存在严重的犯罪行为，就会移交给刑事调查部，由其查办。

美国税务稽查人员拥有很大的执法权力。例如，稽查人员有权查阅纳税人的账簿，扣押有关材料，冻结银行存款，监视、跟踪纳税人等。稽查人员在遇到危急情况时，有权向司法机关申请逮捕令，逮捕涉税违法犯罪的纳税人。法律还赋予了稽查机关在一定条件下可以窃听纳税人的电话、用录音作证的权力，从而有效地打击了税收违法行为。

在税收违法行为处罚方面，为了提高税收征收效率，完成税款及时入库的任务，美国税法赋予了税务机关自主灵活的强制执行权。如果需要对负有缴纳国税义务的人的财产进行查封和扣押，税务机关无需经过司法机关授权或批准，即可对自己做出的行政决定强制执行。司法执行作为最终的执行程序，在一般情况下不会被启动。联邦税务局会给纳税人提供各种机会，促使纳税人主动履行纳税义务。只有当这些手段都无效时，才能启动强制执行程序。

二、德国

德国税收管理体制有其自身的特色，即实行税款征收、税务稽查和税务违法案件调查分立的模式。征收局的主要职能是处理联邦、州、地方的税收管理工作和中小企业的稽查工作。征收局在日常税收检查工作中，如果发现涉税违法现象，则要移交给稽查局处理。除此之外，稽查局还要负责大型企业的日常稽查。税务违法案件调查局的职能是侦查稽查局移送的重大犯罪案件和公民举报的违法犯罪案件。它拥有刑事侦查权，经过侦查，可做出如下处理：构成犯罪的案件由法院审理，未构成犯罪的案件由征收局处理。征收局、稽查局和违法案件调查局这三个机构的职能虽然有所不同，但是它们之间相互联系、分工合作，这样既避免了各机构之间重复稽查，节省了人力和物力资源，又提高了办案的效率和准确度。

德国征收局、稽查局和税务违法案件调查局的执法权限各不相同。征收局稽查处的执法权限主要包括检查纳税人的纳税申报表和查阅纳税人的账簿等。稽查局不仅可以检查纳税人的生产经营场所，而且还可查看纳税人的存款状况等。税务违法案件调查局拥有的权力包括税务检查权、侦查权和起诉权。税务检查局同征收局稽查处和稽查局所行使的职权大致相同。侦查权是指税务违法案件调查局可以行使警察在刑事侦查中使用的手段。因此，税务违法案件调查局行使着警察、检察和行政执法等职能。

在税务违法处罚方面，德国的税收强制执行制度采用以行政机关为主、以法院执行为辅的分权模式。法律赋予了税务违法案件调查局非常大的权力，同时又十分注重权力的相互制衡。法院虽不能监督行政行为的合法性，但它可以监督每项执行措施是否符合法律规定，使税收执法符合效率、公平原则。

三、日本

日本税务机关的建制分为厅、局、署三级。税务稽查工作由税务机关中调查检察部下设的调查课和检察课来执行。调查课和检察课在调查对象、行使职能、工作性质等方面各不相同。调查课主要是对一般纳税人行使税务稽查职能，追究涉税违法行为人的行政责任，来保证税收收入。而检察课主要是对性质恶劣、具有故意行为、金额巨大的逃漏税案件进行刑事侦查，追究其刑事责任，以打击犯罪。检察课在机构组织上隶属于同级税务机关，但是业务关系上却由国税厅的查察部领导。税务警察虽然与警察一样拥有刑事侦查权，但与一般警察不同，表现在税务警察隶属于税务机关，且不配备枪支。

当纳税人不履行纳税义务时，通过处理纳税人财产强制实现税收债权的程序，称为滞纳处分或强制征收。日本税收征收机关拥有强制征收权和自力执行权。在扣押纳税人财产时，法律规定征收人员拥有调查权限。征收人员在认为必要时，还可以搜查纳税人或与其有一定关系的物品、居住场所或其他场所。搜查与一般质问、检查不同，它是一种强制调查。日本实施强制执行必须履行纳税告知和督促程序，从发布督促状之日起 10 日以内没有交纳完毕的，便实施扣押。

第四节
优质的纳税服务

纳税服务是推进社会进步、优化行政管理的重要课题。研究、借鉴发达国家和地区的纳税服务经验，加快构建我国纳税服务体系，对于全面推进税收现代化建设有着重要意义。

一、精练、分权的服务机构

OECD 国家在 20 世纪 90 年代纷纷精简税务机构，提高纳税服务效率。美国国内收入署 1998 年改革后，按纳税人类型和特征设置了 4 个业务局，即工薪和投资收益局、免税及政府实体局、大中型企业局、小企业和自我雇佣局，同时向扁平化发展，从最高层到一线征管人员只有 4 级，大大减少了行政成本，有利于信息反馈，避免了职能交叉。

韩国政府在组织机构的改革中注重税务机构内设职能的分离和制约。目前，世界各国税务管理组织机构的设置极少采用单一模式，大都采用混合模式。如韩国国家税收管理局内既设有征收和申诉局、调查局，又设有直接税局、财产税局、间接税局等。混合模式下的征管体制提高了整个税收执法队伍的征管效率，又保持了组织机构内各部门的相互制衡。另外，韩国政府在组织机构的改革中，还围绕纳税人的需求设置并整合税务部门内设机构，设置了专门的税务司法机构——税务法院。专设的税务司法机构一般被赋予了较高的司法权威，具有较强的司法独立性。税务法院的成立大大提高了税收的征管效率，减少了税收征管过程中由于税务机关自身的低效率所带来的税收流失。这种高效主要表现在：税务法院为独立设置机构，保证了征纳双方之间的公平问题；税务法院的设置提高了税务诉讼的效率。

二、规范明晰的服务标准

一些发达国家税务局采用全国统一的量化服务标准，为纳税人提供快速高效和礼貌的服务。英国税务局要求：所有打给税务局的电话，20 秒内接通率大于 90%；80% 的邮件需在 15 个工作日内得到回复；对没有预约前来咨询的纳税人，95% 的人在 15 分钟内得到接待；错扣缴的税收收入，20 个工作日内予以退还等。中国香港税务局询问服务中心按服务方式对外做出承诺：电话查询必须 5 分钟以内回答；柜台查询 10 ~ 20 分钟内回答；书面查询 10 ~ 25 个工作日得到回复。这些量化标准有利于提高办税效率，减少办税费用、时间的耗费和税务管理对纳税人心理的影响。

三、信息化的多元服务手段

信息技术的应用与推广，是税务服务现代化的重要组成部分。许多国家都设置了全国联网的税务信息处理中心。如美国从 20 世纪 60 年代起开始在税务系统中采用计算机技术，目前已形成了由东海岸国家计算中心和按地区设立的 10 个服务中心组成的计算机电子化系统，负责完成纳税申报表处理、年终所得税的汇算清缴、纳税资料的收集储存、税收审查稽核、票据判读鉴定、税收咨询服务等工作。税务资料的收集、分析、整理、传递，对申报表核对、受理，以及对拖欠税款罚款和欠税利息的计算、税务稽查案例的选取，都是通过网络技术进行处理，整个过程仅需 10 分钟。不仅如此，纳税人还可以打电话、通过专门邮件完成年度税款申报。日本税务局设有专门的广播电视部门，与新闻部门一道负责把纳税人应普遍周知的消息传达出去。

四、民主的服务考评和监督

许多国家对于纳税服务的效果有着严格的考评机制，除内部监督外，还直接让纳税人和社会公众打分，将纳税人评议结果与税务人员乃至税务机关的业绩挂钩。

许多发达国家专门设有纳税服务监督机构，美国有纳税人权利维护办公室，其日常工作独立于税务机关，职责上成为第三方监督机构。OECD 成员国中，除意大利、挪威、西班牙外，所有国家均采用复议前置制度，当纳税人对税务机关的处理不服时，在向法院起诉前，可先向税务机关内部提出申诉并要求复议，再向税务法院提起诉讼。

五、社会化的服务基础

从各国实践看，纳税意识宣传在营造依法治税、诚信纳税的良好环境等方面都发挥了积极作用。美国有一个“了解税”的教育计划，从学生时代就开始培养纳税意识。西班牙财政部用喜剧谈话形式，把纳税原理讲得通俗易懂。日本重视中小学生税务教育，编写了许多面向少年儿童的录音、录像教材，分发给中小学生学习。

另外，发达国家的税务代理和税务志愿者服务十分普及，美国有50%以上的工商企业和95%以上的个人都是委托税务代理机构申报纳税，日本约85%的企业或个人通过税理事办理纳税相关事宜。

第五节
健全的纳税信用体系

信用是整个社会赖以生存和发展的基础，不讲信用，正常的社会关系就难以维系，市场经济也难以发展。诚信纳税是每个公民应尽的义务。纳税信用是指纳税人在履行税务登记、纳税申报、税款缴纳、发票使用等方面，自觉遵守国家制定的法律法规，完成纳税义务。世界主要发达国家高度重视税收信用体系建设，不仅具备了较为完备的税收信用立法，建立了内涵丰富的税收信用评估体系，而且将税收信用广泛运用于信贷担保、投资担保、消费担保、税收优惠政策等领域，为政府宏观管理的体制创新、市场经济的自我调控提供了新的理念和新的途径，直接弥补了政府决策的不足，并纠正了市场资源配置的不当。

世界主要发达国家以公共信息和信用数据开放为基础，以众多商业化运作的信用管理服务中介机构为主体，先后建立了完善的信用管理法律体系，形成了良好的社会信用意识和规范的社会信用管理体系。其税收信用管理制度主要有三种模式：一是以美国为代表的社会信用管理体系，这一体系基本上依靠市场经济机制，靠行业的自我管理，以商业信用公司为主体；二是以日本为代表的会员制模式，即个人信用信息机构由会员单位共同出资组建，只有会员单位才能享受到个人信用信息机构提供的信息，同时各会员单位有义务向信用信息机构提供其准确全面的个人信用信息；三是以欧洲为代表的模式，以政府和央行为主导，由政府和央行建立公共的税收信用中介机构，强制要求企业和个人向这些机构提供信用数据，并用立法保证这些数据的真实性。

一、美国模式

以美国为代表的税收信用管理模式，靠信用中介机构的自我管理形成具体的运作方式，政府仅负责提供立法支持和监管信用管理体系的运转。在这种运作模式中，利益导向是核心，因此在一定程度上促使美国发展成为世界信用交易额最高的国家。其社会信用体系框架包括以下几方面的内容：一是相关法律体系的建立是信用行业健康发展的基础。20世纪60年代末以来，美国在原有信用管理法律法规的基础上，进一步制定了与信用管理相关的法律，经过不断完善，目前已形成了比较完整的框架体系。二是信用中介服务机构在信用体系中发挥着重要作用。美国有许多专门从事征信、信用评级、商业账款追收、信用管理等业务的信用中介服务机构。三是市场主体较强的信用意识促进了信用体系的发展。美国信用交易十分普遍，缺乏信用记录或信用记录历史很差的企业很难在业界生存和发展，而信用记录差的个人在信用消费、求职等诸多方面都会受到很大制约。四是对信用行业有较好的管理。美国的有关政府部门和法院起到了信用监督和执法的作用，其中联邦贸易委员会是信用管理行业的主要监管部门，司法部、财政部货币监理局和联邦储备系统等在监管方面也发挥着重要作用。

二、日本模式

以日本为代表的信用管理模式，由会员单位共同出资组建信用信息机构，通过会员制形成具体的运作方式，政府仅负责提供立法支持和监管信用管理体系的运转。在这种运作模式中，会员必须共同遵守信用信息机构的规则，自觉履行“向信用信息机构提供其掌握的准确全面的个人信用”的义务，并享有“获取信用信息机构其他会员的准确全面的个人信用信息”的权利。其税收信用体系框架的特点是：一方面，信用信息机构的建立主要是为了增强企业信用的透明性，防范经营风险，促进成员间的经济活动健康运行；另一方面，会员制以“讲究诚信，互惠互利”为原则，缺乏信用记录或信用记录历史很差的企业不得入会。

三、欧洲大陆模式

法国、德国和比利时等一些欧洲国家的社会信用体系同美国、日本存在一定差别，这表现在三个方面：一是信用信息服务机构是作为中央银行的一个部门而设立，而不是由私人部门发起设立；二是银行要依法向信用信息局提供相关信用信息；三是中央银行承担主要的监管职能。

另外，从一些主要发展中国家建立信用制度的实践看，由于各国所处发展阶段和国情的差异，它们同发达国家的经历并不完全一致，但也有一些共性：一是税收信用行业的发展是市场经济发展到一定阶段和金融体制改革的必然要求；二是中央银行在信用管理中发挥着重要作用；三是信用中介服务机构主要包括信用信息局和资信评级公司两类；四是注重税收信用管理的法律体系建设；五是对信用行业的管理一般都是依据一定的法律法规进行。

第六节
借 鉴 与 启 迪

健全的税收运行机制，是推进税款顺利征缴、减少税企纳税争议、降低税收征缴成本的流程性保障，有利于实现社会资源的高效配置，更加科学、合理地完成税款的征收、评定、稽核、检查等全过程处理，从而防止税收流失。虽然各国和地区在征管、审计、司法、服务、信用等机制中根据自身特点，采取了不同的模式，管理中也各有异同，但其保障税款征收、构建和谐征纳关系、防止税收流失的最终目的是一致的。对于发展中的我国来说，这些国家的经验有着不同层面的借鉴意义。

一、以信息化的推广促进税收管理的科学性

随着信息化技术在数据储存、处理等方面的深入发展，税务管理无论是媒介、模式，还是理论、实践，都发生了深刻的变革。管理网络的搭建实现了纳税人信息共享，网上申报的推行提升了纳税人的办税效率，而先进的风险评估系统更是极大地降低了税收征管成本，提升了征管效率。信息化是促进税收管理科学性的重要手段，为防止税收流失，我国可以从多方面提升信息化的运用水平。

一是信息获取的电子化。税收管理信息化的第一步就是信息获取的电子化。各类企业日常涉税表格种类、数量繁多，单纯依靠税务机关进行纸质材料的登记、审核、存档已不能满足现代化税务管理的需要。在增加电子申报材料比重的基础上，各发达国家也在不断提高涉税信息的电子化程度，如澳大利亚建立了内、外两部分信息获取的数据库渠道，外部主要来源于银行、海关等，内部则包括纳税人的申报信息和历史资料等，供评估人员随时调用审查。电子化的信息获取模式有利于实现纳税信息的存档和共享，也便于实现更加全面、科学的税收管理。

二是征管过程的信息化。在涉税信息不断增加、征管难度不断加大的大背景下，实现整个征管流程的信息化有利于提高税务部门的办事效率，减轻纳税人的纳税成本，是税务征管发展过程的必然要求。目前，美国联邦税收收入约八成以上通过电子化系统进行征管，且在不同地区设立了多个计算机电子化系统，统筹全国各地的税务信息处理，从申报、清缴、存档、审查到鉴证、咨询等都实现了过程管理的电子化。另外，其内部信息实现了与信用中介服务企业、银行等第三方机构的共享，建立了一整套比较完整的电子化信息覆盖网络和框架体系，有效地提高了纳税人的税法遵从程度。发达国家和地区都采取了以纳税人进行网上自主申报为主，书面、邮寄申报为辅的信息化申报模式，基本实现了纳税人各项涉税事项的一键式处理。在税务部门内部，各项数据由信息化系统自动审核、校验，提示异常信息，节省了人力资源的投入，同时也提高了信息查验的精准性。

三是纳税评估的自动化。在征管过程逐步实现信息化的同时，税款流失的风险也相应增加，因此需要更加高效的纳税评估机制予以配合。税务审计是一些国家普遍采用的税务检查方式，且投入了大量的专业技术人员，能够保障纳税评估的有效执行。纳税评估的自动化通过专业的数据中心对申报材料进行分类、筛选，同时与数据库中同行业、同规模的公司进行比较、核对，将不同结果嵌入相应的分析模型进行分析、评价，生成企业的纳税评测报告，再由审计人员进行经验修正，最终得出较为公平、合理的评估结论。美国的纳税评估判别系统在资料审查、税款估算、风险评价等方面均由计算机模拟完成，且针对不同行业设定了多种特殊的审计程序，减少了部分人工校验，评估的客观

性得到了提高。澳大利亚的纳税风险评估则侧重于根据风险大小分级进行区别管理，对高遵从度的纳税人具有简单性，对低遵从度的纳税人具有强制性，重点在于控制不良信用层面的税款流失风险。为切实保护纳税人的利益，印度的纳税评估还包含了“最佳判断评估”，根据纳税人的不同情况适用不同的评估方式，使得评估管理程序更加清晰、合理。

二、以法制化的完善保证税收管理的严谨性

完善的法制化税收管理体系是保障征纳双方合法权益、惩处涉税违法行为的重要手段，也是税收管理严谨性得以实现的重要支撑。虽然一些国家和地区在政治制度、税务体制、法律规范等方面存在差异，税务管理机构中各方的权限界定也各有不同，但都非常重视以法制来调节征纳关系，落实税务监督，这对我国税收管理中的法制化建设有着一定的启迪意义。

一方面是权力的延伸。法定的权力延伸多体现在税收稽查和执法层面，旨在增强对税收违法行为的震慑力。如美国通过立法的形式，规定税务警察享有税务刑事调查权，能够对涉税企业进行银行账户冻结，对相关人员进行传唤、搜查、逮捕、扣押，其传唤对象可涉及“任何税务局认为的适当的人员”，扩大了税务稽查的责任主体范围，是对税务检查、执法机关权力的大范围延伸。在对税收违法行为的处罚上，美国税法又赋予了税务机关自主灵活的强制执行权，在特殊情况下进行财产查封甚至无需经过司法部门的授权批准。德国税法赋予了税务违法案件调查局巨大的权力，使其可以行使警察、检察、行政执法等职能。韩国更是设立了“税务法院”这一专门的税务司法机构，赋予其较强的司法独立性，能够进行大部分涉税案件的裁决和审判。这些法定的权力延伸，加强了稽查取证的强制力，也提高了定案处理的及时性。

另一方面是权力的约束。在权力延伸的基础上，各国同时也注重权力的相互制衡，以防止权力的滥用，对权力实现有效约束。如美国将税务稽查部门划分为稽查部门和刑事调查部门，分别处理民事性和刑事性的涉税违法案件，案件性质转变需移交相应部门查办。同时，联邦税务局会协助提供各种机会，促使纳税人主动履行纳税义务，减少稽查案件的发生和强制执行程序的履行。德国实行征收、稽查、违法案件调查分立的模式，各相关部门分工合作，在强制执行制度中以行政机关为主、法院为辅，且法院可以监督执行措施的合法性，达到了执行权和监督权的制衡。

当然，权力在一定层面的延伸和约束，都建立在一整套完善的税收法律、法规制度之上，需全面考虑税收法制化的发展进度，以及税款的流失程度，同时培养一批高素质的检查、执法人员，提高涉税案件处理的针对性和有效性，为税收管理的严谨性建立司法保障。

三、以社会化的提升落实税收管理的和谐性

税收是“取之于民，用之于民”的国家财政资源，是经济利益的再分配，是社会化的管理机制。防止税收流失的根源在于营造依法治税、诚信纳税的良好环境，在于建立

和谐的征纳关系，从而推进税收管理的发展与进步。发达国家在税收管理社会化方面各有特色，值得我们思考与借鉴。

首先，在征税者层面，提供优质的纳税服务。纳税服务体系是税收现代化建设的一个重要方面，也是提升税法遵从度的一个重要指标。近年来，一些国家和地区通过精简服务机构实现了管理的扁平化发展，避免了职能的交叉，也提高了信息的反馈和执行效率。规范明确的服务标准也在各国得到了有效执行，有利于约束税务机关的服务行为，提高服务质量。OECD 多数成员国采用了税务复议前置制度，能够实现部分争议在税务机关内部的合理解决。大多数发达国家还设立了专门的纳税服务监督机构，对税务机关的纳税服务水平实施独立的评价。只有征税者从自身层面积极提升优质的纳税服务，才能让纳税者的纳税行为更为规范，让纳税者更愿意实现税法遵从。

其次，在纳税者层面，普及税收教育，提高纳税意识。诚信纳税对纳税者来说是一项应尽的义务，应该从社会层面培养各个阶层的纳税意识。美国、日本等国对此设立了专门的教育计划，对公民从小就开始提供税务教育。在纳税意识提高以后，还应利用相应的媒介解释各项税种及纳税方法、纳税期限等，让全体潜在纳税者了解自身的纳税义务，从而保证各项税种的顺利征收。同时，鼓励公民参与协税、护税，坚持专业管理与社会监督相结合的原则，通过非税人员健全税收管理网络，堵塞税收漏洞，防止税收流失。

最后，在税收社会服务层面，建立纳税信用体系。纳税信用在国外广泛运用于各项担保、税收优惠申请等领域，是企业信用体系的重要组成部分，能够有效督促企业自觉履行纳税义务。纳税信用体系在国外主要由税收社会服务机构协助建立，如美国以商业信用公司为主体，依靠市场经济机制实现行业的自主管理；日本以众多纳税企业共同组建的会员单位为主体，将信用评价交给会员单位完成；欧洲则以政府和央行建立的税收信用税收社会服务机构为主体，负责成员企业的信用数据收集与整合，并有效反馈给税务部门。税收社会服务能够推动纳税信用体系的运转，而纳税信用体系的广泛建立，又能提高市场主体的纳税意识，促进税收社会服务发挥更大的效用，形成纳税信用体系内部的良性循环。

第十五章

税法教育：一些国家和地区营造国民税法遵从的环境保障

第一节 税务公务员的税收法治教育

税务公务员是从事税务专业管理工作的国家公职人员，其税收法制意识和职业修养直接影响国家税收管理水平和质量。加强对税务公务员的职业教育和税法教育，是治理税收流失的重要一环。本节分别从政府和社会层面介绍了部分国家和地区税务公务员教育的经验。

一、明确的法律法规约束

越来越多的国家将税务公务员职业修养教育作为政府财政战略的重要组成部分，从法律法规、规章制度的设计开始，对税务公务员教育进行严格要求和约束。许多国家建立了公务员教育法或者税务公务员教育法规，通过法律明确公务员教育是公务员的权利和义务，使公务员培训有法可依、依法培训。以发达国家为例，美国自 1930 年起，先后由总统颁布行政命令、政府制定专门法案等途径规范公务员教育培训，包括 1936 年美国联邦政府通过的《乔治狄恩法》、1943 年制定的《行政实行培训计划》、1958 年美国国会以立法形式确立的《雇员培训法》等[①]。英国早在 1944 年即由阿什顿委员会做出明确规定："教育应当贯穿公务员的整个生涯。"并在《公务员总法》中专门设有公务员培训的具体要求，规定具有很强的可操作性[②]。法国更是把公务员培训当成一项战略任务，在

① 孙永怡：《国外公务员培训管理的特点与启示》，载《广东行政学院学报》1995 年第 2 期。

② 邓岩：《英国公务员培训制度评述及其对我国的启示》，载《管理观察》2009 年第 3 期。

《法国公务员总章程》中规定：公务员有接受培训的权利和义务。1971 年法国国民议会通过的《继续教育法令》中，专门规定了公务员的培训和进修事宜。前联邦德国在《官员资历条例》中对官员接受教育的义务、上级机关为官员提供参加教育培训机会的义务进行了明确的规定。日本《国家公务员法》第 73 条规定："内阁总理大臣和有关政府机关首长为发挥和提高职员才干，应制定和努力实行职员进修……计划。"《人事院规则》也规定了政府负有定期组织文官培训的专门义务；公务员享有参加培训等项权利。新西兰 1996 年制定了《工作场地关系法》、1997 年制定了《财政管理与责任法》、1999 年制定了《公共服务法》等一系列相关法律。1999 年澳大利亚重新修订并颁布的《公共服务法》，对公务员的职责、权利、能力要求、培训等都做了进一步明确规定。澳大利亚公务员委员会制定的《澳大利亚公务员系统人力资源开发纲要》，则对公务员培训的总体政策以及培训的目标、战略、方式、责任、类型、经费、评估、与其他政策的关系等问题进行了全面的规定。澳大利亚议会还制定并实施了《培训承诺法案》①。瑞士联邦和地方各级政府也明确规定各类机构的雇主对雇员必须加强培训，尤其是各级官员的专业能力、领导能力的培训，培训费用达不到工资总额一定比例的单位要受到处罚。芬兰政府认为领导比管理更加重要，其中高级官员培训突出战略管理和领导能力训练②。1949 年韩国国会通过了《国家公务员法》，1963 年颁布了《公务员培训法》及其细则，以及有关公务员离岗培训、在职培训、公务员奖学金规程等法律法规和政令，明确规定接受培训是公务员的权利和义务，同时规定培训公务员是政府的职能，并制定配套的法规和政策，使培训走上了制度化、法制化的轨道③。

发展中国家近年来也越来越重视公务员培训。巴西的《公务员法》中明确规定，公务员有接受教育和培训的权利，从而为公务员培训工作建立了法律保障。在巴西，虽然对公务员培训时间、内容没有统一的硬性规定，但培训已经深入到公务员的心中，要想适应工作并适应激烈的社会竞争，就必须不断接受培训。因此，公务员培训更多的是一种法定权利。例如，巴西利亚联邦区的公务员每 5 年可以享受 3 个月的离职培训，并可随时参加培训；公务员攻读硕士、博士学位，可离职 3 ~ 4 年；根据需求，每 18 个月每个公务员必须经过一次培训④。俄罗斯 1995 年颁布实施的《俄罗斯联邦国家公务员原则法》，在正式确立公务员的法律地位的同时，明确规定：对国家公务员进行培训是俄罗斯联邦国家的重要职能，国家用法律来保障公务员接受再教育⑤。埃及《国家文职工作人员法》第 61 条直接规定："凡不参加培训者，视为渎职的表现。"

---

① 梁海萍：《澳大利亚、新西兰公务员培训的特点及其启示》，载《公共行政》2007 年第 8 期。

② 赴瑞士、丹麦、芬兰考察团：《欧洲三国公务员培训的经验与启示》，载《中国井冈山干部学院学报》2010 年第 1 期。

③ 中国井冈山干部学院赴韩国考察组：《韩国公务员培训的特点及启示》，载《中国井冈山干部学院学报》2010 年第 9 期。

④ 考察团：《巴西、智利、法国公务员培训基本情况及几点思考》，载《当代社科视野》2009 年第 2 期。

⑤ （俄）亚历山大·谢尔盖维奇·戈尔什科夫：《俄罗斯联邦公务员教育培训体系概览》，载《中国浦东干部学院学报》2008 年第 3 期。

二、较为充裕的财力支持

税务公务员培训教育因其性质、目标、具体要求等特点，需要有一定的财政保障。各国都按法律要求划拨财政预算专门用于税务公务员教育。如俄罗斯国家公务员培训的相关法律法规规定：所有国家机构都需要制定国家公务员职业发展培训计划，国家财政拨款支持其计划内的公务员岗位培训。巴西各级政府部门对税务公务员培训非常重视，联邦政府以及地方政府都设有专门的人力资源开发管理机构，每年从财政预算中划出一定比例的资金用于计划内和必要的临时培训①。新加坡税务局规定，每年用于培训的经费不得少于其工薪支出总额的4%②。我国台湾地区财税训练所直属于台湾“财政部”，其人员和机构经费全部统一由财政资金拨付，而且，教育培训经费由财税主管部门通过“一上一下”的方式确定并下达指令性计划，即先由财税部门提出近期、中期和长期财税人员培训计划并上报“财政部”，“财政部”根据财税所和财税部门供需的实际情况，经过统筹安排后将培训计划下达给财税训练所。由于是财政拨付经费，所以，如果出现经费的盈余，就要将盈余全额上缴③。印度公共管理学院是以印度在职中高级官员为培训对象，以提高中高级官员公共管理能力、服务能力为特色的学院，根据印度各部、局、地方政府及其他机构的不同需求，完成相应的培训工作。培训经费由国家政府及各部等拨款，各部、局、地方政府根据自己的需要选派官员到学院接受培训④。

三、不间断的职业生涯教育

税务部门专业性比较强，因此一些国家的政府在进行税务公务员教育时，十分注重其持久性和累进性。如德国的税务部门在公务员考核录用后，必须到州税务局培训基地进行税务专业理论培训一至两年，使其获得税务职业基础教育及专业知识、工作方法和实用能力。上岗后试用期为一年，期间还要边工作边上课，进行税务实践培训。俄罗斯的职业培训与再培训贯穿税务公务员的整个职业生涯：上岗前必须接受严格的职业培训，到岗位后要不断接受短期的职业补充教育。按照《俄罗斯联邦国家公务员法》的要求，税务公务员在职期间，每隔3年必须参加短期的职业补充教育。当工作转换或所从事职业岗位业务发生变化时，必须接受职业再教育⑤。加拿大公务员制度秉承英国文官制度的传统，实行税务公务员职业化。而对选用的税务公务员进行系统的培训，是加拿大政府由来已久的传统，形成了一套先进的税务公务员培训体系。税务公务员作为国家公职人员，要求具备四大价值观：一是民主；二是职业化、行为符合道德规范及尊重民众对政府的

---

① 考察团：《巴西、智利、法国公务员培训基本情况及几点思考》，载《当代社科视野》2009年第2期。

② 孟昭君，陈树清：《新加坡税务公务员终身学习体制的构建》，载《涉外税务》2009年第11期。

③ 柳现青，尹磊：《税务公务员培训：台湾地区的做法及启示》，载《扬州大学税务学院学报》2009年第10期。

④ 张素玲，周静：《印度公共管理学院的公务员培训及其启示》，载《中国浦东干部学院学报》2009年第7期。

⑤ 李冲锋：《俄罗斯联邦公务员培训制度及其启示》，载《湖北行政学院学报》2009年第6期。

期望；三是在职业工作中保持政党中立、忠诚于国家；四是为公共利益服务。

新加坡在人才立国、终身学习、持续培训等战略思想的指导下，构建了税务公务员终身学习机制，除入职培训、在岗培训这些传统教育培训之外，还建立了每天、每周、每月的学习制度。我国台湾地区也从20世纪80年代开始，陆续制定了一系列法律法规，逐步将终身教育和终身学习法制化①。

与欧美国家20世纪80年代后对公务员大量采用聘用制和合同制不同，日本税务局对公务员仍然采用“长期雇佣制”和“年功序列制”，加上其录用公务员时对专业性的要求不是很强，因而更强调对税务公务员的培训，特别在税务公务员上岗就职后即进行“终生过程培训”，根据聘用人员的类型、层次，有针对性地展开培训教育②。

四、自律和他律相结合的教育机制

税务部门作为政府税收征收管理的直接行为执行者，必须与纳税人打交道，因此一些国家和地区在进行税务公务员教育时，十分注重自我教育和培训的结合，还把培训与任职、升迁挂起钩来，更可以为培训注入内在动力。如新加坡税务公务员的培训课程中，60%的课时是业务类培训课程，40%的课时是与业务没有直接关系、涉及公务员个人生活和社会知识的培训③。我国台湾地区采取“1+1”的全过程考核模式对参训财税人员进行管理和考评，即通过严格正式的考试考评学员的专业素养和受训效果，通过全面而细致的综合考察考评学员课堂和课程之外的表现，并将两部分考评成绩加权汇总后，上报参训人员上级主管部门，作为考评和晋升的参考（详见表15.1）④。

表15.1　我国台湾地区财税人员训练所设置的课程名称及在总课时中所占比例

课程名称	所占比例（%）
财税管理和财务监督	56
税务政策法规	20
卓越服务	8
沟通技术和人际管理	6
信息技术	2
外语能力	7
娱乐和休息	1

资料来源：孟昭君，林茂盛：《台湾终身教育：财税公务员培训体系构建及启示》，载《扬州大学税务学院学报》2009年第4期。

日本将培训教育成绩与工资福利挂钩，规定公务员享有领取培训期间工资、自修时政府提供学费的权利。英国则实行“休假年”政策，工作一定年限的公务员，可获三个

① 孟昭君，林茂盛：《台湾终身教育：财税公务员培训体系构建及启示》，载《扬州大学税务学院学报》2009年第4期。

② 洪兆平：《美日两国税务人才管理的基本实践及借鉴意义》，载《扬州大学税务学院学报》2009年第6期。

③ 孟昭君：《新加坡税务公务员培训特色及启示探讨》，载《现代商贸工业》2009年第6期。

④ 尹磊：《台湾财税公务员教育培训的主要做法及启示》，载《财政监督》2009年第10期。

月到一年的休假。休假期间工资照发，公务员可到国内外进修、进行高级研究。法国国立行政学院对税务系统内部考取的公务员发放原来的工资，并把工资福利与培训挂钩，促使税务公务员积极参加培训学习。澳大利亚实行对税务公务员教育培训的激励机制，其《税务人员发展规划》中详细规定了税务人员晋升与学历水平及接受教育培训情况的关系，复杂程度、技术含量不同的岗位对心理、专业和培训教育的要求不同。高中毕业只能从事一般性税务工作，完成三个层级的培训教育后，视为本科毕业，才可以有晋升从事更高层级工作的可能。澳大利亚还规定有减收教育培训费、修完课程给予奖励、保证接受教育培训时间等政策。

五、强化对税务公务员的伦理教育、专业教育和技能教育

（一）伦理教育

不少国家和地区将伦理教育、廉政教育作为税务公务员教育的重要组成部分。德国税务局非常重视对税务人员的廉政教育，每个税务人员进入税务局后，都会得到一本廉政制度手册。税务人员必须全文仔细通读，并在每个章节后签上阅读人的姓名和阅读时间。德国公务员法规定：公务员一旦因受贿被开除，不得再被聘用，并记录个人档案，予以公开。公务员失去了原有工作、失去了就业机会，也失去了国家公务员较高的退休金和各种养老保险。因此，德国税务公务员尤其是高级公务员在廉政自律方面都很自觉。

瑞士、丹麦、芬兰三国的税务公务员培训除传授工作技能和理论知识外，各培训机构还注意融合政府推崇的文化理念、职业道德方面的培训内容，结合业绩评估、培训对象的胜任力、岗位需求和个人发展目标，确定每次培训的具体内容。

韩国主要通过道德立法来强化税务公务员的道德意识，规范其道德行为，通过各种社会实体对公务员进行细致入微的道德灌输和道德观念与行为习惯的培养。韩国宪法规定：公职人员应该为全体国民服务；公职人员总的伦理标准，是把国民利益作为价值基础，而不是为特定集团局部利益服务。韩国宪法确立的行政伦理精神，在韩国《国家公务员法》、《地方公务员法》、《公职人员伦理法》、《〈公职人员伦理法〉实施令》、《公职人员伦理法实施规则》、《公职人员伦理宪章》、《公共事务条例》、《公务员服务规定》中都有具体体现。韩国国会于2001年6月28日正式通过了《韩国防止腐败法》，2001年11月29日公布了《〈韩国防止腐败法〉实施令》，其宗旨在于“通过预防和遏制腐败行为，确立廉洁的公职及社会风气”，是一部典型的具有行政伦理性质的立法。依据《韩国防止腐败法》，韩国于2002年1月25日成立了防止腐败委员会。这就是说，韩国行政伦理的教育不仅有相应的法规保障，而且具有很强的可操作性。

我国台湾地区税务公务员实行就职宣誓制度，每一位进入税务局工作的新职员在上岗之前都必须庄严宣誓：“余誓以至诚，恪遵国家法令，砥砺品德操守，为民服务，严谨公私生活，不营私舞弊，不收受贿赂；如违誓言，愿受最严厉之处罚，谨誓。”以此形式督促税务人员严守纪律，严守职业道德。[1]

---

① 徐志：《台湾税务人员的管理》，载《中国税务》1995年第7期。

（二）专业和技能教育

各国通过规范税务培训内容、扩展培训方式等方法加强税务公务员的专业和技能教育。日本《职员的教育训练》中明确规定，培训的内容“必须是与职员现任官职或预计今后所任官职的职务和责任有密切关系的知识和技能等”。美国税务公务员教育培训内容丰富，以满足不同层次培训对象的需求。其中高级领导人员的培训内容主要根据培训对象和工作需要而定，同时也注意到未来发展的需要，注重对中高级税务公务员进行全面系统的培训，使其具有伸缩性、想象力、适应力和前瞻性。培训机构基本以此为原则，在培训内容上形成各自的特色和优势。同时，美国国家税务培训部门制定了全国通用的税务培训规范，对每个职位必须掌握的各种技能及其达标标准和考核评估条件加以具体规定。这样不仅能够规范全国的税务教育培训工作，提高税务人员的行业形象，同时也可以促进税务人员积极主动地参与培训，加强培训部门与税务人员的密切合作。

瑞士、丹麦、芬兰三国的培训机构突出学员导向，重视学员在培训中的主体性，强调税务公务员接受培训，必须真正能够学到工作中需要的知识、技术及能力。培训机构针对机构或个人需要开设不同的课程，为不同经历、资格、技能的学员提供极富个性化的培训课程，并且每年开发并提供形式多样、内容各异的培训项目，以适应不同的培训需求。

韩国高度重视税务公务员的专业技能教育，为了增强税务公务员专业技能培训的针对性和实用性，韩国将税务公务员专业技能培训的课程设置为基本税务教育、专门税务教育、长期税务教育、其他税务教育及民间涉税教育等。韩国通过开展法律、外语、计算机应用技术、市场经济和公共管理培训，着力提高税务公务员的政治鉴别能力、依法行政能力、公共服务能力、调查研究能力、学习能力、沟通协调能力、创新能力、应对突发事件能力、心理调适能力等九种基本能力。同时，韩国十分注重通过公务员岗位轮换，培养全能型人才。岗位轮换分为行政职位轮换和技能职位轮换，行政职位轮换可在市政府各部门之间进行，技能职位轮换只在其相关部门进行，两至三年轮换一次。此外，韩国还鼓励税务公务员走向世界，全面加强出国培训。近几年来，为了提高税务公务员队伍的整体素质，韩国积极开展政府间人才实习交流和税务公务员出国培训活动，鼓励税务公务员通过多种途径出国进修。

第二节
纳税人的税法遵从教育

为了使纳税人实现高水平的税法遵从，一些国家和地区特别重视为纳税人提供高水准的服务，帮助纳税人明确和理解税法规定的义务，以及完成履行义务所需要的程序。这些国家的实践证明，税务机关如果在纳税人填写纳税申报表之前就与其进行沟通合作，那么涉税问题解决起来将更简单、更有效，资源消耗也更少。一般认为，文化是法律意识的深层次结构，完备的税法教育计划不仅给公民带来了系统化的税收知识，而且带来了健全的纳税人意识。

一、英国纳税人社会教育

英国税务海关总署的愿景是："我们要消除税收流失，我们的顾客将感到税收体系是简单的、公平的，而且我们被公认为是一个专业、高效的组织。"英国税务海关总署认为，对青少年的早期教育战略是实现这一愿景的关键要素。

英国税务海关总署关于青少年税法教育的战略愿景是英国政府财政能力战略的组成部分。英国政府提供资源，将对青少年的税法教育作为国家课程中的个人、社会、卫生、经济内容（有时也被称为公民责任课程）纳入学校教学计划。英国政府把它作为长期措施。所有的儿童和所有的青少年都要接受规定的、连贯的个人财务教育。这样，当他们毕业时就会具备正确管理自己财物的技能和信心。

英国税务海关总署的具体目标是使青少年在毕业时知道所得税、国民保险和税收对社会的作用。这可以加强他们的公民感和责任感。对青少年的税务教育的目标还有：改进他们未来和税务局的关系；减少普通错误的次数；节省顾客和税务局的成本与资源；使税收系统易于使用；促进遵从态度和遵从行为；提高英国税务海关总署的声誉。为了提高教育效果，英国税务海关总署还专门准备了在线资源，帮助教师解释税法问题。为了加强对学生的税法教育，税务机关针对不同年龄阶段的学生进行有针对性的教育活动。例如，它们专为小学生（5～11岁）设计了"蓝色巨人办公室"课程，这个在线资源课程展示了没有税收的城市会是什么样，另外还设计了一个游戏叫"公平分摊"，在这个游戏中，游戏者筹集基金，用于城市学校和医院的建设，通过这种方式建立儿童阶段的税收基础意识。为中学生（11～19岁）设计了"税收和纳税义务"课程，教学内容包含所得税、国民保险、国家税收和社会发展等。教师可以使用这些资源向学生解释当他们开始工作时将发生什么，如何填写基本的纳税表格，其他国家如何收税、用税等。另外，英国税务海关总署还在其官方网站开设教育板块，列出税务局提供的教育资源等。

二、美国纳税人社会教育

美国对纳税人进行的税收宣传教育主要有以下7个方面的举措[①]：

第一，税法宣传与税收申报同步。每年从1月1日到4月15日，美国的纳税人和税务部门一片繁忙。同时，这段时间也是美国税法宣传的旺季，税务部门通过各种形式，提醒纳税人要依法按时报税。美国没有类似于我国的"税收宣传月"活动，但日常的税法宣传从不间断，而报税期内，税法宣传比平时内容更丰富，形式更多姿多彩。

第二，各种媒介综合发力。美国是一个多民族融合的国家，税务局在宣传税法时，

① 参见 http://lyg.jsds.gov.cn/art/2013/2/22/art_10300_562718.html。

使用的语言多达200种，在电台、电视台、报纸、杂志、海报、报税指南小册子、互联网、公共场所等都有报税信息、税法宣传画片、报税流程图展示。网站是税法宣传十分重要的载体。美国50个州的政府网站首页上，都有纳税信息的相关链接。国内收入署（IRS）的网站上不仅宣传税法，还为纳税人提供更全面的服务，有很多资料供纳税人下载使用。

第三，各级官员高度重视。各级政府都十分重视税法宣传。在报税期，很多州的州长都会利用多种媒介宣传税法，如时任加州州长的阿诺德·施瓦辛格在职期间经常出现在电视台专门制作的税法宣传节目中，或通过flash动画，告诉民众今年州政府有什么税收优惠政策，提醒纳税人要按时报税，并告诉纳税人政府本年度新出台的退税政策，这些节目都是在黄金时段播出，以引起纳税人的关注。

第四，各类组织在税法宣传中多有侧重，形成合力。各州政府一般是站在怎样让更多的纳税人了解其合法权益的立场进行宣传的，如纳税人享有哪些税收优惠，如何得到退税，哪些报税服务是免费的等。市级政府往往会着重宣传本年新出台的市一级退税计划等税收优惠政策。国内收入署的宣传则注重服务性。打开国内收入署的网站，在首页上纳税人会看到“免费的电子报税”、“1040税表中心”、“勤劳所得税收抵免”、“电子付税”、“我的退税”等栏目，进入每个栏目，都有国内收入署为纳税人提供的详细纳税指导以及相关的税法规定，非常方便。该网站提供最新税法知识及700多种纳税申报表和填写指南，并有近百种税收宣传手册和其他税收资料供纳税人下载。国内收入署的网站上还公布了12种典型的虚假报税手段，即滥用信托基金、虚假抵扣、代理报税诈骗、信用咨询、滥用慈善优惠、身份证盗用、利用海外账户逃税等。

美国联邦税务局每年都与商业性的电视台联系，在2月初的一个星期天，通过公共电视频道和有线电视网向全国播出“税务诊所”节目。节目中请纳税人与税务官员、会计师和律师讨论有关纳税的话题，同时安排热线电话，邀请公众参与。为使宣传效果达到最佳，还请广告委员会帮助设计税法宣传方案，通过各种媒体，将“尽早填报，准确填报”等信息传给公众。

会计公司或报税机构则从自己的专业出发，在报税期大做宣传，给自己公司做广告。他们结合当年的税收新政策，吸引更多的纳税人接受其专业、准确、及时的报税服务。免费组织则会帮助低收入者报税。美国许多组织都会在报税期内免费帮助低收入者报税，这可以说是促进纳税人依法按时报税的一个重要方式。

第五，纳税人社会教育课程内容丰富，资料齐备。美国没有规定专门的税收宣传月，而是通过实行一系列行之有效的税收教育计划，从学生税收教育计划、社区税法宣传教育计划、小企业主税法宣传教育计划、税务从业者教育计划、低收入纳税人诊所计划、邮局和图书馆宣传计划等方面有针对性地对纳税人进行系统而具体的税收宣传教育（如表15.2所示），以加强其依法纳税的诚信意识，这些税法宣传和教育大大提高了公民的诚信纳税意识和税法遵从意识，同时也节省了税务管理成本。

第六，以“税多”和“价外税”形式培养诚信纳税意识。美国税务机关为了培养公民诚信纳税意识使用了各种各样的手段和方式，其中之一就是以“税多”和“价外税”

表 15.2　　美国针对不同个人纳税人开展的税收宣传项目

税收宣传项目	具体内容
军人税收宣传	针对退役或即将退役的美军官兵关心的退役安置费征税问题，帮助军人们解决涉税难题
残疾人税法培训	与全国或地方性的为残疾人提供纳税服务的组织建立合作关系，针对残疾人关心的税收抵免和纳税申报服务问题，共同开展相关培训。2007 年，该项目已经推广到了 54 个城市
英语水平有限者的西班牙语税法宣传项目	对中南美洲人后裔开展税法宣传项目，利用多媒体和一些民间组织开展服务活动，进行税法宣传，传播税法知识，发放西班牙语版的纳税服务产品
原住民税法宣传项目	与全国和地方性志愿者组织合作，在纳税服务基础薄弱的地区（如印第安人保留地）开展有针对性的宣传项目
乡村税法宣传项目	与已在乡村地区拥有基础设施，并且积累了丰富的在乡村传播知识的经验的某些团体建立合作。例如，与 W. K. 凯洛格基金会合作，在 7 个州实施了乡村税法培训项目。还与美国卫生及公共服务部福利专业服务司合作，在 2 个州实施了全州范围的乡村税法培训项目

形式让公民时刻感到税的存在和不可避免，从而培养纳税意识。在美国，就个人而言，差不多生活中“与消费有关，就与税有关”。去茶馆喝茶需要纳税，去电影院看电影需要纳税，去商场购物还需要纳税。生活中可以说没有一项支出不要纳税，用“税多如牛毛”来形容一点也不假。而且纳税人缴的税大多还是价外税。也就是说，纳税人对自己每一笔开销所支付的具体税额是非常清楚的。每次美国总统和国会换届选举中，各党提名候选人在发表竞选演说时，都指责对方“万税”。这确实没有说错，美国税多，名不虚传。真所谓“死亡和税收是人生中两大不可避免的事情”。

税收无处不在似乎是坏事，但美国政府正好利用这一点培养了公民的普遍纳税意识。应该纳税这一意识已经牢牢扎根在每一个人的心里。当然，美国政府也并非主张公民纳税越多越好，而是尽量使公民的总体税负有一个公平合理的程度。

第七，对纳税人税法宣传教育人性化、显性化。美国政府通过让纳税人了解、参与和监督政府预算和决算等手段，让纳税人清楚税款的用途，使公民充分意识到自己享受的公共品和公共服务是由税收提供的，了解政府财政支出是自己享有的基本权利，进而增强依法履行纳税义务、为国家税收做贡献的责任心。比如，在美国报税截止日前几天，国内乃至美国驻多国使领馆加 V 的官方微博上都会提供纳税人可以查到自己缴纳的税款开销明细的工具链接：“每年 4 月 15 日是美国年度纳税截止日。总统承诺，美国纳税人将能在网上知道所纳的联邦税是怎么被花的。白宫网站提供了一个小工具，只要输入纳税额，就能显示这些钱都被花在了哪些地方。”

三、日本纳税人的社会教育与税法宣传①

（一）日本纳税人的社会教育方式

日本纳税人的社会教育采取的主要方式有以下几种：

第一，专业的咨询与指导。为了帮助纳税人准确填写申报表，回答纳税人的问题，处理纳税人对税制及税务实施方面的意见，日本建立了全国性的专业税务咨询机构，由相当于课长一级或经验丰富的税务人员担任咨询人员。咨询的方法有电话咨询、面谈和书面咨询，其中以电话咨询为主。

第二，公共关系系统。公共关系是税收宣传的重要工作之一，其目的是加强税务管理，传播和增进税收知识，促进纳税人和税务当局之间的相互了解与信任。日本在国税厅和地区税务局均配有专人负责公共关系工作，主要负责听取纳税人的意见，通过有关组织（如地方自治体和民间组织等）维护公共关系，通过向广播、电视或报纸提供资料开展公共关系工作，举办税收宣传周活动（每年11月11日~17日），在申报季节加紧工作，促进纳税人正确申报，开展税收教育，开办财政、税收培训班等，创造良好的税收公共关系环境。

第三，广泛的协税组织。日本为了协调征纳双方的关系，在全国范围内建立了按税种划分的各种协税组织，如法人税纳税人协会、其他申报表纳税人协会、注册税务会计师协会等。这些协税组织绝大部分是民间性质的，都设有专门的机构和人员，设立了“面谈室”（即咨询机构），接待来访者、电话询问，为其解答疑难问题，融洽征纳双方的感情，专门从事税收宣传、协调外部关系，致力于税收环节的建设。东京都国税局税务面谈室有职员150人，均为熟悉各种税法的业务骨干。

（二）日本的税法宣传

首先，日本的税务宣传目标定位清晰。第二次世界大战后，日本建立了“税法宣传周”制度，即在每年11月11日~17日举办全国性的税法宣传活动，向公民广泛宣讲税法知识和纳税规定。国税厅设定了包括保证纳税人不到税务部门就能得到所需信息、保证用纳税人容易理解的浅显易懂的方式编制宣传资料、保证在税法宣传前广泛征询纳税人的意见、保证税法宣传资料反映纳税人的需求、保证税法宣传的统一性和一致性等宣传目标，突出强调宣传渠道的便捷性（随时随地可获得信息）、宣传形式的通俗性（传递清晰易懂的信息）、宣传主题的互动性（始终反映纳税人的意见），从而指引全国税法宣传工作。日本的税务机关注重在不同时段重点宣传的内容。如在个人所得税税法政策调整时，国税部门着重宣传多达15项的减免扣除，既便于纳税人了解税法规定，准确地履行申报纳税义务，也使纳税人感到政府对纳税人利益的重视和维护，增强依法纳税的自觉性。

其次，宣传受众低龄化。日本注重加强对社会各阶层特别是青少年的税法宣传教育，使他们从小就增强依法纳税的意识。为此，国税厅在一些税务署建立了永久性的税法教

---

① 乐康：《日本的税收教育及借鉴》，载《税收与企业》1998年第7期。

育基地，为广大青少年学生和纳税人到税务部门参观或实地调查提供方便。

最后，宣传方式灵活多样。日本国税部门努力营造税法宣传无处不在的社会环境。日本由国税厅、文部省、公共团体、教育机构等有关人士共同组织成立了“租税教育促进协议会”，通过开办税法学习班、制作税法教材、开发税法游戏、征集文章等多种形式促进税法教育，还在日本国税网站上安排了税法教学课件、在线小游戏、税法 flash 等资源，与公民互动。在日本各个公共场所，人们可以随处得到“日本纳税简介”的小册子。此外，税务部门还和民间团体一起每年派遣讲师到学校开办税法讲座。通过形式灵活、风格新颖的税法宣传活动，依法纳税的意识在潜移默化中深入了人心。

第三节
借鉴与启迪

从上述介绍我们可以看出，一些国家和地区十分重视税务公务员和纳税人的税法遵从教育，这是因为提高国民税法遵从度，不仅是营造良好纳税环境、防止税收流失的社会基础，更重要的是体现了国民对国家、对社会高度的责任感。这些做法对我国提高国民税法遵从度的税法教育活动具有十分重要的借鉴与启迪作用。

第一，将税务公务员的税法遵从度从教育提升为国家战略，持续不断地培养忠诚于国家、勤政、廉政、高度守法的人民税官。把培养高素质税务公务员置于重要的战略地位，将不间断地接受教育确定为税务公务员的法定权利，实现税务公务员教育的系统性与社会化，构建科学实用的税务公务员教育课程体系和以实务部门专家为主的专职师资队伍等，将税务公务员教育终身化、社会化、法制化、国际化，对于提高税务公务员综合素质与执法水平、从根本上治理税收流失来说，是一项极为重要的基础性工作。

第二，将对纳税人的税法宣传教育作为社会教育体系的重要内容。从法治建设和税收法定的高度，目前通用的税收宣传、税收教育的提法应改为税法宣传、税法教育，一字之差，但意义重大。税法宣传教育在增强全社会依法纳税意识，普及税收法律知识，营造依法治税、诚信纳税的良好环境，推动各项税收工作的开展等方面，都发挥着积极作用。税法宣传教育是国民教育的重要内容，是一个潜移默化的过程，税务机关需要坚持不懈，从儿童抓起，分门别类地在普通教育、继续教育、社会教育等不同领域有针对性地开展。在对全体公民进行纳税人权利义务广泛宣传的基础上，有针对性地对特定群体进行宣传。在宣传对象上，特别要注重对青年一代和小企业的税收宣传，增加税法宣传覆盖人群，拓宽纳税申报服务的地域空间，提供获取纳税服务资源的便利途径。加强对青少年等潜在纳税人群体的宣传，使青少年对税法及纳税义务有一个早期的认识，以期对其未来的税法遵从行为产生深远影响。在小企业纳税服务方面，应借助第三方力量，积极构建面向小企业的税法宣传网络，如发放有针对性的宣传材料和指南，设立新办企业税法辅导班、专门的咨询台和开展志愿者服务等。

第三，税法宣传教育内容以纳税人关注点为主。我国税法宣传应以纳税人需求为出发点，以纳税人关注的热点问题为主要内容。根据美国联邦税务局的研究，纳税人及其代理人对纳税服务有着三种共同的期望：了解纳税服务、获得纳税服务和获得优质服务（见表15.3），其首要期望就是了解现有纳税服务的各种方式和渠道。

表15.3 纳税人及其代理人对纳税服务的主要期望

纳税人及其代理人的期望	定义
了解纳税服务	期望与税务机关进行有效的沟通，获知现有的各种纳税服务方式和服务渠道
获得纳税服务	期望便捷地得到纳税服务，以便正确履行纳税义务和解决可能出现的税务问题
获得优质服务	期望得到及时、准确、专业的服务

为了满足纳税人及其代理人了解纳税服务方式和服务渠道的需求，我国税务机关在推广新的服务项目和渠道时，应制定有针对性的宣传策略。同时，利用纸质媒体和电视、网络宣传等传媒手段，不断推出新的宣传广告，增强公众纳税意识，强化税务部门的形象。随着服务渠道的变化以及税务部门希望推介方式的变化，广告内容也应有所变化。

同时，我国税务机关应加强对纳税人信息安全的宣传。随着互联网的日益普及，计算机技术系统关联度不断提高，纳税人对数据安全的关注程度也不断上升，尤其是在英国、日本和澳大利亚等国出现纳税人信息被盗事件后，国际社会对纳税人信息安全的关注持续升温。在美国，“身份盗窃”已经成为消费者投诉的第一大问题，联邦税务局开展了多项宣传活动，向纳税人、雇员以及其他风险承担者提供必要的知识，预防和处理身份盗窃。例如，2008年度和2009年度，美国联邦税务局已经连续两年将“网络钓鱼”（网上骗取个人信息的不法行为）作为税务陷阱之首，在媒体广泛宣传，以引起纳税人对此类违法行为的警惕。联邦税务局在其2009～2013年战略规划中，更是把纳税人信息安全保护上升到了战略高度：纳税人有依法向税务机关报告涉税信息的义务，税务机关有依法保护纳税人涉税信息的义务。电子处理征纳数据激增，而我国尚未把信息安全作为纳税人权益保护的内容，今后，税务局应当注重税务电子信息系统的安全，努力识别、预防和消除安全隐患，加强基础设施、数据和应用软件的保护力度，对纳税人信息进行授权访问，在为纳税人提供一流、及时服务的同时，又要保护其信息安全。

第四，宣传时段以纳税申报前为主，宣传内容和方式向纳税人偏好方向转移。实践证明，如果税务机关在纳税人填写纳税申报表之前就与其进行沟通合作，那么涉税问题解决起来将更简单、更有效，资源消耗也更少。表15.4所示为《美国联邦税务局纳税服务蓝图（第一阶段报告）》对纳税服务种类的分类，从中我们可以看出，申报前的纳税服务是税务局要提供的最重要的服务之一。

表 15.4　　不同阶段纳税服务方式

纳税申报时间段	服务方式	服务分类的定义
申报前	税法宣传	税法宣传是告知纳税人所提供的产品和服务。这些信息通常形成文件，并通过纳税指南、公告、小册子或在网页上公布等进行宣传
	下发税收表格和纳税手册	纳税申报表、纳税手册和指南将指导纳税人如何填制和提交申报表，特别是告诉纳税人纳税程序和税收优惠、扣除额和纳税义务
	纳税咨询	纳税咨询是指引导纳税人按照税法填写申报表，主要包括税收优惠、扣除额和履行纳税义务
申报中	纳税申报表填制服务	申报表填制服务就是帮助纳税人办理纳税申报，通常包括填写申报表和递交申报表
申报后	账户服务	账户服务包括对纳税人提供账户情况查询、解决有关资金账户的问题、更新个人账户信息（如地址的变更）、账户的平衡、制定分期缴税计划和获取纳税凭证等

资料来源：《美国联邦税务局纳税服务蓝图（第一阶段报告）》。

另外，税务机关应拓宽税法宣传的渠道，例如利用网站、电话、书面沟通、面对面的交流等。但不同的纳税群体的需求、偏爱各不相同，因此，我国税法宣传渠道应不断向纳税人偏好方向转移。澳大利亚税务局对纳税人的偏好、税收征管要求、渠道特征进行了综合性的分析和研究，研究结果如表 15.5 所示，不同客户群体的需求、偏好也不同。调查结果显示，在获取信息这项服务中，首先以网站为主，其次才是通过书面沟通、电话联系等。澳大利亚税务局根据调查结果，提出了渠道迁移策略，通过广泛的宣传，针对用户需要，建议使用不同的渠道。这些经验对我国税务机关改善纳税服务也是十分有益的。

表 15.5　　澳大利亚税务局对用户渠道偏好调查结果

偏好序号	办理涉税事项	与税务局的互动	获取信息
1	网站	电话	网站
2	电话	网站	书信沟通
3	书信沟通	电子邮件	电话
4	面对面交流	纸质材料	电子邮件
5	电子邮件	面对面联系	面对面交流

资料来源：OECD：《改善为纳税人提供的服务：渠道策略的制定》（2007 年 5 月）。

除上述内容以外，税务机关也应重视形象宣传。对于通过拉近与纳税人的距离从而更好地开展各项税收工作，我国可以借鉴韩国、英国等国税务机关在这方面的有益尝试。例如，韩国国税厅提出建设“温暖税务”，就是要通过税务机关的优质服务比如向纳税人提供税法辅导、信息咨询、税收知识教育等，拉近同纳税人的距离，融洽征纳双方的关系，增强纳税人对税务机关的认同感，在此基础上，促进纳税人诚信纳税，提高纳税人的税法遵从度。

第五，税务机关应视税务社会服务机构如税务师事务所、会计师事务所、审计师事务所、税法律师事务所等为合作伙伴，充分发挥税务社会组织在税法宣传教育中的重要作用。这些税务中介是专业的税务服务机构，可以帮助纳税人更好地理解税收法律，提高其申报准确率。

第四篇

治 理 对 策

导　读

通过对税收流失现象的透视可知，造成税收流失的根本原因主要集中在纳税人、征税（费）机关、税收制度三个方面，在这三者之中，经济财税法律制度是核心所在，而现行税收管理体制是重要的基石，税收征收管理实施机制则至为关键。这既包括有效的财税法律制度，涵盖了实体税收体制的优化与程序税收体制（征管体制）的优化，更强调了税收征收管理实施机制在贯彻落实税收法制、税收体制和征收管理各项措施中的关键地位和责任。从非制度约束的角度，还包括市场经济的伦理道德，即人们的税收文化观，并由此立足于现代税收管理理念，将征税文化由传统执法理念下的“对抗”转化为现代税收管理的“执法、合作、信任”理念，平衡纳税人权利义务与征税者税收执法的正当性、合法性权益，打造和谐的税收征纳环境。

现行经济财税制度在国家税收管理中起着极为关键的作用。因为税收流失的广泛性和复杂性决定了对税收流失的治理必须坚持依法治税、综合治理的原则，全方位地进行。不仅要从依宪治国、依法治国、建设社会主义法治国家的高度认识依法治税和治理税收流失的重要性与迫切性，而且要从建立健全税收法律体系、优化完善现行的税收法律制度入手，坚持税收法定原则，不断充实完善我国税收法律制度，从而堵塞税收流失的制度性漏洞；必须正确处理税收与经济发展的关系，理顺中央与地方的税收分配关系和税收管理关系，为税收法律制度和税收征管制度的落实奠定良好的体制基础，创造良好的体制环境；必须加强税收征管机制建设，严密征管流程，突出征管重点，提高征管效率，加大打击力度，强化责任追究，堵塞税收流失的实施性漏洞；必须加大税法宣传教育的力度，建立与我国社会主义市场经济体制相适应的税收价值观、法律观和道德观，提高征税者和纳税者以及全体公民的税法遵从意识，使依法纳税、诚信纳税的观念深入人心，从根本上努力消除税收流失存在的社会环境。

在依法治国的具体内容中，依法治税作为国家的血脉和政府与市场、国家与社会、中央与地方、立法与行政等方面基本关系的枢纽，是国家治理的基础和重要支柱。依法治税是依宪治国、依法治国、依法行政在税收工作中的具体体现，是税收工作的指导原则，也是税收工作的灵魂。因此，落实税收法定主义原则，推行依法治税，不仅是税务机关推行依法行政的核心环节，而且也是治理税收流失的根本纲领和出路。

推行依法治税的核心在于落实税收法定原则。准确把握税收法定原则的内涵和本质要求，采取有效措施全面落实这一原则，对于保障人权、维护国家利益和社会公益可谓举足轻重、不可或缺。贯彻落实税收法定原则，加快推进依法治税，应做到以下几点：必须全面确立税收立法原则在宪法中的具体条款，并在此基础上，加快制定税收基本法（或税法通则）；建立以税收法律为主的税法体系；促进税收立法与税制改革相互推动，用法治理念指导税收改革进程；将税收法定原则贯穿于税收立法、执法、司法与监督的全过程。

针对目前存在的税收立法滞后，行政机关以权代法、以言代法较为普遍，有权部门之间缺乏应有的权力制衡等问题和税收法制环境中的种种缺陷与不足，为了继续推进和深化依法治税，改善税收法制环境，从根本上治理税收流失，需从以下五个方面入手：

一是强化税收法制宣传，创造依法治税的良好环境。纳税人纳税既是对国家、对社会的贡献，更是应尽的义务和责任。在培养公民纳税意识的目标选择上，应把纳税人是否及时申报、真实申报和足额缴纳，作为评判纳税优劣的唯一尺度。在增强公民纳税意识的措施选择上，要将正面教育引导与查处打击相结合。

二是加强税收立法，健全税收法律体系。税法不仅仅是征税的依据，同时也是税务管理的必要前提。因此，要强化税务管理，治理税收流失，首要的问题是健全税收法律体系。加强税收立法，应建立以税收基本法为母法，税收实体法、税收程序法相配套的税收法律体系。

三是加强反避税立法，完善转让定价控制机制。应建立和健全国家的反避税法律法规，如尽快颁布《管制转让定价实施细则》。这一细则要明确税务机关的权力，包括稳定利润、价格和数量等真实性的权力以及罚款的权力。

四是建立和完善税收司法体制。如成立税务审判机构，提高税务司法水平，以及建立我国的税收判例制度等。

五是严格执法，严厉惩处各种税收违法犯罪活动。应对造成税收流失的行为进行严厉的处罚和打击。针对目前税收行政执法中对违法纳税人处罚不力的状况，完善有关税务行政处罚的制度。对纳税人逃税的违法行为，除了依法追回所逃的税款外，还要加大税务行政处罚的力度。

科学地界定财权与事权，是治理税收流失的体制保障。根据现代财政学的观点，政府间事权的划分需遵循统一领导、分级管理和受益、效率、法律和规范等四条原则，以此界定政府间财政关系，即财权与事权的划分，并由此决定税权的划分，做到纲举目张。

应完善与优化税制、弥补税收流失的体制缺陷亦是治理税收流失的体制保障。党的十八届三中全会强调，财政是国家治理的基础和重要支柱，凸显了财税在国家治理体系和治理能力现代化建设中的重要地位。站在新的历史起点上，税收体制改革的逻辑已经不再局限于经济层面，它关乎国家治理能力现代化，关乎社会管理的效率、公平与正义。按照“简税制、宽税基、低税负、严征管”的国际税制发展趋势，重视“税收流失”背后的税收制度、税收体制与管理机制的原因，探寻治理税收流失的有效途径，构建适应社会主义市场经济的成熟定型的税收体制、税收征管机制“三位一体”的税制体系，有助于充分发挥税制既可影响和规制微观主体行为，又能维护和稳定宏观经济运行的功能，才能为构建适合我国国情的现代财政制度保驾护航，更好地服务经济社会发展大局。

准确把握“稳定税负”的改革意蕴，既是税收改革的原则，也是税收改革的“一条红线”。税负可分为法定税负和实际税负。法定税负可用税法规定的税种、税率、扣除、优惠来观察，最简单的办法就是看税种的多少和税率的高低。税种多、税率高，表明法定税负高；税种少、税率低，法定税负无疑就低。实际税负是相对于“法定税负”而言，实际税负与法定税负的偏离，与税收征管密切相关。税收征管能力强，税收流失少，且严格依法征税，则实际税负与法定税负的偏离就小。十八届三中全会《关于全面深化改革若干重大问题的决定》要求“稳定税负”中的“税负”指的就是实际税负，是政府收入占 GDP 的比重，即大口径的税收收入。也就是说，不论税收体制、税收征管机制如何改革，都应当保持税收收入占 GDP 的比重基本稳定，不能大起大落。而要稳定实际税负，就要在落实结构性减税政策的同时，进一步推进“费改税”和“清费立税”。

优化税制理论自 20 世纪 80 年代以来颇受西方经济学界的关注，其基本论点可概括为五个方面：（1）从市场机制中存在的信息不充分、不完全及不确定等角度入手，充分论证了政府运用“扭曲性”税收工具的不可避免性，并强调应在这种客观现实基础上对现实税制进行改革和优化。（2）既然“扭曲性”税收的存在及所带来的效率损失不可避免，那么政策决策者就应致力于尽可能地使效率损失达到最小，使税制较少干预市场机制的正常运转。（3）通过引入不同的“社会福利函数”，探讨了效率与公平原则、税收收入以及其他政府目标的协调问题。（4）注重研究税制对经济行为主体决策的刺激作用，较为完整地论证了在不充分信息条件下对经济决策过程提供刺激的方法、目标和约束条件。（5）应当对需求弹性低的商品征收重税，但是，考虑到税收公平，对于高收入群体尤其偏好的商品即使弹性很高也应确定一个较高的税率，对于低收入群体特别偏好的商品即使弹性很低也应确定一个较低的税率。税制优化主要包括税种结构优化、税负结构优化和征管构成的优化。税负结构的优化主要体现在税收在政府收入中所占的绝对比重，根据国际经验，税费比例一般应控制在 9:1 较为适当；税收征管优化则体现在有效的管理者与管理的有效性方面。

税种结构优化研究的是一国税制中应包含哪些税种、各个税种间的关系，以及由各税种构成的税收广度（征税范围）、税收深度（税率）等的科学性和合理性。目前世界各国的主体税种选择有三种模式：一种是以所得税为主体税种的税制模式；一种是以商品税为主体税种的税制模式；还有一种是低税模式。

关于未来税制改革的总目标，今后几年，我国以全面“营改增”为标志的经济领域的税制完善将基本完成，以深化个人所得税和房地产税改革为标志的个人分配领域的税制完善将成为攻坚重点，以完善地方税体系、逐步提高直接税比重为标志的税制结构调整也将进入全面深化税制改革的视野，以调整消费税和推动环境保护费改税为标志的优化税制将全面启动。总的来说，新一轮税制改革主要包括货物与劳务税税制的优化、所得税制的优化及财产税制的优化。

对货物与劳务税税制的优化主要包括优化增值税、优化消费税。通过扩大增值税征管范围，完善增值税制度，实现增值税税基税率的改革目的。通过完善增值税优惠政策，缩小其减免税范围，进一步规范专用发票的管理，加快推进增值税社会化程度，优化管理环境。通过立法规范信用体系，为社会化运作的社会征信机构开展征信工作提供基本依据。在优化消费税方面，调整消费税征税范围，实行有差别的较高税率，调整消费税征收环节，新增一部分消费税课税对象，将消费税与车辆购置税合并。

优化所得税税制主要包括优化企业所得税、优化个人所得税和开征社会保障税。新的企业所得税制的基本框架应该是：统一的纳税义务人，统一的税率，统一的税基，相对统一的税收优惠政策体系，中央与地方同源共享、分率计征的分税制度。实施中央与地方同源共享的分税方式，解决好企业所得税的隶属关系问题，将统一后的企业所得税列为中央与地方同源共征、按率分享的共享税种，统一课征，按率分享，分别入库。

现行个人所得税制主要存在个人纳税申报制度缺陷、对违法纳税人的处罚较轻、监管制度不完善、分类计税方式不利监管、征管方式落后等问题。强化个人所得税制，加强个人所得税的征管，减少税收流失，拟应采用综合所得课税为主、分类所得课税为辅的混合所得税制模式；调整纳税人的认定标准和纳税人范围；按国际惯例，尽量减少减免范围，保留少量减免税项目；选择以家庭为纳税单位，力争做到相同收入的家庭纳相同的税，更好地体现税收的公平原则。

目前，世界上已有 133 个国家建立了社会保障制度，其中开征社会保障税的国家有 81 个，占 61%。目前我国的社会保障制度还很不完善，不仅缺乏强有力的社会保障法，而且还没有将保障资金列入预算内管理。参照国际经验，从我国的实际出发，应制定社会保障法，开征社会保障税。在保障项目上，可设立退休、失业和医疗三个必缴税目，对工伤和生育等保障项目，可暂由企业或家庭自我保障。

优化财产税制主要应从以下几个方面着手：推进房地产税立法与房地产税制改革；加快推进资源税改革与完善；加快环境保护费改税步伐；适时开征遗产和赠与税等。

理顺中央与地方的关系，是治理税收流失的又一重要的体制保障。建立事权和支出责任相适应的财政制度。应适度加强中央事权和支出责任，将国防、外交、国家安全、关系全国统一市场规则和管理的事项等作为中央事权，将部分社会保障、跨区域重大项目建设维护等作为中央和地方共同事权，区域性公共服务作为地方事权，逐步理顺事权关系。中央和地方按照事权划分相应承担和分担支出责任。中央可通过安排转移支付将部分事权支出责任委托地方承担。对于跨区域且对其他地区影响较大的公共服务，中央通过转移支付承担一部分地方事权支出责任。理顺中央与地方的关系，还因为有些公共产品和公共服务的利益是不可分割的，涉及全国的整体利益，所有公民应基本均等地享有，即政府公共服务均等化。而这些公共产品和服务均应由中央政府提供。由于地区间存在资源的自由流动，地区分配政策的作用难以有效发挥，为调整个人间的收入分配，必须由中央行使统一政策，否则会降低再分配政策的效率，不能达到公平的目标。同时，为了实现最好的经济效益，地方政府主要负责义务教育、部分社会保障和保险、公共卫生、警察及消防等。这些职能分散到各级地方政府，可以使各地区把地区利益与国家利益相结合。当然，理顺中央与地方的财政关系，至少还需要做到以下三点：

第一，合理划分税权，赋予地方相应的税收立法权。所谓税权，是指与征税有关的权力，一般包括税收立法权、税收征收管理权和税收政策调整权。税权的划分问题是中国经济体制和政治体制改革中一个十分现实而又复杂敏感的问题。经过多年的实践，税权问题的重要性日益显现，人们的视线从“收入划分”逐步集中到“税权划分”上，特别是地方政府已经充分认识到，要争取一些可以结合本地实践、直接体现地方政府政策意图的税权。

第二，构建地方税收制度体系。在市场经济下有效处理中央和地方间收入分配关系，建立适应社会主义市场经济体系的税收管理体制，构建地方税收制度体系，是我国迫在眉睫的任务。目前，在中央税收几大主体税种已到位、体系基本完善而地方税体系却远未到位的后“营改增”时期，有必要尽快建设合理、规范的地方税体系。除了合理划分税收管理权限外，还应从优化地方税的税制结构和规范地方税骨干税种着手，建立有利于中央政府宏观调控、调动地方政府发展经济积极性的地方税制体系，使地方税的税制结构更加科学、税种划分更为合理、主体税种税基更加稳定、辅助税种税源丰厚，从而更为全面、完整地体现地方税收的财政功能和调节功能。

第三，规范转移支付制度。1994 年分税制后实行的税收返还办法虽然是一种进步，但它与规范化的转移支付制度尚有很大的差距。确立并切实加强中央政府的宏观调控地位便成为建立和健全政府间财政转移支付制度的一项客观要求。在中国的现实情况下，转移支付的目标有两个：一是调剂各地区间财政收入水平的差异，实现财政横向均衡；二是提高地方政府提供某些公共产品的能力。转移支付的总量应该根据中央和地方政府的事权范围、财政承受能力以及可行的补助标准等因素来加以控制，使之保持在一个适度的水平上。为了达到既定的政策目标，应该设计和选择适宜的转移支付形式，以有利于收到良好的效果。

总之，理顺中央与地方的关系，适度下放税权，调动中央与地方两个积极性，从体制上保障税收流失治理的有效性，无疑是非常重要的。

从税收征收管理实施机制层面优化税收征管，必须遵循经济决定税收的客观规律，逐步摒弃“税收任务”导向、“收支预算”优先的思维定式。例如，造成税款流失的延压税款现象和征收“过头税”现象，可能是以“税收任务”为导向的税收工作机制的恶果，“任务型”导向稽查更使这一恶果雪上加霜，导致征税机关与纳税人都在一定程度上丧失了防治税收流失的动力，使税收诚信流于形式。正是基于这一认识，笔者认为：强化税收征管，截断税收流失的通道，国家税务机关必须牢固树立经济决定税收的思想，改进并纠正“任务治税、预算优先”的税收征收行为，依据法律法规对税收参与国民分配全过程进行决策、计划、组织、协调和监督，这是发挥税收职能和作用的根本保证。

《税收征收管理法》是税收征管的基石和税收征管工作的基本行为准则。在当前正在讨论的对现行税收征收管理法进行的修订中，从有效依法提高税收征管质效、遏制税收流失、降低税收成本的角度看，应重点考虑以下几个方面：完善纳税人权利体系；明确纳税人自行申报的基础性地位；规范征管程序；加强对自然人的税收征管；增强税务机关获取信息的能力；规范税收执法；健全争议解决机制，支持社会税务中介机构的发展；倡导诚信税收，鼓励群众性协税、护税；强化税法主体宣传教育等。

重构税收征管模式是治理税收流失的有效手段。税收征管模式贯穿于税收管理与征收的全过程，是税收管理与征收过程中征纳双方共同遵守的一般行为规范与管理机制，税收征管模式是否科学、合理，对于保障税法的完全执行、堵塞税收流失、实现应收尽收具有十分重要的意义。我国现行征管模式在具体设计上的不足导致了实际运行中的诸多问题，如申报不实、漏管严重、税源不清、稽查盲目性大、税收征管信息失真、互联网与税收征收管理的科学黏合度不足、征收管理质量与效率较低、税务代理市场法律定位偏低且发展不平衡等，这些都成为制约税收征管能力进一步提升的重要因素，也是造成目前税收流失的一个直接原因。税收征管模式的重构应该以强化征管、提高效率、堵塞漏洞、治理税收流失为目标，在坚持国情原则、科学原则、效率原则、便利纳税人原则、权力制约原则等前提下，充分研究和满足税收征管的目的、对象、流程、手段、结果等因素，在此基础上科学定位税收征管的对象、把握税收征管的重点、设计税收征管的格局、完善税收征管的实施机制和综合管理流程与手段。

加强源泉监控和税源管理是强化税收征管的重要手段，具体方法和措施包括：加强税务稽查体系建设，促使广大纳税人自觉做到依法纳税。完善税务登记制度，通过商事制度改革，形成工商登记、税务登记、组织机构代码“三位一体”的管理制度，强化税务登记的事中、事后监督。加强对纳税人资金运动过程的监督，进一步加强现金管理。鼓励信用卡支付业务的发展，促进货币电子化进程。加强建账建制工作，进一步从法律上规定和明确纳税单位主要负责人和财务主管的法律责任，对制作假凭证、做假账及违反财经纪律的企业财务人员和主要负责人应严格追究法律责任。加强税源信息的收集与分析，设置税源调查分析机构，配置专业人才，运用各种技术手段，通过多种渠道调查了解、收集分析纳税人的生产经营情况，及时掌握准确的信息，做出正确的分析与预测。

积极推动税收征管的信息化进程，实施信息管税。以计算机网络为依托的信息管税不是在原有税收征管思想的基础上简单地加上计算机来实现，而是现代信息技术和先进管理理念的有机融合在税收管理领域引发的一场深刻革命，是税务管理现代化的发展方向，也是实现税务管理战略目标的必然选择，将对实现依法治税、规范税收管理、治理税收流失产生积极作用。金税工程是国家电子政务“十二金”工程之首，具有重要的战略地位，应继续推广应用金税工程三期项目，在业务功能上完成“一个平台、两级处理、三个覆盖、四类系统”的建设。

优化纳税服务，提高税法遵从度。国家税务总局在 2012 年 8 月召开的全国税务系统深化税收征管改革工作会议上，提出了建立现代税收征管体系的构想和税收征管工作“两提高两降低”的具体目标，即：提高税法遵从度，提高纳税人满意度；降低征纳成本，降低税收流失率。由此可见，优化纳税服务与提高税法遵从度是密不可分的，是降低征纳成本和税收流失率的有效手段。纳税服务不仅是时代发展的要求，也是税务部门的责任。从税收征管的实践看，作为税收管理工作的重要组成部分，纳税服务贯穿于税收管理工作的全过程，在整个税收管理工作中处于基础环节和重要地位。税务机关在依法履行筹集财政收入和调节经济、稳定社会职能的同时，通过提供优质的纳税服务，规范执法行为，简化办税程序，提高办税效率，有利于促进纳税人自觉履行纳税义务，更加方便、准确、及时地办理涉税事项。

树立风险管理意识。税收风险管理是税务机关通过先进的管理和技术手段，预测、识别和评估税收风险，根据不同的税收风险制定不同的管理战略，并通过合理的服务和管理措施规避或防范税收风险、提高税法遵从度和税收征收率的有效措施。税务风险管理的理念是防胜于治，刚柔并济。以风险管理为导向，把风险管理贯穿税收征管的全过程，形成风险分析识别、等级排序、应对处理和绩效评价的闭环系统，对不同税收风险的纳税人实施差异化和递进式的风险管理策略。在税收征管实践中，把税法遵从理念和风险管理理念有机结合，将有限的征管资源优先用于风险大的纳税人和领域；对不同类型纳税人的不同风险采取不同的风险应对策略，可以达到预防好于治理的效果。

清理税收减免，规范税收优惠政策。清理和规范目前太多太滥的税收优惠和政府收费项目，是杜绝政府收入漏洞、防止税收流失的有效措施。税收优惠和减免的形式，应主要采取直接税收减免，优惠税率逐步向更有利于鼓励再投资的投资扣除、加速折旧等形式转换；临时困难减免税一律改为延期付税或税收信贷办法；同时，认真清理乱摊派、乱罚款、乱收费的“三乱”收费行为，通过清费立税，使收入尽可能纳入国家税收管理之中。

从机制层面优化税收征管，流程再造必须得到高度重视，不仅要能根据政府职能的转变对税收征管的基础流程进行补充完善，对税收信息及数据管理流程和税收风险管理流程不断进行优化，使税收征管综合流程在征管机制创新中不断与税收法制、体制改革相匹配，而且要重视涉税诉讼法律的修订与完善，从维护纳税人的权益和国家税收安全的角度，尝试税务法院的设置与功能的发挥。这无论是从维护纳税人权益、维护国家税收安全、降低税收流失率的角度讲，还是从征管程序的完整性角度讲，都应是不可或缺的。

素质教育是治理税收流失的基础条件。改革需要更多的具有扎实专业功底的优秀税收研究和征管人才，税收流失的治理更需要具有较高政治素质、较强业务技能的高质量人才，这就对税务素质教育提出了更高的要求，加速构建一个涵盖征税人和纳税人的全方位、网络化、信息化的素质教育体系就显得极为必要而紧迫。

第一，树立正确的现代税收理念。税收理念是指人们对于税收的基本看法或态度。我国传统税收理念是税收必要扣除论。在普通百姓眼中，纳税和上缴利润都是公家的事情，与个（私）人无关。改革开放以来，税收理念逐渐转变为税收应尽义务论：以市场化为取向的经济体制改革使得所有制成分发生了很大的变化，人们的税收理念也发生了巨大变化。权利与义务相对称是市场经济通行的准则。纳税人只要依法缴纳了税收，便拥有了向政府部门索取公共产品或服务的权利。政府只要依法取得了税收，便负有向纳税人提供公共产品或服务的义务。可见，减少税收流失，首先在于更新税收理念，即按照权利与义务相对称的理念，分别规范纳税人、用税人和征税人的行为，为依法治税的社会环境奠定良好的基础。

第二，增强全民税法遵从意识。我国公民的税法遵从意识与发达国家相比存在着较大的差距。造成税法遵从意识淡薄的原因是多方面的，既有历史上封建社会的不良影响，又有现实生活中税制不完善、征管行为不规范等所产生的消极因素的影响。由于历史原因，人们往往不能真正理解税收，而是将税收与苛捐杂税、横征暴敛联系起来，以致影响了人们对税收的正确看法，使他们无法认识到社会主义税收“取之于民，用之于民”的本质特点，从而本能地对税收产生排斥心理，削弱了他们税法遵从的自觉性、主动性。因此，应完善税法社会教育体系。一方面，要增强我国纳税人的权利意识，明确国家与纳税人之间的税收法律关系，提高纳税人的税法遵从度，维护税收征纳关系的和谐；另一方面，征税者更应牢记执法为国、为民聚财的宗旨，坚持勤政、廉洁、公正执法，同时应围绕纳税人权利意识的培养，注重保障和维护纳税人的知情权、参与权、表达权等权利。应建立我国完善的纳税服务义务体系，强化公开透明的税收政策服务，以普及税收知识为重点强化税法宣传，注重优化服务和征纳沟通，健全以纳税人需求为导向的纳税服务机制，提升纳税人的满意度和税法遵从度，构建和谐的税收征纳关系。

第三，加强税务公务员的综合素质教育。税务人员的整体素质直接制约着税法的执行水平，影响着税收流失的规模，决定着税收流失的治理效果。因此应努力造就一支政治过硬、业务熟练、作风优良的财税干部队伍，把税务教育的着眼点、着力点和着重点置于提高税务系统公务员的政治素质、业务素质和文化素质上来；坚持以加快税务教育事业发展为主题，以发展的眼光谋划税务教育培训，特别要强化税务领军人才的培养。同时，前瞻性地发展远程教育，建立虚拟教室和培训中心，构建立体的、虚拟与现实并存的、相互协作的施教网络，坚定不移地加快税务教育改革与发展的步伐。巩固并完善培训与考评、培训与使用相结合的激励与约束机制，促进教育培训的改革与发展。

第四，完善税收信用体系，引导纳税人主动遵从税法，规范征税人诚信执法，从健全社会信用理念的角度寻求税收信用体系建设的途径，在全社会范围内培育积极的税收文化环境。目前，虽然《民法通则》、《合同法》都有诚实守信的法则，但是在整个法律、法规体系中，还没有全面、系统地体现对信用的要求。因此，要积极研究探索，大胆借鉴应用，尽快制定保障社会信用体系建设的法律法规，奠定建立税收信用体系的坚实基础。同时，建立纳税信用分级奖惩机制，强化制度约束，对不同信用等级的纳税人实行分类管理，并根据失信的程度、性质，建立失信惩罚机制，加大失信成本，促进诚实守信。

第五，依法治税和以德治税好比鸟之双翼。坚持依法治税和以德治税相结合，是征纳双方共同促进税法遵从的必然要求。坚持依法治税是治理税收流失、确保国家财政收入的生命线。税法之所以成为国家宏观调控的主要法律，就在于它体现了国家意志，体现了至高无上的国家权力。只有在依法治税的前提下，才能充分发挥税收的作用，只有在坚持税收正式制度，即税收法制、税收体制的同时，坚持税收非正式制度的约束，坚持社会主义核心价值观，坚定不移地筑牢以德治税的精神高地，使依法征税、依法纳税、诚信税收更加深入人心，才能逐步消除税收流失的社会经济环境，在治理税收流失中进一步提高税收流失综合治理水平与治理能力。

第十六章

依法治税：治理税收流失的法制保障

第一节 依法治国是国家治理的基本方略

一、依法治国首先必须依宪治国、依宪治税

法律是治国之重器，良法是善治之前提。要完善以宪法为核心的中国特色社会主义法律体系，加强宪法的实施，推进依法行政，加快建设法治政府，必须充分认识到，宪法赋予了国家依法征税的权利，明确了公民依法纳税的责任与义务。治理税收流失，必须从国家治理体系现代化的高度，进一步提高对宪法重要性的认识。把宪法作为国家治理的基础与保障，强调法治思维，维护宪法和法律的权威；强调宪法的教育与普及，形成社会共识与凝聚力；强调司法的公正与独立审判权、检察权，实现社会正义；强调基本权利的保护，用法治解决构建和谐的税法环境、治理税收流失的问题。任何组织或者个人都不得有超越宪法和法律的特权，绝不允许以言代法、以权压法、徇私枉法。一切违反宪法和法律的税收行为，都必须予以追究。

中国共产党第十八届四中全会审议通过的《中共中央关于全面推进依法治国若干重大问题的决定》，将依法治国提升到了前所未有的高度，明确用“建设中国特色社会主义法治体系”取代了“建设中国特色社会主义法律体系”的提法，一字之差，更进一步强调了依法治国关键在于“治”，在于求真务实，在于坚持“科学立法、严格执法、公正司法、全民守法”的全过程、全覆盖，从而体现了从静态的、形式的和立法上的“法制”到动态的、实质的和全方位的“法治”的飞跃。依法治国是治理国家的基本方略，税收作为国家的血脉和政府与市场、国家与社会、中央与地方、立法与行政等方面基本关系的枢纽，是国家治理的基础和重要支柱。依法治税是依法治国、依法行政在税收工作中

的具体体现，是税收工作的指导原则，也是税收工作的灵魂。落实税收法定主义原则，推行依法治税，不仅是税务机关推行依法行政的核心环节，而且也是治理税收流失的根本纲领和出路。

二、依法治国是历史经验的总结

中华人民共和国成立以来，在法制建设上走过了一条曲折的道路，有着正反两个方面的经验教训。20 世纪 50 年代初期，虽然国家百废待兴，阶级斗争仍是当时社会的主要矛盾，但国家并未放松法制建设。其间，一系列重要的法律法规相继制定、颁布，强调要健全法制，做到有法可依、有法必依，同时批评了国家建设中一些轻视法制的错误思想。遗憾的是，从 1957 年开始，由于受“左”的思想影响，起步不久的法制建设、刚刚萌发的法律意识便停滞了，“法律虚无主义”等思想占据了主导地位，靠人治、不靠法治，要政策、不要法律的行为越来越严重。始于 1966 年的“文化大革命”所导致的动乱更是无法无天，法制遭到前所未有的践踏与破坏。

1978 年召开的中国共产党十一届三中全会，深刻总结了中华人民共和国成立以来尤其是十年动乱的惨痛教训，充分认识到加强民主法制的重要性。2014 年 11 月，党的十八届四中全会全面总结了改革开放以来的法制建设，专题研讨了法治问题，指出：法律是治国之重器，良法是善治之前提；法律的生命力在于实施，法律的权威也在于实施；公正是法治的生命线，司法公正对社会公正具有重要的引领作用，司法不公对社会公正具有致命的破坏作用；法律的权威源自人民的内心拥护和真诚信仰；全面推进依法治国，必须大力提高法治工作队伍的思想政治素质、业务工作能力、职业道德水准，着力建设一支忠于党、忠于国家、忠于人民、忠于法律的社会主义法治工作队伍，标志着中国的法制建设迈上了一个新的台阶。应着力整治我国法治建设中出现的不和谐现象，如日益严重的腐败问题、有待规范的市场秩序、不充分的劳动者权益保障，以及地下经济的泛滥等，这些现象的存在一定程度上反映出了法治的软弱与监督的不力。随着一系列法律政策法规等制度的出台和实施，我国社会风气发生了巨大的转变。腐败现象得到了遏制，市场秩序大为好转，社会发展更加稳定，人民生活水平得到了一定的提高。这一系列的巨大变化再一次证明了这样一条真理：“法兴则国兴，法衰则国衰”、“法令行则国兴国治，法令弛则国衰国乱”。

三、依法治国是时代发展的要求

我国实行的是历史上前所未有的社会主义市场经济。市场经济的自主、平等、诚信、竞争等属性要求法律发挥规范、引导、制约、保障和服务的功能。社会主义市场经济体制建立和完善的过程，实质上是依法治国、促进经济法制化的过程。从这个意义上说，市场经济即法治经济，它要求通过健全的、完备的且能得以实施的法律制度来规范、调节和约束市场主体的市场行为，界定市场主体之间的权利义务关系。一旦市场主体违反法律规定，就要依法承担相应的法律责任，以保障市场主体的正当权利，维护市场秩序，促进市场经济的健康发展。

依法治国是建设社会主义民主政治的需要，是维护国家长治久安的需要，是促进社会文明进步的需要。只有破除宗法、等级等观念，依法治理国家的政治、经济和各项社会事务，实现法律面前人人平等和权力利益关系法定原则，才能保障社会公平、公正，促进国家文明进步。

第二节
依法治税是依法治国的重要组成

依法治国的核心内容是依法治权、依法行政，依法治权和依法行政构成了依法治国的完整内容。依法治国在税收领域具体体现在：税法是否科学完善、能否得到有效实施，直接反映着国家治理的现代化水平。

当前，随着我国经济发展进入新常态，税收工作呈现新的阶段性特征：一是税收增速总体放缓，税制结构存在的顺周期调节问题凸显。二是税源结构深刻变化，跨地区、跨国经营的大企业集团不断涌现，税源的复杂性和流动性越来越强；随着信息技术的迅猛发展，互联网经济“无纸化交易”和“网络支付”的特征使税源的隐蔽性和流动性越来越强；随着涉及个人所得税改革的推进，将增加数量庞大的自然人纳税人，对依法管理和纳税服务提出了新要求。只有坚持用法治思维和法治方式调整税收关系、规范税收秩序、化解税收矛盾，才能妥善应对税收工作的新情况、新问题、新挑战，为经济在新常态下健康发展提供税收法治保障。更重要的是，依法治税是全面深化改革的必然要求。

习近平主席强调，凡属重大改革都要于法有据。当前，改革已进入攻坚期和深水区。税制改革与其他领域的改革紧密相连，直接影响着人民群众的切身利益，社会高度关注，诉求复杂多元，矛盾问题和风险挑战前所未有。只有全面推进依法治税，坚持改革于法有据、依法推进，运用法治力量凝聚改革共识、打破利益樊篱、巩固改革成果，才能保障税制改革顺利推进，从而密切配合和有力支持全面深化改革，促进经济健康发展、社会和谐稳定、国家长治久安。

第三节
依法治税的核心在于落实税收法定原则

落实税收法定原则是党的十八届三中全会《关于全面深化改革若干重大问题的决定》对税收领域提出的重大改革命题。这一提法在新中国成立以来党的重要纲领性文件中首次出现，充分体现了以习近平为总书记的党中央对落实税收法定原则、推进依法治税的高度重视。准确把握税收法定原则的内涵和本质要求，采取有效措施全面落实这一原则，对于推行依法治税、治理税收流失具有十分重要的现实意义。

税法是调整税收关系的法律规范的总称，是建立在一定物质生活条件基础之上的，由国家制定或认可的，并由国家强制力保证实施的调整税收关系的法律规范的总称，是以确认与保护国家税收利益与纳税人权益为基本目标和任务的法律形式。

税收法定主义原则是税法至为重要的基本原则或称税法的最高法律原则，它是民主原则和法治原则等现代宪法原则在税法上的表现，对于保障人权、维护国家利益和社会公益可谓举足轻重、不可或缺。该原则的基本含义为：税法主体及其权利和义务必须由法律加以确定，税法的各类构成要素皆必须且只能由法律予以明确规定，没有法律依据，任何主体不得征税，国民也不得被要求缴纳税款。税收法定主义原则的内容可以概括为三个原则：（1）课税要素法定原则（议会保留原则与法律保留原则），要求纳税人、征税对象、税率、计税依据等税收要素应当由法律规定，并依此确定纳税主体纳税义务的有无和大小；（2）课税要素明确原则，要求税收要素要尽量明确，避免可能出现的漏洞和歧义；（3）课税程序合法原则，征税机关必须严格依据法律规定的程序和权限征收税款，无权变动法定税收要素和法定税收程序。该原则的实质在于对国家的权力加以限制，即要求国家征税权的行使须得到全国人民通过其代表机关以制定有关法律而表示同意。

2000 年颁布的《立法法》第八条规定：财政、税收等基本制度，只能制定法律予以规定。2001 年颁布的《税收征收管理法》第三条规定："税收的开征、停征以及减税、免税、退税、补税，依照法律的规定执行；法律授权国务院规定的，依照国务院制定的行政法规的规定执行。"以上规定说明税收法定原则已在我国的税收程序法律中得到了确认。十八届三中全会《关于全面深化改革若干重大问题的决定》明确指出要落实税收法定原则，将税收法定原则提到了一个前所未有的高度。2015 年 3 月 15 日，十二届全国人大三次会议表决通过了《中华人民共和国立法法修正案》，其中第八条原先规定的实行法律保留的"税收基本制度"被进一步细化为"税种的确立、税率的确定和税收征收管理等税收基本制度"，且单列为第六项，位次居于公民财产权保护相关事项的首位。这使税收法定原则在法律层面得到更为清晰、更为明确的确立。然而，税收法定原则的实施体制和机制在我国仍然缺失，主要表现在：宪法尚未对税收法定原则做出全面、明确的规定；税收立法以授权立法、行政立法为主，立法层次较低；税收法律的缺位与税收法律的政策化趋向影响了税收法律的权威。

落实税收法定原则，首先应在宪法中全面确立税收立法原则，其次须加快制定税收基本法（或税法通则），继而建立以税收法律为主的税法体系，促进税收立法与税制改革相互推动，用法治理念指导税收改革、税收征管乃至税收流失的治理进程，将"税收法定"贯穿于税收立法、执法、司法与监督的全过程。

第四节 持之以恒地加强和完善税法体系建设

一、加快税收立法，健全税收法律体系

税法是调整税收征纳关系的法律依据，不仅明确规定了对谁征、对什么征、征多少、何时征、何地征等一系列税制要素的基本内容，而且规定了如何征、如何处理等具体的征收办法和监管措施。也就是说，税法不仅仅是征税的依据，同时也是税务管理的必要前提。离开了这一前提，税务管理活动就无法正常开展，整个税收工作亦可能陷入无序的境地。因此，要强化税务管理，治理税收流失，首要的问题是健全税收法律体系。

加强税收立法、健全税收法律体系是推进依法治税、治理税收流失的基础，其基本思路是：依据宪法和立法法的精神，税收立法权回归全国人民代表大会，做好税收法律的“顶层设计”；落实税收法定原则，制定出台税收基本法，对税收制度的原则性重大问题予以明确，使税收制度体系更加全面、完整。所有税种均由全国人大及其常委会制定相应法律，完善税收征管法律保障，使税收法律体系适应经济社会发展，税收覆盖经济社会生活各方面。

（一）推动制定税收基本法

在国家的法律体系中，税收基本法起着连接宪法和单行税法的桥梁作用，将税制总体思路和原则通过立法确定下来，最终实现税法体系的系统化。税收基本法是规范税收共性问题，统一、约束、指导、协调各单行税法，具有最高税收法律地位和税收法律效力的税法。其必要性体现在以下几个方面：

第一，现行的各税收实体法松散排列，法律地位不明确，税法优先权缺乏保障。建立税收基本法可以从整体的角度考虑其他法律的有机联系，体现该法高于其他部门经济法的精神，妥善处理因税法与其他法律交叉而引起的执法、司法中的矛盾。

第二，现行的单行税法立法层次低，且平行并列，重复因素较多，在一定程度上影响了法律效力。而税收基本法作为税收之“母法”，可以规范税法中的共性问题，简化各单行税法，使之简便、明确、可行，同时可以使税法体系更趋完整并相应提高其综合法律效力。

第三，通过税收基本法明确界定税收职能机关（含税收行政管理机关和税收司法机关）的权利与义务，为税收执法、司法及其监督确立目标，提高执法、司法水平。

总之，税收基本法应对当前我国基本税收体制做出原则上的规定，对中央与地方税权划分和税收基本制度安排做出明确表述，对于我国税收执法的相对独立性加以明确；就保障公民、法人和其他主体合法的财产权进行明确；对税种的开征、停征，税收的减、免、缓，以及区域性税收优惠基本原则做出明确规定。

（二）完善税收立法程序建设

加快全国人大及其常委会税收立法程序规范化建设，明确涉及全国性的税收法律立法权专属于全国人大。对涉及公民普遍利益、社会公平和长远发展的重要税收立法，建立国家立法听证制度，充分征求社会公众意见。探索建立税收立法的违宪审查与普通司法审查制度，增加对税收行政、立法和司法行为的合宪性审查，加强对税收立法的法律监督。加快中央与地方税收法律立法权分配机制建设，将构建科学、合理的税收立法权分配机制与各实体税种立法的进程同步推进，制定稳妥、可行的基本方案和详细计划。

（三）加快税收实体法和程序法立法进程

税收实体法是规定税收法律关系主体的权利与义务的税收法律规范。在中国现行的各税收实体法中，除《企业所得税法》、《个人所得税法》、《车船税法》外，其余税收法规都未经过人大立法，而是由国务院以暂行条例的形式颁布实施。较低的立法级次在一定程度上降低了税收的权威性。故国家应尽快对一些可以预见长期适用的税种完成立法程序。

充分借助“营改增”改革的有利时机，逐步建立覆盖面广、税负适度、科学合理的增值税法律制度。合理调整消费税征收范围、税目、税率，建立适应当前经济和社会发展的完善的消费税法律制度。进一步完善企业所得税法，提高企业所得税法遵从度。以促进地方财政增收为目标，加快地方性税收实体法立法。开展税收法律法规、规章和规范性文件清理工作，以进一步了解掌握立法现状，并根据需要进行各类法律法规的修改、补充或废止，为后续税收立法奠定基础。

税收程序法是规定税收法律关系主体权利与义务履行过程的执行程序的税收法律规范。1993 年 1 月 1 日《税收征收管理法》正式开始实施，2001 年由全国人大重新修订，2013 年 6 月 29 日，全国人大常委会对该法又进行了新的修订。但笔者认为，由于我国市场经济体制确立的时间不长，新情况、新问题将会不断出现，修订后的征管法还需要在坚持法制统一的前提下，根据不断发展变化的社会经济形势和税收工作所面临的实际情况和问题，在实行一段时间以后，进一步加以修订。具体而言，在今后修法时，需要讨论的内容有以下几点：

第一，关于确立税收法律的基本原则。在目前已有的税收法定原则的基础上，引入税收依法行政和独立执法原则，以确保税收行政执法机关的税收执法独立权和税务机构的依法行政活动的进行；引入尊重和保护纳税人合法权益原则，确保纳税人的合法权益不受非法侵害；引入税收优先原则，确保国家的税收债权不受侵害；引入税收征管现代化原则，为推行税收征管的电子化、网络化和智能化提供法律支持。

第二，明确分税制的税收管理体制和税务机关内部管理、征收、稽查、复议等机构的相对独立性及税务机构内部的监督制约机制。

第三，进一步加大工商行政管理机关和银行等金融机构的协税义务，对企业的工商登记、银行账户等信息由工商行政管理机构和银行等向税务机构定期进行通报，以对纳税人实行双向控制。

第四，进一步扩大纳税申报方式，确立邮寄申报、电子数据申报等的法律地位。

第五，严格限制减税、免税、缓税的批准权限，防止各地滥用此项权力造成国家的税收流失。

第六，完善清缴欠税的措施和手段，扩大和强化税收保全及税收强制执行的范围和权限，加大对逃避纳税义务的纳税人的强制力。

第七，明确对改制企业和破产企业税收债务的处理规定。

第八，强化税务检查的法律地位和作用，进一步扩大税务检查的范围，完善税务检查的手段和程序。

第九，加大对税收违法行为的查处力度，简化处罚的程序，提高处罚的下限，扩大处罚的范围，强化各种税收法律责任。

第十，规范税务机构及其工作人员的执法行为，加强对税务工作人员职务违法活动的处理，确保税务机构及其工作人员能够按照法律的要求依法行政。

二、加强反避税立法，完善转让定价控制机制

2011 年我国申请双边预约定价安排和转让定价相应调整的企业超过 120 户，涉及 15 个发达国家，与日本、韩国、新加坡、丹麦、挪威、瑞典、美国 7 个国家就 29 个案件进行 310 次磋商，增税 7 亿元。近年来，税务机关通过关联申报审核、同期资料核查、立案调查以及对已经调查户跟踪的手段，调查重大案件数量及查补税款不断扩大。2011 年全国反避税调查立案 248 件，结案 207 件，调整补税 24 亿元，平均个案补税金额 1180 万元，补税金额超亿元的案件有 8 个，超千万元的案件有 129 个，国家税务总局定点联系企业调查立案 38 户，结案 27 户，补税 2.5 亿元。2014 年，国家税务总局连续发布了几个与反避税有关的重磅文件。（1）2014 年 8 月 29 日，税务总局发布《关于特别纳税调整监控管理有关问题的公告》，简称“54 号文件”，对征纳双方近年来一直存在争议的企业自行调整补税是否应加收 5% 的利息，以及税务机关特别纳税调控工作程序之间的权利义务关系做出了明确的规定。（2）2014 年 6 月 20 日，发布《关于做好组织税收收入工作的通知》，明确提出要加强反避税工作。（3）2014 年 7 月 30 日，税务总局办公厅在税务系统内部发布了《关于对外支付大额费用反避税调查的通知》，决定针对企业向境外关联方支付大额服务费和特许权使用费的情况开展摸底排查。这些文件的出台实施，对于促进我国的反避税工作起到了极大的推动作用。但是，反避税工作仍然任重道远，有必要进一步建立和健全国家的反避税法律法规。

首先，应尽快颁布《管制转让定价实施细则》。明确税务机关的权利，包括稳定利润、价格和数量等真实性的权利，以及罚款的权利。另外，对核查的程序、时间的限制和纳税人的责任也应有明确规定，以便税务机关用专门的税法条款开展控制转让定价工作。

其次，明确对关联企业的认定标准，健全转让定价税制。参照国际惯例，对关联企业的认定标准、调整应税所得的标准、纳税人的责任与义务等需做出进一步明确规定，以健全转让定价税制。

第一，进一步完善关联企业的认定标准。国际上对关联企业的认定有两种标准：一是控股比例；二是企业间实际控制程度。日本采用第一种标准，明确规定母子公司的控

股比例要在50%以上，才能被认定为关联企业，而美国倾向于第二种标准，以实际存在的控制关系来确定关联企业。中国虽在税法的实施细则中对关联企业的认定做出了规定，但缺乏可操作性。因此，应明确规定关联企业的认定以控股比例为主要标准，同时兼顾企业间实际控制程度。

第二，确定调整应税所得的具体依据。国际上通常有两种做法：一种是以具体交易为基础，逐项测定，针对不正常交易项目进行调整。另一种是以企业纯利润为基础。只要确定关联企业间收入与费用的分配不符合独立企业间正常交易原则，便可对其核定合理的资本利润率或成本利润率，并据以计算应税所得额。鉴于中国目前的征管水平，建议采用后一种做法。同时，对某些应税交易项目还可以借鉴美国的“安全港”核定法，即定期公布“安全港”的收费、利润标准并作为税务机关调整的依据；对不能实行“安全港”标准的则要设立主要产品行业的资金回收率、成本利润率等全国或地区标准，使各税务机关有统一的征税依据。

第三，强化纳税人的责任与义务。在转让定价税制的实施中，为了避免税务机关陷于被动地位，许多国家在税法有关条款中将举证责任转移给纳税人，即纳税人必须证明自己无不正当纳税行为。中国现行税法规定纳税人负有纳税申报与报告义务，而未明确其负有举证责任，因而有必要借鉴国外的这一经验。

第四，实行预约定价制。预约定价制是国外转让定价制的一种新做法，即改事后调整为事先确认。在企业经营业务开始之前，税务机关根据企业报送的材料，事先确定企业与国外关联公司之间的交易价格，以避免事后调整中双方不必要的争议。应逐步推行这种方法，可以考虑通过中外合资者的合同方式，按照正常交易标准对关联企业内部的交易价加以约束。

第五，严格对跨国公司内部贸易的监管。要了解和掌握内部贸易比率高的跨国公司的情况和资料，并对这类跨国公司的运作进行认真的分析和研究，确定其公司内部商品交易的程序、标准化程度。同时，根据企业全球经营情况及有关的产业投资政策，对其各分支机构进行较为深入的考查，以掌握更多的有关资料。这样有利于我们对跨国公司内部全局的监管。

第六，逐步缩小国际税率的差异，减少跨国公司运用转让定价的诱因。

第七，加强对外资企业的审计和监督工作。即在海关、税务、工商、审计等几个环节之间同时加强监管。只有多监管，才能真正对转让定价进行有效的控制。

第八，建立有效的价格、税务、商品信息网络平台。

三、严格执法，严厉惩处各种税收违法犯罪活动

（一）严格执法是治理税收流失的有效手段

正如有关章节所述，逃税发生的概率与对逃税进行处罚的概率成反比，即对逃税者的处罚越重，其进行逃税的概率就越低；反之，对其处罚越轻，其进行逃税的概率就越高。由于造成税收流失的行为是一种理性化的行为，其目的是为了追求经济利益的最大化，因此，严厉的处罚会使其从事税收违法行为的预期成本高于其依法纳税的合法行为

的预期成本，因而面对得不偿失的经济后果，理性的经济人会理智地选择对税法的遵守和服从，从而阻止潜在税收流失行为的发生和发展。这说明，对造成税收流失的行为进行严厉的处罚和打击，是治理税收流失的一个很有效的途径。

（二）以人为本，坚持税法的刚性与柔性执法的辩证统一

利益驱动会使人产生逃漏税的行为，而税收执法体系可为税法遵从提供强有力的法律保障。税法遵从是一个从被动到主动的过程，在依法治国的大前提下，税收执法能够营造公平公正的纳税环境，公平的纳税环境才能够有效地促进税法遵从。而与税收执法相比，纳税服务能够从根本上转变纳税人的观念，节省纳税成本，使纳税人更加方便、快捷和准确地履行纳税义务，更能够为纳税人监督、投诉、争议、仲裁和损害赔偿提供公平便捷的渠道。因此，在税收管理方面，如何在依法治税的过程中充分体现以人为本的精神，尊重纳税人的合法权益，是税收管理工作中的一项重要任务。税法的刚性是毋庸置疑的。依法治税必须秉承税收法定原则，规范政府与纳税人之间的权利和义务，持续强化对税收征管事中、事后的规则管理。但在坚持税法刚性的同时，税收又必须关注社会、关注民生、关注经济和伦理道德等其他影响因素，体现税法的“柔性”，为纳税人提供方便、便利的服务，不断激发纳税人活力、提升纳税人满意度和税法遵从度。因此，在税收管理过程中，必须做到“左手税收，右手福利”，坚持税法的刚性与柔性执法的辩证统一。

（三）强化对税务违法行为的处理

税务违法行为是纳税人在履行纳税义务过程中，违反国家税收法律、法规、制度及相关法律、法规、制度，给国家造成税收损失或妨碍税收工作正常进行的行为。与税收犯罪行为相比，虽然单个的税收违法行为给国家所造成的税收流失没有像税收犯罪那么严重，但由于在税收征管活动中发案的总量要远远大于税收犯罪案件，因此，强化对税务违法行为的处理，加大对税收行政违法案件的查处力度，对于堵塞税收流失具有十分重要的意义。

根据国家有关法律法规的规定，对税收违法行为的查处主要是由税务机关来进行的，并根据情节的不同做出相应的处理或进行行政处罚。对税务违章进行处理的规定主要有罚款、责令限期改正、取消有关的优惠待遇、取消有关的资格、停止供应发票、采取税收保全、采取强制执行等。对导致税收流失的税务违法行为的处理要特别抓好以下措施：

第一，对于发现纳税人有违反法律法规及税收征管制度的行为，应当依法停止供应发票的，要严格执行有关发票管理及相关法律法规及制度的规定，坚决停止发票供应，控制纳税人的生产、经营、销售行为和纳税人所进行的逃税行为，以防止纳税人违法行为扩大化，发展成为逃税的重特大案件。

第二，充分利用法律所赋予的税收保全措施，对有逃避纳税义务行为的纳税人，在规定的纳税期限之前，采取查封、扣压、通知出境管理机关阻止其出境等强制限制其财产流通、人身自由的方法和手段，迫使其履行纳税义务，以防止逃税事件的进一步发展，保护国家税收不致蒙受损失。

第三，加大税收强制执行措施的力度，对逾期不履行纳税义务的纳税人及纳税担保

人，严格按照税收征收管理法的规定，通过加收税款滞纳金，强制扣缴税款，强制扣压、查封、拍卖财产等手段以抵缴税款，防止税收流失。

税务行政处罚是对税务违法行为所进行的一种行政制裁。针对目前税收行政执法中对违法纳税人处罚不力的状况，首先要完善有关税务行政处罚的制度，规范和扩大税务行政处罚范围和种类，将取消一般纳税人资格、没收非法所得、停止发票使用权、停止出口退税权等明确作为税收行政处罚的手段纳入税务行政处罚的范围，以消除目前单一地依靠罚款的方法进行处罚的局面。其次，要加大对税务行政处罚执行的力度。对纳税人逃税的违法行为，除了要依法追回所逃的税款外，还要加大税务行政处罚的力度。除没收非法所得、取消一般纳税人资格、停止发票使用等方式外，还要提高罚款的比率与幅度，以加大纳税人违法行为的经济成本，使纳税人的违法成本远远高于其违法所得。另外，还要健全税务行政处罚的程序与执行方式，规范税务行政处罚的过程，以提高税务行政处罚的规范性和成功率。

（四）加大对税收犯罪的打击力度

加大对税收犯罪的打击力度关键在于认真解决好对纳税人“以罚代刑”、“罚当其罪”问题，对大案要案的“畏难”情绪以及对征税权力“寻租者”的坚决打击。

第一，要严格执行移送制度，努力解决“以罚代刑”问题。当前我国之所以对税收犯罪打击不力，其中有一个很重要的原因就是税务行政管理机关和税务司法机关中的不少单位为了各自的小集体或个人利益，对所发现的税务犯罪案件往往不愿按照法律的规定进行移送，而采取“以罚代刑”的方式进行处理。因此，首先必须严格执行移送制度，解决“以罚代刑”问题。税务机关对所发现的有税收犯罪嫌疑的案件，必须向公安机关移送；公安机关对于由税务机关所移送的涉税案件，必须按刑事侦查程序进行侦查和预审；检察机关必须依法对由公安机关移送的案件进行审查和起诉；法院必须对由检察机关起诉的案件进行依法审理，做出适当的判决。在此过程中，必须严格执行国家法律的有关规定，绝不允许任何单位和个人为了自身的利益超越法律的权限进行违法办案，更不允许“以罚代刑”现象的存在和蔓延。对于因违法办案造成国家税款流失严重的有关人员，必须依法惩处。

第二，对违法犯罪分子必须严厉惩处，做到“罚当其罪”。当前，在我国的税收司法实践中，由于对所发现的税收犯罪行为处罚过轻，从而降低了税收司法的威慑力。因此，必须着力解决这一问题。首先，必须严格掌握法律所规定的量刑标准，切实改变税收司法工作中随意突破法定量刑标准下限对税收犯罪案件进行轻裁轻判。其次，必须严格执行“双罚制”。由于税收犯罪所具有的财产性的特点，世界各国都对大多数的税收犯罪行为实行“双罚制”，我国也是如此。因此，在实践中，我们必须严格执行这一规定，对税收犯罪的罪犯，既要进行人身处罚，也要进行财产处罚，从而使其人财两空、名誉扫地。最后，必须严格实施执行和改造制度。除对死刑犯外，对于其他被判处有期徒刑、无期徒刑、拘役、管制等的犯罪分子，必须严格执行法院的判决，依法进行执行和改造。同时，对于所判处的财产刑，也必须进行追缴。

第三，抓住重点，加大对大案要案的打击力度。税收犯罪的大案要案不仅会给国家造成大量的税收流失，也会产生极坏的社会影响。因此，在查处税收犯罪案件时，要本着“一要慎重，二要坚决”的原则，要打“苍蝇”，更要打“老虎”，加大大案要案查处的力度。一是加大对重点领域内的税收犯罪的查处力度。当前，税收犯罪呈现出了逃税犯罪案件面广量大、骗取出口退税情节严重、增值税发票犯罪危害极大等特点，因此，我们必须首先加大对这些重点领域内的税收犯罪的打击力度。二是要抓住具有典型意义的大案要案的查处。大案要案是造成我国税收流失的重要原因，一个大案要案动辄就会造成国家数百万、成千万甚至上亿元的税收流失，所以我们必须抓紧对这些大案要案的查处，抓住“老虎”绝不手软，一查到底。三是对那些“名人”、“红人”、“官人”所实施的税收犯罪活动，亦应从严查处，这些人的税收犯罪活动具有极大的示范性、误导性和破坏性。过去在查处此类犯罪时，由于受种种因素的干扰和阻挠，使得许多人不敢碰硬，对此类案件的处理往往轻描淡写，从轻发落，从而给人留下了“只打苍蝇、不打老虎”的印象。另外，纳税人逃税行为的“比坏”心理，也严重破坏了税法的严肃性，削弱了人们的守法意识，造成了纳税人的争相攀比和大范围逃税活动的蔓延。因此，在对税收犯罪进行查处时，还必须抓住对这些“特殊”主体的税收犯罪活动的查处和打击，以达到查处一个案子教育一大批纳税人的目的。四是要加大对单位税收犯罪查处的力度。企事业单位税收犯罪的数额往往比个人税收犯罪的数额要大得多，给国家所造成的损失也更为严重。但由于其往往打着为单位谋福利的幌子，其社会危害性也更不易为人们所认识，再加上地方保护主义的影响，对其进行查处的难度也就更大。但也正因如此，加大对单位税收犯罪的查处也就更具有现实性和教育意义。对于所发现的单位犯罪必须进行严厉打击，绝不手软，只有这样，才能真正阻止单位犯罪，维护税收征管秩序。

（五）加大对税务公务员职务违法犯罪的查处

税务部门由于存在着税收理财工作的特殊性、人员素质和廉政意识的层次性、被腐蚀诱惑的危险性以及执法宽严不一的随意性，少数税务公务人员禁不起金钱美色的诱惑，见利忘义，导致贪污、受贿、渎职、徇私舞弊、与他人共同犯罪等职务违法与犯罪活动。特别是由于税务工作人员工作性质的特殊性，其进行或参与违法与犯罪活动的情况时有发生。因此，加大对税务人员安全履职教育和加大对职务违法犯罪的打击力度就成为一件十分必要的工作。为此，必须进一步加强税务公务员的廉政教育，进一步强化对税务行政执法的监察，对税务工作人员职务违法犯罪活动认真查处、严肃处理，把教育与打击结合起来。一方面，对于严重的税收职务违法犯罪活动要进行严厉的打击，发现一个，查处一个，治病树、拔烂根，绝不允许有漏网之鱼存在；另一方面，要通过对大案要案的查处来树典型、抓教育，使全体税务工作人员充分认识到税收违法犯罪活动给国家造成的危害和进行违法犯罪活动的后果，以起到对其他税务工作人员的警示作用。

四、积极稳妥地推进税收司法体制改革

（一）成立税务审判机构，提高税务司法水平

我国正处在现代经济转型的关键时期，税收征纳双方的利益冲突表现得最为激烈，由此产生了大量税收行政法律纠纷。面对这样的现实需要，在我国成立专业的税务审判

机构，建立中国式的税收司法体系或可成为最优的解决方案。税务司法是国家专门机关在宪法和法律规定的职权范围内，按照法律规定的程序，运用法律处理税务纠纷和审判税务犯罪案件的活动，是依法治税的最后一个环节。笔者在本书第一版中曾就此问题作过阐述。笔者至今仍认为，成立税务法院或在普通法院设立税务法庭，建立并逐步形成具有中国特色的税法判例制度，有利于更好地打击税收犯罪，维护税法的尊严，既能保证税务行政部门不受干预地行使税权，又可以制约税收执法中存在的自由裁量权过大问题，最大限度地维护纳税人的正当权益。

税务审判机构的设置有两种方案可供选择：

方案一：成立税务法院。成立的税务法院与现有的铁路运输法院相似，专门审理涉税刑事案件和税务行政案件，属于国家法院系统的子系统，接受最高人民法院的指导和管理。税务法院的设置拟采用三级制，即在中央设置最高税务法院，在省（直辖市、自治区）级设高级税务法院，在地（市）级设中级税务法院，县（区）级暂不宜设税务法院。税务各法院之间的职责划分可借鉴我国普通法院的划分方式。最高税务法院负责管理全国税收司法行政工作，审理案件的范围仅限于在全国范围内有重大影响的案件，或最高税务法院认为应该由其审理的案件以及由各高级税务法院一审的上诉案件。高级税务法院审理在其辖区内有重大影响的案件、认为应该由其审理的案件以及由各中级税务法院一审的上诉案件。中级税务法院审理本辖区内的一审案件，承担最多的税务审判工作。同时还可以引入巡回审理制度，避免当地政府对税务司法独立性的影响。

方案二：在普通法院单独设立税务法庭，专司涉税刑事案件和税务行政案件的审理。这个思路类似于之前在法院中设立经济法庭的做法。设立专门的税务法院需要大量的人力和物力支持，但中国尚无税务法官的专业培养机制，已有的法学培养计划中对税法方面的教学也比较薄弱，中国尚不具备建立税务法院的人力基础。鉴于此，我们可以先借助普通法院平台，将设立税务法庭作为税务司法改革的近期目标。同时抓紧对专业税务法官的培养，积累税务司法实践经验，待时机成熟时成立税务法院。

（二）建立我国的税收判例制度

判例制度具备法律的稳定性与适时性，将立法权与司法权相结合，其中蕴含的法律规则也在发展过程中不断完善。税收案例的提炼对于扩大税收案例在税收执法过程中的应用具有重要意义。在税收征管执法中引进判例制度，对于减少税收征收中的偏差，或因政策理解不一致所导致的税收政策不规范等，具有积极的促进作用。

1. 顶层通盘设计，明确税收判例制度在税收法律体系中的地位与作用。在国家税务总局相关司局率先建立税收判例的基本体系，只要涉及税收案件的审理批复和税收裁定都应遵守税收判例的原则，通过对税收案例的构成要件和税负评价分析，以及税收法律知识的综合运用，使税收判例制度成为税收法制建设中的重要环节。

2. 依托判例制度，提高征税者征收质量，限制自由裁量权的行使。判例制度可以弥补制定法过于抽象、滞后于社会现实等弊端，在限制税务行政自由裁量权的税收执法方面，完善的判例制度可以发挥良好的作用。基于我国法律体系的现实，完全照搬英美法系的判例制度不可能考虑到在税务征管领域判例制度的特殊性与复杂性，首先，应分阶段、有步骤地建立判例制度。判例的基础是司法判决，而我国涉税的司法判决数量较少，与庞大的涉税争议现实不成比例。同时，目前的司法裁判文书在判决理由的分析上并不充分，亦很难完全展现出判例的特点。因此，在初期编撰判例集的时候，不必拘泥于司法判决，可以将判例的整理、汇编对象扩大到各个针对特定案例确立的法律规则与解释的规范性文件。从判例集的编撰主体来看，可以充分发挥专业人士（如法学家、律师等）、税务机关、地方各级法院、最高法院等主体的作用，从非正式的判例集向正式的判例集过渡，从一般的判例集向司法判例集过渡，建立多层次的判例集编撰与公布体系，以民间行为促进政府行为，以行政行为推动司法行为。其次，利用交易定性，清理税收规范性文件。税收案例涉及经济生活中的方方面面，研究税收案例需要运用交易定性这一分析工具。针对具体交易类型，先进行交易定性，认清纳税主体和纳税客体，明确各方责任。定性在先，定量在后，定性决定定量。在分析完交易定性后再进行定量分析，得出具体交税的数额。对不同的交易类型进行定性的主要文件是国务院及国家税务主管部门出台的大量规范性文件，这些文件在税收征管执法中发挥着重要的作用。诸如“国税函”、“国税发”这样的规范性文件往往一案一议，其中蕴含着税法交易判定规则，具有案例的形式、实质和功能。但是，大量规范性文件的存在却构不成判例制度，规范性文件是有权解释机关对税法在具体适用过程中的解释，发挥着税法解释的作用。在税收征管执法中应用判例，对具体交易类型进行判定是必要的前提。最后，确定判例的公布程序及拘束力层级。社会专业人士编撰的判例集对税务机关行政执法肯定是没有拘束力的，税务机关编撰的判例集对地方各级法院也是没有拘束力的，地方各级法院编撰的判例集对最高法院也是没有拘束力的。但是，同一司法或者行政体系内，上级机构编撰的判例集应该对下级机构有拘束力。例如，国家税务总局发布的判例集对省级国税局有拘束力，省级人民法院发布的判例集对基层人民法院有拘束力。另外，除了社会专业人士之外，其他主体在进行判例编撰时一定要履行特定的案件筛选、判例格式、公布程序等要求。

3. 依托判例制度，提高纳税人税法遵从度。制定法的法律条文总是抽象的，每年的税收宣传月工作对于普及税法知识起到了积极的作用，但是要让纳税人对税法边界有清醒的认知，必须以真实、生动的税收法律案件为基础。判例制度的建立，有助于纳税人更深入地理解税法、遵从税法、监督税法，有助于养成纳税人的法律意识。因为，判例制度公布的案例具有代表性、易读性，纳税人容易接受并理解判例所确立的法律程序及规则。可见，判例案件的现身说法为纳税人的行为提供了指导性，在判例涉及的税收征管领域明确了哪些行为是合法的、哪些行为是违法的，纳税人可以依照判例确立的法律边界调整自己的行为。特别是，判例在为纳税人设定法律边界的同时，也为税务行政机关的执法行为设定了法律边界，纳税人同样可以通过判例了解税务机关的哪些行为符合法律要求，哪些行为违背了法律要求，从而充分发挥对税务执法机关的社会监督作用。

另外，在我国税收征管领域建立判例制度，还需要加强税收案例和税收判例的积累，深刻剖析法理，借鉴英美法系判例制度，不断扩大判例及案例在税收征管过程中的应用，通过判例制度规范税收立法权、执法权以及司法权的行使。

五、强化税法宣传，创造依法治税的良好环境

近年来，在提高全民依法治税、税法遵从意识方面，有关部门确实动了不少脑筋，做了不少工作，收到了较好的效果，但在具体方法和措施上，尚存在一定的不足甚至偏差，需要引起重视并采取相应措施予以解决。

首先，加强税法遵从是每个公民和政府税务公务人员应尽的义务和责任。纳税人纳税既是对国家、对社会的贡献，更是应尽的义务和责任。近年来，各种形式的表彰纳税大户受到各级税务部门特别是地方政府和纳税人的普遍欢迎，崇尚为国为社会做贡献已成为许多纳税人追求的目标。但如果以纳税多少论英雄，片面强调纳税贡献的一面，则会淡化依法纳税的观念，削弱税收的刚性。我国宪法第五十六条规定，“公民有依照法律纳税的义务”。纳税等于义务和责任。从这个意义上说，纳税不在多少，而在于依法纳税。何谓依法纳税？确切地讲，就是依照国家法律、法规规定纳税，应缴多少就缴多少，该何时缴就何时缴。然而，我们在现实生活中不难发现，纳税大户不一定都做到了依法纳税，有欠缴应纳税款的，也有不如实申报纳税的。当然，这里无任何贬低纳税大户之意，只是为了说明一点，假如把纳税看成是贡献，我们侧重的是它的数量，表明数量大则贡献大；假如把纳税看成是义务和责任，我们侧重的就是它的质量，衡量的标准是是否依法纳税。显然，在培养公民纳税意识的目标选择上，我们最终会选择依法纳税，把纳税人是否及时申报、真实申报和足额缴纳，作为评判纳税优劣的唯一尺度。因此，提高全民税法意识，不仅更应重视并着眼于引导公民对纳税是义务和责任的认识，而且还应关注并着眼于引导税务公务人员、协税人员提高税法遵从意识，依法征税，而不是以征税多少论“英雄”。同理，在评判征税者征税意识的培养质量上，须检查是否做到依法征收，而不是其他。

其次，税法宣传不应局限于税务部门，应纳入政府法制部门的职责范畴进行系统的组织和研究。从各地的税法宣传工作看，目前的税法宣传多数还是税务部门因税收工作需要而组织开展的，换句话说，还局限于税务系统的部门行为。事实上，税法是国家法律的重要组成部分，依法治税是依法治国方略在税收领域的具体体现。因此，无论是依法治税工作，还是基础性的税法宣传工作，都应当纳入政府法制部门的职责范畴加以系统地组织和研究。目前，虽然不少地方政府及司法部门已对税法宣传给予了重视并有所参与，但大多处于表层或流于形式，缺少实质性措施。税法宣传应当列入公民普法的范围，各级司法部门要充当税法宣传的主角，而不是配角，主动承担起税法宣传的责任。需要讨论的是，目前实施的“税收宣传月”的提法是否与强势政府的行政思维有关，也许将“税收宣传月”改名为“税法宣传月”更好一些。一字之差，也许意义完全不同。

再次，将正面教育引导与利用查处打击相结合。长期以来，在税法宣传中，正面的教育、引导一直是增强公民纳税意识的一条有效途径。但与此同时，切不可放松对税收违法犯罪行为的严厉打击。近几年来，一方面，随着税收工作的强化，公民依法纳税的自觉性不断提高；另一方面，由于我们正处于经济转轨时期，加之某些纳税人对纳税服务理解的偏差，少数不法分子受非法利益驱动，总想钻税法的空子，税收违法犯罪现象

屡见不鲜，逃税与反逃税的斗争日趋尖锐、复杂。为此，迫切需要强化执法手段，加大对税收违法犯罪行为的查处打击力度。而加大对税收违法犯罪行为的打击力度，必须坚持内外并举。“内”主要指税务系统内部要建立强有力的稽查制约机制，通过稽查促使纳税人自觉而真实地申报纳税。“外”是指要建立独立的税收司法保障体系。从当前情况看，由于税务机关缺乏必要的、强有力的执法手段，往往对一些涉税犯罪案件的查处力不从心；不少涉税犯罪案件由于需要通过公、检、法系统层层移送，因而得不到及时的刑事调查和判决。这种税收执法“软弱”的现象，在一定程度上助长了违法犯罪分子的嚣张气焰。为此，必须尽快探讨、研究建立税务警察、税务法庭等独立的税收司法体系，赋予税务机关强有力的执法权，彻底改变目前税收执法软弱的状况。

最后，应通过持之以恒的税法宣传教育，全面提高全民税法遵从意识。如前所述，培养和提高全民税法遵从意识，对象定位非常明确，即要突出一个“全”字。而从现实情况看，我们往往对纳税人注重得多，要求得多，而对非纳税人纳税意识的培养和提高则重视不足。非纳税人中的少年或青少年正处于成长之中，虽然还不是今天的纳税人，但肯定是明天的纳税人，培养纳税意识应该从这个源头着手，从娃娃抓起；因为非纳税人从出生之日就成为间接的消费者，是税收的负担者，假如每个未成年或成年的消费者在实现购物、住宿、就餐、乘车等消费目的的同时，处处养成索要发票的习惯，就会使不法经营者丧失逃避缴纳税款的机会，给税务部门依法征税提供便利。因此，在纳税意识的培养和提高上，要始终抓住一个“全”字和一个“早”字，只有全民纳税意识提高了，税法才能得到认真遵从，社会协税护税作用才能得到充分发挥，依法治税工作才能水到渠成。

第十七章

合理分权：治理税收流失的体制保障

十八届三中全会出台的《中共中央关于全面深化改革若干重大问题的决定》指出：要“建立事权和支出责任相适应的制度。适度加强中央事权和支出责任，国防、外交、国家安全、关系全国统一市场规则和管理等作为中央事权；部分社会保障、跨区域重大项目建设维护等作为中央和地方共同事权，逐步理顺事权关系；区域性公共服务作为地方事权。中央和地方按照事权划分相应承担和分担支出责任。中央可通过安排转移支付将部分事权支出责任委托地方承担。对于跨区域且对其他地区影响较大的公共服务，中央通过转移支付承担一部分地方事权支出责任”。中央与地方财权和事权的不匹配，是财税领域的突出问题。这个问题如果不能很好地解决，将会对税收流失的治理形成较大的阻碍。

党的十八届三中、四中全会强调，财政是国家治理的基础和重要支柱，凸显了税收在国家治理体系和治理能力现代化中的重要地位，从推进国家治理体系和治理能力现代化的高度部署税制改革，使税收职能作用从经济层面拓展到经济、政治、社会、文化、生态、外交等诸多领域，更加深刻地介入国家治理的各个方面，真正成为治国理政的重要基础，从更深层次、更广范围服务于国家发展。站在新的历史起点上，税制改革已经不再局限于经济层面，它关乎国家治理能力的现代化，关乎社会管理的效率、公平与正义。按照“简税制、宽税基、低税负、严征管”的国际税制发展趋势，构建适应社会主义市场经济的成熟定型的税制体系，充分发挥税收职能既可影响和规制微观主体行为，又能维护和稳定宏观经济运行的功能，更好地服务经济社会发展大局，已势在必行。

第一节 以“公共产品”理论为基础，科学界定财权与事权

一、事权或职能的界定

按照现代经济学观点，政府事权的界定以公共产品理论为基础。公共产品理论认为，

在市场经济下，市场是资源配置的基础方式，但由于市场失灵或市场缺陷而不能提供有效的资源配置，因此需要政府承担资源配置的职能。

借鉴成熟的市场经济国家的经验，结合中国国情，可将我国政府的具体事权界定为：第一层次的事权——国防、外交、司法、治安、一般行政管理、国际经济；第二层次的事权——公共福利、社会保障、教育、科学研究、公共设施建设、公用事业等；第三层次的事权——经济建设投资，包括重大工程基础投资、基础产业投资、某些不具有营利性的或营利性较少的公共工程的投资，以及对企业投资的补助、贴息、贷款等；第四层次的事权——宏观调控权。

由于一国的社会公共产品是由多级政府共同提供的，因此，在界定政府事权的前提下，还需要解决事权在各级政府间的划分问题，这是建立规范的分税制财政体制的基础。

政府间事权的划分需遵循四项原则。第一，统一领导、分级管理原则。重大的方针、政策、法规必须由中央制定，充分发挥中央政府宏观调控功能，同时实行分级管理以调动地方的积极性和主动性。第二，受益原则。以各种事权项目受益的对象和范围作为各级政府承担支出的依据。凡是以国家为整体服务对象、全体公民都能从中受益的公共性质的项目基本上由中央负责；凡是以省或地方为服务对象，其受益限于某一区域的公共性质的项目由省或地方政府负责。第三，效率原则。主要考虑某项事务由哪些政府办理成本最低、效率最高。第四，法律规范原则。要求通过严格的法律程序规范中央与地方政府的事权，并用法律手段解决各级财政之间的利益冲突，事权的划分力求科学化、规范化、法律化。按照以上原则，我们可以对各级政府的事权进行具体界定与划分。

二、全国性的公共产品和中央政府事权或职能

关于集权与分权的讨论，学术界及政府实务专家可谓仁者见仁，智者见智，但大多集中在中央政府与地方政府的职权划分上。笔者认为，从我国国情出发，许多政府职能必须相对集中在中央政府。

首先，有些公共产品和公共服务的利益是不可分割的，涉及全国的整体利益，所有公民都均等地享有，这些公共产品和服务应由中央政府提供。有些公共产品和公共服务仅在一定程度上涉及全国利益，但由某一特定地区提供的公共服务所形成的受益会外溢到另一个地区，即受益的外在性导致无效率供应。因此，需要高一级的政府加以调整，使各地区相互合作和协调。例如，教育和科研事业是中央政府重要的财政支出项目。

其次，由于地区间存在资源的自由流动，地区分配政策的作用难以有效发挥，为调整个人间的收入分配，必须由中央行使统一政策，否则会降低再分配政策的能力，不能达到公平的目标。中央政府应在全国范围内进行收入再分配，以实现收入公平的目标。这一职能如果由地方政府实行，会产生人口的不正常流动，严重妨碍政策的公平性。例如，地方政府实行收入转移政策，就要增加对低收入者的养老金、失业救济、住房和教育支出，这些支出主要来源是累进税收。贫穷地区要比富裕地区课征更高的税，才能满

足地方政府的上述支出需要。不同地区之间税负的差别，导致中等收入者由高税的贫困地区向低税的富裕地区迁移，同时使更多的有资格领取转移支付的穷人涌入高救济金的地区，给地方政府带来沉重的负担。这违背了收入分配政策的初衷，不符合公平原则。在中国范围内实行收入再分配政策，不会出现由于各地方再分配标准不同导致的人口不正常大量流动的现象，使中国范围内的收入再分配政策更为有效。

最后，中央政府还将负责地区之间的再分配，使各个地方提供公共服务的能力趋向均等化，这就要求实行财政低需求和收入能力不同地区的移转支付制度。

鉴于中央政府的这些职能及其在全国范围内提供公共产品和服务，需在课征税基广泛的税种上相对集中，并实行适度分成，以使所有居民都能从中得到益处。

三、地方性的公共产品与地方政府职能

地方政府提供的是地区性的公共产品。各级政府间的职能划分取决于公共行为溢出效应地理范围的大小。每一种公共产品和公共服务仅对有限的人来说是公共的，其范围的大小决定了应该履行这一职责的政府的规模。

地方政府提供的公共产品，可以有效地满足人们的需要。在不同的区域内，政府单位提供的公共产品不同，人们可以根据自己的愿望选择能够提供其需要的公共产品的区域。由于地方政府的选择更加切合实际，其决策与合理的市场更为接近，所以，地方政府做出的支出决策，比中央政府做出的支出决策更加合理。为了实现最好的经济效益，地方政府主要负责义务教育、部分社会保障和保险、公共卫生、警察及消防等。这些职能分散到各级地方政府，可以使各地区把地区利益与国家利益相结合。

地方政府根据受益地区原则，要求每一受益区域中的成员就该地区提供的公共服务进行支付，因此需要课征区域性的税收，从而为本地区的公共服务提供所需资金。将受益原则应用于地区不会干扰全国范围内的资源配置，因为地区或地方性的受益税在税负和受益之间形成平衡，从而使财政运转对资源配置的选择趋于中性化。

四、中央政府与地方政府职能的交叉

中央政府和地方政府之间财政职能的划分存在交叉的部分，即有些政府职能事实上是由中央政府和地方政府共同实施的，主要包括 3 种类型：一是中央和地方政府共有的职能，如收入再分配职能。如前所述，不同地区政府之间的财政差别会导致资源非经济的或无效的转移。地方政府管辖范围内的收入调整可由地方做，而对于不同行政区域、不同经济地区间的收入合理再分配则应由中央政府去做。二是某项事业或工程居于中央政府职能范围，但出于效率或其他方面的考虑，应由地方政府去执行，即中央与地方责任共负，但以中央政府为主。同时，在财政权力和财政利益上也应进行相应的划分。三是某项事业或工程属于地方政府职能范围，由于其成本或效益涉及其他政府管辖的地区，应由中央政府帮助协调，联合有关的地方政府协作承担。

依上述思路，表 17.1 给出了一个可供借鉴的框架。

表 17.1　　中央和地方支出责任划分的基本框架

责任主体	公共职责	解释
中央	主权政治、法律、宗教等事务	代表国家整体性的统一性事务及地方争议政策的终裁
	国防与外交	主权政治下的考虑
	对内经济政策与对外贸易政策	全国统一经济、贸易政策的制定
	全国性通讯、交通等	全国性道路、卫星、铁轨等的建设与维护
	国家主导的科技、文化事业	基础科学投入与社会文化事业投入
	国家安全与公共卫生事业	反恐、反分裂与疾控、生化问题的处置
	区域间公共服务均等化	平衡区域间的人均公共服务水平
中央与地方	环境污染治理	跨区污染的治理与多方责任共担
	市场经济中的产权保护	多方参与下的产权保护
	区域间利益协调	辖区间利益冲突与责任共担时的政治协调
	应急事务管理	针对突发自然灾害和公共安全事务的责任共担
	针对家庭的收入分配计划	中央利用地方的信息优势调节收入分配
	公民权利与义务教育、道德素质教育	国家向心力与国民素质教育需求
地方	地方法律、行政法规与经济政策	辖区法律法规、经济政策的制定与实施
	公共住宅、交通、水利等市政建设	地方基础公共设施的建设与维护
	教育、医疗、社会保障、公共娱乐设施等	地方公共福利产品的建设与维护
	警察、消防、疾控等市政安全	地方公共安全服务的投入
	自然资源管理与生态安全	辖区环境污染治理、生态环境建设
	公共事务外包与合同管理	公共服务社会化的管理要求

资料来源：朱军：《高级财政学》，上海财经大学出版社 2010 年版，第 182 页。

第二节
合理划分税权，赋予地方相应的税收立法权

所谓税权，是指与征税有关的权力，一般包括税收立法权、税收征收管理权和税收政策调整权。税权的划分问题是一个十分现实而又复杂敏感的问题。在实行分税制财政体制改革和税务机构分设之初，与财政收入划分问题相比较，税权划分问题不是十分突出。经过多年的实践，税权问题的重要性日益显现，人们的视线从“收入划分”逐步集中到“税权划分”上，特别是地方政府已经充分认识到，争取一些可以结合本地实践、直接体现地方政府政策意图的税权，对地方经济社会的发展优于直接受惠于财政转移支付。这对中国税权的现实划分结构提出了新的课题。

一、我国税权划分存在的问题

从总体上看，1994 年分税制改革后的税收及其权限的划分方式较过去已经有了很大

的进步，主要表现在：分税方式既考虑了我国的具体国情和现有条件，同时也借鉴和吸收了国外税收划分方面的成功经验和做法。税务机构的分设在一定程度上也有利于堵塞收入流失的漏洞，实现地方财政收支平衡。当然，在建立和健全社会主义市场经济体制的过程当中，在多级财政体制中的税权划分方式和地方税制建设方面，仍有许多问题需要认真对待并加以解决。

（一）税收立法权过多地集中在行政机关

我国现行税法，除了《税收征收管理法》、《个人所得税法》、《企业所得税法》和《车船税法》之外，其余都是行政机关制定的行政法规、规章，还包括大量税收主管部门以内部文件形式对税法的注释、解释等。由于税收立法过多地集中在行政机关，使得我国税法立法层次不高，科学性、稳定性不够，影响了税法的权威性，也给市场运行和企业经营带来了许多不确定性因素。

（二）税收立法权过多地集中在中央

目前，税收收入的划分，税种的增加与减少、开征与停征，税率的确定与调整，税收的减免等都集中在中央，地方只有在特别授权下拥有非常有限的税法执行调整权。我国是一个社会经济发展极不平衡的国家，地区之间经济发展水平差别较大，如果所有税收全部由中央统一立法，看似是维护法制的统一，实际上，“统一的税法”在一些地方无法适用，这样既不能充分发挥各地经济的优势和特色，也无法保证税法的统一执行。地方制定了一些非常不规范的“似税非税，非税实税”的收费、基金、附加等，实际上就是税权高度集中与经济发展极不平衡存在较大矛盾的现实反映。如果税法在经济发达程度差别很大的地区之间统一执行，就是税法的不公，也是法治事实上的不统一。税收法制的统一，最终应体现为税收法治原则的统一和税收基本法律的统一。允许地方结合当地经济发展实际情况，按照统一的法治原则和法律要求，行使适当的税收立法权、税收征收管理权和税收政策调整权，正是为了更好地贯彻依法治税的要求，更好地发挥税收对经济发展的调控、促进作用。

（三）税收征收管理权划分缺乏统一的原则和标准

在经济发展过程中，如果对税收征管权限划分没有统一的原则和标准，国税、地税在此期间将不断产生征管摩擦，出现漏征漏管现象。目前的征管权限划分客观上影响了依法治税原则的贯彻。只有调动两个积极性，在法律和制度框架内进一步加强国税、地税两个独立的、完整的税收执法体系的合作与协调，才能更好地依法治税。所以，税收征管权限的划分要依靠法律，不能靠部门制约，不能靠人制约。

（四）地方越权、滥用权现象严重

在当前分税制财政体制下，虽然中央税与地方税已大致明确，地方税的征收管理权也基本上下划到地方一级，但税权高度集中的状况尚未打破，由此引致的直接后果就是各地越权、滥用权力的现象屡禁不止，主要表现在：一是地方政府滥用收费权。在地方缺乏必要的税权，地方税收入满足不了地方财政支出，地方财政收支矛盾日益突出的情况下，地方“正门不通走旁门”，没有税权就滥用收费权，且收费规模日益膨胀。二是地方领导以权代法、以言代法的现象广为存在。1994 年我国在实行新税制的同时，对税务机关分设了国税和地税两个征收系统，并分别实行由中央政府或省级地方政府对国、地税进行垂直领导，税收管理权限更加集中。尽管如此，目前地方政府对税收执法的干预仍然相当严重，从而造成了较严重的地方政府部门非法使用或滥用税收立法权的现象。

二、赋予地方一定的税收立法权

根据我国宪法、立法法和地方组织法的规定，省级以及省级政府所在地的市、经国务院批准的较大的市的人大及其常委会有权在不与宪法、法律、行政法规相抵触的前提下制定地方性法规（后两者要报省级人大常委会批准），这些地方的政府有权根据法律、行政法规制定规章。税收立法权作为立法权的一种，显然不能被排除在地方立法权之外。因而，我们主张赋予地方相应的税收立法权是符合宪法精神的，此为其一。其二，中国地区间生产力发展水平不平衡，资源条件、税源条件不尽相同甚至相差甚远，由中央统一就地方税种立法，不可能兼顾各地千差万别的具体情况，不利于地方税收体系建设。其三，公共产品的存在、市场的不完全竞争性及外部性导致市场失灵，要求政府介入市场进行干预。但从效率性原则出发，政府的干预应当分级进行，因为公共产品可分为全国性公共产品和区域性公共产品。区域性公共产品即指受益范围局限在某一个特定区域内的公共产品。由于各地居民对区域性公共产品在数量、结构及质量上的需求偏好各异，对公共产品的价格——税收的承担能力也各不相同，而地方政府相对中央政府而言更了解当地的情况，提供区域性公共产品更有针对性，因而可以避免由于中央政府提供区域性公共产品需统筹全局而造成的效率损失。分级财政与分级政府相伴而生，它要求各级政府应当有与各自事权对应的财权与财力，从而必然引起税收立法权在中央与地方之间的纵向划分。其四，再进一步说，如果实行费改税而中央又不下放部分税收立法权，则费出多门、税费并存的状况也难以从根本上扭转。

可见，赋予地方相应的税收立法权是必要的。关键是下放给谁。我们主张下放到如前所述的省、自治区、直辖市人大。地方政府的授权立法应受到限制，这是因为政府立法出于行政效率优先的考虑，其程序简单，往往偏重于方便行政管理者行使权力，容易造成各部门争权夺利，而相对忽视纳税人应有的权利，存在着民意确认程度上的欠缺。权力机关则不同，它是民意的代表，且立法程序规范、严谨，比较科学、民主。因此，事关纳税人根本利益的税收立法由权力机关定夺是应该的、必需的。

有鉴于此，笔者认为，我国的税收立法权纵向分权需要着重关注以下情况：

一是加大地方在收入分成比例中的协调平衡能力，在纵向收入分权划分的过程中，改变由中央主导收入分权的格局，通过中央与地方互动的方式加大地方在收入分权中的协调平衡能力，为其财力的充实提供制度保障。进一步说，各省的分成比例可以由各省根据自身情况与中央财政一一制定。这些方面的税种可以考虑为企业所得税、有可能成为共享税的消费税等。

二是对部分税基较固定的地方税，如房地产税等，应赋予地方政府在中央制定的较大的税率浮动范围内确定本地区不同地域的适用税率，以及在中央限定的条件下减税、免税和加税的权力。

三是对部分具有特定用途的地方税，如城市维护建设税、教育税（改革地方税体系时可以设立）等，其开征停征权由中央掌握，税目税率的调整权、减税免税和加税的权力则归地方所有，但其征收方案需报中央备案。

四是允许地方开征部分地方色彩浓厚的地方税，这些税种的开征停征权、税目税率的调整权、减税免税及加税的权力都属于地方，其征收方案报中央备案。但当中央在全国范围内开征类似税种时，地方开征的这些税种自动废止；当中央认为这些税种妨碍社会经济的发展时，亦可将其废止。

进行以上改革的同时，规范规费的征收，必须将保留的政府类规费纳入财政预算管理，将经营性收费放归市场，如结合地方税的改革将具有税收性质的收费归入规范的税收。

对税收立法权进行以上划分，一方面可以保证中央的权威，强化中央政府的宏观调控能力，避免因地方各自为政而可能引起的地区间低税竞争，扭曲资源配置，造成效率损失；另一方面可以调动地方的积极性，使地方政府可以因地制宜地运用税收政策调节本地的社会经济，合理配置当地资源，提供符合本地居民需要的公共产品。

第三节
构建科学规范的地方税体系

构建地方税收制度和体系，是我国在市场经济下有效处理中央和地方间收入分配关系、建立适应社会主义市场经济体系的税收管理体制必须研究的重要理论和实践问题。

1994 年的分税制改革，明确划分了中央税、地方税、中央和地方共享税，开始确立地方税体系，从多年来的运行情况看，总体说来是比较好的，强化了中央的宏观调控能力，促进了地方财政收入的增长。但相对比来看，目前中央税收几大主体税种已到位，体系基本完善，但地方税体系却远未到位。而地方税制的改革与完善是中国整个税制改革和分税制改革的一个有机组成部分，因此，完善地方税体系的进程亟待加快。

一、目前地方税体系存在的主要问题

第一，现行地方税税源窄，收入规模小，财政功能薄弱，难以体现事权、税权、财力相统一原则，也不足以保证现行体制下地方政府必需的财政需要。

第二，由于我国尚无统领整个税收体系的税收基本法，地方税收体系乃至整个税收体系建设尚缺乏更充足的法律依据和操作规程。

第三，现行地方税制不规范，结构不合理，管理权限过多地集中在中央，削弱了地方税特有的调节功能的发挥。有些税种名为地方税，实际上按隶属关系等标准在中央与地方之间划分收入，造成交叉征收。

第四，现行地方税制改革滞后，地方税体系不健全、不到位。一是主体税种不稳，

特别是“营改增”完成后，部分项目需进行新的调整。二是骨干税种改革不到位。如1994年《工商税收改革实施方案》中，城市维护建设税、房产税都有改革的具体方案，但至今尚未出台，改革未到位，征税范围、计税依据、税率已很难适应经济和社会发展及财源建设的要求。三是已出台的税种征收量未能到位，如个人所得税征管难度大，社会监控难以形成，直接影响税额增长，税收流失严重；土地增值税实施细则虽已出台，但由于地区间的地价级差和地区经济本身的发展不平衡，执行起来举步维艰；城镇土地使用税、车船税、固定资产投资方向调节税（已取消）、印花税、屠宰税（已取消）、农业税（已废止）、耕地占用税、契税等税种多以特定财产和特定行为的调节为开征目的，收入并不多，加之部分税种与新的财会制度不协调造成了税源的流失。四是社会保障税、环境保护税、遗产税等特定调节功能的税种正在立法或尚未立法，特别是环境保护税法、社会保障税法等关系到人们生活质量与生存环境，关系到促进经济、社会发展与稳定的税种迟迟未能出台，明显地使地方税制的社会功能缺位。

第五，地方收费名目繁多，以费挤税现象严重，影响地方税功能的发挥。我国目前地方税收入税源零星、规模过小、改革滞后，带来了两个问题：一是加重了共享税分享比例和中央财政转移支付的程度和压力；二是地方政府调节经济力度不足。要改变地方税零散薄弱的现状，有必要建立、完善地方税体系，适当扩大地方税规模，使地方本级收入基本能满足地方公共财政的开支。

二、完善地方税体系

国外地方税建设的经验表明，无论是联邦制国家还是单一制国家，在中央税权基本集中的前提下，中央向地方适度分权是基本趋势，要通过法律制度的规定保证地方政府有充足的税收收入来源，以确保省级政府预算收支的平衡。我国经济发展取得的成就，在很大程度上得益于分权化改革中地方作用的加强。1994年税制改革的成果和影响应予充分肯定。然而，20年后的今天，分权化改革的积极效应正在递减，而并不彻底的改革所带来的消极影响却在加剧。地方政府自有税源不足，体制外土地收入激增，转移支付透明度不够，地方税地区差异扩大，以至于扭曲了地方政府的很多公共服务职能。特别是1994年税制改革尚未来得及解决的“历史遗留问题”，又在当前“营改增”背景下成为迫切需要解决的问题。“营改增”倒逼分税制财政体制，其引发的中央与地方的财政关系的结构失衡问题，需要通过完善分税制进行调整，在“营改增”背景下，完善地方税体系、确立地方税主体税种已成为当务之急。对这个问题的讨论，与现行税制的改革（包括税收管理体制中的税种结构的优化、规范税费关系、税收征收管理等）有着必然的联系。对此，本章重点讨论完善地方税体系建设的主要观点，而优化税制、优化税种结构、清费立税等，将在本书第十八章详细讨论。

加快建设合理、规范的地方税体系，除了合理划分税收管理权限外，还应从优化地方税的税制结构和规范地方税骨干税种着手，必须坚持地方税制的受益原则、效率原则、分割原则等，在有利于中央政府宏观调控的前提下，调动地方政府发展经济的积极性，使地方税税制结构科学、税种划分合理、主体税种税基稳定、辅助税种税源丰厚，并能全面、完整地体现地方税收的财政功能和调节功能。

（一）稳定地方税主体税种

“营改增”之前，我国地方税税种主要由营业税、所得税和财产税构成，以营业税和所得税为主体税种，以财产税类税种为辅助税种。地方税主体税种的选择没有一个固定的模式，而应依据经济发展水平、税种的变化而有所变化。随着税制改革的不断深化、地方税税制结构的变化、经济效益的提高，以及税收政策的变化，地方税的主体税种地位也有很大的改变。“营改增”这一项重大税制改革对地方政府收入造成的冲击显而易见，因此，尽快确立地方税主体税种，优化税种结构，已成当务之急。

（二）规范地方税骨干税种

第一，增加地方在企业所得税分享中的份额，采用共税基、分税率，组织税款入库。

第二，将现行城镇土地使用税和房产税合并，建立房地产税制（或不动产税），统一纳税人，合理调整计税依据，适当提高征收标准。

第三，将现行城市维护建设税按流转税额附征（即附加税）改为以销售（或营业）收入为计税依据的独立税种。扩大该税种的征收范围，即凡有经营收入的单位和个人，均应征收城市维护建设税，并根据城市服务功能的优良和城市规模容量，在国家规定的幅度内由地方政府（省、自治区、直辖市）确定差别税率。

第四，尽快通过立法开征环境保护税。以国家有关部门核定的对环境造成污染的生产经营企业为征税对象，按污水排污、环境噪声排污、废渣排污、废气排污和其他设计税目开征环境保护税。环保税由地方税务机关进行征收管理，收入纳入地方财政，按照“专款专用”的原则，交付环保部门统一管理使用。

第五，立法开征社会保障税。本着国家、企业（单位）、员工同舟共济，纳税与受益相结合的原则，以企业、单位实际支付给职工的工资、薪金数额为计税依据，规定必要的扣除项目开征社会保障税。社会保障税确定为地方税，由地方税务局征收管理，采用源泉扣缴与申报缴纳相结合的方法征收。

第四节
规范转移支付制度

严格地讲，传统体制中存在着的各级政府间的上缴下拨关系，并不是真正意义上的财政转移支付。1994 年分税制后实行的税收返还办法虽然是一种进步，但与规范化的转移支付制度仍有很大的差距。在财政体制的改革过程中，建立起规范和有效的中央对地方、地方上下级之间的财政转移支付制度，在一定程度上有助于遏制“税收定额任务”产生的“过头税”，从制度上规范政府征税、用税行为。

一、确立中央政府宏观调控的主导地位

转移支付政策和措施是通过中央政府这一中枢来实施的，因而，确立并切实加强中

央政府的宏观调控地位便成为建立和健全政府间财政转移支付制度的一项客观要求。许多国家的财政体制普遍实行“收入的大头归中央，支出的大头放在地方”的做法，中央在财力上有较多的机动余地，以此强化中央调控。在中央财政集中有所提高的情况下，中央财力并非由中央政府最终支配和使用，而是中央财力的相当一部分经由中央政府加以再分配，增加财政资金的边际效益。从这个意义上讲，实行转移支付制度与确保中央财力和有效调动各级地方政府的积极性并不相悖。同时，从我国国情来看，只有中央对省一级的转移支付是不够的，必须考虑省对市、县的转移支付制度的建立与完善。

二、区域经济财力差异分析与转移支付目标的确定

转移支付的目标有两个：一是调剂各地区间财政收入水平的差异，实现财政横向均衡；二是提高地方政府提供某些公共产品的能力。我国各地区间的经济发展是不平衡的，在市场经济条件下，如果忽视了中央政府的预算调剂作用，就会从财政的角度牵制欠发达地区的经济发展，并且使地区间居民享受公共产品服务水平的差距拉大。所以，转移支付的任务就是要实现地区间的收入调剂，对那些虽在地方管辖区内但却具有良好外部经济性的公共产品的提供给予补助。当然，这也并不是要拉平地区间的收入差异，而是要在调剂的过程中增强财政资金的使用效益。

三、转移支付的总量与结构

根据中央和地方政府的事权范围、财政承受能力以及可行的补助标准等因素来控制转移支付的总量，使其保持在一个适度的水平上。中央对地方转移支付的规模，既要考虑在中央财政的收入能力大于支出责任的情况下，中央财政可能向地方财政转移财力的总量，也要考虑在地方支出责任大于收入能力的情况下需要中央转移财力的相应量。从这个意义上讲，处理好需要与可能之间的关系是决定转移支付流向和规模的重要前提。为了达到既定的政策目标，选择适宜的转移支付形式，才有利于收到良好的效果。不同的转移支付形式有不同的特点，要根据不同的情况选取一种占主导地位的支付手段，再辅之以其他的转移支付形式。

四、以因素法代替基数法

1994 年开始实行的财政体制仍然采用基数法核对地方的财政收支，这种方法实质上延续了计划经济时期的做法，是导致在市场经济体制下税收流失的重要诱因，其缺陷在于：一是无法与变化的情况相适应。二是延续使用收支基数容易造成地区间的苦乐不均，延续时间越久，不合理的可能性就越大，从而导致地区间财力不平衡问题进一步恶化。三是使“任务治税、财政预算优先”的财税行为被不断强化，导致经济发展与税收增长相背离，这就有可能助长“数据造假”的蔓延，不能客观、真实地反映经济社会发展的脉络与成果。因此，制定科学的符合国情的财政收支体制，建立一套合理的分配公式，使某一地区的收支缺口及地区间财政能力的差异成为决定补助分配的主要因素，也许有助于这一问题的有效解决。在计算财政收支缺口时，日本的做法值得借鉴，即以基准的

财政需求与收入为标准，按标准税率计算地方的财政能力，以鼓励地方政府增加税收的积极性。而计算基准财政需求，目前在我国可能还有一定的困难：一方面，地方政府的支出范围尚未明确；另一方面，缺乏有关各类公共设施及服务提供成本和数量的统计数据，难以对支出需求进行量化。因此，可以考虑使用人口、土地面积等一些总量指标来近似地计算各地的财政需要，同时应加强这方面的统计及研究。出于平衡各地区财政能力的考虑，分配公式中还应包括反映各地差异的指标，如人均产值、经济发展程度、教育及基础设施水平、少数民族人数等，对于贫困地区给予更多的补助。

五、完善省级（市、区）以下的转移支付制度

从大的方面看，省对下级与中央对省级转移支付的性质、形式和方法是雷同的。不同之处在于，地方税系有待完善，省对下的级次多，因而建立省对下的转移支付制度的难点更多，需要的时日更长。自实行分税制后，大部分省（市、区）相继参照中央对省级的过渡期转移支付办法建立了省级对下级的转移支付制度，在转移支付金额及其来源、技术方法以及利益格局调整等方面做了大量工作，当前的主要问题是方式多样化，欠缺力度，不够规范。因此，建立统一的省级对下级的转移支付制度，尊重分级管理赋予省级政府的自主权和调控权，进一步规范全国性的省级对下级的转移支付制度，势在必行。

第十八章

优化税制：治理税收流失的制度保障

第一节
优化税制结构，为治理税收流失提供制度保障

优化税制理论自20世纪80年代以来颇受西方经济学界的关注。1996年度诺贝尔经济学奖授予英国剑桥大学的詹姆斯·米尔利斯（James A. Mirrlees）和美国哥伦比亚大学的威廉·维克里（William Vickrey），这在很大程度上说明主流经济学界对优化税制理论的肯定。优化税制理论的基本论点可概括为四个方面：

第一，从分析现代市场运行机制的某些基本特征入手，确立税收制度与税收政策在现代经济生活中的恰当地位。具体来说，优化税制理论从市场机制中存在的信息不充分、不完全及不确定等现实角度入手，充分论证了政府运用“扭曲性”税收工具的不可避免性，并强调应在这种客观现实基础上对现实税制进行改革和优化。

第二，对带有政府干预意图的效率原则进行了较为全面、现实的界定与分析，认为既然“扭曲性”税收的存在及所带来的效率损失不可避免，那么政策决策者就应致力于确定那些“扭曲性”税收可能带来的效率损失或超额负担的大小与来源，从而尽可能地使效率损失达到最小，使税制较少干预市场机制的正常运转。在注重税制设置效率原则的同时，通过引入不同的“社会福利函数”，探讨效率与公平原则、税收收入以及其他政府目标的协调问题。

第三，注重税制设置与税收政策的宏观效应，同时更注重研究税制对经济行为主体决策的刺激作用，较为完整地论证了在不充分信息条件下对经济决策过程提供刺激的方法、目标和约束条件。

第四，关注纳税人的偏好，对一些特殊商品采用差别商品税。

总之，税制优化不仅包括优化税种结构、优化税负结构，而且必须高度关注优化征

管流程，三者相辅相成，缺一不可。

优化税种结构，既包含税制由多少税种构成、以何税种为主体、税种结构的构建是否符合本国的征管水平，也包含各税种的构成要素，即各税种的税率、税基等是否合理、公平、有效率，税负分布范围和调控力度是否均衡。具体分析税种结构的合理性时，则主要看各税种税率的设置、课税对象的选择、税基的重叠等方面导致的税收调控的均衡性和结构的科学性。目前世界各国的主体税种选择有三种模式：

一是以所得税为主体税种的税制模式。实行这一模式，除需要有高度发达的生产力和较高的人均国民收入为基础外，还需要在经济管理、会计核算、税收征管方面具备较为先进的手段，以及较强的法制化，以便为所得税的征收提供条件。以所得税为主体税种，有利于鼓励市场竞争。因为间接税种是按部门或产业设置的，容易妨碍部门之间的竞争，而所得税则可避免这种不公平，为企业平等竞争创造有利条件。更为重要的是，以所得税为主体税种可以在一定程度上实现收入均等化目标。近年来，社会保障税发展成为一个不可忽视的税种，在美国已发展为仅次于个人所得税的第二大税种。社会保障税专门用于退休金、失业救济以及伤残补助等社会保障支出。这种为满足特定公共支出需要的税种，加大了所得税类作为主体税种的分量。根据美国 2013 ~ 2014 财政年度报告，联邦政府税收总额为 26908 亿美元，其中个人所得税 13115 亿美元，占 48.8%，社会保障税 9724 亿美元，占 36.1%，企业所得税 3178 亿美元，占 11.8%。

二是以商品税为主体税种的税收模式。据国际货币基金组织《政府财政统计年鉴》（1986）提供的 109 个发展中国家的资料，商品课税占本国税收第一位的国家有 70 个，其中个人所得税比重不及 5% 的国家多达 43 个。发展中国家个人可支配收入较少，无法依靠个人所得税保证财政收入，因而以商品为课程对象的间接税成为主体税种。当人均国民生产总值达到一定水平时，税制结构将从以商品税为主体转变为以所得税为主体。

三是低税模式。这种模式以“避税港”为代表。国际税务专家肖温和爱德华克在 1974 年发表的《避税港和海湾投资中心》一文中进行过这样的概括：“避税港是这样的地方，人们在那里拥有资产或取得收入不必负担税收，或者只负担比在主要工业国家轻得多的税收。”较为典型的是“纯避税港”，不征个人所得税和财产税。此外，一些石油输出国以非税的石油收入为主，政府财政主要不靠税收。

我国财税体制改革的未来发展与走向的一个主要方面是税制的优化，税负的科学、合理化和征收的规范、快捷等，它与经济体制的改革和人民对税收的期待息息相关。《中共中央关于全面深化改革若干重大问题的决定》指出：“全面深化改革的总目标是完善和发展中国特色社会主义制度，推进国家治理体系和治理能力现代化。”也就是说，财税体制改革要匹配全面深化改革的总目标。“经济体制改革是全面深化改革的重点，核心问题是处理好政府和市场的关系”，重心又在财税改革上。可以说，财税改革对于实现改革总目标至关重要，是建立现代财政制度的关键所在。而完善立法、明确事权、改革税制、稳定税负、发挥中央和地方两个积极性。改进预算管理制度，完善税收制度，建立事权和支出责任相适应的制度，则进一步明确了深化税制改革的方向，即：深化税收制度改革，完善地方税体系，逐步提高直接税比重；推进增值税改革，适当简化税率；调整消费税征收范围、环节、税率，把高耗能、高污染产品及部分高档消费品纳入征收范围；逐步建立综合与分类相结合的个人所得税制；加快房地产税立法并适时推进改革，加快资源税改革，推动环境保护费改税；按照统一税制、公平税负、促进公平竞争的原则，加强对税收优惠特别是区域税收优惠政策的规范管理，完善国税、地税征管体制。根据“决定”精神，随着财税体制改革的不断深入，在“十三五”时期，我国现阶段以全面“营改增”为标志的经济领域的税制改革与完善将基本完成，以深化个人所得税和房地产税改革为标志的个人分配领域的税制完善将成为攻坚重点，以完善地方税体系、逐步提高直接税比重为标志的税制结构调整也将列入全面深化税制改革的日程，以调整消费税、推进资源税改革和推动环境保护费改税为标志的优化税制将全面启动。

“营改增”被称为“牵一发动全身”的改革，在建立符合产业发展规律、规范消费型增值税制度、消除重复征税、充分发挥市场在资源配置中的决定性作用、促进产业升级等方面具有重要的功能。2012 年 1 月 1 日，我国正式拉开“营改增”的序幕，截至 2014 年底，“营改增”已在 10 个行业中进行，房地产行业、建筑行业、生活服务业和金融保险业拟将进行。这四大行业是“营改增”的最大难点，也是“营改增”改革的硬骨头。其中房地产业和建筑行业是地方政府主要税收收入的来源，基于这两大行业关联性极高的考虑，其“营改增”必将推动地方税收体系的建设。基于金融保险业和生活服务业无进项抵扣的情况，很有可能对生活服务业实行简易计税方法；而金融保险业作为现代服务业的主要组成部分，可能依照 6% 的低税率征收增值税。

随着“营改增”的完成，原属于地方主体税种的营业税并入增值税后，现行财政分税体制将有较大调整，为了保障地方政府的财政收入稳定增长，更好地履行支出责任，必须重构地方主体税种，完善地方税税收体系。一项重要措施就是继续推进房地产税改革，房产税是对房产保有环节征收的税种，目前仅对经营性房产征收房产税，“加快房地产税立法并适时推进改革”，对破解土地财政困局、促进地方财力重构、合理引导地方政府税费行为意义重大。

推进资源税改革，解决目前资源税征收范围过窄，资源税课征税率偏低，资源税从量计征，无法体现资源稀缺、价格上涨因素带来的税收涨幅等问题，以及不能弥补资源开采造成的社会后果。扩大征收范围，将耕地、滩涂、森林、草场及淡水资源等纳入资源税的征收范围。选择从价计征方式，使资源的稀缺与市场价格上涨紧密相连，提高资源税的税率，将资源开采的外部成本内部化。这样做可以增加地方政府的税收收益，解决或规范资源收费，更重要的是通过资源税的调节，遏制自然资源的掠夺性开采对环境造成的极大破坏和污染，促进资源的合理开发利用，缓解资源日益稀缺和经济发展的矛盾，实现经济可持续发展。

清费立税，推进环境保护税法、社会保障税法的立法，将能够改费为税的政府非税收入纳入国家税收征管中，使税收收入占国民收入的比重逐步达到 85% 以上。

第二节 优化税种结构，促进税收实体法制的不断完善

一、优化货物与劳务税

增值税是一个运行相对复杂的税种，在税率设计上既要考虑纳税人对税收负担的承受能力，不至于因增值税的税率水平而影响纳税人的正常生产经营，同时也要考虑在目前地方税源尚未培育的情况下过低的税率对财政收入的影响，尽可能避免因税率档次过多而增加税收征管难度，降低纳税人的税法遵从。据此，2014 年 6 月 18 日，财政部、国家税务总局发布了《关于简并增值税征收率政策的通知》（财税［2014］57 号），简并和统一了增值税征收率。随着“营改增”的进展，我们应该不断总结经验，完善“营改增”制度，简化税率档次。政府对需要刺激发展的部分行业，可以考虑通过增值税即征即退或先征后退等优惠政策给予支持，通过“开前门，堵后门”促进纳税人税法遵从。同时，强化纳税人户籍管理，完善征管基础信息。通过加强与工商、银行、海关、交通运输等部门信息比对等多种方式，使“营改增”税源状况的全面摸底排查常态化，并将户籍登记情况、停开业状态等信息公开公示，强化外部监督，内外并举，解决开业登记率偏低及非正常户、停业户比例偏高等问题。通过国地联合办公、与相关部门的信息比对、现场实地核查等方式，对行业、税种鉴定、发票管理等户籍登记信息进行全面的梳理、比对和分析，甄别真伪，以提高征管基础信息质量。特别是应坚持不懈地加强发票管理。在发票领用、纳税申报等后续环节健全制度，完善措施，及时掌握纳税人动态，促进税法遵从，管控税款流失。如对货物运输业重点核实纳税人实际经营能力、核实车船数量吨位等，作为核定发票使用数量的基础数据，通过比对分析纳税人的开票信息，及时调整纳税人申领发票的版别和数量，找准行业管理风险点，按照风险管理等级，开展风险核查、纳税评估或税务稽查，将“一址多照”、“一照多址”的纳税人列入重点关注对象，防范其虚开增值税专用发票、骗取出口退税等风险。

优化消费税，调整消费税征税范围，提高对环境污染品（如磷洗涤剂、汞镉电池、化肥、农药、各类电器、包装材料）以及资源消耗多的产品的税率，并将尚未纳入征收范围的纳入征收范围。取消对普通化妆品、汽车轮胎等普通大众消费品的征税，降低国外进口高档化妆品、奢侈品的消费税税率。对燃油消费税设定浮动税率，对不同车型征收有差别的较高税率。调整消费税征收环节，由生产环节征收改为零售环节征收；选择适当机会将消费税与车辆购置税合并。通过上述改革，使消费税在发挥其功能作用的基础上，与即将开征的环境保护税共同成为治理污染、保护环境的最佳税种。

二、优化所得税

（一）优化企业所得税

依据现代企业制度化、国际化、法制化的原则，进一步优化企业所得税。优化企业所得税制的基本框架拟为：统一的纳税义务人，统一的税率，统一的税基，相对统一的税收优惠政策体系，中央与地方同源共享、分率计征的分税制度。

1. 统一纳税义务人，促进现代企业制度建立。现代企业制度指现代商品生产和流通的社会化突破私人资本积累的界限所形成的各种资本联合方式和企业组织形态。现代企业制度的核心是明确企业所有者与经营者各自的权利和义务，并以法律文件的形式相对固定下来。我国 2013 年修订并于 2014 年 1 月 1 日正式实施的《中华人民共和国公司法》正式确立了我国有限责任公司和股份有限公司的法律地位。现行《中华人民共和国企业所得税法》规定，我国自 2008 年 1 月 1 日起执行法人所得税制，即只有企业法人才缴纳企业所得税，非企业法人如个人独资企业、合伙企业不是企业法人，不缴纳企业所得税，只缴纳个人所得税。因此，依据新的公司法，新的企业所得税的纳税人应为规范的法人，即股份有限公司与有限责任公司，其他非法人组织或机构应为个人所得税纳税人。统一企业所得税纳税人，将有利于推进企业制度改革，为健全社会主义市场经济体制奠定坚实的基础。

2. 实施中央与地方同源共享的分税方式，解决好企业所得税的隶属关系问题。在完善企业所得税制中，将统一后的企业所得税列为中央与地方同源共征、按率分享的共享税种，即由国税局统一课征，按率分享，分别入库。这样做有利于增强企业所得税的宏观调控作用，调动中央与地方发展经济的积极性，有利于促进资产的合理流动，有利于彻底解决国税局与地税局争税源的矛盾，规范现代企业制度下的分税制。

（二）优化个人所得税

个人所得税是一个世界性的重要税种，从产生到现在虽然只有 200 多年的历史，但在课征范围、数量和制度建设方面已趋于完善和成熟。我国自 1978 年改革开放以来，对个人所得税制度进行了多次改革和调整。目前，个人所得税成为我国新税制实施以来收入增长最快且潜力最大的税种，也是税收流失最严重、漏洞最多的一个税种，完善个人所得税制、加强对个人所得税的征管是一个亟待解决的问题。

一是纳税申报制度存在缺陷。我国的个人所得税征收工作主要依靠相关单位的代扣代缴，这种集“间接”与“截流”于一体的征收方式，虽然对工薪阶层而言基本上可做到应收尽收，但仍存在一定缺陷。因为按现行规定，在两种情况下需要纳税人在规定期限内自行向税务部门进行纳税申报：一种是纳税人取得应纳税所得后，根据取得的应纳税所得项目、数额，计算出应纳的个人所得税额进行申报。一种是纳税人在一个纳税年度终了后，按照全年取得的应纳税所得项目、数额、应纳税额、已纳税额、应补退税额进行申报。在现行的申报制度下，由于纳税人与征税者之间信息不对称，大量纳税资料缺失，征纳双方的申报和集合成本都比较高。税务部门要掌握一个纳税人的情况，需要收集大量的纳税人信息，税收的监管成本较高。特别是游离于工薪阶层之外的纳税人，涉税信息的取得更为困难，税收流失问题更为严峻。另外，个人所得税的申报采取的是溯及既往的办法，要求纳税人将过去一年的收入进行申报，纳税人必须在极短的时间内提供收入证明、已代扣代缴的纳税凭证等，这无疑加大了纳税人申报的难度和成本。

二是对违法纳税人的处罚较轻。在我国现行税收征收管理法中，对逃税者首先由税务机关追缴其不缴或少缴、欠缴的税款及滞纳金，然后再处以不缴、少缴或者欠缴税款数额的50%以上5倍以下的罚款，构成犯罪的还要依法追究刑事责任，罚款额在2000元以下的，可以由税务机关决定。个人所得税额一般比较小，逃缴个人所得税一般不会触犯刑法构成犯罪，所以一般会适用50%到500%的罚款比例予以罚款处罚。但从50%到500%弹性空间太大，再加上本身基数又小，这就导致所谓的罚款并不能实现打击逃缴纳税行为的目的。

三是监管制度不完善。个人所得税税源分布广泛，涉及的纳税人不仅多而且杂，在货币尚未完全电子化，且隐性收入难以查核的情况下，征管难度极大。税务机关监管体制的不到位使纳税人避缴税金有机可乘，同时监管制度的不完善也存在于对扣缴义务人的监管上。一些扣缴义务人和纳税人甚至会联合起来共同对付税务部门的检查，有时会以虚假姓名来领取工资或有意压低账面薪酬收入等手段来逃缴个人所得税。

四是分类计税方式不利监管。分类计税既不利于税务部门征税，也不利于纳税人、扣缴义务人缴税。按现行立法规定，不同的收入来源要采取不同的税率和扣除办法，如果没有相关的税收知识，多数纳税人和扣缴义务人并不清楚应当怎样计算应纳税所得额和应纳税额。另外，税务机关对纳税人的情况也并不十分了解，信息上严重的不对称，也是个人所得税流失的重要原因。

五是征管方式落后。个人所得税涉及面广、工作量大，历来是税收征管上的难点。征管方式的落后使征管活动变得更加困难。我国个人收入来源日趋复杂，导致个税税源不清，应征多少税自然就成了未知之数。

优化个人所得税制，加强个人所得税的征管，减少税收流失，归结起来，可从以下几个方面入手：

一是采用综合所得课税为主、分类所得课税为辅的混合所得税模式。目前，绝大多数国家都实行综合所得税制或混合所得税制，也有一些国家实行纯粹的分类所得税制。分类所得课税模式在我国的实践表明，这种课税模式既缺乏弹性，征管质量与效率亦不高。但是，在目前的情况下，完全放弃分类所得课税模式也是不现实的，可能会加剧税源失控、税收流失。因此，建议在未来个人所得税制的修改、制定中采用综合所得课税为主、分类所得课税为辅的混合所得税模式。由于个人纳税支付能力的高低只有经过较长时期才能全面反映出来，应改革按月和按次征收的方法，实行以年度为课征期更符合量能课税的原则。

将分类税制改革为综合与分类相结合的个人所得税制。在近期，可考虑将工资薪金所得、生产经营所得、劳务报酬所得、财产租赁所得等有较强连续性或经常性的收入列入综合所得的征收项目，制定统一适用的累进税率；对财产转让、利息、股息等其他所得，在一段时期内仍按比例税率实行分项征收。在远期，随着税收征管及相关配套措施的不断完善，应当实施完全的综合个人所得税制，以加大对高收入群体的调节力度，从根本上解决税收公平问题。

优化税制要素，拓宽个人所得税税基。建立、完善个人所得税“税基”操作机制。制定有一定弹性的免征额区域，给予不同地区一定的选择权，同时建立免征额定期调整制度，按照“宽税基”的原则，扩大个人所得税的征税范围，拓宽税基，如外籍个人从外商投资企业取得的股息、红利所得等应进行征税。

完善个人所得税技术支持和技术设计，调整优化税率结构。目前对工资薪金所得实行七级超额累进税率，最高税率为45%，与当前世界各国相比，这一税率过高。税率过高，一方面会增强纳税人逃税的动机，另一方面由于45%的税率在现实中极少运用，这一税率只起象征性的作用，有其名而无其实。这种个人所得税的边际税率最高而征收面最小，是极不协调的。应抛弃那种求名而不求实的设计思想，重新设计个人所得税的税率结构，减少累进级数，拉大级差，采取超额累进税率，降低边际税率，缩小级别和累进级次，保持税负公平。对于综合征收的各类所得，税率档次设定在4～5档，最高税率以35%左右为宜。在个人所得税的费用扣除上，应考虑家庭老人赡养、子女教育、个人捐赠、慈善以及夫妇一方工作单独负担家庭等费用的情况。除基本扣除外，应按具体情况来增加附加扣除。

二是调整纳税人的认定标准和纳税人范围。现行税法仅依据住所和居住时间两个标准区分居民纳税人和非居民纳税人，这不利于维护国家的税收权益。应坚持居民管辖权和收入来源地税收管辖权并行应用的原则。对拥有永久住所，或没有永久住所但在中国连续5年每年逗留183天以上者，从第6年开始，确定为永久居民，就其来源于境内外的全部应税所得（不论是否汇入我国）承担无限纳税责任。在中国境内没有永久住所，但在一个年度内在中国境内连续或累计逗留183天以上者，为中国居民，应就其来源于境内外应税所得承担纳税责任，但境外所得以汇入原则承担纳税责任，即汇到中国的部分纳税，没有汇入的部分不纳税。在中国境内没有永久住所，且在一个纳税年度内在中国境内逗留不超过183天者，为非居民，只就其来源于中国境内的所得承担纳税责任。从纳税人范围看，应该将自然人性质的独资、合伙、合作经营者纳入个人所得税的征收范围，从根本上解决个人所得税和企业所得税对纳税人界定不清的问题。

三是按国际惯例，只保留少量减免税项目，尽量缩小减免范围。西方发达国家20世纪80年代中后期个人所得税改革的一个基本趋势就是扩大税基，把原先一些减免的项目纳入了征税的范围，以有效避免税源流失，杜绝征收漏洞。根据中国的具体国情，可保留的减免项目应包括：失业救济金或其他救济金、抚恤金、保险赔款；法律规定予以免税的各国使、领馆外交代表、领事官员和其他人员所得；按国际惯例，中国政府参加的国际公约、签订的各种协定中规定的免税所得；经国务院、财政部批准免税的所得。此外，为适应个人收入来源多样化，需调整应税项目，扩大税基，严格控制减免税。

四是选择以家庭为纳税单位，做到相同收入的家庭纳相同的税，更好地体现税收的公平原则。受传统文化的影响，我国民众家庭观念根深蒂固，尽管受现代思想的影响，离婚率近几年呈不断上升趋势，但家庭作为最基本的社会单位是不可改变的。经济行为（如消费、投资和储蓄的决策）、社会行为在很大程度上是家庭行为，因此，对家庭行为的调节是调节经济和社会行为的基本点。个人所得税的最基本目标是有利于实现收入分配公平。收入分配差距的扩大主要体现在家庭收入水平的差距上，对收入分配的调节完全可以集中到对家庭收入的调节上。选择以家庭为纳税单位的最重要之处就是可以实现相同收入的家庭纳相同的个人所得税，从而实现按综合纳税能力来征税；并且，可以以家庭为单位实现一定的社会政策目标，如对老年人个人所得税的减免，对无生活能力的儿童采用增加基本扣除的方法，对有在校学生的、贷款购房的、购买保险的、捐赠的家庭采取一定的政策优惠实现一定的政策目标。现行个人所得税以个人为纳税单位主要是从收入角度来设计的，它不能对特殊的项目采用因素扣除，因而不能起到预定的促进公平分配的作用。另外，中国现在的就业压力很大，如果实行以家庭为纳税单位，则家庭的实际收入将有所增加，必然鼓励低收入的家庭成员自愿放弃原有的工作，从而减轻全社会的就业压力。当然，在现实生活中，纳税单位的选择面临很多实际问题。比如，我国的核心家庭与西方的核心家庭结构不完全一样。西方的核心家庭是三口或四口之家，包括夫妻双方及孩子，一般很少有几代同堂的情况，这样以家庭为单位比较容易设计税率水平，因为家庭结构基本是同质的。但我国的家庭结构要比西方复杂得多，至少存在3种结构：核心家庭为三口之家；占很大部分的是三代同堂的家庭，这与我国传统的养老模式有关；还有一些四代同堂的，这部分家庭正在减少。设计税率时一般以核心家庭为基本出发点，对于生活有两对夫妇（即典型的三代同堂家庭）以上的家庭可以采取分拆方式，即纳税单位不是以生活在一起的家庭为单位，而是以婚姻关系为基本单位，即以夫妇为一个纳税单位。另一个重要的问题是如何设计联合申报和单身申报的不同税率。这需要对税负水平进行一些测算，原则上应对联合申报稍优惠一些，以利于实现纳税单位的转换。当然，差别不能太大，否则个人所得税会成为一种对婚姻有较大影响的税收，破坏它的中性原则。

五是建立代扣代缴和自行申报相结合的征管模式，进一步完善自行申报政策规定。修改相关规定，以减轻税务部门在纳税申报中的责任和执法风险，使之将工作重点放在纳税申报监控上。对于申报后应补缴税款和退税的处理、网上申报纳税等问题做出详细、具体和可操作的规定，以避免实际执法中可能的纠纷。由于个人所得税的税源零星分散，再加上目前纳税人的纳税意识淡薄，近期内应加强源泉扣缴制度的实施力度。对未按税法规定履行代扣代缴义务的单位和个人应从重处罚，并将这部分单位和个人通过公共媒介进行曝光。为了促进代扣代缴向自行申报方向转变，在高收入阶层中，选择一些纳税意识强、条件好素质高的对象，实行自我申报，以积累经验、扩大社会影响，并制定一个时间表和路线图。然后，结合廉政建设完善副处级以上干部的收入申报制度，使负有一定领导责任的国家公职人员在自行缴纳个人所得税方面起到带头作用。最后，普遍实行公民自行申报纳税。

六是完善中国个人所得税征收管理的配套措施。现阶段我国个人所得税调节作用低下，逃、避税现象普遍，税收流失严重，原因在于税基隐性，应采取措施尽可能使个人收入显性化，而这个问题并非税务部门所能解决的，需要相关部门出台各种配套措施，具体包括：尽快建立个人财产登记制度，界定个人财产来源的合法性以及合理性，将纳税人的财产收入显性化，税务机关应加强对财产税、遗产税等税源控制。实行并完善储蓄存款实名制。这一举措已经在 2000 年实行，但还很不完善。不但要在所有银行之间联网实行储蓄存款实名制，而且要在银税联网的基础上实行储蓄存款实名制，这将在一定程度上克服和解决税源不透明、不公开、不规范的问题。实行居民身份证号码与纳税号码固定终身化制度，并在条件具备时实行金融资产实名制，即在存、取款和债券、股票交易时均需登记居民身份证号码，为税务机关掌握个人收入创造有利条件。修订、充实《税收征收管理法》，使之更适应个人所得税的征收管理需要，为个人所得税的征收管理提供有力的法律保障，加大对违法纳税人的惩处力度，以确保个人所得税制度的顺利实施。

三、优化财产行为税

（一）稳步推进房地产税制改革

1. 加快房地产税立法。2013 年 11 月 12 日，十八届三中全会通过了《中共中央关于全面深化改革若干重大问题的决定》，在房地产税问题上，要求“加快立法并适时推进改革”。这给房地产税改革指明了方向，即房地产税改革将分两步走：首先是立法，推动房地产税法的颁布和实施；其次是在房地产税法的基础上，完善房地产税制度。但是一年多过去了，房地产税立法工作进展缓慢。虽然法律的制定是项复杂的工程，但如果立法进程过于缓慢，势必会影响政策效果。因此，房地产税改革的当务之急应是加快房地产税立法的步伐。由于房产税是地方的主要税种，所以笔者建议可以由全国人大制定一部房产税的框架法律，设定房产税大致的征收范围、税率的征收区间、税基的计算方法等，同时留下一些选择空间，让地方根据自身情况决定如何开征、征税对象等，这样既有利于加快立法进程，也有利于调动地方组织收入的积极性。

2. 加快房地产税改革。针对我国房地产税的现状，在推动房地产税改革中需重点关注以下几个方面：

第一，减少建设和交易环节税，增加保有环节税。我国房地产税的征收主要集中在两大环节，即交易环节和保有环节。交易环节税包括土地增值税、耕地占用税、营业税、城市维护建设税、契税、个人所得税、企业所得税和印花税等；保有环节税仅包括房产税和城镇土地使用税。由此可见，房地产交易环节税种过多，税负重，而保有环节税负较轻，这种格局加重了购房者的负担，不利于房价的稳定。因此，房产税改革重点之一应是减轻建设和交易环节的税收，增加保有环节的税收。

第二，扩大房地产税征收范围。在征收范围上，房产税和城镇土地使用税的征收仅限于城市、县城、建制镇和工矿区，没有包括农村及所辖的行政村，城郊接合部许多未征收的土地，其利用早已城市化。此外，我国房地产税一般只涉及经营活动所使用的房地产，个人自有居住用房被排除在征税范围之外。随着城镇化提速和住房改革加快推进，我国房地产商品化程度不断提高，房产购买主体结构发生了重大变化，个人购房比重逐步上升，房产已经成为家庭的主要财富[①]。对这部分房产免税，实则是放弃了相当大的一部分税收收入，造成税收流失。

因此，房产税改革应扩大征收范围，从目前国情分析，不应将农村居民住宅纳入征收范围，而那些已经商业化的土地可考虑纳入征税范围。此外，应对各种来源的住宅统一征税，以体现税制公平；征税对象纳税人以个人作为纳税人为宜。

第三，在计税依据上，采用不动产评估价值作为计税依据较适宜。我国现行房产税的计税依据是房产余值或房产租金收入。这实际上是静态的价值，我国经济多年保持高速增长态势，土地和房产大幅度升值，特别是城市新房市值与旧房市值相差非常大，以余值为计税依据无疑是大大缩小了税基。因此，房产税应采用不动产评估价值作为计税依据，定期重估市场价格，尽量使税基随经济增长的变化而变化。

第四，税率宜采用比例税率。我国当前房产税采用从价计征和从租计征两种方式，这两种方式计算出来的税额有时差异很大，影响了税收的公平合理性。因此，在综合我国房产税多年实践经验的基础上，笔者建议应统一采用比例税率，从价征收。各省、自治区、直辖市在规定的幅度范围内，可根据本地经济发展水平、房地产市场的现状，以及地方政府的年度预算等因素确定本地区适用税率。除此之外，地方应根据本地实际情况确定基础豁免，住房面积超过豁免条件的，缴纳房地产税。例如，可以家庭为单位，人均免税面积为建筑面积50平方米，以房产所在地为纳税地点。

第五，相关配套的税费体系改革。房地产税涉税费12项之多，而直接涉及财产行为税的有5种，即房产税、城镇土地使用税、土地增值税、契税和印花税。涉及房地产的收费更是五花八门，收费总额难以统计，费大税小已是不争的事实。而征收房地产税势必会增加保有环节税负，因此需要进行与之配套的税费改革。

所以，房地产税改革需清费立税，简化房地产税费体系。可考虑土地出让金费改税，取消某些土地方面的行政收费。取消流转环节的土地增值税，同时将原保有环节的房产税和城镇土地使用税综合改革成保有环节的房地产税。取消耕地占用税、契税和营业税。同时，对某些高端房产交易环节的税可考虑在改革消费税优化其结构的同时，列入消费税征税范围[②]。

（二）适时开征遗产税和赠与税

遗产税是以被继承人去世后所遗留的财产，包括动产、不动产和其他财产为征税对象，向遗产的继承人和受遗赠人征收的税。赠与税是以赠送的财产为课税对象，向赠与人或受赠人课征的税。遗产和赠与税是财产税的一种，也是地方税体系的重要组成部分。目前，我国财产税体系主要包括房产税、城镇土地使用税、车船税、契税，财产税覆盖面窄。财产类税收在发达国家的省以下政府收入中占有绝对重要地位，OECD国家平均值为35%左右，而我国财产类税收收入占地方自有税收收入的比重在10%左右，相差20个百分点以上，我国财产税有很大的开拓潜力[③]。作为财产税系重要组成部分之一的遗产和

① 贾康，李婕：《房地产税改革总体框架研究》，载《经济研究参考》2014年第49期。

② 汤贡亮：《中国财税改革与法治研究（第二版）》，中国税务出版社2014年版。

③ 宋晓亮：《扩大财产税征收是未来趋势》，载《中国经济时报》2013年8月。

赠与税，在我国一直存在争议。

新中国成立以后，遗产税曾多次被提上议程。1990 年，国家税务局正式提出开征遗产税和赠与税。1993 年 11 月，中共十四届三中全会通过的《关于建立社会主义市场经济体制若干问题的决定》中明确提出要“适时开征遗产税和赠与税”。1993 年 12 月，国务院发布了《关于实行分税制财政管理体制的决定》，将遗产和赠与税收入划为地方财政的固定收入。2000 年 10 月，中共十五届五中全会再次提出要通过开征遗产税等措施强化国家税收对于收入分配的调节功能。2013 年 2 月，国务院批转了发改委、财政部、人力资源社会保障部制定的《关于深化收入分配制度改革若干意见》，提出“研究在适当时期开征遗产税问题”。遗产税和赠与税具有调节收入分配、缩小贫富差距的功能。因此，适时开征遗产税和赠与税，对于弥补我国财产税税种的缺失，在一定程度上减少税收流失，总体上是有益的。

第一，当下较完善的法律体系为开征遗产和赠与税提供了较好的法律环境。我国《宪法》第十三条规定：“国家保护公民的合法收入、储蓄、房屋和其他合法财产的所有权，国家按照法律规定保护公民的私有财产的继承权。”同时第五十六条明确规定：“中华人民共和国公民有依照法律纳税的义务。”《民法通则》第七十五条也规定：“公民的个人财产，包括公民的合法收入、房屋、储蓄、生活用品、文物、图书资料、林木、牲畜和法律允许公民所有的生产资料以及其他合法财产。公民的合法财产受法律保护。”第七十六条规定：“公民依法享有财产继承权。”国家以根本大法和民事基本法对公民的私有财产和继承权进行保护，同时，根本法又规定了公民的纳税义务（遗产税自然也不例外）。除了两部基本法之外，《婚姻法》、《继承法》、《税收征收管理法》等法律对遗产继承人、遗产范围和继承顺序以及征管等问题做出了明确规定。可以说，中国现阶段开征遗产税没有法律上的障碍[①]。

第二，财产公示制度的健全为遗产税和赠与税的开征准备了条件。2014 年 11 月 12 日，李克强总理签发第 656 号《中华人民共和国国务院令》，公布了《不动产登记暂行条例》，并规定自 2015 年 3 月 1 日起施行。这意味着我国财产登记制度又向前迈进了一步。其实，早在 2000 年我国就已经开始实行了储蓄实名制。2010 年 7 月 11 日，中共中央办公厅、国务院办公厅又印发了《关于领导干部报告个人有关事项的规定》。这些举措都在一定程度上加快了我国财产申报制度的进程，对于界定个人财产具有重要意义，而清晰地界定死者的个人财产是开征遗产税的重要前提。

第三，宏观经济的发展为遗产税和赠与税的开征提供了可行性。国家统计局数据显示，2014 年中国 GDP 总量 636463 亿元，人均 GDP 约为 7485 美元[②]，已经达到中上等国家水平。而且现阶段的高收入群体多样化，其数量不断增加，不仅有个体户、私人企业主，而且有金融机构管理者、房地产开发经营者以及文体人员等。我国富裕阶层人数大幅度增加，为遗产税的开征提供了充足的税源。

---

① 郑杭斌：《中国开征遗产税的法律思考》，载《2013 中国税法论坛论文集》，第 37 ~ 43 页。

② 中国国家统计局官方网站，http：//data. stats. gov. cn/easyquery. htm？ cn = C01。

此外，资产评估和税收征管技术的进步都为遗产和赠与税的开征准备了条件。

虽然遗产税和赠与税对于弥补财产税制的缺陷、完善地方税体系具有重大意义，但是纵观各国的实践，依然存在不少问题，可能会造成税收流失。所以，在遗产税制的设计过程中，要特别注意防范以下问题：

一是遗产税的扣免税项目不宜过多，以免税基太窄。世界上开征遗产税的国家几乎都有对遗产税的扣除项目，如债务、丧葬费用、配偶继承、家庭维持费、慈善赠与等。除了扣除项目，还有部分抵免，如在日本，配偶免税 1.6 亿日元，其他人免税额为“5000 万日元 + 法定继承人数 ×1000 万日元”。经过一系列扣除和抵免后，最后才得出实际应纳税额，这样就大大缩减了遗产税的税基。因此，我国在设计遗产税时应充分考虑这个问题，根据实际情况确定扣除和抵免项目，合理确定税基，以减少税基侵蚀造成的税收流失。

二是建立公正高效的财产评估制度，减少税收流失。由于遗产是死亡人死亡时的所有财产，既包括动产，也包括不动产，而且随着经济社会的发展，财产形式多种多样，因此财产的估值工作十分复杂，尤其是无形资产，评估工作难度更大。低估财产价值的情况也时有发生，这就导致了实际征税额的减少，造成税收流失。因此，我国在开征遗产税前关键的准备工作之一就是建立公正高效的财产评估制度，合理地估计财产价值，合理地确定税额，减少税收流失。

三是加强对逃避税行为的防范，避免资产外流。开征遗产税后，不免会有富人为了规避法律，通过转移财产和税务筹划技巧避税。如今，避税方式越来越多样化，手段也更加隐蔽，如利用信托基金或慈善公益捐赠免税规定避税等。防范避税已成为世界各国普遍面临的难题。因此，我国在设计遗产税时，应充分考虑这个问题，进一步提高税务管理水平，加强税务机关与其他部门的联动，共同打击避税行为，避免因资产外流而导致的税收流失。

四、加快环境保护税法的立法进程，开征环境保护税

目前，我国还没有独立的环境保护税，在治理环境污染问题上，主要是依靠环境保护收费。1978 年开始实行的排污收费制度，在加强环境保护、促进经济和社会的可持续发展方面发挥了积极作用。但是，环境保护收费与环境保护税相比，无论在规范性、强制性上，还是在环境保护的调控力度上，均相对较弱。因此，针对我国环境保护税费制度中存在的缺陷，2013 年 11 月，在十八届三中全会《关于全面深化改革若干重大问题的决定》中明确指出，深化财税体制改革，积极推动环境保护费改税，是治国安邦的重要手段。2014 年 6 月，在《深化财税体制改革总体方案》中，再次提出了建立环境保护税制度，将目前实施的排污收费制度改为环境保护税制度，发挥税收在治理污染和环境保护方面的职能。2015 年 6 月 10 日，《环境保护税法（征求意见稿）》已经公布，在我国环境保护费改税已是势在必行。而从减少税收流失的角度看，环境保护税也比环境保护费更为优越。

（一）环境保护税比费更为规范，收入更为稳定

环境保护税作为税的一种，具有强制性和固定性，纳入预算管理范围内，征管更为规范。特别是2015年两会上《立法法》修订案中明确提出，要“落实税收法定主义，税种的设立、税率的确定和税收征收管理等税收基本制度只能由法律确定”，税收法定主义更加深入人心，税收征收也将更加规范稳定。而环境保护收费的立法层次低，主要依据相关条例实施，在征管过程中存在着有法不依、执法不严、征收不到位的现象，随意减免的现象严重，容易导致“寻租行为”，造成税收流失。而且在现实征缴收费的过程中，由于执法权威较弱，企业长期拖欠费用，征收率较低。

（二）环境保护税征税范围更广，税源更为充足

环境保护税的征税范围是一切与环境污染和资源破坏有关的产品和行为，包括排污税、污染产品税和环境服务税，对产品“从摇篮到坟墓”进行监测和处理，明确地将所有有害于环境的产品都囊括在内。而排污费的征收是与污染同步的，只有在污染出现后才能进行收费，只能“末端处理”①，具有一定的滞后性。实际征收中只针对水污染、大气污染、噪声污染、固体废物和海洋污染征收排污费，忽略了虽然在生产领域没产生污染但在消费领域会出现污染的产品，如石油、天然气等，征收范围小，不仅不利于污染治理，还会产生费用的流失。

（三）环境保护税征税成本低，征收效率更高

各国环境保护税都是由具有专业知识的监测机构计算设定的，由税务部门独立进行征收，征收阻力小，征税成本低，征收力度较一般行政部门大。而环境保护费的征收主体是环保部门，由于对污染的监测和管理有较高的技术要求，环保部门往往无能为力，造成了征收阻力大、征收成本高的局面，征收效率较低。

（四）环境保护税更有利于解决中央和地方的矛盾

环境污染在相当程度上会扩及一大片区域，靠某一个地方政府无力治理，纳入预算体制内的环境税款有一部分是由中央控制的，有利于克服这一弊病，也有助于解决中央和地方的利益冲突问题。而目前的排污费主要归入地方财政，中央财政不参与排污费的分配，削减了中央财政对收费的调控能力，容易造成资金使用不合理的现象。有些污染是跨区域存在的，但是排污费不能跨区域统筹，不能很好地体现事权与支出责任相统一的原则。而合理划分中央与地方税权，可以为有效组织税收收入扫清部分障碍，减少税收流失。

五、适时开征社会保障税

如前所述，随着社会保障制度的产生和发展，社会保障税已经成为越来越重要的税种。自1889年德国创建社会保障税后，法国于1910年、瑞典于1913年、英国于1916年、意大利于1919年、美国于1935年先后开征社会保障税。目前世界上已有133个国家建立了社会保障制度，其中开征社会保障税的国家有81个，占61%。社会保障税收已逐

① 杨琴，黄维娜：《我国环境保护“费改税”的必要性和可行性分析》，载《税务研究》2006年第7期。

步成为社会保障制度的主要资金来源。

适时开征社会保障税不仅是市场经济运行的“稳定器”和“安全网”，而且是适应人口老龄化的必然选择。目前我国的社会保障制度还很不完善，不仅缺乏强有力的社会保障税法，而且由于保障基金的筹集实行按地区、分行业、定单位的办法，各地养老、失业、医疗、工伤、生育等保障项目多少不一，基金筹集标准高低不同，资金管理分散，筹集成本高，调剂面窄，对资金的使用缺乏有力的监督，不同程度地存在资金浪费、挪用、专款不专用的情况，难以满足保障支出的需要，因此需要尽快制定社会保障税法，开征社会保障税。在保障项目上，设立退休、失业和医疗三个必缴税目，对工伤和生育等保障项目，暂时仍由企业或家庭自我保障。结合大多数国家社会保障税的纳税人为企业、职员和个体经营者的现实情况和中国国情，社会保障税的纳税人原则上应该是所有支付工薪的企业单位、工薪收入者和个体经营者，计税依据为员工的工薪收入（不包括资本利得、利息、股息所得等）、个体经营者的纯收益额或营业利润，税率一般为比例税率，并且对税基的最高额和限征额根据物价指数适时调整。社会保障税可作为中央、地方共享税。在分享比例上，大部分划归地方收入，少部分划归中央，供中央在全国范围内调剂。同时，社会保障税纳入国家财政预算管理，税款入库后再拨付给社会保障部门使用支配，以改变目前多头分散管理的局面。

第三节
稳定税负，确定合理的宏观税负水平

理论研究和实际经验都显示，税率或税负水平的高低是影响纳税人行为的重要因素。一般而言，纳税人除了要交税，还承担一定量的各种“费”。当前，我国清费立税的实质在于税费作为政府收入的总体规模，所反映的税负水平应该是比较真实的。因此，在考虑税负水平时，必须考虑费的因素。那么，应该选择什么样的税负模式呢？是提高总体税负水平还是降低总体税负水平呢？税费关系如何规范？各自最优水平又是如何确定的？“清费立税”又如何推进？这在很大程度上取决于我们对我国现行总体税负水平的基本判断。

一、宏观税负的定性与定量分析

在讨论我国宏观税负问题时，对于宏观税负的合理区间的讨论至为重要。因为税收是为维持政府正常运转以及提供符合社会需要的公共产品而征收的。税收不是为政府敛财而征收，更不是为政府的必要支出而征收，而是为政府公共服务均等化和国家安全所需支出提供资金来源。因此，确定一国的宏观税负必须以该国政府的必要支出为依据。对此，笔者试图通过以下模型，分析我国宏观税负的合理区间。

（一）模型一：政府支出与经济发展水平的关系

政府支出占GDP的比例与一国的人均GDP水平有着某种正向的关系，这是经济学的一个基本假设，在20世纪末瓦格纳提出后，被称为瓦格纳定理，其核心观点为：政府支出的规模会随经济水平的发展而扩大。

首先是横截面数据分析。

假设对于同一时期经济发展水平不同的国家，其政府支出与经济发展水平之间存在如下关系：

$$\ln E = a + b \times \ln Y \qquad (18-1)$$

其中，E 为财政支出占GDP的比重；Y 为人均GDP。

根据2012年世界银行统计的数据（见表18.1），选择若干有代表性的数据代入上述模型进行回归分析，得到：

$$\ln E = 1.246 + 0.207\ln Y \qquad (18-2)$$

（3.37）（2.21）

$R = 0.713 \quad R^2 = 0.509$

在 $P = 0.01$ 时，R 的临界值为0.641，这说明上述模型可通过数学检验。

将我国2011年人均GDP（5445美元）代入上述模型得到：$E = 22\%$。

表18.1　2011年各国人均GDP与财政支出

国别	人均GDP（美元）	财政支出占GDP的比重（%）
澳大利亚	60642	26.1
巴西	12594	26.3
法国	42377	47.8
印度	1489	15.8
马来西亚	9659	20.4
菲律宾	2370	20.4
泰国	4972	15.8
斯里兰卡	2835	20.6
印度尼西亚	3495	17.8
意大利	36116	15.8
蒙古	3056	41.5
智利	14394	28.6

资料来源：世界银行统计数据。

其次是纵截面数据分析。为了进一步验证上述模型，我们将美国1930～2010年的数据（平均每5年代入一个数据，见表18.2）代入公式18-1，得到：

$$\ln E = -0.816 + 0.431\ln Y \qquad (18-3)$$

（-1.30）（6.63）

$R = 0.864 \quad R^2 = 0.74$

表 18.2　美国 1930～2010 年人均 GDP 与政府支出

年份	人均 GDP（美元）	财政支出占 GDP 的比重（%）
1930 年	6079	11.90
1935 年	5349	18.30
1940 年	6857	18.10
1945 年	11453	25.00
1950 年	9352	24.00
1955 年	10699	25.00
1960 年	10903	27.00
1965 年	12712	26.60
1970 年	14013	29.70
1975 年	14917	33.50
1980 年	16584	34.28
1985 年	17944	36.92
1990 年	23038	37.20
1995 年	28782	37.08
2000 年	36466	33.88
2005 年	44307	36.29
2010 年	48250	42.45

资料来源：美国商务部经济分析局。

（二）模型二：根据各类支出弹性求得的总支出水平

为了求得未来财政支出的最佳规模，分三步确定我国未来的政府支出水平。

第一步，确定各个支出项目的比重。将财政支出分为国内基本建设支出、科技三项费用、地质勘探费、工交商等部门事业费、支农支出、文教科卫费、社会救济与福利费、国防费、行政管理费、补贴支出等 10 个项目，经过计算得到这些项目在财政支出中的比重。以 1994～2012 年的平均数作为标准比重（见表 18.3），分别为：11.857%、4.924%、0.531%、1.377%、6.477%、19.303%、1.902%、7.563%、13.208%、4.4%。

表 18.3　1994～2012 年中国各项支出占总支出的比重　单位：%

年份	国内基本建设支出	科技三项费用	地质勘探费	工交商事业费	支农支出	文教科卫费	社会福利费	国防费	行政管理费	补贴支出
1994 年	11.04	7.17	1.11	1.74	6.90	22.07	1.64	9.51	12.59	5.43
1995 年	11.57	7.25	0.97	1.51	6.30	21.50	1.69	9.33	12.79	5.35
1996 年	11.43	6.59	0.86	1.52	6.43	21.47	1.61	9.07	13.11	5.72
1997 年	11.04	6.97	0.79	1.48	6.07	20.62	1.54	8.80	12.32	5.98
1998 年	12.85	5.94	0.77	1.13	5.80	19.95	1.59	8.66	12.29	6.59
1999 年	16.05	5.81	0.63	0.97	5.14	18.26	1.36	8.16	11.57	5.29
2000 年	13.19	5.45	0.55	0.94	4.83	17.23	1.34	7.60	11.25	6.56

续表

年份	国内基本建设支出	科技三项费用	地质勘探费	工交商事业费	支农支出	文教科卫费	社会福利费	国防费	行政管理费	补贴支出
2001 年	13.28	5.25	0.52	1.06	4.86	17.78	1.41	7.63	11.63	3.92
2002 年	14.25	4.39	0.47	1.05	5.00	18.04	1.69	7.74	13.51	2.93
2003 年	13.91	4.43	0.43	1.16	4.60	18.28	2.02	7.74	13.95	2.50
2004 年	12.07	4.37	0.41	1.29	5.95	18.06	1.98	7.72	14.25	2.79
2005 年	11.91	4.40	0.39	1.31	5.28	17.99	2.11	7.29	14.25	2.94
2006 年	10.86	4.32	0.35	1.44	5.35	18.37	2.25	7.37	13.95	3.43
2007 年	10.35	3.58	0.32	1.46	6.84	18.82	2.25	7.14	13.98	3.51
2008 年	11.03	3.40	0.29	1.52	7.26	18.98	2.20	6.68	14.02	3.82
2009 年	10.27	3.60	0.30	1.58	8.81	19.27	2.23	6.49	13.96	3.93
2010 年	10.03	3.62	0.32	1.62	9.05	19.52	2.33	5.93	14.20	4.12
2011 年	10.12	3.50	0.31	1.66	9.10	20.21	2.37	5.52	13.72	4.33
2012 年	10.03	3.54	0.28	1.72	9.51	20.34	2.53	5.31	13.62	4.45
平均	11.86	4.92	0.53	1.38	6.48	19.30	1.90	7.56	13.21	4.40

资料来源：2006～2013 年各年《中国财政年鉴》，2007 年以后的数据根据新规定的支出项目估算得来。

第二步，确定各个支出项目对经济增长的弹性。我们假设未来十年各个支出项目对经济增长的弹性保持不变，并根据社会对各个项目公共产品的需求确定支出弹性。根据我们的计算，其支出弹性如表 18.4 所示。

表 18.4　　2014～2023 年中国财政支出的弹性预测

项目	国内基本建设支出	科技三项费用	地质勘探费	工交商等部门事业费	支农支出
弹性	1.31	1.01	0.71	1.34	1.52
项目	文教科卫费	社会救济与福利费	国防费	行政管理费	补贴支出
弹性	1.28	1.53	1.05	1.36	1.34

第三步，计算整个财政支出的弹性。经过上述分析，我们可以计算出财政支出对经济增长率的弹性值为 1.3136。根据上述弹性值，假设我国 2014～2023 年人均 GDP 每年递增 7.5%，则财政支出每年增长 9.9%。这样，我们可以预测我国 2014～2023 年财政支出占 GDP 的比重（见表 18.5）。

表 18.5　　我国 2014～2023 年财政支出占 GDP 的比重预测

年份	2014 年	2015 年	2016 年	2017 年	2018 年
财政支出占 GDP 的比重（%）	25.34	25.90	26.47	27.05	27.64
年份	2019 年	2020 年	2021 年	2022 年	2023 年
财政支出占 GDP 的比重（%）	28.24	28.86	29.49	30.14	30.80

根据公式 18－2 的参数，并预测 2023 年中国人均 GDP 为 30242 美元，则可计算出其时财政支出占 GDP 的比重为 30.12%，这与表 18.5 的数据十分接近，说明上述预测有一定的参考价值。

二、税收负担总水平的国际比较

税收负担总水平是税收收入水平与非税收入水平的总和。为了分析不同国家的税负总水平，我们按照世界银行规定的标准，选定当前世界上46个有代表性的国家并按税负水平分为四类进行比较（见表18.6）。从表18.6中可以看出以下几点：

一是各类收入水平国家平均税负水平基本上是随着收入水平的升高而升高的，如一类国家平均税负为18.2%，二类国家为22.8%，三类国家25.2%，四类国家32.6%。但低收入国家的税收负担与非税负担总和的平均水平比中等偏下收入水平的二类国家还高，是一个特殊的例子，是与其国家收入低、政府收入要求高相联系的。

二是各国都在税收之外，征收一定的非税收入。非税收入的多少与各类国家收入水平并无直接联系，其征收范围和比率在各国也不相同，一般由各国依照本国国情决定。

三是各类收入水平国家的宏观平均税负（平均税负加平均非税负担）为：一类国家25.7%；二类国家25.5%；三类国家33.8%；四类国家45.4%。

四是从分税制的角度来看，各类收入水平国家均以中央税（联邦税）为主。

五是从税种的征管难度看，一般来说，间接税的征管较之直接税容易些。间接税为主转为直接税为主本身就是征收管理加强的结果，是一个征管水平提高的过程。

表18.6　　46个不同收入水平的国家税收情况调查表

收入水平类别及国家数	税负占GDP的比重（%）	非税负担占GDP的比重（%）	税与非税之和占GDP的比重（%）	中央税占全国税收总额的比例（%）	中央税中间接税所占的比重（%）
一、低收入国家5个	18.2	7.5	25.7	92.7	67.6
二、中等偏下收入国家9个	22.8	2.7	25.5	94.1	53.3
三、中等偏上收入国家9个	25.2	8.6	33.8	89.4	49.1
四、高收入国家22个	32.6	12.8	45.4	81.2	33.5

数据来源：根据国际货币基金组织（IMF）《政府财政统计年鉴》（2011）计算而来。

第四节
清费立税，确保税收在政府全部收入中的支柱地位

关于税费问题，在本书前面的章节曾有详细论述，目前重要的问题是，在全部政府收入中，1/3以上来自各级政府的规费、基金、土地收入等，这种费挤税的现状，是与党的十八届三中全会确立的财税在国民经济中的地位不相符的，由此所导致的财力分散，使国家财政政策宏观调控难以达到预期效果。因此，本书第四篇所讨论的优化税制，优化税种结构，清费立税，重构科学、规范、符合国情的地方税体系就显得极为迫切。从微观层面看，企业普遍感到税收负担较重，其实真正的税收占企业所得并不重，关键就

是税外收费太多。过多的收费既挤占了正常的税收收入，造成了税收流失，又加重了企业的负担，可谓两败俱伤。改革是利益格局的调整，清费立税改革必然会触动各地方或部门的既得利益，遇到的阻力可能很大，且必然涉及体制转换和制度创新，推进难度也会很大。同时，不能把清费立税改革简单地理解为费改税，而忽视其艰巨性、复杂性，应当把它与中国整个财税体制、经济体制、政治体制联系起来，通盘考虑，综合治理，舍得下大力气，花大功夫。现阶段清费立税改革的基本思路是：清理、规范、归位。

一是清理。清理的内涵是取消不合理的收费项目，降低过高的收费标准。首先，需要科学界定合理与不合理的界限。合理的收费项目只能有两种：使用费和规费。使用费是对政府所提供的特定的公共设施的使用按照一定的标准收取的费用；规费是政府部门为公民提供某种特定服务或实施行政管理所收取的手续费和工本费。收费必须以提供公共设施和服务为前提。合理的收费标准应与提供特定公共设施或服务所耗费的各种费用支出相一致。其次，以合理的收费项目和标准为依据进行一次彻底的大清理，清除擅自越权设立的收费项目和擅自提高标准的收费。清理工作应从中央政府做起，自上而下，不论哪一级政府、哪一个部门或单位，一经发现要坚决取缔，决不迁就。

二是规范。规范的内涵是收入机制的规范化，包括收费主体、收费范围、收费标准、收支监管的规范化等。第一，以法制为基础，从立法上予以规范。中央政府应以法律条文形式规范收费主体、收费范围、收费标准、收费单位与交费单位各自的权利、义务、法律责任等。各级政府在不违背上述法律的前提下，有权根据本地具体情况制定具体项目标准并报上级政府备案，使收费有法可依。第二，对全部的政府收入进行预算。预算的实质是政府收支公开、透明，并非简单地由哪一个部门管理或列入哪一种表格反映。也就是说，政府的收与支必须置于各级人大的监督之下，不允许有不受监督审查、游离于预算之外的政府收支。第三，财政部门总揽政府收支。即所有政府收支完全归于财税部门的管理，不论是税还是费或其他形式的收入均由财税部门统管。此举的好处在于能够切断各个政府职能部门的行政、执法同其经费来源的直接联系，从根本上铲除“以权谋私，以权换钱”等腐败行为。第四，建立有效的监管检查机制，加大违纪行为的处罚力度，做到有法必依、违法必究、执法必严。同时，利用大众媒介的宣传，让广大缴费者树立起依法交费的意识，维护自己的合法权益，扩大监督的广度和深度。

三是归位。归位的内涵是规范税费关系，使税收收入占全部财政收支的比重由目前的70%左右提高到90%以上，关键是将那些具有税收性质或名为费实为税的收费项目或者征收具有普遍性、改为税后更有利于征收管理的收费纳入税收的轨道。如前所述，可将社会保障统筹改为社会保障税；将排污费、污水处理费、绿化费等改为环境保护税；将土地使用费等并入土地使用税，以避免重复征收及征收成本高的弊端，规范国有土地管理；将车辆购置费并入车船使用税；将城市各基础设施、各种水费、电力建设基金、邮电通讯基金等并入城市维护建设税等。

第十九章

强化征管：治理税收流失的机制保障

2012年8月，全国税务系统深化税收征管改革工作会议首次提出了建立现代税收征管体系的构想和税收征管工作“两提高，两降低”的具体目标，即：提高税法遵从度，提高纳税人满意度；降低征纳成本，降低税收流失率。构建以明晰征纳双方权利和义务为前提，以风险管理为导向，以专业化管理为基础，以重点税源管理为着力点，以信息化为支撑的科学严密的现代化税收征管体系，具体包括：确立以明晰征纳双方权利义务为前提的征管基本程序；优化以满足正当需求和维护合法权益为重心的纳税服务；推行以风险管理为导向的分类分级专业化管理；健全以制约权力和落实责任为重点的执法监督机制；完善以增进绩效为目标的征管质量评价体系；加强以信息管税为主导的信息化支撑体系；推进以专业化、集约化为特征的征管组织机构建设；完善以税收征收管理法为基础的税收征管制度。

第一节 《税收征收管理法》是税收征收管理的基石

从政府管理的角度来看，税务机关的税收征收管理活动是国家行政管理活动的重要组成部分。一方面，按照现代国家职能的分工，行政机关是国家法律的执行机关，绝大多数的法律都是要由国家行政机关来执行的，在我国这一比例大约为80%。税务机关作为国家的行政机关，自然是国家法律的执行机关。另一方面，依照现代国家依法行政的基本原则，税务机关作为国家的行政机关，其税收征收管理活动都必须依法来进行。这是税收管理活动的一项基本原则。税务机关必须严格依法履行法律所赋予的各项职责，规范执法的行为和手段，才能保证国家税收法律制度的实现。同时，税务机关作为国家税收法律专门的执行机关，在税收征管活动中除了必须执行国家的相关法律法规外，执行税收法律是主要职责。在现行税收法律体系中，《税收征收管理法》不仅是税收征管程序规定的基本法律，也是保障税务机关依法行政的基本法律。从这种意义上来讲，《税收征收管理法》是税收征管工作的基石和基本的行为准则。

第二节 重构税收征管模式

我国目前的税收征管模式是“以纳税申报和优化服务为基础，以计算机网络为依托，集中征收，重点稽查，强化管理”的34字模式。目前所实行的税收征管模式已不适应深化税收征管改革、提高税收征管质量与效率、堵塞漏洞、治理税收流失的需要。因此，重构我国的税收征管模式就成为目前深化税收征管改革、提高税收征管质量与效率、治理税收流失的一个重要任务。

税收征管模式的构造应以强化征管、提高效率、堵塞漏洞、治理税收流失为目标，在坚持国情原则、科学原则、效率原则、便利纳税人原则、权力制约原则等前提下，充分研究和满足税收征管的目的、对象、流程、手段、结果等因素，在此基础上科学定位税收征管的对象、把握税收征管的重点、设计税收征管的格局、完善税收征管的过程与手段。只有这样，所建立起来的税收征管模式才更加符合科学、符合国情和更有效率，也才真正能够达到提高税法遵从度、提高纳税人满意度、降低税收流失率、降低征纳成本的目的。

我国的税收征管模式经历了以纳代征、以征代纳和征纳分离三个发展阶段。以纳代征阶段，纳税人在税收征纳关系中居于主要地位；以征代纳阶段，税务机关在税收征纳关系中居于主要地位；征纳分离模式下，纳税人与税务机关具有平等的法律地位。征纳分离模式正是目前正在构建的现代化税收征管体系、实施税收征管模式变革的总体要求，具体而言，就是构建以明晰征纳双方权利和义务为前提、以风险管理为导向、以专业化管理为基础、以重点税源管理为着力点、以信息化为支撑的现代化税收征管体系。

第三节 完善“三证合一”制度，强化税源监控管理

税源监控是2000年前后在税务管理范畴逐渐形成的一个新概念，是系统性的业务管理，主要内容包括对纳税人和扣缴义务人的税务登记管理、申报纳税管理、税收统计分析预测、税务稽查、税务执法监察等各方面的税收业务。税源监控的概念把税务管理的各项内容有机地结合起来，集中地反映了税务管理工作应该具有的科学性、系统性和现

代化特点。

多年来，理论界和税务机关对税务管理模式提出过多种设想并不断进行改革探索，当前已基本形成税源监控这样一个较为系统的、具有较强可操作性的、相对统一的思想，其中凝聚着广大税务工作者巨大的艰辛和智慧。这一思想的最终形成至少有这样几点原因：

一是随着社会主义市场经济体制逐步建立，现代企业制度得以实行，社会法制环境加强，多种经济成分不断发展，税收的政治、经济地位和作用日益突出。同时，财政支出的规模需要不断扩大，需要强化税收征管，依法依规收税，将经济发展所创造的税源收归国库，最大限度地减少税收流失。

二是市场环境相对复杂多变，税收征管形势日趋严峻，给税务管理工作特别是税务管理的效果提出了新的、更高的标准。随着1983年、1984年第一步、第二步“利改税”完成，1994年“分税制”财政体制的确立，税务机关先后实行了税权与事权相分离的“征、管、查三分离”。此后的30多年间从未间断在“征、管、查三分离”的基础上进一步开展征管改革的探索。近些年来，以专业化背景下的税收征管流程的再造，以税收法治为基石、纳税服务为平台的服务型政府税收建设，为提升征纳双方的税法遵从度、进一步深化征管改革积累了实践经验，同时也为国、地税部门进一步摸索联合办税、合作共赢的征管改革新路打下了坚实的基础。

三是从2013年开始，现代化的技术手段特别是信息技术快速发展，为税务管理的进一步科学化、现代化提供了技术上的条件和可能。税源管理引入团体风险管控、税收审计、税收评定、优化服务、绩效考评、“一案双查”等征管机制，税源管理跨上了新台阶。

从税务管理思想发展的历史可以明显看出，税源监控所代表的是一种适应新形势要求的较为科学的税务管理体系。从总体上说，税源监控通过运用现代化征管方式和手段，加强了各项税收业务之间的有机联系，并不断优化完善工作内容，与以往的税务管理效果相比，具有更为深入和广泛、更为科学和系统、更为快捷和高效、更为积极主动的特征。这样，税源监控的职能就能够更加明确、突出和具体。

首先，保证税务机关依法治税，组织税收收入。由于税收涉及经济活动的各个环节，通过税收分析、税收评定、税务审计、纳税服务、绩效考核等多途径所构造的税源监控体系，加强对经济主体经济行为的监控，掌握其盈亏虚实，就可以加强对国民经济运行过程的监督，这必然能够实现对税基的监控，从而进一步保证税收应收尽收。

其次，确保税收调节经济职能的发挥。由于税源监控拓展了以往税收征管所能达到的深度和广度，这必然使一项税收政策对经济的影响更加深入和广泛。因此，通过税源监控，能够更加及时地反映出一项经济政策对国民经济产生的影响，正确地反映出经济和税收的关系，反映出经济运行在宏观和微观上的效果。这不仅为宏观经济调控提供了依据，还使税收调控的力度得到了及时的体现，促进了经济的健康发展和税收收入的相应增长。

最后，为市场经济的公平、有序、健康发展提供税收服务。税源监控的职能就是税务管理的职能，它是与税收的职能相对应的。上述税源监控的第一个职能，主要是围绕税收筹资这一职能产生的。因此，保证税务机关依法治税、组织税收收入、防止税收流失是税源监控的根本职能，其他相关经济职能则是随经济发展派生出来的。

源泉监控是对税源进行监督和管理，即以掌握应征税款为目的，通过税源调查和分析，分类规范税务登记和分税种、分税目掌握税源结构，并对其现状、发展及变化进行有效的监督与控制。加强源泉监控和税源管理是强化税收征管的重要手段，是防止税收流失的有效措施。抓好源泉监控和税源管理需进一步做好以下几个方面的工作：

第一，加强税务稽查体系建设。税务稽查是主动的行政执法行为，它的作用不仅体现在税款的拾遗补阙，更重要的是，它可以对涉税违法行为和一些侥幸心理形成强大的法律威慑，从而促使广大纳税人能够自觉做到依法纳税。显然，从性质和作用上看，税务稽查是税源监控的有机组成部分，是税源监控的重要手段，是税源监控流程的最后环节。因此，在新的征管形势下，逐步加强税务稽查体系建设是税务工作的一种必然趋势。在目前情况下，税务稽查体系建设应首先做好这样几项工作：尽可能地提高税务稽查人员的比例，使稽查人员数量达到业务人员数量的50%以上；通过加强税务稽查技能专业培训和完善人事管理制度，提高税务稽查办案人员的审计能力和查账水平；提高税务稽查选案的准确性和案头审计的效率。

第二，加强对纳税户数的监督。一是完善税务登记制度。税务登记是税务机关对纳税人的生产经营活动，包括开业、转业、改组、分设、合并、迁移以及歇业、停业、破产等纳入税务机关监督管理的一项基本制度，是实施税务管理的首要环节，是防止漏征漏管的有效手段。通过商事制度改革，形成工商登记和国、地税登记“三位一体”的编码制度，强化税务登记的事中、事后监督。同时，在对国家技术监督局的“组织机构代码”进行进一步完善的基础上，尽快建立一个全国各行业通用的代码体系，规定一个经济实体只能拥有一个代码，而且一码通用。二是实行纳税人“户籍制”管理。对纳税人逐户建立户籍管理资料，设置片区户籍管理员，对纳税户除在办税大厅提供服务外，进一步加强对专项、专案稽查外的涉税事宜进行动态跟踪管理，以落实责任，最大限度地杜绝漏征漏管。

第三，加强对纳税人资金运动过程的监督，这是治理逃税的关键之一。一是要求一个独立核算单位只能开设一个基本账户。二是进一步加强现金管理。银行要进一步降低现金的发放标准，缩小现金的使用范围，严格控制现金的发放和使用。三是推进货币电子化进程，鼓励企业通过信用凭证进行财务结算，最大限度地减少现金支付。四是加强税银协作，实现税银电脑联网。代表国家执法的税务机关有权要求银行提供纳税人的资金情况，有权按一定程序通知银行配合采取有关税收保全措施和强制执行措施，银行也有责任保护国家利益不受侵犯。应尽早实现税银电脑联网，实现信息共享。

第四，加强建账建制工作。纳税人的财会凭证、账簿报表是税务机关依法征税的原始凭证，直接影响税款征收和征管质量。进一步从法律上规定和明确纳税单位主要负责人和财务主管的法律责任，对制作假凭证、做假账及违反财经纪律的企业财务人员和主要负责人应严格追究法律责任，以确保财务数据的真实性，杜绝逃税的发生。

第五，加强税源信息的收集与分析。进一步认识税源信息收集与分析的重要性，设置税源调查分析机构，配置专业人才，运用各种技术手段，通过多种渠道调查了解、收集分析纳税人的生产经营情况，及时掌握准确的信息，做出正确的分析与预测，并通过内部系统网络，供征管、稽查部门共同使用。

在加强税源信息收集与分析的基础上，加强经济税源管理，强化重点税源控管。密切关注经济发展形势，摸清税源底数和分布情况，掌握税源变动的趋势，找准经济增长点，及时研究税收对策，使经济增长的成效反映到税收收入的增长上来，防止税收流失。特别要强化对重点税源企业、重点税源行业的控管，对部分重点税源企业实行收入计划单列，重点考核，积极尝试对部分大型重点税源企业实行驻厂征收，加强管理，进一步完善重点税源监控网络，建立税源档案，及时掌握重点税源企业的经济信息，加大分析力度，实行动态跟踪管理。

需要强调的是，在对税源信息监控和收集整理的过程中，建立健全和运用现代化的科学技术手段是一个非常重要的举措。我国当前正在推进中的以金税三期工程为龙头的税务管理信息系统和税收事前裁定制度，正在实施的纳税评估、税收评定制度，以及群众评税和更大范围内发挥税务师、会计师、税法律师在税收社会服务中的积极作用，就需要加快推进，总结完善。特别是以现代化的电子计算机为基础，充分发挥现代网络技术与信息采集和处理技术的优势，大大简化了税务系统采集有关税收信息的难度，提高了信息处理的准确性，因此，它的正式实施将会对中国的税收征管起到重要的推动作用。

第六，加强相关经济制度间的衔接和部门合作。不断完善的金融体系以及财务和单证等制度应该与国家税收制度有机结合起来，相互制约。同时，相关政府经济部门要加强合作，以搞好对纳税环节的控制。政府部门计算机网络的逐步建立将为这项工作提供有利的条件。这样就可以在普遍范围内逐步扩大税源监控的覆盖面，加大税源监控的深度和广度。

第四节
树立“互联网+税收”新理念，全力实施税收征管信息化

一、树立以计算机网络为依托的信息管税新理念

以计算机网络为依托的信息管税不是在原有税收征管思想的基础上简单地加上计算机来实现，而是现代信息技术和先进管理理念的有机融合在税收管理领域引发的一场深刻革命，是税务管理现代化的发展方向，也是实现税务管理战略目标的必然选择，将对实现依法治税、规范税收管理、治理税收流失产生积极作用。

传统意义上的税收征管一般只包括税务登记管理和发票管理等环节，但从治理税收

流失的角度看，税收征管是一个系统工程，是从税务登记、申报纳税、税务稽查到税务违法处罚与税务争议全过程、多角度的动态管理，也是对包括税收计划、税收会计、税收统计和税收票证在内的内部信息进行管理的工程。治理税收流失，必须通过一个简明有效、科学合理的信息管理软件对这个系统工程进行全方位的监控，这是税收征管现代化的基础。

前些年，税收征管强调因地制宜，全国出现了多种多样的征管模式。近年来，通过整顿整合，各地基本有了统一的模式，但在具体做法和程序上仍存在着各有一套的情况，这种现象有其合理的一面，但其弊端也在不断显现，具体表现为：缺乏统筹规划，各自为政；操作性不规范，功能性不完善；业务交叉重复，缺乏统一标准；征管方式、手段不对称；业务管理岗位责任体系不健全；征管业务未纳入以纳税人为核心进行设计。这既不利于税法的统一贯彻执行，也不利于全国税收征管网络化建设，为了治理税收流失，必须制定和执行全国统一的征管规范。

尽快制定和推行《全国税收征管规范》，是深入贯彻党的十八届三中全会、四中全会精神，加强征管制度创新，推进税收治理体系和治理能力现代化的重要举措，是落实依法行政要求、规范税收执法行为、深入推进依法治税的重要途径，是全面统一征管标准、建设科学严密的税收征管体系的必要基础。总之，推行税收征管规范将极大地优化税收业务流程和资源配置，使全国统一的税收征管软件有一个标准规范，为实现信息管税奠定坚实的基础，促进提升税收征管乃至整体税收工作水平，是税务系统的一场自我革命。

以计算机网络为依托的税收征管的重要特征在于各级税务机关之间通过网络建立起严密的监控关系。这不同于原来微机环境下的管理，也不同于广域网的征收管理。这种管理方式将有效缓解并在一定程度上打破以往税务机关与纳税人之间、上下级税务机关之间和税务机关之间存在的信息不对称，强化对征纳双方税法遵从的督导，有利于增强税务机关之间的制约和督察，在很大程度上解决“淡化责任，疏于管理”的问题，从而有利于治理税收流失。

二、加快金税工程三期的示范、应用和全面实施，有效防范税收流失

金税工程是国家电子政务“十二金”工程之首，具有重要的战略地位，其目标是形成一个年事务处理量超过100亿笔、税务机关内部用户超过80万人、纳税人及外部用户超过亿人（户）的全国税收管理信息化系统，以提高纳税服务水平，规范税收执法，提高税法遵从度，提高纳税人满意度。

目前正在示范应用的金税工程三期项目，在业务功能上已完成“一个平台、两级处理、三个覆盖、四类系统”的建设。一个平台，是指包含网络硬件和基础软件的统一的技术基础平台；两级处理，是指依托统一的技术基础平台，逐步实现税务系统的数据信息在总局和省局集中处理；三个覆盖，是指应用内容逐步覆盖所有税种，覆盖税收工作的主要环节，覆盖各级国地税机关，并与有关部门联网；四类系统，包括征收管理、外部信息、决策支持和行政管理等系统。金税工程三期可实现核心业务处理总局为主、省级为辅的全国数据大集中模式，重点引入税收风险管理理念，构建风险识别、预警、排

序、处置一体化的风险监控平台，实现与征管业务操作平台的良性互动，形成税收分析、税源监控、纳税评估、税务稽查“四位一体”的税源管理平台，支撑税源管理体系建设和提高纳税人遵从度及税收征收率。金税工程三期相比于“金一”、“金二”具有6大特点：

一是运用流程管理、云计算理念升级征管系统，直接使用工作流工具，增强征管系统的适应性，有效支持业务由职能导向转变为流程导向，由结果监督转变为过程和结果共同监督；运用税收风险管理理念升级管理决策支持系统，并与征收管理、行政管理系统进行有效衔接，提高信息应用水平；运用面向服务的理念、技术整合行政管理系统，把已开发的应用软件以松耦合方式整合到行政管理系统中，实现信息共享；注重新兴IT技术在税务系统中的应用，将云计算、XRBL（可扩展的商业报告语言）、SOA（面向服务架构）、业务规则、边界（Edge）技术、CA签名和智能电子表单技术、操作型BI、“变化数据获取”技术、元数据和主数据管理、互联网和WEB 2.0技术等运用于系统设计中。

二是统一全国征管数据的标准和口径。通过对税收元数据和代码集的属性定义和标准规范，保证了数据项标准、口径的唯一性，共从2200多张业务表证单书中提取数据项42834项，从中筛选出元数据（最基本单元数据）5493项，其中基础元数据1428项，派生数据4245项；归集税务代码集588项，其中征管业务466项，行管业务122项；通过规范数据采集方式和标准，实现了涉税信息的“一次采集，系统共享”，并为涉税信息的拓展应用奠定了基础。总的来说，金税工程三期建立了统一的数据模型、统一的数据技术支撑环境、主数据管理体系、全局性的元数据管理体系、全局性的数据治理体系，与业务操作型系统实现了无缝融合，建立了并行计算体系，保障了计算能力。

三是实现了全国征管数据应用大集中。建立了以国税总局为主、省级为辅的全国征管大数据应用集中模式，在总局进行征管大数据的集中处理和存储，并建立了第三方信息共享机制，实时、完整、准确地掌握纳税人涉税信息和税务机构、人员情况。全国大数据集中重点关注最核心业务系统（即核心征管，包括个人税收管理）的全国应用大集中，在保持省局预处理前提下，实现大数据在总局完整落地，并及时清分到省税务系统。

四是实现了全国国地税征管应用系统的版本统一、统一执法。在统一技术基础平台的基础上设计的应用系统，可为税制改革、国地税协作提供技术环境，可以增强开放性、灵活性和可动态配置，充分适应国地税的业务管理和技术发展需要，并在整体框架不落后、不变的情形下，可以随时更新业务内容，保证系统基本稳定。

五是统一规范总局、省局的纳税服务渠道、功能，建设全国的纳税服务信息系统（电子税务局），为纳税人和社会公众提供统一、规范的信息服务、办税服务、征纳互动服务。具体功能包括：为所有渠道提供统一的共享服务和管理机制，强化主动服务能力；建立纳税服务系统同其他业务系统的集成交互体系；为纳税服务人员提供集中的服务环境，建立统一的界面环境和统一的纳税人信息视图，实现各类服务界面及相关辅助信息视图的集中展现，提高服务办理的效率；实现对纳税人各类信息的统一管理，各类跨渠道共享的信息都将统一由纳税服务应用支撑来进行管理，如纳税人基本信息、业务明细查询信息、纳税人接触历史信息、纳税人交互业务信息等。

六是统一的网络发票管理、查询等系统，制定网络发票开具标准和赋码规则等相关制度，及时获取纳税人开具发票信息，与申报信息分析比对，保证发票的唯一性，促进税源管理；为纳税人和税务人员提供全国联网的发票信息辨伪查询；以省级接入受理、总局汇总清分等方式部署，免费提供开票软件和服务；逐步实现发票无纸化，向电子发票过渡，最大限度地压缩假发票的制售空间。

鉴于金税工程三期的上述特点和优势，实施信息管税战略，加快示范推广，对于治理税收流失将提供强大的技术支持。

第五节 严打重罚，强化税务稽查的执法权威

近年来，随着经济、社会的发展，税源状况不断变化以及现代信息网络技术的迅速发展，税务稽查工作面临的环境已经发生了深刻变化。作为税收征管现代化的重要组成部分，税务稽查工作应适应新的变化和挑战，更新观念，转变方式，在治理税收流失、维护税收秩序、推进国家治理现代化等方面更有所作为。

一、树立刚柔相济的稽查理念，提高执法刚性，提升稽查威慑力

从依法治税的要求看，实行打击型稽查，是确保征管权力形式到位的重要手段。从税务稽查的效果看，只有让纳税人在经济上不愿违、在声誉上不敢违、在法律上不能违，才能从根本上减少涉税违法犯罪行为。面对逃骗税等恶性案件，税务稽查要做维护税收秩序的利剑，敢于亮剑，提高稽查执法刚性。要用好自由裁量权，探索与案情相匹配的触发机制，打击一个，震慑一片，彰显稽查执法的威慑力。另外，提高重大案件公安提前介入比例也极为重要。

以房地产行业的税收流失治理为例，税务稽查人员需与征收部门、政策法规部门等有关人员进行有效沟通，进而全面、系统地掌握房地产企业房产项目的立项、施工许可、征用土地面积、商品房预售许可证、房产项目建设规模、项目投资总额、房地产企业税收自查等情况，并对相关部门提供的房地产企业资料及自查内容进行仔细分析，严查是否有逃税行为。另外，要不定期地对某些有逃税前科或有重点嫌疑的企业进行税务稽查，加大对房地产企业的税收稽查力度。财政税收部门应根据本地区的房地产开发商及其项目具体情况制定详细的档案，根据房地产企业房产项目的承建、施工、竣工以及房产销售等情况，并按照实际情况记录在档案中，加强对房地产企业的日常税务监督能力。另外，督促房地产企业按月上报销售合同、发票清单、存量房产盘点表等一些涉及税收的资料，全面了解房地产企业的承建、施工、竣工以及房产销售等情况，加大对房地产企业的税收监督力度。

要注重执法与服务有机结合，推进服务型稽查。执法如山、服务如水，秉持“执法加服务等于税法遵从”这一国际通行的现代税收管理理念，树立刚柔相济的稽查理念，坚持税法刚性与柔性执法的统一，坚决纠正事实上存在的“收入任务型”稽查弊端，做到执法和服务两手抓。主动服务拟上市、高新技术企业和国家扶持的重点行业等，多开展辅导式检查，排查风险，减少涉税风险。将“说理性”执法融入稽查各环节，建设“阳光稽查”。加强与地税、海关等相关部门的联系沟通，推进国地税联合办案，避免重复、多头检查。

二、构建现代化税务稽查制度体系

第一，优化下查和跨区域交叉检查制度，发挥好检查制度的三方面优势：一是查出税威。稽查人员由上一级税务稽查机关委派，与被查单位无任何利害冲突，执法相对公平，有利于增强执法的权威。二是查出廉洁。可较为有效地避免属地检查可能带来的有碍公正稽查的种种弊端，把税务稽查建立在严密的监管制约之下。三是异地联合办案，不仅是稽查人员相互学习、相互促进的好机会，而且有利于征管查经验的交流与人才培养和业务能力的提升。

第二，优化税务绩效管理制度。根据税务稽查工作的特点制定科学的考核办法，形成目标明确、任务量化、节点清晰、过程可控、结果科学的绩效管理体系。将稽查工作的长远目标与年度工作目标相结合，以完善的工作流程、清晰的工作标准、严密的质量监控作为客观评价稽查绩效的基础。适当拉开绩效考核计酬差距，实现组织绩效与个人绩效良性促进。

三、构建现代化税务稽查评估体系

根据“上下结合、部门配合、外部联合”的税务稽查整体评估原则，完善评估组织，明确评估职责与标准。针对正在实施的上一级稽查机构对下一级稽查部门的评估，税务系统内部法规、税政、征管、监察等职能部门对稽查工作进行阶段性、行业性评估，并对全面监察和评价稽查以及案卷评查、稽查回访和实地查看等进行督导，以掌握稽查部门工作效能。比如，通过抽查一定比例的查结案件，开展实地复查或案头检查，不定期地评估稽查查处案件的社会影响和震慑力。同时，从稽查的广度、深度、力度三方面开展评估。稽查广度主要检查稽查的检查面，包括稽查的地区、行业、税种和户数、税源额度等；稽查深度主要检查选案准确率、查补率、税收流失率、逃税查补率等方面；稽查力度主要围绕稽查的入库率、处罚率、滞纳金加收率、移送率、案件曝光率以及公告率等。

四、构建现代化税务稽查保障体系

税务稽查机构是履行税务检查职能、进行税收执法的法定主体。针对当前税务部门内部稽查控制系统信息化和外部案情系统信息化的实际，健全并完善以稽查信息化为目标的技术支持系统，使稽查信息从质量、数量上都比较容易被不同地方、不同层次的稽查人员所掌握。同时，加强与外部案情系统的配合，迅速获取并分析案源信息、市场趋势、纳税动态、财务运作方式等，使税务稽查的组织、控制、调节更加合理化。

五、规范税收优惠政策

清理、规范税收优惠和减免政策，是杜绝税收漏洞、防止税收流失的有效措施。

维护税收制度的规范性和税法的权威性，不仅是纳税者税法意识的具体表现，更是征税者维护国家税收权益、体现税法意识的具体要求。在现实经济生活中，这一问题并未引起各方重视。特别是在一些地方，各种违规的减免税措施和变相减免现象极为严重。比如在吸引投资方面，虽然税收优惠减免只是影响因素之一，投资环境还受到地区经济景气程度、劳动力素质、成本、资源条件、行政效率、市场容量、基础设施和基础建设、社会治安等多方面因素的影响，但长期以来一直延续或依赖税收优惠和减免吸引投资的做法。这不仅与市场经济所倡导的公平正义相悖，更为重要的是过多的税收优惠与减免给国家财政收入造成了损失，对资源配置产生了负面效应。因此，应按照“尽量少的优惠减免，尽量规范明确的形式”的原则，把目前太多太滥的税收优惠减免压缩控制在最低限度之内。对确实有必要保留的税收优惠减免，应在税法中统一规范，建立一套完整的税收优惠减免制度，明确可以享受优惠减免的条件，明确优惠减免权的归属，以杜绝各种非法减免和越权减免。

改变目前根据纳税人经济成分、性质、组织结构不同而给予不同税收优惠减免的做法，对外资企业在实行国民待遇原则的前提下给予适当合理的优惠，为各类纳税人在基本相同的外部环境下展开公平竞争创造条件。

税收优惠和减免的形式，应从主要采取直接税收减免、优惠税率逐步向更有利于鼓励再投资的投资扣除、加速折旧等形式转换。同时，为有效地反映和控制税收优惠、减免的规模，加强监督和管理，可借鉴国外有关税式支出的理论与实践，使实行各种税收优惠和减免而减少的税收收入在国家预算中得到反映，并接受立法机构和公众的监督，同时，这也可以更为准确地评估税收优惠和减免的经济、社会效果。

延期付税和税收信贷的共同点是国家本着权利和义务对等的原则，在纳税人出现经营困难时，在一定时期内对其已实现的应纳税款的部分或全部暂缓征收入库，占用期满后再缴纳入库。两者的区别在于延期付税是无息的，相当于国家发放一笔无息贷款帮助企业渡过难关。前者在现行征管法中已有体现，即缓缴税款，而后者则尚未实施。税收信贷是有息的，利息率可等于或低于银行信贷利率，相当于国家向企业发放一笔低息贷款。采取这两种办法既能实现原采取减免税帮助企业渡过难关的作用，又能克服原来减免税完全转移税款所有权、对企业没有压力的弊端。在延期付税或税收信贷下，企业获得的好处是税款有限的使用权，企业具有还本或还本付息的责任，促使企业把税款用于发展生产、改进技术等可以增值的方面，这样就能保证优惠税款的效益性。从国家方面讲，减免税是无偿的，因而意味着税收收入的绝对减少；而延期付税或税收信贷是有偿的，到期要收回，因而总的财政收入不会减少。延期付税或税收信贷办法并不是在任何条件下都可以采用。能够享受延期付税或税收信贷的纳税人是有条件的，应在税法中明确具体规定。要严格区分延期付税和欠税，前者是经批准的、合法的，后者是违法的，要付滞纳金的。税务执法部门要严格把关，避免在延期付税幌子下出现大量欠税现象。

第六节 建立税收大数据分析平台，做好税收分析

一、强化数据保障功能

随着信息技术的发展，特别是互联网、云计算、物联网等技术的迅猛发展，大数据正在成为信息社会的重要资源，同时也带来了巨大的挑战。当前税收信息化正处于快速发展阶段，金税三期、数据大集中等工程的实施使税务部门积累了海量的涉税数据。如何综合管理和利用信息资源，从海量和复杂的数据集中获取并构建可行的税务数据模型，为税收决策和分析提供支持，成为当前税务信息化应用中的重要研究内容。同时，这些数据也可为治理税收流失提供量化、准确的依据。

传统的征管模式下，无论是税收征管还是纳税服务，都需要占用纳税人大量的时间和人力资源，这一占用情况间接增加了纳税人的纳税成本，同时增加了全社会的税收征收成本。基于信息管税的现代税收征管模式已经大大减少了对纳税人时间和人力资源的占用，降低了纳税人的纳税成本和全社会的税收征收成本。可以预见，基于大数据的税收征管将进一步减少税收征管和纳税服务对于纳税人生产经营的干扰。

在信息管税模式下，税务机关发挥自身优势，对涉税数据进行信息集成和综合利用，在充分的数据保障下，税务机关不再需要占用纳税人大量的时间和人力资源以采集税收征管和纳税服务所必需的信息，通过充分挖掘现有数据就可以满足大部分税收征管案头分析或纳税服务方案制定的需要。此外，数据保障对于征管和纳税服务水平的提高还表现在以下两个方面：

一是提高税收征管案头分析或纳税服务方案制定的准确率。无论是税收征管（例如税务检查）还是纳税服务，在选择目标纳税人的时候都不可能保证百分之百准确，而一旦目标纳税人选择错误，就会白白耽误纳税人宝贵的生产经营时间和人力资源，给纳税人带来不便甚至损失。充分的数据保障能够大幅提高这一准确率，从而大幅降低可能给纳税人带来的不便甚至损失。

二是提高税收征管案头分析或纳税服务方案制定的精度。当完成了案头分析或方案制定后，下一步往往要和纳税人发生交流。在和某一具体纳税人的交流过程中，交流的重点是否明确、方案是否足够精细，这些问题将直接影响到对于纳税人时间和人力资源的占用情况。充分的数据保障能够提高案头分析或方案制定的精度，让税务机关带着明确的重点和精细的方案与纳税人交流，从而减少对纳税人正常生产经营的干扰。

二、数据保障的主要方法

在大数据时代，涉税数据挖掘分析不仅是一项技术工作，更是一项管理工作。它不是一个部门的职能，而是需要多部门协同工作。这一工作不但要有省级局的顶层设计，而且要有基层分局的数据支持。为此，在数据保障方面应做好以下几点：

第一，树立“信息管税”的新理念。信息化所带来的思维方式、管理模式、监控手段等方面的变革，对税收征管工作带来了深远而巨大的影响，税收征管已经离不开信息化手段，紧密依托数据信息手段开展税收征管活动，已经成为税收工作的必然要求。结合风险管理和大数据理念，将信息管税作为征管改革的突破口，通过大数据税收征管模式与先进的管理理念相结合，技术创新与管理创新相结合，通过税源监控、税收分析、纳税评估、税务稽查等质量控制手段，有利于达到堵塞漏洞、纠正偏差、提高税收质量的目的。

第二，建立数据规范、提高数据质量。一是要规范数据管理标准和采集操作规范。建立基层税务所、县区局、市局、省局四级数据采集网，设置涉税数据采集专业岗位，专门从事纳税人媒体信息、交易方信息、经营动态信息的采集，并明确各自的职责分工。二是加强数据质量的管理。按照统一标准录入有关数据，对采集的数据进行逻辑和真实性检验，把好数据进口关；建立数据审计规则，加强数据质量事中控制和事后比对，定期对数据质量情况进行通报和监督考核，对数据使用过程中发现的问题及时修正，最大限度地减少垃圾数据，为数据应用提供准确可靠的信息来源。三是实行信息数据集中处理。建立覆盖采集、交换、分析、应用等主要环节的数据管理体系和运行机制，实现综合征管系统、发票管理系统、分析监控平台、房地产一体化管理系统等各类征管数据统一存储、加工和管理，实现各类信息资源互通互联共享，实现征管工作各环节在信息化支撑条件下的相互衔接。

第三，拓展数据汇集渠道。建立各级社会综合治税网络平台，实现政府主导的部门信息共享机制。设置统一的指标口径，通过信息平台的对接互通，将银行、工商部门、国税部门、房管部门、土地部门、建设部门、发改部门等各个部门的涉税信息定期向地税部门传递，构建一个社会化、全方位的税收沟通、交流、监管体系。同时，地税部门的反馈信息也可以帮助社会综合治税的成员单位掌握有关情况，查找各自工作中的不足和监管漏洞，共同提高管理水平。

第四，创新数据挖掘分析方法。在调查研究的基础上，创建科学有效的数据挖掘和分析体系，对分散在各个应用系统中的数据进行集成、整合和统一管理，实现数据资源国税总局、省局集中和共享，为数据挖掘分析提供基础支持。创新税收数据挖掘分析方法，应注重五个结合：其一是宏观与微观相结合。通过宏观分析了解本地区范围内不同行业、不同税种、不同类型企业的税收情况，找到税收管理的薄弱环节，对有疑点的企业、存在问题多的行业从微观上进行纳税评估、税务稽查，采取切实措施强化管理，堵塞漏洞。其二是上级与下级相结合。瞄准税收管理现代化方向，按照“做实省局、做精市局、做专县局”的税源专业化管理思路，分级分类加强税收数据挖掘分析工作。其三是全面与重点相结合。在全面分析的基础上，各地地税部门要结合实际突出重点，有的放矢地开展重点数据挖掘分析。其四是定量与定性相结合，形成完整、科学的税收分析方法体系。其五是动态与静态相结合。进行税收数据挖掘分析时，注意动态数据与静态数据的结合使用，坚持从经济看税源，从纳税人的发展看税源。

第五，明确数据考核标准，优化考核指标和考核要求，纳入绩效考核体系，提高考核的客观性、公正性。其一是要实行数据质量领导负责制。征管数据的真实性、全面性、规范性不是哪一个部门的事，必须明确各自的职责，推行数据质量主要领导负责制，才可以有效地解决征管数据质量不高的问题。其二是实行数据调整审批制。要有明晰的操作权限划分，规范专业技术人员的操作行为，严禁在数据库底层随意修改数据，严格限制越权操作、越权审批等不良行为，出了问题能够有据可查。其三是推行数据运行监督制。定期对数据质量情况进行通报和考核，对虚假数据、不规范数据从源头上进行追究，对在信息采集和传输中弄虚作假，或因责任意识不强导致信息出现重大失真、失误的行为，按照有关规定予以严肃处理。

三、基于大数据平台构建涉税数据分析比对体系

涉税数据是与税收相关并对其增减变化产生主要影响的信息，包括经济数据、税源数据、税基数据、税收数据等。涉税数据比对，是按照涉税数据之间的逻辑联系建立数量勾稽关系，通过相关数据之间的对比验证、差异分析，查找税收征管的漏洞和薄弱环节，从而壮大税收规模，提升税收征管质效，实现“依法治税、依率计征、应收尽收”的目标。因此，涉税数据比对分析是深化税收管理、提高征管水平、确保税收收入可持续增长的重要举措。

在税制一定的情况下，经济决定税源，税源决定税基，税基决定税收。按照这种内在的逻辑联系，涉税数据比对主要包括经济与税源、税源与税基、税基与税收三种逻辑对应关系，相应地，从宏观到微观，依次递进，构建数据分析比对体系如下：

（一）经济与税源比对分析

这是对直接影响税收的生产、销售、利润、财产等在一定时期内的数量分布状况，如销售收入、利润额、车船、房产等进行分析。经济决定税源，经济总量（如 GDP）决定税源总量，经济发展速度（如经济增长率、投资增长率）决定税源发展速度，经济结构（如产业结构、投资结构）决定税源结构。经济总量越大、发展越快、结构越合理，提供的税源就越有价值。“经济与税源”比对分析，即按照经济与税源内在的逻辑对应关系，从宏观上测算和把握经济的动态发展变化对区域内税源的规模、结构和增速的影响，依此把握税源的总量和发展趋势。

（二）税源与税基比对分析

税基是据以计算应纳税额的基数，如流转税税基是流转额，所得税税基为所得额，房产税税基为房产保有量等。各个税基都源于相应的税源，如利息收入源于贷款规模，商品房销售收入源于商品房销量，货运收入源于货运量。税源的规模和结构决定了税基的规模和结构。税源与税基比对分析，即通过分析比对税源与税基的逻辑对应关系，依

据税源的发展变化，测算税基的规模、结构和潜力，并依此把握税收的总量。

（三）税基与税收比对分析

税收是税基价值的具体体现，各个税种税收对应具体的税基，如增值税税基为应税销售收入，企业所得税税基为企业利润。税基决定税收，在税率不变的情况下，扩大税基会增加税收，缩小税基会减少税收。税基与税收比对，即通过分析比对税基与税收的逻辑对应关系，从微观上，依据税基的规模和结构，测算比对具体税种和重点企业的税收潜力，并通过差异分析，查找相应的征管疑点，从而针对税种制定堵漏增收的征管措施。

四、税务大数据分析平台基本功能介绍

（一）数据质量管理

数据管理以提供规范、合理的税务大数据分析为主要目的，同时解决当前征管数据量大、使用难的问题。它包含的主要功能有数据抽取、数据转换、数据清洗、数据统计、数据质量评价、数据修补、数据采集等。平台首先完成对征管数据的抽取，并针对数据特点进行清洗和转换，以达到实用的要求。通过自定义统计指标和数据审核指标对数据进行统计和评价，并形成对应的统计报告和数据质量清单，以满足数据监控和提供优质数据的要求。针对不规范数据，平台提供了数据修补和数据重新采集两种方式。数据修补针对科目提供修补参考，即时修改数据；数据重新采集平台提供了在线电子申报和离线补采两种方式，能满足不同环境下对数据采集的要求。数据管理部分是平台的基础。

（二）模型评估

模型评估部分利用数学模型对企业税务数据进行模型估算，并最终生成评估纳税人各个税种的税款差额。模型评估部分包含了数据选样、评估模型建模、估算最终结果等几个部分。该部分的最终结果包括各个税种的税款差额（区间值、上下限）、财务报表及申报表各个科目分月估算值及年度汇总值、财务疑点科目等。模型评估部分是平台的关键。

（三）选案审计

选案核查部分包含了选案和核查两个部分的内容。选案就是确定待核查纳税人。选案的依据是模型评估部分估算的税款差额。税款差额的结果能有效地将已估算纳税人分为重大、一般、没问题等几类，解决了当前选案中疑点不明确、盲目的问题。同时，平台提供了自定义定性指标配合定量结果选案的功能。定量结果选案及定性分析选案两种方式相结合，大大提高了选案的准确度。核查是对待核查纳税人开展税务核查的过程。核查部分包含任务分配、核查实施、评估处理、内部复核、资料归档以及纳税人基础资料查询、区域数据查询、纳税人指标查询及分析、趋势特征等主要功能。这一部分不仅能完成税务人员对核查过程公文流等文档编写、保存、打印的实际需要，也能通过纳税人指标分析、区域数据分析等完成对纳税人的案头分析工作。本部分利用流程化的核查过程以及全面的辅助分析工具，极大地提高了税务人员的核查效率。核查是平台的要害。数据管理部分是平台的基础，没有良好的数据作为基础，再好的模型、再规范的核查流

程也是无效的；模型评估是平台的关键，一个好的评估模型对选案以及核查都可以起到事半功倍的作用。同样，核查是整个平台的要害，数据基础、评估模型的好坏，在一定程度上取决于核查，不然前面的工作就无法得到验证，正确性更无从谈起。三者相辅相成，缺一不可（详见图 19.1）。

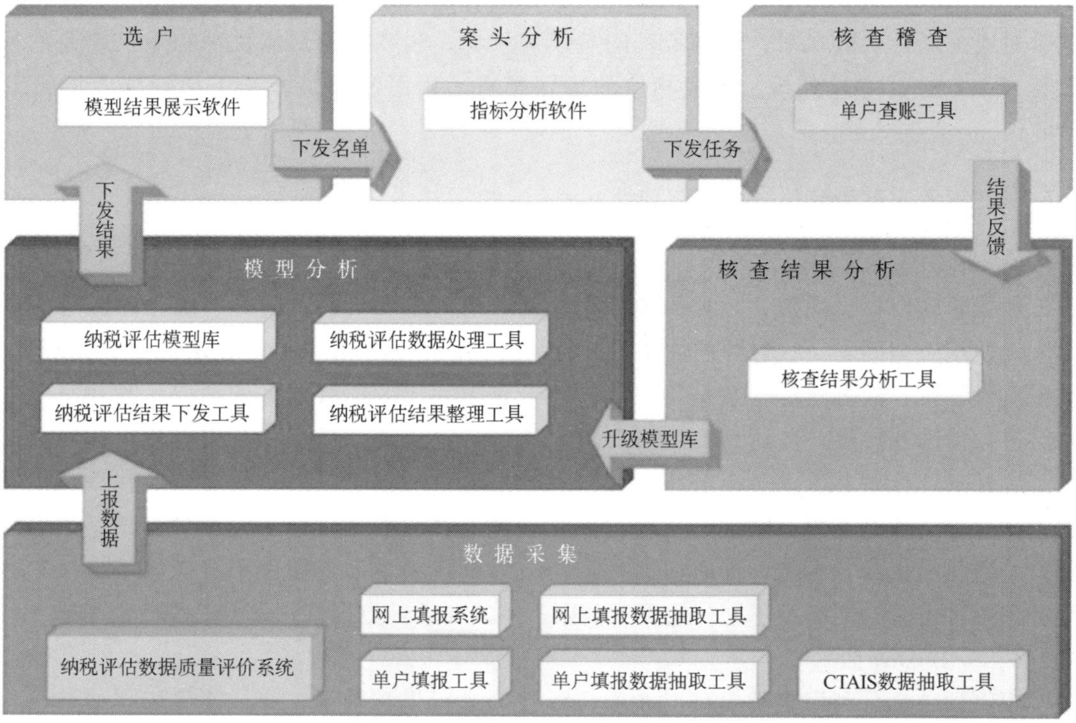

图 19.1　税务大数据分析平台示意图

（四）主功能模块介绍

税务大数据分析平台主功能模块如图 19.2 所示。

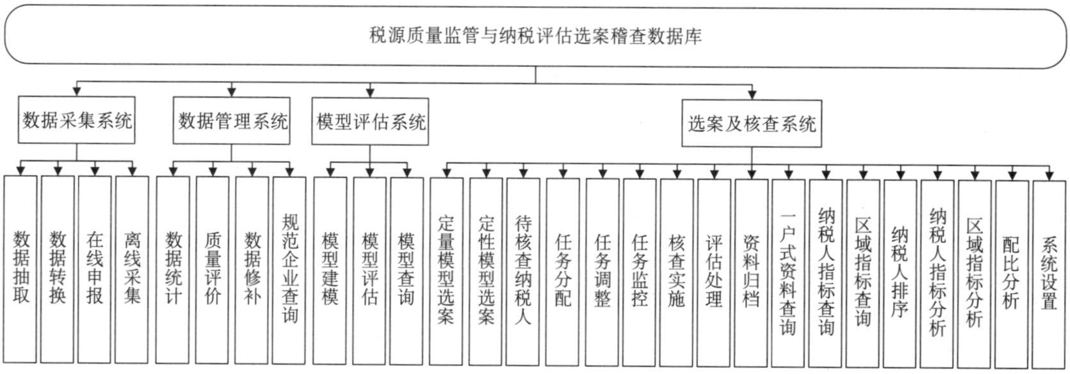

图 19.2　税务大数据分析平台主功能模块

1. 系统设置模块。系统设置模块完成平台的初始化工作，主要内容包括指标体系设定、评估范围划分、定性指标预警设定等。

2. 数据抽取模块。数据抽取模块主要完成对当前征管库现有数据的抽取，经过转换、清洗，整理成纳税评估适用的完整数据形式。

3. 数据统计模块。数据统计模块完成企业数据报送状况的统计工作，包括报表缺失情况、数据重复情况等，并生成报告及企业详单。

4. 质量评价模块。质量评价模块完成对企业申报数据质量的评价工作，包含表内逻辑关系审核、表间逻辑关系审核、数据合理性、数据一致性、数据规范性等多种可自由组合及定义的评价规则。该模块可以对纠正不规范数据起到指导性作用。

5. 数据修补模块。数据修补模块完成对不规范数据的修改及补录工作。模块包含两部分内容：在线修补、离线修补。

6. 指标选案模块。定性模型选案模块是通过定性指标分析、预警值的设定对企业进行查询，最终获得待核查企业清单。

7. 待核查纳税人模块。待核查纳税人模块是针对列入“待核查纳税人”清单的企业进行指标查询、案头分析，并依据经验等其他方式对企业进行分析、判断，确定核查目标。

8. 核查实施模块。核查实施模块是依据评估流程，对待核查纳税人进行税务核查，记录核查文书。

9. 核查处理模块。核查处理模块依据核查结果获得处理意见及结论，制作评估结论书，标志着一次核查流程的结束。

10. 一户式资料模块。一户式资料模块包含企业基础资料查询、报表查询、企业疑点科目展示、企业估算税款差额展示、企业数据评价报告等。

11. 综合查询模块。综合查询模块实现了对单户纳税人及指定区域内基础指标的数据检索功能，包含纳税人指标查询、区域指标查询、企业排序、公文检索等具体功能。

12. 综合分析模块。综合分析模块实现了对单户纳税人及指定区域内分析指标的数据检索功能，包含纳税人指标分析、区域指标分析、配比分析、趋势特征等具体功能。

13. 大数据分析模型。模型分析模块是对海量税收大数据进行估算的过程，最终生成对异常经营企业的各个税种相关税款差额及疑点会计科目的评估预警。

14. 大数据选案模块。定量模型选案模块依据税收大数据数学模型估算的企业税款差额进行选案，最终确定待核查企业清单。

五、税务大数据分析对纳税管理的影响

大数据时代，税收管理及纳税服务将应用互联网、云计算等信息技术，系统、实时地采集政府组织、企业事业单位、跨国企业、消费者个人及各类民生、环保、消费等海量高维异构信息大数据，建立动态、分布式、高维度、异架构的社会综合经济大数据库，并建立各类专业的智能税收分析模型，从宏观、微观角度，对国民经济及经济组织的经济状态进行精细化的评估、预警，建立现代化的税收征管与纳税服务体系，提高我国全民依法纳税的素质水平，减少逃漏税事件的发生。最终，税收信息化战略规划应与全国各级政府、组织、企业、个人的大数据融合在一起，建立完整的、多年度的全民经济大

数据，才能真正实现国民税收的智能化管理。税务大数据分析对纳税管理的影响主要体现在以下三个方面：

一是可以给出行业经营异常企业在已纳税经营期间偏离行业标准纳税额度的具体金额区间范围，并指明疑点会计科目。

二是可以给出行业经营异常企业在未纳税经营期间应纳税额及标准化经营状态，指出未纳税经营期的应纳税额度及预申报纳税额度和各类经营指标偏离行业标准经营状态的区间范围，并指明疑点会计科目。对可能出现经营异常或纳税异常的企业，在季度、年度汇算清缴时给予预警提示，并对整个地区、各个行业未来财税缴纳走势进行预判分析，对经营异常企业，预警其行业经营生存指数或预警其具有涉嫌偷税行为，税务机关会对其进行约谈或稽查。

三是可以对纳税人未来经营状况做出预测，并依据历史大数据资料进行分析，指出其在国内（本市、本省、全国）和国外同行业中的竞争优势及劣势，提供合理化建议，给予企业行业经营状态分析及投资预警分析等，提高对纳税人的纳税服务水平，降低纳税人经营及投资风险。

六、主要数理统计工具

（一）SAS 系统

SAS 系统是世界领先的信息系统，它最初用于统计分析，后经不断发展和完善而成为一个大型集成应用软件系统，具有完备的数据存取、管理、分析和显示功能。在数据处理和统计分析领域，SAS 系统被誉为国际上的标准软件系统，成为专业研究人员进行统计分析的标准软件。

SAS 系统于 1966 年由美国北卡罗来纳州立大学开发，1976 年成立美国 SAS 软件研究公司，并开始对 SAS 系统进行维护、开发、销售和培训等工作，1985 年推出了 SAS 6.02 版本。SAS 系统自推出以来，其版本更新很快，功能不断增加，1998 年推出 6.12 版，现在已有 9.4 版问世。

在众多的统计软件中，SAS 以运行稳定、功能强大而著称。近 20 年来，SAS 一直占据着统计软件的高端市场，用户遍及金融、医药卫生、生产、运输、通讯、政府和教育科研等领域。在数据处理和统计分析领域，SAS 系统被誉为国际上的标准软件，堪称统计软件界的巨无霸。

（二）R 软件

R 软件是用于统计分析、绘图的语言和操作环境。R 是一个自由、免费、源代码开放的软件，是一个用于统计计算和统计制图的优秀工具，其特点如下：

第一，产品线齐全。在功能与产品线方面已经远远超出 SPSS，而与 SAS 不相上下。有些 R 的包在功能上甚至已经远远超出商业软件。

第二，免费。请注意，SPSS、SAS 软件的很多高级功能模块均需要在各自基础模块的基础之上另行购买，费用往往达到数千美元。而 R 的一切功能均免费。

第三，开放。由于 R 本身是一个统计语言环境，再新的统计模型也很快能实现，所以在很多最新的统计功能没有现成的统计软件包能够实现时，可以使用 R 自己编写算法。同样，由于 R 是完全开源的，使用者可以基于研究者已经开发出的算法编写更适合自己情况的算法。

（三）SPSS 软件

SPSS 即统计产品与服务解决方案（Statistical Product and Service Solutions）。该软件是公认的最优秀的统计分析软件包之一，也是当今世界上应用最为广泛的统计分析软件。它在社会科学、自然科学的各个领域都发挥着巨大的作用，并已经应用于经济学、生物学、教育学、心理学、医学以及体育、工业、农业、林业、商业和金融等各个领域。作为统计分析工具，它理论严谨、内容丰富，包括了数据管理、统计分析、趋势研究、制表绘图、文字处理等功能，且简便易学，界面友好，非数理统计专业的人员可以选用。

第七节
进一步完善和优化纳税服务

发达国家普遍将促进税法遵从作为税务机关的根本任务和目标。随着新公共管理理论和新公共服务理论的发展，OECD 提出了“视公众为顾客，把管理当服务”的顾客导向理念。美国前国内收入署署长罗索帝在《绝处逢生》一书中指出：绝大多数美国人是诚实纳税的，98%的税收都不是由国税局的强制干预实现的。他还确定了国税局的新使命：“为美国纳税人提供优质服务，帮助他们理解并履行税务职责，并在全体纳税人中公平、公正地落实税法。”

我国《“十二五”时期纳税服务工作发展规划》提出了纳税服务工作的指导思想：“遵循征纳双方法律地位平等的服务理念，以法律法规为依据，以纳税人正当需求为导向，以信息化为依托，以提高税法遵从度为目的，丰富服务内容，创新服务手段，完善服务机制，提升服务质效，积极构建和谐的税收征纳关系和服务型税务机关，全面推进现代纳税服务体系建设。”从税收征管的实践看，纳税服务贯穿于税收管理工作的全过程，在整个税收管理工作中处于基础环节和重要地位。税务机关在依法履行筹集财政收入和调节经济、调节分配职能的同时，提供优质的纳税服务，规范执法行为，简化办税程序，提高办税效率，可以促进纳税人自觉履行纳税义务，更加方便、准确、及时地办理涉税事项。从这个意义上讲，纳税服务的基本目标，就是方便纳税人依法及时足额纳税，不断提高纳税人依法诚信纳税意识和税法遵从度，降低税收成本，促进税收征管质量和效率的提高。税务机关通过完善纳税服务体系，为纳税人提供优质的纳税服务，可以促使纳税人更加深刻地认识到依法纳税是享有国家提供的各项保障和服务权利的前提与基础，自觉履行纳税义务，更加准确及时地申报纳税，从而促进征纳双方的良性互动。

优化服务与加强管理并不矛盾。从税收治理的角度看，税收治理是以善治为目标，以实现税收征纳关系和谐为价值导向，并重塑税收治理伦理基础。如果纳税人在本质上是“人性恶（不诚实假定）”，则税收治理应以“打击违法行为”为重点，如果纳税人本质上是“人性善（诚实假定）”，则税收治理体系应以“维护纳税人权益”为重点，这是税收治理体系的伦理基础。纳税人“诚实”和“不诚实”互存一体、相生相长。一方面，应相信纳税人有“诚实愿望”，将有效维护纳税人权益和优化纳税服务质量作为构建税收治理体系的伦理基础，使纳税人“常怀律己之心”，抵御诱惑，诚信纳税；另一方面，纳税人的确存在“不诚实的欲望”，税务机关应严格执法、规范执法，优化税源监控，加强税务稽查，有效打击涉税违法行为，使纳税人“常思贪欲之苦”，自觉向善，诚实纳税。

强化管理也是提高税法遵从度的重要手段。严格管理、公正执法是对纳税人最根本的服务。经济合作与发展组织（OECD）认为，纳税人的税法遵从可分为四种，即“纳税人完全不遵从（已决定不依法纳税）、纳税人可能不遵从（不想纳税但如果税务机关予以注意会纳税）、纳税人想遵从但实现难度较大（试图依法纳税但并非总成功）和纳税人遵从（愿意依法纳税）”。对于前两类纳税人，税务机关应强化管理，严格执法，绝不姑息，杜绝其不依法纳税的侥幸心理；对于第三类纳税人，税务机关则应协助其提高依法诚信纳税的能力；对于第四类纳税人，则要重点向其提供纳税服务。美国国会通过的《1998美国国内收入署重组和改革法案》赋予美国国内收入署的使命是：“通过帮助纳税人了解并履行纳税义务，使得税法公平适用于所有的纳税人，为美国的纳税人提供最高质量的服务。”该使命强调在服务和执法两方面取得平衡，使得局长伊弗森（Everson）提出的战略运营等式得到了最佳的诠释，即“服务 + 执法 = 完成使命”。其所谓“最高质量的服务”，实际上就是通过教育、辅导、帮助等形式，引导纳税人自觉遵从税法，通过管理（包括稽核、分析、评估、审计）和惩处（包括犯罪调查、处罚）等形式，矫正纳税人未遵从或不遵从税法的行为，督促其依法遵从，同时鼓励自觉遵从者做得更好。由此可见，优化服务与强化管理是针对纳税人的不同遵从状态采取的不同手段和方式，目的只有一个，那就是促使其遵从税法。

第八节
健全风险管控流程，推进税收风险管理

风险大致有两种定义：一种定义强调风险表现为不确定性，另一种定义则强调风险表现为损失的不确定性。若风险表现为不确定性，说明风险产生的结果可能带来损失、获利或是无损失也无获利，属于广义风险，金融风险属于此类。而风险表现为损失的不确定性，说明风险只能表现出损失，没有从风险中获利的可能性，属于狭义风险。我们通常所说的风险就是如此。20 世纪 90 年代，现代管理学的风险管理理论被引入税收管理领域，成为税务机关选择税收评定对象的一个重要工具。

税收风险主要有四个方面：未登记、未申报、未如实申报、未入库。在税务登记

(纳税人识别)、申报管理、税收评估、税务审计、税务稽查各个征管环节，通过找出影响税法遵从行为的重要因素，确定税法遵从风险程度以及有风险的纳税人，采取不同应对风险的措施，进而优化征管资源配置。风险管理应用于税务管理，其核心优势在于将有限的税收征管资源效用最大化，即区分企业税法遵从风险程度和轻重缓急，将管理资源向高风险企业和高风险税收问题倾斜，从而提高税收征管效率。

税收风险管理贯穿于税收工作的全过程，是税务机关运用风险管理理论和方法，在全面分析纳税人税法遵从状况的基础上，针对纳税人不同类型、不同等级的税收风险，合理配置税收管理资源，通过风险提醒、纳税评估、税务审计、反避税调查、税务稽查等风险应对手段，防控税收风险，提高纳税人的税法遵从度，提升税务机关管理水平的税收管理活动。

税务风险管理的理念是防胜于治，刚柔并济。以风险管理为导向，把风险管理贯穿税收征管的全过程，形成风险分析识别、等级排序、应对处理和绩效评价的闭环系统，对不同税收风险的纳税人实施差异化和递进式的风险管理策略。在税收征管实践中，把税法遵从理念和风险管理理念有机结合，将有限的征管资源优先用于风险大的纳税人和领域；对不同类型纳税人的不同风险采取不同的风险应对策略，从而达到防患于未然的效果。

第九节
实行权责考核制度，实现绩效管理常态化

绩效管理是指各级管理者和员工为了达到组织目标共同参与的绩效计划制定、绩效辅导沟通、绩效考核评价、绩效结果应用、绩效目标提升的持续循环过程，绩效管理的目的是持续提升个人、部门和组织的绩效。“严格绩效管理，突出责任落实，确保权责一致”，把绩效管理作为转变政府职能、创新行政管理方式的重要改革举措，是实现税收管理现代化必不可少的关键措施。

税务绩效管理自 2014 年 1 月 1 日起试点，取得了显著的成效，建立了更为高效清廉的税务队伍体系、更加科学严密的征管体系，并提供了更为优质便捷的服务，不仅有利于调动各级税务机关工作人员的积极性和创造性，而且极大地改善了征纳关系，有效地遏制了税收流失。

按照统一领导、分级管理的原则，进一步做好各级税务机关相互联动的指标体系的方案设计与实施机制，建立定量和定性考评相结合的考评体系，建立健全奖惩结合的监督体系，形成一套相对完整的税务绩效管理制度体系极为必要。通过以问题为导向的绩效考评，使懒政、怠政以及在位不作为现象得到更加有效的改进，以更好地服务于纳税人，更好地实现有效降低税收流失率，尽最大努力遏制税收流失。

第十节
加强国际税收协调与合作，综合治理税收流失

一、税收流失的综合治理

治理税收流失需要全社会的共同努力。早在1988年底、1989年初，国务院就曾先后下发了《关于整顿税务秩序，加强税收管理的决定》和《关于各部门配合税务机关，切实加强税收征管工作的通知》，1998年3月，国务院又下发了《关于加强依法治税严格税收管理权限的通知》，强调要把税收征管工作纳入社会综合治理的轨道。截至2014年底，全国通过省级人大立法、省级政府制定保障性办法、省级政府专门发文保障税务机关获取第三方涉税信息的省份共有30个，立法或发文共71项。通过应用第三方涉税信息，2014年，全国税务部门共增加税款1362.2亿元，同比增长32%。

为切实做好对重大税收违法案件当事人的联合惩戒工作，真正使违法纳税人“一处失信，处处受限”，国家税务总局与发展改革委、中央文明办等20个单位共同签署《合作备忘录》，对重大税收违法案件当事人实施跨部门联合惩戒，要求各地税务机关在向参与联合惩戒的单位提供重大税收违法案件信息时，对涉及采取阻止出境措施的，应与出入境管理机关沟通明确，按照《国家税务总局、公安部关于印发〈阻止欠税人出境实施办法〉的通知》（国税发［1996］215号）规定的程序执行，防止出现对所有重大税收违法案件当事人都阻止出境，或仅对重大税收违法案件当事人阻止出境的问题；对涉及采取限制担任相关职务、禁止部分高消费行为措施的，应与人民法院和工商行政管理机关沟通明确，按照《合作备忘录》中列明的法律法规和操作程序执行，由人民法院根据其处理情况进行信息确认和传递。

根据多年来的实践，综合治理税收流失，更加有效地遏制税收流失，提高征管质量效率，政府必须做好以下几个方面的工作：

一是各级党政部门应牢固树立正确的税收观，从维护国家整体利益和维护正常的税收秩序出发，切实加强对税收工作的领导，全力支持税务机关依法组织收入，加强税务管理，提供良好的税收执法环境。

二是财政、审计部门与税务部门共同加强对企业的财务监督和会计监督，加强对税收政策法规和财经纪律执行情况的检查与审计，发现问题应及时处理，以确保税收政策法规、财经纪律制度的贯彻执行。

三是金融部门应严格执行“税、贷、货、利”的扣款程序，积极协助税务机关扣缴各种骗、欠税款；应当为税务机关依法所采取的税收保全措施和税收强制执行措施提供支持和保证；应进一步严肃结算纪律，切实解决企业多头开户和大额现金结算问题，防止其借此逃避纳税义务。

四是工商行政管理部门应加强与税务部门的联系，及时传递有关注册登记、变更登记等情况，以利于税务机关加强税源管理，堵塞税收漏洞。

五是公安部门应积极配合税务机关查处各类涉税刑事案件，打击暴力抗税行为，切实保障税务执法人员的人身安全；司法部门应依法审理涉税案件，严厉打击逃税、抗税、骗税等税收犯罪活动，真正做到违法必究、执法必严。

六是文化、广电部门与税务部门应共同采取有效形式加强税收法制宣传，各传播媒体应免费刊登、播放税收公益性广告。

七是海关应加强进出口环节的税收管理，积极配合税务机关，搞好出口退税工作，堵塞出口骗税之漏洞。

八是物价收费主管部门与税务部门应共同认真清理收费，切实杜绝乱收费现象，防止出现以费挤税、增加税收征管难度的现象。

九是国税、地税部门加强业务协调合作，防止因职能属性不同而造成房地产企业的税收流失。

二、国际税收协调、合作与税收流失的综合治理

（一）加强国内各政府职能部门间的反避税合作

反国际避税涉及社会经济生活的各个部门。许多投资者利用我国经济、行政、法律的不协调以及我国地区间、部门间的不协调来抽逃投资和侵占另一方投资者的利益。由于跨国纳税人进行国际避税的手段多样，方法隐蔽，因此单靠税务机关进行反国际避税工作是不够的，海关、外贸、金融、保险、工商、外汇管理等各管理部门以及注册会计师、审计师事务所各方面应出台相互配套的管理法规和办法，通力协作，加强信息交流，从各方面堵塞税收漏洞。在践行国际避税治理的工作当中，国内各政府职能部门需要加强以下几方面的协调与合作的力度：

一是加强与出入境管理部门、外汇管理局、公安局等机构的联系，对纳税人境外业务情况进行及时了解和调查，准确获得反避税的第一手资料，促进反避税的顺利开展。

二是加强与有关中介机构、社会团体的联络，充分发挥注册会计师、税务师、审计师事务所和各级税务学会、国际税收研究会的专业优势，特别是其在国际税收政策、动态、审核检查上的优势，提高反避税的质量。

三是调整和完善有关外汇和外贸政策。国际避税地给中国造成的负面效应也非常明显。一方面，避税天堂推动了中国国内资本尤其是非法资本外逃规模的膨胀，进而对人民币汇率安排和货币政策运作产生了重大压力。另一方面，中国上市公司高管通过离岸公司的关联交易从而掏空国有上市公司资产的行为并不鲜见，国有资产由此严重流失。再者，国内企业在离岸地注册的“假外资”也从总体上降低了中国的引资质量。因此，要改变国际避税地对我国产生的以上负面效应，外汇管理和对外贸易管理部门应积极配合国内的反国际避税工作，对有关的外汇和外贸政策应当相应地做出如下调整和完善：第一，从税收、审批、土地、借用外债等方面减少直至完全取消对外资的“超国民待遇”，实现内外资待遇平等。第二，放松资本流动管制，便于企业跨国经营。由于我国目

前外汇储备充足，可以进一步放松企业海外投资的外汇管制，以满足企业的海外上市和跨国经营要求。第三，加强对离岸公司投资企业的金融监管，防范其从境外转嫁金融风险。主要是改善银行业的信息交流，提高离岸公司经营信息的透明度，及时掌握离岸公司投资企业的整体资产负债状况，并采取应对之策。

（二）加强国际反避税合作

国际避税行为的治理不仅仅是国家税务部门的事情，而是一个国家以国家税务部门为主的各政府相关部门共同参与治理的系统工程，也是一个政府联络与其有经常贸易往来的别国政府共同治理的世界性事务。为了推动反国际避税合作，建立国际避税的共同治理机制，笔者认为，中国应该在加强国际税务情报交换、签订双边和多边国际税收协定及加强与国际避税地银行的合作力度等三方面进行努力。

1. 加强国际税收情报交换。国际税收情报交换已成为国际税收合作的主要方式，在一定程度上，国际税收情报交换有利于密切相关国家的税务机关之间的配合与合作，对于防止和堵塞国际避税活动有重要的实践意义。近年来，我国境内的外国企业承包工程逐年增加，在境外投资、经营的中国居民和企业也快速增加。我国在国际税源管理中应努力借鉴国际先进经验，充分发挥税收情报交换的作用，解决信息不对称问题，不断加强税收征管能力。为此，笔者提出以下建议：

一是遵循国际惯例，加大谈签税收情报交换协议的力度，维护国家权益。2002 年，OECD 发布《税收情报交换协议范本》后，谈签税收情报交换协议已成为各国处理同离岸金融中心税收关系的国际惯例。目前，我国实际利用外资中有相当比例来源于离岸金融中心。由于我国与这些离岸金融中心没有建立起情报交换机制，因此无法掌握我国纳税人在这些地区的涉税信息，从而大大助长了这些纳税人进行有害税收筹划和恶意避税的动机和行为，给国家造成了巨大的税收流失。为了有效解决上述问题，遵循国际惯例，与上述离岸金融中心谈签税收情报交换协议已成为我国的必然选择。

二是吸纳税收情报交换领域的最新成果①，建立保障措施②。在谈签新的税收协定以及原有协定的重谈、修订中，应根据我国实际情况，考虑吸纳税收情报交换领域的最新成果，拓展税收情报交换的范围，采取更为灵活多样的税收情报交换形式，并以此为契机，加强银行信息的交换。税务当局应有权获取相关银行信息，但税务机关对所获得的银行信息具有保密义务，不得透露给与税收协定、相关国内税法的执行及情报收集、调查无关或与税收征管、复议、诉讼等无关的人员。在这一进程中，应在以下几方面进一步审查国内是否已建立较为完善的机制：是否已取消国内税收利益③要求；是否已建立有效的银行信息获取与交换机制；是否具有为涉税的刑事和民事案件交换税收信息的机制；

---

① 2005 年 11 月 16 ~ 17 日，全球税收论坛在澳大利亚墨尔本召开，来自 55 个国家和地区的 130 多名代表参加了会议。大会发布了题为《建立公平竞争环境》的报告。该报告显示，接受 OECD 调查的 80 个国家，在税收情报交换领域取得了长足的进展：绝大多数国家在回复情报请求时没有国内税收利益要求；多数国家能够从银行获取涉税信息并向请求方提供该银行信息。

② 参见王君：《国际税收情报交换的最新动态和启示》，载《涉外税务》2006 年第 9 期，第 42 页。

③ 国内税收利益是指只有在税收情报交换涉及被请求方的国内税收利益时，被请求方税务主管当局才为请求方收集信息。

是否已建立取得所有者、实际受益人和信托信息的保管与交换机制；等等。若有不完善之处，则应做出必要的改进。

三是中国作为一个发展中的大国，没有必要盲目遵循 OECD 在国际税收情报交换中的激进做法。实际上，OECD 的一些成员国对 OECD 在情报交换方面的一些激进要求持消极态度，如奥地利和瑞士对银行信息的提供和交换就持消极态度。因此，我国对外签订的税收协定中，关于情报交换条款，可以更多地遵循联合国的协定范本规定。

四是从保护我国的投资环境和维护正常的税收征管法律秩序的角度出发，在与他国进行税收情报交换时，应特别注意对纳税人权利的保护。未来随着各国对保护纳税人利益的重视，在税收情报交换中，提高对纳税人的保护程度将是一项重要内容，因为税务合作与协调不仅是各国税务当局之间的事情，同时也是税务部门与纳税人之间的合作与协调。如果对保护纳税人利益的问题处理不好，必将影响税收情报的质量和交换情报的顺利程度，为此，在未来各项税收协定有关税收情报交换的条款中，必将会增加保护纳税人利益的条款，使纳税人的利益在税收情报交换的执行中得到切实保障。

五是明确规定税收情报交换信息可以作为税务当局征税的法律依据。我国税法缺乏对税务机关征税依据的事实或信息在形式或来源等方面的要求，导致各级税务机关掌握的即使经过核实的情报信息也难以直接作为征税的基础。虽然《税收情报交换工作规程》规定情报可以作为税务机关执法的依据，但其仅属于一般性的部门规章，缺乏《税收征收管理法》或实体税法的支持，如直接将其作为执法依据，将给税务机关带来较大的执法风险。因此，应在税收基本法或税收程序法中明确规定，在各国之间搜集的税收情报可以作为执法依据。

2. 加强国际税收协调与合作。随着社会经济的国际化和跨国公司活动规模的迅速扩大，跨国纳税人的避税目的日益明显，使越来越多的国家认识到，单纯依靠本国力量进行反避税的难度越来越大，需要依靠国与国之间进行双边的和多边的合作，互通情报，才能更好地取得反避税的效果。在经济全球化的背景下，税基侵蚀和利润转移（BEPS）愈演愈烈，引起了全球政治领袖、媒体和社会公众的高度关注。BEPS 是指跨国企业利用国际税收规则存在的不足，以及各国税制差异和征管漏洞，最大限度地减少其全球总体税负，甚至达到双重不征税的效果，造成对各国税基的侵蚀。于是，以签订双边或多边国际税收协定的形式进行国际合作，就成为国际反避税斗争的一种重要形式。目前，学习和借鉴西方国家反避税的先进经验，密切与其他国家的合作，加强双边和多边税收协调与合作，对我国应对国际避税有着重要意义。因此，我国在今后的国际避税治理工作当中，应积极主动地与世界各国签订双边和多边的国际税收协定，为推动国际反避税的合作提供重要条件，因为双边和多边的国际税收协定是国际税务合作的一种方式，有利于开展国家与国家之间的国际反避税合作。

例如，为了应对税基侵蚀与利润转移对各国税收所造成的损害，2012 年 6 月，G20 财长和央行行长达成一致，通过国际合作应对 BEPS 问题，并委托 OECD 开展研究。2013 年 6 月，OECD 发布《BEPS 行动计划》，并于当年 9 月在 G20 圣彼得堡峰会上得到了各国领导人背书，从而成为 G20 框架下各国携手打击国际逃避税、共同建立有利于全球经济增长的国际税收规则体系和行政合作机制的重要举措。

OECD/G20 税基侵蚀和利润转移的 15 个行动计划如下：（1）解决数字经济环境下税务的挑战（V）。（2）避免混合错配的安排。（3）加强受控外国企业（CFC）法则。（4）通过利息扣除和其他财务支出限制税金侵蚀。（5）考虑账户的透明度，应更有效地抵制不好的税收活动（V）。（6）防止条约滥用。（7）避免人为构成常设机构身份（V）。（8）确保转让定价的结果与价值创造相一致——无形资产。（9）确保转让定价的结果与价值创造相一致——风险和资金。（10）确保转让定价的结果与价值创造相一致——其他高风险交易（V）（C）。（11）建立方法论来收集和分析税基侵蚀及利润转移的数据并予以解决。（12）要求纳税人公布他们积极的税收筹划安排。（13）重新审查转让定价文件（V）（C）。（14）提高相互协商程序的效率。（15）开发多种方法（V）（C）。其中，V 代表行动计划对增值税的影响，C 代表行动计划对关税的影响。

欧盟于 2013 年在税务治理工作上取得了巨大进展，其中包括弥补公司征税体系漏洞、对数字经济征税达成共识、推出打击增值税欺诈的措施等。例如，爱尔兰财长麦克尔·诺南表示，他将确保在爱尔兰注册的企业不能将税务局所在地填为“无”。荷兰政府公布了打击避税的政策，包括承诺主动与其他国家税务当局分享税收判决，尤其是当企业在双边条约下可能不符合减税规则之时。卢森堡财政部长承认，对于银行存款信息自动交换的大趋势将不予反对。

2013 年 8 月，我国与 OECD 共同签署了《多边税收征管互助公约》，OECD 税务政策中心主任帕斯卡尔·圣阿芒说，国际上加强税收合作的意愿目前非常强烈，政治和外交压力不断加大，原来在国际上知名的“避税天堂”和全球主要离岸金融中心均已感觉到这种压力，开始主动寻求合作；从长期来看，银行保密制度终将消失，“避税天堂”也将不复存在。

2014 年 3 月，欧盟 28 个成员国均承诺实施银行信息自动交换。此前一直拒绝接受的卢森堡、奥地利也改变了态度。至此，即便逃税者在境外设立账户，政府也能获得其相关信息并据此追讨税款。

2014 年 5 月 6 日，经合组织以及中国、巴西、新加坡等 47 个国家共同签署了《税务事项信息自动交换宣言》，承诺执行经合组织制定的“银行间信息自动交换新标准”，协议将于 2015 年底开始执行，其适用对象不仅是富豪个人，也包括企业。目前，欧盟正努力采取措施要求大公司披露在开展业务的各个国家的纳税情况。从 2015 年开始，银行需要按国家报告利润、纳税情况和补贴情况。这一规定将被拓展至其他行业。

3. 加强与国际避税地银行的合作。按照 OECD 的定义，避税天堂一般具有四大特征：对金融或其他服务所得不实行所得税或只有名义上的所得税，或将本地作为非居民（外国贷款人、外国投资者和外国借款人）逃避其居住国税收的场所；不能有效进行情报交换；缺乏透明度，如税收制度与税收征管不公开；有利于外国实体从事没有实质内容的经济活动。其中，税收优惠政策与金融保密制度是判断一个国家或地区能否被视为避税天堂的两个先决条件。基于 OECD 对避税天堂的定义，我们可以发现，国际避税地实行严格保密的银行制度，例如，巴哈马、百慕大、开曼、列支敦士登、瑞士、巴拿马等国际避税地都实行严格的银行保密制度。由于国际避税地对外国银行账户、所有者的秘密和财务记录都有较好的保密措施，这就不仅使避税地成为国际避税活动的中心，同时也成为纳税人从事非法漏税活动的重要渠道，以致进行各种非法经营活动，成为国际贩毒活动的“洗钱”中心和非法所得的“安乐窝”。国际避税地国家银行严格的保密制度使得税务机关的反避税工作受到很大阻碍，因此，我国税务机关应积极争取与国际避税相关国家银行的合作，为国际反避税打下良好基础。

第二十章

素质教育：治理税收流失的环境保障

第一节 树立正确的现代税收理念

一、传统税收理念是在我国长达近30年的计划经济体制下形成的

如前各有关章节所述，计划经济时代，传统的税收理念集中表现为：纳税人的纳税意识淡薄，如作为现代税种的个人所得税从出台之日起便陷入“征的不如漏的多”的窘境，程度不同地存在权比法大的现象，充斥各地的随意和越权减免税之风，以及以言代（税）法、以权定（税）法、以情碍（税）法的事件，政出多门的政府收费而引发的“费挤税”现象和存在于某些领域的税款使用铺张浪费、透明度低等。这些因素相互作用，在一定程度上加剧了各种逃税现象的蔓延。

税收不规范的收入机制对人们的税收理念亦产生了极其深刻的影响：在普通百姓眼中，纳税和上缴利润都是公家的事情，与个（私）人无关。而且，社会主义国家的优越性之一就是政府不向个（私）人征税。由于税收与个（私）人之间存在这样一种制度的阻隔，老百姓的纳税意识淡薄甚或没有纳税意识也就在情理之中了。在政府部门，征税和收取利润大都是政府与国有经济单位之间的事情。由于同属全民所有制、彼此都姓“公”，政府部门税利不分或只问财政收入的“量”而不大问它的“源”也就顺理成章了。

二、经济体制改革以来的税收理念：税收应尽义务论

以市场化为取向的我国经济体制改革，相继打破了农副产品统购统销制度、计划价格制度和财政统收统支管理体制。原有的税收收入机制的基础不复存在了，所有制构成也发生了很大的变化，税收收入机制自然要相应调整，税收开始广泛地介入经济社会生

活，同人们的切身利益日益密切地挂起钩来。这一变化对传统的税收理念提出了挑战，要求人们按照变化了的形势重新审视税收理念并对其赋予新的解释。事实上，在当时，“必要扣除说”与新的经济体制环境的激烈碰撞，已经迫使税务部门和理论界转而启用“应尽义务说”去进行宣传：依法纳税是每个公民应尽的光荣义务。

然而，面对调整后新的税收收入机制以及关于税收新的解释，由于长期“无（明）税”的惯性作用，人们做出的反应并未如我们所期望的那样跟上形势变化的步伐。普通百姓多年生活在“无（明）税”的环境之中，一旦被告知负有纳税义务而且须拿出本已装入自己口袋中的一部分钱去缴纳税款时，出于理念上的不适应，一个本能的反应便是“躲”——能躲就躲，能躲多少躲多少，以后发展到下意识地逃，进而又扩展为有意识地逃。其结果是，各种逃税行为犹如“病毒”一样附着于“明税”的肌体上繁衍滋生，由最初只发生在先富起来的个体经济中的少部分人身上，逐渐在个体户中普遍蔓延，进而几乎把全民和集体所有制单位也统统卷入其中，致使大量该征的税不能如数征上来。多年习惯于以“暗税”方式从国有经济单位组织收入的政府部门，一旦面临多重的财源结构并且必须为履行职能而凭借政治权力向形形色色的纳税人征收实实在在的“明税”时，出于理念上的不适应，一时难以找到恰如其分的方法和手段去和纳税人打交道。在税收渠道不畅的情况下，政府的自然反应就是用非规范性的行政性办法去另外找钱。于是在“创收”的旗号下，各级政府部门开始自立收费项目，以收费的形式填补收入的缺口。

作为上述矛盾现象的综合反映，我国今天的税收理念尽管较之计划经济年代或改革开放初期有了很大改善，但总体上仍不理想，同市场经济体制的要求相比还存在着相当大的距离。解决我国的税收流失问题，必须提高国民素质，从根本上建立良好的税收基础机制。

三、更新税收理念：权利与义务对等论

在现代市场经济条件下，政府实际上是提供公共产品或服务的一个特殊的产业部门。广大企业和居民则是公共产品或服务的消费者和受益者。正如人们到商店买东西需要付款一样，政府提供的公共产品或服务也不是“免费的午餐”，只不过为消费公共产品或服务的付款是以纳税的方式来完成的。这实际上是说，纳税人只要依法缴纳了税收，便拥有了向政府部门索取公共产品或服务的权利。政府只要依法取得了税收，便负有向纳税人提供公共产品或服务的义务。纳税人之所以要纳税，就在于换取公共产品或服务的消费和受益权。政府部门用于提供公共产品或服务的资金就来源于纳税人所缴纳的税收。在这里，纳税人的纳税义务与其纳税之后所拥有的消费公共产品或服务的权利是一种对称关系。政府的征税权力与其征税之后所负有的提供公共产品或服务的义务也是一种对称关系。因此，可以将市场经济条件下的税收理念归结为：权利与义务相对称。

对于作为纳税人的企业和居民来说，“应尽义务说”尽管比“必要扣除说”前进了一步，但前者毕竟是在后者的基础上衍生并作为后者的延续而提出的，因而带有明显的计划经济体制的痕迹。在计划经济体制下，各经济主体之间的利益边界不明晰或不那么明晰，人们可以不讲成本、不计报酬而无偿奉献。然而，随着市场化改革的深入，各经济主体之间的利益边界不仅越来越明晰了，而且其利益驱动机制也已形成并有日趋强化的

势头。经济体制环境一旦走到这一步，权利与义务便如同一对连体婴儿一并进入人们的生活。只讲义务不讲权利或者只有付出没有回报，便不能再为人们所认同。这意味着在市场经济意识日益深入人心的条件下，单纯强调纳税人的纳税义务而未有明确的权利相对称，则很可能滋生人们的逆反心理，甚至萌发逃税的动机。

对政府部门来说，“应尽义务说”的另一面是政府拥有征税的权力。对政府为什么拥有这样的权力或这样的权力伴随以怎样的义务，“应尽义务说”本身并没有提供明确的答案。问题在于，与前述的道理相似，如果说计划经济体制下特殊的所有制背景可以允许政府单纯强调征税权力的话，那么，到了市场经济环境中，政府只讲征税的权力、不讲征税之后的义务，不仅不能为纳税人所认同甚至会逆反纳税人的心理，而且在相当程度上会阻碍政府在税收与其支出关系问题上的视线，从而造成政府部门行为扭曲现象的频繁发生，如花钱大手大脚，支出不受监督，忘记公仆身份而以主人自居，误将履行职能视为“恩赐”，以非规范性手段随意添加老百姓的负担等。结果必然会大大抵消为营造依法治税的社会环境而付出的各种努力。

对作为征税人的税务部门来说，在纳税人面前，它们不仅是各项税款的具体征收者，而且是税收法规的宣传者和解释者。税法的宣传和解释免不了涉及诸如纳税人为什么纳税、政府为什么征税之类的问题。“应尽义务说”在未能获得纳税人认同的同时也阻碍了税务部门自己的视线——只看到纳税人尽义务、做奉献，忽略了纳税人纳税之后可以获得的消费公共产品或服务的实质收益。于是，在同纳税人打交道时，总免不了有些理不直、气不壮，甚至执法偏软，对逃税行为打击不力，严管重罚的税收征管机制始终未能真正构建并有效运行起来。

由此可见，治理税收流失，出路在于更新税收理念，即按照权利与义务相对称的观念，分别规范纳税人、用税人和征税人的行为，为中国依法治税社会环境的营造打下一个良好的基础。税收理念的更新，将是改革以来中国税收领域影响最大、涉及范围最广的一次根本性变革，其意义可能不亚于历次税收制度的改革。可以预见，权利与义务相对称的税收理念得到确立之时，中国依法治税的步伐将大大加快，并将对社会主义市场经济体制的完善产生巨大的推动作用。

税收理念的更新，出路在于加大税务教育的力度。税务教育不仅包括对税务公务员的教育，也包括对纳税人的教育。

第二节 加强纳税人社会教育，增强全民税法遵从意识

一、我国公民纳税意识淡薄的原因

1789 年，美国著名政治家本杰明·富兰克林说：“税和死亡是人生注定不能避免的两

件事情。”这句话由于其精准地说明了税存在于政治组织化的人类社会中，是人生的两个基本事件之一而成为世界名言。中国税收教育研究会会长、中央财经大学博士生导师李俊生教授认为，在我国，从纳税的角度看，并非每一个国民都在承担纳税义务，因而似乎谈不上把税收与死亡单列为人生的两件主要大事，但是，如果把间接税算进来的话，我国每个公民实际上都在以不同的形式、在不同的程度上承担着纳税的责任。然而，并非所有国民都有此基本的认识。笔者在与一些同事、朋友的讨论中感到，有人认为逃税似乎算不上什么羞耻的事，相反这也是一种“生存的手段”、“致富的捷径”、“能力的体现”，因而反映在行为上，则是能逃就逃，能骗则骗，能缓则缓，能欠则欠。加之一些地方、部门、单位在收费过程中假税收费、搭车收费，混淆税费界限，造成税费不分，也使人们心目中的税收理念更加扭曲。对此，我们曾在本书第一篇分别从历史、法制、税制、机制、税负等方面进行了阐述。

二、树立纳税人社会教育的先进理念，完善纳税人社会教育体系

树立纳税人社会教育的先进理念，必须做到以下几点：

第一，需坚持不懈地树立全民税法遵从与政府向纳税人提供优质服务的理念。树立征纳双方法律地位平等、“纳税人至上”和公正执法是最佳服务的理念。以务实创新的精神，因地制宜地推出新的服务举措，提高办税效率，强化对税务行政审批权的事中监控和事后检查，建立标准明确、程序严密、运作规范、制约有效、权责分明的审批管理制度。另外，要致力于减轻纳税人的负担，优化办税流程，精简办税环节，为激发市场主体活力创造良好的税收环境。

第二，增强纳税人的权利意识。纳税人权利意识的培养是纳税人教育的重要环节，是处理国家和纳税人之间关系的根本要求。增强纳税人权利意识可以明确国家与纳税人之间的税收法律关系，增加纳税人的税法遵从度，维护税收征纳关系的和谐。纳税人的权利可以得到有效保证，在纳税人权利受到侵犯时，可以用法律来维护自己的权利。一方面，税务机关应加强纳税人权利意识的培养，注重保障和维护纳税人的知情权、参与权、表达权等权利。为实现这一目标，税务机关可以在使关注纳税人权利成为全社会的共同理念、注重培养纳税人群体自身的权利意识、加强税收立法等方面进行努力。另一方面，拓展纳税人权益保护方式，完善税收救济措施，赋予纳税人应有的维权权利，完善纳税人投诉处理，加强“纳税人之家”等纳税人维权组织的建设，充分发挥税务代理中介机构的职能，提升税务代理的服务层次，满足纳税人的需求。

第三，建立完善的纳税服务义务体系。强化公开透明的政策服务，以普及税收知识为重点强化税法宣传，以纳税人更好地获取信息为切入点展开税法宣传。更加注重宣传的有效性，充分利用网站、微信等新兴载体开展税法宣传。准确及时地开展咨询、持续优化办税服务、切实保护纳税人合法权益、分类实施信用管理、全面开展社会协作，并通过强化组织保障、优化经费管理、健全应急机制、细化绩效考评等保障措施，准确把握纳税人社会教育工作的发展规律，合理借鉴国际纳税人教育工作的有益经验，实现全面优化纳税人教育。尊重纳税人平等和权利意识，注重优化服务和征纳沟通，健全以纳

税人需求为导向的纳税服务机制，提升纳税人的满意度和税法遵从度，构建和谐的税收征纳关系。

第四，构建纳税人社会教育的完整体系。我国目前的纳税人教育还没有完全将对未来纳税人的教育提高到国民教育的高度。建议中、小学教材增加这方面的内容，编发年度税法教育计划，涵盖现在和未来的纳税人，应充分认识到青少年是未来的纳税人，他们的税收知识水平代表着未来社会的税收知识水平，未来纳税人的教育对社会纳税意识的培养具有重要意义。纳税教育体系应涵盖三个方面：一是针对从事生产经营的各类纳税人；二是税收从业人员；三是未来纳税人。

第五，建立纳税人社会教育成果评估机制。习近平总书记在党的十八届二中全会第二次全体会议上强调：要坚持以人为本、执政为民，接地气、通下情，想群众之所想，急群众之所急，解群众之所忧，在服务中实施管理，在管理中实现服务。税务部门作为提供纳税教育的部门，通过内在思想观念、工作作风和管理职能的转变，提供纳税人满意的社会教育，是纳税服务的重要组成部分。应构建一个科学、合理、系统和可行的纳税人社会教育成果评估机制，对纳税人社会教育成果进行评估。在遵循纳税人满意和客观公正的原则下，探索建立一套从纳税人教育可行性分析、策划、实施到效果评估、信息反馈、服务监督、业绩考评和责任追究的管理模式，通过问卷调查、网上调查和电话采访的方式进行测评，不断提高纳税人社会教育的质量和纳税人教育满意度。

第六，进一步利用信息化手段提供纳税人社会教育，健全信息化纳税教育的体制、机制、制度，有效发挥信息化纳税教育的整体作用。以纳税人的合理需求为导向，全面建立纳税人需求分析机制，健全信息化纳税人参与机制，最大限度地利用信息平台提供社会教育。重视信息化纳税服务，是增强税务机关与纳税人互动的过程，有助于提升纳税服务的平民化程度和纳税人缴税的信息技术素质。努力创造低收入群体参与信息化社会教育的条件，加强信息系统基础设施的建设，提高信息化纳税教育的社会化程度。建立信息化纳税服务人才库，培养适应信息化工作需要的队伍。

社会主义税收的性质是“取之于民、用之于民”，这在理论和实践上都是不争的常识。过去我们在税收工作中经常用这八个字来解释、宣传政府征税、公民纳税的道理。尽管提法正确，但过于抽象，过于笼统，更何况由于政府收支的透明度不高，特别是极少数政府官员的腐败，使人们对税收收入的用途、去向产生了疑问，对社会主义税收的性质产生了怀疑。我国实行社会主义市场经济，市场经济是法制经济，法制经济是讲究权利与义务相对称的。在充分肯定我国“取之于民、用之于民”的税收性质的前提下，从权利与义务的角度来诠释政府征税、公民纳税，即树立与市场经济相适应的“征税观”和“纳税观”是十分必要的。从这个意义上讲税收宣传实质上是对全民的税法遵从宣传。因此，将每年一度的“税收宣传月”改为“税法宣传月”可能更为恰当，更符合国家民主法治建设的本质要求。

税收涉及面的广泛性决定着税法宣传范围的广泛性。税务教育的对象不仅是税务机关工作人员，还有企业员工、农民等社会各类群体。加强全民教育，不仅要针对成年人，还要从娃娃抓起，把税法知识纳入中小学教育的内容，让他们从小就对国家税法基本内涵有简单的了解和认识，等他们长大成为纳税人以后，就比较容易树立良好的纳税意识。

税法宣传是税务部门的窗口和喉舌，它既可以增进纳税人对税收工作的了解、认同，又可以争取党政领导和全社会对税务工作者的理解和支持，是增强公民纳税意识、改善税收环境、实现税务工作"内和外顺"的重要手段。深化新时期税法宣传工作应突出"六性"：

一是宣传方法的科学性。宣传是一门科学，而税务领域的宣传更应突出其科学性。然而，人们对此认识不足，有人甚至认为"税法宣传是人人都能做的'万金油'工作"，以致一些地方在税法宣传上不讲究方式方法，形式单调，内容空洞，一些地方虽然搞得热热闹闹，却没有什么实效。因此，在税法宣传中，需要注意研究宣传技巧，探索宣传规律，使我们的宣传方法更科学、更有效。

二是宣传工作的持久性。税法宣传有助于人们加深对税务部门的了解，提高对税法的认识。然而，这种了解的获取和认识的建立绝非一日之功，需要循序渐进、常抓不懈的努力才能达到。因此，税法宣传是一项长期的工作，具有持久性。我们应把它列入日常工作的议程，使之持续、稳定、系统地开展下去，绝不能把税法宣传活动仅局限于一年一度的税收宣传月。

三是宣传队伍的专业性。税法宣传作为一项专业技术性很强的重要工作，必须设置专业机构，组建专业队伍来负责，尤其在人员配备上，应抽调具有较高政治业务素质、知识渊博、勤于探索、勇于创新、熟悉各种大众传播手段的高素质人才来负责此项工作。

四是宣传内容的针对性。税务宣传对象的复杂性决定了宣传内容的针对性。税法宣传要处理好一般和个别的关系，针对不同的对象，根据不同的兴趣，区分不同的层次，采取不同的方法，宣传不同的内容。既要宣传依法纳税的先进典型，也要对逃骗抗税的大案要案公开曝光，以案释法，达到震慑犯罪、教育公民的目的。

五是宣传形式的生动性。税务是一门专业性、技术性很强的工作，其内容比较枯燥，只有在宣传形式上搞得生动活泼，才能吸引人。在宣传中，不能满足于搞街头咨询、散发资料，还应充分利用广播、电视、报纸、杂志、因特网等各种媒体，要更多地采用群众喜闻乐见的形式，如戏剧、小品、快板、相声、喜剧等。在信息网络时代，应当运用互联网思维，充分利用互联网特别是移动互联网技术所具有的覆盖面广、传播迅速、费用低廉、互动性强、用户体验良好等优势，将税法基础知识、纳税人权利义务解读、税收政策法规解读、办税程序辅导、涉税法律责任解读、涉税案例分析等教育内容制作成微课程、FLASH 动画、APP 等形式，通过互联网平台、手机客户端等网络媒体免费向社会和纳税人发布。

六是宣传成果的实效性。税法宣传是形式而不是目的。在税法宣传中要避免出现那种片面追求形式搞华而不实的花架子，税法宣传要追求"为税收工作创造良好环境"的实效，做到既有轰轰烈烈的形式，又有实实在在的效果，这样的税法宣传才有意义。

在搞好为纳税人提供部门的横向服务的同时，需进一步建立和健全中国传统的行之有效的群众护税协税制度。动员社会力量，实行"开放式"管理，建立社会监督机构，建立群众举报制度，监督税务机关的执法活动和纳税人的纳税活动，对举报的涉税案件从来信（电）、来访登记、立案、组织查处等全过程实施严格管理，建立相互管理制度并做好保密工作，对举报人负责，落实举报案件奖励办法，保护群众护税协税的积极性。逐步推行税务代理，发挥社会中介机构的服务与监督作用。通过上述途径，建立起强大的税收法律权威和社会监控网络。

坚持税务行政的公开、公正、公平。本书第一篇曾从博弈理论角度阐述了征纳双方的博弈，认为征税的一方始终处于矛盾的主要方面，而另一方则处于次要方面。研究表明，世界上许多国家在实际运作中十分注重税务行政的公开、公正、公平，重视保障纳税人的权益，防止税务当局滥用管理权限，如经济合作与发展组织各国的公民被认定享有以下税收基本权利：对税收制度的告知权、听述权；要求减免税款权；不服税务裁决上诉权；保守隐私权；保守商业秘密权。同时，也有权要求税法公正合理、执法一视同仁以及税收服务礼貌周到等。税务部门及其人员应平等对待每个纳税人，不使纳税人因权利受到损害而失去对税收的信任与支持。提高税务行政的公开性和透明度，以消除征纳双方的对立心理，密切征纳关系，减少征税阻力，加大纳税动力，增强税法刚性，公正执法，使公民从中体验到税法的威严、无情，消除侥幸心理，遵章纳税，从而使维护税法、自觉纳税成为一种社会公德。

另外，还应建立法人纳税信誉评估制度和“黑名单”制度，鼓励诚信纳税，抵制违法逃税行为。企业信誉不仅影响着企业的形象，而且直接关系到企业的社会地位和发展前途，“合法经营，依法纳税”作为对企业的基本要求，理应成为企业信誉的一部分。毋庸讳言，一个不依法纳税的企业是不会有良好的商业信誉的。通过对企业纳税信誉的评估分级，可以促使企业自觉主动纳税，增强其依法纳税的意识。注重利用舆论工具和道德力量来影响广大纳税人，倡导良好的纳税道德和风尚，有助于增强纳税人的荣誉感和社会责任感，形成良好的依法纳税环境和气氛。

第三节 加强税务公务员综合素质教育，提高税收执法水平

历史与现实证明，再完善的税法也要通过税务人员的执法来实现。税务人员的整体素质直接制约着税法的执行水平，影响着税收流失的规模，决定着税收流失的治理效果。

据有关方面统计，20 世纪 90 年代中期，中国百万税务大军中有 60% 的人员达到了大专或大专以上的文化程度。这就是说，中国还有近 40% 的税务工作人员的文化水平只有高中或高中以下。另外，即使这 60% 的大专或大专以上人员，绝大部分也都是通过各种成人教育的方式或途径取得文凭的，且其中专科学历的人员占了绝大多数。2011 年，在国税和地税的税务从业人员中，有 84% 达到了大专或大专以上的文化程度，还有 16% 的

税务工作人员文化水平为高中或高中以下①。当然，与20世纪90年代相比，这已是一个不小的进步。另根据国家税务总局的相关统计数据，截至2012年底，全国税务系统拥有硕士以上学位和“三师”资格证书的人员仅占3.6%和4.4%，比例较低，高端人才不够用、未用好、不适用的问题同时存在，离适应税收治理能力现代化的要求尚有差距。不仅如此，全国税务系统公务员的总体文化水平、业务素质和执法水平均有待提升。

笔者长期从事涉税教育或以征税者、纳税者的不同身份学习税收知识，认为税法是任何一个法律体系中最为复杂的法律之一，需要学习者和使用者全面、准确地掌握税收法律法规的精神实质和法律内涵，否则税法遵从就不能充分落到实处。

公务员素质是其完成行政职责所应具备的基本条件。税务公务员只有具备了履行职责的基本综合素质和专业技能，才能在税收工作实践中将其转化为相应的税务工作能力。在信息技术和互联网时代，世界互联互通，知识更新快捷，以云计算、大数据、移动互联网等为代表的新一轮信息技术飞速发展，信息资源日益成为重要的生产要素、无形资产和社会财富。税务公务员不仅要有较高的智商，还要有较高的情商；不仅要有丰富的知识，还要有创造性地解决问题的才能；不仅要熟悉传统手工方式下的税收工作流程和规范，还要学会收集和利用信息资源，借助网络和现代信息技术开展税收业务。税务公务员的高素质至少应体现在如下方面：

第一，有较高的思想政治素质，“甘做人民公仆”。

第二，有较高的科技和人文知识水平。经济的知识化和由此带来的社会管理的复杂化，要求税务公务员必须具备更多的现代科技知识、现代管理科学与技术知识，以及社会人文历史方面的知识。

第三，有较强的创新能力和创造力。企业靠创新推出新的产品和服务，政府也要靠创造性思维解决工作中的难点问题。税务公务员有必要掌握创造性的思维和方法，更新观念，不断开发税务管理的新方式，提出解决问题的新方法。

第四，有健康的体魄、良好的精神状态和心理素质，适应繁重的工作要求，适应剧烈变化的社会现实和错综复杂的工作局面。

第五，有较强的学习、思考和感悟能力。把学习作为一种人生追求，如饥似渴地学习充电，只争朝夕地砥砺才干，丰富学识，打牢根基；在强化学习能力的基础上，勤于思考、善于思考，“凡事关联”、融会贯通，在学习中提升，在思考中完善，用学习的成果指导实践；在学习、思考的基础上，感悟和把握蕴含于知识之中、实践之中的思路方法和内在规律，开启智慧，谋划未来。

从2012年开始，国家税务总局税务干部学院就税务领军人才培养问题展开研究，研究报告认为：税务公务员的素质教育正是在政府税收工作的知识和技能培训的基础上，对公务员进行全面的人才资源开发，提高其人力资本的价值，从而为社会创造更大的价值。具体来说就是：进行思想、伦理开发，使之成为有效的管理者；进行知识、智力和技能开发，包括科技知识、人文知识、创造力等的开发，使其在成为有效管理者的同时，

---

① 根据《中国税务年鉴》计算而得。

实现税务管理的有效性；进行心理、生理开发，改善主观动力结构，提高其对现代管理工作和现代社会生活的感悟。2013 年，国家税务总局开始首批税务领军人才的培养，至今已培养 3 期，取得了较为显著的效果。

税务公务员素质教育不同于普通教育中的素质教育。应该说，两类教育都着眼于教育对象的全面发展，都是以终身教育为基本教育理念，都是对现行教育的目的、原则、方法、内容、组织、评价等进行改革与深化。这是它们的共同点。不同点在于：对象上，前者以政府税务管理专门人才为对象；后者以“平均”社会人为对象。内容上，前者是补充素质结构中的不足，改善素质结构和整体功能；后者着眼于全面发展、德智体美均衡教育。方法上，前者适应有较高素质的成人特点的教学；后者适应不同成长年龄者的特点。目标上，前者由于培训时间短，着重于引导学员自我开发和终身教育；后者着眼于在教育期间内达到一定的综合目标。因此，税务公务员素质教育既要学习和借鉴普通教育中素质教育的好经验，又要把握特点，从实际出发，探索符合实际需要的方式方法，即：要坚持以“努力造就一支政治过硬、业务熟练、作风优良的财税干部队伍”为目标，把税务教育的着眼点、着力点和着重点置于提高税务系统公务员的政治素质、业务素质和文化素质上；坚持以加快税务教育事业发展为主题，坚持以发展的眼光谋划税务教育培训工作，有所创新、有所突破，有前瞻性地发展远程教育，建立虚拟教室和培训中心，构建立体的、虚拟与现实并存的、相互协作的施教网络，坚定不移地加快税务教育改革与发展的步伐；以服务税收工作大局为主线，为税收工作服务，为税务队伍建设服务，建立、巩固并完善培训与考评相结合、培训与使用相结合的激励与约束机制，用机制来推动和促进教育培训工作的改革与发展。教育培训工作质量的提高，有赖于培训者自身素质的提高，有赖于典型引导和舆论引导，有赖于对税务公务员教育培训工作中一些带有倾向性、普遍性的问题提出解决的原则意见和政策性建议，从而有效地指导和推动税务公务员教育培训工作。

提高税务公务员税法遵从和技能教育是依法治理税收流失的基础性工作，需在以下几个方面付出努力：

第一，以能力提升为主线，以业务能力升级为驱动，广泛开展以专门业务培训和更新知识培训为主要内容，涵盖税收理论基础、税制改革、税收政策、税务稽查、纳税服务、税收分析、涉税会计、涉税法律、领导科学、公共管理、政治理论、综合素养、税收信息化等内容的高层次人才培养。

第二，积极开展网络培训。当今，互联网 + 税务教育已成共识，互联网思维已深入人心。互联网正成为现代税务教育培训的一大趋势，积极推进“互联网 + 教育”，充分利用互联网时代和现代信息技术发展所提供的便利，建立起覆盖全员、分类分级、支持在线考试的网络学习考试系统，就能够共享优质培训资源，为税务干部能力素质提升提供一个自主学习平台。

第三，进一步加强税务信息化技术人才专业技能培养。金税工程三期系统的成功上线，标志着税收信息化建设迈上了新的台阶。该系统以 CTAIS 2.0 数据库为基础，在继承发展税收征管业务信息化的同时，汲取原有实践经验，重点放在征管数据的汇总、整合、挖掘、分析方面，为税收风险控制、上层决策提供了更有力的数据支持。在全国税务系统大力深化征管信息化改革的背景下，一个不容忽视的情况是发展不平衡。东西部地区发展有先有后，各省市区县也存在差异。总体表现为：经济越发达、人员素质越高的单位信息化建设越走在前面，相应地带来了更全面的纳税服务和更高的征管质量，就此形成一个良性循环。相反，经济落后地区的信息化建设则相对滞后，结果不言而喻。先进的征管系统并非万能，关键在操作人员的业务能力。设备技术再先进，离开了专业人才，也只能成为华丽的装饰摆设。因此，稳步推进税务系统信息化持续发展，高度重视专业技术人才的培养，尤其是信息化技术专业人才的培养，打造一支既懂税收业务又掌握信息技术专业知识的复合型人才队伍，就显得至关重要。

第四，加强领导，有效推进税务公务员领军人才培养，夯实人才培养的基石。加强税务技术人才专业技能培养是一项长期的战略任务，是提升税收管理质效、治理税收流失的主要基础。税务领军人才的培养对于夯实人才培养的基石具有积极的现实意义。

税务公务员人才的培养应充分发挥税务领军人才在税收工作与现代化技术之间的桥梁作用，建立并完善以领军人才为首的电子信息化人才教育体系，把电子税务技术、业务核心推上讲台，定期开办技术短期培训班，选择适合的教材，如数据库基础教程、ASP网页技术基础教程、小型软件开发、各类税收数据统计查询等，以更新知识，开阔眼界，提升认识层次。

一个不争的事实是，纳税人逃避税务检查的手段较多，特别是在各个企业普遍使用会计核算软件、各种 ERP、自控系统且互联网发展日新月异的情况下。因此，应全面提升电子税务信息化水平，通过持续不懈的努力，使税务人员在现代化税务征管的建设中，真正实现以核心征管数据为依托分析数据，以税收风险控制为导向管理企业，以电子数据检查为重要手段规范企业，逐步打造一支不断为税收征管现代化提供动力的电子税务队伍。

第四节
强调诚信纳税，完善税收信用体系

一、建立税收信用的社会体系

毋庸置疑，税收信用体系需要以完善的、激励与制约相结合的制度建设为基础，即在全社会范围内培育积极的税收文化环境，包括涉税主体对税收价值的认识、税收观念、纳税意识、纳税心理、税收道德以及各种涉税行为在内的税收文化，从而完善税收信用体系，这有利于引导纳税人主动遵从税法、规范征税人诚信执法，有利于在市场经济条件下降低税收成本，遏制税收流失，推动税收高效运行。

（一）推动税收诚信心理建设

社会诚信道德是社会每一个公民的基本道德要求，即使没有任何额外的经济利益刺激，也应自觉遵守。对征税方强调征税、用税诚信，因其身份是接受社会成员委托配置、使用公共资源，职业要求其信守征税、用税信用；税务机关也应加强税法宣传，扩大税法宣传的覆盖面和影响力，提升纳税人的税法知识，增强依法诚信纳税意识，提高税法遵从度。

对于纳税方强调纳税诚信，是因其享受政府公共服务而理应与其他社会成员一起承担纳税义务。信守纳税信用，是对涉税双方遵守税收信用的内部控制动力，在没有任何外部控制的条件下也能保证各自的守信行为。为尽快重建涉税诚信，宜适当加大对守信者的激励力度。例如，近些年来，部分税务机关开展纳税排行榜评选，评选出税法遵从度高、企业管理规范、社会信用优良的百强纳税人排行榜，并在主流媒体上进行发布，以彰显纳税人风采，肯定税收财富价值，这就是很好的示范。税务机关自身诚信建设也十分重要。例如，基层税务机关开展便民办税春风行动、提高办税服务效率、减轻纳税人负担、公开执法权力清单等行为，都为打造良好的政务诚信环境，增强纳税人依法诚信纳税的自豪感和成就感，营造依法治税、诚信纳税的良好环境起到了带头作用。

（二）正面引导公民认识税收价值

税收价值体现在人们接触、观察各种涉税事件的过程中，这既包括主体参与涉税事件的直接实践，也包括通过各种宣传媒体接受税收宣传教育的间接实践。按照人们对事物价值的认知规律，正面引导税收价值体验、推动税收信用理念建设的途径至少包括两个主要方面：

第一，扩大社会成员涉税实践的范围，拓展涉税实践的途径。这既包括纳税人缴纳税款的实践、享用公共产品的实践，也包括政府机关征收税款、管理税款和使用税款的实践。我国公民涉税实践较少，对政府税收普遍有种“隔雾看花”的感觉。可想而知，对涉税活动的不了解是很难带来积极的税收价值认知的。

第二，大力宣传税收对社会、对公民个人的现实价值，培育公民对税收价值的需求感、道德感。

二、加强税收信用制度的建设

税收信用体系建设不是一蹴而就的，而是一个长期的系统工程，需要我们从立法、执法、诚信机制的建立和社会环境的营造等多个层次、多个方面进行更深入的探索，在实践中使之不断健全和完善。

第一，加快国家专门信用立法工作，大力推进社会信用体系建设。法律是信用市场平稳运行的保障，是保护信用主体合法权益的屏障。虽然诚信是市场经济的道德基石，但社会信用体系不可能单纯地建立在诚实守信的道德规范之上，而是要建立在对市场主体之间的信用关系管理的整套法律、法规、准则和制度的制定上。世界主要发达国家在信用体系建设过程中，都高度重视信用立法，如美国制定了诸如《联邦公平信用报告法》、《公平债务征收实施法》、《平等信用机会法》等一系列法律，有效地保证了信用制度的实施。而我国目前信用法制建设几近空白，虽然《民法通则》、《合同法》都有诚实守信的法则，但是在整个法律、法规体系中，还没有全面、系统地体现对信用的要求。因此，应积极研究探索，大胆借鉴应用，尽快制定保障社会信用体系建设的法律法规，奠定建立税收信用体系的坚实基础。

第二，坚持税收法定原则，建立以税收基本法为核心，充分体现公平、诚信的税收法律体系。首先，坚持税收法定主义，提高税收立法认同度。按照立法要求，尽快对各地方税收法规进行规范清理，确保税收法律口径一致，维护税法的严肃性。其次，坚持税收公平主义，充分体现平等原则。取消现行税法中或执法实践中同一税法因随意的税收优惠而导致执法差异的状况。充分体现公平、平等，赢得纳税人的信任。三是坚持税收合作依赖主义。税收合作依赖主义也称公众信任原则，是诚信原则在税收立法中的运用和体现。特别是，在税收立法上应给予纳税人充分的信任，充分体现纳税人的权利，把纳税人的根本利益与国家的发展紧密结合起来。

第三，严格依法治税，加大税收执法检查监督力度，有效规范执法行为。税收信用体系建设，需要进一步健全权责明确、行为规范、监督有效、保障有力的税收执法体系，建立执行信用机制。在税收征收、管理、稽查等各个工作环节中，应明确部门和个人的工作职责，加强执法岗位责任制考核，加大监督力度，加强对重点岗位、重点环节、关键人员的监督制约，最大限度减少税收执法中自由裁量权的不适当应用和执法随意性。严格推行执法过错责任追究，增强税务人员的执法责任。

第四，建立纳税信用分级奖惩机制，强化制度约束。建立纳税信用激励机制，对不同信用等级的纳税人实行分类管理。根据失信的不同程度、性质，建立失信惩罚机制，加大失信成本，促进诚实守信。目前，对于失信者的惩戒机制还没有完全形成，失信者所付出的代价不足以抵付其所得到的实际利益和好处，为此要在已开展的纳税信用等级评定的基础上，做好信用等级评定工作的后续管理。如果企业或者个人在纳税信用上有不良记录，则在税收征管系统中自动划转为“纳税信不过企业”或者直接降低其信用等级。同时，将这些企业纳入重点监控对象，并在发票领购等环节采取一定的限制措施。建立失信纳税人公告制度，利用新闻媒体、网络等工具公布失信纳税人“黑名单”，或建立相应的数据库供公众随时查询，或以合法的形式向合法的用户传播其交易对象的不良信用记录，接受全社会监督。进一步推进税收信用的社会治理。在已与工商、海关等政府职能部门建立信息互通机制的基础上，进一步扩大信用等级评定及管理上联合操作的范围，在法律允许的处罚有效期间，让所有的政府监管部门参与对失信者的经济类、行政类惩罚，使税收信用管理与相关的社会管理紧密结合起来。同时，建立税收信用破产惩罚与商业信用挂钩机制。除建立税收信用破产惩罚机制外，还要与商业信用挂钩，进行全方位的信用破产惩罚，使失信惩罚机制的作用范围在社会上全面渗透。

第五，加强税款使用信用建设，实施“阳光预算”，严格依法用税，取信于民。纳税人缴纳税款不仅是税收强制性作用的结果，也是纳税人出于对国家信任所带来的效应。没有这种信任作为坚实的基础，任何一种纯强制性的税收法律都难以在实践中贯彻实施。因此，政府要在工作中巩固纳税人的这种信任。一是要加大税收社会意义的宣传。在进行各类税法宣传时，不仅要强调税收“取之于民”，还要突出税收“用之于民”，从税款使用效益角度，使纳税人明白税收对经济社会发展带来的宏观和微观效益，从而取得纳税人的信任、理解与支持。二是增加税款使用的透明度。要加强税款使用信息的披露工作，努力推进以各级政府为主体和电子政务为基础的政务信息公共披露体系建设，提高用税透明度。同时，提高公共产品质量，丰富公共服务内容，让纳税人真正感觉到“物有所值”。另外，还要大力惩处贪污腐败行为，保证税款安全。

第六，结合税收信息化进程，不断完善纳税信用管理，将纳税信用的评价机制规范化。我国信用建设正在不断完善，随着银行、购房、消费等各项信用制度的建立，纳税信用管理也将从中受益。建议由中央统一协调，建立高层次、跨部门合作的协调机构，开发纳税信用等经济信用的数据库，充分运用现代科技手段，整合各个平台资源，将纳税人基本信息数据库、纳税情况、财务报表、账务情况、资产状况等指标纳入计算机考核，进行定期比对，设定风险指标，发现纳税违规行为及时警示。信用平台应该结合现行征管改革要求，将纳税评估、税务稽查、风险管理等进行统一考虑，定期更新评级系统，自动调整纳税人的信用等级。在坚持依法、公开、公正的原则上，使纳税人信用等级评定真正成为提高税务管理水平的法宝。

第五节 坚持依法治税与以德治税，综合治理税收流失

所谓“没有规矩，不成方圆”，法律与道德在普通百姓看来，都是规矩，而且相辅相成、相得益彰。就税收而言，依法治税是从税收法律的角度，对每个社会成员即每个法人或自然人的素质的基本要求，而以德治税则是对每个社会成员即每个法人或自然人税收伦理道德的基本要求，是构建征纳双方良好道德体系的具体体现。依法治税和以德治税好比鸟之双翼，有此双翼，税收流失才能够得到有效遏制。

对于纳税人来说，以德治税意味着纳税人在享受了国家提供的公共产品的同时，应当给国家提供经济补偿，这是起码的道德良心，犹如买东西要付款一样简单，显然，这比只在逃税后才受到惩罚更能够从根本上解决税收流失问题。对于税务机关来说，以德治税意味着税务公务员依法治税，其实是在为全体公众服务，手中握着全体纳税人授予的权力，就应该为全体纳税人服务，这也是起码的道德良心。对部分纳税人逃税的纵容，其实是对其他纳税人的不道德。从反腐败斗争的角度看，税务公务员“疏于管理、淡化责任”和不作为本身，也是道德问题。随着反腐败斗争的不断深入，从一些位高权重或者最基层的违法犯罪的腐败分子的堕落轨迹中，可以发现一个共同原因，就是把人民赋予的权力当成了牟取私利的工具，只看到职务是权力的象征，忘记了职务更是一种责任。因此，治理税收流失，必须规范税务公务员的履职行为，加强税收执法权和行政管理权

的“两权”监督，这既是以法治税的要求，也是以德治税的要求。后者要求我们坚持以正面教育为主、预防为主、事前监督为主的方针，把“两权”监督工作落到实处，形成一个良好的干部监督工作运行机制。

在历史上，我们往往把道德看成仅仅从属于政治或经济的某种东西，而没有看到它的相对独立性，更没有看到道德对税务管理尤其是治理税收流失的作用。当然，良好的道德不可能自然而然地生长出来，需要我们加大力度，加强道德建设。道德是立法的基础，也是执法的基础，还是守法的基础。可以说，德治是法治的基础，法治是德治的升华。两者如车之两轮、鸟之双翼，忽视其中的任何一个方面，都不可能使税收流失得到根本上的治理。

参考文献

英文文献：

1. Caroline Doggart, 1990, "Tax Havens", The Economist Publications.

2. Ontario Fair Tax Commission, 1993, "Fair Taxation in a Changing World", University of Toronto Press.

3. Cagan P., 1958, "The Demand for Currency Relative to the Total Money Supply", *Journal of Political Economy.*

4. Guttman, 1997, "The Subterranean Economy", *Financial Analyst Journal.*

5. Ali Bayer and Max Frank, 1987, "The Erosion of Different Tax Base", *Public Finance*, No. 3.

6. Helms, L. Jay, 1985, "The Effect of State and Local Taxes on Economic Growth", A Time Series Cross Section Approach, *Review of Economics and Statistics*, February, 574 – 82.

7. Mofidi, Alaeddin and Joe A. Stone, 1990, "Do State and Local Taxes Effect Economic Growth?", *Review of Economics and Statistics*, November, 686 – 91.

8. Levine, Ross, and David Renelt, 1992, "A Sensitivity Analysis of Cross – Country Growth Regressions", *American Economic Review*, September, 942 – 63.

9. Kormendi, Roger, and Philip Meguire, 1985, "Macroeconomic Determinants of Growth: A Cross – Country Evidence", *Journal of Monetary Economics* 16, 141 – 164.

10. Grier, Kevin B., and Gordon Tullock, 1989, "An Empirical Analysis of Cross – National Economic Growth, 1951 – 1980", *Journal of Monetary Economics*, September, 259 – 76.

11. Easterly, William, and Sergio Rebelo, "Fiscal Policy and Economic Growth: An Empirical Investigation", *Journal of Monetary Economics*, December, 417 – 58.

12. Fischer, Stanley, 1993, "The Role of Macroeconomic Factors in Growth", *Journal of Monetary Economics*, December, 485 – 512.

13. Bruce, D., and W. F. Fox. State and Local Sales Tax Revenue Losses from E – Commerce: Estimates as July 2004 [R]. The University of Tennessee, 2004.

14. Johnson, P. A., A Current Calculation of Uncollected Sales Tax Arising from Internet Growth [R]. The Direct Marketing Association, 2003.

15. Omar A., M. K. S. Bhutta, and T. Sanchez. The Impact of E – commerce Tax Policy

on State and Local Government Revenue [J]. *Electronic Government*, 2009, (12): 378-390.

16. Mantell, N., J. J. Seneca, M. L. Lahr, and W. Irving. Estimates of New Jersey Sales and Use Tax Losses Resulting from E-Commerce [R]. Edward J. Bloustein School of Planning and Public Policy, 2011.

17. Robicheaux, R. A. Estimates of Alabama Losses Due to E-Commerce [R]. UAB School of Business, 2012.

中文文献:

18. [美] 迈克尔·波特著:《竞争优势》,陈小悦译,华夏出版社1997年版。

19. [英] 西蒙·詹姆斯,克里斯托弗·诺布斯著:《税收经济学》,罗晓林等译,中国财政经济出版社1998年版。

20. [美] 保罗·A. 萨缪尔森,威廉·D. 诺德豪斯著:《经济学》(第14版),高鸿业译,北京经济学院出版社1996年版。

21. [美] 阿特金森,斯蒂格里茨著:《公共经济学》,上海人民出版社1994年版。

22. [美] 康芒斯著:《制度经济学》(上、下册),于树生译,商务印书馆1997年版。

23. [美] 罗伯特·考特,托马斯·尤伦著:《法和经济学》,张军等译,上海三联书店、上海人民出版社1994年版。

24. [美] 斯蒂芬·R. 小刘易斯著:《寻求发展的税收:原则与应用》,中国财政经济出版社1998年版。

25. [法] 杜阁著:《关于财富的形成和分配的考察》,南开大学经济系经济学说史教研组译,商务印书馆1997年版。

26. [美] 马丁·费尔德斯坦,詹姆斯·R. 小希恩斯,R. 格林·胡伯德主编:《税收对跨国公司的影响》,赵志耘译,中国财政经济出版社1998年版。

27. 艾德加·法伊格编著:《地下经济学》,郑介甫等译,上海人民出版社1994年版。

28. [英] 彼德·M. 杰克逊主编:《公共部门经济学前沿问题》,郭庆旺等译,中国税务出版社2000年版。

29. [美] 克里斯托弗·巴特利特,休曼特拉·戈歇尔,朱利安·伯金绍,[中] 范黎波著:《跨国管理》,宋志红,宋海腾,唐玉秀译,中国财政经济出版社2007年版。

30. [日] 田中治主编:《各国(地区)的税务代理制度》,姜莉,刘曙野译,中国税务出版社1998年版。

31. [美] 瓦特·布拉克著:《百辩经济学》,佘引译,中信出版社2010年版。

32. [美] 迈克尔·J. 博斯金主编:《美国税制改革前沿》,李金文,刘树成等译,经济科学出版社1997年版。

33. [美] 肯尼思·C. 劳顿,卡罗尔·圭尔乔·特拉弗著:《电子商务》,褚晓菲,张渤雯等译,蔡昌审校,清华大学出版社2015年版。

34. Wallace E. Oates 编著:《财产税与地方政府财政》,丁成日译,中国税务出版社

2005 年版。
35. [美] 彼得·德鲁克著:《管理使命、责任、实务》，王永贵译，机械工业出版社 2007 年版。
36. [挪威] 拉斯·特维德著:《逃不开的经济周期》，董裕平译，中信出版社 2008 年版。
37. [美] 赫尔曼·阿吉斯著:《绩效管理》，刘昕，柴茂昌，孙瑶译，中国人民大学出版社 2013 年版。
38. [美] 朱·弗登博格，[法] 让·梯若尔著:《博弈论》，黄涛，郭凯，龚鹏等译，中国人民大学出版社 2014 年版。
39. 范立新主编:《中国税务大词典》，中国税务出版社 2011 年版。
40. 何振一著:《理论财政学》，中国财政经济出版社 1987 年版。
41. 税收与税源问题研究课题组编:《区域税收转移调查》，中国税务出版社 2007 年版。
42. 国家税务总局税收科学研究所译:《逃税与避税》，中国财政经济出版社 1992 年版。
43. 郭庆旺等编著:《当代西方税收学》，东北财经大学出版社 1994 年版。
44. 王力，李军著:《税战 348——逃税诡道与反逃税谋略》，中国经济出版社 1995 年版。
45. 张维迎著:《博弈论与信息经济学》，上海人民出版社 1996 年版。
46. 黄苇町著:《中国的隐形经济》，中国商业出版社 1996 年版。
47. 贾绍华主编:《企业经济法律知识丛书》，海南出版社 1996 年版。
48. 贾绍华著:《财经探索》，工商出版社 1997 年版。
49. 杨书文，陈子云著:《中外职务经济罪案实录》，法律出版社 1997 年版。
50. 郭顺通主编:《财会税收错弊查处技法》，中国方正出版社 1997 年版。
51. 陈剑编著:《流失的中国——国有资产流失现象透视》，中国城市出版社 1998 年版。
52. 叶振鹏主编:《财政理论与实践》，中国财政经济出版社 1998 年版。
53. 程永昌，李万甫著:《国际税收学》，中国税务出版社 1998 年版。
54. 项怀诚等主编:《个人所得税调节谁》，经济科学出版社 1998 年版。
55. 杨斌著:《治税的效率与公正》，经济科学出版社 1999 年版。
56. 厉以宁著:《经济学的伦理问题》，三联书店 1999 年版。
57. 袁仁辉主编:《现行法律漏洞的不当利用与防范》，九州出版社 1999 年版。
58. 刘新利主编:《税收分析概论》，中国税务出版社 1999 年版。
59. 刘溶沧等主编:《中国财政理论前沿研究》，社科文献出版社 2000 年版。
60. 邓力平著:《经济全球化、WTO 与中国现代税收发展》，中国税务出版社 2000 年版。
61. 吴俊培著:《公共财政研究文集》，经济科学出版社 2000 年版。
62. 蔡金荣主编:《电子商务与税务》，中国税务出版社 2000 年版。
63. 陈东琪著:《新政府干预论》，首都经贸大学出版社 2000 年版。
64. 梁朋著:《税收流失经济分析》，中国人民大学出版社 2000 年版。

65. 张中秀主编:《避税节税转嫁筹划》，中华工商联合出版社2001年版。

66. 夏杰长，马胜杰，朱恒鹏主编:《国际经济学》，中国城市出版社2001年版。

67. 杨志清著:《发达国家税收征集和监管制度》，时事出版社2001年版。

68. 陈波著:《税收超额负担分析》，海天出版社2003年版。

69. 贾绍华，林志民主编:《出口退（免）税操作实务》，中国税务出版社2004年版。

70. 贾绍华著:《厚积之思——贾绍华经济文集》(一、二辑)，海南出版社2005年版。

71. 周广仁著:《中国税收征管能力问题研究》，中国税务出版社2006年版。

72. 胡怡建，许文著:《税收逃逸的形成与治理》，格致出版社、上海人民出版社2007年版。

73. 钱俊文著:《国家征税权的合宪性控制》，法律出版社2007年版。

74. 王乔，席卫群主编:《非税收入管理问题研究》，中国税务出版社2008年版。

75. 高培勇主编:《中国财税体制改革30年研究：奔向公共化的中国财税改革》，经济管理出版社2008年版。

76. 庞凤喜著:《社会保障税研究》，中国税务出版社2008年版。

77. 胡中锋主编:《教育评价学》，中国人民大学出版社2008年版。

78. 王锐著:《税收不遵从的识别研究》，中国税务出版社2009年版。

79. 楼继伟，王水林等著:《中国公共财政》，中国财政经济出版社2009年版。

80. 刘剑文编:《追寻财税法的真谛》，法律出版社2009年版。

81. 王鸿貌，向东等著:《税收基本法立法问题研究》，中国税务出版社2009年版。

82. 王鸿貌著:《税法学的立场与理论》，中国税务出版社2009年版。

83. 付树林著:《中国非居民企业所得税收政策与管理研究》，中国税务出版社2010年版。

84. 于希信，郭凤晓等主编:《现代税收征管过程模型研究》，中国税务出版社2010年版。

85. 朱军著:《高级财政学——现代公共财政前沿理论分析》，上海财经大学出版社2010年版。

86. 孙园著:《中国税收管理制度研究——基于新制度经济学视角》，中国税务出版社2010年版。

87. 贾绍华主编:《中国纳税指南》，中国税务出版社2010年版。

88. 高培勇主编:《世界主要国家财税体制——比较与借鉴》，中国财政经济出版社2010年版。

89.《安体富文集（上、下卷)》，中国税务出版社2011年版。

90. 朱军著:《资本商品课税问题研究》，中国税务出版社2011年版。

91. 高培勇，张斌编:《个人所得税：迈出走向“综合与分类相结合”的脚步》，中国财政经济出版社2011年版。

92. 梁晓声主编:《中国社会各阶层分析》，文化艺术出版社2011年版。

93. 卢仁法主编：《中国税法大典》，人民出版社 2011 年版。

94. 叶守光主编：《中国企业避税问题风险控制与管理实务》，中国税务出版社 2012 年版。

95. 焦瑞进著：《税收专业化管理及其数据应用分析》，中国税务出版社 2012 年版。

96. 邱庆剑著：《避税：无限接近但不逾越》，东方出版社 2012 年版。

97. 夏照明著：《让纳税人更有尊严——为纳税人维权案例选编》，中国税务出版社 2013 年版。

98. 税收与税源问题研究课题组编：《区域税收转移调查》，中国税务出版社 2007 年版。

99. 肖太寿著：《中国国际避税治理问题研究》，中国市场出版社 2012 年版。

100. 葛克昌，贾绍华，吴德丰主编：《实质课税与纳税人权利保护》，台湾：元照出版公司 2012 年版。

101. 贾绍华，郭洪荣主编：《中国税务咨询师（CTC）培训教材》，中国时代经济出版社 2012 年版。

102. 吴武清，汪成杰，陈敏著：《中国税收流失测度与评估研究》，科学出版社 2012 年版。

103. 焦瑞进著：《税收专业化管理及其数据应用分析》，中国税务出版社 2012 年版。

104. 谷志杰主编：《香港税制》，中国财政经济出版社 2012 年版。

105. 楼继伟著：《中国政府间财政关系再思考》，中国财政经济出版社 2013 年版。

106. 李俊生主编：《中国税务教育发展报告（1949－2012）》，中国财政经济出版社 2013 年版。

107. 李永延，陈萍生主编：《股权投资与债权股中工商与税务操作实务》，云南大学出版社 2013 年版。

108. 楼继伟著：《中国政府间财政关系再思考》，中国财政经济出版社 2013 年版。

109. 李传志著：《税收征管博弈与激励机制研究》，经济科学出版社 2013 年版。

110. 王丽萍著：《道德经的柔性领导力》，人民日报出版社 2013 年版。

111. 贾绍华，汤贡亮，谷志杰主编：《创新税收体制实现历史使命——促进深圳前海深港现代化服务业合作区发展的税收研究》，中国财政经济出版社 2013 年版。

112. 刘尚希著：《公共风险视角下的公共财政》，经济科学出版社 2010 年版。

113. 国家税务总局收入规划核算司编：《增值税一般纳税人增值税销售额税负与预警标准》，中国税务出版社 2013 年版。

114. 贾绍华编著：《房地产业健康发展的税收政策研究——基于海南国际旅游岛房地产业的分析》，中国财政经济出版社 2013 年版。

115. 郝龙航，王骏编著：《营改增的大时代——政策透析与解决方案》，中国市场出版社 2013 年版。

116. 汤贡亮著：《中国财税改革与法治研究（第二版）》，中国税务出版社 2013 年版。

117. 国家税务总局国家税务司编：《国际税收实务手册》，中国税务出版社 2013 年版。

118. 叶陈刚等著：《企业伦理与会计道德（第二版）》，东北财经大学出版社 2011

年版。

119. 崔小屹，韩青著：《用数据说话》，北京大学出版社 2014 年版。

120. 高培勇著：《财税体制改革与国家治理现代化》，社会科学文献出版社 2014 年版。

121. 曹明星，于海，李娜等主编：《跨境所涉及的国际税收筹划与管理》，中国税务出版社 2014 年版。

122. 杨志强主编：《税收法律通论》，中国税务出版社 2014 年版。

123. 宋宁，周长伟著：《纳税风险控制手册》，机械工业出版社 2014 年版。

124. 《习近平谈治国理政》，外文出版社 2014 年版。

125. 刘佐著：《社会主义市场经济中的中国税制改革（1992~2013)》，中国税务出版社 2014 年版。

126. 付树林著：《中国居民企业所得税政策与管理研究》，中国税务出版社 2014 年版。

127. 连玉明，石龙学主编：《大舆情》（领导智库报告），团结出版社 2014 年版。

128. 曹磊，陈灿，郭勤贯等著：《互联网 +》，机械工业出版社 2015 年版。

129. 刘佐著：《中国税制概览》，经济科学出版社 2015 年版。

130. 贾宜正著：《电子商务代运营——网络零售渠道外包的促销策略选择》，中国财政经济出版社 2015 年版。

131. 张捷主编：《税务稽查案例精选》，中国税务出版社 2015 年版。

132. 汤贡亮主编：《税收理论与政策》，经济科学出版社 2012 年版。

133. 财政部财政科学研究所编：《热点与对策——2010—2012 年度财政研究报告》，中国财政经济出版社 2012 年版。

134. 吴新联主编：《税务稽查案例分析》，中国税务出版社 2009 年版。

135. [英] 维克托·迈尔—思博格，肯尼思·库克耶著：《大数据时代——生活、工作与思维的大革命》，盛杨燕，周涛译，浙江人民出版社 2013 年版。

136. 岳树民著：《论税制的非正式约束》，载《涉外税务》2003 年第 9 期。

137. 王广谦，张小平：《经济学和法学交叉研究与国家经济治理体系的现代化》，载《财经法学》2015 年第 1 期。

138. 焦瑞进著：《税收分析的两大误区》，载《税务研究》2009 年第 5 期。

139. 叶振鹏，赵云旗著：《新中国 60 年财政转型之研究》，载《中国经济史研究》2009 年 9 月。

140. 许善达著：《中国税务信息化回顾与展望》，载《电子政务》2009 年第 10 期。

141. 贾曼莹，王应科，丁子茜著：《浅议税收文化对税收遵从的影响》，载《税务研究》2009 年第 10 期。

142. 张晓丽著：《中国地下经济规模测算与分析》，载《内蒙古财经学院学报》2010 年第 6 期。

143. 李俊生等著：《试论公共价值革命——关于公共管理范式对 21 世纪财政理论发展影响的若干思考》，载《中央财经大学学报》2010 年第 6 期。

144. 施正文，翁武耀著：《意大利逃税刑事法律责任的立法及其对我国的借鉴》，载《税务研究》2010年第6期。

145. 王道树著：《税收流失估算：美国的经验及其对我国的启示》，载《涉外税务》2011年第8期。

146. 王世龙著：《俄罗斯统一税制改革对逃税者及其国民福利的影响》，载《哈尔滨商业大学学报（社会科学版）》2011年第4期。

147. 任辉，梁贝著：《Markov链在预防偷逃税中的应用》，载《牡丹江大学学报》2011年第4期。

148. 孙瑞标著：《关于税务系统依法行政的若干思考》，载《地方财政研究》2012年第3期。

149. 薛清水著：《纳税评估仿生模型：一种新型纳税风险识别技术方法》，载《税务研究》2012年第4期。

150. 赵连伟著：《构建我国税收风险识别方法体系的思考》，载《税务研究》2012年第7期。

151. 周微著：《法国对逃税的刑事制裁及其对我国相关立法的启示》，载《河南财经政法大学学报》2012年第6期。

152. 马念谊著：《瑞典税收流失估算及结果的应用》，载《涉外税务》2012年第5期。

153. 饶立新著：《税务稽查证据证明标准初论》，载《税务研究》2012年第7期。

154. 夏杰长等著：《现代服务业营业税改征增值税试点意义及其配套措施》，载《中国流通经济》2012年第3期。

155. 郝硕博，陈远燕著：《经典统计方法下的企业所得税流失测算——对2010年某市行业数据的实证分析》，载《税务研究》2013年第11期。

156. 黄凤羽，黄晶著：《股权式资产转让的避税与反避税行为研究》，载《税务研究》2013年第10期。

157. 彭维嘉著：《基于静态博弈模型的私企偷逃税问题研究》，载《当代经济》2013年第22期。

158. 季可著：《浅析税收负担与工业化的相关性》，载《商场现代化》，2013年第9期。

159. 朱军著：《“中央—地方”财政关系及其政策启示》，载《陆家嘴评论》2013年版。

160. 朱军著：《我国电子商务税收流失问题及其治理措施》，载《财经论丛》2013年第2期。

161. 马海涛著：《分税制改革应关注的几个问题》，载《中国财政》2014年第17期。

162. 程侃著：《地下经济、个税流失与再分配效应》，载《福州大学学报（哲学与社会科学版）》2014年第1期。

163. 闫胜利著：《税收流失问题的经济分析》，载《经济研究导刊》2014年第24期。

164. 宋丽颖，李倩倩著：《基于征税行为的A－S模型的探讨》，载《当代经济科学》2014年第2期。

165. 李万甫著：《法治是通向税收现代化的必由之路》，载《中国税务报》2014年

11 月 19 日。

166. 1997 ~ 2015 年 5 月的《中国税务》、《税务研究》、《国际税收》、《财贸经济》、《经济学动态》、《财政研究》、《中国财政》、《财政研究资料》、《人民日报》、《光明日报》、《中国财经报》、《中国税务报》、《经济日报》、《中国金融早报》、《中国统计年鉴》、《中国金融年鉴》、《中国财政年鉴》、《中国税务年鉴》、《税收经济研究》、《国外税收管理译丛》。

第二版后记

税收是否存在流失，20 世纪 90 年代中期在税务系统颇有争议。因为在那个年代，要求税务干部秉承“四铁一挤”精神，即铁的纪律、铁的手段、铁面无私、铁石心肠，用“挤柠檬”的方法，做到税款的应收尽收。笔者一直认为，从税收征收管理的角度和税务公务员尽职尽责的角度出发，这无可厚非，但从政府税收治理的角度看，税收流失不仅客观存在，而且流失的原因极其复杂，并不仅仅因为税务公务员的勤勉尽职就不存在税款的流失，治理税收流失不仅涉及税收制度、征税机关、纳税人，更为重要的是涉及税收制度中最核心且密切关联的经济财税法律制度、现行税收体制和税收征收管理机制，需凝聚共识，各方努力，综合治理。基于这一认识，从 1997 年开始，经过近 5 年的思考与探索，在我的博士生导师刘溶沧研究员的鼓励和悉心指导下，《中国税收流失问题研究》（第一版）于 2001 年付梓面世。

时光如梭，岁月如歌。随着改革开放的不断深入，特别是中国共产党十八届三中全会对财税体制的科学定位，国家税务总局提出了实现税收管理现代化的宏伟目标，对国家税收治理能力提出了具体的要求。税收存在流失，不仅在学界、在税务部门已形成共识，而且为了提升政府的税收治理能力，从税收法律制度、税收体制与税收征收管理机制的角度，陆续出台了诸多遏制税收流失的政策措施。这是一个很大的变化，也使我有了对《中国税收流失问题研究》（第一版）进行修订的决心。

我一直认为，自己还算是个喜欢思考、愿意做事之人，对自己喜欢做的事，更愿意付出，特别是在遭遇困难和挫折之时，面对困难和非议，尚能从容应对。对《中国税收流失问题研究》的再版，我从 2011 年开始，一方面陆续增补了自 2001 年以来国内外关于税收流失问题研究的最新动态，另一方面也把我近几年来关于税收流失治理问题的研究与思考做了一些梳理。在尊重第一版的基础上，对一些错漏进行了补正，对体例结构进行了一些调整，对引用的部分数据和案例进行了更新，对近些年税收流失治理的最新研究成果和实践创新成果进行了充实和完善。然而，在第二版付梓之际，面对凝结着心血和汗水的书稿，我却感到深深的不安和缺憾。好在还有“第二版后记”这个载体，可以让我有机会表达一下真实的情感和真诚的感谢。

《中国税收流失问题研究》（第二版）付梓面世，特别感谢中央财经大学税务学院汤贡亮教授、西北大学法学院王鸿貌教授、南京财经大学财税学院朱军副教授，在我再三犹豫、举棋不定之时，他们不断给我鼓励，而且在经济财税数据的整理、税收流失规模的测算等方面给予了极大的帮助。他们那份真诚执着的劲头，着实令我感动。所谓精诚所至、金石为开。朋友激励我，而我无以为报，只有认认真真地尽最大努力完成书稿的修订。正是这个想法支持着我，使我终于鼓起勇气，将这本拙作再次呈现在读者面前。

感谢中国税务学会学术研究委员焦瑞进研究员，中国科学院应用数学研究所财税研究中心主任薛清水研究员，首都经贸大学丁芸教授，中央民族大学王丽平教授，深圳市国家税务局税收科学研究所所长谷志杰研究员，国家税务总局扬州税务干部学院彭骥鸣教授、田建利副教授，国家会计学院肖太寿副研究员，江西财经大学邱慈孙副教授，北京经济学院冯秀娟副教授。感谢国家审计署审计科学研究所经济学博士后王志伟，财政部财政科学研究所博士后贾英姿，中央财经大学税务学院经济学博士李勇彬、张嘉怡，澳门科技大学管理学博士贾宜正，中国社会科学院研究生院硕士研究生王芳芳，西北大学法学院硕士研究生胡琳、刘浩，爱尔兰都柏林大学斯英菲特商学院硕士贾宜杰，中央财经大学税务学院硕士研究生孙珂、孙亮、竺飞翔、李文斌、王文聪、牛梓懿、叶素念。感谢中国税务出版社编审刘淑民女士和中国注册税务师协会黄宏斌先生，海南省国税局梁育从先生、蓝丽春女士，中央财经大学税收教育研究所刘李红、蔡妮娜、王亚红、任苏老师在书稿修订过程中所给予的关心和帮助。感谢所有给予我激情和灵感的同事和朋友，感谢中国财政经济出版社为本书第二版所付出的辛勤努力。

作者

2015 年 5 月于北京

第一版后记

从 1997 年开始，我就致力于对税收流失问题的研究，并于 1999 年 5 月完成了《中国税收流失问题研究》的初稿。随后的两年，我对该文先后进行了两次大的修改、补充，并于 2001 年 5 月通过了博士论文答辩。根据答辩委员会专家的建议，又对论文进行了进一步的补充和修改，最后形成了这部研究专著，在即将付梓出版之际，我没有任何轻松愉悦的感觉，反而感到忐忑不安。税收流失问题已成为中国社会经济生活的一大顽疾，它不仅是一个经济问题，而且已成为一个政治问题，事实上已与当前深入开展的反腐败斗争紧紧联系在一起。面对这样一个研究课题，我确实感到功力不足。如果没有导师刘溶沧研究员的帮助，我是很难完成这个题目的。论文的整个选择过程，从题目的选定、框架的搭设到内容的修改及观点的推敲，直到论文的最后定稿，都离不开导师的悉心指导，凝结了导师的心血。特别令我感动的是，刘老师积劳成疾患病住院期间，还关心着我的论文修改。为了自己的学生，他舍弃了一切。我还特别感激 10 年前攻读硕士学位时我的导师、博士生导师叶振鹏研究员和我的硕士论文答辩委员会主席、博士生导师何振一研究员，他们不但在我参加博士生入学考试时为我写了“专家推荐书”，而且在我读博期间，还时刻关心我的学习，鼓励和鞭策我处理好工作与学习的关系，克服困难。悠悠师生之情，令人刻骨铭心。

感谢中国社会科学院财贸所副研究员赵志耘博士、夏杰长博士，她（他）们的研究思维，特别是把现代经济学方法运用到财政理论前沿和经济体制改革这一独特的研究方法，对我的论文写作产生了深刻的影响，也是我在论文修改、补充中所力求体现的。同时，我还要衷心地感谢中国社会科学院经济所朱恒鹏博士、财贸所马拴友博士、财政部科研所研究生部博士生导师于中一研究员和杨照南博士。朱恒鹏博士首先指出了我的论文中某些数学推导和表达上的疏漏；马拴友博士则为我无私地提供了不可多得的中、英文资料；于中一研究员和杨照南博士不仅对我的论文修改提出了宝贵的建议，而且就论文中的某些观点与我进行了探讨。他们的帮助是真诚的。

衷心感谢何盛明研究员、李茂生研究员、李扬研究员、王朝才研究员、苏明研究员、米建国研究员、贾康研究员、高培勇教授、安体富教授、郭庆旺教授、汤贡亮教授、孙钢副研究员，他们在我答辩前后，不仅对论文进行了认真评阅，而且在答辩中提出了许多需要我进一步研究和思考的问题，这使我终身受益。

特别感谢中国社会科学院研究生院、财政部科研所研究生部、江西财经大学财政金融学院的老师；感谢我先后在江西省国税局、国家税务总局扬州税务进修学院合作共事的诸多同仁，他们的关心、支持和帮助时刻伴随着我，并永远是我不断进取的动力。

中国税收流失的治理，始终是各级政府关注的重点之一。1997年，项怀诚老师首先将我在江西省国税局工作期间关于治理税收流失和欠税与过头税的两篇调研报告批转给何盛明老师，先后在《财政研究》、《财政研究资料》上刊发，使我萌发了对这一问题进行进一步研究的念头，并于1998年形成了论文的初稿。程法光老师关于征、管、查三位一体的大征管观点，许善达老师关于建立稽查质量考核评价体系的观点，郝昭成、丹笑山、程永昌老师关于素质出税源的观点，戴子钧、孙利军老师关于省级税收征管工作的重点在于规范管理和责任追究的观点，对我的论文修改和补充产生了重要影响。特别是当我在遇到家庭、工作、学习的困难时，金人庆老师关于“向上攀登、向下深入、横向交流、自我修养”的税务教育观点和“只要思想不滑坡，办法总比困难多”的观点，时刻激励着我知难而进，开拓进取。我要对这些尊敬的领导和老师表示最诚挚、最真诚的感谢。

在学术著作出版难的今天，中国财政经济出版社鼎力相助，从立项、审稿到编辑、出版，付出了大量心血，给予了大力支持。总之，在这部专著正式出版之际，我很难用“谢谢”二字表达感激之情。导师、领导、朋友、同事的关心和教诲是难以忘怀的，人生的亲情，人生的探索，个人的成长，点点滴滴，都凝聚着他们的心血，他们都是我永远的老师。

2001年10月
于江苏扬州瘦西湖畔

附录：

解析中国税收流失的一本好书[①]
——评贾绍华新著《中国税收流失问题研究》

高培勇

税收流失仿佛是一个罪恶的幽灵，在中国社会经济生活的各个方面蹒跚前行，蛀蚀着社会经济运行的肌体。在使国家税款通过各种途径转变为私人财富或单位福利的同时，税收流失弱化了政府的宏观调控能力，导致了社会财富的分配不公，直接损害了市场公平竞争的机制，损害了资源的有效配置。因此，它是与市场经济背道而驰、水火不容的。现在的严重问题是，在一些地方和领域，税收犯罪和税收流失所造成的巨大的财富效应激活了有关市场主体利用计划经济被打破和市场经济不健全的过渡期，抓住机会偷逃税收，非法完成原始积累，而且自我调整社会等级地位的欲望和梦想促使很多人前赴后继、铤而走险，使得对税收犯罪的打击就像割韭菜，割了一茬又冒出一茬。税收流失已经对国家的经济安全和社会稳定造成了日益严重的威胁，成为多方关注并迫切需要研究解决的热点、重点和难点问题。那么，税收流失的现状如何？规模有多大？根源何在？又该如何治理？严肃的现实呼唤着系统而深入的回答。

贾绍华博士的新著《中国税收流失问题研究》（中国财政经济出版社 2002 年 6 月出版）一书很好地回答了这些问题。全书是在其博士论文的基础上完成的，作者以其坚实的理论功底、丰富的实践经验、敏锐的创新能力和深邃的经济学智慧，综合运用规范研究和实证分析的方法，从税收流失概念的界定、规模的测算、原因的分析、国际比较以及治理对策诸多方面全方位地解读和剖析了中国税收流失问题，无论是理论剖析的系统性和科学性，还是对策措施的针对性、现实性，都将此课题的研究向前推进了一大步。作者首先科学地界定了税收流失的内涵和外延，运用现金比率法和税收收入能力测算法对税收流失规模进行测算，得出了每年税收流失 4000 亿元以上的判断。作者认为，一方面，税收流失规模巨大；另一方面，从税收流失整体规模的测算可以看出，我国的税收征管工作取得了可喜的成绩，税收收入的增长远大于 GDP 的增长，税收流失率从 1995 年的 42.56% 下降到了 2000 年的 26.11%，这说明最近几年在整治经济环境、维护税收秩

① 本文刊于 2002 年 6 月 21 日《中国税务报》，作者时任中国人民大学校长助理、教授、博士生导师。

序、加强税收监控、打击税收违法犯罪等方面取得了明显的成效。作者通过对税收流失现状、手段、规模等的宏观透视及个案分析，深入探究了税收流失所造成的负面经济效应，认为税收流失的直接后果是减少财政收入，减弱税收对宏观经济的“内在稳定器”作用，使“相机抉择”的税收传导机制失灵，导致资源配置过程中的“劣企驱逐良企”的市场效应，导致资源配置过程中的虚耗和浪费，同时还会影响税收体系的内在弹性，增加逃避税收的动机和税制的复杂性，进一步引发税收流失。

本书对税收流失产生原因的理论分析颇具功力。作者运用现代经济学方法对税收流失的诸多因素、机理、制度进行了严谨周密的分析研究，认为逃税是因制度设计不合理而产生的一种隐瞒偏好的“搭便车”行为和寻租的结果，而追求经济利益最大化、税收法制不完善、财税体制不规范、纳税环境恶化、征管不严和处罚不力是导致税收流失的直接或间接原因。作者吸收、借鉴了现代经济学的观点和方法，将规范研究与实证研究相结合，定性分析与定量分析相结合，大胆借鉴、注重创新，对中国税收流失的现状进行了深入系统的研究，为治理税收流失提供了可资参考的决策依据。作为一个全球性的经济现象，税收流失是世界性的难题，几乎所有的国家都遭受税收流失之苦，每一个国家在治理税收流失的过程中都积累了大量的经验。作者在对发达国家和新兴工业化国家或地区防治税收流失进行研究的基础上认为，发达国家完善的税收制度、健全的法制保障、合理的机构设置、规范的纳税申报、充分的税收宣传、严密的发票管理、有效的源泉扣缴和预付暂缴制度、专业化的税务审计、严厉的税收惩罚、电子化的税收征管、高素质的税务代理、有效的反国际避税等，对中国治理税收流失有着积极的借鉴意义。在对税收流失进行全面深入剖析的基础上，作者以开阔的视野、理性的思路，科学地提出了一系列符合实际的对策建议，具有很强的前瞻性和指导性，这是该书的一个鲜明特色。作者认为，税收流失的治理必须全方位地进行。依法治税是治理税收流失的根本出路；完善与优化税制可以弥补税收流失的制度缺陷；要科学划分税权，理顺中央与地方的关系，强化税收征管，突出税源监控和责任追究；要更新税收观念，加强素质教育，营造依法治税和以德治税的良好环境。

综上所述，该书具有很强的理论性和现实性，在选题、内容、研究方法上均有所突破，有所创新。对于政府相关部门判断经济和税收形势，深入了解和把握税收流失的状况进而采取相应措施，对于理论界认真研究税收流失的新情况、新特点和新问题，都具有很好的参考价值。